# ENZYKLOPÄDIE DER RECHTS- UND STAATSWISSENSCHAFT

BEGRÜNDET VON

F. VON LISZT UND W. KASKEL

HERAUSGEGEBEN VON

W. KUNKEL · H. PETERS † · E. PREISER

ABTEILUNG RECHTSWISSENSCHAFT

Springer-Verlag Berlin Heidelberg GmbH

1967

# STAATSRECHT UND STAATSPRAXIS VON GROSSBRITANNIEN

VON

KARL LOEWENSTEIN

## BAND II

## JUSTIZ · VERWALTUNG · BÜRGERRECHTE

Springer-Verlag Berlin Heidelberg GmbH
1967

Dr. Karl Loewenstein

William Nelson Cromwell Professor Emeritus of Jurisprudence and Political Science, Amherst College, USA,

und

Em. o. Professor für Politische Wissenschaften und Rechtspolitik, Juristische Fakultät der Universität München

ISBN 978-3-662-22434-2 ISBN 978-3-662-22433-5 (eBook)
DOI 10.1007/978-3-662-22433-5


Library of Congress Catalog Card Number 66—22471.

Titel Nr. 4420

# Kapitelverzeichnis

## BAND I



## BAND II

# Inhaltsverzeichnis

BAND II

Erster Teil

**Die Staatsorgane IV: Die Gerichtsbarkeit**

Zweiter Teil

**Zwei Verwaltungsgebiete: Die territoriale Selbstverwaltung und die nationalisierten Wirtschaftszweige und Sozialdienste**

## Dritter Teil

## Der Bürger und der Staat

Erster Teil

# Die Staatsorgane IV: Die Gerichtsbarkeit

*Justitia fundamentum regnorum.* Ähnlich wie die römischen erfreuen sich auch die britischen Gerichte seit alters eines bedeutenden Rufs. Der richterliche Spruch genießt beim rechtsuchenden Publikum uneingeschränktes Ansehen. Nicht mit Unrecht konnte ein bereits zu Anfang dieses Jahrhunderts erschienenes und damals vielbeachtetes Buch vom „Imperium des Richters" sprechen[1]. In England selbst wie in allen angelsächsischen Ländern gilt der Richter als die Krone jedweder bürgerlichen Laufbahn. Andererseits hat sich auf kaum einem anderen Gebiet des öffentlichen Lebens die Tradition so stark behauptet wie auf dem der Gerichtsverfassung: Die Modernisierung der Zivil- und Strafgerichtsbarkeit mußte bis zur zweiten Hälfte des 19., diejenige der Verwaltungsgerichtsbarkeit sogar bis zur Mitte des 20. Jahrhunderts warten.

Die nachfolgende Darstellung der Materie der Gerichtsbarkeit gliedert sich in vier Abschnitte: (1) Die gerichtliche Funktion im Rahmen der Verfassung (Kapitel 1); (2) Die Zivil- und Strafgerichtsverfassung (Kapitel 2); (3) Die Verwaltungsgerichtsbarkeit (Kapitel 3); (4) Die gerichtliche Kontrolle der Verwaltung (Kapitel 4). Eine eigentliche Verfassungsgerichtsbarkeit besteht jedoch wegen des Fehlens einer geschriebenen Verfassung und des richterlichen Prüfungsrechts nicht.

Erstes Kapitel

## Die Stellung der Gerichte im Verfassungsaufbau

### I. Die rechtlichen Grundlagen der Gerichtsbarkeit

#### 1. Die Gerichtsbarkeit als Ausfluß der königlichen Prärogative

Wie es sich für ein Gemeinwesen geziemt, dessen Staatsform nach wie vor eine monarchische ist, ist die Justizgebarung durch alle Gerichte, wie

[1] ALBRECHT MENDELSSOHN-BARTHOLDY, *Das Imperium des Richters*, Straßburg 1909.

schon Blackstone (1 *Commentaries*, 266) klassisch feststellen konnte, Bestandteil und Ausfluß der königlichen Prärogative. Alle Gerichte sind königlich, sie sprechen Recht im Namen des Königs bzw. der Königin. Heute beruhen jedoch alle Gerichte und ihre Zuständigkeit auf gesetzlicher Grundlage. Ebenso gehören die Aufrechterhaltung der öffentlichen Ordnung und Sicherheit („*The King's*" oder „*The Queen's Peace*") und die Durchsetzung der Gerichtsentscheidung theoretisch zur königlichen Prärogative, wobei aus geschichtlichen Gründen die Polizeigewalt als Bestandteil der örtlichen Selbstverwaltung dezentralisiert ist. Die sogenannten *writs* in der Zivilgerichtsbarkeit — das heißt gerichtliche Anordnungen, die an die Parteien, aber auch an Dritte gerichtet sein können — erfolgen im Namen der Krone ebenso wie es bei der strafrechtlichen Verfolgung der Fall ist.

Jedermann kann eine Zivilklage einleiten, allerdings nach Maßgabe der Vorschriften über frivole oder böswillige Klagen, und jedermann kann ein Strafverfahren beantragen, hier wiederum unter dem Vorbehalt des Schadenersatzes im Falle einer böswilligen Klage[1].

## 2. Ausschluß der persönlichen Jurisdiktionsgewalt der Krone

Trotz der nach wie vor unbestrittenen Annahme, daß die Gerichte im Rahmen der königlichen Prärogative fungieren, ist die persönliche Teilnahme des Monarchen an einem Gerichtsverfahren ausgeschlossen. Mochten frühmittelalterliche Herrscher noch selbst an ihrem eigenen Hof Recht gesprochen haben, so ergab sich doch frühzeitig die unabdingbare Notwendigkeit, die Rechtsprechung an wirklich Rechtskundige zu delegieren, zu denen der König füglich nicht gehören konnte. Demgemäß verfügte bereits die *Statute of Northampton* von 1328 (2 Edw. 3, c. 8), daß ein königlicher Befehl an die Richter die gemeine Justizgebarung weder verzögern noch beeinflussen dürfe, und daß auch bei Vorliegen eines solchen der Richter nur nach Gesetz und Recht zu handeln habe. Dies entsprach durchaus dem sich seit dem Mittelalter unwiderstehlich durchsetzenden Grundsatz von der rigorosen Trennung der richterlichen

---

[1] In der überwiegenden Regel wird eine Strafverfolgung von der Polizei eingeleitet; gewisse gesetzliche Bestimmungen schreiben vor, daß ein Strafverfahren nur vom *Director of Public Prosecutions* eingeleitet werden kann; hierunter fallen Mord und andere schwere Verbrechen und Verstöße gegen die öffentliche und staatliche Sicherheit; z. B. nach dem *Public Order Act* von 1936 (1 Edw. 8 & 1 Geo. 6, c. 6) und den *Official Secrets Acts* oder Anklagen nach dem *Punishment of Incest Act* von 1908 (8 Edw. 7, c. 45). Dieser ist ein vom *Home Secretary* ernannter Beamter, der unter der Aufsicht des *Lord Chancellor* steht und nach Anweisung des *Attorney-General* handelt; letzterer kann im übrigen auch selbst die Krone in bestimmten Strafsachen vertreten (siehe Bd. I, S. 457). Auch die Departments der Regierung und Lokalverwaltungsbehörden sind strafantragsberechtigt, so etwa die Einkommensteuerbehörden wegen einer Steuerhinterziehung oder ein *Borough Council* wegen Verletzung der örtlichen Lebensmittelvorschriften.

Funktion von der eigentlichen Exekutivgewalt der Regierung. In der einen Markstein der Verfassungsentwicklung bildenden Entscheidung *Prohibition del Roy* ([1607] [12 Co. Rep. 63]) belehrte *Chief Justice* Coke den vom Gottesgnadentum umnebelten James I. dahingehend, daß der Träger der Krone zwar beim Gerichtsverfahren in Person anwesend sein möge, aber nicht einen Fall unter Hintansetzung der ordentlichen Gerichte an sich ziehen und selbst entscheiden könne, da die richterliche Tätigkeit eine Kunst sei, die nicht nach *natural reason*, sondern auch nach *artificial reason* ausgeübt würde, und daß es dem Monarchen dafür an Erfahrung und Schulung völlig fehle[1].

Die Prärogative ermächtigt die Krone auch nicht mehr wie es früher besonders unter den Tudors, etwa bei der Aufstellung der *Star Chamber* und *High Commission*-Gerichte der Fall gewesen war, nach ihrem Ermessen von sich aus Gerichtshöfe zu errichten, welche auf einer vom *common law* abweichenden Grundlage Recht sprechen. Die Krone besitzt also keinerlei gerichtliche Organisationshoheit. Selbst die Errichtung eines neuen *equity*-Gerichts in einer britischen Kolonie würde heute ein Parlamentsgesetz von Westminster oder ein solches der Koloniallegislative erfordern.[2] Auch außerordentliche oder Spezialgerichte dürfen nicht ohne parlamentarische Genehmigung errichtet werden.

## 3. Das Parlament als Gerichtshof

### a) Zur geschichtlichen Entwicklung

Auch das Parlament war ein Gerichtshof — *High Court of Parliament* —, und zwar, wie noch Coke (4 Inst. 3, 4, 15) annahm, der höchste des Landes. Dies geht historisch auf die Annahme zurück, daß das Parlament sich aus der *Curia Regis* entwickelt hat, die ursprünglich legislative, exekutive und gerichtliche Funktionen nebeneinander ausübte. Mit der Zeit spalteten sich davon die eigentlichen Gerichtshöfe ab; so bestimmte die *Magna Charta* (c. 17), daß der *Court of Common Pleas* nicht mehr wie bisher der umherziehenden königlichen Hofhaltung folgen, sondern an einem bestimmten Platz tagen sollte. Unter Henry III. verselbständigten sich dann die zwei anderen klassischen Gerichtshöfe der *King's Bench* und des *Court of Exchequer*, und auch der *Court of Chancery* löste sich vom königlichen Rat ab. Das *House of Lords* übernahm schließlich zu Ende des

[1] Bei diesem letzten monarchischen Vorstoß in die richterliche Domäne hatte es sich um einen Kompetenzkonflikt zwischen dem *common law* und den kirchlichen Gerichtshöfen gehandelt, den James selbst entscheiden wollte. Cokes Entscheidung ist ein Meisterstück ehrfurchtsvoll gedämpfter Ironie.

[2] So entschied das *Judicial Committee of the Privy Council* in *Re Lord Bishop of Natal* ([*1864*] [3 Moo. P.C. N.S. 115]), daß die Krone nicht das Recht habe, durch *letters patent* ein neues Erzbistum (in Kapstadt) zu begründen, das Jurisdiktion über die ihm unterstellten Suffraganbischöfe und den übrigen Klerus ausüben könne.

14. Jahrhunderts die damals noch sehr rudimentäre Appellgerichtsbarkeit. Erst unter Richard II. mag sich dann die Loslösung des Parlaments vom königlichen Rat vollendet haben. Alle Quellen deuten darauf hin, daß das Parlament in der Frühzeit, besonders diejenigen von Edward I. stark mit Gerichtsbarkeitsdingen befaßt war. Es scheint sogar, daß die in der parlamentarischen Inkubationszeit auffallend häufigen Zusammentritte von Parlamenten auf die Dringlichkeit gerichtlicher Entscheidungen zurückzuführen waren, wobei es auch zur Erledigung von Rechtsfragen kam, über welche die Richter sich nicht schlüssig werden konnten[1].

Als Überbleibsel einer ehemals weit umfassenderen Gerichtsbarkeit bestehen heute noch die folgenden gerichtlichen Zuständigkeiten des Parlaments:

1. Am wichtigsten ist die Revisionszuständigkeit in Straf- und Zivilsachen des *House of Lords*[2];

2. die richterlichen Funktionen jedes der beiden Häuser im Bereich ihrer Privilegien[3];

3. Auch die Behandlung der *private bills* in jedem der beiden Häuser hat grundsätzlich gerichtsförmlichen Charakter, wenngleich es sich dabei materiell um Gesetzgebungsakte handelt[4].

Von den anderen ehemaligen Gerichtsfunktionen des Parlaments, die aus der Vergangenheit in die Gegenwart hereinragten, sind aber sowohl das Recht der Lords, gegen Peers und Peeresses wegen Hochverrats oder eines anderen schweren Verbrechens zu verfahren, in aller Form durch den *Criminal Justice Act* von 1948 (11 & 12 Geo. 6, c. 58 [Sektion 30]) als auch das Recht des Parlaments zur Erhebung der Staatsanklage (*impeachment*) und zum Erlaß von sogenannten *Bills of Attainder* durch Nichtgebrauch (*desuetudo*) ausgeschaltet worden[5].

### b) Die Staatsanklage (impeachment)

In früheren Kampfzeiten, als die ministerielle Verantwortlichkeit noch nicht entwickelt war, spielte die Staatsanklage eine für die schließliche

[1] Siehe den Passus aus den *Statutes of the Lords Ordainers* zur Zeit Edwards II. ([1311] [5 Edw. 2]): "*Whereas many folk are delayed in the King's court because the defendants allege that the plaintiffs ought not to be answered in the absence of the King, and many are also wronged by ministers of the King, which wrongs they cannot get redressed without common parliament, we ordain that the King hold a parliament once a year, or twice if need be, and that in a convenient place. And in the same parliament, shall pleas that have been delayed or pleas about which the judges differ be recorded and determined*".

[2] Siehe unten S. 60.

[3] Siehe Bd. I, S. 273ff.

[4] Siehe Bd. I, S. 327.

[5] Von diesen beiden Zuständigkeiten ist die Staatsanklage in den Vereinigten Staaten noch geltendes Recht (Bundesverfassung Artikel I, Sektion 4), während die letzteren ausdrücklich verboten sind (Artikel I, Sektion 9, Klausel 3).

Durchsetzung der Parlamentsrechte kaum zu überschätzende Rolle, um Minister und andere Kronbeamte der politischen Gewalt des Parlaments zu unterwerfen. Unter *impeachment* wurde dabei die Anklageerhebung vor den *Commons* wegen eines Verbrechens oder auch nur wegen politisch mißbilligten Verhaltens verstanden, worauf das Oberhaus als Gericht zur Entscheidung der Tat- wie Rechtsfragen fungierte. Der erste Fall eines *impeachment* wird aus dem Jahre 1378 überliefert, als zwei Lords und vier Commoners wegen vorwiegend finanzieller Delikte in Anklagezustand gesetzt wurden. In der Folgezeit wurde aber das bequemere Verfahren der *bill of attainder* herangezogen, bis wieder unter James I. aus dem *impeachment* eine mächtige Waffe des Parlaments gegen die Krone geschmiedet wurde. Bis zur Revolution von 1688 kam es in einigen vierzig Fällen zum Zuge, gefolgt von nur 15 vom Regierungsantritt Williams III. bis zum Tod Georges I. Nur ein einziger Fall ereignete sich unter George II. Nach einer langen Pause waren die letzten und berühmten Fälle diejenigen des Generalgouverneurs von Indien Warren Hastings ([1787] [*Lords Journals* XXXVII, 678]; [1795] [*ibidem*, XI, 388]) und Lord Melville (1805 [29 St. Tr. 549]). Beide endeten mit Freispruch[1].

Heute darf die Staatsanklage als überholt gelten, da in politischen Dingen an ihre Stelle die ministerielle Verantwortung und bei strafrechtlichen Vorwürfen die ordentlichen Strafgerichte getreten sind.

### c) „Legislative Justiz" (Acts of Attainder)

*Acts of Attainder* andererseits sind rein legislative Akte und haben weder etwas mit der gerichtlichen Funktion noch auch selten mit der Gerechtigkeit zu tun. Diese Art legislativer „Justiz" bestand in der Vergangenheit darin, daß das Parlament kraft seiner Stellung als oberster Gerichtshof, aber ohne damit eine gerichtliche Tätigkeit auszuüben, eine Person wegen eines meist politischen Mißverhaltens für schuldig erklärte und eine ihm gutdünkende Strafe auferlegte. Die inkriminierte Handlung als solche brauchte dabei nicht strafbar zu sein; von einem gerichtsförmigen Verfahren, in welchem der Angeschuldigte sich hätte verteidigen können, wurde meist überhaupt abgesehen. Die Bestrafung konnte, wie es in verschiedenen Fällen aus der Kampfzeit zwischen Parlament und Krone im 17. Jahrhundert der Fall war, auf Tod und Vermögensverfall lauten. Die Prozedur scheint seit 1477 (Verfahren gegen den Herzog von Clarence) an die Stelle der im Ausgang weit unsichereren eigentlichen Staatsanklage getreten zu sein und wurde auch unter James I. fortgesetzt, nachdem die

---

[1] In beiden Fällen erhob sich die staatsrechtliche Frage, ob die Prorogation bzw. die Auflösung des Parlaments dem Verfahren den rechtlichen Boden entzöge. Dies wurde in beiden Fällen zwar verneint, die Fortsetzung aber ausdrücklich durch Gesetz sanktioniert.

Lords Bacon (1621) und Buckingham (1626) mit *impeachment* zur Strecke gebracht worden waren. Fälle dieser Art kamen bis 1715 (die Lords Bolingbroke und Ormond) vor, bis die Praxis endgültig infolge der entwickelten Kabinetts-Verantwortlichkeit ihren Sinn eingebüßt hatte und ausstarb. Ihre heutige Wiederbelebung wäre unmöglich.

#### d) Die Strafgerichtsbarkeit des Oberhauses über Peers

Das durch die Jahrhunderte aufrechterhaltene Privileg der Peers, wegen Hochverrats und anderer schwerer Verbrechen nicht vor den ordentlichen Gerichten, sondern vor dem gerichtlichen Forum des Oberhauses selbst zur Verantwortung gezogen zu werden, hat seine Wurzel im Grundsatz des *judicium parium* der *Magna Charta* (c. 39), da die königlichen Richter standesmäßig den Lords nicht als ebenbürtig galten. Das Privileg erstreckte sich auch auf die sogenannten *peeresses in their own right*, obwohl sie bis 1963 keinen Sitz im *House of Lords* hatten, und sogar auch auf die Ehefrauen der Peers. Das Privileg war unverzichtbar. Das auf gewohnheitsrechtlichem Herkommen beruhende Privileg war einer jener historischen „Zöpfe", an denen es dem britischen Staatsrecht nicht mangelt, aber als solches eine groteske Verletzung des rechtsstaatlichen Gleichheitsgrundsatzes. Es erforderte besonders in neuerer Zeit allein durch die Bedienung, Beleuchtung und Beheizung des Tagungssaals der Lords einen unverhältnismäßigen Aufwand an Kosten. Der letzte Fall dieser Art ereignete sich noch im Jahre 1935, als ein junger Peer (Lord de Clifford) wegen eines durch einen Kraftwagen verursachten Totschlags sich vor dem Oberhaus zu verantworten hatte, aber freigesprochen wurde. Die Lords selbst waren einsichtig genug, die Aufhebung des Vorrechts im *Criminal Justice Act* von 1948 (11 & 12 Geo. 6, c. 58 [Sektion 30]) zu veranlassen.

## II. Die Stellung des Richtertums im Verfassungsrahmen

### 1. Die Modalitäten der Anstellung

Wie früher betont, gibt es in Großbritannien keine dem kontinentalen Justizministerium entsprechende Behörde, die in der Regel, wenn auch wie in Frankreich und der Deutschen Bundesrepublik mit gewissen verfassungskräftigen Einschränkungen, über die Ernennung (und Beförderung) des Richterpersonals bestimmt. Vielmehr obliegt die Ernennung der gesetzlich festgelegten Zahl der Richter am *High Court*[1], der soge-

[1] Siehe darüber unten S. 36ff. An dieser und nachfolgenden Stellen wird der Leser auf die im nächsten Kapitel zu behandelnde sehr komplizierte Gerichtsverfassung verwiesen.

nannten *Puisne*-Richter, der Krone, das heißt in der Praxis dem *Lord Chancellor*, der sich darüber in der ausnahmslosen Regel mit dem Prime Minister berät. Die Ernennung der anderen Richter der oberen Gerichtshöfe untersteht dem Prime Minister, der sich in diesen Fällen seinerseits mit dem *Lord Chancellor* berät. Daß ein Richter gegen den Wunsch des letzteren ernannt würde, wird kaum je vorgekommen sein oder vorkommen, so daß man *mutatis mutandis* sagen könnte, der *Lord Chancellor* fungiere hier als eine Art Justizminister. Die Richter an den unteren Gerichten werden vom *Lord Chancellor* bzw. für seinen territorial sehr begrenzten Jurisdiktionsbereich vom *Chancellor of the Duchy of Lancaster* ernannt. Das gleiche gilt für die aus ehrenamtlichen Laien bestehenden sogenannten *Magistrates' Courts* der ersten Instanz, die für jede Grafschaft und die größeren städtischen *boroughs* bestellt werden: Sie werden formell von der Krone auf Empfehlung des *Lord Chancellor* ernannt, der sich dabei in den Grafschaften vom zuständigen *Lord-Lieutenant*[1] beraten läßt. Zu den *magistrates* gehören auch die im Metropolitanbezirk von London und in einzelnen größeren Städten (Liverpool, Manchester) amtierenden *stipendiary magistrates*, die aus Berufsjuristen bestehen. Ihre Ernennung durch die Krone beruht auf Empfehlung des *Lord Chancellor*[2].

## 2. Zur Sozialstruktur des Richtertums

### a) Solicitors and barristers

Die trockenen Gesetzesbestimmungen vermitteln aber keinen Zugang zur Beurteilung eines Elements, das für jedes Rechtspflegesystem wesentlich ist, nämlich über die soziale Herkunft und damit die soziologische Struktur des Richterpersonals. Zu diesem Zweck muß man sich das Wesen der juristischen Laufbahn in Großbritannien vergegenwärtigen.

Anders als auf dem vom römischen Recht beeinflußten Kontinent besteht in England nicht jene von Anfang an vorgeschriebene Trennung der richterlichen (und staatsanwaltlichen) von der anwaltschaftlichen Laufbahn, die zwar eine einheitliche Ausbildung voraussetzen, bei der aber ein nachträglicher Übergang von der letzteren zur ersteren nur unter außergewöhnlichen Umständen möglich ist. Vielmehr rekrutieren sich die Inhaber des Richteramts (*bench*) ausnahmslos aus den Mitgliedern des Anwaltsstandes (*bar*). Auch die Stellung des öffentlichen Anklägers (*public prosecutor*) wird von Mitgliedern des Anwaltsstandes meist für eine bestimmte Zeit oder auch nur für einen bestimmten Fall eingenommen, nach deren Ablauf oder nach dessen Erledigung sie zu ihrer Privatpraxis zurückkehren.

[1] Dieses Amt ist ein historisches Überbleibsel der königlichen Militärgewalt in den Grafschaften.

[2] Sonderbestimmungen bestehen hinsichtlich Ernennung und Abberufung der Richter des oberen Gerichts in Zivilsachen, *Court of Session*, in Schottland.

Andererseits ist die Anwaltschaft selbst seit alters nach Ausbildung und Tätigkeitsbereich zweigeteilt. Nach wie vor wird an der traditionellen Unterscheidung zwischen *barristers* und *solicitors* festgehalten. Bei jeder der beiden Kategorien wird das Mitglied von seiner eigenen Berufsorganisation diplomiert, das heißt formell zur Praxis zugelassen. Das Auftreten vor den oberen Gerichten, für das die *barristers* das Monopol haben, und der Umgang mit den Klienten selbst, der den *solicitors* obliegt, sind streng getrennt. Kein Mitglied der einen Gruppe kann die Funktionen der anderen ausüben, ohne sich standesrechtlich verantworten zu müssen. Die *barristers* sind im Grunde eine sich selbst kooptierende Gilde — die letzte, die sich erhalten hat. Ihre Zahl beträgt in ganz England derzeit (1964) etwa 1900, in der überwiegenden Mehrheit in London konzentriert, wo die Obergerichte ihren Sitz haben, und ist seit Jahren stationär geblieben, wenn nicht überhaupt gesunken. *Solicitors* dagegen gibt es etwa 19000 und ihre Zahl ist im Steigen, allerdings in weit geringerem Umfang als die der für alle wirtschaftlichen Unternehmungen unentbehrlich gewordenen Wirtschaftssachverständigen (*accountants*), die bereits die dreifache Zahl der *solicitors* erreicht haben. Der *solicitor*, neuerdings in scharfer Konkurrenz mit den berufsmäßigen Wirtschaftssachverständigen und Buchprüfern, spielt im englischen Geschäfts- und Rechtsleben eine sehr erhebliche Rolle.

Will ein Klient sich juristischen Rat beschaffen und gegebenenfalls einen Prozeß anstrengen, konsultiert er einen *solicitor*. Dieser braucht nicht unbedingt seine juristische Ausbildung an einer Universität erlangt zu haben, obwohl dies in den letzten Jahrzehnten immer häufiger geworden ist; er kann sie auch in der Praxis eines anderen *solicitor* gewonnen haben. Nach Ablegung der von seiner *Law Society* veranstalteten Prüfungen, die durchaus hohe Anforderungen stellen, wird er von dieser zur Praxis zugelassen. Er kann dann vor den unteren Zivil- und Strafgerichten auftreten, nicht aber vor den oberen, wozu allein der *barrister* berechtigt ist. Es obliegt ihm also, den Fall, der vor einem oberen Gericht verhandelt werden soll, derart vorzubereiten, daß ihn der *barrister* führen kann, ohne mit dem Klienten selbst Rücksprache nehmen zu müssen, was nach Standesgepflogenheiten nur in Gegenwart des *solicitor* zulässig ist. Da der *barrister* auch keinerlei Klientenwerbung von sich aus ausüben darf, ist die Übermittlung eines „*brief*" (Prozeßinstruktion) durch einen *solicitor* die einzige juristische Existenzmöglichkeit für ihn. Darüber, ob die rigorose Trennung des anwaltschaftlichen Berufs in zwei Klassen, von denen die eine, die *solicitors*, neben der Tätigkeit vor den unteren Gerichten den Verkehr mit den Parteien pflegt, während die andere, die *barristers*, das Monopol der Prozeßführung vor den oberen Instanzen besitzt, sich für die Rechtspflege im ganzen günstig oder ungünstig auswirkt, mögen die Meinungen außerhalb Großbritanniens geteilt sein. Wo eine einheitliche

Rechtsanwaltschaft üblich ist, wird man die Zweiteilung als undemokratisch und den Kastengeist fördernd ansehen, vor allem dann, wenn nicht zugegeben wird, daß das Plädieren vor den höheren Gerichten eine Kunst ist, die gelernt sein muß und nicht jedermann zugänglich ist. Aber nationale Gepflogenheiten sind ja meist nur nationale Vorurteile. Zweifellos gewinnen Qualität und Tempo der Prozeßführung, wenn an ihr nur Juristen beteiligt sind, deren Standesdisziplin und berufliche Erfahrungen den geordneten und sachlichen Ablauf gewährleisten, wie es bei den *barristers* der Fall ist und, in einem kleineren Maßstab, aber aus ähnlichen Gründen bei einer speziell ausgewählten Anwaltschaft beim Reichsgericht und dem Bundesgerichtshof in Deutschland herkömmlich ist. In England jedenfalls scheinen die mit der Zweiteilung verbundenen Vorteile die gegen sie zu erhebenden Bedenken zu überwiegen.

Die *solicitors* unterstehen der Aufsicht und Disziplin des *Solicitors Disciplinary Council* nach Maßgabe des *Solicitors Act* in seiner jetzigen Fassung von 1965 (Eliz. 2, c. 31), einem der sogenannten *Domestic Tribunals.*[1] Dieser Ausschuß setzt sich aus früheren und aktiven Mitgliedern des *Council of the Law Society* zusammen. Gegen die Entscheidungen des *Council* liegt die Berufung an einen aus zwei Richtern bestehenden *Divisional Court* der *Queen's Bench* des *High Court*, gegebenenfalls mit Revision zum *Court of Appeal* bzw. an das *House of Lords* (siehe *Re The Solicitors Act* von 1932 [1938] [1 K. B. 616] und andere Entscheidungen).

Der zukünftige *barrister* andererseits erhält seine juristische Ausbildung wohl jetzt meist zuerst an einer Universität, dann oder auch gleichzeitig obligatorisch in einem der vier historischen *Inns of Court*, in dem er sich einschreiben läßt.[2] Diese sind seit alters bestehende juristische Berufsvereinigungen oder auch Berufsinnungen, die, in luxuriös ausgestatteten eigenen Häusern im *Temple*-Viertel sitzend, zusammen die englische Bar darstellen. Der Novize muß dort einige Jahre gesellschaftlich verkehren und eine vorgeschriebene Anzahl von Gemeinschafts-Dinners mitmachen, welche den älteren Mitgliedern Gelegenheit geben, ihn gesellschaftlich einzuschätzen und ihm auch beruflich auf den Zahn zu fühlen, wobei der einzelne *Inn* also die Rolle eines gesellschaftlichen Klubs und einer *Law School* spielt, da er dem Bewerber auch eine gewisse juristische Ausbildung zuteil werden läßt. Nach Ablegung der internen Prüfungen wird er dann von seinem *Inn* zur Praxis als *barrister* zugelassen. Der Staat spielt also weder bei der juristischen Ausbildung der beiden Klassen von Juristen noch bei ihrer schließlichen Zulassung zur Praxis eine Rolle.

Auch die *barristers* unterstehen ihrer Standesdisziplin, die von den *Masters of the Bench* des jeweils zuständigen Inns ausgeübt wird. Die

---

[1] Siehe unten S. 81.

[2] Diese sind: *Inner Temple, Middle Temple, Lincoln's Inn* und *Gray's Inn.*

Jurisdiktion beruht nicht auf statutarischer Grundlage. Das Verfahren ist nicht gerichtsförmlich; Zeugen werden nicht unter Eid vernommen und können nicht zur Aussage gezwungen werden (*Seymour v. Butterworth* [1962] [3 F. & F. 381]). Über den von den *Masters of the Bench* verfügten Ausschluß von der Bar (*disbarment*) entscheiden dann auf Anrufung der *Lord Chancellor* und die von ihm beigezogenen Richter des *High Court*. Derartige Fälle sind sehr selten.[1]

Nach der Sachlage müssen also *barristers* eigene Mittel besitzen, um sich über Wasser zu halten, bis sie bekannt genug geworden sind, um die entsprechende Zahl und Art der „*briefs*" von den *solicitors* zu erhalten. Wer aber schließlich das Rennen macht — und das ist immer nur eine Handvoll —, hat Zugang zu den höchsten Verdienstmöglichkeiten im Lande, weit höhere als die eines *High Court*-Richters selbst oder auch sogar eines Prime Ministers. Dazu kommt, daß innerhalb der *barrister*-Klasse wiederum eine Art Hierarchie besteht, indem zwischen den *junior barristers* und den *King's* (oder *Queen's*) *Counsels* unterschieden wird. Letztere, bei denen eine mindestens zehnjährige Praxis als *barrister* Vorbedingung ist, werden von der Krone (wiederum auf Rat des *Lord Chancellor*) aus der Reihe derjenigen *juniors* ernannt („*taking the silk*"), die sich in ihrer Praxis ausgezeichnet haben. Ihre finanziellen Möglichkeiten sind weiterhin dadurch gesteigert, daß sie die doppelte Remuneration für ihr Auftreten vor Gericht beanspruchen können als ein gewöhnlicher *barrister* und daß sie immer zusammen mit einem *junior* erscheinen, woraus sich die unverhältnismäßig hohen Kosten der Rechtsvertretung vor englischen Gerichten erklären: Die Partei muß ihren *solicitor*, den *Queen's Counsel* und seinen *junior* bezahlen; verliert sie, werden ihr die gleichen Kosten der Gegenpartei aufgebürdet. Die *Queen's Counsels* sind es aber, die in einem Lande mit einem prozeßlüsternen Publikum — sogar in den englischen Filmen und Romanen wird oft die Spannung durch eingefügte Gerichtsverhandlungen erhöht — im Scheinwerferlicht stehen, was ihrem beruflichen Erfolg und ihnen darüber hinaus zugute kommt, wenn eine politische Laufbahn eingeschlagen wird.

### b) Das Monopol der barrister-Klasse bei der Rekrutierung des oberen Richterpersonals

Es besteht die Gepflogenheit, daß das Richterpersonal an den oberen Gerichten ausnahmslos der verhältnismäßig kleinen Gruppe der *Queen's Counsels*, das heißt also der in ihrer Praxis notorisch erfolgreichen *barristers* entnommen wird. Die entscheidenden soziologischen Folgen dieser zum System erhobenen Verengung der Auswahl des richterlichen

[1] Über den Fall des *Attorney-General* in der Regierung Macmillan siehe unten S. 260, Anm. 2.

Personals sind etwa die folgenden: Jeder Richter am Obergericht ist ein Jurist von bewährtem Können, das durch seine erfolgreiche Praxis ausgewiesen ist; ein Nichtskönner kommt nicht zum Zug. Da es die auf dem Kontinent von Anfang an bestehende Trennung der richterlich-staatsanwaltschaftlichen von der anwaltschaftlichen Laufbahn nicht gibt, kann niemand sich durch Anciennität oder Protektion eine hohe Richterstelle ersitzen. Zum anderen hat jeder schließlich auf die *bench* gelangte hohe Richter während seiner Tätigkeit als *barrister* gegen den Staat im Feld der Plädoyers gestanden. Frei von jeder Unterwürfigkeit gegenüber dem Staat, ist er also auch auf dem Richterstuhl völlig unabhängig vom Staat und würde sich niemals als dessen Werkzeug oder als dessen Beamter fühlen. Die Probleme und Schwierigkeiten des Anwaltsberufs kennt er aus eigener Erfahrung und bringt den vor ihm plädierenden Anwälten entsprechendes Verständnis entgegen. Von gelegentlichen Ausnahmen abgesehen, ist das Verhältnis von Gericht und Anwaltschaft vorbildlich. Schließlich aber — und das mag in unserem Zusammenhang am wichtigsten sein: Das Richterpersonal rekrutiert sich ausschließlich aus den wohlhabenderen Schichten und ist dadurch unzweifelhaft von einem starken „Klassengeist" durchtränkt. Die Richter gehören zum *Establishment* und zur *ruling class* und stellen sogar eine ihrer stärksten Säulen dar. Die Situation, durch jahrhundertelangen Brauch geheiligt, ist allerdings neuerdings, besonders seit 1945, dahin gemildert, daß nunmehr ebensoviele den Labour-Kreisen entstammende *barristers* vorhanden sind als konservative oder liberale, und daß auch konservative Regierungen sich nicht auf das Richtermonopol ihrer Parteiangehörigen kaprizieren. Bei der Ernennung zu einer Richterposition am *High Court* oder den anderen Obergerichten spielen parteipolitische Erwägungen keinerlei oder jedenfalls keine der Öffentlichkeit bemerkbare Rolle, ganz im Gegensatz etwa zu den Anstellungspraktiken für die Bundesrichter in den Vereinigten Staaten oder auch denjenigen in den Ländern der Deutschen Bundesrepublik.

Darüber, ob das zäh aufrecht erhaltene Monopol der *barrister*-Gilde in den hohen Richterstellen heute noch zeitgemäß ist und ob es wirklich demokratisch ist, ließe sich streiten. Unter den angesehenen *solicitors* ließen sich wohl juristisch und charakterlich ebenso ausgezeichnete Leute finden, die dank ihrer weiten Erfahrung mit der wirtschaftlichen Praxis in den Richterstand eine größere intellektuelle Elastizität und eine weniger konservative Lebenseinstellung einführen könnten. Denn, gleichgültig welchem sozialen Milieu der zum Richter aufgestiegene *barrister* auch entstammen mag, er wird unfehlbar in den vorherrschenden Klassengeist des Richterstandes eingesponnen werden, der allerdings seinerseits zu dem Respekt beiträgt, der dem Richtertum entgegengebracht wird.

Auch in Großbritannien spielen die Juristen in der aktiven Politik eine erhebliche Rolle, wenn auch in geringerem Maße als in den Vereinigten Staaten oder der Deutschen Bundesrepublik mit ihren unverhältnismäßig hohen Prozentsätzen unter den Kongreßmitgliedern bzw. den Bundestagsabgeordneten. In dem 1964 gewählten Unterhaus waren etwa ein Sechstel *barristers*, im Verhältnis von zwei zu eins zwischen den Konservativen und Labour verteilt. Die *solicitors* dagegen betrugen nicht mehr als zehn Prozent mit etwa gleichmäßiger Beteiligung beider Parteien. Besonders die erfolgreichen *barristers* tendieren zur politischen Laufbahn. Anscheinend besteht eine gewisse Verwandtschaft zwischen dem Klima einer erfolgreichen Praxis mit ihren ständig wechselnden Anforderungen und der Tätigkeit eines Parlamentariers. Die politischen Spitzenstellungen erreichen Juristen allerdings nur sehr selten; der letzte praktizierende *barrister*, der Prime Minister wurde, war Herbert Asquith, und nur ein einziger *solicitor*, Lloyd George, konnte sich in Nr. Zehn Downing Street niederlassen.

### 3. Richtergehälter

Wie die Vereinigten Staaten, und angesichts des allgemeinen Einkommensniveaus in sogar höherem Maße, bezahlt Großbritannien seine Richter großzügig. Die jetzige Regelung beruht auf dem *Judges' Remuneration Act* von 1965 (Eliz. 2, c. 61) und gilt ab 1. April 1966. Demgemäß bezieht der *Lord Chancellor*, offiziell der Chef-Präsident des *Supreme Court of Judicature* mit dem Vorsitz im *House of Lords* und dem *High Court*, aber zumindest wegen seines Vorsitzes in der *Chancery Division* des *High Court* den aktiven Gerichtspersonen zuzurechnen, ein Gehalt von 14500 £ (in welchem die 4000 £ eingerechnet sind, die ihm als Speaker des Oberhauses zustehen); er ist damit nicht nur der höchstbezahlte Gerichtsfunktionär, sondern der höchstbezahlte Diener der Krone überhaupt. Auch seine Pension wurde von 5000 £ auf 6250 £ erhöht. Der *Lord Chief Justice*, der häufig dem *House of Lords* und der *Queen's Bench* präsidiert, ist mit 12500 £ dotiert, während der *Master of the Rolls*, der dem *Court of Appeal* vorsteht, und die *Lords of Appeal in Ordinary*, welche die Revisionsentscheidungen des Oberhauses treffen, mit 11250 £ ausgestattet sind. Das gleiche Gehalt bezieht der Präsident der *Probate, Divorce und Admiralty Division* des *High Court*. Die schwere Berufslast der *Puisne*-Richter des *High Court* wird mit 10000 £ abgegolten. Die Gehälter der obersten Richter in Schottland und Nordirland liegen um eine Kleinigkeit darunter.

Für die Richter an den unteren Gerichten gilt die aufgrund gesetzlicher Ermächtigung vom damaligen *Lord Chancellor* erlassene *Judicial Offices* (*Salaries*) *Order* von 1963 (Stat. Instr. 1963 Nr. 1937), die gleichfalls eine wesentliche Erhöhung der bisherigen Gehaltsskalen erbrachte. Demnach beziehen die Richter am *County Court* sowie der Chef eines metropolitanen Polizeigerichts 5300 £, während die anderen Richter jedes metropolitanen Polizeigerichts mit 3650 £ ausgestattet sind. Das höchste Gehalt in dieser Kategorie mit 6150 £ ist dem *Recorder* des *Crown Court* in Liverpool (für seine Tätigkeit dort und beim analogen Gericht von Manchester) und dem *Recorder* von Manchester bestimmt. Alle Gehälter entstammen dem *Consolidated Fund.* Einer gesetzlichen Herabsetzung der Richtergehälter stünde an sich nichts im Wege, und sie könnte nach dem *Parliament Act* von 1911 sogar durch das Unterhaus allein erfolgen, ist aber angesichts der steigenden Lebenshaltungskosten kaum zu erwarten. Es wäre aber im Interesse vollster richterlicher Unabhängigkeit ein Verbot der Verkürzung während der Amtszeit vorzuziehen, wie es in Australien und Eire der Fall ist. Alle Richter sind nach Maßgabe der Länge der Dienstzeit pensionsberechtigt. Der *Judicial Pensions Act* von 1959 (8 & 9 Eliz. 2, c. 9) führte, einem lange gefühlten Bedürfnis gemäß, die Zwangspensionierung bestimmter Richterkategorien — für die *Lords of Appeal* in *Ordinary* und die nach 1959 ernannten Richter des *High Court* — mit 75 Jahren ein, was sich allerdings erst mit der Zeit auswirken wird. Bei allem äußeren Respekt vor dem Gericht konnte man private Klagen über die Alterssenilität oder durch das Alter verschärfte Idiosynkrasien mancher Richter vernehmen. *County Court*-Richter müssen sich nach dem erreichten 72. Jahr zurückziehen, außer wenn der *Lord Chancellor* sie aus Gründen des öffentlichen Interesses bis zum 75. Jahr im Amt beläßt (*County Courts Act* von 1959 [7 & 8 Eliz. 2, c. 22]). Bei den Friedensrichtern ist der Übergang auf die Ergänzungsliste, die vom regelmäßigen aktiven Dienst entbindet, mit dem 75. Lebensjahr obligatorisch (*Justices of the Peace Act* von 1949 [12, 13 & 14 Geo. 6, c. 101]). Die Beendigung des Richteramts aus nicht freiwilligen Gründen ist so eng mit dem Problem der richterlichen Unabhängigkeit verbunden, daß dieses nunmehr zuerst behandelt werden muß.

## 4. Die richterliche Unabhängigkeit

### a) Die lebenslängliche Anstellung und ihre Vorgeschichte

Unabhängigkeit der Richter sowohl gegenüber den Einflüssen der Legislative als auch der Regierung ist ein Eckpfeiler der britischen Verfassung, mit dem der Rechtsstaat steht oder fällt. Die Garantie der richterlichen Unabhängigkeit hat eine lange und dornenvolle Vorgeschichte.

Noch zu Zeiten der beiden ersten Stuart-Könige amteten die Richter des *High Court* als königliche Diener (*servants of the Crown*), und lediglich solange, als das Ermessen der Krone sie im Amt behielt (*durante bene placito nostro*)[1]. Sie konnten also entlassen werden, wenn ihre Rechtsprechung dem Monarchen mißfiel, wie es in der Tat bei *Chief Justice* Coke wegen seiner Einstellung im *Commendams*-Fall ([1616] [*Colt and Glover v. Bishop of Coventry* [Hob. 140]) der Fall gewesen war. Ohne daß er geradezu der Unterwürfigkeit gegenüber der Krone geziehen werden könnte, mußte ein Richter, der sein Amt behalten wollte, in politisch delikaten Fällen den Mantel nach dem königlichen Wind hängen. Die Rechtsprechung der königlichen Gerichte zumindest in der ersten Stuart-Periode ist demnach kaum ein Ruhmesblatt englischer Justiz. Während in der kurzen Zeit des *Commonwealth* die Richter *during good behaviour* im Amt geblieben, also praktisch lebenslänglich angestellt waren (*tenure*), kehrten die beiden letzten Stuarts zu der der Krone so bequemen früheren willkürlichen Praxis zurück. Die Richter Williams III. besaßen zwar *tenure*, aber die vom Parlament gewünschte statutarische Festlegung des Grundsatzes scheiterte am Widerspruch des Monarchen, der für die Richtergehälter seine Erbeinkünfte nicht zur Verfügung stellen wollte.

Der *Act of Settlement* von 1700 brachte schließlich die gesetzliche Begründung der richterlichen Unabhängigkeit zusammen mit einem Modus der Abberufung[2]. Gegenwärtig beruht die richterliche Unabhängigkeit im Sinne des *Act of Settlement* auf dem *Supreme Court of Judicature* (*Consolidation*) *Act* von 1925, Sektion 12 (1) (15 & 16 Geo. 5, c. 49), soweit die Richter des *High Court* und des *Court of Appeal* in Frage kommen, und auf dem *Appellate Jurisdiction Act* von 1876 (Sektion 6 [39 & 40 Vict., c. 59]) hinsichtlich der sogenannten *Law Lords* (*Lords of Appeal in Ordinary*)[3].

### b) Die Abberufung der Richter

Unter dem Ausdruck *quamdiu se bene gesserit* oder *during good behaviour* wurde und wird unbestrittenermaßen nur eine Verfehlung des Richters in

[1] Die längst aufgegebene Charakterisierung der Richter als *Servants of the Crown* erlebte eine kuriose Wiederauferstehung in neuerer Zeit. Im Zusammenhang mit der Wirtschaftskrise von 1931 nahmen die Einkommensteuerbehörden, angeblich nach einer Ermächtigung des damaligen *National Economy Act* (21 & 22 Geo. 5, c. 48) handelnd, als Sparmaßnahme eine Kürzung der Richtergehälter vor, indem sie die Richter als „Diener der Krone" einstuften. Von den angesehensten Gelehrten wurde dagegen eingewendet, daß dies geschichtlich zumindest seit dem *Act of Settlement* nicht der Fall ist und daß das Parlament, hätte es die Richter einschließen wollen, dies ausdrücklich hätte kundmachen müssen. Ein gerichtlicher Austrag der Streitfrage war nicht möglich, da kein Richter in eigener Sache urteilen kann. Die Frage wurde aber dann dahingehend geregelt, daß die Steuerbehörden unter dem Druck der öffentlichen Meinung die Kürzungen rückgängig machten.

[2] "*that ... judges' Commissions be made quamdiu se bene gesserint, and their salaries ascertained and established, but upon the Address of both Houses of Parliament it may be lawful to remove them*".

[3] Die früher vorgeschriebene Beendigung der *tenure* bei Ableben des Monarchen, wodurch die Wiederernennung durch seinen Nachfolger erforderlich war, ist längst aufgehoben (*Judges Demise of the Crown Act* von 1760 [1 Geo. 3, c. 23] und *Demise of the Crown Act* von 1901 [1 Edw. 7, c. 5]).

der Ausübung seiner richterlichen Tätigkeit oder ein solches Verhalten in seinem Privatleben verstanden, das mit der richterlichen Tätigkeit nicht vereinbar ist. Nach richtiger Auffassung ist aber der an die Krone gerichteten Abberufungsadresse beider Häuser stattzugeben, wenn ein Richter wegen Mißverhaltens im Amt oder aus anderen in seiner Person liegenden Gründen das Vertrauen der Parlamentskammern eingebüßt haben sollte. Jedenfalls kann die Krone heute keinen Richter von sich aus absetzen und konnte es seit Jahrhunderten nicht mehr.

Für die Integrität des britischen Richters gibt es keinen überzeugenderen Beweis, als daß von der im *Act of Settlement* vorgesehenen Abberufungsmodalität nur in einer verschwindend geringen Zahl von Fällen Gebrauch gemacht werden mußte, von denen zwei Verfahren Richter in Irland betrafen (nur eines der eingeleiteten Verfahren war erfolgreich [1830]) oder sich auf Richter in den Kolonien[1] bezogen. Das britische Richtertum ist völlig korruptionsfrei. Kein anderes Land der Gegenwart kann sich eines solchen Rekords unantastbarer richterlicher Würde rühmen. Tritt dann zu dieser persönlichen Integrität noch jene oben berührte berufliche Qualifikation der Richter der oberen Gerichte, so kann der Stolz verstanden werden, mit dem der Brite auf seine Justizgebarung blickt.

Bei einigen anderen Richterkategorien ist dem Ermessen des *Lord Chancellor* zur Beendigung einer Richterlaufbahn ein etwas größerer Spielraum eingeräumt. Die Richter am *County Court* können von ihm wegen Unfähigkeit oder Mißbetragens abberufen werden; bei den Friedensrichtern ist dies wegen Alters oder Krankheit oder bei Ablehnung oder Nachlässigkeit in der Erfüllung der richterlichen Pflichten zulässig.

## 5. Die Ausübung der richterlichen Funktion

### a) Allgemeine Aufgaben

Die oberste Aufgabe der Gerichte besteht in der Entscheidung von Streitigkeiten zwischen den Bürgern und zwischen den letzteren und den den Staat vertretenden Behörden. Bei der Ausübung der Gerichtsfunktion sind die Gerichte an das *common law* und die Parlamentsgesetze sowie die nach deren Maßgabe erlassenen Aus- und Durchführungsbestimmungen gebunden[2]. Bei der Anwendung des *common law* sind sie vielfach durch die einschlägig ergangenen Gerichtsentscheidungen gebunden

[1] Es sei im übrigen bemerkt, daß sich der *Act of Settlement* nicht auf die in den britischen Kolonien angestellten Richter bezog. Diese können, soweit ihre Anstellung nicht auf der Kolonialverfassung oder dem örtlichen Gesetz beruht, von der Krone nach ihrem Ermessen abberufen werden (*Terrell v. Secretary of State for the Colonies* [1953] [2 Q.B. 482]).

[2] Über Gegensätze und Berührungspunkte von *common* und *statutory law* siehe unten S. 27ff.

(*stare decisis*), ein uralter Grundsatz der Rechtspflege, der allerdings mit der Verfeinerung der juristischen Interpretationstechniken seine Starre eingebüßt hat[1]. Durch die Auslegung des ungeschriebenen *common law* kommt den Gerichten in höherem Maße auch eine rechtschöpferische Tätigkeit zu, als es bei einem nur vom Gesetzesrecht beherrschten Normensystem der Fall wäre.

Infolge des Fehlens einer geschriebenen Verfassung und auch im Hinblick auf das nach wie vor fortgeltende Dogma der Parlamentssouveränität kommt, wie mehrfach erwähnt, für britische Gerichte ein richterliches Prüfungsrecht hinsichtlich der Verfassungsmäßigkeit von Parlamentsnormen naturgemäß nicht in Frage. Ihre verfassungsrechtliche Funktion besteht also vor allem darin, daß sie über die Einhaltung der gesetzlichen Normen durch Regierung und Verwaltung zu wachen haben.

Den englischen Gerichten selbst obliegen auch gewisse verwaltungstechnische Aufgaben, wie etwa daß die Friedensrichter mit der Erteilung von Konzessionen (*licensing*) befaßt sind, daß die oberen Gerichte sich der Interessen der Minderjährigen und Geisteskranken annehmen, Trust- und Konkurssachen behandeln, Gesellschaften auflösen und ähnliches mehr, bei welchen Angelegenheiten es sich nicht unbedingt um Rechtsstreitigkeiten im engeren Sinn handeln muß. Eine angelsächsische Besonderheit ist auch die Funktion des *Supreme Court of Judicature*, die Regeln des Prozeßverfahrens festzulegen, was auf dem Kontinent in Gestalt einer vom Parlament erlassenen Prozeßordnung geschieht. Diese Funktion wird durch das *Rules Committee* wahrgenommen, das aus dem *Lord Chancellor*, dem *Master of the Rolls*, dem *Lord Chief Justice*, vier Richtern und je zwei *barristers* und *solicitors* besteht und dessen Ergebnisse dem Parlament vorzulegen sind (*Judicature* [*Consolidation*] *Act* von 1925 [15 & 16 Geo. 5, c. 49]). Die Gerichte sind nicht verpflichtet, die Regierung in nicht-streitig gewordenen Rechtsangelegenheiten zu beraten, wovon die Teilnahme bestimmter Richter an der richterlichen Tätigkeit des *House of Lords* eine Ausnahme zu bilden scheint. Damit sind gerichtliche Gutachten (*advisory opinons*) ausgeschlossen, wovon — wie in den Vereinigten Staaten — jedoch die unter bestimmten Voraussetzungen zulässigen Feststellungsurteile (*declaratory judgments*) grundsätzlich zu unterscheiden sind (*Dyson v. Att.-Gen.*, 1911 [1 K. B.

---

[1] In einer bemerkenswerten neueren Entscheidung (*Governor of The Campbell College, Belfast v. Commission of Valuation for Northern Ireland*, 1964 [2 All E.R. 705] [H.L.]) trug die höchste Revisionsinstanz keine Bedenken, ihre seit langer Zeit bestehende Gesetzesauslegung für irrtümlich zu erklären und vom *stare decisis* abzuweichen, wenn dies im Interesse der Gerechtigkeit erforderlich ist.

Es fand daher allgemeine Zustimmung der Juristenkreise, als die *Law Lords* sich bereit erklärten, die Verbindlichkeitsregel des *stare decisis* im Bedarfsfall zugunsten einer elastischeren Auslegung zu modifizieren (siehe Neue Zürcher Zeitung Nr. 3260 vom 30. Juli 1966).

410]). Für die Rechtsberatung der Regierung als solche sind die *Law Officers* zuständig[1].

### b) Garantien richterlicher Unparteilichkeit

Die richterliche Unabhängigkeit hat einen zweifachen Aspekt: Einmal müssen die Richter davor geschützt werden, daß von Seiten der Regierung oder der Legislative auf sie Einfluß ausgeübt werden kann, zum anderen müssen sie dagegen gedeckt werden, daß ihnen aus der unparteilichen Ausübung der judiziellen Funktion persönliche Nachteile erwachsen. In diesem doppeltem Sinn bestehen die folgenden Garantien:

#### *aa) Ausschluß der Richter vom Parlament*

Die Gewaltentrennung gebietet, daß kein Richter an der politischen Entscheidungsfällung durch Beteiligung an der Gesetzgebungsfunktion mitwirken darf. Demgemäß sind die Richter, mit Ausnahme von Personen, die Magistrate im Ehrenamt (*lay magistrates*) sind, von der Wahl zum Unterhaus ausgeschlossen (*House of Commons Disqualification Act* von 1957 [5 & 6 Eliz. 2, c. 20]). Die einzige Ausnahme und als solche eine der im englischen öffentlichen Recht oft bestehenden Anomalien ist der *Lord Chancellor*, der, als politischer Beamter ein wichtiges Regierungsmitglied, sowohl oberster Richter als Vorsitzender der Lordskammer und anderer Obergerichte als auch als *Speaker* des Oberhauses ein Teilnehmer am Gesetzgebungsverfahren ist.

#### *bb) Öffentlichkeit der Gerichtsverhandlungen*

Nach *common law* ist es eine unabdingbare Voraussetzung der unparteilichen Rechtspflege, daß die Verhandlung in voller Öffentlichkeit stattfindet, daß also Presse und Publikum nach Maßgabe des vorhandenen Raums Zugang haben und daß die Presse darüber wahrheitsgetreue Berichte veröffentlichen und angemessene sachliche Erörterungen anstellen darf. Der Gerechtigkeit muß sichtbar Genüge geleistet werden (*Scott v. Scott* [1913] [A. C. 417]) (Schlüsselfall). Wahrheitsgetreue und objektive Berichte über eine öffentliche Gerichtsverhandlung im Vereinigten Königreich, falls sie alsbald nach der Verhandlung erscheinen und dem Inhalt nach weder gotteslästerlich noch sittlichen Anstoß erregend sind, genießen ein absolutes Privileg gegenüber dem Vorwurf der falschen Nachrede oder Verleumdung (*defamation*) (*Kimber v. Press Association* [1893] [62 L.J.Q. 152])[2]. Es steht jedoch im Ermessen des Gerichts, bei einer Verhandlung zeitweilig oder dauernd die Öffentlichkeit aus bestimmten Gründen der Staatssicherheit, der öffentlichen Moral oder zum Schutz

---

[1] Siehe Bd. I, S. 456/457.

[2] Siehe unten S. 311.

von Minderjährigen auszuschließen. Solche Ermächtigungen sind den Gerichten in einer Reihe von Spezialgesetzen eingeräumt.

*cc) Die Beobachtung der Grundsätze der „natürlichen Gerechtigkeit“*

Die Ausübung der Gerichtsbarkeit unterliegt ferner jenen Begrenzungen, die man in den angelsächsischen Ländern unter dem Begriff der „natürlichen Gerechtigkeit“ — *natural justice* — zusammenfaßt. Dazu gehören vor allem die Maximen, daß niemand Richter in eigener Sache sein kann und daß jeder an einem Rechtsstreit beteiligten Partei ordnungsgemäß Gehör gegeben werden muß (*audiatur et altera pars*).

Daß niemand Richter in eigener Sache sein darf, ist ein unabdingbarer Grundsatz der Gerechtigkeitspflege. Der in der Weltliteratur klassische Gegenbeweis wurde in Kleists „Zerbrochenem Krug“ geführt. Das bedeutet nicht nur, daß ein Richter am Ausgang eines ihm zur Entscheidung vorliegenden Falls kein wie immer geartetes persönliches Interesse haben soll (*Proprietors of Dimes v. Grand Junction Canal* [1852] [3 H.L.C. 739] [Schlüsselfall])[1], sondern daß auch nur jeder Anschein einer richterlichen Voreingenommenheit vermieden werden muß (*The King v. Sussex Justices ex parte McCarthy* [1924] [1 K.B. 256]). Eine lange Kette von Entscheidungen folgt der gleichen Linie.

Auch der Anspruch eines jeden Beteiligten auf rechtliches Gehör ist ein Elementargrundsatz der natürlichen Gerechtigkeit, dem schon die Bibel huldigte. In der Praxis löst er sich in zahlreiche prozessuale Fragen auf, etwa daß eine von einem Fall betroffene Partei gebührend benachrichtigt und geladen werden muß (*Cooper v. Wandsworth Board of Works* [1863] [14 C.B.(N.S.) 180] [Schlüsselfall]; hier wurde eine Abbruchsverfügung aufgehoben, weil der Eigentümer nicht gehört worden war); ebenso *R. v. Deputy Industrial Injuries Commissioner* ([1962] [2 All E.R. 430]). Die Rechtsprechung folgt dabei den Grundsätzen, die in den Vereinigten Staaten vom Begriff des *due process* gedeckt werden. Die Vorschrift des *audiatur altera pars* wird dabei nicht streng prozessual, sondern als Bestandteil der materiellen Gerechtigkeit in dem Sinn ausgelegt, daß die Behörde gegenüber allen Beteiligten in gutem Glauben und mit Fairness verfahren muß, ohne daß die Beteiligten auf die Einhaltung aller prozessualen Anforderungen bestehen könnten (siehe die Schlüsselfälle *Board of Education v. Rice* [1911] [A.C. 179] und *Local Government Board v. Arlidge* ([1915] [A. C. 120]). Nicht selten erweist sich die Rüge der Verletzung der Grundsätze der natürlichen Gerechtigkeit als eine willkommene Handhabe, um grobe Verfahrensmängel, die Einfluß auf die Ent-

[1] Hier hatte das *House of Lords* eine Verfügung des *Lord Chancellor* selbst hinsichtlich einer Gesellschaft für ungültig erklärt, weil er Aktionär derselben war; es war dabei jedoch nicht behauptet worden, daß seine Aktionäreigenschaft die richterliche Tätigkeit beeinflußt hätte.

scheidung haben können, abzustellen (*R. v. Stafford Borough Justices ex parte Ross* [1962] [1 All E. R. 540]; der *Clerk* des Gerichts hatte hier in einer Strafsache nach Abschluß der Verhandlung und vor der Urteilsberatung dem Vorsitzenden einen Zettel mit einer dem Angeklagten ungünstigen Beurteilung zukommen lassen), oder um Willkür von Verwaltungsbehörden entgegenzutreten (*Ridge v. Balewa et al.* [1963] [2 All E. R. 66] [H. L.]; ein Polizeibeamter, der wegen Korruption angeklagt, aber freigesprochen worden war, wurde von seiner vorgesetzten Behörde entlassen, ohne daß ihm ausreichend Gelegenheit zum rechtlichen Gehör gegeben worden war).

*dd) Freiheit von Haftung wegen richterlicher Amtshandlungen*

Der hier einschlägige Fragenkomplex, auch als richterliche Immunität bezeichnet, ist die Freistellung des Richterpersonals von der Haftung für Handlungen aller Art, die im Rahmen ihrer rechtsprechenden Tätigkeit unternommen werden. Die juristisch nicht zuletzt aus historischen Gründen sehr komplizierte Materie bedarf hier einer nur summarischen Darstellung. Oberster Grundsatz der Rechtspflege nach *common law* ist, daß die mit ihr betrauten Personen sich ihrer Aufgabe mit Unparteilichkeit und ohne Furcht vor Folgen widmen können. Auch dies gehört zum Wesen der richterlichen Unabhängigkeit (*Scott v. Stansfield* [1868] [L. R. 3 Ex. 220]). Der Richter ist also für ein falsches Urteil nicht haftbar (*Ferguson v. Earl of Kimoull* [1842] [9 Cl. & F. 251]). Ebenso sind alle Personen, die in amtlicher Eigenschaft an einem Gerichtsverfahren beteiligt sind, für die dabei von ihnen abgegebenen Äußerungen von jedweder Haftung wegen Ehrverletzung (*defamation*) befreit. Dies gilt auch für die Richter an den unteren Gerichten (Grafschafts- und Magistratsgerichte) (*Law v. Llewellyn* [1906] [1 K. B. 487]). Die unbedingte Immunität erstreckt sich ebenso auf die am Prozeßverfahren beteiligten Parteien, die Zeugen, die Anwälte[1] und auch auf die Geschworenen (*Bushell's-Case* [1670] [6 St. Tr. 999], neuerdings *Marrinan v. Vibert et al.* [1962] [1 All E. R. 869] [G.B.]). Etwaige Mißbräuche bei der Aussage abzustellen wäre dann Sache des die Verhandlung leitenden Richters. Bei Inanspruchnahme wegen unerlaubter Handlung (*tort*) wird gewöhnlich zwischen den oberen und den unteren Gerichten unterschieden, eine Lehre, die sich bereits im 17. Jahrhundert zu entwickeln begonnen hatte und die auf der zweifachen Annahme beruhte, einmal daß die unteren Gerichte für ihre gerichtlichen Handlungen den oberen verantwortlich sind, während eine solche Verantwortung bei den oberen Instanzen nur gegenüber ihrem Gewissen und gegebenenfalls dem Monarchen besteht, zum anderen, daß die Zuständigkeit der unteren Gerichte gesetzlich oder nach Herkommen begrenzt ist, während dies bei den oberen nicht der Fall ist.

[1] Der *barrister* kann auch von seinem Klienten nicht wegen mangelhafter Prozeßführung belangt werden.

Alle Richter stehen jedoch jenseits einer zivilrechtlichen Haftung, wenn der inkriminierte Akt innerhalb der gerichtlichen Zuständigkeit gelegen war und zwar selbst dann, wenn er böswillig (*maliciously*) oder ohne sachliche Grundlage (*reasonable* oder *probable cause*) vorgenommen worden war (der Schlüsselfall ist hier *Anderson v. Gorrie* [1895] [1 K. B. 668]). Dies gilt seit alters selbst für Handlungen, für welche das Gericht überhaupt nicht zuständig war (*Hamond v. Howell* [1677] [2 Mod. 219]). Handelt es sich dabei um die oberen Gerichte, so ist ohnehin kein Gericht vorhanden, das über den Fall entscheiden könnte. Richter an den unteren Gerichten dagegen, wozu die Grafschafts-, Militär- und Konsulargerichte gehören, sind für gerichtliche Handlungen außerhalb oder in Überschreitung ihrer Zuständigkeit haftbar (*Peacock v. Bell* [1666] [1 Wms. Saund. 74]). Für die zivilrechtliche Haftung der Friedensrichter ist ein älteres Gesetz, der *Justices' Protection Act* von 1848 (11 & 12 Vict., c. 44) einschlägig. Es verlangt den durch den Kläger zu führenden Nachweis, daß die Handlung böswillig oder ohne vernünftige Grundlage vorgenommen wurde (Sektion 1); ist die Handlung aber ohne oder unter Überschreitung der Zuständigkeit vorgenommen worden, so entfällt der Nachweis der Böswilligkeit oder Grundlosigkeit. Bei einer ungerechtfertigten strafrechtlichen Verurteilung kann jedoch erst dann geklagt werden, wenn das Urteil formell aufgehoben worden ist. Solche Fälle der Inanspruchnahme der richterlichen Haftung mögen zwar selten sein, kommen aber doch bei der Komplexität des modernen Verwaltungsbetriebs, in dem gerichtliche Entscheidungen ergehen müssen, gelegentlich vor. Es bedarf keiner Erörterung, daß nach *common law* schwere Strafandrohungen gegen einen Richter bestehen, welcher der Korruption oder Bestechung, Vernachlässigung seiner richterlichen Pflicht oder groben richterlichen Mißverhaltens für schuldig befunden wird[1].

### c) Die Mißachtung des Gerichts (contempt of court)

#### *aa) Zivilrechtlicher und strafrechtlicher contempt*

Gerichtsentscheidungen und -anordnungen, welche im Interesse eines geordneten Prozeßbetriebs ergehen, werden so gut wie ausnahmslos von den davon betroffenen Personen voll respektiert und es wird ihnen Gehorsam geleistet. Diese jahrhundertealte Tradition, die auch in politischen Kampfzeiten kaum je wesentliche Einbuße erlitten hat, hat wohl zuvörderst soziologische Ursachen, die der hohen Qualität des Richterpersonals und damit dessen Rechtsprechung entstammen, geht aber zweifellos auch auf diejenige Befugnis der Gerichtsgewalt zurück, welche den Ungehorsam gegenüber einer gerichtlichen Anordnung als Mißachtung des Gerichts (*contempt of court*) ahndet.

[1] So wird ein Richter des *High Court*, der den Erlaß einer *habeas corpus*-Verfügung rechtswidrig versagt, mit 500 £ zugunsten der arrestierten Person gebüßt.

Im angelsächsischen Recht wird zwischen dem zivilrechtlichen und dem strafrechtlichen *contempt of court* unterschieden. Auf den ersteren braucht in diesem Zusammenhang nicht näher eingegangen werden; es mag genügen, auf die Nichtbeachtung etwa einer Zeugenvorladung, einer vom Gericht angeordneten Unterhaltszahlung oder einer von ihm erlassenen einstweiligen Verfügung (*injunction* oder *specific performance*) oder auf den unterlassenen Vollzug einer im *habeas corpus*-Verfahren ergangenen Haftbefreiungs-Verfügung und ähnliches zu verweisen, wo Gehorsam durch das *contempt*-Verfahren erzwungen wird. Die dem Gericht in Zivilverfahren zustehende Zwangsgewalt besteht in der Auferlegung einer Buße oder Inhaftnahme, letztere in der Regel bis sich der Schuldige durch eine formelle Entschuldigung und Vornahme der gerichtlich gebotenen Handlung „gereinigt" hat (*Scott v. Scott* [1893] [A. C. 417] [Schlüsselfall]).

Die strafrechtliche Mißachtung des Gerichts — *criminal contempt of court* — ist ein *common law*-Vergehen, das bisher nicht statutarisch geregelt worden ist. Es kommen zwei Gesichtspunkte zum Zug, einmal die unabweisbare Notwendigkeit eines störungsfreien und geordneten Gerichtsverfahrens und zum anderen der rechtsstaatliche Grundsatz, daß im Interesse des Angeschuldigten oder Angeklagten nichts die Garantie eines *fair trial*, einer objektiven und unparteiischen Rechtspflege beeinträchtigen dürfe. Demgemäß kann zum *criminal contempt* ein fehlbares Verhalten Anlaß geben, das die folgenden Formen annehmen kann: 1. Widersetzlichkeit gegenüber oder Beleidigung des amtierenden Richters während der Verhandlung; 2. Beeinflussung von Geschworenen, Parteien oder Zeugen; 3. die öffentliche Erörterung — hier vor allem durch die Presse — eines schwebenden Verfahrens, welche geeignet ist, die Fairness der kommenden Gerichtsverhandlung zu Ungunsten des Angeklagten zu beeinträchtigen und schließlich 4. die nachträgliche Verunglimpfung des Prozeßrichters wegen seines Prozeßverhaltens.

Was das Mißbetragen vor offenem Gericht anbelangt, so leitet sich die Befugnis des Richters, jemanden wegen einer Bedrohung oder einer gegen ihn oder andere Richter gerichteten beleidigenden Äußerung in *criminal contempt* zu nehmen, aus der jedem Richter im Interesse einer geordneten Rechtspflege zustehenden Ordnungsgewalt im Sitzungssaal ab. Da in solchen Fällen der Richter gewissermaßen in eigener Sache entscheidet und somit die mißbräuchliche Anwendung der *contempt*-Gewalt nicht ausgeschlossen ist, steht das Recht der Ahndung nur den Richtern der Obergerichte zu, nicht aber den Friedensrichtern. Die Grafschaftsrichter dürfen in solchen Fällen eine Inhaftnahme nur für eine bestimmte, einen Monat nicht überschreitende Frist oder an deren Stelle eine Höchstbuße von £ 20 verfügen (*County Courts Act* von 1959 [7 & 8 Eliz. 2, c. 22]). Im gleichen Sinn würde eine nicht gerügte oder unterdrückte Beeinflussung der Geschworenen, Zeugen[1] oder Parteien einer geordneten Rechtspflege im Wege stehen.

*bb) Prozeßberichterstattung und contempt-Befugnis.*

Ganz anders dagegen liegt die Sache bei Prozeßberichten über einen schwebenden Fall. Hier kann es auf einem wichtigen Gebiet der britischen Freiheit zu einem Konflikt zwischen der Meinungsfreiheit, hier in der Regel der Pressefreiheit, und dem im Interesse einer geordneten Rechtspflege erforderlichen Schutz der richterlichen Autorität kommen. Dem entspricht auch die zur Konventionalregel verdichtete Gepflogenheit des Parlaments, daß zur Wahrung der Autorität der oberen Gerichte das richterliche Verhalten eines Mitglieds des *High Court* nicht zum Gegenstand einer parlamentarischen Debatte oder Anfrage gemacht wird, außer wenn dies im Wege eines formellen Antrags geschieht. Aber letztlich steht noch mehr auf dem Spiel. Die ungezügelte Berichterstattung über schwebende Verfahren gefährdet auch eine Grundlage rechtsstaatlicher Rechtsprechung, nämlich die Fairneß des Verfahrens, die den Angeklagten für schuldlos halten muß, solange er nicht gerichtlich überführt und verurteilt ist. Unzweifelhaft ist es die richterliche *contempt*-Gewalt gewesen, die jene einzigartige Selbstdisziplin der britischen Meinungsmedien bewirkt hat, eine Errungenschaft, die mit der in anderen Milieus gepflogenen Vergiftung der öffentlichen Meinung kontrastiert, wenn, vielfach unter dem Vorwand der Meinungsfreiheit, eine dem Angeklagten nachteilige und auch das Gericht und Geschworene in Mitleidenschaft ziehende Atmosphäre geschaffen wird.

Beim Werteausgleich zwischen der ungehinderten Meinungsfreiheit und dem Anspruch des Angeklagten auf eine unvoreingenommene Prozeßführung muß die erstere der letzteren weichen. Sobald eine Streitsache *sub judice* ist, sind Presseerörterungen und die Meinungsäußerungen anderer Medien zwar nicht rechtsförmlich verboten, aber durch die *contempt*-Gewalt praktisch unmöglich gemacht. Dies gilt nach Herkommen auch für das Parlament. Durch die *contempt*-Befugnis unterbunden sind Presseäußerungen, welche den Charakter des Angeklagten durch Bekanntgabe von Material aus seiner Vergangenheit in einem ungünstigen Licht erscheinen lassen und somit die Geschworenen ihm gegenüber präjudizieren könnten (*The Queen v. Payne and Cooper* [1896] [1 Q. B. 577]). Verpönt sind ferner Mutmaßungen der Presse über einen dem Angeklagten ungünstigen Ausgang des Verfahrens.

---

[1] Hier ist aber zu beachten, daß im angelsächsischen Prozeß die von den Parteien bzw. der Anklagebehörde benannten Zeugen auf ihre gerichtliche Aussage sorgfältig vorbereitet werden, so daß unter einer strafwürdigen „Beeinflussung" in der überwiegenden Regel Bedrohung oder sonstige widerrechtliche Mittel verstanden werden.

Verstöße werden durch die jedem Richter des *High Court* zustehende *contempt*-Gewalt geahndet, der darum angegangen wird. Bei einem schwebenden Verfahren wird der Antrag in der Regel von einem *Divisional Court* (mit drei Richtern) des *High Court* entschieden, der sowohl Gefängnis als auch Geldbußen, in beiden Fällen von unbegrenzter Höhe, aussprechen kann. Drakonische Strafen verfehlen nicht, einer Beeinflussung der öffentlichen Meinung vorzubeugen[1].

Die der Prozeßberichterstattung hinsichtlich schwebender Verfahren auferlegten Begrenzungen gelten jedoch nicht für das *commital proceedings* geheißene Stadium des Strafverfahrens (*Kimber v. Press Association* [1893] [1 K. B. 65]). Man versteht darunter die von einem Richter in öffentlicher Verhandlung zu treffende Entscheidung über die Anklageerhebung selbst, welche nach Anhörung der darauf abzielenden Anträge des öffentlichen Anklägers (gegebenenfalls verbunden mit eidesstattlichen Zeugenaussagen) gefällt wird. Hier ist zwar die Fairneß der nachfolgenden eigentlichen Verhandlung nicht unmittelbar in Frage gestellt, wohl aber mittelbar, weil Leute, die nachher als Geschworene des Falles sitzen werden, vorher von ihm und zwar ausschließlich im Licht der öffentlichen Anklageerhebung gelesen haben könnten[2]. Nachdem sich anläßlich eines Sensationsprozesses im Jahre 1957, bei dem ein Arzt des Mordes an einer älteren Patientin angeklagt worden war — der Prozeß endete mit seinem Freispruch —, weitere Mißhelligkeiten der Praxis herausgestellt hatten, wurde ein *Departmental Committee* mit einer Untersuchung beauftragt, welches eine gesetzliche Regelung dahingehend befürwortete, daß auch im Vorverfahren nur der Name des Angeschuldigten, die ihm zur Last gelegte strafbare Handlung und die richterliche Entscheidung zu veröffentlichen wären[3]. Demgemäß läßt die 1966 eingebrachte *Criminal Justice Bill* die Berichterstattung in der Presse nur dann zu, wenn sie vom Gericht auf Antrag der Verteidigung erlaubt wird.

Zum Unterschied von einem schwebenden Verfahren, wo eine potentielle Beeinflussung der Geschworenen durchaus im Bereich des Möglichen

---

[1] In einem noch in Erinnerung gebliebenen sensationellen Mordfall (*R. v. Bolam ex parte Haigh* [1949] [93 S.J. 220]) wurde der Herausgeber des Boulevardblattes *Daily Mirror* auf drei Monate ins Gefängnis geschickt und die Eigentümer der Zeitung mit 10000 £ gebüßt, weil behauptet wurde, der Angeklagte habe auch noch andere Personen als diejenige umgebracht, derentwegen er des Mordes angeklagt worden war.

[2] Nach einem Gesetz von Nordirland von 1953 (*Summary Jurisdiction Act* [Northern Ireland] [1 & 2 Eliz. 2, c. 3]) ist die Veröffentlichung der staatsanwaltschaftlichen Darstellung überhaupt verboten. Auf Antrag der Verteidigung kann der Richter auch die Veröffentlichung solcher Teile der Beweisaufnahme verbieten, die einer nachträglichen Verteidigung des Angeklagten bei der eigentlichen Verhandlung abträglich wären.

[3] *Report of the Departmental Committee on Proceedings before Examining Justices* (Cmnd. 479/1958).

liegt, ist die Berichterstattung über die Anklageverhandlung völlig frei, vorausgesetzt sie ist wahrheitsgetreu und unentstellt. Die Meinungsfreiheit ist hier der Bedrohung durch die *contempt*-Befugnis entzogen. Nur insoweit unterliegt sie gewissen Beschränkungen, als Spezialgesetze die Veröffentlichung obszönen oder gotteslästerlichen Materials oder die Wiedergabe von geschmacksverletzenden medizinischen Einzelheiten verbieten oder dem Schutz Minderjähriger vor Gericht dienen, Begrenzungen, an denen eine gesittete Presse niemals Anstoß nehmen würde. Aber auch hier nimmt das Gericht seine Aufgabe, für ein gegenüber dem Angeklagten unvoreingenommenes Verfahren besorgt zu sein, durchaus ernst.

*cc) Kritik des richterlichen Verhaltens und contempt-Befugnis.*

Ein weiterer Konflikt zwischen der richterlichen Autorität und der garantierten Meinungsfreiheit kann ferner im Zusammenhang mit einer Kritik der richterlichen Entscheidung entstehen. An sich genießt der Richter keine Immunität gegen nachträgliche Kritik. Ist diese somit durchaus zulässig, so muß sie jedoch sachlich, frei von Böswilligkeit und ohne die Unterstellung unsachlicher Motive erfolgen. Aber auch hier müssen die für die Publikationsmedien Verantwortlichen sich des Damokles-Schwerts bewußt bleiben, das über ihnen hängt. Während es durchaus zulässig ist, eine gefällte Entscheidung nach rechtlichen Gesichtspunkten kritisch zu beurteilen — was häufig genug vorkommt —, ist eine Kritik, die den Richter persönlich trifft, etwa daß er voreingenommen gewesen oder daß ihm die richterliche Eignung abgegangen sei, weil die Unparteilichkeit der Rechtspflege im allgemeinen in Frage stellend, unzulässig und wird als *contempt* geahndet[1].

*dd) Bewertung der Handhabung der contempt-Befugnis*

Die *contempt*-Befugnis des Richters beruht nach wie vor auf *common law*. Eine umfassende statutarische Regelung, die immer wieder, bisher jedoch vergeblich, vorgeschlagen wurde, ist nicht erfolgt, trotzdem bei mindestens zwei Gelegenheiten (1906 und 1908) Resolutionen des Unterhauses die bestehende *contempt*-Gewalt als willkürlich und rechtlich unbegrenzt bezeichnet hatten. Neuerdings brachte der *Administration of Justice Act* von 1960 (8 & 9 Eliz. 2, c. 65) immerhin nicht unwesentliche Präzisierungen der gesamten *contempt*-Materie. Ein *contempt*-Fall liegt nicht (mehr) bei einer Veröffentlichung vor, wenn bei der Anwendung

[1] In einem bekannten Presse-Fall (*The King v. New Statesman ex parte Director of Public Prosecution* [1928] [44 T.L.R. 301]) wurde auf *contempt* erkannt, weil der Herausgeber der bekannten linksgerichteten Zeitschrift ausgeführt hatte, jemand mit den politischen Überzeugungen des verurteilten Angeklagten würde vor dem namentlich genannten Richter kein faires Gehör finden. Die Kritik, die in anderen Ländern gang und gäbe wäre, ging nach englischer Auffassung über das erlaubte Maß hinaus.

entsprechender Sorgfalt keine Kenntnis von einer schwebenden oder unmittelbar bevorstehenden Verhandlung bestand[1] oder bei der Veröffentlichung kein Anlaß zur Annahme bestand, daß sie die Rechtspflege beeinträchtigen würde (Sektion 11). Gegen jedwede *contempt*-Verurteilung besteht ferner nunmehr die Berufungsmöglichkeit je nach der Instanzenlage an den *Divisional Court*, den *Court of Appeal* oder das *House of Lords*, welche dann die Verurteilung oder die gerichtliche Anordnung abändern oder auch aufheben können.

Damit sind aber keineswegs alle Wünsche *de lege ferenda* erfüllt, die sowohl von den Berufsorganisationen der Meinungsmedien als auch in Juristenkreisen erhoben werden. Trotz der jüngsten Verfahrensverbesserungen wird eine umfassende statutarische Regelung der ganzen *contempt*-Materie befürwortet. Daß eine vor offenem Gericht erfolgende Mißachtungshandlung sofort geahndet werden muß, beruht auf der für eine geordnete Rechtspflege unerläßlichen Ordnungsgewalt des amtierenden Richters. Der Einwand, daß er hier gewissermaßen in eigener Sache entscheidet und daß darüber ein anderer Richter mit Geschworenen befinden sollte, schlägt nicht durch, da eine ungebührliche Handlung im Gerichtssaal eine unmittelbar folgende Abwehr erfordert. Es bestehen aber darüber hinaus noch genügend Zweifelsfragen, die eine gesetzliche Regelung zu klären hätte, insbesondere, ob Veröffentlichungen über einen von dem Richter in nicht-öffentlicher Verhandlung (*in camera*) behandelten Fall dem Interesse der Parteien abträglich sind oder nicht. Auch bei den *committal proceedings*, über die derzeit uneingeschränkt berichtet werden darf, wäre eine Rückkehr zu der vor dem *Indictable Offences Act* von 1848 (11 & 12 Vict., c. 42) bestehenden Praxis der nichtöffentlichen Verhandlung im Interesse der Parteien zu begrüßen. Die Erstreckung der *contempt*-Befugnis auf Veröffentlichungen auch über Zivilsachen, bei denen eine Geschworenenbank überhaupt nicht in Aktion tritt, könnte dagegen als eine unbillige Einschränkung der Meinungsfreiheit erscheinen. Vor allem wäre aber erwägenswert, ob nicht jede Verhängung einer *criminal contempt*-Strafe von einem nicht persönlich betroffenen Gericht, eventuell unter Beiziehung der Geschworenen, zu verbescheiden wäre, um eine nicht unverständliche persönliche Rancüne eines angegriffenen Richters hintanzuhalten.

Trotz solcher und anderer Bedenken läßt sich abschließend sagen: Es kann nicht bestritten werden, daß potentiell ein Konflikt zwischen dem Recht des Publikums auf volle Unterrichtung über die gerade das britische Publikum so brennend interessierenden Gerichtsdinge einerseits und

---

[1] Damit wurde einer Situation Rechnung getragen, die in *The Queen v. Odhams Press, Ltd.* ([1957] [1 Q.B. 173]) zur Verurteilung einer Zeitschrift geführt hatte, welche überhaupt nicht gewußt hatte, daß ein bestimmtes Strafverfahren im Gang war.

dem Schutz der Autorität des Gerichts andererseits besteht. Sicherlich jedoch ist die Verhinderung der Präjudizierung des Angeklagten durch sensationelle Berichterstattung ein durchaus schutzwürdiger Wert, der in das gleiche Kapitel gehört wie der rigorose Ehrenschutz, den jedermann in England genießt. Die englische Situation einer „gebändigten" Presse ist der anderwärts losgelassenen Pressemeute jedenfalls vorzuziehen. Andererseits sind aber Mißbräuche und Überspannungen der *contempt*-Gewalt keineswegs ausgeschlossen. Das Prestige der englischen Justizgebarung ist heutzutage derart, daß kaum je gegen einen Richter der oberen Gerichte ein Vorwurf wegen mangelnder Kompetenz oder Voreingenommenheit sachlich begründet wäre. Nachdem politische Erwägungen bei der Berufung eines *barrister* auf die Richterbank keinerlei Rolle spielen, kann von einer Identifizierung der richterlichen Funktion mit der Regierungspolitik und erst recht von einer eigentlichen Klassenjustiz nicht gesprochen werden. Daran, daß wie jede richterliche Kaste auch die englischen Richter konservativ sind, ist nichts zu ändern, es liegt in der beruflichen Mentalität, welche den Richter zum Verteidiger des *status quo* macht und ihm reformistische Anwandlungen widerrät. Wenn eine richterliche Entscheidung unverkennbar der öffentlichen Meinung zuwiderläuft oder mit dem öffentlichen Interesse nicht in Einklang steht, kann die Gesetzgebung nachträgliche Korrekturen anbringen, wie es gegenüber der Gewerkschaftsbewegung, als sie richterlich beeinträchtigt wurde, in der Vergangenheit der Fall gewesen ist, und auch gegenwärtig (1965) wieder erforderlich wurde[1]. Als Komplex im ganzen gesehen, hat die *contempt*-Befugnis des britischen Richters der Unvoreingenommenheit und Unparteilichkeit der Rechtspflege trotz einzelner gegen sie bestehender Bedenken unschätzbare Dienste geleistet.

## Zweites Kapitel

# Die Gerichtsverfassung

## I. Bemerkungen zum Charakter des englischen Rechts

### 1. Die Standards der Rechtsordnung

Ein Normensystem, das die Grundsätze des Rechtsstaats — *rule of law* —[2] zu verwirklichen beansprucht, muß zwei Anforderungen genügen:

[1] So wurden die gewerkschaftsfeindlichen Entscheidungen in den berühmten Fällen *Taff Vale Railway v. Amalgamated Societies of Railway Servants* ([1901] [A.C. 426]) und *Osborne v. Amalgamated Societies of Railway Servants* ([1910] [A.C. 87]) nachher durch den *Trade Disputes Act* von 1906 (6 Edw. 7, c. 47) bzw. den *Trade Union Act* von 1913 (2 & 3 Geo. 5, c. 3) ausgeglichen. Über den *Trade Disputes Act* von 1965 siehe unten S. 334.

[2] Siehe Bd. I, S. 74ff.

Einerseits müssen die den Mitgliedern der Staatsgesellschaft zustehenden Rechte eindeutig festgelegt und von unabhängigen Gerichten geschützt sein; andererseits darf die öffentliche Gewalt — Behörden und Beamte — nur solche Handlungen vornehmen und den Bürgern nur solche Auflagen machen, welche vorher im Wege der Gesetzgebung ermächtigt worden sind (*government under law*). Eine Rechtsordnung also, die dem rechtsstaatlichen Ideal nachleben will, soll nur solche Normen enthalten, welche für alle Bürger gleich und so unmißverständlich gefaßt sind, daß der Bürger bei Vornahme einer Handlung ihre Rechtsfolgen erkennen kann. Aber nicht genug damit: Da die staatliche Gemeinschaft in ständiger Fortentwicklung begriffen ist, müßte die ideale Normenordnung so beschaffen sein, daß sich das positive Recht den sich wandelnden Sozial- und Wirtschaftsbedingungen anzupassen in der Lage ist.

Nimmt man diese Kriterien der Bestimmbarkeit und der Anpassungsfähigkeit der Rechtsnormen als die erstrebenswerten Standards, so wird der englischen Normenordnung nachgerühmt, es sei ihr gelungen, beiden Anforderungen im Laufe der Jahrhunderte voll gerecht zu werden. In der Tat konnte sich innerhalb ihres Rahmens die Feudalgesellschaft in den Nationalstaat verwandeln und dieser in der Folgezeit sich wirtschaftlich als liberaler Kapitalismus und schließlich als der soziale Wohlfahrtsstaat gestalten, ohne daß die Standards der Rechtsordnung sich wesentlich verändert hätten. Diese erstaunliche Elastizität des englischen Rechts beruht in erster Linie auf der dem Inselland — und seinen Staatengründungen in aller Welt einschließlich der Vereinigten Staaten — eigentümlichen Symbiose von ungeschriebenem „gemeinem" (*common law*) und geschriebenem, weil parlamentserlassenem gesetztem Recht (*statutory law*).

## 2. Das Common Law

Geschichtlich betrachtet setzt sich das englische Recht[1] aus drei voneinander verschiedenen Bestandteilen zusammen, nämlich dem *common law*, dem es ergänzenden Billigkeitsrecht — *equity* — und dem gesetzlich normierten Recht. Bis in die zweite Hälfte des 19. Jahrhunderts waren diese Bestandteile bei der gerichtlichen Anwendung mehr oder minder getrennt, was zumindest teilweise die bis zur schließlichen Reform vorherrschende außerordentliche Komplexität der Gerichtsverfassung erklärt. Heute wird bei der richterlichen Entscheidung zwar jeweils zwischen den einzelnen Rechtsarten unterschieden, sie kann sich aber, wenn rechtlich angezeigt, auf jede derselben gleichermaßen stützen. Es

[1] Im folgenden wird nur auf die Rechtsordnung in England und Wales abgestellt; Schottland (und Nordirland) besitzen ihre eigenen, von der englischen nicht unwesentlich abweichenden Rechtsnormen und -einrichtungen wie Gerichte und Bar. Beispielsweise fehlt in Schottland das Billigkeitsrecht (*equity*). Auf diese Besonderheiten wird unten an den einschlägigen Stellen verwiesen.

ist aber zu betonen, daß in neuerer Zeit Umfang und Geltungsbereich des ungeschriebenen *common law* infolge der fortschreitenden statutarischen Erfassung vieler Rechtsmaterien weitgehend eingeschränkt wurden und aus dem gleichen Grund auch das Billigkeitsrecht seine Bedeutung eingebüßt hat. Immerhin beruhen auch heute noch beträchtliche und wichtige Segmente, insbesondere des Zivilrechts — dazu gehören Eigentum, Vertrag, Familien- und Erbrecht, unerlaubte und unrechtmäßige Handlung und andere mehr — vorwiegend auf dem ungeschriebenen *common law*, wie es in den Gerichtsentscheidungen niedergelegt und fortentwickelt ist (*case law*). In diesem Sinn ist daher auch das *common law* eigentlich nicht mehr „ungeschriebenes" Recht.

Das heutige *common law* ist ehrwürdigen Alters. Es stammt aus der Epoche der Entstehung und des Ausbaus der Zentralmonarchie im 12. und 13. Jahrhundert, als die von der Krone zur Rechtsprechung in die Provinzen und Feudaljurisdiktionsbezirke ausgesandten Richter zwar auf Grund der örtlichen Gewohnheit entschieden, aber gleichzeitig bewußt darauf abstellten, aus diesen Lokalnormen ein dem ganzen Königreich einheitliches „gemeines" — *common* — Recht zu entwickeln, das dann bei der fortschreitenden gerichtlichen Zentralisation auch von den königlichen Gerichten in Westminster angewendet werden konnte und wurde. Das englische Recht war also technisch gerichtliches – *judge-made*-Recht, obwohl seine Quellen in der örtlichen Gewohnheit lagen. Um die Mitte des 13. Jahrhunderts war diese Formationsperiode insoweit beendet, daß Henry Bracton (um 1250) das geltende Recht in seinem berühmten Buch „*De legibus et consuetudinibus Angliae*" systematisch zusammenfassen konnte. Es galt als in dem Sinne lückenlos, daß der Richter nach seiner Maßgabe alle Fälle entscheiden konnte. Seither wurde das *common law* durch die Entscheidungen der königlichen Zentralgerichte fortgebildet. In der Folgezeit erwies es sich als stabil, vor allem weil durch die angelsächsische Regel des *stare decisis* sowohl die nachfolgenden als auch die nachgeordneten Gerichte gehalten waren, der einschlägigen Entscheidung zu folgen, aber gleichzeitig auch elastisch genug, um den bei Veränderung der Sozialverhältnisse auftauchenden neuen Rechtsfragen durch individuelle Auslegung (*distinguishing*) und ohne durch das *stare decisis* gehemmt zu sein Herr zu werden.

### 3. Billigkeitsrecht (equity)

Unbilligkeiten des *common law* wurden durch die Entwicklung des Billigkeitsrechts — *equity* — ausgeglichen und seine Lücken ausgefüllt. Wo bei Anwendung der *common law*-Regeln der materiellen Gerechtigkeit nicht Genüge geleistet schien, konnte der Beschwerte gegen den Ausspruch der königlichen Gerichte sich an den Monarchen selbst wenden, der durch seinen Kanzler in einem Sonderverfahren die entsprechenden

Abhilfemaßnahmen durch Erlaß eines speziellen Gerichtsbefehls (*writ*) vornehmen konnte. Diese Rechtsprechung wurde im *Court of Chancery* konzentriert. Während beispielsweise das *common law* bei Vertragsbruch nur Schadenersatz gewähren konnte, wurde im *equity*-Verfahren die Vertragserfüllung erzwungen. Dieses entwickelte vor allem die im angelsächsischen Rechtsleben sowohl bei geschäftlichen Transaktionen als auch beim Familien- und Erbrecht so bedeutungsvolle Kategorie der fiduziarischen Rechtsgeschäfte (*trust*).

Bei der Ausbildung der *equity* kamen römisch-rechtliche Gedankengänge und auch das, was man heute die Grundsätze der Allgemeinen Rechtslehre nennen würde, in weiterem Umfang zum Zug als beim *common law*. An systematischer Vollständigkeit konnte die *equity* niemals mit dem *common law* konkurrieren, da sie nur als dessen Ergänzung angesehen wurde, aber zumindest seit dem 18. Jahrhundert war auch sie weitgehend systematisiert und unter die Regel des *stare decisis* gestellt worden. Bis zur Gerichtsreform des 19. Jahrhunderts waren jedoch *equity* und *common law* prozessual verschieden und die Fälle wurden vor verschiedenen Gerichten ausgetragen.

## 4. Statutarisches Recht

Gegenüber dem von den königlichen Gerichten zur Anwendung gelangenden gemeinen Recht und seiner Ergänzung durch die *equity* setzte sich das parlamentsgesetzte „statutarische" Recht nur verhältnismäßig langsam durch. Etwa seit der Mitte des 15. Jahrhunderts aber war es zur vollgültigen Rechtsquelle geworden und steigt mit der puritanischen Revolution des 17. Jahrhunderts als der Ausfluß des die staatliche Souveränität verkörpernden Parlaments zur obersten Rechtsquelle auf. Bis zu Anfang des 19. Jahrhunderts hatten das Privatrecht und auch das Strafrecht zum allergrößten Teil auf *common law* und *equity* beruht. Spätestens mit der Reformgesetzgebung im Gefolge der Großen Reform setzt jene Bewegung der Einengung der Reichweite des *common law* ein, die heutzutage dazu geführt hat, daß so gut wie das gesamte öffentliche Recht statutarisch festgelegt ist. Insbesondere ist die anfänglich auf dem *common law* beruhende königliche Prärogative jenem bedeutungsvollen Schrumpfungsprozeß unterworfen worden[1], dem sie ihr heutiges Schattendasein verdankt. Aber auch wichtigste Teile des Privatrechts sind seither parlamentsgesetzlich geregelt worden. In einem sich zunehmend technologisierenden Massenstaat konnte schon um der Rechtssicherheit willen die Entwicklung keine andere Richtung einschlagen. Während aber *common law* und *equity* kaum je in Konflikt gerieten, weil das erstere durch die letztere ergänzt wird, konnten solche Konflikte zwischen *common law* und statutarischem Recht nicht ausbleiben. Ohne daß der

[1] Siehe Bd. I, S. 403f.

Grundsatz formell ausgesprochen worden wäre, hat das gesetzte vor dem gemeinen Recht den unbedingten Vorrang, „bricht“ es also. Die Parlamentsgesetzgebung ist also als oberste Rechtsquelle an die Stelle des *common law* und der durch dieses bedingten richterlichen Rechtsschöpfung getreten. Der Richter ist an das Gesetz auch dann gebunden, wenn es mit dem *common law* kollidieren sollte.

### 5. Die Notwendigkeit einer Reform des Gesetzgebungsrechts

Damit ist zwar das Problem der Normenhierarchie eindeutig gelöst, nicht aber die die Rechtssicherheit in Frage stellende und wiederum typisch englische Situation, daß das seit vielen Jahrhunderten sich auftürmende statutarische Recht im Laufe der Zeiten völlig unübersichtlich und vielfach in sich widerspruchsvoll geworden ist. Das geltende Parlamentsrecht, mehr als 3000 Gesetze umfassend, ist derzeit in 43 Bänden enthalten, wobei das erste angeblich noch in Kraft befindliche Gesetz aus dem Jahre 1235 datiert! Dazu kommen noch an die hundert feisten Bände mit der delegierten Gesetzgebung und an die 350 000 in den Entscheidungssammlungen enthaltene Gerichtsentscheidungen. Rechtspflege und Rechtssicherheit leiden unter diesen chaotischen Zuständen. Ihnen abzuhelfen werden von Zeit zu Zeit, aber ohne jede systematische Planung, sogenannte Konsolidierungsgesetze ausgearbeitet, welche unter Aufhebung der zwar noch rechtlich gültigen, aber praktisch veralteten früheren Gesetzesbestimmungen eine Materie als Kodifikation neuordnen[1].

Zur Erfüllung dieser Aufgabe der Gesetzeskonsolidierung und -modernisierung wurde zwar nach dem letzten Krieg von der Arbeiterregierung ein ständiger Ausschuß beider Häuser eingesetzt (*Consolidation of Enactments* [*Procedure*] *Act* von 1949 [12, 13 & 14 Geo. 6, c. 33]), der aber naturgemäß nur sporadisch funktionieren konnte. Die Regierung Wilson hatte daher eine systematische Gesetzgebungsreform zu einem Brennpunkt ihres Programms gemacht und auch in ihrem *Lord Chancellor*, Lord Gardiner, einem weithin angesehenen *barrister*, einen Sachverständigen ersten Ranges gefunden. Es wurde daher durch den *Law Commission Act* von 1965 (Eliz. 2, c. 22) eine ständige Kommission von fünf Juristen eingesetzt, die, mit dem Rang von Richtern am *High Court* ausgestattet, sich der Modernisierung und gegebenenfalls der Kodifizie-

[1] Nur beispielsweise sei erwähnt, daß der *Administration of Justice Act* von 1964 (Eliz. 2, c. 42), der die Strafgerichtsbarkeit des *Criminal Court* von London modernisierte, der Gepflogenheit gemäß in einem Anhang (*Schedule 5*) nicht weniger als fünfzig frühere Gesetze — das erste davon von 1825 — ganz oder einzelne ihrer Bestimmungen aufhob und überdies im Text selbst auf nicht weniger als fünfundfünfzig weitere Gesetze verwies, die noch in Geltung sind, davon das erste vom Jahre 1802!

rung des gesetzten Rechts als eigentlicher Aufgabe widmen, um durch die Ausschaltung veralteter Vorschriften die Gesetzgebung auf dem laufenden zu erhalten und zu vereinfachen. Alle Vorschläge der Kommission bedürfen der parlamentarischen Genehmigung, so daß das parlamentarische Gesetzgebungsmonopol nicht berührt wird. Eine spezielle Kommission beschäftigt sich mit dem schottischen Recht; eine Angleichung der beiden Rechtssysteme ist aber nicht in Aussicht genommen. Es kann zwar nicht jenes Wunderwerk erwartet werden, das Napoleons *Conseil d'Etat* in wenigen Jahren vollbrachte, aber mit Bestimmtheit eine entschiedene Besserung des gegenwärtigen systemlosen Zustands.

## II. Grundlagen der geltenden Gerichtsverfassung

### 1. Chaotische Zustände vor der Reform

Es mag sich aus der historisch erwachsenen Koexistenz der verschiedenen Quellen des englischen Rechts erklären lassen, daß die englische Gerichtsverfassung mit ihren bis tief ins Mittelalter zurückreichenden Wurzeln sich vor der umfassenden Reform des 19. Jahrhunderts in einem Zustand chaotischer Systemlosigkeit und versteinerter Tradition befangen fand, wie ihn Charles Dickens in *Bleak House* klassisch der Nachwelt überliefert hat. Um lediglich die Obergerichte anzuführen: Es bestanden die historischen *common law*-Gerichte der *King's* (oder *Queen's*) *Bench*, die ursprünglich mit den Vergehen gegen den Königsfrieden befaßt war, der *Court of Common Pleas* für die Verfahren zwischen den Bürgern, und der *Court of Exchequer* für die die Krone berührenden Finanzstreitigkeiten. *King's Bench* und *Exchequer* hatten dabei Einbrüche in die Zuständigkeit des *Common Pleas* gemacht. Der *Court of Chancery* behandelte die *equity*-Fälle. Daneben fungierten Spezialgerichte für bestimmte Rechtsmaterien, für Schiffahrtsangelegenheiten (*Admiralty*), Nachlaßsachen (*Probate*), Ehescheidung und Familiensachen (*Divorce and Matrimonial Causes*), von den *Chancery Courts* der „pfälzischen" Grafschaften Lancaster und Durham nicht zu reden. Als Berufungsgericht für die drei historischen Gerichte fungierte der *Court of Exchequer Chamber*, der zwar materiell ein selbständiges Gericht war, dessen Richterbank im einzelnen Fall sich aber aus denjenigen der anderen Gerichte zusammensetzte, wobei jedoch jeweils das Richterpersonal desjenigen Gerichts ausgeschlossen war, dessen Entscheidung angefochten wurde; beispielsweise wurden *Queen's Bench*-Fälle von den Richtern der *Common Pleas* und *Exchequer* verbeschieden. Gegen die Entscheidungen des *Chancery Court* ging die Berufung an die *Lords Justices in Chancery*. Weitere Einzelheiten können hier erspart werden, da sie, wenn überhaupt jemanden, nur den Historiker interessieren mögen.

Die Folge dieser verwirrenden Fülle von selbständigen und nur lose miteinander verbundenen Gerichten waren andauernde Jurisdiktionsstreitigkeiten, da jedes Gericht den Fall wegen der Sporteln an sich zu ziehen wünschte, mit der ihnen entsprechenden Verwirrung des rechtssuchenden Publikums und zur Freude der Berufsjuristen. Ein langwieriger Prozeß, der beim falschen Gericht angestrengt worden war, mußte nach Abweisung wegen mangelnder Zuständigkeit vor einem anderen Gericht durchgeführt werden, vorausgesetzt der Kläger besaß den erforderlichen finanziellen Atem. Auch war das Prozeßverfahren an jedem Gericht verschieden, wiederum zur Freude der an ihm praktizierenden Spezialisten und zum Leidwesen des Publikums. Die Rechtspflege war somit über alle Maßen teuer, unberechenbar und völlig unbefriedigend geworden.

## 2. Die Reform von 1873—1875

Mit diesen den Erfordernissen einer modernen Rechtspflege hohnsprechenden Zuständen räumten die *Supreme Court of Judicature Acts* von 1873 (36 & 37 Vict., c. 66) und 1875 (38 & 39 Vict., c. 77), beide am 1. Januar 1876 in Kraft tretend, sowie der *Appellate Jurisdiction Act* von 1876 (39 & 40 Vict., c. 59) energisch auf. Kurz zusammengefaßt war die Reform die folgende: Der gerichtsverfassungsmäßige Unterschied zwischen *common law* und *equity* wurde beseitigt; alle Gerichte können seither beide Arten von Rechtsnormen zur Anwendung bringen. Das Prozeßverfahren an allen oberen Gerichten wurde vereinheitlicht. Vor allem aber wurde an Stelle der neben- und gegeneinander judizierenden oberen Gerichte eine einheitliche Gerichtsorganisation im *Supreme Court of Judicature* geschaffen, wobei die Richter das in seiner praktischen Bedeutung kaum zu überschätzende Privileg erhielten, die für ihre Instanzen geltenden Prozeßregeln selbst festzusetzen. Formell-organisatorisch umfaßt der *Supreme Court of Judicature* den *High Court of Justice*, den *Court of Appeal*, die *Courts of Assizes* und den *Central Criminal Court* von London sowie einige andere als Obergerichte geltende Gerichtshöfe. Der für die Praxis der Rechtspflege wesentliche Kern der Gerichtsorganisation ist der *High Court of Justice*, der unter Abschaffung der historischen Gerichte nunmehr zuständigkeitshalber in drei Abteilungen (*divisions*) organisiert ist, nämlich der *Queen's Bench Division*, *Chancery Division* und *Probate, Divorce and Admiralty Division*[1]. Da diese aber theoretisch Bestandteile ein- und desselben Gerichts sind, können anhängige Fälle

[1] Diese Dreiteilung brachte erst das Konsolidierungsgesetz von 1925 (15 & 16 Geo. 5, c. 49); vorher hatten noch fünf Abteilungen im Einklang mit der historischen Ordnung bestanden (*Chancery; Queen's Bench; Common Pleas; Exchequer; Probate, Divorce* und *Admiralty*). 1881 wurden die *Queen's Bench*, *Common Pleas* und *Exchequer* in der *Queen's Bench* zusammengefaßt und die Funktionen ihrer Präsidenten im Amt des *Lord Chief Justice of England* vereinigt.

mühelos nach Bedarf von der einen an eine andere Abteilung verwiesen werden. Gleichzeitig bemühte sich die Gerichtsverfassungsreform der siebziger Jahre auch um eine bessere Abgrenzung der Zuständigkeiten der örtlichen von den zentralen Gerichtshöfen, ohne allerdings Unklarheiten hier völlig vermeiden zu können.

Die derzeitige Gerichtsverfassungsordnung beruht auf der Konsolidierung und Modernisierung der Gesetzgebung der siebziger Jahre im *Supreme Court of Judicature (Consolidation) Act* von 1925 (15 & 16 Geo. 5, c. 49), zu dem seither eine Reihe von Ergänzungsgesetzen ergangen sind. Der — einstweilen — letzte von Bedeutung ist der *Administration of Justice* Act von 1964 (Eliz. 2, c. 43), der sich mit der Strafgerichtsbarkeit des Londoner *Central Criminal Court* befaßt.

Trotz dieser eingreifenden Verbesserungen ist die englische Gerichtsverfassung auch heute noch keineswegs von jener logischen Simplizität der Pyramidenform, die dem kontinentalen Juristen geläufig ist. Es fehlt ihr die unmißverständliche hierarchische Anordnung, nach welcher ein oberes Gericht über Zuständigkeit und Handhabung der Rechtspflege durch die unteren Gerichte und ein oberstes seinerseits über die oberen Gerichte gesetzt ist. Eine weitere, die Situation komplizierende Eigentümlichkeit ist die strenge Trennung der zivilen von der Strafgerichtsbarkeit; für jede von beiden bestehen eigene Gerichtsbehörden. Auch spielt das Laienelement in der Rechtspflege eine weit größere Rolle als auf dem Kontinent, da die *Magistrates* in Gestalt der Friedensrichter meist Nicht-Juristen und ehrenamtlich tätig sind[1].

## 3. Arten der Gerichte

Vorgängig mag eine summarische Übersicht über die bestehenden Arten von Gerichten dienlich sein.

### a) Obergerichte (Superior Courts)

Diese sind die unter der Bezeichnung *Supreme Court of Judicature* zusammengefaßten Gerichtshöfe, nämlich der *High Court of Justice* mit seinen drei Abteilungen der *Queen's Bench, Chancery Division* und *Probate, Divorce and Admiralty Division* und der *Court of Appeal*; dem *Supreme Court* gehören ferner die mit der Strafgerichtsbarkeit befaßten *Courts of Assizes* und der Londoner *Central Criminal Court* an. Als Obergericht gelten ferner seit alters, wenn auch in einigermaßen eingeschränktem Umfang das als Revisionsinstanz fungierende *House of Lords*, der

[1] Eine im Jahre 1948 berichtende *Royal Commission* (Cmd. 7463/1948) entschied sich in ihrer Mehrheit trotz bestehender Bedenken für die Beibehaltung des traditionellen Systems.

*Court of Criminal Appeal* und der *Courts-Martial Appeals Court*[1]. Ein Obergericht ist schließlich auch das *Judicial Committee of the Privy Council.*

### b) Untergerichte

Diese Gruppe umfaßt: die Grafschaftsgerichte (*County Courts*) für Zivilsachen mit einem in der Regel 400 £ nicht übersteigenden Streitwert; in Strafsachen die Friedensrichter (*Justices of Peace*), zuständig für Bagatellverstöße; die sogenannten *Magistrates' Courts*, die Höchststrafen von sechs Monaten Gefängnis und Bußen bis zu £ 100 aussprechen können; die *Quarter Sessions*, die sich aus zwei oder mehreren Friedensrichtern zusammensetzen und mit einer Geschworenenbank judizieren; ihre Zuständigkeit erstreckt sich auf die Mehrzahl der Vergehen mit Ausschluß solcher, die sich gegen den Staat oder die öffentliche Ordnung richten. Untergerichte sind ferner die Jugendgerichte (*Juvenile Courts*) und schließlich die *Coroners Courts*, eine uralte englische Besonderheit; sie treten bei plötzlichen Todesfällen zusammen, die unter nicht normalen Umständen erfolgt sind.

Die Gerichtsverfassung insbesondere in Strafsachen ist zwar in neuerer Zeit durch die nachfolgende Gesetzgebung von historischen Schlakken gereinigt und einigermaßen vereinfacht worden, bietet aber auch in ihrer modernisierten Gestalt ein Bild, das jeden verwirrt, der nicht englischer Berufsjurist ist, da die Zuständigkeiten sich vielfach überschneiden. Grundsätzlich schreibt die englische Gerichtsverfassung die Trennung der zivil- von der strafrechtlichen Justiz vor, so daß ein Richter nur mit der einen oder der anderen befaßt sein sollte, statt daß, wie auf dem Kontinent und in den Vereinigten Staaten, ein und dasselbe Gericht Fälle beiderlei Art verhandelte. Aber auch diese Scheidung ist nicht einheitlich durchgeführt, da beispielsweise der *High Court*, das *House of Lords* und selbst das *Judicial Committee of the Privy Council* gleichzeitig beiderlei Zuständigkeiten ausüben und außerdem ein Richter der *Queen's Bench* auch als Richter an den strafrechtlichen *Assizes* fungiert.

Die nächsten Abschnitte bemühen sich einer mehr detaillierten Darstellung und Erklärung der komplizierten Materie der Gerichtsverfassung.

# III. Die Zivilgerichtsbarkeit

## 1. Die unteren Zivilgerichte

### a) Die Grafschaftsgerichte (County Courts)

Für diejenigen Engländer, die während ihrer Lebzeit überhaupt mit einem Gericht etwas zu tun haben, ist es das erstinstanzielle Grafschaftsgericht

[1] Errichtet durch den *Courts-Martial (Appeals) Act* von 1951 (14 & 15 Geo. 6, c. 46). Dieses Berufungsgericht für Militärstrafsachen ist ein Gerichtshof für das

(*county court*), vor dem sie in Zivilsachen klagen und verklagt werden können. Erstmals begründet durch den *County Courts Act* von 1846 (9 & 10 Vict., c. 95), beruht die derzeitige Regelung auf dem gleichnamigen Gesetz von 1959 (7 & 8 Eliz. 2, c. 22). Demnach sind England und Wales — für Schottland und Nordirland gelten andere Regelungen — derzeit in 54 Gerichtskreise (*circuits*) eingeteilt, die wiederum in Unterbezirke, derzeit etwa 400, zerfallen. Jede Grafschaft hat mindestens ein solches Gericht. Die Höchstzahl der Richter ist auf 90 festgesetzt[1]. Sie können zwar je nach der Geschäftslast nur in einem einzigen Bezirk judizieren, meist aber üben sie ihr Gewerbe im Umherziehen aus, indem sie zwei oder mehrere Bezirke versorgen. Sie sind Berufsjuristen, mit einer vorgängigen Praxis von mindestens sieben Jahren als *barrister* und werden von der Krone, das heißt vom *Lord Chancellor*, auf Lebenszeit ernannt. Sie beziehen ein staatliches Gehalt. Das pensionsfähige Alter wird mit 72 Jahren erreicht. Der Richter sitzt als Einzelrichter, muß aber auf Antrag des Beklagten, wenn ihm eine betrügerische Handlung vorgeworfen wird, eine Geschworenenbank von acht Personen beiziehen. Die Zuständigkeit ist dadurch bedingt, daß die Streitsache innerhalb des Gerichtsbezirks erwachsen ist. Wird ein Streitfall, der an sich vor ein Grafschaftsgericht gehört, beim *High Court* anhängig gemacht, so kann dieser den Fall an das zuständige Gericht verweisen oder aber selbst verhandeln, in welchem Fall jedoch dem Kläger, selbst wenn er dann durchdringt, ganz oder teilweise die Kosten aufgebürdet werden. Das Verfahren ist wesentlich vereinfacht und nicht mit steifen Beweisregeln oder anderen Formalitäten belastet.

Die Zuständigkeit umfaßt die meisten üblichen Zivilstreitigkeiten, mit Streitwertbeschränkungen, die je nach der Materie verschieden sind, im allgemeinen aber bei £ 400 liegen, außer wenn beide Parteien sich über die Austragung wegen eines höheren Streitwerts vor dem Grafschaftsgericht geeinigt haben. Dazu gehören[2]: Vertrag und unerlaubte Handlung (£ 400); gewisse Schadenersatzklagen wegen Ehrverletzung, böswilliger Anklageerhebung und einige andere bedürfen der Zustimmung des Beklagten zur Geltendmachung vor dem Gericht; Klagen wegen Vermögenswerwaltung eines Trusts, Hypothekensachen (£ 500); gewisse Grund- und Bodenstreitigkeiten mit einem Höchststeuerwert von £ 100; Nachlaßsachen (£ 1000). Dazu kommen bei gewissen nahe dem Meer

---

gesamte Vereinigte Königreich; seine Richter werden den englischen, schottischen und nordirischen Gerichten entnommen. Neuerdings besteht gegen seine Entscheidungen die Revision an das *House of Lords* (*Administration of Justice Act* von 1960 [8 & 9 Eliz. 2, c. 65], Sektion 1).

[1] *Administration of Justice Act* von 1964 (Eliz. 2, c. 42).

[2] Die beigesetzten Zahlen geben den Höchststreitwert an.

gelegenen Gerichten dieser Art auch seerechtliche Fälle wie Schiffsbergungen, Lohnansprüche der Seeleute, Schaden an der Ladung und ähnliches. Einige Grafschaftsgerichte außerhalb Londons sind auch für Konkurssachen zuständig. Ein Großteil der heutigen Zuständigkeit beruht aber, hier in erster und sogar einziger Instanz, auf der neueren Sozialgesetzgebung, wie Wohnungswesen, landwirtschaftliche Nutzung, und vor allem den in der ganzen zivilisierten Welt häufigsten Gerichtsfällen der Mietstreitigkeiten. Den Grafschaftsgerichten steht aber keinerlei straf- oder familienrechtliche Zuständigkeit zu. Die Berufung geht zum *Court of Appeal*, meist wegen Rechtsfragen oder wegen der Zulassung oder Nichtzulassung von Beweisen, und in einzelnen Kategorien auch über Tatfragen.

### b) Die Borough-Gerichte

Die meisten städtischen Bezirke (*boroughs*) sind jetzt in Grafschaften eingegliedert, also in der erstinstanziellen Zivilgerichtsbarkeit von den Landbezirken nicht verschieden. Aber in einigen *boroughs* haben sich anstelle der Grafschafts- die historischen Gerichte erhalten, was keineswegs zur Übersichtlichkeit der Gerichtsverfassung beiträgt. Die wichtigsten derselben sind der *Mayor's and City of London Court* in London, in Liverpool (*Court of Passage*), Salford (*Hundred Court*) und Bristol (*Tolzey Court*), deren Zuständigkeiten etwas weiter sind als diejenige des normalen Grafschaftsgerichts. Um die Verwirrung noch zu vergrößern, geht die Berufung von Liverpool und Salford an den *Court of Appeal*, von anderen solchen Gerichten an die *Queen's Bench*.

## 2. Der High Court of Justice

### a) Richterpersonal

Bei weitem das wichtigste Gericht für Zivilsachen ist der *High Court of Justice*. Die Zahl der an ihm tätigen vollamtlichen *Puisne*-Richter[1] mußte infolge der steigenden Geschäftslast andauernd erhöht werden und beträgt nunmehr nach dem *Judges' Remuneration Act* von 1965 (Eliz. 2, c. 61 [Sektion 3]) maximal dreiundsechzig. Nach gesetzlicher Anordnung müssen von diesen mindestens 17 der *Queen's Bench*, 6 der *Chancery* und 3 der *Probate, Divorce and Admiralty Division* zugeteilt sein; der Löwenanteil trifft aber auf die *Queen's Bench*. Die berufliche Qualifikation für jeden *Puisne*-Richter ist die mindestens zehnjährige Praxis als *barrister*

[1] Die Bezeichnung gilt für alle Richter, die außerdem keine amtliche Tätigkeit ausüben und umfaßt alle an den *High Court* berufenen Richter, aber nicht den *Lord Chief Justice*, der der *Queen's Bench*, den *Lord Chancellor*, der formell der *Chancery Division*, und den *Master of the Rolls*, der dem *Court of Appeal* präsidiert.

(*Barristers* [*Qualification for Office*] *Act* von 1961 [9 & 10 Eliz. 2, c. 44])[1]. Die Zuteilung an eine bestimmte Abteilung erfolgt durch den Lord *Chancellor*, der hier wie in vielen anderen Dingen gewissermaßen als der kontinentale Justizminister fungiert und auch über Neubesetzungen bestimmt, soweit sie über die gesetzliche Mindestzahl von 25 Richtern hinaus notwendig werden. Hierzu ist aus begreiflichen fiskalischen Gründen das Einvernehmen des Schatzamts vorgeschrieben. Hiergegen ließen sich angesichts des Grundsatzes der richterlichen Unabhängigkeit Bedenken erheben, die aber im Hinblick auf die Anomalie der Stellung des *Lord Chancellor*, der gleichzeitig ein höchster Richter und ein politischer Beamter auf Zeit ist, wohl mit in Kauf genommen werden können. Ein Richter kann mit seiner und der Zustimmung des Präsidenten seiner Division nach Maßgabe der Geschäftslast an eine andere Abteilung des *High Court* versetzt werden. Bemerkt sei schließlich, daß ein Richter des *High Court* auch als Vorsitzender eines *Court of Assizes* amtieren muß, so daß er also strafrechtliche und zivilrechtliche Aufgaben zu erfüllen hat.

### b) Zuständigkeiten

Die *Queen's Bench Division* befaßt sich mit jeder Zivilklage nach *common law* und übt damit die Jurisdiktion aus, die früher den drei historischen *common law*-Gerichten zustand, außer denjenigen Fällen, bei denen der Streitwert £ 400 nicht übersteigt. Außerdem übt die Division die strafrechtliche Berufungsgerichtsbarkeit in bestimmten Fällen aus und ist die Aufsichtsbehörde über die unteren Gerichtsbehörden. Gleichzeitig fungiert sie in Zivilsachen als der *Assizes Court* für London und Middlesex. Die Abgrenzung gegenüber den Provinz-*Assizes*-Gerichten ist flüssig, manche Fälle könnten ebenso gut von einem *Queen's Bench*-Richter vor dem örtlichen *Assizes*-Gericht verhandelt werden. Die Verhandlung kann nach Ermessen des Gerichts mit oder ohne Geschworene stattfinden, außer in einer Reihe von Fällen (wie Betrug, Ehrbeleidigungen und einigen anderen), wo die Geschworenen obligatorisch sind. In Zivilsachen ist man von den Geschworenen neuerdings mehr und mehr abgekommen und ein Verlangen danach wird von den Parteien nur mehr selten gestellt[2].

Der *Chancery Division* obliegen die Angelegenheiten, die früher in *equity* verhandelt wurden, trotzdem heute alle Abteilungen des *High Court* und jeder seiner Richter sowohl *at common law* als auch nach

---

[1] Die Ernennung von Mrs. Elizabeth K. Kane zum *Puisne*-Richter des *High Court* (1965), wo sie der *Probate, Divorce and Admiralty Division* zugeteilt ist, durchbrach das seit Anbeginn bestehende Männermonopol an den höchsten britischen Gerichtshöfen.

[2] Siehe unten S. 63.

*equity* judizieren und alle in beiden Rechtssystemen bestehenden Abhilfemaßnahmen (*remedies*) treffen können. Dazu gehören vor allem: Handelsrecht (Gesellschaften und Partnerschaften); Hypotheken, Trusts und die Verwaltung von Nachlässen und das Obligationsrecht, soweit bei einem Vertrag die Erfüllung durch spezielle richterliche Anordnung (*specific performance*) begehrt werden kann, ferner seit 1883 das Konkursverfahren. Sonderbarerweise fällt auch die Vormundschaft über Minderjährige unter die Zuständigkeit der *Chancery Division.*

Der *Lord Chancellor* als der Präsident des gesamten *Supreme Court of Judicature* ist nur mehr dem Namen nach der Vorsitzende der *Chancery Division*, die ihren eigenen Präsidenten hat.

Den *Chancery Courts* von Lancaster und Durham verblieb die Zuständigkeit für die in ihrem Jurisdiktionsbezirk anfallenden einschlägigen Fälle.

Die *Probate, Divorce and Admiralty Division* schließlich vereinigt in sich heterogene Zuständigkeiten, für deren Zusammengehörigkeit nicht einmal historische Gründe angeführt werden könnten. Die Jurisdiktionsbezeichnungen sprechen für sich selbst. *Admiralty* umfaßt Seerechtsstreitigkeiten, vor allem Schiffszusammenstöße, aber keineswegs alle, da das Seetransportwesen von der *Queen's Bench* in dem sogenannten *Commercial Court* verhandelt wird, das heißt von einem zur Verhandlung von Handelssachen bestimmten Einzelrichter. Das Verfahren ist in solchen Fällen vereinfacht und beschleunigt. Nachlaßsachen (*probate*) und Ehescheidungen (*divorce*) haben insofern einen gemeinsamen geschichtlichen Hintergrund, als beide Materien früher von einem kirchlichen Gerichtshof behandelt worden waren, von dem sie 1857 auf weltliche Gerichtsbehörden übergegangen waren[1]. Die Division ist also die Nachfolgerin der damals errichteten *Courts of Probate* und *for Divorce and Matrimonial Causes.*

### c) Divisional Courts

Darunter wird ein aus zwei oder mehreren Richtern des *High Court* zusammengesetztes Gericht verstanden, das sowohl originäre als auch Berufungsgerichtsbarkeit ausübt. Ein solches Kollegialgericht kann in jeder der drei Abteilungen gebildet werden, kommt aber am meisten in der *Queen's Bench Division* vor. Dort gehören zur Zuständigkeit eines *Divisional Court* die folgenden Gegenstände: Vor allem der Erlaß einer gerichtlichen Anordnung (*writ*) in *habeas corpus*-Sachen und die gerichtlichen Anordnungen, die an andere Gerichte oder an Behörden gerichtet sind (*certiorari, mandamus* und *prohibition*)[2]; die Entscheidung von Rechtsfragen, die von den *Quarter Sessions* und den *Magistrates' Courts*

---

[1] Der kirchliche Gerichtshof konnte nur die Trennung der Ehe, nicht aber ihre Auflösung aussprechen.

[2] Über diese wird im Kapitel 4 zu handeln sein, siehe unten S. 95ff.

heraufgelangen; ferner Berufungssachen gewisser unterer Gerichte; Wahlstreitigkeiten sowie einige andere Angelegenheiten. Nachdem im *Administration of Justice (Appeals) Act* von 1934 (24 & 25 Geo. 5, c. 40) die Berufung von den nur mit Zivilsachen befaßten *County Courts* direkt an den *Court of Appeal* zugelassen wurde, ist die Berufungstätigkeit der *Divisional Courts* in der Hauptsache straf- und verwaltungsrechtlicher Natur.

### 3. Das Kartellgericht (Restrictive Practices Court)

Dieser eine interessante und wesentliche Neuerung darstellende Gerichtshof wurde durch den *Restrictive Trade Practices Act* von 1956 (4 & 5 Eliz. 2, c. 68) nach kontinentalem (bundesdeutschen) Vorbild für Kartellangelegenheiten geschaffen. Er ist ein zusätzliches Obergericht *of record*, das heißt seine Entscheidungen werden veröffentlicht. Alle Kartellvereinbarungen müssen nunmehr dem durch das Gesetz geschaffenen *Registrar of Trade Agreements* mitgeteilt werden, der dann diejenigen Fälle, die ihm auf Grund des Gesetzes als mit dem öffentlichen Interesse unvereinbar erscheinen, an das Gericht zu verweisen hat. Die Einführung einer Sondergerichtsbarkeit entsprach dem lange gefühlten Bedürfnis, die sowohl dem Verbraucher als auch einem freien Wettbewerb abträglichen Kartellpraktiken unter richterliche Kontrolle zu bringen. Das Kartellgericht setzt sich jetzt aus acht Berufsrichtern und höchstens zehn Laienmitgliedern zusammen; fünf der Richter werden dem *High Court*, zwei dem schottischen und einer dem nordirischen höchsten Gericht entnommen. Die Revision gegen die Entscheidungen der ersten Instanz geht an den *Court of Appeal* bzw. ein oberstes schottisches oder nordirisches Gericht. Eine neueste Ergänzung für die Probleme der Wirtschaftskonzentration ist der *Monopolies and Mergers Act* von 1965 (Eliz. 2., c. 50)[1].

### 4. Der Court of Appeal

Wie in den Vereinigten Staaten bescheiden sich die Parteien in Zivilstreitigkeiten in der Regel mit dem Spruch der ersten Instanz, außer wenn sie annehmen, die Berufungsinstanz würde zu einer anderen Würdigung einer Rechtsfrage oder auch der Beweisaufnahme gelangen. Auch zügeln die sehr hohen Prozeßkosten die Berufungslust. Demgemäß spielt die Berufung in England in der Rechtspraxis eine erheblich geringere Rolle als auf dem prozeßsüchtigeren Kontinent. Die normale Berufungsinstanz ist der *Court of Appeal*, gleichfalls ein Ergebnis der Gerichtsreform in der zweiten Hälfte des letzten Jahrhunderts. Nach dem Konsolidierungsgesetz von 1925 besteht dieser aus den *ex officio*-Vorsitzenden (*Lord Chancellor*), jedem früheren *Lord Chancellor*, dem *Lord Chief Justice* und dem *Master of the Rolls*; letzterer ist üblicherweise der Gerichts-

---

[1] Über den Spezialfall der Unterbindung von Monopolen bei den Meinungsbildungs-Medien siehe unten S. 320ff.

präsident. Außerdem sitzen die *Lord Justices of Appeal*, deren Zahl gesetzlich mit mindestens acht und höchstens 12 bestimmt ist (derzeit 11). Qualifiziert für dieses Amt sind nur *barristers* mit vorgängiger fünfzehnjähriger Praxis, außer wenn sie vorher am *High Court* waren. In den meisten Fällen wird ein Richter des *High Court* zum *Court of Appeal* befördert, während sonst innerhalb der Gerichtsorganisation Beförderungen nicht üblich sind, außer gelegentlich vom *County Court* zum *High Court*. Das Gericht fungiert in der Regel in drei Abteilungen mit je drei Richtern. Die Zuständigkeit des Gerichts ist strikt auf Zivilsachen beschränkt. Fälle, die zu einer strafrechtlichen Verhandlung führen könnten, sind ausgeschlossen (Gesetz von 1925, Sektion 31 (1)). Unter die Zuständigkeit fallen alle Berufungen, die früher an die verschiedensten Instanzen gegangen waren. In der Hauptsache besteht aber die Tätigkeit heute in Berufungen gegen Entscheidungen der *County Courts* (seit 1934), des *High Court* selbst und der *Assizes*-Gerichte[1]. Prozessual kann das Gericht einen Fall zur neuen Verhandlung und Entscheidung an die Vorinstanz zurückverweisen oder aber auch unter neuerlicher Würdigung der Beweisaufnahme, die nicht wiederholt werden kann, zu einer vom Vorgericht abweichenden Entscheidung gelangen.

## 5. Das House of Lords als Revisionsinstanz

### a) Zuständigkeiten

Die Zuständigkeit des Oberhauses als Revisionsinstanz[2] hat seit alters bestanden. Versuche, in Zivilsachen auch eine originäre Zuständigkeit in Anspruch zu nehmen, scheiterten frühzeitig (*Skinner v. The East India Company*, 1666 [6 St. Tr. 710]). Seit 1851 gingen Revisionen vom damals errichteten *Court of Appeal in Chancery* an die Lords. Sie nahmen nach der Union mit Schottland (1707) die Appellgerichtsbarkeit in Zivilsachen von den schottischen Obergerichten erfolgreich in Anspruch, obwohl sich der *Act of Union* darüber ausgeschwiegen hatte, während die Unionsakte mit Irland (1800) ihnen die Appellgerichtsbarkeit in Zivilsachen ausdrücklich übertrug; sie erstreckt sich aber nach dem Ausscheiden des Freistaates Irland jetzt auf Nordirland einschließlich der Strafsachen[3].

Seit alters beruht die Revisionszuständigkeit des *House of Lords* auf Herkommen, falls die Vorinstanz — der *Court of Appeal* oder ein

[1] Wie es bei einer so unorganischen Gerichtsverfassung wie der englischen nicht anders zu erwarten ist, gehen aber Berufungen gegen die Entscheidung der *Admiralty Division* des *High Court* in Prisenangelegenheiten (Beschlagnahme eines Schiffes eines kriegführenden oder neutralen Staats in Kriegszeiten [siehe den Schlüsselfall *The Zamorra* [1916] [2 A.C. 77]) nicht an den *Court of Appeal*, sondern an das *Judicial Committee of the Privy Council*.

[2] Der englische Ausdruck *appeal* deckt sowohl die Berufung, bei der eine Nachprüfung der Beweisaufnahme zulässig ist, als auch die eigentliche Revision, die lediglich um Rechtsfragen geht. Infolge der Gerichtspraxis ist eine eindeutige Abgrenzung der beiden Begriffe hier nicht möglich.

[3] Siehe unten S. 66.

höchstes Gericht in Schottland oder Nordirland — oder aber das Oberhaus selbst die Revision zugelassen haben (*Administration of Justice* [*Appeals*] *Act* von 1934 [24 & 25 Geo. 5, c. 40]). Eine automatische Revisionsberechtigung der Parteien oder des Gerichts besteht also nicht. Die Revision wird in der Form einer *petition* auf Aufhebung (*reversal*) oder Abänderung (*variation* oder *alteration*) einer vorgängigen Gerichtsentscheidung eingelegt. Sie ist sowohl in Zivil- als auch in Strafsachen zulässig, aber nach der unbestrittenen Praxis nur in solchen Fällen, in denen eine letztinstanzielle Entscheidung von allgemeinem Interesse ist.

### b) Richterpersonal

Bei der großen Gerichtsreform von 1873 war ursprünglich beabsichtigt gewesen, die Revisionszuständigkeit des Oberhauses gänzlich auszuschalten. Der *Appellate Jurisdiction Act* von 1876 (39 & 40 Vict., c. 59) entschloß sich jedoch statt dessen zur Beibehaltung und sogar Verstärkung der Revisionszuständigkeit des Oberhauses und unternahm eine Reform sowohl dieser als auch derjenigen des *Judicial Committee of the Privy Council*, welch beide Instanzen als die höchsten Appellgerichte des Vereinigten Königreichs und seiner Überseebesitzungen angesehen werden. Das Gesetz von 1876 ließ die Revision vom *Court of Appeal* und den höchsten Gerichten in Schottland und Irland (jetzt nur mehr Nordirland) zu. Aber das Richterpersonal sollte für die Revisionstätigkeit des *House of Lords* wie für diejenige des *Judicial Committee of the Privy Council* im wesentlichen dasselbe sein. Deswegen wurden die *Lords of Appeal in Ordinary* (meist die *Law Lords* genannt) geschaffen. Sie erhielten zuerst die Oberhausmitgliedschaft nur für die Dauer ihres Amts, sind aber seit 1887 (*Appellate Jurisdiction Act* [50 & 51 Vict., c. 70]) damit lebenslänglich ausgestattet. Seit dem *Appellate Jurisdiction Act* von 1947 (10 & 11 Geo. 6, c. 11) beträgt ihre Zahl wie die der klassischen Musen neun. Sie sind zweifellos Juristenpersönlichkeiten des höchsten professionellen Kalibers, als Gruppe dem amerikanischen *Supreme Court* wahrscheinlich überlegen. Einer oder auch zwei derselben sind schottische Juristen. Der eine oder andere davon wird von der Regierung nicht selten für wichtige nicht-juristische Aufgaben staatsmännischer oder politischer Natur herangezogen.

### c) Verfahren

Das Oberhaus als Revisionsgericht pflegte früher in dem Beratungssaal der Lords zu tagen, wenn dort keine Gesetzgebungsgeschäfte behandelt wurden. Nach der während des letzten Krieges erfolgten Zerstörung der Tagungskammer der Commons hatten die Lords diesen ihren Versammlungsraum überlassen und versammelten sich im *King's Robing Room* in Westminster. Der mit dem Neubau des *Commons*-Saals verbundene Lärm erschwerte die gerichtlichen Verhandlungen und veranlaßte eine

Neuordnung. Da das Haus nicht gleichzeitig an zwei Stellen tagen kann, wurden die gerichtlichen Verhandlungen der *Law Lords* als *Appellate Committee* behandelt und in ein Kommissionszimmer verwiesen. Diese Praxis scheint sich nunmehr dauernd eingebürgert zu haben.

Nach Anhörung der Parteien berichten die *Law Lords* an das Haus, wo alsdann die Revision debattiert und über die Entscheidung abgestimmt wird. Ein gewöhnlicher Peer mag dabei zuhören, wenn es ihn interessiert, aber Debatte und Abstimmung sind auf die *Law Lords* und die anderen höchsten Juristen beschränkt, die teilnahmeberechtigt sind. In Zivilsachen wird dann vor dem Oberhaus selbst eine Darstellung der Entscheidungsgründe verlesen, in Strafsachen dagegen wird abgestimmt, sobald ein Fall entscheidungsreif ist und die Mitteilung der Entscheidungsgründe aufgeschoben. Das Oberhaus kann jetzt nach gesetzlicher Ermächtigung als Gericht auch dann tagen, wenn das Parlament sich vertagt hat oder aufgelöst worden ist. Die *Law Lords* sind ermächtigt, in besonders schwierigen Fällen Richter des *High Court* als Berater beizuziehen, was aber seit Beginn der Einrichtung nur viermal der Fall gewesen ist. Die *Law Lords* als Revisionsinstanz sind nicht überbeschäftigt, sie tagen hundert Tage im Jahr und bescheiden durchschnittlich etwa vierzig Fälle, sind aber gleichzeitig auch im *Judicial Committee of the Privy Council* tätig.

## 6. Die Gerichtsbarkeit des Judicial Committee of the Privy Council

Um ihre ohnehin reichlich unübersichtliche Gerichtsverfassung noch weiter zu komplizieren, erfreuen sich die Engländer noch einer weiteren obersten Revisionsinstanz in Gestalt des Gerichtsausschusses des Königlichen Staatsrats — *Judicial Committee of the Privy Council.*

### a) Zur geschichtlichen Entwicklung

Die Anfänge gehen auch hier ins Mittelalter zurück, wo der Königliche Rat (*King's Council*) als Gerechtigkeitsinstrument der Krone auch nach der Ausbildung der *common law-* und *equity-*Gerichtshöfe gewisse Zuständigkeiten vor allem in Staatssachen und in solchen Angelegenheiten beibehielt, in denen die ordentlichen Gerichte keine Abhilfe schaffen konnten. Es handelte sich aber damals wohl um kein Gericht im formellen Sinn (*court of record*), da die Entscheidungen nicht unter amtlichem Siegel ergingen und nicht durch Veröffentlichung allgemein zugänglich waren. Wohl aber in der Tudorzeit wurde der *Privy Council* zum eigentlichen Gerichtsorgan. Die berüchtigte, für die großen Staatsaffären zuständige *Star Chamber*-Gerichtsbarkeit, durch das Gesetz von 1487 (3 Hen. 7, c. 1) auf eine statutarische Grundlage gestellt, trug den offiziellen Titel „*The Lords of the Council sitting in the Star Chamber*". In ihrem Verfassungskonflikt mit den Stuarts richtete sich die Gegnerschaft der Parlamente besonders gegen die königlichen Sondergerichte

(*Star Chamber Court* und *Court of High Commission*, letztere vor allem mit wichtigen kirchlichen Prozessen befaßt), bis es schließlich zur gesetzlichen Abschaffung der *Star Chamber* durch das Lange Parlament kam (*Star Chamber Abolition Act* von 1641 [16 Cha. 1, c. 10]). Alle Gerichtsgewalt des Königs selbst oder seines *Privy Council* wurde damit radikal beseitigt. Was sich in der Folgezeit von seiner Zuständigkeit erhielt, waren lediglich die Berufungen gegen die Entscheidungen oberster Gerichte der „überseeischen Dominions des Königs", wozu die Kanalinseln und die Insel Man, die Kolonien und später auch Indien gerechnet wurden. Während des 18. Jahrhunderts nahm das Verfahren der mit diesen Aufgaben betrauten Ratsausschüsse einen gerichtsförmlichen Charakter an, die Sitzungen wurden meist öffentlich abgehalten, und seit 1829 wurden die Entscheidungen auch in amtlichen *Reports* veröffentlicht.

Die Notwendigkeit einer gesetzlichen Neuordnung ergab sich mit der im Jahre 1832 erfolgten Neubelebung der Zuständigkeiten durch die Übertragung der Berufungen von den kirchlichen Gerichten (*Ecclesiastical Courts*) und dem Marinegericht (*Court of Admiralty*). Sie erfolgte in den *Judicial Committee Acts* von 1833 (3 & 4 Will. 4, c. 41) und 1844 (7 & 8 Vict., c. 69), welche zusammen mit nachfolgenden gesetzlichen Regelungen heute die *sedes materiae* und die Grundlage der richterlichen Befugnisse des *Judicial Committee of the Privy Council* bilden.

### b) Zuständigkeiten

Das *Judicial Committee of the Privy Council* entscheidet, falls es hierzu eine allgemeine Ermächtigung durch *Order in Council* erhalten hat, über alle Berufungen, die gegen Urteile von Gerichten in den britischen Kolonien und Überseebesitzungen bei ihm eingelegt werden, und zwar selbst dann, wenn es sich nicht um eine Entscheidung des dortigen obersten Gerichtshofs handeln sollte. Darunter fallen derzeit Berufungen von den Gerichten der Kanalinseln und der Insel Man und von solchen Überseegebieten oder Kolonien, welche seither nicht im Zug ihrer Unabhängigkeitserlangung diesen Instanzenzug durch heimische Gesetzgebung abgeschnitten haben. Auf der Grundlage des älteren *Colonial Laws Validity Act* von 1865 (28 & 29 Vict., c. 63) und neuerdings der *Statute of Westminster* von 1931 (22 & 23 Geo. 5, c. 4) ist dies bei folgenden Staaten der Fall gewesen: *Kanada*[1]; Irischer Freistaat (*Eire*)[2]; *Indien* (1949); *Paki-*

---

[1] *British Coal Corporation v. The King* ([1935] [A.C. 500]) für Strafsachen und *Att.-Gen. for Canada v. Att.-Gen. for Ontario* ([1937] [A.C. 326] [No. 1] und [A.C. 355] [no. 2]) für Zivilsachen.

[2] *Moore v. Att.-Gen. for the Irish Free State* ([1935] [A.C. 484]). Die Zulässigkeit der Revision zum *Judicial Committee of the Privy Council* war in der Verfassung Irlands von 1922 (Art. 66) enthalten gewesen, wurde aber durch Verfassungsänderungsgesetz Nr. 22 von 1933 von Irland aufgehoben. Das *Judicial Committee* hielt die Aufhebung für zulässig.

*stan* (1950); *Zypern* (1960), *Südafrikanische Union* (1933)[1]. Die republikanischen Mitglieder des *Commonwealth* – Ghana, Nigeria, Uganda, Tanganyika, Kenya – haben sich mit Erlangung der staatlichen Unabhängigkeit von der Jurisdiktion des *Privy Council* losgesagt; lediglich anhängige Verfahren wurden durchgeführt. Derzeit (1963) besteht die Berufungszuständigkeit des *Judicial Committee* für die folgenden Staaten und Territorien[2]: Australien (*Commonwealth High Court* und der Staat New South Wales); Neuseeland; Bahamas; Bermuda; Britisch-Karibische Besitzungen: Trinidad und Tobago; Jamaica; British Honduras; Afrika: Mauritius; Rhodesien und Nyasaland (jetzt Malawi); Sierra Leone; Asien: Ceylon; Hong Kong; Singapore; Malaysia; ferner: Malta; Gibraltar. Wie aus dieser Aufstellung hervorgeht, sind die wichtigsten Dominions – Kanada, Indien, Pakistan – heute an der Jurisdiktion des *Privy Council* nicht mehr beteiligt.

Im Zuge der Revisionstätigkeit gegenüber den seine Zuständigkeit anerkennenden *Commonwealth*-Staaten kann es nicht ausbleiben, daß das *Judicial Committee* zu einer Art Verfassungsgerichtshof für das *Commonwealth* geworden ist, dessen Entscheidungen eine wahre Fundgrube für das vergleichende Verfassungsrecht darstellen[3].

Der Vollständigkeit halber sei erwähnt, daß dem *Judicial Committee of the Privy Council* neuerdings auch die Berufung gegen Entscheidungen zweier sogenannter *Domestic Tribunals* — Disziplinargerichte der Ärzte

---

[1] Diese ist inzwischen (1961) aus dem Verband des *Commonwealth* vollständig ausgeschieden.

[2] Das Material wurde dem vom *Lord Chancellor* dem Parlament im Juni 1964 vorgelegten Bericht *Civil Judicial Statistics* (Cmnd. 2394/1964, S. 6f) entnommen.

[3] Von einschlägigen Entscheidungen der letzten Jahre seien erwähnt: in *Adeybenk v. Akintola* ([1963] [3 All E.R. 544]) hatte der *Governor-General* von Nigeria den Prime Minister von Western Nigeria seines Amtes enthoben, trotzdem kein formelles Mißtrauensvotum der Gesetzgebungsversammlung ergangen war, sondern ihm lediglich eine von der Mehrheit der Versammlung unterzeichnete Petition vorgelegen hatte. Die Entlassung wurde für zulässig erklärt, da der *Governor-General* nach Art. 33 (10) der Verfassung von Western Nigeria von 1960 sich sein Urteil über die Fortdauer des Vertrauens der Versammlungsmehrheit in die Regierung nach seinem Ermessen bilden kann, also an ein formelles Mißtrauensvotum nicht gebunden sei, eine sonderbare Entscheidung im Milieu der parlamentarischen Demokratie, aber formell wohl richtig. In einem Ceylon betreffenden Fall (*The Bribery Commission v. Ranasinghe* [1964] [2 All E.R. 785]) ging es um die Rechtsgültigkeit einer Verfassungsänderung. Die Verfassung von Ceylon von 1946 schreibt vor, daß ein Parlamentsakt, der eine Verfassungsänderung enthält, ehe der *Royal Assent* erteilt wird, mit einem *Certificate* des Speakers versehen sein muß, wonach er mit der vorgeschriebenen Zweidrittelmehrheit zustande gekommen ist. Einem solchen verfassungsändernden Gesetz war aber die königliche Zustimmung ohne das Vorliegen des *Certificate* erteilt worden. Der *Privy Council* entschied, daß bei einem unzweideutigen Konflikt zwischen Gesetz und Verfassung das Gericht sich nicht mit der offiziellen Ausfertigung des Gesetzes begnügen kann, sondern die ursprüngliche Vorlage und das ganze Verfahren zu prüfen verpflichtet sei.

(nach dem *Medical Act* von 1956 [4 & 5 Eliz. 2, c. 76]) und Dentisten (nach dem *Dentists' Act* von 1957 [5 & 6 Eliz. 2, c. 28]) — zustehen[1], und daß es auch die letzte Instanz gegen Urteile der kirchlichen Gerichtshöfe in England (*Ecclesiastical Courts*) und der Prisengerichte ist.

### c) Richterpersonal

Da es sich um ein Gericht handelt, dessen Zuständigkeit über das Gebiet des Vereinigten Königreichs und das dort geltende Recht hinausgreift, wird bei der Zusammensetzung der Richterbank auf Sachverständige Wert gelegt, die auch mit dem bei der Entscheidung einschlägigen überseeischen Recht vertraut sind. Der *ex officio*-Vorsitzende ist der *Lord President of the Council*, der aber, meist ein Nicht-Jurist, das Amt nicht ausübt. An seine Stelle tritt wiederum der vielbeschäftigte *Lord Chancellor*. Mitglieder sind ferner die neun *Lords of Appeal in Ordinary* (*Law Lords*), die auch im Oberhaus als Revisionsinstanz den Großteil der richterlichen Bürde tragen; dazu kommen sechs langjährige (*senior*) Richter oder ehemalige Richter aus Australien, Neuseeland und (bisher) aus der Föderation von Südrhodesien und Nyasaland. Das Quorum besteht aus drei Richtern. Früher wurde bei Revisionen aus Indien und Kanada jeweils ein dortiger Richter zugezogen. Dies ist heute gleichfalls bei Revisionen aus anderen Gebieten des *Commonwealth* die Gepflogenheit, um einen im einheimischen Recht bewanderten Richter auf der Richterbank zu haben[2]. Da Verhandlungen vor dem *Judicial Committee* keineswegs alltäglich und daher lange vorher anberaumt sind, können sich der Richter des Staates, von dem ein Fall appelliert wird, ebenso wie die Anwälte rechtzeitig nach London begeben. Außerdem verfügen wohl alle Territorien, die noch mit dem *Privy Council* zu tun haben, in London über *barristers* ihrer eigenen Staatsangehörigkeit.

### d) Verfahren

#### *aa) Zur Einlegung der Revision*

Für das Recht einer Partei zur Einlegung einer Revision zum *Judicial Committee of the Privy Council* gegen eine einheimische, das heißt in diesem Fall überseeische Gerichtsentscheidung bestehen keineswegs einheitliche Regelungen; sie wird vielmehr nach Maßgabe der jeweiligen historischen Voraussetzungen gewährt. Die Appellationsbefugnis wird

---

[1] Neueste Entscheidungen sind: *Sivarujar v. General Medical Council* ([1964] [1 All E.R. 504]) und *McConn v. General Medical Council* ([1964] [3 All E.R. 143]). Im allgemeinen läßt der *Privy Council* es bei der Entscheidung des Standesgerichts bewenden.

[2] Das Gesetz von 1833 machte jeden Bischof oder Erzbischof, dem die Würde eines *Privy Councillor* verliehen wurde, automatisch zum Mitglied des *Judicial Committee*; sie sitzen aber jetzt nur bei bestimmten kirchenrechtlichen Fällen.

grundsätzlich in zwei Gruppen eingeteilt, nämlich in Appelle auf Grund allgemeiner Berechtigung (*right of grant*) und auf Grund spezieller Ermächtigung von seiten des *Judicial Committee* selbst (*by special leave*)[1]. Rechtlich verpflichtet die königliche Prärogative den *King* oder die *Queen in Council* zur Ausübung der Revisionsgerichtsbarkeit. (*R. v. Bertrand* [1867] [L.R. 1 P.C. 520]). Die Befugnis zur Einlegung des Rechtsmittels wird daher in vielen Fällen nach Maßgabe eines für das betreffende Überseegebiet erlassenen Gesetzes des Parlaments (*Imperial statute*), durch *Order in Council* oder auch durch die örtliche Gesetzgebung gewährt. Innerhalb dieser Kategorie muß aber wiederum zwischen einer allgemein gewährten Befugnis (dem eigentlichen "*right of grant*") und der jeweils von dem zuständigen Territorialgericht — in der Regel das oberste Kolonial- oder Dominion-Gericht — gewährten Einlegungsbefugnis im Einzelfall unterschieden werden. Für Strafsachen ist die Revision in diesen Fällen ausgeschlossen (*Falkland Islands Co. v. R.* [1863] [1 Moo. P. C. [N. S.] 299]). In den Fällen, wo die Revisionseinlegung auf der Technik des *special leave* beruht, verbot der *Colonial Laws Validity Act* von 1865 (28 & 29 Vict., c. 63) die einseitige Abschaffung durch die Territorialinstanzen.

Bemerkt sei aber, daß auch dann, wenn ein „Recht" auf Einlegung der Revision besteht, das zuständige Territorialgericht darum angegangen werden muß, sie aber zu gewähren verpflichtet ist, falls bestimmte Bedingungen (Mindeststreitwert und Endgültigkeit des angefochtenen Urteils) erfüllt sind.

Was die Kategorie der Appelle nach *special leave* anbelangt, so wird die Einlegungsbefugnis auf Antrag vom *Judicial Committee* selbst gewährt, das somit entscheiden kann, ob ein Rechtsfall wichtig genug ist, um ihm noch eine weitere Instanz zu gewähren. Bei der Gewährung oder Versagung läßt sich das *Judicial Committee* im wesentlichen davon leiten, ob gegen das anzufechtende Urteil des Territorialgerichts andere Berufungs- oder Revisionsmöglichkeiten bestehen. Auch in diesen Fällen kann die Kolonial- oder Dominionlegislative den Appell nicht ihrerseits einseitig abschaffen, da dies dem *Colonial Laws Validity Act* widersprechen würde.

Die Situation ist weiter dadurch kompliziert, daß zwar die Revisionsbefugnis in Zivil- wie in Strafsachen gewährt werden kann, daß aber die Voraussetzungen in beiden Fällen verschieden sind. In Zivilsachen wird die Einlegung in der Regel nur dann gestattet, wenn es sich um allgemein bedeutsame Fragen handelt, sei es, daß erhebliche Geldwerte betroffen sind, sei es, daß ein Interesse der Öffentlichkeit an der neuerlichen Entscheidung bestünde. Doch umfaßt die Judikatur auch Rechtsfragen, die

[1] Die überaus komplizierte Rechtslage kann hier nur summarisch behandelt werden.

nur einen Einzelnen angehen, wie Statusfragen (Gültigkeit einer Ehe, Legitimität von Kindern) oder auch Antastung der persönlichen oder beruflichen Ehre.

In Strafsachen andererseits legt sich das *Judicial Committee* die größte Zurückhaltung auf, da Eingriffe in die Strafrechtspflege der Überseegebiete aus begreiflichen Gründen untunlich sind. Es selbst betrachtet sich nicht als ein strafrechtliches Revisionsgericht (so wortdeutlich *Arnold v. The King-Emperor* 1914 [A. C. 544]). Es läßt aber strafrechtliche Revisionen dann zu, wenn es durch prozessuale Verstöße der Vorinstanz zu einer Verletzung der Grundsätze der *natural justice* oder des Rechtsstaats und dadurch zu einer offensichtlich ungerechten Entscheidung gekommen ist (*Re Diller* [1887] [12 App. Cas. 459] [Schlüsselfall])[1]. Jedoch wird die Revision nur in Rechts-, niemals wegen Tatfragen zugelassen.

*bb) Weitere Verfahrensregelungen*

Das Verfahren wird durch einen Antrag an die Krone (*petition to the Crown*) oder an das letztinstanzielle Gericht eingeleitet, wenn dieses über die Revisionsgewährung zu entscheiden hat. Er kann von jeder von der Entscheidung betroffenen Partei — Kläger, Beklagter, öffentliche Anklagebehörde — erhoben werden. An die Stelle einer formellen Entscheidung des *Judicial Committee* tritt ein Bericht als „Rat" an die Krone mit den Entscheidungsgründen. Dieser muß einstimmig erfolgen, abweichende Auffassungen werden nicht publiziert. Die Krone ist nach Konventionalregel verpflichtet, der Empfehlung durch *Order in Council* stattzugeben (*British Coal Corporation v. The King* [1935] [A. C. 500]). Das *Judicial Committee* ist nicht an seine eigenen Entscheidungen gebunden, wird aber bei öffentlich-rechtlichen Fragen nur aus zwingenden Rechtsgründen davon abweichen. Aber es ist nicht selten vorgekommen, daß lange bestehende *stare decisisis*-Praktiken anderer Gerichte von ihm umgestoßen wurden. Es kann sich auch in Widerspruch mit den Entscheidungen des anderen obersten Revisionsgerichts, des *House of Lords*, setzen, in welchem Fall dann jene Territorialgerichte, von denen die Revision an das *Judicial Committee* des *Privy Council* liegt, gehalten sind, seiner Rechtsprechung fürderhin zu folgen. Daraus erklärt es sich, daß englische Gerichtsentscheidungen für australische Gerichte bindend sind, was etwa mit der Rechtsprechung des *Supreme Court* in den Vereinigten Staaten

[1] Hier hatte bei der Verurteilung eines *barrister* in British Honduras wegen Meineids der *Chief Justice* der Kolonie als Ankläger, Zeuge und Richter geamtet; die Verurteilung wegen Meineids wurde vom *Judicial Committee* formell aufgehoben und der deswegen in Honduras erfolgte Ausschluß von der Anwaltkammer für ungültig erklärt; die sechsmonatige Gefängnisstrafe war allerdings schon abgesessen worden.

zu vergleichen wäre, die unter gewissen Umständen für diejenige der obersten Gerichte der Staaten verbindlich ist.

Zweifelsohne kann angesichts der beschleunigten Verselbständigung vieler ehemaliger Kolonial- und Dominiongebiete die fortschreitende Schrumpfung der Revisionszuständigkeit des *Privy Council* nicht übersehen werden. Daß sie in absehbarer Zeit völlig abgestorben sein wird, ist allerdings auch dann nicht zu erwarten, wenn sich einmal der im Gang befindliche Ablösungsprozeß aller Überseegebiete und ihre staatliche Verselbständigung vollendet haben werden. Denn einmal halten einige der älteren Dominions, trotzdem sie über eine eigene hochstehende Rechtspflege verfügen, an diesem Band mit dem Mutterland fest, zum anderen ist die Rechtstechnik mancher der neueren Mitglieder des *Commonwealth* einstweilen noch nicht so fortgeschritten, daß sie des Prestiges des *Privy Council* entraten könnten. Irgendwann einmal in der Zukunft wird jedoch das *Judicial Committee of the Privy Council* auf so schmale Jurisdiktions-Diät gesetzt sein, daß sich seine Aufrechterhaltung als Revisionsinstanz nicht mehr lohnen wird.

### 7. Zur Justizstatistik in Zivilsachen

Ein Blick auf die Justizstatistik in Zivilsachen[1] bestätigt, daß die Engländer kein streitsüchtiges und prozeßfreudiges Volk sind. Die große Masse der Zivilsachen fiel naturgemäß in der ersten Instanz vor den *County Courts* an (1 549 138). Von diesen erledigten sich aber nicht weniger als 70 Prozent durch Anerkenntnis oder Versäumnis des Beklagten; 28 Prozent vor der mündlichen Verhandlung durch Anerkenntnis, Zurücknahme oder anderweitig. Ganze zwei Prozent wurden durch Urteil nach Verhandlung verbeschieden!

Von den drei *Divisions* des *High Court* in erster Instanz wurden insgesamt 174 944 Fälle behandelt. Der Löwenanteil fällt dabei auf die *Queen's Bench Division* (123673 Fälle). In der *Probate, Divorce and Admiralty Division* stellten Ehescheidungen (mit 37 548 von insgesamt 37 971 Fällen) das Hauptkontingent, sie sind ungefähr die einzige Kategorie von Fällen insgesamt, deren Zahl gegenüber den unmittelbaren Vorjahren gestiegen ist. Von den anderen Gerichten wiesen der *Restrictive Practices Court* nur 33 Fälle und die kirchlichen Gerichte überhaupt keinen Fall auf. Verhältnismäßig stark beschäftigt waren die erstinstanziellen Magistratsgerichte (*Mayor's and City of London Court* und die anderen *Borough*-Gerichte) (insgesamt 16 442 Fälle).

Nationalpsychologisch sehr lehrreich ist auch die Statistik über Berufungen und Revisionen. Sie erhärtet die frühere Beobachtung, daß der Engländer sich in der überwiegenden Regel mit dem Urteilsspruch einer

---

[1] Siehe den vom *Lord Chancellor* dem Parlament vorgelegten Bericht *Civil Judicial Statistics* für 1963 (der letzte dem Verfasser zugängliche) Cmnd. 2384/1964.

einzigen Instanz begnügt. Von der vorstehend aufgeführten Masse von Fällen gingen nicht mehr als 1 319 in eine zweite Instanz. Die verschiedenen Appellgerichte sind dabei wie folgt beteiligt: *Court of Appeal*: 711; *High Court of Justice* (für Berufungen gegen Urteil der unteren Gerichte): 484; *Judicial Committee of the Privy Council*: 49; *House of Lords*: 39. Einige Bemerkungen mögen die Praxis vor den beiden letztgenannten Revisionsinstanzen erläutern.

Von den 49 vom *Judicial Committee of the Privy Council* während des Jahres 1963 erledigten Revisionen wurden 13 ohne mündliche Verhandlung außergerichtlich abgeschlossen, 36 nach mündlicher Verhandlung, wobei in 19 Fällen das Urteil der Vorinstanz bestätigt, in 14 aufgehoben und in 3 abgeändert wurde. 73 Fälle waren zu Jahresende noch nicht erledigt. Von Nigeria kamen 33, von Ceylon 21 Fälle.

Was das *House of Lords* als Revisionsinstanz anbelangt, so wurden 36 Revisionen neu eingelegt und 39 waren vom Vorjahr her noch nicht entschieden. Vom *Court of Appeal* als Vorinstanz kamen 18, vom schottischen *Court of Session* 16, vom *Court of Appeal* in Nordirland 2 Fälle. 53 Petitionen zur Revisionseinlegung wurden während des Jahres eingereicht, davon aber nur zwei zugelassen und 47 zurückgewiesen, was zeigt, wie zurückhaltend das Oberhaus in der Gewährung der Revisionsbefugnis ist. Interessant im Vergleich mit anderen Ländern mag auch die Dauer des Verfahrens vor den Lords sein. Die überwiegende Mehrzahl (29) wurde innerhalb von sechs und zwölf Monaten erledigt; nur neun Fälle waren mehr als ein Jahr, kein einziger mehr als zwei Jahre anhängig. Die Richter tagten insgesamt 137 Tage. Den in anderen Jurisdiktionen oft gehörten Vorwurf der Prozeßverzögerung wird man also der englischen Justizgebarung kaum machen können.

## IV. Die Strafgerichtsbarkeit

### 1. Übersicht

Der Aufbau der englischen Strafgerichtsbarkeit ist kaum weniger unorganisch und infolge von Jurisdiktionsüberschneidungen eher noch unübersichtlicher als der der Zivilrechtspflege, hat sich aber offenbar beim Publikum wie bei den Juristen im Laufe der Zeit derart eingelebt, daß für eine grundsätzliche Reform kein Bedürfnis zu bestehen scheint[1]. Als die Untergerichte fungieren die Friedensrichter (*Justices of the Peace*), die *Quarter Sessions* und die sogenannten *Magistrates' Courts*. Obergerichte der ersten Instanz sind die *Assizes Courts*; diese sind die eigentlichen

[1] Dem scheint zu widersprechen, daß an der Strafrechtspflege in England in den letzten Jahrzehnten mehr herumgeflickt wurde als an irgendeiner anderen Materie. Seit 1933 sind nicht weniger als zwölf für sie einschlägige größere Gesetze ergangen.

Gerichte für schwere Straftaten (Verbrechen). Der Appellationsgerichtsbarkeit schließlich dient ein *Divisional Court* der *Queen's Bench*, der *Court of Criminal Appeal* und (erst seit 1907) auch das *House of Lords*.

## 2. Die Untergerichte

### a) Die Magistrates' Courts und Friedensrichter

Die Bezeichnung *Magistrates' Courts* wird seit dem *Magistrates' Courts Act* von 1952 (15 & 16 Geo. 6 & 1 Eliz. 2, c. 55) als ein Sammelname verstanden, der alle erstinstanziellen unteren Gerichte, Friedensrichter in den Grafschaften, *Recorder*-Gerichte in den Städten und die aus mehreren Friedensrichtern bestehenden *Petty Sessions* umfaßt.

Die in diese Kategorie fallenden Friedensrichter — *justices of the peace* — gehören zu den eigentümlichsten Erscheinungen der englischen Rechtspflege, einmal wegen ihres ehrwürdigen Alters als Institution einer volkstümlichen Justizgebarung[1], zum anderen aber, weil sie nach wie vor ehrenamtlich tätige Laien sind. Ihre Zahl beträgt derzeit in England und Wales — in Schottland und Nordirland bestehen abweichende Regelungen — etwa 13 000 Männer und 3 000 Frauen. Vergleicht man damit die Zahl der rechtskundigen Berufsrichter, die im ganzen Land kaum mehr als zweihundert beträgt, so ersieht man daraus, daß Großbritannien auf den Kopf der Bevölkerung weit weniger gelehrte Richter aufweist als irgendein anderes westliches Land. Die Bedeutung der Friedensrichter für die Strafrechtspflege kann daran gemessen werden, daß über 70 Prozent aller Strafsachen, wovon die große Mehrheit Übertretungen und leichtere Vergehen (*misdemeanours*) sind[2], vor die Friedensrichter kommen und nur drei Prozent vor andere höhere Gerichte, insbesondere die schweren Verbrechen vor die *Assizes*. Aber auch bei diesen restlichen drei Prozent obliegt dem Friedensrichter als *examining magistrate* die vorläufige Untersuchung, ob überhaupt eine Anklage zu erheben ist[3]. Die Wichtigkeit der Friedensrichter für die englische Strafrechtspflege kann also kaum überschätzt werden.

Die geltende Gesetzgebung ist der *Justices of the Peace Act* von 1949 (12, 13 & 14 Geo. 6, c. 101). In jeder Grafschaft und jedem Grafschafts-

---

[1] Sie gehen auf die Bestellung königlicher Kommissionen zur Aufrechterhaltung der öffentlichen Ordnung in ihrem Bezirk bereits zu Ende des 12. Jahrhunderts zurück, deren Mitglieder als *custodes pacis* der Ritterschaft entnommen wurden. Als Dauereinrichtung datieren sie von 1327. Der Name *justices of the peace* stammt von ihrer gesetzlichen Regelung durch Edwards III. *Justices of the Peace Act* von 1361 (34 Edw. 3, c. 1).

[2] Die englische Unterscheidung *petty offence*, *misdemeanour*, *felony* bzw. *crime* entspricht nur annähernd der deutschen Terminologie der Übertretungen, Vergehen und Verbrechen, weil die einzelne strafbare Handlung verschieden eingestuft ist.

[3] Siehe unten S. 54.

*borough* werden ein oder mehrere Friedensrichter durch den *Lord Chancellor* bestellt, der sich bei der Auswahl der in einer Grafschaft zu bestellenden Personen des Rats des *Lord-Lieutenant*, bei derjenigen für die städtischen *boroughs* der Empfehlung des aus den amtierenden Richtern zusammengesetzten *Borough Advisory Committee* bedient. Berufen werden örtlich angesehene Persönlichkeiten, vorausgesetzt, die Entfernung von Wohn- zum Amtssitz beträgt nicht mehr als fünfzehn Meilen. Friedensrichter sind in den städtischen Bezirken auch die Bürgermeister (*mayor*) während der Dauer ihres Wahlamts[1]. Die Pensionierung erfolgt mit dem 75. Lebensjahr, aber der *Lord Chancellor* kann wegen Altersunfähigkeit oder aus sonstigen zwingenden Gründen vorher die Verabschiedung verfügen. *Commissions of Peace* bestehen gesondert in jeder Grafschaft, Grafschafts-*borough* und auch für gewisse *boroughs*, die keiner Grafschaft eingegliedert sind[2]. Die eigentliche Verwaltung der örtlichen Gerichtsbezirke wird in jeder Grafschaft und Grafschafts-*borough* durch das *Magistrates' Court Committee* ausgeübt. Die Prozeßordnung (*rules*) für alle *Magistrates' Courts* wird einheitlich von einer Kommission festgesetzt, die sich aus dem *Lord Chief Justice* und anderen höheren Richtern zusammensetzt.

Die Friedensrichter beziehen nach wie vor außer dem Ersatz ihrer Auslagen für Reise und Unterkunft keinerlei Entlohnung, zum Unterschied also selbst von den Wahlbeamten der Lokalverwaltung. Es wird von ihnen auch keinerlei juristische Erfahrung oder Vorbildung verlangt. Sie sind also in der überwiegenden Mehrzahl vollkommene Laien. Diesem fühlbaren Mangel wird dadurch abzuhelfen versucht, daß einmal (seit 1953) die neuernannten Richter einen vom *Magistrates Committee* ihres Bezirks veranstalteten juristischen Lehrgang absolvieren müssen, zum anderen aber, daß ihnen ein von der gleichen Stelle ernannter rechtskundiger Clerk beigegeben ist, der sie in materiellen und prozessualen Rechtsfragen berät und auf den viele Laienrichter schlechthin angewiesen sind. Diese sind jetzt in der Regel vollausgebildete und salarierte Juristen, meist *solicitors*, die daneben keine eigene Praxis ausüben.

Wenn eine Anzeige vor den Friedensrichter gelangt, meist von der Polizei erhoben, wird der Beschuldigte geladen und bei Nichterscheinen ein Vorführungsbefehl gegen ihn erlassen. Als Einzelrichter kann der Magistrat wegen Übertretungen und leichter Verfehlungen vierzehn Tage Haft oder eine Buße bis zu 20 Schillingen auferlegen. Die Verhandlung vor den Friedensrichtern ist summarisch, das heißt sie erfolgt ohne

---

[1] Eine Anzahl von Personen sind von Amts wegen Friedensrichter, so die Richter vom *Lord Chancellor* bis herunter zu den Grafschaftsrichtern, die gewählten Vorsitzenden der lokalen Selbstverwaltungsbehörden usw.

[2] Für die hier einschlägige Organisation der Lokalverwaltung muß auf die spätere Darstellung in Kapitel 5 verwiesen werden; siehe unten S. 130ff.

Geschworene. Gegen die Verurteilung ist Berufung an die örtlich zuständige *Quarter Session* zulässig.

In einzelnen Metropolitanbezirken sind die Laien-Friedensrichter nunmehr durch bezahlte Berufsjuristen — *Recorders* und *Stipendiary Magistrates* – ersetzt, die bis 1964 als Einzelrichter judizierten.

Das Magistratsgericht ist auch zur Behandlung von bestimmten Familiensachen zuständig, in welchem Fall es als *Domestic Court* sitzt. Zu den höchstens drei Richtern muß mindestens ein Mann und eine Frau gehören. Unter die hier zu behandelnden Angelegenheiten fallen Ehestreitigkeiten (Trennung von Tisch und Bett, Unterhalt zwischen Ehegatten etc.). Es bestehen auch gewisse Zuständigkeiten auf dem Gebiet der Fürsorge für Geisteskranke nach dem *Mental Health Act* von 1959 (7 & 8 Eliz. 2, c. 72). Angemerkt sei hier, daß die Friedensrichter nach Herkommen auch gewisse Verwaltungsaufgaben wahrnehmen, vor allem die Bewilligung von Konzessionen (*licence*) für den Vertrieb von alkoholhaltigen Getränken. Gegen die Versagung kann Berufung zum *Quarter Sessions*-Gericht eingelegt werden.

### b) Die Petty Sessional Courts

Eine sehr große Anzahl der leichteren Vergehen, zum Beispiel Diebstahl und Unterschlagung, wird statt vor dem einzelnen Friedensrichter vor einer Gruppe derselben als *Petty Sessional Court* verhandelt, die in jeder Grafschaft und jedem *borough* bestehen. Zur Verhandlung sind mindestens zwei Laienbeisitzer zuzuziehen. Die von ihnen auszusprechende Höchststrafe ist sechs Monate Gefängnis und/oder eine Buße von 50 bis zu 500 £. Das Verfahren ist auch hier wie bei den Friedensrichtern summarisch, das heißt ohne Geschworene, außer wenn der Angeklagte eine Verhandlung vor den *Quarter Sessions* mit Geschworenen verlangt. Sind die Richter der Auffassung, das Vergehen verdiene eine höhere Strafe als sie ermächtigt sind auszusprechen, wird der Fall gleichfalls an die *Quarter Sessions* verwiesen.

### c) Die Quarter Sessions

Auch sie gehen ins Mittelalter zurück (Gesetz Edwards III. von 1361) (34 Edw. 3, c. 1). Aus allen Friedensrichtern einer ganzen Grafschaft bestehend, bildeten sie bis zum 19. Jahrhundert das hauptsächliche Verwaltungsorgan der Lokalverwaltung. Der *Criminal Justice Act* von 1925 (15 & 16 Geo. 5, c. 86) schrieb dann vor, daß solche Gerichte als *General Quarter Sessions* in jeder Grafschaft oder *borough* in jedem Vierteljahr (daher der Name) abzuhalten sind; außerdem können solche Gerichte als *General Sessions* so oft zusammentreten als es notwendig erscheint. Die richterliche Besetzung besteht aus mindestens zwei (von insgesamt bis neun) Friedensrichtern (*Justices of the Peace Act* von 1949) (12, 13 & 14

Geo. 6, c. 101). Der Vorsitzende, der auch als Einzelrichter judizieren kann, muß seit dem *Criminal Justice Administration Act* von 1962 (10 & 11 Eliz. 2, c. 15) ein Volljurist sein, der vom Grafschaftsrat (*County Council*) salariert wird. In den meisten *boroughs* fungiert gleichfalls eine *Quarter Sessions*, wobei der *Recorder* als Einzelrichter sitzt[1]. Dieser muß vor seiner Bestallung durch den *Lord Chancellor* eine mindestens fünfjährige Praxis als *barrister* aufweisen. Da sie nur ein geringes Gehalt beziehen, führen sie meist ihre Praxis weiter. Die Verhandlung findet in der Regel — außer bei Berufungen gegen Urteile der unteren erstinstanziellen Gerichte — mit einer Geschworenenbank statt.

Die Zuständigkeit der *Quarter Sessions* umfaßt außer den Berufungen gegen Strafurteile der *Magistrates' Courts* in erster Instanz alle strafbaren Handlungen (hier ohne Rücksicht, ob es *misdemeanours* oder *felonies* sind), die nicht vor die *Assizes* gehören und, wie man hinzufügen muß, die nicht summarisch von den Friedensrichtern behandelt werden. Die davon ausgeschlossenen schweren Verbrechen kommen vor die *Assizes*[2].

### d) Jugendgerichte (Juvenile Courts)

Bereits der *Children Act* von 1908 (8 Edw. 7, c. 67) hatte eine gesonderte Verhandlung der strafrechtlich fehlbaren Jugendlichen eingeführt, die nunmehr mit den *Children and Young Persons Acts* von 1933 (23 & 24 Geo. 5, c. 12) bis 1956 (4 & 5 Eliz. 2, c. 24) den zeitgemäßen Anforderungen der Kinderpsychologie angepaßt wurde. Gegen Kinder, das sind Personen unter 14 Jahren, und Jugendliche, diejenigen von 14 bis 17 Jahren, wird aus Gründen der Diskretion in einem anderen Gerichtsraum verhandelt, wobei das Publikum außer den Beteiligten und der Presse ausgeschlossen ist. Die Berichterstattung ist beschränkt; Namen und Fotografien dürfen nicht veröffentlicht werden. Kein Jugendlicher unter 18 Jahren konnte, auch schon vor der nunmehr (1965) beschlossenen allgemeinen Abschaffung der Todesstrafe für Mord, zum Tode verurteilt werden, und bei denjenigen unter 21 Jahren ist die Verhängung von Freiheitsstrafen wesentlich eingeschränkt[3].

### e) Totenbeschau-Gerichte (Coroners Courts)

Die Totenbeschau durch eine Amtsperson (*coroner*), wenn bei einem Todesfall der Verdacht einer gewaltsamen Handlung besteht, ist eine

---

[1] Eine der Ausnahmen sind die sog. Krongerichte (*Crown Court*) von Liverpool und Manchester, die erst neuerdings mit dem *Criminal Justice Administration Act* von 1956 (4 & 5 Eliz. 2, c. 34) geschaffen wurden. Sie treten an die Stelle der dortigen *Assizes* und der *Quarter Sessions*. Besetzt mit den *Recorders* jeder der beiden Städte und mit Richtern des *High Court*, müssen sie mindestens elfmal jährlich abgehalten werden.

[2] Siehe unten S. 96ff.

[3] Derzeit (1965) ist eine umfassende Reform der Jugendgerichtsbarkeit geplant.

uralte englische Einrichtung (möglicherweise bis 1194 zurückgehend) und ist auch von anderen angelsächsischen Ländern übernommen worden. Der damit Betraute übt eine richterliche Tätigkeit aus, weil, findet er jemanden einer zum Tod einer anderen Person führenden Handlung verdächtig, er einen Verhaftungsbefehl erläßt, der als eine formelle Anklage vor dem zuständigen Gericht gilt. Qualifiziert für das Amt sind *barristers*, *solicitors* und Medizinalpersonen mit einer mindestens fünfjährigen Berufstätigkeit. Früher immer örtlich gewählt, wird der *Coroner* nunmehr vom *County-* bzw. *Borough-Council* ernannt[1]. Die Haupttätigkeit des *Coroner* — er hat auch die Zuständigkeit beim Schatzfund, der nach *common law* an die Krone geht — ist bei Verdacht einer gewaltsamen Handlung die Feststellung der Identität des Toten und des Ortes und der Ursache seines Todes. Die Verhandlung (*inquest*) findet im Falle eines vermuteten Mordes oder Totschlags öffentlich und vor einer Geschworenenbank von sieben Personen statt; die Zeugen werden unter Eid vernommen. Diese Einrichtung der amtlichen Totenbeschau bei Verdacht einer gewaltsamen Handlung ist nach wie vor nützlich und verdiente auch in anderen Rechtssystemen Nachahmung.

### f) Die richterliche Voruntersuchung (Examining Justices)

Wiederum dem englischen Recht eigentümlich ist die den unteren Gerichten übertragene Aufgabe der vorläufigen Voruntersuchung als Grundlage einer nachmaligen Anklage vor einem gleichrangigen oder auch einem höheren Gericht (die sogenannten *committal proceedings*). Sie tritt in dieser Eigenschaft an die Stelle der von der Anklageerhebung streng getrennten richterlichen Voruntersuchung des kontinentalen, insbesondere des französischen Rechts.

Wer von der Anklagebehörde formell einer strafbaren Handlung beschuldigt wird — also nicht in den Fällen, wo lediglich auf Grund einer polizeilichen Anzeige summarisch vor einem Friedensrichter oder *Magistrates' Court* verhandelt wird —, muß sich zunächst vor einem einzelnen oder auch mehreren Richtern (die als *Petty Session* sitzen) vorläufig verantworten, damit festgestellt wird, ob er überhaupt unter Anklage gesetzt werden soll. Diese Verhandlung kann unter Ausschluß der Öffentlichkeit stattfinden (*Magistrates' Courts Act* von 1952 [15 & 16 Geo. 6 & 1 Eliz. 2, c. 55]), wovon aber nur selten Gebrauch gemacht wird. Die Anklagebehörde wird mit ihren Zeugen gehört. Der Angeschuldigte hat keinerlei Verpflichtung zu einer Stellungnahme, kann aber gleichfalls gehört werden und seine Entlastungszeugen vernehmen lassen. Macht er

---

[1] Damit auch hier der historische Zopf nicht fehlt, wird der *Coroner* der "*City of Westminster*" von Diakon und Kapitel von Westminster Abbey ernannt und es gibt auch einen eigenen *Coroner to the Royal Househould*, der sich kaum über amtliche Überlastung beklagen kann.

aber Ausführungen (*deposition*), so kann ihr Inhalt in einem nachfolgenden Strafverfahren gegen ihn verwendet werden. Findet das Gericht *prima facie* die Anklage berechtigt, wird der Angeschuldigte gegen oder auch ohne Kaution dem zuständigen Gericht (*Quarter Sessions* oder *Assizes*) überstellt. Das Verfahren ist in vieler Hinsicht und aus einer Reihe von Gründen nicht unbedenklich, einmal wegen der Zweifel über die sich einem *contempt of court* aussetzenden Presseberichterstattung[1], aber auch wegen einer unerwünschten Information der Öffentlichkeit, falls der Angeschuldigte für schuldlos erklärt würde, und einer möglichen Beeinflussung späterer Geschworener, falls es zur Verhandlung kommen sollte[2].

### g) Kritische Bemerkungen zur Friedensrichterjustiz

Dem kontinentalen oder auch dem amerikanischen Juristen will es scheinen, als ob die englische Regelung der erstinstanziellen und unteren Strafgerichtsbarkeit mit einer im Vergleich zu seiner eigenen Gerichtsverfassung nicht unbedenklichen Unübersichtlichkeit und Komplexität behaftet ist. Die Formlosigkeit des summarischen Verfahrens ohne formelle schriftliche Anklageerhebung, meist nur mit einer polizeilichen Anzeige als Vorlage, weist unmißverständliche Züge der „Kadi"-Justiz auf, mag sie auch zur beschleunigten Erledigung unentbehrlich sein. Vor allem aber mag er Zweifel über die Angemessenheit der weiten Verwendung des Laienelements bei der Strafrechtspflege hegen, deren Hauptbürde die „ungelernten" Friedensrichter tragen. Ihnen hat sich auch eine jüngste amtliche Untersuchung des ganzen Fragenkomplexes[3] nicht völlig verschlossen, wenn sie sich auch nicht zur gänzlichen Ersetzung der Laien durch gelehrte Richter entschließen konnte. Die strafrechtlichen Tatbestände sind längst nicht mehr von der idyllischen Simplizität der früheren Zeit, wo es zwar Kutschen, aber keine Automobile gab; auch die Übertretungen lassen sich im Verwaltungsstaat kaum mehr mit einer wenn auch gehobenen Kadijustiz allein behandeln. Bei den *Quarter Sessions* wird sich die Zwangsvorschrift der juristischen Ausbildung im Laufe dieser Generation allgemein durchsetzen, bei der Masse der Friedensrichter selbst aber muß sich notwendigerweise das Schwergewicht der Entscheidung auf die rechtskundigen Clerks verlagern, die leicht zu Grauen Eminenzen ihrer Gerichte werden können. Dazu kommt das wirtschaftliche Element. Die jüngere Generation findet immer weniger Geschmack an einer unbezahlten ehrenamtlichen Tätigkeit, die immerhin einen

---

[1] Siehe oben S. 22ff.

[2] Siehe auch den *Report of the Departmental Committee on Proceedings before Examining Justices* (Cmnd. 470/1958).

[3] *Report of Royal Commission on Justices of the Peace* (Cmd. 7463/1948), der dann Anlaß zur Reform im *Justices of the Peace Act* von 1949 gab.

beträchtlichen Arbeitsaufwand erfordert, so daß das Amt notgedrungen den älteren Leuten zufällt, deren konservative Grundeinstellung an der neuen Zeit wenig Gefallen finden mag. Bei der Bestellung der *Borough*-Richter durch die *Borough Advisory Committees* will man eine gewisse politisch gleichfalls konservative Voreingenommenheit beobachtet haben. Auch wird darüber geklagt, daß die älteren Laienrichter dem Vorbringen der Polizei ein unverhältnismäßiges Gewicht gegenüber anderen Zeugen beilegen.

Diesen Einwänden steht gegenüber, daß es sich bei den Friedensrichtern um ein uraltes und herkommensmäßiges Institut handelt, das ein Symbol der Strafrechtspflege durch das „ortsansässige Volk" und damit gewissermaßen ein Ersatz der mehr und mehr in den Hintergrund getretenen Geschworenen ist.[1] Auch brauche man zur Entscheidung von Verkehrsverstößen im motorisierten Zeitalter, welche einen Hauptteil der friedensrichterlichen Tätigkeit ausmachen, keine Berufsjuristen, sondern nur Selbstfahrer mit *common sense*, worüber sich allerdings streiten ließe. Vor allem aber fällt das fiskalische Element ins Gewicht; denn die Laien sind für die Staats- oder Gemeindekasse eine nur geringe Belastung. Man wird sich also damit abfinden müssen, daß die Strafrechtspflege durch die Friedensrichter auf unabsehbare Zeit beibehalten werden wird, und das britische Publikum scheint an der Fortdauer des bestehenden Systems keinen Anstoß zu nehmen.

## 3. Die oberen Strafgerichte

### a) Die Assizes Courts und der Londoner Central Criminal Court

#### *aa) Richterpersonal*

Erstinstanzielle Strafgerichte, zuständig vor allem für die schweren Verbrechen, sind die *Assizes Courts* für die Bezirke von England und Wales mit Ausnahme der Stadt London, für welche der *Central Criminal Court* als *Assizes* judiziert.

Auch die *Assizes* gehen auf das Hochmittelalter zurück, als die *Statute of Nisi Prius* (1285) (13 Edw. 1, c. 30) alljährlich ihre dreimalige Abhaltung durch reisende (*itinerant* oder *on circuit*) königliche Richter vorschrieb. Bei dieser Praxis der Abhaltung von Gerichtssessionen in den wichtigeren Städten des Königreichs durch einen von der Zentrale ausgesandten Richter des *High Court* ist es seither verblieben. Heute sind England und Wales für die Zwecke der *Assizes*-Gerichtsbarkeit in fünf größere Gerichtsbezirke eingeteilt, und ein Richter als *Circuit Judge* hält in einer größeren Stadt einer jeden Grafschaft jährlich drei- bis viermal Gericht ab, vor dem die im Gerichtsbezirk begangenen Straftaten ver-

[1] Siehe unten S. 62f.

handelt werden. Bis 1944 waren damit ausschließlich die Richter der *Queen's Bench* betraut; seither werden auch diejenigen der *Probate, Divorce and Admiralty Division* dafür herangezogen, so daß diese obersten Richter im Straf- wie im Zivilrecht gleichermaßen bewandert sein müssen, wie es auch ihrer vorherigen Praxis als gesuchter *barristers* entsprochen haben mochte. Nunmehr ist auch die zeitweise Bestellung von angesehenen *barristers* (*Queen's Counsel*) und sogar von Friedensrichtern mit juristischer Vorbildung, soweit verfügbar, zulässig. Die Heranziehung von nicht-ortsansässigen Richtern kommt naturgemäß der Unparteilichkeit der richterlichen Tätigkeit zugute. Die *Assizes* und der *Central Criminal Court* gelten als dem *High Court* eingegliederte Instanzen.

Der *Central Criminal Court* in London, errichtet durch den *Central Criminal Court Act* von 1834 (4 & 5 Will. 4, c. 36), auch nach seinem früheren Sitzungslokal *Old Bailey* genannt und aus den berühmten Detektivromanen publikumsbekannt, übt die *Assizes*-Gerichtsbarkeit für London und die Grafschaft Middlesex sowie Teile der angrenzenden Grafschaften Kent, Essex und Surrey hinsichtlich der in seinem Bereich begangenen Verbrechen aus. Dieses Gericht wurde im *Judicature Act* von 1873 wegen der Wichtigkeit seiner Zuständigkeit zum Bestandteil der *Supreme Court*-Organisation erklärt. Die jüngste gesetzliche Regelung ist der *Administration of Justice Act* von 1964 (Eliz. 2, c. 42), der u. a. die Zuständigkeit des Gerichts der im *London Government Act* von 1963 (Eliz. 2, c. 33) enthaltenen Reform des Groß-Londoner Raums anpaßte[1]. Dabei wurde nicht nur die Organisation des *Criminal Court*, sondern auch diejenige der Unterstufen der Friedensrichter-Kommissionen und der *Quarter Sessions* neu geregelt.

Offiziell setzt sich das Richterpersonal zusammen aus dem *Lord Chancellor* — der aber niemals aktiv teilnimmt —, den Richtern der *Queen's Bench Division* und bestimmten Richtern des *City of London Court* (dem *Lord Mayor*, den *Aldermen*, *Recorder* und *Common Serjeant*). In der Praxis wird aber die richterliche Arbeit heute von einem *Queen's Bench*-Richter, der die schwereren Fälle verhandelt, und bestimmten Londoner Berufsrichtern (*Recorder*, *Common Serjeant* und anderen) geleistet. Es finden mindestens vier (statt der bisherigen zwölf) jährliche Sitzungsperioden statt; es handelt sich aber zum Unterschied von den eigentlichen *Assizes* um ein ständig tagendes Gericht. Alle Strafverhandlungen vor den *Assizes* und dem *Central Criminal Court* finden mit Geschworenen (*petty jury*) statt. Auf die dem Londoner *Central Criminal Court* analogen sog. „Krongerichte" in Manchester und Liverpool ist bereits früher hingewiesen worden[2]. Ihr Richterpersonal setzt sich aus *High Court*-Richtern und den *Recorders* der beiden Städte zusammen.

---

[1] Siehe darüber unten S. 162ff.

[2] Siehe oben S. 53, Anm. 1.

Schließlich ist in diesem Zusammenhang noch zu erwähnen, daß unter besonderen Voraussetzungen ein im Vereinigten Königreich begangenes Verbrechen vor einer Richterbank von mindestens drei Richtern der *Queen's Bench* verhandelt werden kann (*at bar*). Davon wird aber nur bei hochwichtigen Staatsverbrechen Gebrauch gemacht, falls die Anklage durch den *Attorney-General* im Kronamt (*Crown Office*) erhoben wird; der letzte derartige Fall war *R. v. Casement* ([1917] [1 K.B. 98])[1].

*bb) Zuständigkeiten*

Die Zuständigkeit zwischen den *Quarter Sessions* und den *Assizes* bzw. dem *Central Criminal Court* ist keineswegs eindeutig abgegrenzt. An sich können die *Quarter Sessions* über jede Straftat verhandeln, wegen welcher die Anklagebehörde eine formelle schriftliche Anklage erhoben hat. Aber die schweren Verbrechen sind ihrer Zuständigkeit entzogen und kommen vor die *Assizes* bzw. den *Central Criminal Court.* Dazu gehören: Hochverrat, Mord, Meineid, Inzest, alle Verbrechen, die mit lebenslänglichem Gefängnis bestraft werden können, die sich gegen den Staat und die Sittenordnung richten, sowie gewisse andere schwere Straftaten oder solche, die mit verwickelten Rechtsfragen verbunden sind, wie Bigamie. Bezeichnenderweise kommt auch die strafbare Ehrverletzung (*criminal libel*) vor die *Assizes.* In diese Kategorie fallen jene Sensationsprozesse, die das ganze Land in Atem halten. Andererseits haben die *Quarter Sessions* unter dem *Administrations of Justice* (*Miscellaneous Provisions*) *Act* von 1938 (1 & 2 Geo. 6, c. 63) ihre Jurisdiktion auf Kosten der oberen Gerichte erheblich ausdehnen können: Sie können nämlich auf Antrag an den *Lord Chancellor* mit einem Volljuristen als Vorsitzenden oder stellvertretendem Vorsitzenden ausgestattet werden, der eine mindestens zehnjährige Praxis als *barrister* aufweisen muß und ein staatliches Gehalt bezieht. Ist dies geschehen, können die *Quarter Sessions* verschiedene Straftaten verhandeln, die an sich vor die *Assizes* gehören würden. Davon haben jetzt die meisten *Quarter Sessions* Gebrauch gemacht. Auch dieser Umstand trägt zur Unübersichtlichkeit der Zuständigkeitsabgrenzung das seinige bei.

Die *Queen's Bench Division* kann die Verhandlung vor einem anderen *Assizes Court* oder dem *Central Criminal Court* anordnen, falls wegen örtlicher Voreingenommenheit die Aussichten auf eine faire Verhandlung gefährdet erscheinen.

Den *Assizes* steht auch in gewissem Umfang eine zivile Rechtspflege zu, so für Ehescheidungen, die dann von ambulanten Richtern der *Divorce*-Abteilung des *High Court* ausgeübt wird.

---

[1] Der Angeklagte war jener irische Rebell, der während des ersten Weltkriegs heimlich von Deutschland aus in Irland gelandet und dann gefangen worden war. Er wurde wegen Landesverrats gehängt. Jüngst wurde er auch unter Beteiligung britischer Stellen in aller Form in Dublin rehabilitiert.

## b) Die Appellationsgerichtsbarkeit

### *aa) Der Court of Criminal Appeal*

Der *Court of Criminal Appeal*, gleichrangig mit dem zivilrechtlichen *Court of Appeal*, wurde erst 1907 anstelle eines bis dahin bestandenen, aber in der Praxis nicht befriedigenden Berufungsgerichts geschaffen (*Criminal Appeal Act* [7 Edw. 7, c. 23] und *Criminal Appeal* [*Amendment*] *Act* von 1908 [7 Edw. 7, c. 46]. Die Richter sind der *Lord Chief Justice* und die Mitglieder der *Queen's Bench Division*, mit einem Quorum von mindestens drei Richtern. Die Vorinstanzen, gegen deren Urteile die Berufung zulässig ist, sind die *Quarter Sessions* und die *Assizes*. Das Gesetz läßt nunmehr die Berufung in allen Fällen der Verurteilung zu, in welchen eine Rechtsfrage als Berufungsgrund geltend gemacht wird, ferner mit Zustimmung (*certificate*) des Vorderrichters, wenn eine Tatbestandsbeurteilung relevant für die Entscheidung ist oder ein anderer dem Gericht als ausreichend erscheinender Berufungsgrund geltend gemacht wird, und schließlich, mit Einwilligung des Berufungsgerichts selbst, gegen die Höhe der Strafe, außer wenn diese gesetzlich festgelegt ist (Sektionen 3 und 4 des Gesetzes von 1907). Überdies kann das Berufungsgericht eine Berufung auch dann zulassen, wenn es den Geschworenenspruch für ungerechtfertigt hält, der Vorderrichter sich in einem Rechtsirrtum befunden hat oder wenn es einen wesentlichen Justizirrtum im allgemeinen für zugrunde liegend erachtet (*Stirland v. Director of Public Prosecutions* [1944] [A.C. 315]). Ist die Berufung erfolgreich, wird das Urteil der Vorinstanz aufgehoben; jedoch kann der Fall nicht an diese zur neuerlichen Verhandlung zurückverwiesen werden. Der Krone steht gegen einen Freispruch keine Berufung zu. Das Berufungsgericht ist nicht an seine früheren Entscheidungen gebunden.

Angesichts dieser Regelung wird man zum Schluß kommen, daß der Berufung jener weite Spielraum eingeräumt ist, den die Gerechtigkeit verlangt, daß aber gleichzeitig frivolen und aussichtslosen Berufungen ein amtlicher Riegel vorgeschoben ist. Zudem sind die *Assizes* und die *Quarter Sessions* im allgemeinen gewissenhafte und verantwortungsbewußte Gerichtsinstanzen, auch wenn Fehlurteile durch die Beiziehung von Geschworenen nicht ausgeschlossen werden können.

### *bb) Der Divisional Court der Queen's Bench als Revisionsinstanz*

Die neuere Gesetzgebung (*Administration of Justice Act* von 1960 [8 & 9 Eliz. 2, c. 65] [Sektion 16]) füllte insofern eine fühlbare Lücke, als nunmehr auf Antrag des Angeklagten wie des öffentlichen Anklägers eine Revision in Rechtsfragen gegen Urteile der *Magistrates' Courts* sowie der *Quarter Sessions*, letztere in ihrer Eigenschaft als Berufungsinstanz gegenüber den *Magistrates' Courts*, zulässig ist. Sie geht an einen mit zwei Richtern besetzten *Divisional Court* der viel beschäftigten *Queen's Bench*. Das Gericht kann das Urteil der Vorinstanz aufheben und es durch sein eigenes ersetzen.

*cc) Das Oberhaus als Revisionsinstanz*

Erst in neuerer Zeit wurde das Revisionssystem dahingehend ergänzt, daß das *House of Lords* als die oberste Revisionsinstanz für England, Wales und Nordirland bevollmächtigt wurde (*Criminal Appeal Act* von 1907 [7 Edw. 7, c. 23]) mit der wichtigen Novelle von 1960 (*Administration of Justice Act* [8 & 9 Eliz. 2, c. 65]). Die Revision kann nunmehr gegen alle Entscheidungen eines *Divisional Court* der *Queen's Bench* sowie des *Court of Criminal Appeal* eingelegt werden. Voraussetzung, mit der einzigen Ausnahme von *habeas corpus*-Angelegenheiten, ist die Einlegungserlaubnis entweder des Vordergerichts oder des *House of Lords* selbst und diese darf vom Vordergericht nur zugebilligt werden, wenn es sich zur Auffassung bekennt, daß eine Rechtsfrage von allgemeiner Bedeutung in Frage kommt (*Attorney-General for Northern Ireland v. Gallagher* 1961 [3 W. L. R. 619] [H. L.]). Diese Regelung tritt nunmehr an die Stelle der früheren unter dem Gesetz von 1907, welches über das Vorliegen einer die Öffentlichkeit allgemein angehenden Rechtsfrage eine Bestätigung (*certificate*) des an einer Ausdehnung der Revisionsmöglichkeiten kaum besonders interessierten *Attorney-General* setzte. In der Tat waren zwischen 1907 und dem Inkrafttreten der Novelle insgesamt nur 21 solche Revisionen derart ermächtigt worden, was diese Revisionsmöglichkeit ziemlich illusorisch gemacht hatte. Mag auch somit ein erhebliches Hindernis in Wegfall gekommen sein, strafrechtliche Revisionen können beim Oberhaus nur in seltenen Fällen eingelegt werden[1].

## 4. Justizverwaltungsbefugnisse des Home Secretary

Der Vollständigkeit halber mag hier noch ausgeführt werden, daß auch dem *Home Secretary* gewisse Funktionen zustehen, die zwar nicht eigentlich gerichtlicher, jedenfalls aber justizverwaltungstechnischer Natur sind. Ihm untersteht die Verwaltungsordnung aller Metropolitangerichte. Zwar sind die *Magistrates' Courts* durchaus von der Exekutive unabhängige Gerichte und können zur Pflichterfüllung nur durch die prärogativen *writs* der *Queen's Bench* angehalten werden, aber das *Home Office* sorgt für eine gewisse Einheitlichkeit der Rechtsprechung durch empfehlende Rundschreiben über die Höhe des Strafmaßes und die zu

[1] In der Tat ist die Tätigkeit des Oberhauses als strafrechtliche Instanz zahlenmäßig ganz unbedeutend. Im Jahre 1963 wurden nur drei Revisionen gegen Entscheidungen des *Court of Criminal Appeal* anhängig gemacht. Keine der sechs während des gleichen Jahres gestellten Anträge auf Erlaubnis die Revision einzulegen hatte Erfolg; siehe *Civil Judicial Statistics* Cmnd. 2384/1964, S. 9.

verhängenden Geldstrafen. Ihm obliegen ferner die gerichtsähnlichen Aufgaben für vorzeitige Entlassung aus der Strafhaft (*parole*), die Behandlung der verurteilten Jugendlichen sowie die gesamte Gefängnisverwaltung, ebenso die Entlassung von als geisteskrank erklärten Personen aus den einschlägigen staatlichen Verwahrungsanstalten. Gäbe es in England ein reguläres Justizministerium, würden diese Dinge und andere mehr unter seine Obhut kommen; sie dem ohnehin überbürdeten Amt des *Lord Chancellor* zuzuweisen, könnte zu Unzuträglichkeiten führen[1].

## 5. Die Geschworenen

### a) Die Institution als angelsächsische Mythologie

Das Recht eines englischen Bürgers, sich nur vor seinen Standesgenossen verantworten zu müssen, ist uralt und bestand bereits zur Zeit der *Magna Charta*[2]. Die *Bill of Rights* von 1688 wiederholte das Recht[3]. Seither gilt dem englischen und den anderen angelsächsischen Völkern die Verhandlung wegen einer strafbaren Handlung vor Geschworenen (*trial by jury*) als ein Bollwerk des Rechtsstaats. Seit dem 18. Jahrhundert ist es zum Rang eines naturrechtlich geheiligten Grundrechts aufgestiegen und wird als der Prüfstein einer freien Gesellschaft und der Grundstein einer gesitteten Rechtsordnung angesehen. Blackstone bekannte sich zu dem Grundrecht (Comm. IV, 359) als ein „heiliges und unverbrüchliches Palladium, das zwischen der Willkür der Krone und der Bürgerfreiheit steht". Wer allerdings Gelegenheit hatte, die der angelsächsischen Tradition folgenden Geschworenengerichte Amerikas in Aktion zu beobachten, wird geneigt sein, dieser naturtechtlichen Mythologisierung einige Skepsis entgegenzubringen.

Als Ergebnis der neueren Entwicklung läßt sich feststellen, daß die Jury in Zivilsachen so gut wie völlig verschwunden ist. Ihre Bedeutung hat aber auch in Strafsachen wesentlich abgenommen. In summarischen Verfahren vor den Magistratsgerichten gibt es naturgemäß keine Geschworenen, aber auch von den Fällen, die eine formelle Anklageerhebung erfordern (*indictable offences*), werden heute 85 Prozent summarisch und ohne Geschworene erledigt. Von den fünfzehn Prozent der schwereren Straftaten, die vor die *Quarter Sessions* oder die *Assizes* kommen und bei denen die Jury obligatorisch ist, erledigen sich zwei Drittel dadurch, daß der Angeklagte sich für schuldig bekennt. Vor Geschworene kommen

---

[1] Über die dem *Home Secretary* zustehende Rolle bei der Begnadigung siehe Bd. I, S. 517.

[2] Kapitel 39: "*No free man shall be captured or imprisoned or disseised or outlawed or exiled or in any way desstroyed ... except by the lawful judgement of his peers or by the law of the land*".

[3] "*That jurors ought to be duly empannelled and returned*".

also kaum mehr als fünf Prozent auch der schwereren strafbaren Handlungen. Die Nützlichkeit der Einrichtung, wenn man sie ihrer naturrechtlich-ideologischen Verbrämung entkleidet und im Lichte unserer technologisch komplizierten Gesellschaft bemißt, hat sichtlich nachgelassen.

### b) Die Geschworenen in Strafsachen

Ursprünglich — und dies galt noch für die Zeit von Blackstone — wurde dem Grundsatz der „volkstümlichen" Strafrechtspflege dadurch Rechnung getragen, daß es zwei Geschworenenbänke gab, die aus 12 bis 23 Mitgliedern bestehende *Grand Jury*, welche über die Anklageerhebung (*presentment*), und die eigentliche Verhandlungs-Jury (*Petty Jury*), welche nach durchgeführter Verhandlung und Rechtsbelehrung durch den Richter über die Schuldfrage zu urteilen hatte. Die erstere, die heute noch in den Vereinigten Staaten für die Bundesgerichtsbarkeit und in den meisten Staaten besteht, ist aber in England neuerdings abgeschafft worden (*Administration of Justice* [*Miscellaneous Provisions*] *Act* von 1933 [23 & 24 Geo. 5, c. 36] und *Administration of Justice Act* von 1948 [11 & 12 Goe. 6, c. 58]), da die Einrichtung der *Examining Magistrates* die *Grand Jury* überflüssig machte. Eine staatliche Instanz wie den öffentlichen Ankläger über die Anklageerhebung entscheiden zu lassen, wird von allen echt rechtsstaatlichen Gerichtsorganisationen verworfen.

Was die eigentlichen Geschworenen anbelangt, so wurde die altertümliche Auffassung, daß die örtlich einberufenen Geschworenen als Zeugen fungieren müßten, schon frühzeitig fallen gelassen (*Bushell's Case* [1670] [6 St. Tr. 999])[1]. Gegenwärtig werden alle geringeren Straftaten (*petty offences*) von den Magistraten (in *Petty Session*) summarisch verhandelt, das heißt ohne formelle schriftliche Anklageerhebung (*indictment*) und ohne Geschworene. Dies gilt auch für alle strafbaren Handlungen, bei denen eigentlich zwar die formelle Anklageerhebung vorgeschrieben ist (*indictable offences*), die aber, falls der Angeschuldigte damit einverstanden ist, summarisch behandelt werden können. In bestimmten Fällen kann der Beschuldigte stattdessen aber die Verhandlung vor der *Quarter Sessions* oder den *Assizes* mit Zuziehung von Geschworenen verlangen. Nur für diese beiden Gerichte, welche die schwereren Straftaten verhandeln, ist die Jury obligatorisch. Das bedeutet also die durchaus vernünftige und zweckentsprechende Regelung, daß in der weit überwiegenden Mehrheit der Fälle auf die Geschworenen überhaupt verzich-

[1] Damit wurde auch die Unabhängigkeit der Geschworenen verankert (siehe oben S. 19), die von jeder Verantwortung für ihre Verdikte freigestellt wurden, auch wenn sie der Beweisaufnahme widersprechen oder von den Weisungen des Richters abweichen.

tet wird, wenn nämlich der Beschuldigte oder der Angeklagte sich mit der Verhandlung ohne Geschworene einverstanden erklärt oder wenn er vor Eintritt in die Verhandlung sich für schuldig bekennt.

Wenn also in der überwiegenden Mehrheit auch derjenigen Fälle, bei denen eine Jury an sich zulässig wäre, auf diese vom Angeschuldigten oder Angeklagten verzichtet wird, so bestehen dafür psychologische wie praktische Gründe. Der Betroffene hat Vertrauen in den Richter und braucht nicht die Jury als Gegengewicht; denn die Geschworenen werden nach wie vor vorwiegend den vermögenden Klassen entnommen und ein mittelloser Angeklagter hat in ihre Einsicht in seine prekären Verhältnisse kein Fiduz.

### c) Die Geschworenen in Zivilsachen

Großbritannien, wie auch andere angelsächsische Rechtssysteme, kennt auch, im Gegensatz zu den europäisch-kontinentalen, eine Jury in Zivilsachen, wenn auch nach *common law* in der Regel nur bei solchen zivilrechtlichen Ansprüchen, die auf Schadenersatz lauten. Hier war die Abkehr von der Geschworenenbank noch radikaler als bei den Strafsachen. Bis zum *Common Law Procedure Act* von 1854 (17 & 18 Vict., c. 125) war auch in Zivilsachen die Jury bei Verhandlungen vor den *common law*-Gerichten obligatorisch, konnte aber schon nach diesem Gesetz mit Zustimmung beider Parteien dem Einzelrichter übertragen werden. Nach 1883 wurde dies zur Regel und die Heranziehung von Geschworenen zur Ausnahme. Die Parteien machten aber so wenig Gebrauch von der Jury, daß seit dem *Administration of Justice* (*Miscellaneous Provisions*) *Act* von 1933 (23 & 24 Geo. 5, c. 36) die Zuziehung der Geschworenen allein im Ermessen des Gerichts steht, außer daß sie obligatorisch ist, wenn ein Beklagter sie beantragt, dem Betrug vorgeworfen wird, oder wenn beide Parteien sie in bestimmten Fällen — Schadenersatz, Ehrbeleidigung, böswilliger Anklageerhebung (*malicious prosecution*), Verführung und Bruch des Eheversprechens — verlangen. Aber selbst in diesen Fällen kann das Gericht davon absehen, wenn es den Fall für zu verwickelt für die Jury hält. Wo die Zulassung der Jury dem Gericht überlassen ist, ist sein Ermessen absolut (*Hope v. Great Western Ry.* [1937] [2 K. B. 130]; *Pease v. George* [1960] [1 All E. R. 709] [C. A.]). Das Ergebnis ist, daß derzeit weniger als drei Prozent aller Zivilsachen mit einer Jury verhandelt werden, und diese sind in der Praxis auf die *Queen's Bench Division* beschränkt. Ebenso selten wird vor den *County Courts* von dem Recht Gebrauch gemacht, eine Jury zu verlangen (*County Courts Act* von 1959 [7 & 8 Eliz. 2, c. 22]). Ein Umstand, der wesentlich zu dieser Abkehr von der Jury in Zivilsachen beigetragen hat, ist, daß die Parteien selbst die Kosten für ihre Dienste tragen müssen.

#### d) Die Verpflichtung zum Geschworenendienst

Bei Einberufung den Geschworenendienst zu leisten, obliegt allen Personen zwischen 21 und 60 Jahren, die gewisse, nicht übermäßig hohe Eigentums- oder Besitzvoraussetzungen aufweisen, die allerdings seit 1825 nicht mehr den veränderten Verhältnissen angepaßt worden sind. Die Geschworenenliste folgt den Wählerlisten für das Parlament und wird von den Lokalsteuerbehörden geführt. Es bestehen aber zahlreiche Ausnahmen von der Geschworenenpflicht — Parlamentsmitglieder, Peers, vor allem aber die Angehörigen verschiedener freier Berufe. Die neuere Gesetzgebung entschädigt die einberufenen Geschworenen für Reisekosten und sonstige Auslagen, gewährt ihnen auch (mäßige) Diäten und den Ersatz für den Entgang anderweitigen Verdienstes (*Juries Acts* 1825–1954). Die Spezialjury mit höheren Vermögensvoraussetzungen (in Amerika immer noch als *blue ribbon jury* verwendet) ist durch den *Juries Act* von 1949 (12, 13 & 14 Geo. 6, c. 27) abgeschafft worden, besteht aber für die *City of London* in Handelssachen weiter. Die Zahl der Geschworenen beträgt in Zivil- wie in Strafsachen die historischo, aber sehr willkürliche Zahl zwölf, außer vor den *County Courts* (acht) und vor den *Coroners* (sieben bis elf). Außer bei den letzteren ist Einstimmigkeit für den Schuldspruch erforderlich; eine Jury, die sich nicht einig ist („*hung jury*“), kann vom Richter heimgeschickt werden (*Winsor v. The Queen* [1866] [L. R. 1 Q. B. 289])[1].

#### e) Beurteilung des Werts der Geschworenenbank

Im Hinblick auf die immer geringer gewordene und weiterhin abnehmende Bedeutung der Geschworenen in Zivil- wie auch in Strafsachen ist die Diskussion über den Wert der Einrichtung heute mehr oder minder akademisch. Kaum irgend eines der Argumente, die für die Beibehaltung auch in der gegenwärtigen Zeit angeführt werden, kann als voll durchschlagend erachtet werden. Daß sie die Justiz „volkstümlich“ macht, ist mehr Schein als Wirklichkeit, da der Geschworenendienst von der Mehrzahl der Einberufenen als eine Belastung und unwillkommene Störung ihres Berufslebens angesehen wird. Auch hat die Qualität der Geschworenenbänke infolge des Ausschlusses gerade der intellektuellen Elite der freien Berufe nicht gewonnen. Dazu kommt, daß die Verhandlung ohne Geschworene viel rascher vonstatten geht als mit ihnen. Wer den Gerichtsbetrieb mit Geschworenen anderwärts aus der Nähe verfolgt hat, wird zur Überzeugung gekommen sein, daß sie zur Entscheidung selbst der Schadenersatzansprüche nach Grund und Höhe weit weniger geeignet sind als das weniger subjektiv motivierte Urteil eines Berufsrichters.

[1] Die von Labour im November 1966 eingebrachte *Criminal Justice Bill* läßt den Schuldspruch mit einer Mehrheit von 10 : 2 zu, um obstinate Geschworene auszuschalten. In Schottland war schon immer die Mehrheit 8 : 7 zulässig.

Ist eine Zivilsache sachlich und rechtlich auch nur einigermaßen kompliziert, muß sie für die Geschworenen von den Anwälten und dem Gericht vorpräpariert und gewissermaßen vorgekaut werden, um von ihnen verstanden zu werden; delikate Rechtsfragen fallen dabei unter den Tisch, die Rechtsprechung wird grobschlächtig. Die Bewertung der Jury für zivilrechtliche Streitigkeiten kann nicht anders als negativ sein.

Bei Strafsachen, besonders wenn es sich um die wirklich schweren Gewaltverbrechen handelt, ist eine Jury wohl nicht ohne Nutzen, einmal weil sie den Richter von seiner Verantwortung entlastet, was er nicht ungern sieht, zum anderen, weil sie in der Regel die Beweisaufnahme und die Glaubwürdigkeit der Zeugen mit jenem gesunden Menschenverstand beurteilt, der ihr seit alters nachgerühmt wird. Juries sind keineswegs gegen unsachliche Voreingenommenheiten und emotionale Beeinflussungen gefeit; aber in England, wo der Richter die Würde des Gerichts aufrechterhält und daher demagogische oder theatralische Exzesse der Anwälte nicht duldet, mag die Gefahr von Fehlverdikten geringer sein als anderswo[1]. Bei Leibesverbrechen wird eine Jury zwar gelegentlich einen Schuldigen freisprechen, aber nur selten einen Unschuldigen verurteilen.

Worauf aber das Für und Wider bei der Beurteilung der Geschworenengerichte letztlich hinausläuft, ist die Qualität der Berufsrichter. Man könnte sagen: je höher das Kaliber der Berufsrichter, desto geringer sind die Chancen von Justizirrtümern. Bei dem Kaliber der englischen Berufsrichter, von denen die gesiebte juristische Elite der Mitglieder der *Queen's Bench* bei den *Assizes* präsidiert, besteht eine hohe Wahrscheinlichkeit eines gerechten, auch dem Volksempfinden entsprechenden Urteils. Trotzdem wird in schweren Strafsachen vor den *Assizes* oder den *Quarter Sessions* die Jury wohl auf lange Zeit wie bisher fungieren und wenn sie auch nicht geradezu unentbehrlich ist, überwiegt ihre Nützlichkeit die Nachteile.

## 6. Die Gerichte in Schottland und Nordirland

### a) Schottland

Schottland besitzt ein von dem englisch-wallisischen weitgehend abweichendes Rechtssystem und demgemäß auch eine völlig getrennte Ge-

[1] Dazu gehört auch die Zubilligung übermäßig hoher Geldentschädigung an die Klagepartei in Schadenersatzprozessen, wie es auch seit einiger Zeit in den Vereinigten Staaten zu beobachten ist. In Zivilstreitigkeiten ist dazu allerdings nicht mehr viel Gelegenheit geboten, da dort die Rolle der Jury wesentlich eingeschränkt ist, wohl aber dann, wenn in einem Strafverfahren Schadenersatz zugesprochen wird, etwa bei einer durch einen Kunstfehler des Arztes verursachten Gesundheitsschädigung und vor allem in Verfahren wegen öffentlicher Ehrverletzung (*criminal libel*) (siehe unten S. 313). In solchen Fällen sind auch englische Geschworene, oft kleine Leute, geneigt, einem für wohlhabend angesehenen Beklagten übermäßige Zahlungen aufzubürden. So wurden in *Lewis et al. v. Daily Telegraph, Ltd. and Asso-*

richtsverfassung[1]. Das schottische Privatrecht beruht auf römisch-rechtlicher Grundlage. Bei vielen Materien sind schottische Spezialgesetze des gemeinsamen Parlaments in Westminster üblich. Bei Fehlen einer gesetzlichen Norm oder einer präjudiziellen Rechtsprechung wird nicht selten auf die schottische gelehrte Jurisprudenz zurückgegriffen. Da in Zivilsachen eine gemeinsame Appellgerichtsbarkeit beim *House of Lords* liegt, ist eine Assimilation der beiden Rechtssysteme in langsamer Entwicklung.

Auf der Unterstufe, wo außerdem eine Bagatellgerichtsbarkeit (bis zu 5 £) der Friedensrichter besteht, besitzen die *Sheriffs Substitutes*-Gerichte eine örtlich beschränkte Zuständigkeit in Zivil- und Strafsachen. Berufung dagegen ist an den *Sheriff Court* zulässig. Die schottischen Obergerichte sind der *Court of Session* und der *High Court of Judiciary*. Ersterer besteht aus dem „inneren“ und dem „äußeren“ Haus. Die fünf Richter des äußeren Hauses haben als Einzelrichter die obere Zivilgerichtsbarkeit. Das innere Haus verhandelt in zwei Abteilungen über die an es gelangenden Berufungen der ersten Instanz. Der *High Court of Judiciary* ist das strafrechtliche Obergericht, das aus dem *Lord Justice-General* als *Lord-President*, dem *Lord Justice-Clerk* und den Richtern des *Court of Session* besteht. Es behandelt die schwereren Strafsachen in erster und die Berufungen von den Untergerichten in zweiter Instanz. Außerdem besteht hauptsächlich als Revisionsinstanz gegen die Entscheidungen des *High Court of Judiciary* ein strafrechtlicher *Court of Appeal*. Eine schottische Geschworenenbank hat in Strafsachen 15, in Zivilsachen 12 Mitglieder, die nach Mehrheit entscheiden.

Ob die Unionsakte von 1707 eine Revision von den schottischen Gerichten an das *House of Lords* zuließen, war von Anfang an streitig; da aber das Oberhaus schon alsbald nach der Union (1711) eine zivilrechtliche Revision zugelassen hatte, ist diese Praxis seither fortgesetzt worden. In Strafsachen dagegen besteht nach wie vor keine Revision des Oberhauses gegenüber den Urteilen des *High Court of Judiciary* oder des *Court of Appeal* (*Mackintosh v. Lord Advocate* 1876 [3 R.] [H. L. 34]).

### b) Nordirland

Entsprechend der verselbständigten Provinzialverwaltung von Nordirland besteht auch dort ein von England getrenntes Gerichtssystem. Seine Struktur ist aber dem englischen durchaus ähnlich. Die Untergerichte entsprechen der englischen Gerichtsverfassung. Der *Supreme Court of Judicature* besteht aus dem *High Court* und (für Zivilsachen) dem *Court*

---

*ciated Newspapers, Ltd.* ([1963] [2 All E.R. 151] [H.L.]) den Klägern ein Schadenersatz von 75000 und 100000 £ zugesprochen. Das *House of Lords* hielt zwar die Verurteilung als solche aufrecht, aber die Schadenersatzansprüche für derart übersetzt, daß eine neue Verhandlung angeordnet wurde.

[1] Vgl. J. D. B. Mitchell, *Constitutional Law*, Edinburgh 1964, S. 213ff.

*of Appeal.* Eine strafrechtliche Berufungsinstanz wurde in Gestalt des *Court of Criminal Appeal* durch den *Criminal Appeal* (*Northern Ireland*) *Act* von 1930 (20 & 21 Geo. 5, c. 45) geschaffen, von dem die Revision wie in England selbst an das *House of Lords* geht. In Zivilsachen hatte die Unionsakte von 1800 bereits die Zuständigkeit des Oberhauses für ganz Irland eingeführt. Sie erstreckt sich jetzt nur mehr auf Nordirland. Bemerkenswert ist hier, daß das Oberhaus auch über die Gültigkeit der Gesetzgebung des nordirischen Parlaments nach Maßgabe des *Government of Ireland Act* von 1920 (20 & 11 Geo. 5, c. 67) entscheiden kann (*Gallagher v. Lynn* [1937] [A. C. 836]). Das Oberhaus verfügt auch über die strafrechtliche Revisionszuständigkeit gegenüber den Entscheidungen des nordirischen *Court of Criminal Appeal.*

## V. Zur Soziologie der britischen Rechtspflege

Man könnte wohl auch heute noch, wie es ehedem Blackstone vorschwebte, den Wert einer Gesellschaftsordnung nach dem Rang beurteilen, den in ihr Justiz und Rechtspflege einnehmen. Der Maßstab ist nicht unfehlbar, wie sich daraus ergibt, daß die Heliastengerichte zu den am wenigsten erfolgreichen Einrichtungen des klassischen Griechenland gehörten. Will man ihn aber anlegen, so wird die britische Zivilisation nicht schlechter abschneiden als das durch Recht und Rechtsprechung berühmte Rom der Republik und des Prinzipats. Vor allem: Der englische Richter ist sowohl dem Parlament und der Regierung als auch der öffentlichen Meinung gegenüber völlig unabhängig. Politische Erwägungen haben weder bei seiner Ernennung eine Rolle gespielt noch beeinflussen sie in irgendeiner Form seine Tätigkeit auf dem Richterstuhl. Da jedweder Richterstand, mit der Anwendung und Auslegung des grundsätzlich den *status quo* konservierenden Rechts befaßt, in seiner Grundeinstellung konservativ ist, kann auch von den englischen Richtern nicht erwartet werden, daß sie Sozialrevolutionäre sind.

Was die Gerichtsverfassung als solche anbetrifft, so leidet sie auch nach der einschneidenden Reform des 19. Jahrhunderts und der seither ergänzenden Gesetzgebung an einer gewissen Unübersichtlichkeit von sich überschneidenden Zuständigkeiten und läßt die anderwärts bestehende klare Pyramidenform der gerichtlichen Hierarchie vermissen. Sie macht daher beim rechtsuchenden Publikum den Dienst professioneller Spezialisten unentbehrlich. Dieser Nachteil, wenn es ein solcher ist, wird durch den nunmehrigen Ausbau von Berufung und Revision ausgeglichen, der allen billigen Anforderungen einer wirksamen Intraorgan-Kontrolle des judiziellen Gewaltenträgers gerecht werden kann, ohne einen Anreiz zur frivolen Instanzenausnutzung und Prozeßsucht zu bieten.

Was die Stellung des Richters in der Gesellschaft anbelangt, so gilt der Richter an einem der höheren Gerichte als die Krone nicht nur einer bürgerlichen, sondern jeder gesellschaftlichen Laufbahn. Es wird kaum einen *barrister* geben, mag sein Praxiseinkommen auch noch so glänzend sein, der einen Ruf an den *High Court* ausschlagen würde, auch wenn damit eine wesentliche finanzielle Einbuße verbunden sein sollte[1]. Kein anderer Beruf und nicht einmal der des erfolgreichen Politikers genießt das gleiche allgemeine Ansehen wie der eines Richters. In der Formierung der moralischen und gesellschaftlichen Standards spielten sie seit alters eine unsichtbar maßgebende Rolle. Dem Richterspruch wird, auch vom Verlierer in wichtigen Zivilsachen, widerspruchslos Gehorsam geleistet. *Judex locutus causa finita.*

Das Kaliber der zahlenmäßig sehr kleinen Richter-Elite — weniger als zweihundert[2] —, welche die Hauptbürde der höheren und der Appellationsgerichtsbarkeit trägt, ist nach wie vor eindrucksvoll hoch, nicht zuletzt wegen der in einer die Anstellungs-Voraussetzung bildenden langjährigen *barrister*-Praxis gewonnenen Rechts- und Lebenserfahrung.

Was die Rechtsprechung selbst anbelangt, so mag wohl sein, daß sie weniger gelehrt und weniger auf die systematische Durchdringung des Stoffes abgestellt ist, als etwa bei manchen hervorragenden amerikanischen oder französischen Richtern oder auch neuerdings im Vergleich mit der Jurisprudenz des deutschen Bundesverfassungsgerichts. Vielleicht sind auch die wirklich schöpferischen Richterpersönlichkeiten, an denen die Vereinigten Staaten niemals Mangel litten, in England dünner gesät als dort. Bei einem Volk, das den Pragmatismus so sehr zur Lebensmaxime ausgebildet hat wie das englische, gehört wahrscheinlich das, was den hervorragenden Juristen ausmacht: die Gabe der Abstraktion und die Begabung zur Synthese, nicht zu den angeborenen Nationaltugenden. Aber die Rechtsprechung zeichnet sich durch allgemeine Verständlichkeit und das Fehlen jener prozessualen Akrobatik aus, die man bei den oberen Gerichten derjenigen Länder finden mag, die der römisch-rechtlichen Tradition folgen. Das hängt wesentlich mit den in England geltenden Prozeßordnungen zusammen, die seit der Reform von 1873 von einem Gremium der höchsten Richter unter dem Vorsitz des *Lord Chancellor* formuliert werden und daher nicht durch die parlamentarische Mühle getrieben werden müssen. Die Gerichtsverhandlungen vor allem bei den oberen Gerichten zeichnen sich durch eine besondere Würde aus, die nicht nur in der Berufskleidung („*gown and wig*") der Richter und der dort praktizierenden Anwälte, sondern in der ganzen Verhandlungsführung zum Ausdruck kommt und dem englischen Charakter entsprechen mag. Die forensische Beredsamkeit ist maßvoll, frei von demagogischen Zügen, an

[1] Neuerdings kommt es gelegentlich vor, daß ein erfolgreicher *barrister* in die Industrie überwechselt.

[2] Vergleichsweise sei bemerkt, daß es in der Deutschen Bundesrepublik insgesamt 12189 gelehrte Richter (Stand vom 1. Januar 1963) gibt.

das Gericht und die Geschworenen oder den Gegner gerichtet und nicht als Werbemittel vor der Öffentlichkeit dienend. Bei den höheren Gerichten kennt der Richter aus dem Aktenstudium den Fall, ehe er ihn verhandelt, und kann dadurch die Verhandlung unmerklich lenken, auch wenn er im Grunde nur als Unparteiischer erscheint, der den Prozeßbetrieb selbst den Parteien und ihren Anwälten überläßt. Zeugen werden mit Höflichkeit behandelt, die *cross examination* ist weniger „cross" als sachlich eingestellt. Im allgemeinen wird dem Beweisvorbringen der Parteien von Gerichtsseite kein unnötiges prozessuales Hindernis in den Weg gestellt. Bei Strafsachen werden die rechtsstaatlichen Bedingungen zugunsten des Angeklagten voll gewahrt. Kein Richter würde eine Beeinträchtigung seiner Rechte durch die Anklagevertreter zulassen. Die Kriminalität in England ist noch immer weniger hoch als in anderen europäischen Staaten, von ihrer abnormen Höhe in den bevölkerungsmäßig nicht nivellierten Vereinigten Staaten nicht zu reden. Allerdings ist sie in London und anderen Metropolitanbezirken wie überall derzeit im Steigen, besonders bei den Jugendlichen, paradoxerweise eine unvermeidbare Folge der allgemeinen Prosperität. Als ein Vorzug der englischen Justizgebarung mag auch angesehen werden, daß die oberen Gerichte trotz des zahlenmäßig überraschend geringen Richterpersonals nicht von Rückständen geplagt werden wie ihre Kollegen anderwärts. Dies geht wohl auf das Fehlen technisch komplizierter Prozeßordnungen zurück, was seinerseits auf den Umstand zurückzuführen sein mag, daß sie von juristischen Praktikern abgefaßt sind. Nur sehr selten wird eine Entscheidung wegen prozessualer Verstöße von den Berufungsgerichten aufgehoben.

Diesen gewichtigen Posten auf der Habenseite steht allerdings auf der Sollseite gegenüber, daß die englische Rechtspflege wegen der hohen Kosten für Gerichte, Anwälte und den juristischen Beistand traditionell sehr teuer ist. Dadurch war sie die längste Zeit im wesentlichen ein Privileg der begüterten Klassen. Auch ein Begüterter kann durch einen verlorenen Prozeß ruiniert werden, wie in neuerer Zeit der von Harold Laski gegen eine Zeitung angestrengte und von ihm verlorene Prozeß dartat. Die Unbemittelten aber hatten das Nachsehen. Hierin ist neuerdings durch den *Legal Aid and Advice Act* von 1949 (12, 13 & 14 Geo. 6, c. 51) (mit Ergänzungen von 1960 [8 & 9 Eliz. 2, c. 28] und 1964 [Eliz. 2, c. 30]) einigermaßen, wenn auch nicht in dem erwünschten Umfang Abhilfe geschaffen worden[1]. Nach diesen Regelungen muß in Straf- und Zivilsachen der um das Armenrecht einkommende Angeklagte oder Kläger seinem zuständigen örtlichen Ausschuß dartun, daß er vernünftigen Anlaß zu einem Prozeß hat, und es wird von ihm auch ein Nachweis der

[1] Eine gewisse Rechtshilfe für Unbemittelte war bereits 1903 eingeführt worden und wurde mit dem *Poor Prisoners Defence Act* von 1930 (20 & 21 Geo. 5, c. 32) auf die unbemittelten Gefangenen ausgedehnt.

Unbemitteltheit verlangt (*means test*), den er dem *National Assistance Board* erbringen muß, ein Umstand, der manche abhält, überhaupt um das Armenrecht einzukommen[1]. Nach dem Gesetz von 1949 wurden auch amtliche Rechtsberatungsstellen eingerichtet, bei welchen ein *solicitor* auch in nicht-streitigen Rechtsangelegenheiten Rat erteilt; diese sind aber nicht kostenlos zugänglich und unter Umständen auch mit dem *means test* verbunden. Obwohl das jetzige System einen wesentlichen Fortschritt bedeutet, ist es weiter ausbaufähig, um die englische Rechtspflege im rechtsstaatlich gebotenen Umfang auch den Unbemittelten zugänglich zu machen. Hier allerdings würde dann wohl die Gefahr bestehen, daß eine völlige Entlastung von den Gerichtskosten die bisher in England glücklicherweise unterentwickelte Prozeßsucht steigern könnte.

Im großen ganzen aber kommt die englische Rechtspflege den Anforderungen einer gesitteten Gesellschaft so nahe wie es menschenmöglich erscheint. Diese durchaus positive Bewertung des englischen Richtertums und seiner Rechtspflege darf aber nicht darüber hinwegtäuschen, daß die Bedeutung des Richters für die Gesellschaftsordnung im Laufe der letzten Generation einem tiefgreifenden Wandel unterworfen ist. Gesellschaftliches und berufliches Prestige sind nach wie vor unbestritten, seine Rolle aber als gesellschafts- und staatsgestaltende Macht hat sichtlich abgenommen. Wenn Albrecht Mendelssohn-Bartholdy vor mehr als einem halben Jahrhundert, auf den Erfahrungen und Erscheinungen des viktorianischen Zeitalters fußend, mit gutem Recht vom „Imperium des Richters" sprechen konnte — ein Imperium nicht nur in der Geltung der Rechtsprechung, sondern auch ihrer Bedeutung für Staat und Gesellschaft —, so ist dieses heute einigermaßen verblaßt. Auch das Richtertum hat der neuen Zeit Tribut zahlen müssen. In einer politisch reifen und saturierten Gesellschaft sind die großen Probleme des menschlichen Zusammenlebens gelöst; Staatsschutzfragen spielen kaum eine Rolle mehr; die Regelung der Wirtschaftsstruktur und -Dynamik obliegt dem Kabinett und dem von ihm veranlaßten Parlamentsgesetz, dem sich die Richter beugen müssen. Eine neue Gesellschaftsordnung hat anderen Berufsgruppen den Zugang zur öffentlichen Bühne verschafft, den „Technokraten" der neuen industriellen Gesellschaft, den Managern und Planern, Ingenieuren und Wirtschaftssachverständigen und den in zunehmendem Maß einflußreich gewordenen Naturwissenschaftlern („*scientists*"). Vor allem aber hat die Bedeutung des *Civil Service* für die Staatsgestaltung zugenommen und ist in Konkurrenz mit dem Richtertum ge-

[1] Die gewährte Prozeßhilfe richtet sich nach dem dem Antragsteller verbleibenden „disponiblen" Einkommen, das 420 £ nicht überschreiten darf. Wer ein solches Einkommen über 156 £ hat, muß die Hälfte des disponiblen Einkommens selbst zu den Kosten beisteuern. Die kostenfreie Vertretung vor Gericht ist also auf eine verhältnismäßig kleine Gruppe von gänzlich Mittellosen beschränkt.

treten. Soziologisch gesehen ist das heutige Großbritannien weder ein Juristen- und noch viel weniger ein Richterstaat.

## Drittes Kapitel

# Die Verwaltungsgerichtsbarkeit

## I. Vorbemerkungen zur Entwicklung des Verwaltungsrechts und der Verwaltungsgerichtsbarkeit

### 1. Die Umwandlung des Gesetzgebungs- in den Verwaltungsstaat

Wohl die auffallendste Erscheinung im öffentlichen Leben unserer Zeit ist die Umwandlung des klassischen Gesetzgebungs- in den zeitgenössischen Verwaltungsstaat. In der früheren vergleichsweise unkomplizierten Epoche des Liberalismus konnte sich die staatliche Regelung des Zusammenlebens mit verhältnismäßig wenigen grundsätzlichen Gesetzgebungsakten begnügen, welche für die Bürger in der Regel unmittelbar und ohne die Zwischenschaltung der sie ausführenden Behörden verbindlich waren. Spätestens aber seit Beginn dieses Jahrhunderts haben sich die wirtschaftlichen und sozialen Anforderungen, die der einzelne Bürger aufgrund der veränderten, sich vom Liberalismus abkehrenden Sozialauffassung an seinen Staat zu stellen sich berechtigt glaubte, in unvorstellbarem Maß gesteigert. Damit mußten sich die zu ihrer Befriedigung dienenenden Staatsleistungen und der ihnen dienende Behördenapparat entsprechend vermehren. Die fortschreitende Technologisierung der Industriegesellschaft bedingte eine sich ständig steigernde Intervention des Staats in den Ablauf des Sozial- und Wirtschaftslebens, einerseits um das nationale Wirtschaftspotenzial zu erfassen und zu mobilisieren, andererseits um im Interesse des Gemeinwohls die Gegensätze zwischen den rivalisierenden Berufsgruppen auszugleichen und die einem gesunden Gemeinschaftsleben gemäße soziale Harmonie aufrechtzuerhalten. Alle diese Umstände bewirkten eine ungeahnte, selbst die Staatslenkung des Merkantilismus weit übertreffende Ausweitung der staatlichen Verwaltung, die nunmehr für das Alltagsleben des Bürgers von entscheidender Bedeutung geworden ist. Was die Verwaltung für ihn tut oder nicht tut, ist ihm viel wichtiger als was im Parlament vorgeht. Man denke hier nicht nur an die alle Klassen der Bevölkerung erfassenden Sozialleistungen, sondern an die unumgänglichen behördlichen Ermächtigungen, Konzessionen und Erlaubnisscheine, die beispielsweise zum Betrieb eines Geschäfts oder eines Gewerbes, zum Bau eines Hauses und selbst zur Führung eines Kraftwagens erforderlich sind.

Die normentechnische Folge dieser Wandlung war, daß das Parlamentsgesetz sich darauf beschränken mußte, eine die Allgemeinheit oder auch nur eine bestimmte Gruppe oder Klasse der Bürger angehende Materie in den entscheidenden Grundzügen der *policy decision* zu regeln, die Art und Weise aber, wie diese dann auf die Praxis des Alltagslebens anzuwenden sind, der Normensetzung durch nachgeordnete Behörden — in England *delegated legislation* —, zu überlassen[1]. Selbst der flüchtigste Vergleich des Umfangs der parlamentarischen mit der ermächtigten Normensetzung der *statutory instruments* wird über den Gang der Entwicklung belehren.

Hand in Hand damit ging notwendigerweise die im Verhältnis zum liberalen Staat gleichfalls unvorstellbare Vermehrung der mit der Regelung des Gemeinschaftslebens befaßten Verwaltungsbehörden. In Großbritannien waren dies in erster Linie die sich in Zahl und Aufgabenkreis zunehmend ausdehnenden Ministerien (Departments), die aber ihren Aufgaben nicht mehr selbst nachkommen konnten, sondern ihrem Zuständigkeitsbereich zahlreiche Spezialbehörden ein- und angliederten. Hier weicht die britische Entwicklung sowohl von der kontinentalen ab, wo die Ministerien in der Regel selbst durch ihre Stäbe den neuen Verwaltungsaufgaben obliegen, wie von derjenigen in den Vereinigten Staaten, wo die sogenannten *Independent Regulatory Agencies* die Oberaufsicht und Regelung bestimmter Wirtschaftszweige und Sozialeinrichtungen übernahmen.

Alle diese Umstände führten zu einer Verwandlung der Staatsfunktionen, von der sich die Schulweisheit der klassischen Gewaltenteilungslehre nichts träumen ließ: Die „Exekutive“ ist doppelgleisig geworden. Sie umfaßt die eigentliche *policy decision*-Funktion, der sie zusammen mit dem Parlament obliegt, aber auch diejenige der Verwaltung als solcher, innerhalb deren Rahmen ihr sogar die Normensetzungsbefugnisse zugewachsen sind.

## 2. Zur Stellung des Verwaltungsrechts innerhalb des britischen Rechtssystems

Zumindest seit Beginn dieses Jahrhunderts weist Großbritannien eine im Rahmen des Rechtsstaats und der Bürgerfreiheit konsolidierte und saturierte Gesellschaft auf, deren staatspolitische Einrichtungen stabilisiert sind und höchstens gelegentlicher zeitgemäßer Korrekturen bedürfen. Andererseits ist etwa seit dem ersten Weltkrieg der Umfang derjenigen Materien, die ihrer Substanz nach verwaltungsrechtlich sind, auch in Großbritannien auf allen Gebieten des öffentlichen Lebens außerordentlich gestiegen. Die überwiegende Masse der Normen aller Art, mögen es

---

[1] Siehe Bd. I, S. 354ff.

Parlamentsgesetze oder die von ihnen ermächtigte nachgeordnete Gesetzgebung sein, befaßt sich gegenständlich mit Leistungen der öffentlichen Hand für den Bürger oder mit der der staatlichen Ordnungsfunktion entsprechenden Regelung des Gemeinschaftslebens. Um hier nur einige Beispiele anzuführen: Wohnungswesen und Siedlungsplanung (*town and country planning*); Sozialversicherung und Sozialleistungen im Rahmen des Wohlfahrtsstaats; Arbeitsbedingungen und industrielle Beziehungen; die öffentlichen Dienste des Gesundheits- und des Erziehungswesens; Verkehrsregelung; Wasser-, Gas- und Elektrizitätsversorgung und damit insbesondere die Nationalisierung der sie erzeugenden und verteilenden Wirtschaftszweige[1]. Alle diese Materien und zahllose mehr sind materiell als verwaltungsrechtliche anzusprechen. Angesichts dieser sich unwiderstehlich vollziehenden Entwicklung sollte man meinen, die Engländer hätten sich bereitgefunden, wie es auf dem Kontinent längst der Fall gewesen war, das Verwaltungsrecht als einen dem Staats- und Verfassungsrecht gleichrangigen Bestandteil ihres Rechtssystems anzuerkennen und auszubauen. Dies ist aber erstaunlicherweise nicht der Fall gewesen, trotzdem es ein Engländer — John Austin — gewesen war, der bereits um die Mitte des letzten Jahrhunderts das öffentliche Recht in das Verfassungsrecht (*constitutional law*) und das Verwaltungsrecht (*administrative law*) eingeteilt hatte.

Die Gründe für diese Fehlleistung sind teils historischer, teils dogmatischer oder vielmehr doktrinärer Natur. Zunächst hatte kein Bedürfnis nach einer eigenen verwaltungsrechtlichen Disziplin bestanden, zum anderen wirkten A. V. Diceys zu Ausgang des letzten Jahrhunderts ausgesprochene Vorurteile und Mißverständnisse hinsichtlich des französischen *droit administratif* und der es anwendenden eigenen Verwaltungsgerichten nachteilig ein[2]. Erst etwa seit 1930, nach Diceys Tod, begann

[1] Hierüber siehe ausführlicher unten Kapitel 6, S. 169ff.

[2] Dicey hielt das französische System für unvereinbar mit der *rule of law*, weil es angeblich dem Staat außergewöhnliche Privilegien einräumte: Es könne vor den ordentlichen Gerichten (*courts of law*) nicht gegen den Staat prozessiert werden; dies müsse vor eigenen Verwaltungsgerichten geschehen, die er für Instrumente der Regierung hielt; die Beamten des Staates seien dabei wegen unerlaubter oder ungesetzlicher Handlungen besonders geschützt; Rechte und Pflichten des Staates würden von Normen kontrolliert, die für die gewöhnlichen Bürger nicht gälten. All diese Annahmen beruhten neben insularer Arroganz auf unentschuldbarer Unkenntnis, wenn nicht bewußter Entstellung der französischen Verhältnisse zumindest seit der französischen Reform der Verwaltungsgerichtsbarkeit in den vorausgegangenen siebziger Jahren, welche unabhängige Verwaltungsgerichte für die Prozesse gegen den Staat und seine Beamten eingeführt hatten. Diceys kurz vor seinem Lebensende noch vollzogene Abkehr in einem wenig beachteten *Law Review*-Artikel machte auf die englische Juristenwelt keinen Eindruck. Das Ausmaß des Unheils, das Dicey in England angerichtet hat, ließe sich etwa mit dem verderblichen Einfluß vergleichen, den Paul Labands sturer Rechtspositivismus auf die deutsche Rechtslehre und Rechtsprechung ausgeübt hat.

sich auch in England ein Wandel der Auffassung anzubahnen, vor allem, weil die Umwandlung des Gesetzgebungs- in den Verwaltungsstaat und die damit verbundene Zunahme der *delegated legislation* nicht ignoriert werden konnten, wohl aber auch, weil eine neue Generation weniger provinzial befangener englischer Juristen zu Wort kam. Dabei griff allerdings ein neues Mißverständnis Platz, indem das Verwaltungsrecht mehr oder minder mit der *delegated legislation* identifiziert wurde. Seither ist eine erhebliche Literatur[1] entstanden, die das Verwaltungsrecht als eigene Disziplin anerkannte, wenn es auch bis zum heutigen Tag in England, anders wie in Frankreich oder Deutschland, zu keiner umfassenden Theorie desselben gekommen ist. Den Wendepunkt bildete der 1932 veröffentlichte *Report* des *Committee on Ministers' Powers* (Donoughmore-Bericht) (Cmd. 4060), eines der wichtigsten britischen Staatsdokumente der neueren Zeit. Neuerdings aber und insbesondere seit dem letzten Weltkrieg hat sich die Einstellung der englischen Juristen zum Verwaltungsrecht geradezu in ihr Gegenteil verwandelt. Das Schwergewicht der juristischen Theorie und Praxis hat sich vom Staats- und Verfassungsrecht ab- und dem Verwaltungsrecht zugekehrt, dem nunmehr in den führenden Lehrbüchern und auch in der Juristenausbildung der *Law Schools* die gebührende Beachtung geschenkt wird[2].

### 3. Zur Entwicklung der Verwaltungsgerichtsbarkeit

Es liegt auf der Hand, daß, wo das Verwaltungs„recht" nicht als Rechtsdisziplin anerkannt ist, eine Verwaltungs„gerichtsbarkeit" unterentwickelt bleiben muß. Bei einer echten Verwaltungsgerichtsbarkeit sind alle Verwaltungsrechtsstreitigkeiten einem hierarchisch angeordneten System von Verwaltungsgerichten übertragen, die den ordentlichen Gerichten für Zivil- und Strafjustiz gleichrangig, wie diese mit unabhängigen Richtern besetzt sind und vor welchen die Bürger untereinander, der Bürger gegen den Staat und seine Behörden, die einzelnen Behörden gegeneinander und selbst der Beamte gegen seinen Dienstherrn, den Staat, in Verwaltungssachen prozessieren. Bis zum heutigen Tag konnten

---

[1] Zu nennen wären hier vor allem der Altmeister des Verwaltungsrechts WILLIAM A. ROBSON, *Justice and Administrative Law* (1929), seither wiederholt aufgelegt; F. C. PORT, *Administrative Law* (1929), gefolgt von dem Pendelschwung einer globalen Verdammung der neuen Situation unter den charakteristischen Kampftiteln: LORD HEWART OF BURY, *The New Despotism* (1929) und C. K. ALLEN, *Bureaucracy Triumphant* (1931); siehe auch des gleichen Verfassers *Law and Orders*, 3. Auflage 1965.

[2] Die (7.) Auflage (1965) des führenden Lehrbuchs von W. C. W. WADE und G. G. PHILLIPS enthält einen ein Siebentel des Gesamtumfangs ausmachenden Abschnitt über *Administrative Law* (S. 587—725); O. HOOD PHILLIPS betitelt sich in der (3.) Auflage (1962) anstatt *Constitutional Law* nunmehr *Constitutional and Administrative Law* — und dem Verwaltungsrecht wird ein Viertel des Textes (S. 513—690) gewidmet.

die Engländer sich nicht zu einer derartigen Verwaltungsgerichtsbarkeit entschließen und sie wurde von zwei hochangesehenen Studienausschüssen unmißverständlich abgelehnt[1]. Statt dessen werden Verwaltungsstreitigkeiten aller Art vor gerichtlichen oder gerichtsähnlichen (*quasi-judicial*) Spezialbehörden ausgetragen, die den Sammelnamen *Administrative Tribunals* führen. In der überwiegenden Mehrzahl werden sie von rechtskundigen Personen präsidiert, während die Beisitzer Spezialkenntnisse auf dem einschlägigen Sachgebiet besitzen, indem sie den von der Rechtsprechung betroffenen Personenkreisen oder Berufsklassen angehören. Solcher Behörden gibt es gegenwärtig mehr als zweitausend[2]. Ihre Rechtsgrundlage ist jeweils ein Parlamentsgesetz oder auch eine von diesem einem Department erteilte Ermächtigung, sie zu errichten und ihre Zusammensetzung und ihr Verfahren zu bestimmen.

Im übrigen ist diese Technik keineswegs neu. Vielmehr ergab sie sich schon im 19. Jahrhundert, so etwa im *Public Health Act* von 1875 (38 & 39 Vict., c. 55) und frühzeitig auch bei anderen Zweigen der sozialen Wohlfahrt, besonders aber im Zusammenhang mit den Kommissionen, welche Eisenbahn- und Kanalwesen regulierten. Bereits zur Zeit nach dem ersten Weltkrieg waren zahlreiche solche Gerichtsbehörden den sachlich zuständigen Ministerien ein- und angegliedert worden, die sich mit den verschiedensten Materien, wie öffentliches Gesundheits-, Wohnungs- und Erziehungswesen, Arbeitslosenversicherung und Gewerkschaften, vielen Arten von Pensionen und anderen Gegenständen mehr befaßten. Die völlig unorganische und dem Tagesbedürfnis entsprechende Entwicklung spiegelt aufs deutlichste die Umbildung des Gesetzgebungs- in den Verwaltungsstaat wider.

Der vorerwähnte *Report* des *Committee on Ministers' Powers* von 1932 hatte zwar das Verdienst, die Aufmerksamkeit der Öffentlichkeit auf das Problem zu lenken, brachte aber keinerlei durchgreifende Vorschläge für die Organisation einer logisch geordneten Verwaltungsgerichtsbarkeit. Es wurde lediglich vorgeschlagen, daß richterliche Entscheidungen in Verwaltungsstreitigkeiten von den ordentlichen Gerichten erlassen, die sogenannten gerichtsähnlichen (*quasi-judicial*) Funktionen aber den den Ministerien unterstellten *Administrative Tribunals* anvertraut werden

---

[1] *Report of the Committee on Ministers' Powers* (Cmd. 4060/1932) und *Franks Committee on Administrative Tribunals and Inquiries* (Cmnd. 218/1957).

[2] Um Irrtümer zu vermeiden: Diese Zahl bezieht sich nicht etwa auf die *Arten* verwaltungsgerichtlicher Behörden, sondern auf die Gesamtzahl existierender *Einzelstellen* derselben. Beispielsweise berichtet *The Annual Report for the Council on Tribunals for 1962*, H. M. Stationary Office 1963, *Schedule* B, S. 20, daß die Einkommensteuerbehörden allein in England und Wales 625 örtliche „Filialen" haben, wozu noch 60 in Schottland kommen; der *National Health Service* unterhielt alles in allem 706 verschiedene Behörden mit verwaltungsgerichtlichen Funktionen, die *National Insurance* in England, Wales und Schottland deren 225. Diese drei sind die Verwaltungszweige mit der größten Anzahl von regionalen und örtlichen Unterabteilungen.

sollten. Für eine grundsätzliche Änderung war es aber damals schon zu spät und die nachfolgende Entwicklung ging über die meisten Vorschläge hinweg. Statt die ordentlichen Gerichte mit Verwaltungsstreitigkeiten noch mehr zu belasten, wurden im Gegenteil deren bisherige Zuständigkeiten mehrfach an Spezialgerichtsbehörden übertragen, so die Verhandlung industrieller Berufsschäden durch den *National Insurance (Industrial Injuries) Act* von 1946 (9 & 10 Geo. 6, c. 62) und ebenso die Mietstreitigkeiten bei möbliertem Wohnraum gemäß dem *Furnished Houses (Rent Control) Act* von 1946 (9 & 10 Geo. 6, c. 34) und seinen Ergänzungen. Besonders die von der Labour-Regierung nach 1945 eingeleitete soziale Reformwelle vergrößerte die *Administrative Tribunals* nach Zahl und Zuständigkeit.

Blieb somit auch die Entwicklung der Verwaltungsgerichtsbarkeit planlos-unorganisch, so lassen sich doch einige organisatorische Gesamttendenzen erkennen. Vor allem besteht die Richterbank in der Regel aus drei Personen: Der Vorsitzende ist sowohl von der Regierung als auch von den betroffenen Berufskreisen oder Interessentengruppen unabhängig; diese sind aber durch die Beisitzer und wo tunlich paritätisch vertreten, also etwa Arbeitgeber und Arbeitnehmer.

## 4. Gründe für die Errichtung von Verwaltungsgerichtsbehörden

Die Notwendigkeit zur Errichtung eigener Verwaltungsgerichtsbehörden ergab sich aus der geschilderten Umwandlung des Gesetzgebungs- in den Verwaltungsstaat. In ihrem Verlauf erwies es sich, daß, negativ gesehen, die ordentlichen Gerichte weder nach ihrem begrenzten Personalbestand noch sachlich in der Lage sind, gewisse technische Spezialkenntnisse voraussetzende Streitigkeiten sachgemäß zu entscheiden, und daß demnach, positiv gesehen, mit solchen Sachkenntnissen ausgestattete Spezialgerichte, wenn sie sich auf ein bestimmtes Gebiet beschränken, sich dazu besser eignen[1]. Dies war der einzig gangbare Weg, nachdem sich keine Stimmung für den systematischen Auf- und Ausbau unabhängiger Verwaltungsgerichte in hierarchischer Ordnung eingestellt hatte. Überdies wären die ordentlichen Gerichte überhaupt nicht imstande gewesen, der mit der Errichtung des sozialen Leistungs- und Wohlfahrtsstaats enorm gestiegenen Masse der Streitigkeiten zwischen den Leistungsberechtigten und dem Staat Herr zu werden[2].

---

[1] In den Vereinigten Staaten wurde dieser praktischen Erkenntnis mit der Errichtung der *Independent Regulatory Agencies* Rechnung getragen, die *mutatis mutandis* die Verwaltungsgerichtsbarkeit für bestimmte Industriezweige ausüben; siehe Karl Loewenstein, *Verfassungsrecht und Verfassungspraxis der Vereinigten Staaten*, Berlin-Göttingen-Heidelberg 1959, S. 245ff.

[2] Allein im Jahre 1960 wurden 120000 Fälle von den *Administrative Tribunals* behandelt und es fanden 5700 gesetzlich vorgeschriebene amtliche Untersuchungen bei behördlichen Maßnahmen für die Landplanung einschließlich der zwangsweisen Landbeschlagnahme statt.

Die Vorteile der *Administrative Tribunals* gegenüber den ordentlichen Gerichten lassen sich demnach wie folgt kurz zusammenfassen: Das Richterpersonal besitzt die unumgänglichen sachlichen Spezialkenntnisse, die auch bei einem echten Verwaltungsgericht mit allgemeiner Zuständigkeit nicht vorausgesetzt werden könnten[1]. Die Technik der Entscheidung ist formloser und elastischer als bei den ordentlichen Gerichten und kann sich daher fortlaufend den Erfahrungen der Praxis anpassen. Obwohl jetzt bei den wichtigeren Verwaltungsgerichtsbehörden die Entscheidungen veröffentlicht werden, hat sich bei ihnen kein Präjudizienkult entwickeln können, da sie sich nicht an ihre früheren Entscheidungen binden. Die Zwangslosigkeit des Verfahrens ermöglicht es auch dem Laien, sich selbst zu vertreten, was eine wesentliche Kostenersparnis darstellt; bei einigermaßen schwierigen Fällen wird allerdings die Beiziehung eines *solicitor* unumgänglich sein. Vor allem aber können Prozesse mit der durch die Praxis gebotenen Beschleunigung erledigt werden. Diese Vorzüge gegenüber den ordentlichen Gerichten sind heute mehr oder minder unbestritten. Es läßt sich also durchaus verstehen, warum die Engländer an einem System konsolidierter Verwaltungsgerichte nach wie vor keinen Gefallen finden; es würde alsbald die gegenwärtigen Vorzüge der Formlosigkeit, Elastizität, Sachkundigkeit, Billigkeit und Beschleunigung des Verfahrens einbüßen.

## 5. Begriffsbestimmung der Verwaltungsgerichtsbarkeit

Auf die Planlosigkeit der Entwicklung der Verwaltungsgerichtsbarkeit ist es wohl zurückzuführen, daß sich selbst nach mehr als einer Generation der Praxis keine sie vergegenständlichende Begriffsbestimmung herausgebildet hat, durch die sie von den anderen Gerichtsbarkeiten hätte abgegrenzt werden können. Was die englische Rechtslehre, soweit sie überhaupt dafür ein Interesse hat, unter der Verwaltungsgerichtsbarkeit versteht, ist rein negativ orientiert: Alle Streitigkeiten zwischen Privatpersonen und zwischen diesen und den für den Staat handelnden Behörden, für welche die ordentlichen Gerichte *nicht* zuständig sind, kommen vor die Verwaltungsgerichte. Was unter den „ordentlichen Gerichten" zu verstehen ist, ist allerdings keineswegs eindeutig festgelegt, obwohl der jetzt maßgebende *Tribunals and Inquiries Act* von 1958 (6 & 7 Eliz. 2, c. 68) diesen Ausdruck selbst gebraucht. Sicherlich sind darunter die im vorigen Kapitel über die Gerichtsverfassung behandelten Gerichte zu verstehen. Aber es gibt eine Reihe von Materien, welche wegen ihrer Komplexität vom Parlament seit langem den ordentlichen

[1] Dies ist ein entscheidender Einwand gegen den von mancher Seite gemachten Vorschlag, es solle beim *High Court* eine neue *Administrative Division* als Revisionsinstanz in Verwaltungsstreitigkeiten errichtet werden. Selbst die auf Rechtsfragen beschränkten Revisionen ließen sich ohne Spezialkenntnis der Materie nicht durchführen.

Gerichten entzogen und Spezialbehörden zugewiesen wurden, wie etwa Patente oder die Steuerveranlagung. Man kommt vielleicht der Lösung am nächsten, wenn man die „ordentlichen" Gerichte dahingehend bestimmt, daß sie über die Rechte (*rights*) an sich der Bürger zu entscheiden haben, daß aber die sogenannten *Administrative Tribunals* darüber bestimmen, wie weit diese an sich nicht bestrittenen Rechte bei einem Konflikt zwischen ihnen und dem Allgemeininteresse der *public policy* gehen dürfen. Aber es ist nicht immer leicht ersichtlich, vor welchem Gericht ein Verfahren angestrengt werden soll oder kann. Beklagt sich ein Privater über die Beeinträchtigung im Genuß oder Gebrauch seines Grundeigentums durch Immissionen (Gerüche oder Geräusche), so kann an sich wegen der sie abstellenden einstweiligen Verfügung und wegen des aus der Störung erwachsenen Schadens das ordentliche Zivilgericht angegangen werden; es kann aber auch durchaus möglich sein, daß dafür ein spezielles Verwaltungsgericht in Frage kommt, das für die Regulierung des die Störung verschuldenden Gewerbes oder der Industrie zuständig ist. Dem kontinentalen Juristen, dem das Verwaltungsrecht und damit auch die Verwaltungsgerichtsbarkeit inhaltlich-materielle Begriffe sind, wo es sich also um den Gegenstand und die Zweckbestimmung eines „Rechts" handelt, wird diese rein pragmatische Definition nicht befriedigen können.

## II. Gegenstände der Verwaltungsgerichtsbarkeit

### 1. Einteilung der Administrative Tribunals

Wenn es den Bemühungen der englischen Juristen nicht gelungen ist, unter den nach vielen Dutzenden zählenden Behörden, die als *Administrative Tribunals* gelten, eine einigermaßen befriedigende Einteilung und Gruppierung zu schaffen, so kann dies von unserer bestenfalls summarischen und im wesentlichen referierenden Darstellung nicht erwartet werden. Eine Hauptschwierigkeit liegt darin, daß manche von ihnen vorwiegend administrative und nur subsidiär richterliche Funktionen ausüben, andere aber ausschließlich richterliche Tätigkeiten[1].

Eine gewisse Übersicht läßt sich allenfalls dadurch gewinnen, daß man die Behörden nach Maßgabe ihrer Zuständigkeit aufgrund der sie

[1] Das amtliche *Handbook for Britain* (Ausgabe 1964, S. 95) teilt sie in vier Klassen ein: nämlich a) Gerichtsbehörden mit einem rechtskundigen Vorsitzenden und sachkundigen Beisitzern, b) diejenigen, die sich nur mit dem Zuständigkeitsbereich eines einzelnen Departments befassen, c) solche, deren Personal von einem Minister ernannt ist und wo keinerlei Fachqualifikationen verlangt werden und schließlich d) solche, die nur administrative Entscheidungen treffen. Diese Klassifizierung ist schlechterdings unbrauchbar, da beispielsweise zur letzteren Kategorie die *Special Commissioners of Income Tax* zugerechnet werden, welche über die gegen die Entscheide des *Inland Revenue Service* erhobene Berufung entscheiden, zweifellos eine echt gerichtliche und keine rein administrative Tätigkeit.

errichtenden oder ermächtigenden Parlamentsgesetzgebung gruppiert, wie es das *Franks Committee* (1957)[1] unternahm, das die folgenden Kategorien aufstellte: Grundeigentum (*land and property*); öffentliche Versicherung; Fürsorgeunterstützung und Familienhilfe; öffentliches Gesundheitswesen; Verkehrswesen; Militärangelegenheiten. Aber eine große Anzahl von Gerichtsbehörden können in diesem Schema überhaupt nicht untergebracht werden, wie Steuerangelegenheiten, Erziehungswesen oder die Entschädigung von Leuten, die durch die Nationalisierung ihre Stellung verloren haben. Auch aus den Verfahrenssysstemen läßt sich keine Klassifizierung gewinnen; sie sind zu mannigfaltig. Unsere Darstellung muß sich also damit begnügen, wie es auch die englischen Lehrbücher tun, ohne jeden Anspruch auf Chronologie oder Systematik einige der wichtigeren Gerichtsbehörden als Beispiele anzuführen.

## 2. Beispiele von Administrative Tribunals

*a) Der Industrial Court*, errichtet nach dem *Industrial Courts Act* von 1919 (9 & 10 Geo. 5, c. 69) und dem Arbeitsministerium angegliedert, ist ein Schiedsgericht, das im Normalfall nur mit Zustimmung der Parteien zum Ausgleich von Arbeitskonflikten zwischen Arbeitgebern und Arbeitnehmern fungiert. Der Schiedsspruch wird nach dem *Terms and Conditions of Employment Act* von 1959 (7 & 8 Eliz. 2, c. 26) Bestandteil des Tarifvertrags.

b) Gerichtsbehörden entscheiden über streitige Patente, Erfindungen und Urheberrechte. Das *Patent Appeal Tribunal* ist für Versagung von Patenten durch den *Comptroller-General of Patents* zuständig, die *Royal Commission of Awards to Inventors* entscheidet über die dem Erfinder zustehende Vergütung, wenn die Erfindung von der Regierung ausgenutzt wird; das *Performing Rights Tribunal*, erst 1956 durch den *Copyright Act* (4 & 5 Eliz. 2, c. 74) ins Leben gerufen, bestimmt die Lizenzerteilung an sich urheberrechtlich geschützter Werke für die öffentliche Aufführung. Alle drei sind echte Gerichte mit einem vom *Lord Chancellor* ernannten rechtskundigen Vorsitzenden.

c) Infolge der Knappheit landwirtschaftlich nutzbaren Bodens ist die Landwirtschaft des Insellandes in höherem Maß der staatlichen Beaufsichtigung unterworfen als anderswo im Westen. Von besonderer Wichtigkeit sind hier die *Lands Tribunals*, errichtet unter dem *Lands Tribunal Act* von 1949 (12 ,13 & 14 Geo. 6, c. 42). Sie entscheiden einerseits über die bei der für öffentliche Zwecke erfolgten Enteignung von Grund und Boden durch die Lokal- und Zentralbehörden zu zahlende Entschädigung als Berufungsinstanz gegenüber den *Land Evaluation Courts*, andererseits über die häufig vorkommenden Streitigkeiten bei landwirtschaftlichen

[1] Siehe unten S. 86ff.

Pachtverhältnissen. Vorsitzender ist entweder ein vom *Lord Chancellor* ernannter hoher Richter oder ein *barrister* mit mindestens siebenjähriger Praxis. Das *Agricultural Land Tribunal* wiederum kann die Einstellung eines landwirtschaftlichen Betriebes, etwa wegen mangelhafter Bewirtschaftung verfügen.

d) Das *Transport Tribunal*, errichtet durch den *Transport Act* von 1947 (10 & 11 Geo. 6, c. 49) gehört zum Kapitel der staatlich übernommenen Wirtschaftszweige (*nationalised industries*). An die Stelle der früheren Eisenbahn- und Kanalkommissionen ist eine vorwiegend verwaltende Behörde getreten, welcher die Oberaufsicht über das ganze in Staatseigentum überführte Transport- und Verkehrswesen (Eisenbahnen, Straßen, Häfen, Kanäle) obliegt, die aber auch Berufungen in Fragen der von einzelnen anderen Behörden erteilten Konzessionen an Privatpersonen und Lokalverwaltungsbehörden verbescheidet. Vorsitzender ist ein Volljurist; die drei Gerichtsmitglieder werden vom *Lord Chancellor*, dem *President of the Board of Trade* bzw. dem Transportminister ernannt.

e) Zwei weitere Gerichtsbehörden haben mit einer breiten Schicht des Publikums zu tun. Die eine davon ist das *National Assistance Appeals Tribunal* (errichtet durch den *National Assistance Act* von 1948 [11 & 12 Geo. 6, c. 29]), das die Berufungen gegen die eine beanspruchte Unterstützung versagende Entscheidung des *National Assistance Board* hört; die anderen sind die *National Insurance* und *National Insurance (Industrial Injuries) Tribunals*, die sich mit den weiten Gebieten der Sozial- und der industriellen Unfallversicherung befassen und die über Berufungen gegen die Entscheide der Beamten des Ministeriums für Nationalversicherung oder der dafür bestellten örtlichen Gerichte entscheiden. Die Behörden wurden nach Maßgabe des *National Insurance Act* von 1946 und des *Industrial Injuries Act* des gleichen Jahres (9 & 10 Geo. 6, c. 67 bzw. c. 62) errichtet und nehmen den ordentlichen Gerichten eine erhebliche Arbeitslast ab.

f) Mieterschutz für unmöblierten und möblierten Wohnraum war während des ersten Weltkriegs eingeführt worden und blieb für die ersteren eine volle Generation bis 1957 aufrechterhalten. Der *Rent Act* dieses Jahres (5 & 6 Eliz. 2, c. 25) befreite endlich die in einem Londoner Metropolitanbezirk und in Schottland gelegenen Häuser, alle mit einem Steuerwert ab 40 £ und im übrigen England ab 30 £, von jeder Mietkontrolle. Alle nach Juli 1957 begründeten Mietverhältnisse hinsichtlich neuer Wohnbauten sind ohne jede wertmäßige Begrenzung von der Mietkontrolle befreit. Der Mieterschutz besteht jedoch hinsichtlich möblierten Wohnraums weiter. Zuständig für Streitigkeiten zwischen Vermieter und Mieter sind die *Rent Tribunals*. Ihre Mitglieder werden vom *Minister of Housing and Local Government* bestellt, ohne daß eine berufliche oder sachliche Qualifikation gefordert würde. Gegen ihre Entscheidungen gab es bis 1958 keine Berufung, beides Grund genug, um gerade diesen Typ der *Administrative Tribunals* beim Publikum — nicht ohne Berechtigung — reichlich unbeliebt zu machen.

g) Zu den *Administrative Tribunals* werden auch die verschiedenen als *Domestic Tribunals* bezeichneten Disziplinargerichte für freie Berufe gerechnet. Sie sind Selbstverwaltungseinrichtungen der betreffenden Standesorganisationen. Solche bestehen für *barristers* und *solicitors*[1]; Ärzte (*Medical Acts* von 1950 [14 Geo. 6, c. 29] und 1956 [4 & 5 Eliz. 2, c. 76])[2]; Zahnärzte (*Dentists Act* von 1957 [5 & 6 Eliz. 2, c. 28]) und Architekten (*Architects Registration Acts* von 1931 [21 u. 22 Geo. 5, c. 33] und 1938 [1 & 2 Geo. 6, c. 54]); Apotheker (*Pharmacy and Poisons Act* von 1934 [23 & 24 Geo. 5, c. 24]); Optiker (*Opticians Act* von 1958 [6 & 7 Eliz. 2, c. 32]). Neuerdings sind auch die medizinischen Hilfsberufe (Diätetiker, Psychotherapeuten, Chiropraktiker und ähnliche Tätigkeiten) einer Standesdisziplin unterstellt worden (*Professions Supplementary to Medicine Act* von 1960 [8 & 9 Eliz. 2, c. 66]). In allen diesen Fällen übt der *High Court* die rechtsstaatliche Oberaufsicht aus, außer bei den medizinischen Berufen, wo auf Anrufung das *Judicial Committee of the Privy Council* eingreifen kann.

Freiwillige, aber nicht statutarische Standesgerichte bestehen für die Gewerkschaften und die Mitglieder der Londoner Börse.

## 3. Zur Kritik der verwaltungsgerichtlichen Praxis

Angesichts der Unübersichtlichkeit der mit verwaltungsgerichtlichen Funktionen betrauten Behörden und der Verschiedenartigkeit der von ihnen gepflegten Verfahren wird der nicht-englische Jurist sich fragen dürfen, ob dabei die rechtsstaatlichen Grundsätze nicht zu kurz kommen. Selbst führende englische Verwaltungsjuristen (C. K. Allen und William A. Robson) mußten vor nicht allzu langer Zeit einräumen, daß den Beschwerden des französischen Bürgers gegen Staat und Verwaltung bessere Abhilfemöglichkeiten zustehen als den britischen. Bedenken richten sich vor allem auf folgende Punkte: Üben die Behörden eine streng gerichtliche oder außerdem auch exekutiv-administrative Tätigkeit aus und wie wird das rechtsuchende Publikum darüber aufgeklärt? Ist das Richterpersonal unter allen Umständen unabhängig? Denn es gibt Verwaltungsgerichtsbehörden, bei denen Mitglieder des Departments, das Streitpartei ist, gleichzeitig Mitglieder des Richterkollegiums sind, mögen dies auch Ausnahmen sein. Weiter wird bemängelt, daß es an der gebotenen Publikumsinformation fehlt, da bei weitem nicht alle dieser Gerichtsstellen ihre Entscheidungen fortlaufend veröffentlichen. Schließ-

[1] Siehe oben S. 7ff.

[2] Außerdem entscheidet das *National Health Service Tribunal* Beschwerden gegen Ärzte nach dem *National Health Service Act*.

lich: Große Uneinheitlichkeit besteht hinsichtlich der Rechtskraft der Entscheidung. Die Berufung kann ganz fehlen, wie (früher) bei den Bescheiden der *Rent Tribunals*, sie kann an den *County Court*, an den *High Court*, an den *Court of Appeal* oder auch an das *Judicial Committee of the Privy Council* gehen, sie kann aber auch durch den endgültigen Entscheid des zuständigen Ministers ersetzt werden. Der Appell kann sich auf Sach- und Rechtsfragen oder nur auf die letzteren beziehen. Kurzum, das wildgewachsene System der Verwaltungsgerichtsbarkeit, wenn man überhaupt dabei von einem solchen sprechen kann, ist keineswegs frei von rechtsstaatlichen Bedenken.

## III. Andere Techniken zur Entscheidung der Verwaltungsstreitigkeiten

Nicht genug mit dieser praktischen Bedürfnissen entsprungenen Aufsplitterung der Verwaltungsgerichtsbarkeit unter zahlreiche, gegenständlich spezialisierte Gerichtsbehörden. Keineswegs alle Verwaltungsstreitigkeiten werden von einer Gerichtsbehörde entschieden. Das Parlamentsgesetz kann vorschreiben, daß über die Berechtigung zur Vornahme einer Verwaltungshandlung der für das Sachgebiet zuständige Minister oder sein Beauftragter entscheiden kann. Es braucht sich dabei keineswegs nur um Verwaltungsstreitigkeiten und nicht einmal immer um Verwaltungsrechtsstreitigkeiten zu handeln. Zwar bemißt sich in der Regel das „Recht" des Bürgers, eine Handlung vorzunehmen, an der „Berechtigung" der Behörde, sie zu regeln. Vielfach braucht aber der Minister dabei nicht streng nach der Rechtslage zu verfahren, sondern er kann nach seinem Ermessen (*discretionary*) entscheiden, indem er die Erfordernisse der *public policy*, für welche er (zumindest theoretisch) dem Parlament verantwortlich ist, gegen das „Recht" des Bürgers abwägt. Gewisse rechtsstaatliche Kautelen sind hier allerdings eingebaut, jedoch keineswegs immer.

Die ministerielle Entscheidung kann dabei entweder nach einer gesetzlich vorgeschriebenen amtlichen Untersuchung des Sachverhalts (*statutory inquiry*) ergehen oder auch, wo gesetzlich zulässig, ohne eine solche. Darüber hinaus aber kann ein Parlamentsgesetz einer Exekutivstelle, die nicht als *Administrative Tribunal* fungiert, gerichts„artige" oder gerichts„ähnliche" (*quasi-judicial*) Ermächtigungen zur Entscheidung übertragen[1].

### 1. Die Ministerialentscheidung nach einer amtlichen Untersuchung

Das Parlamentsgesetz kann eine Entscheidung des zuständigen Ministers oder einer anderen öffentlichen Behörde davon abhängig machen,

---

[1] Siehe darüber unten S. 84ff.

daß vorgängig eine amtliche Untersuchung des Sachverhalts (*statutory inquiry*) stattgefunden hat, zu welcher die daran interessierten Parteien geladen werden und bei welchen ihnen Gelegenheit zu Gehör gegeben werden muß. Die Mehrzahl solcher amtlichen Untersuchungen erfolgt bei Enteignungsmaßnahmen im Zuge der geplanten Wohnungs- und Siedlungsaufgaben des Ministeriums für Lokalverwaltung und Wohnungswesen oder denjenigen im Rahmen der Wohnungs- und Siedlungspolitik der Lokalbehörden; sie kann aber auch nach gesetzlicher Bestimmung bei anderen Verwaltungsmaßnahmen der Behörden erfolgen. Bemerkt sei hier, daß kein anderes westliches Land es Großbritannien in der zielbewußten Urbanisierung heute gleichtut[1]. Das beim Grunderwerb nach Maßgabe des *Acquisition of Land (Authorisation Procedure) Act* von 1946 (9 & 10 Geo. 6, c. 49) und ähnlich beim *Town and Country Planning Act* von 1959 (7 & 8 Eliz. 2, c. 53) vorgeschriebene Verfahren mag als typisch gelten: Die Behörde, welche die Grundenteignung vornehmen will, muß ihre Absicht zuerst in der örtlichen Presse ankündigen und die Betroffenen unmittelbar verständigen. Werden mehrere Einwände erhoben oder ist die Angelegenheit von allgemeiner Bedeutung, wird darüber vor einem vom Minister ernannten Inspektor in der Regel öffentlich verhandelt; dieser, meist ein Grundstücksachverständiger, Architekt oder Ingenieur, unterbreitet nach Abschluß dem Minister seinen Bericht. Dieser ist an die Berichte keineswegs unbedingt gebunden, vielmehr kann er nach seinem Ermessen die geplante Maßnahme dann bestätigen, modifizieren oder aber verwerfen. Gegen die Ermessensentscheidung besteht keine Berufung. An sich kann eine solche Enteignungsanordnung rechtlich nicht angegriffen werden, außer wenn vor dem *High Court* geltend gemacht wird, sie sei *ultra vires* der anordnenden Behörde gewesen, oder es seien die Interessen der davon Betroffenen durch wesentliche Verfahrensmängel, etwa eine unterbliebene Ladung, verletzt worden (*Smith v. East Elloe R.D.C.* [1956] [A.C. 736] [H. L.])[2].

## 2. Die ermessensmäßige Ministerialentscheidung

Einzelnen Ministern ist aber gleichfalls durch Parlamentsgesetz die Befugnis eingeräumt, Verwaltungsstreitigkeiten zwischen entweder einer Behörde und einem sich in seinen Rechten verletzt glaubenden Bürger oder aber auch zwischen den Verwaltungsbehörden selbst durch eine ermessensmäßige Entscheidung zu erledigen, ohne daß vorher eine amtliche Untersuchung stattzufinden hätte. In solchen Fällen kann es sein, daß der Minister als einzige Instanz oder aber auf Berufung gegen den Entscheid einer seinem Ministerium angegliederten Behörde zu entscheiden hat. Das Verfahren ist rechtsstaatlich zweifellos anfechtbar,

[1] Siehe unten S. 291ff.

[2] In solchen Fällen kann die Revision bis zum Oberhaus vorgetrieben werden.

nachdem es sich vielfach um Maßnahmen handelt, welche tief in die Eigentumsrechte der Betroffenen eingreifen können, ohne daß ein unabhängiges Gericht darüber zu entscheiden hätte. Die einzige Abhilfe, die dem Bürger hier zur Verfügung steht, wäre, die Angelegenheit durch einen freundwilligen Abgeordneten im Parlament zur Sprache bringen zu lassen; es müßte sich aber dann schon um einen flagranten Ermessensmißbrauch handeln, der allgemeinen Aufsehens sicher wäre. Um einige Beispiele aufzuführen: Der *Home Secretary* entscheidet ermessensmäßig über die Zulassung und Ausweisung von Ausländern, woran an sich nichts auszusetzen wäre, da hier zweifellos ein justizfreier Hoheitsakt vorliegt, aber er entscheidet auch über die Versagung einer beantragten Einbürgerung, auf welche der Ausländer nach Erfüllung der gesetzlichen Voraussetzungen ein Recht hat[1]. Nicht unerhebliche gerichtliche Funktionen hat auch der Handelsminister (*President of the Board of Trade*) bei Fragen etwa der Registrierung von Firmennamen oder bei der Eintragung von Gebrauchsmustern und ähnlichem, hier allerdings mit Revisionsmöglichkeit an den *High Court*. Umfassende Ermessensentscheidungen stehen dem *Minister of Pensions and National Insurance* auf seinem Gebiet zu, auch hier mit dem Recht der Revision in Rechtsfragen an den *High Court*. Wohl am umfassendsten sind die Befugnisse des *Minister of Housing and Local Government*, falls die örtlichen Planungsstellen einem Schema der Landentwicklung unter den verschiedenen *Town and Country Planning Acts* widersprechen.

## 3. Das gerichts„artige" Verfahren

Der *terminus technicus* „gerichtsartige" (*quasi-judicial*) Entscheidung hätte zwar bereits zum Untersuchungsgegenstand des *Committee on Ministers Powers* von 1932 gehört, befindet sich aber nach einer vollen Generation noch immer in der juristischen Zwielichtzone. Der Sachverhalt wird von den Gerichten, auch den obersten, als solcher anerkannt, aber von der wissenschaftlichen Literatur so gut wie einmütig als Zwittergebilde abgelehnt. Eine eingehende Erörterung würde tiefer in das Dickicht der englischen Verwaltungspraxis führen als es für die Zwecke unserer Untersuchung angezeigt erscheint. Bei solchen Fällen liegt die Schwierigkeit darin, daß die ministerielle Entscheidung als solche nichts anderes ist als ein ermessensmäßig vorgenommener Verwaltungsakt, der, eben weil ermessensmäßig vorgenommen, gerichtlich überhaupt nicht ausgetragen werden kann. Theoretisch müßte die gerichts„artige" Entscheidung sowohl von der streng gerichtlichen als auch von der ausschließlich verwaltungstechnischen (*administrative*) abgegrenzt werden.

---

[1] Siehe unten S. 236 im Zusammenhang mit der Behandlung der Staatsangehörigkeit.

Eine echt gerichtliche Entscheidung muß die folgenden vier Bestandteile aufweisen: a) Ein Streit zwischen zwei oder mehreren Parteien, welche ihren Standpunkt dem Gericht vortragen; b) die Feststellung des zwischen den Parteien streitigen Sachverhalts durch eine Beweisaufnahme; c) die Darlegung des beiderseitigen Rechtsstandpunkts durch die Streitteile und d) die Gerichtsentscheidung, welche das Recht auf den festgestellten Sachverhalt anwendet und damit den Streitfall zwischen den Parteien ein für alle Male erledigt. Beim gerichts„ähnlichen" oder gerichts„artigen" Verfahren fehlt es aber vor allem an der Notwendigkeit einer Beweisaufnahme und erst recht an der endgültigen richterlichen Streitentscheidung. Letztere kann vielmehr in der Vornahme eines administrativen Akts bestehen, der weder die Ergebnisse einer Beweisaufnahme noch das rechtliche Parteivorbringen zu berücksichtigen hat. In der Tat tritt an die Stelle der rechtsförmlichen gerichtlichen Entscheidung das freie Ermessen des Ministers in der Vornahme einer administrativen Maßnahme. Die endgültige Entscheidung beruht also nicht oder nicht notwendig auf rechtlichen Gesichtspunkten, sondern unterliegt der *administrative policy* oder der Verwaltungseinstellung des Ministers, für welche er keinem Gericht, sondern lediglich der politischen Autorität des Parlaments verantwortlich ist. Das gerichts„artige" Verfahren besteht also im Grunde aus einer ministeriellen Verwaltungsentschließung, bei der in einem vorgängigen Stadium gewisse richterliche Verhaltensweisen vorkommen. Der vom Minister vorgenommene Akt ist als solcher eine Verwaltungsmaßnahme, die aber im Hinblick auf die vorgängige Parteieneinvernahme in gewissem Umfang auf gerichts„ähnlichen" Voraussetzungen beruht (*Errington v. Minister of Health* [1935] [1 K.B. 249]).

Soweit die Gerichte im Rahmen ihrer Überwachungstätigkeit gegenüber der Verwaltung mit der Feststellung befaßt waren, ob ein Minister rein verwaltungsmäßig oder auch richterlich oder quasirichterlich zu handeln und zu entscheiden hatte, stellten sie meist darauf ab, ob diejenige Phase des Gesamtverfahrens, wo eine richterliche Tätigkeit vorgenommen wurde — in der Regel die Abhaltung einer amtlichen Untersuchung oder eines Termins zur Anhörung der Parteien — den gesetzlichen Anforderungen entsprach oder nicht; aber sie ließen sich meist auf die sachliche Nachprüfung der eigentlichen Verwaltungsentscheidung oder -maßnahme nicht ein. Die Pflicht des Ministers ist, wo durch das Verfahren geboten, sich „judiziell" und nicht rein ermessensmäßig (*administrative*) zu verhalten[1]. Die spätere obergerichtliche Praxis vor allem unter den neueren *Housing and Planning*-Gesetzen verlangt vom Minister in dem

[1] So die meisten vor 1932 nach *common law* ergangenen Entscheidungen; eine unverhältnismäßig große Zahl der hier einschlägigen Entscheidungen gelten als Schlüsselfälle (*leading cases*), z. B. *Local Government Board v. Arlidge* ([1915] [A.C. 120]); *R. v. London Council County ex parte The Entertainment Protection Association Ltd.* ([1931] [2 K.B. 215]).

„quasi"gerichtlichen Stadium des Verfahrens die strikte Beobachtung richterlicher Gepflogenheiten[1], was sich nicht selten mit der Beobachtung der Grundsätze der natürlichen Gerechtigkeit deckt. Neuerdings, vor allem unter der umfassenden *Town and Country Planning*-Gesetzgebung, stellen sich die Gerichte meist hinter den Minister, vorausgesetzt, er habe sich während des gerichtsähnlichen Stadiums des Verfahrens entsprechend benommen, und sie geben ihm so gut wie unbeschränkte administrative Ermessensfreiheit in der Entscheidung selbst[2]. Zusammenfassend läßt sich feststellen, daß es sich hier um eine jener Zwielichtzonen zwischen der Verwaltung und der Justiz handelt, bei der die an sich berechtigten Interessen der betroffenen Bürger dem vom Minister vertretenen öffentlichen Interesse, der *public policy*, weichen müssen. Die Gerichte werden also der Verwaltung nur dann in die Parade fahren, wenn der Minister bei den inmitte liegenden gerichtsartigen Funktionen sich nicht an die für das Verfahren gesetzlich vorgeschriebenen Bedingungen gehalten haben sollte (*Vine v. National Dock Labour Board* [1957] [A. C. 488] [H. L.]). Offenbar gehört es zum Wesen des sozialen Verwaltungsstaats, daß das Gemeininteresse gegebenenfalls vor dem Privatinteresse den Vorrang hat.

## IV. Die Neuordnung der Verwaltungsgerichtsbarkeit durch den Tribunals and Inquiries Act von 1958

### 1. Das Franks-Committee

Die nach der Sachlage gebotene Reform der Verwaltungsgerichtsbarkeit erfolgte im Jahre 1958 durch den Erlaß des *Tribunals and Inquiries*

[1] So *Errington v. Minister of Health* ([1935] [1 K.B. 249]); hier hatte der Minister die Ansichten einer der beteiligten Parteien in Abwesenheit der anderen entgegengenommen.

[2] Siehe beispielsweise: *Robinson v. Minister of Town and Country Planning* (1947 [K.B. 717]), der sog. Plymouth-Fall. Hier hatten Grundstückseigentümer gegen eine Siedlungsmaßnahme des *Plymouth City Council* deswegen protestiert, weil der Minister auf Grund der beim öffentlichen *hearing* erhobenen Beweisaufnahme vernünftigerweise die Maßnahme des *City Council* nicht hätte bestätigen dürfen. Der *Court of Appeal* hielt dafür, daß die Entscheidung des Ministers, die Maßnahme des *City Council* zu bestätigen, rein administrativ war und daß er durch die Ergebnisse der Beweisaufnahme in seiner Ermessensfreiheit nicht beschränkt sei. Einer der bisher wichtigsten derartigen Fälle ist *Franklin v. Minister of Town and Country Planning* ([1948] [A.C. 87]), der sog. Stevenage-Fall. Hier entschied das *House of Lords*, daß der Minister allen ihm gesetzlich vorgeschriebenen Verfahrensvorschriften — öffentliche Bekanntgabe des Entwurfs der Ministerialverfügung, welche ein bestimmtes Gebiet als den Platz für eine neue Stadtbildung bezeichnet hatte; Abhaltung einer öffentlichen Untersuchung, falls dagegen Proteste erhoben würden usw. — durchaus gesetzesgerecht nachgekommen sei: wenn er nachher die Verfügung endgültig gemacht habe, so könne ihm dabei keine persönliche Voreingenommenheit zur Last gelegt werden, weil es sich in jenem Stadium des Verfahrens um einen rein ermessensmäßigen Administrativakt gehandelt habe, der mit der gerichtsartigen Phase in keinem Zusammenhang stünde.

*Act* (6 & 7 Eliz. 2, c. 66). Was den Stein schließlich ins Rollen gebracht hatte, war die grobe Fehlleistung der Landwirtschaftsbürokratie im *Crichel Down*-Fall gewesen[1]; das Hauptverdienst aber an der Gesetzgebung kommt dem damaligen (*seit 1954*) *Lord Chancellor* der Macmillan-Kabinette Earl Kilmuir zu, der, ein „radikaler" Tory aus Schottland, vor seiner Metamorphose zum Peer als Sir David Maxwell-Fyfe eine wichtige Rolle im juristischen und politischen Leben gespielt hatte. Als *Lord Chancellor* setzte er einen Ausschuß von erstklassigen Sachverständigen unter dem Vorsitz von Sir Oliver Franks zum Zwecke des Studiums des Gesamtkomplexes der Verwaltungsgerichtsbarkeit ein, die schon in der Anweisung über den Untersuchungszweck (*terms of reference*) als die von den ordentlichen Gerichten verschiedenen Tribunale bezeichnet wurden. Dabei wurde speziell das Verfahren und innerhalb dessen dasjenige, das bei der Zwangsenteignung für öffentliche Zwecke zur Anwendung kommt, in den Vordergrund gestellt. Nach etwa zweijähriger Tätigkeit veröffentlichte die Kommission ihren Bericht (Cmnd. 218/1957), der wiederum ein bedeutendes britisches Staatsdokument darstellt. Seine Vorschläge wurden im großen ganzen von dem unmittelbar darauf erlassenen Parlamentsgesetz übernommen, nebenbei bemerkt, eine Gesetzgebungstechnik, die beweist, daß die Ministerialbürokratie keineswegs das Monopol der Weisheit besitzt und daß von der Regierung völlig unabhängige Sachverständige sich oft besser zur Lösung strittiger Probleme eignen als jene.

Die Einzelheiten der Vorschläge des *Report* des *Committee* brauchen hier nicht erörtert zu werden, da sie meist im nachträglichen Gesetz Aufnahme fanden. Folgendes mag jedoch von Interesse sein: An der herkömmlichen Praxis, verwaltungsgerichtliche Funktionen durch Parlamentsgesetz an andere als die ordentlichen Gerichte zu überweisen, wurde nicht gerüttelt. Desgleichen wurde daran festgehalten, daß bestimmte Entscheidungen von Verwaltungsgerichten (*Tribunals*), andere vom zuständigen Minister gefällt werden, ohne daß eine grundsätzliche Abgrenzung zwischen den beiden Modalitäten versucht wurde. Jedoch sollten die *Tribunals* als echte Gerichtsbehörden gestaltet und nicht als Bestandteile der Verwaltungsmaschinerie geführt werden. Im allgemeinen sei ein ordentliches Gericht einem speziellen Verwaltungsgericht vorzuziehen, außer bei den Spezialkenntnisse erfordernden Materien. Gleichermaßen sei eine Gerichtsbehörde der ermessensmäßigen Ministerialentscheidung vorzuziehen. Was das gerichtliche Personal anbelangt, so sollte der Vorsitzende in der Regel vom *Lord Chancellor* ernannt und zumindest bei allen mit Berufungsaufgaben befaßten Behörden dieser Art rechtskundig sein. Die Beisitzer sollten nicht vom zuständigen Minister, sondern von dem den Kern der Reformvorschläge bildenden neu zu errichtenden *Council on Tribunals* ernannt werden.

---

[1] Siehe Bd. I, S. 426, Anm. 2

Der Akzent der Vorschläge liegt, wie zu erwarten war, auf der Verfahrensseite. Hier wurden verlangt: Vollste Publikumsinformation über das in Gang gesetzte Verfahren, Öffentlichkeit der Termine — *hearings* — und anderer amtlicher Untersuchungen im Vorstadium, Unterstellung der die Voruntersuchung führenden Inspektoren unter einen materiell nicht beteiligten Minister, was in den meisten Fällen der *Lord Chancellor* sein würde; der vom Inspektor erstellte Bericht sollte veröffentlicht oder zumindest den Parteien zugänglich gemacht werden. Auch andere Vorschläge zielen auf die Verstärkung der rechtsstaatlichen Garantien beim Verwaltungsgerichtsverfahren ab. Für die Entscheidung selbst wird Schriftlichkeit und in der Regel auch eine schriftliche Begründung verlangt. Gegen Gerichtsentscheidungen müsse unter allen Umständen die Revision in Rechtsfragen gewährt werden, wofür als Instanz ein *Divisional Court* des *High Court* empfohlen wird. Eine Berufung an den Minister selbst solle im Regelfall ausgeschlossen sein. Kein Gesetz dürfe solche Berufungsmittel ausschließen[1]. Zur Überwachung und Beaufsichtigung der Verwaltungsgerichtsbehörden sollten zwei Beratungskörperschaften — *Councils* —, also nicht Gerichtsinstanzen, für England und für Schottland errichtet werden, das erstere als des *Lord Chancellor's Council on Tribunals* ernannt von diesem, das letztere ernannt vom *Secretary for Scotland*. Dies ist der Kern der Empfehlungen des Ausschusses wie der nachfolgenden Gesetzgebung.

## 2. Der Tribunals and Inquiries Act von 1958

Die Empfehlungen des Franks-*Committee* sind nunmehr in dem *Tribunals and Inquiries Act* von 1958, einer der bedeutenderen Gesetzgebungsleistungen der Nachkriegszeit, niedergelegt.

### a) Aufgabenkreis des Council

Der *Council on Tribunals and Inquiries* ist, wie vorweg betont werden muß, keine den sonstigen Verwaltungsgerichtsstellen übergeordnete oder vorgesetzte Gerichtsbehörde, sondern eine Art Beratungs- und Koordinationsstelle, die die einzelnen Gerichtsbehörden zwar überwacht, sie berät und über sie berichtet, aber keinerlei gerichtliche oder auch nur

[1] Die von Professor Robson vorgeschlagene Errichtung eines allgemeinen Verwaltungsappellgerichts wurde von der Kommission als praktisch untunlich abgelehnt, vor allem weil dadurch zwei verschiedene Rechtssysteme sich entwickeln könnten. Das Franks-*Committee* ließ sich auch die Gelegenheit eines Vergleichs des englischen mit dem französischen und dem amerikanischen System der Verwaltungsgerichtsbarkeit nicht entgehen, kam aber zum Schluß, daß jedes Land seine eigenen Lösungen finden müsse. Jedoch hat das schließlich ergangene Gesetz mit seiner Vereinheitlichungs- und Judizialisierungstendenz eine unverkennbare Ähnlichkeit mit dem amerikanischen *Legislative Reorganization Act* von 1946 (60 Stat. 812) (siehe hierüber LOEWENSTEIN, *Verfassungsrecht und Verfassungspraxis der Vereinigten Staaten*, S. 339ff.).

gerichtsartige Jurisdiktionsgewalt innehat. Es ist ein typisch britischer Versuch, einem in der Praxis schwierigen Problem von allgemeiner Bedeutung durch einen Kompromiß, gewissermaßen durch Anleitung statt durch Befehle, gerecht zu werden.

Die Aufgabe des *Council* (Sektion 1) ist die Beaufsichtigung („*keeping under review*“) der im ersten Anhang (*Schedule*) namentlich aufgeführten Gerichtsbehörden. Die Aufzählung umfaßt natürlich keine zweitausend verschiedene Behörden, sondern lediglich die der Regelung unterstellten Gerichtsarten, deren Zuständigkeiten dann unter regionalen oder örtlichen Abteilungen verteilt ist. Sie hier aufzuzählen hätte keinen Zweck. Es gehören dazu so gut wie alle vorgängig in unserer Darstellung erwähnten Verwaltungsgerichte auf den Gebieten der Landwirtschaft und Grund- und Bodenbewirtschaftung; Gesundheits-, Erziehungs-, Verkehrswesen; Wohnungswesen und Mietstreitigkeiten; Nationalversicherung; Einkommensteuer; Patent- und Gebrauchsmusterschutz; nationalisierte Industrien. Seit Inkrafttreten wird die Liste durch den Einschluß neuer Behörden fortlaufend ergänzt, z. B. durch das *Bookmakers' Levy Appeal Tribunal* gemäß dem *Betting Levy Act* von 1961 (9 & 10 Eliz. 2, c. 17), einem im wettbeflissenen Großbritannien nicht unwichtigen Gesetz. Außerdem befaßt sich der *Council* mit den an ihn verwiesenen besonderen Angelegenheiten aller nicht mit den ordentlichen Gerichten identischen Stellen, auch wenn sie nicht in der erwähnten *Schedule* aufgeführt sind, und schließlich mit Verfahrensfragen hinsichtlich einer vom Minister angeordneten *statutory inquiry*, welche dem Council, wie der Titel des Gesetzes besagt, von besonderer Wichtigkeit erscheint.

Der *Council* erhält vom *Lord Chancellor* und dem Staatssekretär für Schottland für seine Tätigkeit wesentliche Direktiven und berichtet alljährlich an sie. Diese Jahresberichte werden dann von diesen dem Parlament mit oder ohne eigene Kommentare unterbreitet (Sektion 2).

### b) Zusammensetzung des Council

Der *Council* besteht aus zehn bis fünfzehn Mitgliedern, die gemeinsam vom *Lord Chancellor* und dem schottischen Staatssekretär ernannt werden[1]. Bei der Auswahl wird sowohl auf Lebenserfahrung als auch auf spezielle Vertrautheit mit einem Wirtschaftszweig gesehen; die Mitglieder werden daher der Landwirtschaft, den Gewerkschaften und der Industrie, den Sozialdiensten, den Juristen und Verwaltungssachverständigen ent-

[1] Dem Vorschlag des Franks-*Committee* auf Errichtung von zwei Aufsichtsbehörden für England bzw. Schottland wurde also aus verständlichen Gründen nicht stattgegeben. Statt dessen wurde innerhalb des *Council* ein schottischer Ausschuß gebildet, der aus zwei bis drei der regulären Mitglieder und dazu aus drei bis vier anderen Personen besteht, welche der *Secretary for Scotland* bestimmt. Den schottischen Besonderheiten ist somit ausreichend Rechnung getragen.

nommen. Der Vorsitzende des *Council*[1] und derjenige des schottischen Ausschusses beziehen ein Gehalt, die anderen Mitgliedern jeweils eine Vergütung für ihre Dienstleistungen.

**c) Zusammensetzung der einzelnen Gerichtsbehörden**

Abweichend von den Empfehlungen des Franks-*Committee*, das aus Vereinheitlichungsgründen alle Vorsitzenden der Gerichtsbehörden vom *Lord Chancellor* ernannt haben wollte, wird nach dem Gesetz (Sektion 3) der Vorsitzende von dem jeweils zuständigen Minister ernannt, der die Auswahl aber aufgrund einer vom *Lord Chancellor* (oder nach Zuständigkeit der betreffenden Behörde auch von einem Vorsitzenden eines hohen Gerichts) vorgelegten Auswahlliste (*panel*) vornehmen muß. Dies gilt jedoch nur für namentlich aufgeführte Gerichtsstellen, zu denen nunmehr auch die vielumstrittenen *Rent Tribunals* gehören. Für die Beisitzer ist bestimmt (Sektion 4), daß sie zwar vom Minister bestellt werden, aber der *Council* kann hier dem Minister hinsichtlich der seiner Beaufsichtigung unterstellten Behörden gleichfalls Vorschlagslisten unterbreiten, die der Minister in Betracht ziehen soll. Zur Entlassung eines Vorsitzenden oder der Beisitzer bedarf der zuständige Minister nunmehr, mit einigen Ausnahmen, der Zustimmung des *Lord Chancellor* (Sektion 5).

**d) Verfahrensregelungen**

Was das von den Gerichtsbehörden und den Ministern einzuhaltende Verfahren anbetrifft, so hatte das Franks-*Committee* für die Abhaltung von amtlichen Untersuchungen die Abfassung einer einfachen und nicht kostspieligen Prozeßordnung empfohlen, welche der *Council* aufstellen und die dann in parlamentarische Gesetzesform gekleidet werden sollte. Statt dessen wird lediglich verlangt, daß der zuständige Minister sich mit dem *Council* beraten soll, ehe in seinem Zuständigkeitsbereich Verfahrensregeln von ihm in Kraft gesetzt werden (Sektion 8). Jedoch fügte der *Town and Country Planning Act* von 1959 (7 & 8 Eliz. 2, c. 53) hinsichtlich der amtlichen Untersuchungen die Bestimmung ein, daß nunmehr der *Lord Chancellor* nach vorgängiger Fühlungnahme mit dem *Council* die Verfahrensregeln normieren kann, was durch ein *statutory instrument*, das dem Parlament vorzulegen ist, geschehen muß. Vom rechtsstaatlichen Standpunkt aus mag diese Dezentralisation der Verfahrensregeln nicht voll befriedigend erscheinen. Aber den bisher die Gerichte so stark in Anspruch nehmenden Unzuträglichkeiten bei der Handhabung der quasi-gerichtlichen Funktionen durch den Minister ist dadurch die Spitze abgebrochen worden, daß er bei den *statutory inquiries* an die

[1] Der erste Vorsitzende war der Marquess of Reading, nach dessen Tod gefolgt von Viscount Tenby (vor seiner Erhebung in den Peersstand Major G. Lloyd George, ein Sohn des ehemaligen Prime Ministers).

Beobachtung bestimmter Verfahrensregeln gebunden ist und daß deren Einhaltung vom *Council* bzw. dem *Lord Chancellor* überwacht werden kann. Die Problematik der gerichts„artigen“ Funktionen ist somit weitgehend ausgebügelt worden.

### e) Revisionszuständigkeit des High Court

Eine wichtige Neuerung, gleichfalls den Vorschlägen des Franks-*Committee* entsprechend, ist die vereinheitlichende Regelung der Revision in Rechtsfragen, die gegen die Entscheide eines *Administrative Tribunal* zum *High Court* eingelegt werden kann. Die Revision kann von jeder beteiligten Partei eingelegt oder es kann von ihr verlangt werden, daß das Tribunal selbst den *High Court* um eine gutachtliche Äußerung angeht[1]. Revisionszuständig ist ein *Divisional Court* der *Queen's Bench*. Von da kann eine weitere Revision an den *Court of Appeal* bezw. neuerdings (seit 1962) auch an das *House of Lords* gehen. Diese Revisionsmöglichkeiten gelten jedoch nur für bestimmte aufgezählte Kategorien von *Administrative Tribunals* (Sektion 9). Im Zusammenhang damit steht auch die Bestimmung (Sektion 11), daß die Rechtskontrolle des *High Court* nicht durch frühere (oder zukünftige) Parlamentsgesetze ausgeschlossen werden kann (die rechtsstaatlich sehr bedenkliche *preclusion*)[2]. Das bedeutet, daß der *High Court* auch dann, wenn die gerichtliche Anfechtung einer Verwaltungsentscheidung durch ein Parlamentsgesetz ausgeschlossen worden ist, einen Fall durch die ihm zustehenden allgemeinen gerichtlichen Abhilfemaßnahmen (*certiorari* und *mandamus*), also unter allen Umständen, an sich ziehen kann.

Schließlich wurde vom Gesetz vorgeschrieben, daß jede Entscheidung eines *Administrative Tribunal* oder eines Ministers, falls eine amtliche Untersuchung stattgefunden hat, mit Gründen versehen sein muß, falls eine der Parteien dies verlangt; diese können schriftlich oder mündlich sein, außer dies würde sich mit Rücksicht auf die Staatssicherheit verbieten. Die Begründung bildet dann einen rechtlich relevanten Bestandteil der Entscheidung (Sektion 12).

### f) Bisherige Ergebnisse der Gesetzesanwendung

Bei der Beurteilung der praktischen Ergebnisse dieser umfassenden Verwaltungsgerichtsreform muß man zunächst die Psychologie der Verwaltung — jeder Verwaltung — in Betracht ziehen. Schon die Tatsache allein, daß die Materie amtlich studiert wird, mußte jedweder beabsichtigten oder unbeabsichtigten Verwaltungswillkür einen gewissen Dämpfer aufsetzen. Noch ehe das Gesetz beraten oder beschlossen worden war, hatten die Ministerien ihrerseits im Interesse des rechtsuchenden Publi-

---

[1] An die Stelle des *High Court* tritt in Schottland der *Court of Session*.

[2] Siehe darüber unten S. 125f.

kums gewisse Reformen der Verfahren der *statutory inquiry* angeordnet. Seit das Gesetz aber zu Buch steht, sind die Ministerien und Gerichte naturgemäß noch vorsichtiger und verfahrensbeflissener geworden, weil eine gesetzliche Aufsichtsstelle in Gestalt des *Council* vorhanden ist. Aber auch abgesehen von diesen mittelbar veranlaßten Reformen ist die Leistung des *Council* sowohl nach Zahl der untersuchten Fälle wie nach deren Wichtigkeit eindrucksvoll. Es erweist sich, wie das Gesetz es wollte, als ein ausschließlich beratendes Organ; es maßt sich keine administrativ-exekutiven, geschweige denn richterliche Befugnisse an. Seine Tätigkeit besteht im wesentlichen in der Überwachung der Zusammensetzung und Arbeit der ihm unterstellten Gerichtsbehörden, wozu nicht zuletzt die vorgenommenen Kontrollbesuche dienlich sind, und in der Kontrolle der Art und Weise, wie der Minister die vorgeschriebene amtliche Untersuchung handhabt. Es wird wohlweislich davon abgesehen, auf Einheitlichkeit des Verfahrens bei den überwachten Instanzen zu dringen; aber bei passender Gelegenheit wird die Behörde auf Mängel in der Durchführung des Verfahrens, insbesondere einer *statutory inquiry*, hinweisen und demgemäß an den *Lord Chancellor* berichten. Fast alle verwaltungsgerichtlichen Verhandlungen finden nunmehr vor der Öffentlichkeit statt. Auch die rechtskundige Vertretung ist so gut wie überall zulässig. Die Bestimmungen über die Gewährung von Rechtshilfe an Unbemittelte finden Anwendung.

Über die bisherige Tätigkeit des *Council* unterrichten die alljährlich dem Parlament nach Sektion 2(7) des Gesetzes vorzulegenden Berichte[1]. Nach dem zu Ende von 1960 vorgelegten zweiten Jahresbericht wurden von den dem *Council* unterstellten Gerichtsbehörden mehr als 122 000 Streitigkeiten meist zwischen Bürgern und Regierungsbehörden verhandelt und 5 700 amtliche Untersuchungen abgehalten. Es gingen aber nur 52 Publikumsbeschwerden ein, davon 31 wegen der Tätigkeit der *Administrative Tribunals* und 21 im Zusammenhang mit amtlichen Untersuchungen. Die Zahlen für 1961 waren 81, wovon 24 sich auf die *Tribunals* selbst, 57 auf amtliche Untersuchungen durch den Minister bezogen; im Jahre 1962 ergaben sich insgesamt 62 Fälle, wovon 17 auf die *Tribunals* selbst, 45 auf die Untersuchungen trafen. In den Jahren 1963 und 1964 war der Gesamtanfall 42 und 64 Fälle. Dieser absolut und relativ überaus geringe Anfall mochte darauf zurückzuführen sein, daß sich die Maschinerie erst einzuspielen hatte; wahrscheinlicher aber beruht er auf substanzielleren Gründen, daß nämlich die Behörden sich außerordentlicher Selbstzucht befleißigten oder vielmehr — und das ist von besonderer Bedeutung —, daß die englische Verwaltungsgerichtsbarkeit im großen ganzen einwandfrei funktioniert und zu durchgreifenden Abhilfemaß-

[1] *The Annual Report of the Council on Tribunals*, H. M. Stationary Office, bisher sechs, der letzte, der dem Verfasser zugänglich war, für das Jahre 1963.

nahmen durch eine Aufsichtsbehörde daher keine Veranlassung besteht. In der Tat hatte schon das Franks-*Committee*, das schlechthin alle Verwaltungsbehörden mit gerichtlichen Zuständigkeiten auf Herz und Nieren geprüft hatte, sehr wenig gefunden, was den an eine rechtsstaatliche Verwaltungsgerichtsbarkeit zu stellenden Anforderungen der Öffentlichkeit, Fairneß und Unparteilichkeit des Verfahrens widersprochen hätte. Ein brauchbarer Anhaltspunkt dafür ist, daß von der bei allen verwaltungsgerichtlichen Entscheidungen nunmehr obligatorisch zulässigen Revision an den *High Court* nach wie vor äußerst selten Gebrauch gemacht wird. Demgemäß gaben auch die dem *Council* zur Kenntnis gebrachten Publikumsbeschwerden nur selten Anlaß zum Eingreifen in der Form eines Berichts an den *Lord Chancellor*. In den meisten Fällen war eine Korrektur durch freundwillige Vorstellungen bei der betreffenden Behörde zu erzielen.

Ein wesentlicher Teil der Arbeiten des *Council* bezog sich auf die nach Sektion 8 des Gesetzes vorgeschriebene Überprüfung der von einzelnen Verwaltungsgerichtsbehörden ausgearbeiteten Verfahrensregelungen. Der Nachdruck wurde aber auf die Beobachtung rechtsstaatlicher Grundsätze bei den den Hauptteil der Tätigkeit des *Council* bildenden ministeriellen Untersuchungen gelegt, wobei insbesondere das bislang heikle Problem in den Vordergrund gerückt wurde, wie Beweismaterial zu handhaben sei, das nach formellem Abschluß des Verfahrens zur amtlichen Kenntnis des Ministers gelangt und von ihm bei der ministeriellen Entscheidung berücksichtigt werden muß. Hierzu hatte der sogenannte Kalkgrubenfall (*chalkpit-case* [1961]) Anlaß gegeben, über den der *Council* pflichtgemäß an den *Lord Chancellor* berichten mußte und bei dem dieser in die nicht willkommene Zwangslage versetzt wurde, über einen Ministerkollegen sozusagen zu Gericht sitzen zu müssen[1]. Der *Lord Chancellor* stellte sich schließlich auf die Seite des Ministers. Aber dieser

[1] Es handelte sich bei diesem Fall (siehe *Buxton v. Minister of Housing and Local Government* [1961] [1 Q.B. 278]) um den folgenden Sachverhalt: Einer Firma war vom *Rural District Council* die Erlaubnis versagt worden, eine auf ihrem Land gelegene Kalkgrube auszubeuten. Im Zuge ihres Einspruchs dagegen wurde von einem Inspektor des Ministeriums für Wohnungswesen und Lokalverwaltung eine amtliche Untersuchung veranstaltet, bei der von Anliegern eingewendet wurde, der Kalkstaub entwerte ihre landwirtschaftlichen Erzeugnisse. Der Inspektor empfahl auf Grund von Sachverständigenzeugnis deswegen auch eine abschlägige Verbescheidung der Berufung. Der Minister gab aber entgegen dem Bericht des Inspektors der Berufung statt, da ihm nachträglich Sachverständige des Landwirtschaftsministeriums bestätigten, es würden nach der Sachlage für die benachbarte landwirtschaftliche Produktion keine nachteiligen Folgen eintreten. Er ließ also den Betrieb der Kalkgrube zu. Was an dem Verfahren beanstandet wurde, war, daß die Umstände, welche letztlich zur ministeriellen Entscheidung geführt hatten, während des Verfahrens nicht unter Beweis und zur Erörterung der beteiligten Interessenten gestellt worden waren.

und ein ähnlicher Fall waren letztlich Anlaß zu neuen Verfahrensregelungen bei den *statutory inquiries*. Falls ein Minister von dem Befund eines Inspektors abweichen will, weil er mit dessen tatsächlichen Feststellungen nicht einig geht oder weil er einen bei der amtlichen Untersuchung nicht berücksichtigten Umstand für ausschlaggebend hält, sind die Parteien davon zu benachrichtigen, um ihnen vor der Entscheidung Gelegenheit zur Stellungnahme zu geben. Gleichermaßen wurde empfohlen, daß bei Abweichen vom Befund des Inspektors wegen des nachträglichen Auftretens vorher bei der amtlichen Untersuchung nicht bekannter Umstände diese nochmals eröffnet werden muß. Der *Lord Chancellor* legte dementsprechende Regelungen dem Parlament vor und sie traten, weil unbeanstandet, in Kraft.

Ein anderes und in der Praxis sehr wichtiges Gebiet, auf dem der *Council* sich nützlich machen konnte, war das bei der Siedlungsplanung und dem damit verbundenen zwangsweisen Grunderwerb durch die Planbehörden nach den verschiedenen *Town and Country Planning Acts* einzuschlagende Verfahren. Die vom *Lord Chancellor* ausgearbeiteten Verfahrensregelungen, dem *Council* unterbreitet und von ihm wesentlich verbessert, wurden von beiden Parlaments-Häusern erörtert und angenommen. Am 1. Oktober 1962 in Kraft getreten, fanden sie allgemein eine sehr günstige Aufnahme. Es bedarf keiner Betonung, daß die Zwangsenteignung für öffentliche Zwecke zu den in die Privatsphäre am tiefsten eingreifenden Angelegenheiten eines geordneten Gemeinschaftslebens gehört und rechtsstaatlich durchaus einwandfrei sein muß. Es darf im übrigen nicht übersehen werden, daß in Fällen, bei welchen einem Berechtigten, besonders bei Zwangsenteignungen im vorgeblichen öffentlichen Interesse, von den Verwaltungsbehörden handgreifliches Unrecht zugefügt wurde, die Gerichte eine wirksame Abhilfe schaffen (siehe *Webb v. Minister of Housing and Local Government* [1964] [1 All. E.R. 473]).

Will man zu einem Urteil über die bisherige Tätigkeit des *Council on Tribunals and Inquiries* kommen, so ergibt sich der überraschende Schluß, daß es in der Tat wie eine Art kollektiver *ombudsman* funktioniert. Es ist zu einer Zentralstelle geworden, bei der Publikumsbeschwerden über die Verwaltung im allgemeinen und über ihre gerichtlichen Funktionen im besonderen angebracht werden können und die bei den beanstandeten Behörden durch gütliche Einwirkung Abhilfe schafft, ohne zu dem schweren Geschütz eines formellen Berichts an den *Lord Chancellor* mit seiner für die Behörde immer unliebsamen Publizität greifen zu müssen. Soweit die bisherige Erfahrung einen Schluß zuläßt, hat sich die Einrichtung voll und auf eine typisch englische Weise bewährt.

Ein kontinentaler Jurist, der mit einer hierarchisch aufgebauten und mit einer Generalklausel arbeitenden Verwaltungsgerichtsbarkeit vertraut ist, mag dem System — wenn es ein solches sein sollte — der unorganisch dezentralisierten, wenn nicht geradezu zerfaserten Verwaltungsgerichtsbarkeit Englands kaum viel Geschmack abgewinnen. Aber auf ihn kommt es natürlich nicht an, wenn das davon betroffene Publikum sich damit abgefunden hat oder sogar damit zufrieden ist. Dies ist in der Tat weitgehend der Fall, zumal die jüngste Neuordnung die rechtsstaatlichen Garantien sichtbar verstärkt hat. Diese günstige Gesamtsituation ist aber außerdem wesentlich darauf zurückzuführen, daß die englische Bürokratie, vor allem des *Civil Service*, frei von der kontinentalen Beamtenhybris, publikumsfreundlich und sachbezogen zu funktionieren gewohnt ist. Vor allem aber: Die Gerichte wachen über die Gesetzmäßigkeit der Verwaltung. Davon wird das nächste Kapitel handeln.

## Viertes Kapitel

# Die gerichtliche Kontrolle der öffentlichen Behörden

### Vorbemerkung

Die in diesem Kapitel abzuhandelnde Materie gehört zu den wichtigsten unserer Darstellung. Ihre Erfassung muß recht eigentlich als ein Schlüssel zum Verständnis der politischen Zivilisation Englands gelten, welche die Staatsautorität mit der Bürgerfreiheit auszusöhnen mit Erfolg bestrebt ist.

a) Der britische Begriff des Rechtsstaats (*rule of law*) läßt sich auch heute noch, wie es A. V. Dicey zu Ende des letzten Jahrhunderts formuliert hatte[1], dahin zusammenfassen, daß „jedermann, was immer sein Rang oder seine Stellung, dem allgemeinen Recht des Landes untersteht und der Zuständigkeit der ordentlichen Gerichte unterworfen ist" und weiter: daß „jeder Beamte, vom Prime Minister bis herunter zum Polizisten und Steuereinnehmer, der gleichen Verantwortlichkeit für jede ohne Rechtsgrundlage vorgenommene Handlung unterliegt wie der gewöhnliche Bürger". Der Beamte also, ob hoch oder niedrig, steht unter den allgemeinen für alle geltenden Gesetzen und kann sich unter keinen Umständen auf ein Sonderrecht, etwa einen gesetzlichen oder gar „übergesetzlichen" Notstand berufen, ein Begriff, der den englischen Juristen wie den Durchschnittsbürger so fremd anmuten würde wie ein weißer Rappe. Grundsätzlich sind Beamte für im Dienst begangene rechtswidrige Handlungen persönlich verantwortlich und damit auch haftbar.

b) Diceys Grundauffassung von der *rule of law* bedarf aber im Lichte der seitherigen Entwicklung einiger Korrekturen. Einmal sind, wie im

---

[1] *Introduction to the Study of the Law of the Constitution*, 10. Auflage, London 1959, S. 202/03. Siehe auch Bd. I, S. 74ff.

vorigen Kapitel beschrieben, an die Stelle der ordentlichen Gerichte für eine große Anzahl von Verwaltungsakten die besonderen *Administrative Tribunals* getreten. Zum anderen ist die Regel, daß der Beamte für rechtswidrige Handlungen persönlich haftbar ist, dahin abgemildert worden, daß in vielen Fällen nunmehr die den Beamten beschäftigende Behörde oder auch der Staat — Fiskus — dem geschädigten Bürger gegenüber für haftungsbegründende Fehlleistungen seiner Beamten eintritt. Unabweisbare soziologische Erwägungen erzwangen diesen Wandel. Einmal widersprach es der Gerechtigkeit, daß ein Schadenersatzberechtigter wegen Mittellosigkeit des in Anspruch genommenen Staatsdieners nicht zu seiner Befriedigung kommen konnte, zum anderen wäre der Diensteifer und damit die dienstliche Brauchbarkeit eines Beamten, vor allem desjenigen, der mit dem Publikum in Berührung kommt, schwer beeinträchtigt, wenn er bei einer Fehlleistung ständig mit einer persönlichen Inanspruchnahme wegen Schadenersatz rechnen müßte.

c) Des weiteren aber sind alle jene Staatshandlungen der Verantwortung gegenüber Dritten entzogen — und waren es auch schon zu Diceys Zeiten —, welche politischer Natur sind, welche also zur Dynamik des in Großbritannien bestehenden Parlamentarismus gehören. Vor allem sind die auf Konventionalregeln beruhenden politischen Handlungen, etwa der Erlaß oder Nichterlaß eines Gesetzes oder einer anderen Norm, als justizfreie Hoheitsakte im eigentlichen Sinn jenseits jedweder gerichtlichen Zuständigkeit. Die politischen Staatshandlungen unterstehen lediglich der politischen, hier der parlamentarischen, Verantwortlichkeit. Ferner sorgen die weitgespannten parlamentarischen Privilegien[1] für die Immunität der Parlamentsmitglieder gegenüber den Regreßansprüchen Dritter selbst für Handlungen, die, wenn außerhalb der parlamentarischen Funktion vorgenommen, schadenersatzpflichtig wären.

Soweit sich Regierungsakte auf die königliche Prärogative stützen, können sie als dem *common law* unterworfen gerichtlich gerügt werden, wie es etwa in der Stuart-Zeit der Fall war (*Case of Proclamations* [1611] [12 Co. Rep. 74]). Solche Fälle sind aber heute äußerst selten geworden, außer vielleicht wenn es sich um die Abgrenzung der *Acts of State* handelt (*The Zamorra* [1916] [2 A. C. 77])[2].

d) Ferner: Wenn im folgenden von der gerichtlichen Kontrolle über die Behörden der Verwaltung gehandelt wird, ist von vornherein zu beachten, daß darin keine konkrete oder abstrakte Normenkontrolle gegenüber den Parlamentsgesetzen mitinbegriffen ist. Wie wiederholt ausgeführt, gibt es in Großbritannien diesen gegenüber kein richterliches Prüfungsrecht, selbst wenn die Parlamentsnorm an sich alle Standards der natürlichen Gerechtigkeit verletzen würde.

---

[1] Siehe Bd. I, S. 269ff.

[2] Siehe Bd. I, S. 518ff.

e) Wenn in diesem Kapitel von der gerichtlichen Kontrolle der öffentlichen „Behörden" gehandelt wird, so bezieht sich diese nicht nur auf Handlungen der eigentlichen Verwaltungsbehörden, sondern ebenso auf diejenigen Stellen, die mit der Vornahme von richterlichen Funktionen betraut sind[1]; denn der *High Court* ist befugt, durch die sogenannten *writs* (nunmehr *orders* geheißen) auch die richterliche Tätigkeit der unteren Gerichte und aller Verwaltungsgerichtsstellen zu überwachen. Diese Oberaufsicht muß aber streng von den Intraorgan-Kontrollen getrennt werden, die in dem System hierarchischer Berufung und Revision liegen. Sie hat auch nichts mit der Immunität der Richter zu tun, welche sie vor aus ihrer Rechtsprechung abgeleiteten Ansprüchen Dritter schützt[2].

f) Wenn also hier von gerichtlicher Kontrolle der „Behörden" gesprochen wird, so werden unter diesen mit Ausschluß der politischen Faktoren wie Kabinett oder Parlament und der ordentlichen Gerichte selbst alle jene Stellen verstanden, welche zur Vornahme von Verwaltungsaufgaben berechtigt und verpflichtet sind, welche Befugnisse nach Maßgabe der *delegated legislation* und welche verwaltungsgerichtliche Tätigkeiten ausüben. Ausgenommen von der richterlichen Kontrolle sind jedoch Verwaltungsbefugnisse, welche das sie ermächtigende Gesetz ausdrücklich als ermessensmäßig (*discretionary*) bezeichnet oder bei welchen die gerichtliche Überprüfung ausdrücklich durch Gesetzesvorschrift ausgeschlossen ist (die sogenannte *preclusion*)[3].

g) Wenn ferner von gerichtlicher „Kontrolle" gesprochen wird, so bedeutet dies in der Praxis zweierlei: Einmal kann die beanstandete Handlung der Behörde oder des für sie handelnden Beamten für ungültig erklärt werden, weil sie auf einer ungesetzlichen Norm beruhte, zum anderen kann die Behörde oder der für sie handelnde Beamte wegen der auf einer ungültigen Norm beruhenden Handlung für haftbar und schadenersatzpflichtig erklärt werden. Das Gericht kann aber auch je nach der Sachlage die amtliche Fehlleistung zum Anlaß seiner eigenen, die Rechts- und Sachlage korrigierenden Maßnahmen machen.

Die nachfolgende Darstellung der Materie der gerichtlichen Kontrolle der von den Behörden vorgenommenen Verwaltungshandlungen gliedert sich in zwei Hauptabschnitte: nämlich I. Die Ungültigkeitserklärung einer Verwaltungshandlung und II. die daraus gegebenenfalls resultierende Verantwortlichkeit oder Haftbarkeit der die Verwaltungshandlung vornehmenden amtlichen Personen (*liability*). III. Eine besondere Bedeutung gewinnt in diesem Zusammenhang die erst neuerdings eingeführte Haftbarkeit der Krone (das heißt des Staats oder des Fiskus) für dienst-

---

[1] Siehe unten S. 119ff.

[2] Siehe oben S. 19f.

[3] Siehe unten S. 125ff.

liche Fehlleistungen der Beamten der Zentralregierung und IV. die den Gerichten gegen ungesetzliche Verwaltungshandlungen zustehenden Korrektur- oder Abhilfemaßnahmen (*remedies*). Angesichts der unübersehbaren Fülle der einschlägigen Probleme muß sich unsere Darstellung auf das Grundsätzliche beschränken.

# I. Die Ungültigkeit einer Verwaltungshandlung

## 1. Die Kompetenz-Überschreitungsregel

Die Gerichte können um eine Entscheidung angegangen werden, ob die Behörde zur Vornahme der Verwaltungshandlung entweder nach Maßgabe des *common law* oder aber eines Parlamentsgesetzes ermächtigt ist. Befindet das Gericht, daß dies nicht der Fall ist, daß also die angegriffene Handlung kompetenz-überschreitend — *ultra vires* — war, so ist die zur Verwaltungshandlung angeblich ermächtigende Norm ungültig und somit die auf Grund der ungültigen Norm vorgenommene Handlung rechtswidrig. Die *ultra vires*-Regel kann bei allen Arten von Verwaltungshandlungen — bei den eigentlichen Verwaltungsakten, bei der Anwendung der *delegated legislation* und bei verwaltungsgerichtlichen Handlungen — zum Zug kommen. Solche Fälle sind nicht gerade alltäglich, aber sie ergeben sich zwangsläufig aus der Komplexität und Verschachtelung des modernen Normensetzungsverfahrens, wo das Parlamentsgesetz zwar die grundsätzlichen Rahmenvorschriften bietet, die praktische Anwendung aber der ausführenden Verordnungsgewalt der Ministerien überlassen ist und diese im begreiflichen Eifer manchmal den Rahmen überschreiten. Die Folgen einer gerichtlich als *ultra vires* gekennzeichneten Handlung sind je nachdem verschieden, ob die handelnde Behörde die Krone war oder nicht. Sie können sein: Eine einstweilige Anordnung oder ein Verbot des Gerichts; Schadenersatzverpflichtung (der Krone oder des handelnden Beamten), falls eine unerlaubte Handlung vorliegt; Nichtigkeit eines von der Behörde abgeschlossenen Vertrags; oder sogar die Inanspruchnahme strafrechtlicher Verantwortlichkeit. Beispiele von Gerichtsentscheidungen über die Kompetenzüberschreitung sind etwa: *Attorney-General v. Fulham Corporation* [(1921] [1 Ch. 440]); (hier hatte eine Munizipalität die ihr gesetzlich übertragene Aufgabe, öffentliche Badegelegenheiten zu erstellen, zum Betrieb einer öffentlichen Wäscherei benutzt); *Jackson, Stansfield and Sons v. Butterworth* ([1948] [2 All. E. R. 558]); (hier war die mündliche Genehmigung eines Bauinspektors, die über die ursprüngliche Baugenehmigung hinausging, *ultra vires*, weil das Gesetz die schriftliche Form vorgeschrieben hatte). Weiterhin wurden Verwaltungshandlungen für *ultra vires* erklärt, bei denen die gesetzlich vorgeschriebenen Verfahrensmodalitäten nicht beobachtet worden waren (*R. v. Surrey Justices* [1870] [L. R. 5 Q. B. 466] [Schlüsselfall] und *R. v. Minister of Health ex parte Yaffe* [1930] [2 K.B.98] und [1931] [A. C. 494]). Die Ungültigkeit einer Verwaltungshandlung kann auch davon herrühren, daß die tatsächlichen Voraussetzungen, an welche das ermächtigende Gesetz die Handlung knüpft, nicht gegeben sind (*White and Collins v. Minister of Health* [1939] [2 K. B. 838] und neuesten *Re Grosvenor Hotel, Ltd.* No. 2 [3 All. E. R- 354, auf S. 355, 369, 372]).

## 2. „Unvernünftigkeit" einer Verordnung

Die Norm, auf welche sich ein Verwaltungsakt stützt, muß sich nicht nur im Rahmen der sie ermächtigenden übergeordneten Norm halten (*intra vires*), sondern sie muß auch an sich „vernünftig", das heißt nicht „unvernünftig" (*unreasonable*) sein. Wenn etwa eine munizipale Ausführungsverordnung (*by-law*) der Absicht widerspricht (*repugnant*), welche der sie ermächtigenden Norm zugrunde liegt, gilt sie als *ultra vires* (*Powell v. May* [1946] [K. B. 330]). Die Feststellung, was dabei unter „unvernünftig" zu verstehen ist, stellt die Gerichte stets vor eine schwierige Aufgabe, weil dabei die Gesamtsituation in Betracht zu ziehen ist, aus der eine Bestimmung erwachsen ist. Auch ist nicht leicht die Grenze zu ziehen, wo das freie Ermessen aufhört und die „Unvernünftigkeit" beginnt. Die Annahme der Unvernünftigkeit wird aber nicht selten gewissen subjektiven Einstellungen des entscheidenden Richters ausgesetzt sein und könnte daher auch willkürlich werden. Ein Beispiel ist der ältere Fall von *Kruse v. Johnson* (1898) (2 Q. B. 91)[1]. In solchen Fällen wird das Gericht gegenüber dem von den Gemeindebehörden bekundeten Ermessen in der Aufrechterhaltung der öffentlichen Ordnung weit wohlwollender eingestellt sein, als im Falle der öffentlichen Korporationen, etwa des Verkehrswesens, die zwar mittelbar dem Publikum dienen, in erster Linie aber Geschäftsunternehmungen sind.

## 3. Verwaltungsmißbrauch

Ein Ermessensmißbrauch beim Erlaß von Verwaltungsvorschriften liegt vor, wenn die Befugnis für sachfremde Zwecke, das heißt im Widerspruch mit der Absicht der Ermächtigung ausgeübt wird, ein Problem, das in der französischen Jurisprudenz mit dem Begriff des *détournement de pouvoir* gekennzeichnet wird. Der Tatbestand kommt demjenigen der „unvernünftigen" Verwaltungsanordnung nahe, braucht sich aber nicht

[1] Hier hielt der *Divisional Court* die Verurteilung des Antragstellers aufrecht, der mit dem Absingen von religiösen Hymnen eine vom Grafschaftsrat erlassene Verordnung verletzt hatte, welche Musikmachen innerhalb einer bestimmten Entfernung von einer Wohnstätte verbot; das Gericht hielt eine solche Anordnung nicht für unvernünftig, schikanös oder parteilich.

mit ihm zu decken. Die Verwaltungsstelle mag sich dabei böswillig (*maliciously*) verhalten, was an sich den Akt *ultra vires* machen würde, oder aber auch in gutem Glauben gehandelt haben, wenn sie dabei andere Zwecke verfolgt als von der ihr eingeräumten Befugnis gedeckt sind. In solchen Fällen, die nicht selten sind, muß das Gericht auf den vom Gesetzgeber beabsichtigten wirklichen Zweck der Ermächtigung abstellen. Beispiele sind etwa *Municipal Council of Sidney v. Campbell* ([1925]) ([A. C. 338]); (hier hatte der Kläger die kommunale Befugnis zur Zwangsenteignung lediglich zum Zwecke der Grundstückspekulation benutzt); *Hanson v. Radcliffe Urban Council* ([1922] [2 Ch. 490]); (hier hatte die örtliche Erziehungsbehörde Lehrer aus Ersparnisgründen entlassen, während ihr nur die Entlassung wegen Mängel in der Dienstleistung zustand); *Grice v. Dudley Corporation* ([1958] [Ch. 329]); (hier war eine Enteignung wegen des geplanten Baus einer Markthalle erfolgt, der Platz aber dann zur Errichtung eines Parkareals benutzt worden).

### 4. Unzulässige Weiter-Delegierung

An sich gilt der Grundsatz *Delegata potestas not potest delegari.* Das souveräne Parlamentsgesetz kann jedoch die Zulässigkeit der Weiterdelegation anordnen und sie mag sich auch unter bestimmten Umständen aus der Sachlage ergeben. Bei der Komplexität der Verwaltungshierarchie kann häufig die einem Minister eingeräumte Befugnis nicht in jedem Fall von ihm selbst, sondern muß von den von ihm durch Subdelegation damit betrauten oder beauftragten Behörden ausgeübt werden. Derartige Fälle kamen besonders häufig im Zusammenhang mit der Notgesetzgebung während der beiden Weltkriege vor. Im Schlüsselfall *Liversidge v. Anderson* ([1942] [A. C. 206]) wurde vom *House of Lords* festgestellt, daß die aus Staatssicherheitsgründen erfolgende Internierung (aufgrund der berühmt gewordenen *Regulation 18 B* der allgemeinen Kriegsverordnungen von 1939) nur vom *Home Secretary* selbst, der dafür dem Parlament verantwortlich ist, und nicht von seinen Untergebenen verfügt werden dürfe. Routine-Entscheidungen allerdings dürfen von Beamten unter Verantwortung eines Ministers oder auch von den Beamten einer Lokalverwaltungsbehörde vorgenommen werden. Ein neuerer Fall ist *Smith v. London Transport Executive* ([1951] [A. C. 555]), wo das *House of Lords* auf Grund des ermächtigenden Gesetzes, des *Transport Act* von 1947 (10 & 11 Geo. 6, c. 49), die ordnungsgemäße Kette der Weiterdelegierungen feststellte. Es versteht sich dabei von selbst, daß, wo die Subdelegation zulässig ist, ihre Ausübung sich im Rahmen der sie ermächtigenden Norm halten muß. Einschlägig ist hier der aus anderen Gründen — Auferlegung einer Steuer ohne Bewilligung des Parlaments — berühmte Schlüsselfall *Attorney-General v. Wilts. United Dairies* ([1921] [37 T. L. R. 884]); (hier hatte der Nahrungsmittelkontrolleur den Verkauf von Milch von der Zahlung einer Gebühr durch den Konzessionär abhängig gemacht, was unter keinen Umständen durch die während des ersten Weltkrieges ergangenen *Defence of the Realm Regulations* gedeckt war). Im allgemeinen gilt, daß die Weiterdelegierung der Verordnungsbefugnis für gerichtliche und disziplinäre Zwecke schlechthin unzulässig ist, daß sie für administrative Zwecke jedoch gesetzlich ermächtigt werden oder sich aus den Umständen ergeben kann.

## 5. Verletzung der Grundsätze der „natürlichen Gerechtigkeit“

Nach den allgemeinen Rechtsgrundsätzen des *common law* steht dem *High Court* die Befugnis zu, sowohl die Untergerichte als auch alle Verwaltungsbehörden einschließlich der *Administrative Tribunals* und des Ministers selbst dahingehend zu beaufsichtigen, ob sie bei ihrer gerichtlichen Tätigkeit die Grundsätze der natürlichen Gerechtigkeit (*natural justice*) beachtet haben, es sei denn, daß diese Aufsichtsbefugnis ausdrücklich durch Parlamentsgesetz ausgeschlossen oder beschnitten ist. Welches im einzelnen die einen Verwaltungsakt ungültig machenden Verstöße gegen die *natural justice* sind, wurde bereits im Zusammenhang mit der allgemeinen Stellung der Richter behandelt[1]. Die Angelegenheit ist so wichtig, daß sich hierauf eine Reihe von Schlüsselfällen beziehen. Verletzungen der Grundsätze der natürlichen Gerechtigkeit, die hier in Frage kommen, sind die gleichen, die auch die richterliche Rechtsprechung beobachten muß, also vor allem, daß niemand Richter in eigener Sache sein kann und daß allen Beteiligten rechtliches Gehör zu geben ist (*audiatur altera pars*). Die Abgrenzung der materiellen Grundsätze der natürlichen Gerechtigkeit von den lediglich prozessualen Erfordernissen mag dabei im Einzelfall schwierig sein[2]. Aber es ist leicht verständlich, daß eine Verletzung der Grundsätze der „natürlichen Gerechtigkeit“ von den Gerichten nicht ungern zum Anlaß der Beanstandung von Verfahrensverstößen genommen wird. Die Aufsichtsbefugnis wird vom überwachenden Gericht meist mit *certiorari*[3] ausgeübt. Die Verletzung der Grundsätze der *natural justice* stempelt den Verwaltungsakt als *ultra vires*, obwohl eine eigentliche Überschreitung des Ermächtigungsrahmens nicht vorliegt. Zu beachten ist hier, daß es sich dabei um ganz konkrete Tatbestände handelt, welche als Verstöße gegen die natürliche Gerechtigkeit angesehen werden. Nur diese kommen unter die Aufsichtsbefug-

---

[1] Siehe oben S. 18f.

[2] Im Schlüsselfall *Local Government Board v. Arlidge* ([1915] [A.C. 120]) wurde die Beschwerde eines Hauseigentümers gegen einen gemeindlichen Räumungsbefehl verworfen, da die Gemeindebehörde die für solche Fälle üblichen Verfahrensvorschriften eingehalten hatte. Siehe ferner *Board of Education v. Rice* ([1911] [A.C. 179]); *R. v. Electricity Commissioners ex parte London Electricity Joint Committee* ([1924] [K.B. 171]).

[3] Siehe unten S. 121ff.

nis des *High Court*. Alle anderen *gravamina* gegen eine Entscheidung — Rechtsirrtum, ungenügende Beweisaufnahme, falsche Beweiswürdigung — können zum Gegenstand einer Berufung gemacht werden, bedingen aber kein Einschreiten des beaufsichtigenden Gerichts wegen Verletzung der *natural justice* (so zahlreiche Entscheidungen, z. B. *R. v. Paddington and St. Marylebone Rent Tribunal ex parte Kendal Hotels* ([1947] [1 All. E. R. 448]).

## II. Haftbarkeit der Behörden und ihrer Beamten

### 1. Allgemeine Grundsätze

Ein allgemeines auf alle Arten von Beamten anwendbares Haftpflichtgesetz gibt es in Großbritannien nicht. An sich ist es ein Grundsatz *at common law*, daß ein Beamter — der Ausdruck wird hier im weitesten Sinn gebraucht und geht über die engere Begriffsbestimmung des *civil servant* hinaus — für die dienstlich von ihm begangenen unerlaubten Handlungen (*tort*) oder für andere Zivilansprüche dem geschädigten Bürger ebenso verantwortlich ist wie dieser gegenüber einem anderen Bürger. Im Zuge des Verwaltungsstaats unterlag aber der Grundsatz zwangsläufig einer weitgehenden Abwandlung; denn würde die persönliche Haftbarkeit anstelle derjenigen seiner Behörde strikt durchgeführt, so würde die öffentliche Dienstleistung von den Regreßansprüche befürchtenden Beamten so vorsichtig betrieben werden, daß sie ihren Zweck der sinnvollen Ordnung des Gesellschaftslebens nicht mehr nachkommen könnte. Außerdem wäre die durch eine Fehlleistung eines Beamten geschädigte Privatperson auf die Inanspruchnahme des meist mittellosen Beamten angewiesen und damit um ihre Rechte gebracht. Der moderne Verwaltungsbetrieb verlangt also gebieterisch wie auch in anderen Staaten den Eintritt der Behörde selbst bzw. des Staates für die schadenersatzverpflichtenden Fehlleistungen der Beamten.

Außerdem aber kommt hier eine englische Besonderheit in Betracht. Bis in die neuere Zeit konnte die Krone selbst, das heißt nach dem kontinentalen Sprachgebrauch der Fiskus, nicht für Vertragsbruch und unerlaubte Handlung ihrer Beamten, der Minister selbst und der ihnen unterstellten Mitglieder des *Civil Service* in den Departments in Anspruch genommen werden. Erst der *Crown Proceedings Act* von 1947 (10 & 11 Geo. 6, c. 44) brachte hier die rechtsstaatlich längst fällige Reform[1]. Unsere Darstellung muß also doppelspurig vorgehen. Es muß zwischen den als juristischen Personen der öffentlichen, als *corporations* organisierten Behörden unterschieden werden, zu welchen alle Lokalverwaltungsbehörden und die nationalisierten Industrien gehören, und den Zentral-

---

[1] Siehe unten S. 106ff.

behörden, die als Departments unter der Leitung eines Ministers vom *Civil Service* betrieben werden. Bei der ersteren Kategorie regelt sich die Haftung der Beamten und der eventuelle Eintritt der Behörde für ihre Fehlleistungen nach dem *common law*, bei den eigentlichen *crown servants* der zweiten Kategorie aber nach dem erwähnten *Crown Proceedings Act* von 1947.

Wird also eine Privatperson durch eine Diensthandlung (unerlaubte Handlung, Vertragsbruch etc.) eines für eine Behörde handelnden Individuums geschädigt, so hängt es von dem Typus des betreffenden Beamten ab, ob sie dafür die Behörde oder den handelnden Beamten selbst in Anspruch nehmen kann.

In diesem Abschnitt (II) wird lediglich eine summarische Übersicht über die Haftung der in der Lokalverwaltung oder bei den sonstigen öffentlichen Korporationen tätigen Personen geboten. Die Haftung der Kronbeamten im eigentlichen engeren Sinn wird dem nächsten Abschnitt (III) vorbehalten.

## 2. Haftung aus Vertrag

Eine Unterscheidung zwischen „Verwaltungsverträgen" und anderen Verträgen, wie sie das französische Recht kennt, wobei für die ersteren andere Bestimmungen gelten als für die letzteren, ist dem englischen Recht fremd. Wer mit einer Behörde einen Vertrag eingeht, z. B. zum Betrieb eines Verkehrsmittels oder einer Abfallverwertungsanstalt, muß sich zuerst vergewissern, ob die betreffende Behörde nach Maßgabe des sie regelnden Gesetzes oder seiner Ausführungsbestimmungen zum Vertragsabschluß überhaupt berechtigt ist. Eine Körperschaft des öffentlichen Rechts ist nur hinsichtlich der ihr statutarisch übertragenen Zwecke zum Vertragsabschluß berechtigt (so eine ältere Entscheidung *Ashbury Carriage Ry. Co. v. Riche* 1875, [L. R. 7 H. L. 653]). Andererseits kann sich eine öffentliche Körperschaft nicht vertraglich verpflichten, eine ihr statutarisch zugewiesene Funktion nicht auszuüben (zahlreiche Entscheidungen, z. B. *William Cory and Son, Ltd. v. City of London Corporation* [1951] [2 K. B. 476]). Fälle des ungültigen Vertragsschlusses sind heute selten geworden, da der meist beigezogene *solicitor* die Vertragsgrundlage prüfen wird und die rechtskundigen Beamten der kontrahierenden Behörde die entsprechenden Unterlagen vorlegen. Die meisten das Publikum angehenden Verträge beruhen jetzt auf einer juristisch einwandfreien standardisierten Form der allgemeinen Geschäftsbedingungen, so für die Belieferung mit Gas, Elektrizität, Wasser, für Eisenbahnverkehr und ähnliche staatliche oder munizipale Erzeugungs- oder Betriebsmonopole und ebenso für den Fernsprechervertrag, der mit dem *Postmaster-General* abgeschlossen wird (*Telephone Act* von 1951 [14 & 15 Geo. 6, c. 52]).

### 3. Haftung für Fahrlässigkeit

Seit langem besteht die Gerichtsregel, daß die Behörde bei der Ausübung der ihr gesetzlich auferlegten Pflichten sich mit der ihr obliegenden Sorgfalt verhalten muß und für den Privatpersonen aus der Sorgfaltspflichtverletzung durch Fahrlässigkeit entstandenen Schaden haftet (*Mersey Docks and Harbour Board Trustees v. Gibbs* [1866], [L. R. 1 H. L. 93]). Am häufigsten sind hier die gegen die zuständigen Lokalbehörden erhobenen Schadenersatzansprüche wegen fahrlässigen Unterlassens bei der Verkehrsregelung (wie etwa nächtliche Nichtbeleuchtung eines auf der Straße liegenden Steinhaufens oder eines anderen Hindernisses oder Nichtentdeckung eines Lecks in der Wasserleitung). Neuerdings, mit der Einführung des nationalen Gesundheitsdienstes, häufen sich die Fälle, in denen ein kommunales oder sonstwie öffentliches Krankenhaus für Behandlungsschäden seiner Patienten haftbar ist (*Cassidy v. Minister of Health* [1951] [2 K. B. 343 C. A.]).

### 4. Haftung bei Beeinträchtigung des Eigentums

Angesichts der weiten gemeinnützigen Aufgaben, welche den Lokalbehörden obliegen, kann ihre Aufgabenerfüllung mit größeren Eingriffen in das Privateigentum und seinen ungestörten Genuß verbunden sein als es den Privatpersonen gestattet würde. Die Öffentlichkeit muß also die damit verbundenen Belästigungen (*nuisance*) dulden. Jedoch hat die Rechtsprechung hier den Unterschied zwischen einer Funktion entwikkelt, die der Behörde zur Pflicht gemacht ist (*imperative*), und solchen, welche sie nach ihrem Ermessen betätigen kann (*permissive*). Bei den ersteren ist die Öffentlichkeit gehalten, sich solchen Einwirkungen zu fügen (*Dormer v. Newcastle- upon-Tyne Corporation* [1940] [2 K. B. 204]), bei den letzteren hat die Behörde Mittel und Wege zu finden, die öffentliche Belästigung, etwa durch von der Installation ausgehende Geräusche oder Gerüche, zu mildern oder zu vermeiden (*R. v. Epping Waltham Abbey ex parte Burlinson* [1947] [2 All. E. R. 537] [Div. Ct.]).

### 5. Haftung für pflichtwidrige Unterlassung einer Verwaltungshandlung

Ob eine öffentliche Behörde einem Bürger zum Schadenersatz verpflichtet ist, weil sie der ihr auferlegten Verpflichtung zur Vornahme einer Verwaltungshandlung nicht nachgekommen ist, wo also die Behörde einem gesetzlichen Auftrag und nicht ihrem Ermessen zu folgen hat, hängt von den Umständen des Einzelfalls, insbesondere von der Auslegung der in Frage kommenden Gesetzesnorm ab. Die Beweislast obliegt hier dem Kläger, der beweisen muß, daß er in seiner Person und nicht nur das Publikum im allgemeinen geschädigt ist, daß die Unterlassung den

Schaden verursacht hat und daß eine Schadenersatzpflicht vom Gesetz vorgesehen ist (*Grove v. Lord Wimborne* [1898] [2 Q.B. 402]). Solche Fälle sind selten, da die Behörde meist dem Publikum gegenüber verpflichtet ist (z. B. zur Schneewegräumung). Zwar ist nach *common law* die Vernachlässigung einer gesetzlich auferlegten Pflicht durch eine Behörde strafbar (*indictable offence*), aber davon wird kaum je Gebrauch gemacht werden. Eventuell kann das Gericht um einen *writ of mandamus* angegangen werden, aber auch dieser würde, wenn überhaupt, nur bei ganz schwerwiegenden Mißständen gewährt werden. Bei ernsthaften Publikumsbeschwerden würde immer der zuständige Minister eingreifen oder vorher eingegriffen haben.

Der Kuriosität halber nicht weniger als wegen der Bedeutung der Materie in einer Zeit intensiven motorisierten Straßenverkehrs sei die Situation der für die Instandhaltung der Straßen verantwortlichen Straßenbehörden (*highway authorities*) hier erwähnt. Nach einer frühen Entscheidung (*Russell v. Men of Devon* [1780] [2 T. R. 667]) waren die Straßenbehörden für einen beim Verkehr auf ihnen entstandenen Schaden überhaupt nicht verantwortlich, weil nach einem uralten Gesetz von 1555 (2 & 3 Phil. & Mary, c. 8) die Gesamtbewohnerschaft des Bezirks dafür haftbar war. Daran hielt das Oberhaus noch in neuerer Zeit fest (*Cowley v. Newmarket Local Board* [1892] [A. C. 345]). Seitdem führte die Rechtsprechung einen wahren Eiertanz auf, weil beispielsweise Brücken nicht zur Verkehrsstraße gehörten oder weil zwischen den Pflichten der Straßenbehörden und denen der Kanalisation unterschieden wurde. Nachdem endlich der *Court of Appeal* dem anachronistischen Spiel ein Ende gemacht hatte, indem er den *Borough Council* für den durch Fahrlässigkeit der Straßenbehörde verursachten Tod eines Radfahrers verantwortlich machte (*Simon v. Islington Borough Council* [1943] [K. B. 188]), brachte endlich der *Highways Act* von 1959 (7 & 8 Eliz. 2, c. 25) die längst fällige Reform, indem statt der „reparaturpflichtigen Einwohnerschaft" die eingesetzten Straßenbehörden für die Reparaturen verantwortlich gemacht sind. Die Strafanzeige gegen den verantwortlichen Beamten wegen pflichtwidrigen Handelns entfiel. Wer sich über die mangelnde Beschaffenheit eines öffentlichen Verkehrsweges beschweren will, kann dies bei der lokalen Straßenbehörde tun. Ist der Umfang der erforderlichen Reparaturen streitig, entscheidet der *Magistrates' Court*, über die Verpflichtung zur Instandhaltung selbst die *Quarter Sessions*. Ab August 1964 wurde schließlich auch die Immunität der Straßenbaubehörden für zivilrechtliche Schadenersatzansprüche, die auf den schuldbaren Mangel von Reparaturen gegründet ist, aufgehoben (*Highways [Miscellaneous Provisions] Act* von 1961 [9 & 10 Eliz. 2, c. 63]).

### 6. Übernahme der Haftpflicht durch die Behörde

Bei dieser reichen Kasuistik von Verwaltungshandlungen und -unterlassungen, welche eine Schadenersatzleistung gegenüber geschädigten Privatpersonen begründen, ist bisher die Frage offen geblieben, wer letztlich bei Fahrlässigkeit und unerlaubter Handlung für den Schaden eintreten muß, der Beamte, der im Auftrag der Behörde gehandelt hat oder diese selbst. Auch hier besteht angesichts des Fehlens eines allgemeinen Beamtenhaftpflichtgesetzes keine einheitliche Regelung; die Kasuistik ist kaum weniger reich als die der veranlassenden Handlungen oder Unterlassungen selbst. Hier wird mit Hilfe der spitzfindigen juristischen Unterscheidung zwischen einem Dienstvertrag und einem Vertrag über Dienstleistungen ein einigermaßen brauchbarer Maßstab zu gewinnen versucht. Wer einen anderen dauernd in Dienst genommen hat, ist für dessen Fehlleistungen ersatzpflichtig, wer nur gelegentlich Dienst für einen anderen leistet, gilt als von ihm unabhängig; für die ersteren ist der Dienstgeber verantwortlich, für die letzteren aber nicht. Zur ersten Kategorie gehören nach der Rechtsprechung von der Gemeinde angestellte Trambahnschaffner, Lehrer, Pflegerinnen, das Personal der gemeindlichen oder anderer öffentlicher Krankenhäuser, nicht aber die innerhalb des Krankenhauses dienstleistenden Ärzte und Chirurgen, außer wenn sie ständige Interne sind (*Collins v. Herts. County Council* [1947] [1 K. B. 598]). In *Cassidy v. Minister of Health* ([1951] [2 K. B. 343]) (Schlüsselfall) wurde dem Krankenhaus die Verantwortung für die Fahrlässigkeit eines von ihm voll-angestellten Arztes aufgebürdet. Andererseits wurde in einer ganzen Reihe von Fällen dafür gehalten, daß die dauernde Anstellung durch eine Behörde sie keineswegs immer für rechtswidrige Handlungen ihrer Angestellten haftbar macht, beispielsweise nicht im Falle eines Fürsorgebeamten, der dem Minister untersteht, oder bei einem Inspektor unter dem Tierseuchengesetz. Diese unsystematische Zufälligkeit der Haftbarkeitsvoraussetzungen ist keineswegs befriedigend, aber angesichts der pilzartigen Vermehrung lokaler und anderer Verwaltungsbehörden scheint eine einheitliche Regelung eben nicht erzielbar zu sein.

## III. Die Krone als Prozeßpartei und die Haftbarkeit für ihre Beamten

### 1. Die Rechtslage vor dem Crown Proceedings Act von 1947

Der lange geplante, von der Labour-Regierung schließlich im Jahre 1947 erlassene und am 1. Januar 1948 in Kraft getretene *Crown Proceedings Act* (10 & 11 Geo. 6, c. 44) wird mit Recht als eine der wichtigsten Gesetzgebungsmaßnahmen der neueren englischen Geschichte angesehen.

Vorher konnte deswegen keinerlei Haftbarkeit der für die Krone[1] handelnden Beamten der Zentralregierung, insbesondere der Minister und des ihnen unterstellten *Civil Service* bestehen, weil die Krone grundsätzlich nicht verklagt werden konnte, also der Passivlegitimation ermangelte. Der Inanspruchnahme der Krone durch einen Untertan, oder später durch einen Bürger, standen zwei uralte Rechtsgrundsätze entgegen, die als tragende Pfeiler des englischen Staats- und Rechtslebens angesehen wurden, nämlich die Maxime, daß die Krone von ihren eigenen Gerichten nicht verklagt werden könne — *immunity of suit* —, außer wenn sie ausdrücklich zugestimmt hätte, und das Dogma, daß „der König kein Unrecht begehen könne" — *the King can do no wrong.* Die erstere verhinderte jegliche Klage gegen die Krone, die letztere die Geltendmachung jedes auf eine unerlaubte Handlung (*tort*) der für die Krone handelnden Beamten gestützten Anspruchs.

Es ist zweckmäßig, bei der nachfolgend gegebenen summarischen Darstellung der überaus komplizierten Materie zwischen der Passivlegitimation der Krone bei Vertragsansprüchen (*contract*) und derjenigen wegen unerlaubter Handlung (*tort*) zu unterscheiden.

### a) Bei vertraglichen Ansprüchen

Was die Inanspruchnahme der Krone aus Vertrag anbelangt, so war auch vor dem erwähnten Gesetz der Bürger nicht völlig ohne Rechtsbehelfe. Er konnte sich der *Petition of Right*[2] bedienen, einer uralten Einrichtung, die ursprünglich dazu bestimmt war, von der Krone Eigentumsrechte zurückzugewinnen, später aber auch auf vertragliche Ansprüche ausgedehnt worden war. Voraussetzung der Geltendmachung durch die Klageerhebung war die Zustimmung der Krone, die durch ein *fiat* (von der altertümlichen Formel *fiat justicia* abgeleitet) des *Home Secretary* auf Rat des *Attorney-General* erteilt wurde. Das Verfahren regelte sich nach dem viktorianischen *Petitions of Right Act* von 1860 (23 & 24 Vict., c. 34). Diese *Petition of Right* war zulässig zur Wiedererlangung von Grundeigentum von der Krone, für Ansprüche aus allen Verträgen, welche die Krone eingegangen war, einschließlich derjenigen für Vertragsbruch (der Schlüsselfall ist *Thomas v. The Queen* [1874] [L. R. 10 Q. B. 31]), und auch dafür, Entschädigung nach Maßgabe eines Gesetzes zu erlangen (der Schlüsselfall ist *Att.-Gen. v. De Keyser's Royal Hotel, Ltd.* [1920] [A. C. 508]). Gegen die Versagung des *fiat* bestand kein Rechtsmittel. Das Gericht verkleidete seine Entscheidung dann als eine deklaratorische

[1] Im folgenden Abschnitt wird der englische Ausdruck „Krone" beibehalten, materiell ist damit der Staat oder nach römisch-rechtlichem Kontinentalgebrauch auch der Fiskus gemeint.

[2] Dies ist ein prozessualer *terminus technicus*, der mit der (politischen) *Petition of Rights* nichts zu tun hat.

Feststellung dessen, wozu der Kläger berechtigt war, die zwar gegen die Krone nicht vollstreckt werden konnte, von ihr aber ausnahmslos befriedigt wurde.

Noch schlechter erging es dem, der einen Diener der Krone nach *common law* für einen von ihm im Vollzug seiner dienstlichen Obliegenheiten begangenen Vertragsbruch haftbar machen wollte; er war dafür nicht verantwortlich. Schlüsselfälle sind hier *Macheath v. Haldimand* ([1786] [1 T. R. 172]) und *Tobin v. The Queen* ([1864] [16 C. B. 310])[1].

### b) Bei unerlaubter Handlung

Bei einer unerlaubten Handlung (*tort*), welche die für die Krone handelnden Beamten im Verlauf ihrer Diensterfüllung Dritten gegenüber begangen hatten, bestand überhaupt keine Passivlegitimation der Krone oder ihr Eintritt in die Haftbarkeit der betreffenden Beamten, da die Krone kein Unrecht begehen und auch zu keinem solchen ermächtigen kann (*Viscount Canterbury v. Attorney-General* [1842] [1 Phillips 306])[2].

Wenn somit die Krone selbst nicht aus unerlaubter Handlung belangt werden konnte, so konnte der Beamte, der sie begangen hatte, persönlich in Anspruch genommen werden — und dies ist auch heute noch möglich. Aber die Krone brauchte für solche Handlungen nicht die Haftung zu übernehmen und ebensowenig der Vorgesetzte des fehlbaren Beamten. Das englische Recht, zum Unterschied vom römischen, kennt nämlich keinen Staatsbegriff, der den Staat als juristische Person erfaßt. Auch die einzelnen Regierungsdepartments sind keine juristische Einheit, sondern nur Gruppen von „Dienern der Krone", denen keine gemeinsame Rechtspersönlichkeit zukommt. Alle Kronbeamten dienen gleichermaßen der Krone und nicht einem bestimmten Vorgesetzten, etwa dem sie anstellenden Minister. Es konnte demnach auch der Amtsvorgesetzte nicht für fehlbare Handlungen seiner „Untergebenen" in Anspruch genommen werden (*Raleigh v. Goschen* [1898] [1 Ch. 73]; *Bainbridge v. Postmaster-General* [1906] [1 K. B. 178]). In der Mehrzahl der Fälle wußte der Geschädigte überhaupt nicht, noch konnte er es wissen, welcher Beamte für die schädigende Handlung verantwortlich war. In der Praxis wurde in solchen Fällen der Beklagte in einem Prozeß gegen einen Beamten vom *Treasury Solicitor* vertreten und die *Treasury* zahlte an seiner Stelle,

[1] Hier konnten die Eigentümer eines Schiffes, das von einem britischen Kriegsschiff irrtümlich vernichtet worden war, weil der Kapitän glaubte, es diene dem Sklavenhandel, von der Krone keinen Ersatz erlangen.

[2] In diesem berühmten Fall hatte der ehemalige Speaker des *House of Commons* mit einer *Petition of Right* den Ersatz seiner Möbel und anderer Effekten begehrt, die bei dem Brand von 1834 verloren gegangen waren, welcher die beiden Parlamentshäuser und auch seine dort gelegene Wohnung vernichtete, mit dem Vorbringen, die Beamten, die alte Papiere verbrannten, hätten fahrlässig gehandelt.

wurde er für schuldig befunden. Ab 1942 wurde vom *Lord Chancellor* bestimmt, daß auf Wunsch des Klägers ein unabhängiger Gutachter eine Bescheinigung darüber ausstellte, ob ein untergeordneter Beamter im Verfolg seiner Diensterfüllung die unerlaubte Handlung begangen hatte, so daß der Kläger einen Anhaltspunkt dafür hatte, ob das Department im Falle seines Obsiegens im Prozeß für den Beamten einstehen würde. Das änderte aber nichts an der Tatsache, daß bis 1948 die Regierungsdepartments vom breiten Schild der Immunität der Krone gedeckt waren.

Von dieser der Regierung sehr bequemen Regelung gab es allerdings gewisse statutarische Ausnahmen, indem das Parlamentsgesetz ganz gelegentlich und ohne jede Systematik den Minister oder das Department in aller Form für die eingegangenen vertraglichen Verpflichtungen wie auch für unerlaubte Handlung seiner Beamten haftbar machte, beispielsweise der *Ministry of Transport Act* von 1919 (9 & 10 Geo. 5, c. 50), der *expressis verbis* (Sektion 26 (1)) den Verkehrsminister für alle vertraglichen und rechtswidrigen Handlungen seiner Beamten (*officers, servants and agents*) verantwortlich und damit haftbar machte. Gelegentlich bestimmte das Parlamentsgesetz auch, daß der Minister oder sein Department mit der Aktivlegitimation ausgestattet sind, woraus gerichtlich dann geschlossen werden konnte, sie besäßen auch die Passivlegitimation (*Minister of Supply v. British Thompson-Houston Company* [1943] [K. B. 478]).

Um diese absurde Situation, mit der nur ein geduldiges Volk wie die Engländer sich abfinden mochten, drastisch zu beleuchten: Hatte jemand das Unglück, von einem Automobil überfahren zu werden, so hatte er Glück, wenn der Wagen dem Verkehrsministerium gehörte, das verklagt werden konnte, worauf der Fiskus die Rechnung bezahlte. War er aber so unvorsichtig, sich von einem Wagen des *Foreign Office* überfahren zu lassen, ging er meistens gänzlich leer aus, weil er zwar den Chauffeur verklagen, sich aber aus dessen magerem Gehalt nicht befriedigen konnte. Bei freiwilliger Zahlung eines klage-immunen Departments war er ganz und gar auf dessen Gnade angewiesen.

## 2. Die Vorgeschichte des Gesetzes

Seit der Staat der größte Arbeitgeber, Auftraggeber der Industrie und Landwirtschaft und Grundeigentümer geworden war, erwies sich die anachronistische Situation als unhaltbar. Zwei berühmte *Lord Chancellors* (Lord Birkenhead und Lord Haldane) nahmen sich einer Reform an, die 1927 auch zu einem Gesetzentwurf führte, der aber niemals dem Unterhaus vorgelegt wurde. Die Rechtslage der Betroffenen wurde auch dadurch nicht verbessert, daß der *Attorney-General* in der überwiegenden Regel die Erlaubnis zu einer *Petition* an die Krone als Prozeßvoraussetzung nicht versagte. Wurde der daraufhin eingeleitete Prozeß vom

Gericht aber abgewiesen, war es für den Kläger weit kostspieliger als wenn die Erlaubnis überhaupt nicht gewährt worden wäre.

Zwei besonders krasse Fälle (*Adams v. Naylor* [1946] [A. C. 543] und *Royster v. Cavey* [1947] [1 K. B. 204]), in welchen die Regierung die Namen von angeblich verantwortlichen Beamten gewissermaßen als Prügelknaben geliefert hatte, waren der schließliche Strohhalm, der auch dieses geduldigen Kamels Rücken brach. Eine von Viscount Jowitt als *Lord Chancellor* der Labour-Regierung eingebrachte Vorlage, die sich in weitem Umfang auf den gescheiterten Entwurf von 1927 stützen konnte, wurde von der großen Labour-Mehrheit raschestens in den *Crown Proceedings Act* von 1947 umgewandelt, der nunmehr die *sedes materiae* darstellt. Es verwirklicht damit den Rechtsstaat auf einem Gebiet, wo er die längste Zeit gefehlt hatte[1]. Die nachfolgende Darstellung der nach wie vor sehr komplizierten Rechtslage muß sich auf einen Umriß beschränken[2].

### 3. Passivlegitimation und Haftbarkeit der Krone bei vertraglichen Verpflichtungen

Der wesentliche Grundsatz der durch das Gesetz erbrachten Reform ist, daß jeder, der gegen die Krone einen klagbaren Anspruch aus Vertrag — Vertragserfüllung oder Vertragsbruch — besitzt oder auch aus unerlaubter Handlung ihrer Beamten, gegen sie wie gegen eine Privatperson vor den dafür bestimmten Zivilgerichten die Klage erheben kann. Auf die Handlungen der Krone finden die allgemeinen Regeln der Stellvertretung (*agency*) Anwendung, so daß das in Frage kommende Department für die Folgen der Handlung seiner Beamten einstehen muß. Einer vorgängigen *Petition of Right* bedarf es nicht mehr (Sektion 1 (1)). Das die letztere regelnde Gesetz von 1860 wurde aufgehoben (Sektion 13). Es wird also kein neues Klagerecht begründet, sondern lediglich die bisherigen Hemmnisse, die einer Klageerhebung entgegenstanden, beseitigt.

Von dieser Grundregelung bestehen jedoch gewisse Ausnahmen. Denn nicht jeder Vertrag, den die Krone eingegangen hat, kann zum Gegenstand einer Klage gegen sie gemacht werden. Sieht ein Vertrag vor, daß zu seiner Erfüllung Zahlungen von seiten des Parlaments erforderlich sind, liegt hierin die Klagevoraussetzung, daß solche Zahlungen auch tatsächlich erfolgt sind (so schon *Churchward v. R.* [1865] [1 Q. B. 173]). Ferner kann die Krone sich von einem von ihr abgeschlossenen Vertrag einseitig lösen, wenn dieser die einer Regierung zustehende zukünftige Handlungsfreiheit einengen würde (der berühmte Fall *Rederiaktiebolaget*

---

[1] Über die dabei geltenden Verfahrensregeln siehe unten S. 116ff.

[2] Das Gesetz gilt mit den entsprechenden Modifikationen auch für Schottland, wo die Rechtslage schon vorher von der englischen einigermaßen verschieden gewesen war. Es wurde durch *Order in Council* auch für Nordirland in Kraft gesetzt.

*Amphitrite v. The King* [1921] [3 K. B. 500])[1]. Bei gewöhnlichen handelsrechtlichen Verträgen kann sich die Krone jedoch nicht auf die *executive necessity* berufen. Derartige „legalisierte Vertragsbrüche" mögen selten sein. Aber bei einer wichtigen Kategorie von Vertragsansprüchen fehlt es auch heute noch an der Klageberechtigung, weil bei ihnen auch schon vor Erlaß des Gesetzes keine *Petition of Right* zulässig war. In Frage kommen hier die Rechtsverhältnisse der Angehörigen der bewaffneten Macht und der Mitglieder des *Civil Service*, die der königlichen Prärogative und nicht dem Privatrecht unterstehen. Es besteht in England weder ein Soldaten- noch ein Beamtengesetz. Ein Angehöriger der bewaffneten Macht hat keinen klagbaren Rechtsanspruch gegen die Krone, wenn er rechtswidrig entlassen (*Mitchell v. The Queen* [1896] [1 Q. B. 121]) oder in seinen vereinbarten Bezügen gekürzt wird (*Leman v. R.* [1920] [1 K. B. 663]). Bei den Beamten des *Civil Service* gilt, daß die Krone ihre Diener nach Ermessen anstellt und — auch wenn sie dauernd angestellt sind — entläßt (*Dunn v. the Queen* [1896] [1 Q. B. 116] (Schlüsselfall). Auch dann, wenn eine Behörde durch Gesetz abgeschafft wird, haben die bei ihr angestellten Beamten keinen Rechtsanspruch gegen die Krone auf Weiterbeschäftigung in einem anderen Amt. Sie können auch nicht wegen Gehaltsrückständen oder Gehaltskürzungen klagen (zahlreiche Entscheidungen auch aus der neueren Zeit, z. B. *Terrel v. Secretary of State for the Colonies* [1953] [2 Q. B. 482]). Obwohl sich die Richter von Zeit zu Zeit in *obiter dicta* dahingehend ausgesprochen haben, daß, wenn eine Anstellung auf eine bestimmte Zeit erfolgt ist und nur aus dienstlichen Gründen (*for cause*) vorzeitig beendet werden kann, die ermessensmäßige Entlassung durch die Krone der vertraglichen Vereinbarung weichen muß, haben sich selbst die jüngsten Entscheidungen auf den Standpunkt gestellt, daß zwischen dem Beamten und der Krone als seinem Dienstgeber kein wirklicher Anstellungsvertrag besteht, der ihm ein klagbares Recht auf Erfüllung des Anstellungsverhältnisses durch die Krone gäbe; nur ein Gesetz könne dies tun (*Inland Revenue Commissioners v. Hambrook* [1956] [2 Q. B. 641]) und *Riordan v. War Office* ([1961] [1 W. L. R 210])[2]. Auch die Feststellung der Arbeits- und Entlohnungs-

[1] Hier hatte im ersten Weltkrieg eine neutrale schwedische Firma auf Veranlassung der britischen Gesandtschaft in Stockholm von der englischen Regierung benötigte Waren nach einem englischen Hafen geschifft, wobei ihr zugesichert worden war, ihr Schiff könne nach Ausladung der Waren wieder in See gehen. Das Schiff wurde aber trotzdem auf Anordnung der Regierung von den Hafenbehörden festgehalten. Eine mit *Petition of Right* erhobene Klage auf Schadenersatz wurde abgewiesen mit der erstaunlichen Begründung, die Regierung könne wegen *executive necessity* (!) nicht an den Vertrag gebunden werden.

[2] Andererseits hatte eine ältere Entscheidung des *Judicial Committee* (*Gould v. Stuart* [1896] [A.C. 575]) angenommen, bei der Entlassung einesBeamten der damaligen australischen Kolonie *New South Wales* gelte der vorher erlassene *New South Wales Civil Service Act* von 1884, so daß die ermessensmäßige Entlassung durch die Krone ausgeschlossen war.

bedingungen durch die Beamtenvertretungen in den *Whitley Councils* und ihre nachmalige Bestätigung durch das Schatzamt begründen keinen Rechtsanspruch (*Rodwell v. Thomas* [1944] [K. B. 596]). Hier bestehen zweifellos trotz des Gesetzes von 1947 noch erhebliche rechtsstaatliche Lücken, die allerdings dadurch einigermaßen ausgeglichen erscheinen, daß die dauernde Anstellung der *Civil Service*-Beamten auf Konvention beruht, an die sich die Departments auch ohne ein zwingendes Beamtengesetz zu halten pflegen.

### 4. Passivlegitimation und Haftbarkeit der Krone bei rechtswidrigen Handlungen

Die wesentlichste Neuerung des Gesetzes ist die nunmehr eingeführte Passivlegitimation der Krone für Klagen wegen unerlaubter oder rechtswidriger (*tortious*) Handlungen ihrer Beamten oder Vertreter und die Übernahme der Haftung für diese (Sektion 2(1)). Den Kern der Staatshaftung für fehlbare Handlungen der Beamten bildet die Bestimmung (Sektion 1(3)), wonach dann, wenn ein Gesetz einem „*officer of the Crown*" eine Funktion überträgt, er bei ihrer Vollziehung als Vertreter (*agent*) der Krone gilt, die damit nach den *common law*-Regeln der Vertretung (*agency*) die Haftung für ihren Beamten übernimmt. Was dabei unter dem Begriff „*officer of the Crown*" zu verstehen ist, bestimmt Sektion 38(2), nämlich die Minister und alle jene „Diener der Krone", welche von ihr unmittelbar oder mittelbar ernannt sind und deren Gehälter aus dem *Consolidated Fund* (oder anderen ausdrücklich benannten Quellen) bezahlt werden, praktisch also die leitenden politischen Beamten der Zentralregierung und der gesamte *Civil Service*, nicht aber die Mitglieder der Polizei und die Beamten der Lokalverwaltung oder der öffentlichen Korporationen.

Der Eintritt des Staats in die Haftung der Beamten besteht allerdings nicht unbedingt und unter allen Umständen, ist aber immerhin nunmehr so weit gespannt, daß die Mehrzahl der Fälle damit gedeckt erscheint. Die Haftung ist für drei Klassen von Fällen ausdrücklich im Gesetz bestimmt: a) Wenn der Beamte einem Dritten gegenüber für eine rechtswidrige oder unerlaubte Handlung verantwortlich ist, welche im Vollzug seiner dienstlichen Obliegenheiten begangen wurde; das gleiche gilt für die für eine Regierungsstelle tätigen unabhängigen Unternehmer (*contractor*); b) wenn gegen die nach *common law* dem Unternehmer obliegenden Verpflichtungen verstoßen wird; darunter fallen die Erstellung von betriebssicheren Installationen und Arbeitsbedingungen, entsprechende Sorgfalt in der Auswahl der Arbeitsgenossen und ähnliche alle Unternehmer bindende Voraussetzungen; c) die nach *common law* eintretende Haftung für Schäden, die Dritten bei der Benutzung der unter der Regierungskontrolle stehenden Installationen erwachsen, wobei unter Kontrolle jede Art von Verfügungsmacht — Eigentum, Besitz, Pacht — verstanden wird [1]. Etwaige gesetzliche Bestimmungen, welche die Haftung regeln oder beschränken, kommen der Regierung zugute (Sektion 1(4)) [2]. Klagen gegen die Regierung wegen Handlungen von Gerichtspersonen aller Art — Richter, Magistrate, Constables — sind wegen der richterlichen Immunität unzulässig (Sektion 2(5)) [3], allerdings nur eine deklaratorische Bestimmung, die nicht dahin verstanden werden darf, daß die Richter als Kronbeamte gelten.

Zusammenfassend läßt sich feststellen, daß der *Crown Proceedings Act* den Staat oder den Fiskus nunmehr im großen ganzen den Privatpersonen in der Passivlegitimation gleichstellt und auf sie auch die allgemeinen Regeln der Stellvertretung anwendet, so daß er für seine Beamten im Falle ihrer Inanspruchnahme sowohl aus Vertrag als auch aus unerlaubter Handlung die Haftung übernimmt.

## 5. Sonderregelungen

Es gibt jedoch verschiedene Gebiete, auf denen die Parallele der Gleichstellung des Staats mit Privatpersonen versagt.

### a) Postpakete

Da die Postbeförderung als öffentliche Dienstleistung gilt, ist es zweifelhaft, ob zwischen dem Sender und dem Postamt ein vertragliches Verhältnis besteht (*Triefus & Co., Ltd. v. Post Office* [1957] [2 Q. B. 352] [H. L.], eine lange Reihe früherer Entscheidungen bestätigend). Die Post war vorher nicht für verloren gegangene oder beschädigte Postpakete ersatzpflichtig gewesen, hatte jedoch in der Regel solche Ansprüche durch

---

[1] Die früher nur nach *common law* bestehende Haftung für Besucher und Benutzer von in der Verfügung der Regierung stehendem Grundeigentum wurde durch den *Occupiers Liability Act* von 1957 (5 & 6 Eliz. 2, c. 31) statutarisch gemacht und bindet damit auch die Krone.

[2] Dies gilt auch für die Frage der Anspruchsverjährung. Der *Public Authorities Protection Act* von 1893 (56 & 57 Vict., c. 61) in der Fassung des *Limitation Act* von 1938 (2 & 3 Geo. 6, c. 21) bestimmte die Anspruchsverjährung für alle Klagen gegen öffentliche Behörden auf zwölf (nach dem früheren Gesetz auf sechs) Monate, beginnend mit dem Zeitpunkt des Entstehens des Klageanspruchs. Das Gesetz vereinheitlichte nicht weniger als 108 verschiedene gesetzliche Verjährungsfristen. Sein Zweck war, frivole Klagen hintanzuhalten. Die Frist erwies sich aber in der Praxis als zu kurz und der *Law Reform (Limitation of Actions) Act* von 1954 (2 & 3 Eliz. 2, c. 36) setzte für Privatpersonen wie für Behörden eine einheitliche Verjährungsfrist von sechs und bei erlittenem persönlichem Schaden von drei Jahren fest.

[3] Abgesehen von den allgemeinen Bestimmungen des Richterschutzes bestehen auch einschlägige ältere gesetzliche Regelungen, wie der *Constables Protection Act* von 1751 (24 Geo. 2, c. 44) und der *Justices Protection Act* von 1848 (11 & 12 Vict. c. 44).

freiwillige Zahlung befriedigt[1]. Das Gesetz (Sektion 9(2)) macht die Post zum ersten Mal für eingeschriebene Pakete und Briefe haftbar, die im Inland aufgegeben und an eine inländische Adresse gerichtet sind[2] und bei denen durch Verschulden der Postbeamten ein Schaden entstanden ist. Die Klage muß innerhalb von zwölf Monaten nach dem Absendedatum erhoben werden (Sektion 9(2)). Die Höhe der Ersatzleistung richtet sich nach dem Marktwert der verloren gegangenen oder beschädigten Sendung und nach dem gezahlten Postwert für die Beförderung. Die Krone ist also nicht für uneingeschrieben aufgegebene Post und auch nicht für strafbare Handlungen, etwa Verleumdung (*defamation*) haftbar, die im Telefon- oder Telegrammverkehr begangen werden. Schuldhafte Postbeamte sind ausdrücklich von der persönlichen Haftung ausgenommen (Sektion 9(1)), eine sonderbare Regelung, wenn dann das einzige Mittel der Abhilfe, das dem Postamt zustünde, die Entlassung des Postbeamten wäre.

### b) Mitglieder der bewaffneten Macht

Unter Fortgeltung der Doktrin des sogenannten *common employment*, was mit allgemeiner Verpflichtung zur national erforderlichen Dienstleistung umschrieben werden mag, ist die Krone nicht für den Leibes- oder Lebensschaden verantwortlich, welcher einem Mitglied der bewaffneten Macht auf einem militärischen Zwecken dienenden Gelände oder Fahrzeug im Vollzug der Dienstleistung von einem anderen solchen Militärangehörigen zugefügt wurde, vorausgesetzt, der durch den Unfall erlittene Schaden berechtige zu einer Pensionszahlung (Sektion 10). Auch der den Unfall verschuldende Angehörige der bewaffneten Macht ist von jeder Haftbarkeit freigestellt (siehe *Adams v. War Office* [1955] [3 All. E. R. 245]). Juristen eines Landes, in welchem die Wehrmacht aller Sparten nicht als Dienst für die Krone, sondern für die Nation gilt, werden an dieser Ausschaltung der Staatshaftung ebenso wenig Gefallen finden wie daran, daß Mitglieder der bewaffneten Macht, weil diese unter der Prärogative steht, keine gesetzliche oder gerichtliche Abhilfe besitzen, wenn sie ohne Grund entlassen oder ihnen die Bezüge vorenthalten oder gekürzt werden[3].

### c) Freistellung der Krone von der Haftbarkeit bei Prärogativakten

Ferner schließt der *Crown Proceedings Act* (Sektion 11) die Haftbarkeit der Krone bei allen ihren Handlungen aus, welche auf der königlichen Prärogative beruhen oder bei denen eine spezielle Gesetzesautorisation

---

[1] Es soll sich dabei um jährlich durchschnittlich 40000 Fälle gehandelt haben.

[2] Unter Inland werden hier das Vereinigte Königreich, die Insel Man und die Kanalinseln verstanden.

[3] Siehe Bd. I, S. 452.

vorliegt. Ihre Befugnis zur nationalen Verteidigung in Krieg und Frieden und die damit zusammenhängende Aufrechterhaltung und Ausbildung der bewaffneten Macht wird dabei ausdrücklich erwähnt. Zu den nicht eigens aufgeführten Prärogativgebieten würden etwa die Behandlung der Ausländer, die Anstellung der Beamten des *Civil Service* und anderer gehören. Hier genügt ein amtliches Zeugnis eines *Secretary of State* (oder der *Admiralty*), daß der betreffende Akt nach Maßgabe der Prärogative vorgenommen wurde und notwendig war. Es wäre also beispielsweise keine Klage gegen die Krone gegeben, wenn bei einer Schießübung der Marine die Fensterscheiben zerspringen. Die einschlägige Bestimmung des Gesetzes kann in ihrer Bedeutung kaum überschätzt werden, da die Prärogative trotz ihrer durch die Jahrhunderte sich hinziehenden Beschneidung durch das Parlamentsgesetz nach wie vor vorhanden und eigentlich eine Art rechtsstaatlichen Niemandslandes ist[1]. Letzten Endes müßten dann wieder die Gerichte entscheiden, wie es bei so vielen Schlüsselfällen der Vergangenheit (*Case of Monopolies* [1602], *Case of Proclamations* [1611], *Att. General v. de Keyser's Royal Hotel, Ltd.* [1920] [A. C. 508]) der Fall war, ob die in Anspruch genommene Prärogativbefugnis überhaupt besteht und wie weit sie sich erstreckt. Solche Fälle sind allerdings seit einer Generation nicht mehr vor Gericht gekommen.

Neuestens allerdings wurde das Unwahrscheinliche zum Ereignis, als das *House of Lords* in der früher ausführlich behandelten[2] Entscheidung *Burmah Oil Company* (*Burma Trading, Ltd.*) *v. Lord Advocate* [1964] [2 All E. R. 348]) entschied, die Krone sei für Verluste haftbar, die eine private Handelsgesellschaft durch die Maßnahmen des Wirtschaftskrieges erlitten hat und die nicht durch eigentliche Kampfhandlungen verursacht wurden. Es war verständlich, daß das Parlament die Gesetzgebungsklinke handhabte, um diese nicht nur finanziell, sondern grundsätzlich bedenkliche Überspannung der *Royal Prerogative* abzuwenden.

## 6. Die Person des Monarchen als Prozeßpartei

Als eine verständliche Verbeugung vor dem monarchischen Prinzip begründet das Gesetz (Sektionen 40(1) und 38(3)) keine Aktiv- oder Passivlegitimation des Monarchen selbst, wenn er als Privatperson handelt, und es stellt ihn ausdrücklich von der Haftbarkeit für unerlaubte Handlungen frei. Was also etwa ein Angestellter des königlichen Haushalts tun sollte, dem zu Unrecht aufgekündigt ist, oder jemand, der das Pech hat, von einem königlichen Privatautomobil überfahren zu werden, bleibt fraglich. Gelehrte Juristen spekulieren, daß er, nachdem der *Petitions of Right Act* von 1860 abgeschafft ist, zu einer altrechtlichen *petition* nach *common law* seine Zuflucht nehmen müßte. Das Problem ist wohl

[1] Siehe Bd. I, S. 502ff.
[2] Siehe Bd. I, S. 520f.

mehr oder minder akademisch, da das Prestige der Krone sich weder einen Vertragsbruch noch einen unbefriedigten Unfallschaden leisten könnte.

## 7. Prozeßrechtliche Regelungen bei Zivilprozessen gegen die Krone

### a) Allgemeine Vorschriften

Für zivilrechtliche Verfahren, in welchen die Krone Kläger oder Beklagter ist, ist je nach Maßgabe des Streitwerts der *High Court* (Sektion 13) oder der *County Court* (Sektion 15) in derselben Weise und nach derselben Prozeßordnung (*rules*) zuständig wie bei Privatpersonen. Das gleiche gilt für die Berufung (Sektion 22). Die Klage wird niemals von der oder gegen die namentlich aufgeführte Königin geführt, sondern für und gegen das in Frage kommende Department (und nicht etwa für oder gegen dessen derzeitigen Minister). Wo kein spezielles Department in Frage kommt oder zu kommen scheint, muß die Klage gegen den *Attorney-General* gerichtet werden (Sektion 17). Um dem Publikum die Ausfindigmachung des betreffenden Departments zu erleichtern, ist die *Treasury* verpflichtet, laufend eine Liste der aktiv- und passivlegitimierten Departments und anderer Regierungsstellen mitsamt dem zur Entgegennahme der Zustellung verpflichteten *solicitor* zu veröffentlichen.

Abweichend von den Prozessen zwischen Privatpersonen und durchaus berechtigterweise kann das Gericht keine einstweilige Verfügung, keinen Gerichtsbefehl zur Vornahme einer bestimmten Handlung (*specific performance*) oder zur Herausgabe von Grundeigentum oder sontigem Eigentum gegen die Krone erlassen. An deren Stelle kann das Gericht eine amtliche Erklärung über die Rechte der Parteien abgeben, welche die Berechtigung des Klägers hinsichtlich des Streitgegenstandes feststellt (Sektion 21). Auf Antrag des Klägers kann das Gericht auch eine amtliche Erklärung über die Rechtslage abgeben, wenn angenommen wird, die Krone oder einer ihrer Diener beabsichtige eine illegale Handlung vorzunehmen (*Dyson v. Attorney-General* [1911] [1 K. B. 410] [Schlüsselfall])[1].

### b) Urteil und Vollstreckung

Die altrechtliche *common law*-Regel, daß die Krone weder Kosten zahlt, wenn sie den Prozeß verliert, noch Kosten fordert, wenn sie ihn gewinnt, war schon nach dem *Administration of Justice* (*Miscellaneous Provisions*) *Act* von 1933 (23 & 24 Geo. 5, c. 36) in Wegfall gekommen, der sie darin den Privatpersonen gleichgestellt hatte. Das erwähnte Gesetz verpflichtet das verurteilte Department, die vom Gericht festgesetzte Urteilssum-

[1] Hier hatte die Einkommensteuerbehörde die Auferlegung bestimmter Geldbußen für verspätete Steuererklärungen angedroht, die nach dem geltenden *Finance Act* nicht zulässig waren.

me und die Kosten zu zahlen. Keine Einzelperson ist dafür haftbar. Aber eine Urteilsvollstreckung gegen ein Department ist nach wie vor nicht zulässig (Sektion 25). Andererseits büßte auch die Krone ihre früheren privilegierten Mittel der Urteilsvollstreckung wie die Zahlungserzwingung durch Schuldhaft ein (Sektion 26).

### c) Privilegien der Krone bei der Beweisaufnahme

Dagegen ließ der *Crown Proceedings Act* eine Reihe früherer prozessualer Privilegien der Krone bei der Beweisaufnahme bestehen. Auf Antrag der Gegenpartei der Krone kann das Gericht die Vorlage bestimmter Urkunden (*discovery*) oder die Beantwortung bestimmter Fragen (*interrogatory*) durch das Department anordnen. Widerspricht der in Frage kommende Minister oder an seiner Stelle der *Permanent Under-Secretary* mit dem Vorbringen, die Vorlage oder Beantwortung wäre für das öffentliche Interesse nachteilig, so hält sich das Gericht für daran gebunden. Dieser Einwand kann übrigens auch in Prozessen gebracht werden, bei denen die Krone überhaupt nicht Partei ist. Diese Vorzugsstellung der Krone bestand von jeher, war aber in dem sogenannten Thetis-Fall (*Duncan v. Cammell, Laird & Co.* [1942] [A. C. 624]) vom *House of Lords* bestätigt und sogar verstärkt worden[1]. Der nicht lange danach erlassene *Crown Proceedings Act* geht sogar noch weiter (Sektion 28 (2)), indem die Regierung selbst die bloße Existenz eines solchen Dokuments bestreiten kann und auch eine mündliche Inhaltsangabe nicht statthaft ist. Für die Geheimhaltung einer Urkunde ist der Minister selbst verantwortlich[2]. Das Gericht fühlt sich durch seine amtliche Bestätigung auch insofern gebunden,

[1] In diesem Fall hatte es sich um ein neues Unterseeboot gehandelt, das kurz vor Ausbruch des zweiten Weltkrieges gesunken war. Die Angehörigen der dabei umgekommenen Matrosen verlangten von der Reederei Schadenersatz. Die Regierung wollte aber während des dann ausgebrochenen Krieges im Interesse der nationalen Sicherheit ihre Baugeheimnisse nicht preisgeben.

[2] In dem wirtschaftlich wichtigen und die Gerichte lange Zeit beschäftigenden Fall *Re Grosvenor Hotel, Ltd.* No. 2 [1963] [3 All E.R. 426]) handelte es sich um die Pacht eines Londoner Hotels durch den *British Railways Board* als Nachfolger der aufgelösten *British Railway Commission.* Der *Minister of Transport* hatte angeben lassen, die Vorlage bestimmter Urkunden sei nicht im öffentlichen Interesse. Kein Außenstehender weiß, um welche wichtigen Staatsgeheimnisse es sich bei einem Pachtstreit handeln konnte, so daß die Vermutung nahe liegt, die Vorlage der betreffenden Urkunden sei nicht dem öffentlichen Interesse, wohl aber dem Rechtsstandpunkt des Ministeriums nachteilig. Die *Chancery Division* gab sich aber damit unerwarteterweise nicht zufrieden und verlangte nicht nur eine persönliche Bestätigung des Ministers, er teile die Auffassung seines Departments, sondern auch eine Spezifizierung der Art der Urkunden, um sich selbst ein Urteil bilden zu können. Erst als der Minister selbst bekundet hatte, er habe die Aktenlage neuerdings selbst geprüft und sei zum Schluß gekommen, die Urkundenvorlage sei zu verweigern, fügte sich das Gericht (*Re Grosvenor Hotel, Ltd.* No. 2 [1964] [2 All E.R. 647] und [1964] [3 All E.R. 354] [C.A.]).

als es von der eigenen Einsichtnahme absieht, während in den Vereinigten Staaten bei solchen die Staatssicherheit berührenden Beweisaufnahmen das Gericht Einsicht nehmen kann, um über Vorlage oder Nichtvorlage selbst entscheiden zu können[1].

Worum es sich bei diesen Beweisprivilegien der Regierung handelt, ist, wie das Entscheidungsmaterial dartut, gar nicht selten die von ihrem Standpunkt nicht unverständliche Absicht, sich und ihre Beamten bei Fehlleistungen zu decken und dabei das öffentliche Interesse oder die nationale Sicherheit vorzuschützen. Dem Mißbrauch des Kronprivilegs durch die Regierung ist damit Tür und Tor geöffnet, wenn eine Regierungsstelle ihr eigenes Interesse an der Geheimhaltung mit dem des Staates gleichsetzt[2].

Die hier inmitte liegende Erscheinung, daß die Regierungsbehörden sich oft scheuen, in ihre eigenen Geschäftspraktiken gerichtlich hineinleuchten zu lassen, trifft man bei allen Regierungen an. Sie ist in den Vereinigten Staaten unter der Bezeichnung des *Executive Privilege* bekannt geworden und hat dort als Beeinträchtigung der dem Publikum zustehenden Informationsfreiheit neuerdings sogar zu gesetzgeberischen Maßnahmen geführt. Es erscheint rechtsstaatlich nicht verantwortlich, wenn eine Regierungsstelle sich bei Fehlleistungen ihrer eigenen Geschäftsführung hinter der Staatssicherheit verschanzen kann. Gegenüber den sich häufenden Protesten führender Juristen und ihrer Vereinigungen wurden demnach vom *Lord Chancellor* der Regierung Macmillan (Lord Kilmuir) verschiedene Verbesserungen der bisherigen Praxis vorgenommen (1957 und

---

[1] In einem schottischen Fall (*Glasgow Corporation v. General Land Board* [1956] [S.C. 1] [H.L.]) bestätigte das Oberhaus die für die schottischen Gerichte geltende Regel, daß sie selbst die in Frage kommende Urkunde einsehen und gegebenenfalls die Geheimhaltungsentscheidung des Departments außer Kraft setzen können; dies ist aber äußerst selten geschehen.

[2] So konnte der *Home Secretary* das Privileg in einem Fall mit Erfolg in Anspruch nehmen, der absolut nichts mit der Staatssicherheit zu tun hatte, sondern bei dem lediglich ein Polizeisergeant bei einer dienstlichen Fehlleistung gedeckt werden sollte (siehe *Auten v. Rayner* [1958] [3 All E.R. 566] [C. A.]). Vielfach wird das offizielle Prozeßprivileg für Dinge in Anspruch genommen, die mit dem öffentlichen Interesse oder der nationalen Sicherheit in keinerlei Zusammenhang stehen, wie in *Broome v. Broome* ([1955] [P. 190]), wo die Frau eines Soldaten um Ehescheidung eingekommen war, das Kriegsdepartment aber die von ihm selbst stammenden Urkunden über Aussöhnung den Parteien vorenthielt. In das gleiche mißtönende Horn bläst *Ginn v. Ginn* ([1963] [1 All E.R. 968]): Wiederum in einer gewöhnlichen Ehescheidungssache wurde der Krone, hier dem Flotten-Department, von der *Probate, Divorce and Admiralty Division* die Verweigerung der Vorlage von Urkunden bewilligt, aus welchen ehewidriges Verhalten (*cruelty*) des Ehemanns bewiesen werden sollte, nachdem dieser zufällig gerade bei der Marine diente. Dazu genügte die Beibringung einer amtlichen Bestätigung des Department-Vorstands, die Vorlage würde dem „öffentlichen Interesse" nachteilig sein (!). Auch Zeugen durften darüber nicht gehört werden (!!). Zahlreiche weitere dieser Fälle amtlichen Mißbrauchs des Kronprivilegs könnten angeführt werden.

1961), welche zur Abstellung der gröbsten Mißbräuche beitrugen. Die brauchbarste Lösung eines zugegebenermaßen schwierigen Problems wäre, dem Gericht die volle Urkundeneinsicht zu gewähren und es ihm zu überlassen, ob die Vorlage durch die Regierung dem Staatsinteresse abträglich ist oder nicht. Ein englischer Richter ist dazu nicht minder qualifiziert als eine Regierungsstelle.

Seit Inkrafttreten des Gesetzes sind naturgemäß viele Hunderte von Prozessen gegen die verschiedensten Departments angestrengt worden, wobei keine statistischen Unterlagen dafür vorhanden sind, welchen Anteil daran Streitigkeiten wegen Vertrags oder wegen unerlaubter Handlung haben. Bei den allerwenigsten aber kommt es zu einer gerichtlichen Entscheidung und meist nur dann, wenn eine grundsätzliche Frage ausgetragen werden soll. In der überwiegenden Mehrzahl werden die Fälle vom in Anspruch genommenen Department vorher außergerichtlich verglichen.

## IV. Die Techniken der richterlichen Kontrolle gegenüber den öffentlichen Behörden

### Vorbemerkung

Die bisherige Behandlung der Materie der richterlichen Kontrolle gegenüber den öffentlichen Behörden befaßte sich vorwiegend mit den materiellen Problemen, die zu einem richterlichen Eingreifen gegenüber einer Verwaltungsbehörde führen können, beispielsweise wenn behauptet wurde, ein Verwaltungsakt sei *ultra vires* der ausführenden Behörde gewesen oder er habe gegen die Grundsätze der natürlichen Gerechtigkeit verstoßen. Nachfolgend werden nunmehr die Mittel und Wege beschrieben, mit denen die Gerichte zu Abhilfemaßnahmen (*remedies*) veranlaßt werden können. Diese Darstellung unterscheidet sich von der bisherigen dadurch, daß solche Abhilfemaßnahmen nicht nur gegen Verwaltungsmaßnahmen eingesetzt werden können, sondern auch gegen gerichtliche Entscheidungen selbst oder genauer: Der *High Court* als oberste Aufsichtsbehörde hat die Befugnis, Entscheidungen oder Maßnahmen der „unteren" Gerichte unter bestimmten Voraussetzungen nachzuprüfen und gegebenenfalls aufzuheben[1]. Der *High Court* kann aber darüber hinaus auch andere, nicht-gerichtliche Behörden zur Vornahme einer ihnen gesetzlich vorgeschriebenen Handlung anhalten, die sie nicht oder nicht pflichtgerecht vorgenommen haben. Er hat dabei allerdings nicht das letzte Wort, da seine Anordnung durch Berufung an den *Court of Appeal* und gegebenenfalls durch Revision an das Oberhaus angefochten werden kann.

---

[1] Aus diesem speziellen Grund wurde diesem Kapitel die Überschrift: Die richterliche Kontrolle der öffentlichen (und nicht nur gegenüber der Verwaltung) Behörden gegeben, da dieser Ausdruck auch die Gerichte miteinschließt.

Kein anderes Land besitzt eine ähnliche Einrichtung zur allseitigen Durchführung des Rechtsstaats. Am ehesten ließe sich die Funktion des *High Court* mit derjenigen eines zeitgenössischen Verfassungsgerichtshofes vergleichen, wenn diesem die Kontrolle nicht nur der Gerichte, sondern aller Staatsorgane zustünde. Während aber ein Verfassungsgericht darauf beschränkt ist, alle Staatsakte nach dem Maßstab ihrer Übereinstimmung mit einer geschriebenen Verfassung zu beurteilen, ist dem *High Court* gewissermaßen die Überwachung des rechtsstaatlichen Verhaltens aller Staatsbehörden im allgemeinen anvertraut. Im Bereich der englischen Justizgebarung hat sich diese Aufgabe des *High Court* als überaus segensreich und geradezu unentbehrlich erwiesen und sein seit Jahrhunderten begründetes Ansehen beruht nicht zuletzt gerade auf dieser obersten Aufsichtstätigkeit über alle anderen Staatsbehörden. Die Techniken, mit denen der *High Court* dieser Prüfungsaufgabe obliegt, sind zweierlei Art: Sie bestehen einmal im Erlaß eines richterlichen Befehls (*writ*) zur Vornahme oder Unterlassung einer Handlung, zum anderen aber in einer zusätzlichen Reihe anderer gerichtlicher Amtshandlungen, die hier als die normalen – im Gegensatz zu den *writs* – bezeichnet werden sollen.

Der geschichtliche Ursprung der *writs* ist neuerdings zweifelhaft geworden, nachdem lange angenommen worden war, sie entstammten der königlichen Prärogative; sie wurden als *prerogative writs* aber erst vom 17. Jahrhundert an anerkannt. Unzweifelhaft ist, daß einige von ihnen, wenn nicht alle, auf die normannische Periode zurückgehen, wo sie vom königlichen Gericht erlassen wurden und anstelle der vorher üblichen Ladung durch die verletzte Partei getreten waren. Die *writs* wurden vom *Court of King's Bench* oder vom *Court of Chancery* oder von beiden gleichermaßen erlassen. Der königliche *sheriff* erzwang den Gehorsam gegenüber dem Gerichtsbefehl; hinter ihm stand schließlich die ganze Macht der königlichen Zentralregierung. Diese *writs* bestanden nach *common law* und umfaßten die folgenden voneinander inhaltlich verschiedenen Typen des *habeas corpus*, *certiorari*, *mandamus*, *quo warranto* und *prohibition*. Erst in neuerer Zeit wurden die altertümlich komplizierten Verfahren der Antragstellung und des Erlasses eines solchen *writ* wesentlich vereinfacht (*Administration of Justice* [*Miscellaneous Provisions*] *Act* von 1933 [23 & 24 Geo. 5, c. 36] [Sektion 5] und das gleichnamige Gesetz von 1938 [1 & 2 Geo. 6, c. 63] [Sektion 7]).Die Bezeichnung *writ* wird seither durch *order* ersetzt. Nur der *writ of habeas corpus* wird weiter als solcher bezeichnet[1]. Der bis dahin bestehende *quo warranto* ist abgeschafft worden. Die erlassende Gerichtsbehörde ist ein *Divisional Court* der *Queen's Bench Division* des *High Court*.

[1] Siehe darüber unten S. 273ff.

Allen diesen ehemaligen *writs* und jetzt *orders* sind zwei bestimmte Voraussetzungen gemeinsam: Das darum angegangene Gericht wird einen solchen Gerichtsbefehl nur erlassen, wenn andere Abhilfemaßnahmen nicht zur Verfügung stehen, wenn also eine vorige Gerichtsentscheidung weder durch Berufung noch sonstwie angegriffen werden kann. Und: Das angegangene Gericht entscheidet nach seinem Ermessen und ohne Rechtsverpflichtung, ob ein genügender Grund zum Erlaß gegeben ist (*Ex parte Fry* [1954] [2 All E. R. 118] [C. A.])[1].

## 1. Certiorari

*Certiorari* ist — formell — das durch die Gerichte verlautbarte Verlangen der Krone, vom Verfahren eines untergeordneten (*inferior*) Gerichts offiziell Kenntnis zu nehmen (*certify*). Praktisch ist es ein an das untere Gericht gerichteter Gerichtsbefehl des *High Court*, ihm die Akten eines Falles zur Überprüfung und eventuellen Aufhebung der ergangenen Entscheidung vorzulegen[2].

Vorgängig ist zu beachten, daß das *certiorari*-Verfahren ausschließlich zur Beurteilung der Rechtmäßigkeit und eventuellen Korrektur von *gerichtlichen* Entscheidungen dient. Dem *High Court* allein untersteht die Entscheidung, was unter einem ,,unteren" Gericht zu verstehen ist, an das ein solcher Gerichtsbefehl gerichtet werden kann. Als allgemeine Regel kann gelten, daß darunter alle *Magistrates' Courts* und alle *Administrative Tribunals* fallen, nicht aber kirchliche Gerichte (*The King v. Chancellor of St. Edmundsbury and Ipswich Diocese ex parte White* [1948] [1 K. B. 195]). Die Kasuistik umfaßt so verschiedenartige ,,Gerichtsbehörden" wie den *County Court*, das *Patents Appeal Tribunal*, das *Medical Appeal Tribunal* und das *College of Physicians*, die Mietgerichte und selbst den Minister, wenn er zur Abhaltung einer amtlichen Untersuchung verpflichtet ist.

Bei der Gewährung des *certiorari*-Gerichtsbefehls wird immer in Betracht gezogen werden müssen, ob der beanstandete Akt seiner Natur nach gerichtlich oder aber nur administrativ-ermessensmäßig war. Zweifel ergaben sich bei der Beurteilung der Praxis von Verwaltungsbehörden

---

[1] Über die einschlägige Tätigkeit der *Queen's Bench Division* in diesen Prärogativangelegenheiten vgl. die Justizstatistik in *Civil Judicial Statistics* für 1963 (Cmnd. 2384, S. 19). Es wurden während des Jahres insgesamt 86 Anträge auf Erlaß einer *prerogative order* gestellt, von denen 49 bewilligt wurden. Von diesen bezogen sich 12 auf Erlaß eines *mandamus*, 1 auf *prohibition*, 28 auf *certiorari*, 5 auf *habeas corpus* und 5 auf *attachment*. Tatsächlich erlassen wurden 34 Gerichtsbefehle (wovon die Mehrzahl [18] auf *certiorari* traf). Die Ziffern mögen an sich gering erscheinen, es handelte sich aber in allen ausgetragenen Fällen um ernsthafte Beanstandungen des Verhaltens anderer Behörden.

[2] Geschichtlich scheint der *writ* erstmals gegen die *Commissioners of Sewers* angewendet worden zu sein, denen nach einem Gesetz von 1531 (23 Hen. 8, c. 5) die Instandhaltung der Meeresdeiche und anderer Installationen oblag.

in der Erteilung und Versagung von Konzessionen (*licences*), was manchmal als eine gerichtliche Tätigkeit, manchmal aber als ein rein verwaltungsmäßiger Akt angesehen wurde, der mit *certiorari* nicht anzugreifen ist. Der Schlüsselfall ist hier *R. v. Metropolitan Police Commissioner ex parte Parker* ([1953] [1 W.L.R. 1150]; 1953] 2 All E.R. 717]; hier hatte es sich um den angeblich willkürlichen Entzug einer einem Taxi-Chauffeur erteilten Lizenz gehandelt). Auch in einer aus Ceylon an das *Judicial Committee of the Privy Council* gelangenden Revision war bei einer widerrufenen Handelslizenz analog entschieden worden (*Nakkuda Ali v. Jayaratne* [1951] [A.C. 66], gleichfalls ein Schlüsselfall). Andererseits aber war die Handhabung der Disziplinargewalt der beruflichen Standeskörperschaften und auch die Gewährung oder Versagung der Rechtshilfe für Unbemittelte durch *certiorari* nachprüfbar (*The Queen v. Manchester Legal Aid Committee ex parte R. A. Brand and Co., Ltd.* [1952] [2 Q. B. 413] [Schlüsselfall]).

Was die Begründung anbelangt, auf welche ein *certiorari*-Gerichtsbefehl gestützt werden kann, so ist vorweg zu bemerken, daß er unter keinen Umständen ein Ersatz für eine an sich gegebene Berufung ist und auch dann nicht, wenn diese gesetzlich überhaupt nicht gegeben ist (*Healey v. Minister of Health* [1955] [1 Q. B. 221] [C. A.]). Gründe, die in der Rechtsprechung zum Erlaß führten, sind fehlende Zuständigkeit oder Überschreitung einer an sich gegebenen Zuständigkeit (z. B. *The King v. London County Council ex parte The Entertainments Protection Association, Ltd.* [1931] [2 K. B. 215])[1]; sowie Verstöße gegen die natürliche Gerechtigkeit. Während früher angenommen wurde, der Gerichtsbefehl erginge nur bei Fragen der Zuständigkeit und bei Verstößen gegen die natürliche Gerechtigkeit, wird er neuerdings auch erlassen, wenn schon die bloße Akteneinsicht einen Rechtsirrtum erkennen läßt (*R. v. Northumberland Compensation Appeal Tribunal ex parte Shaw* [1951] [1 K. B. 711]; [1952] [1 K. B. 388] [Schlüsselfall] und *R. v. Patent Appeal Tribunal ex parte Swift* [1962] [1 All E. R. 610]), eine auch aus anderen Gründen wichtige Entscheidung, da das Gericht *per curiam* der Auffassung Raum gab, es solle innerhalb des *Commonwealth* eine einheitliche Rechtsprechung (hier in Patentangelegenheiten) entwickelt werden.

Neuerdings wird die *certiorari*-Prozedur als veraltet angegriffen; ihre Zwecke könnten gleichermaßen durch eine *declaration*[2] erreicht werden; überdies haften dem Verfahren nicht unwesentliche prozessuale Beschränkungen an: Der Antrag muß binnen sechs Monaten gestellt werden und er kann nicht mit anderen Rechtsbehelfen wie einer einstweiligen Verfügung oder Schadenersatzansprüchen verbunden werden.

[1] Hier hatte die mit der Erteilung von Konzessionen beauftragte Behörde die Offenhaltung eines Lichtspieltheaters am Sonntag erlaubt, obwohl dies (damals) gesetzlich verboten war.

[2] Über diesen Rechtsbehelf siehe unten S. 128f.

## 2. Prohibition

*Prohibition* ist zwar mit *certiorari* nicht identisch, dient aber ähnlichen Zwecken unter der Voraussetzung, daß das untere Gericht in einem Prozeß noch keine endgültige Entscheidung gefällt hat. Man versteht darunter einen Gerichtsbefehl, der dem Richter und den Parteien verbietet, einen begonnenen Prozeß fortzusetzen, weil die Sache nicht unter die Zuständigkeit des angegangenen Gerichts fiel oder auch weil das Gericht daran war, seine Zuständigkeit zu überschreiten. Früher hauptsächlich von den *common law*-Gerichten dazu benutzt, Prozesse vor den kirchlichen Gerichten zu verhindern, wenn sie nicht dorthin gehörten, unterliegt das 1933—1938 gleichfalls reformierte Verfahren ähnlichen Regeln wie *certiorari*. Ungehorsam gegenüber dem Gerichtsbefehl, heute kaum mehr denkbar, kann *contempt of court*-Verurteilung nach sich ziehen. Zuständig zum Erlaß ist wiederum ein *Divisional Court* des *High Court*, der den Befehl zugunsten derjenigen Personen erläßt, die er ermessensmäßig für dazu berechtigt hält. In der Regel richtet sich der Gerichtsbefehl gegen Behörden, die ihre Zuständigkeit überschritten haben, wie Steuerbehörden, Mietgerichte etc. oder daran sind, es zu tun (*R. v. Electricity Commissioners ex parte London Electricity Joint Commission* [1929] [1 K. B. 171] [Schlüsselfall]; *R. v. Paddington Rent Tribunal ex parte Bell London and Provincial Properties, Ltd.* [1949] [1 K. B. 666]). Das Verfahren ist gegen die Ausübung legislativer oder rein administrativer Zuständigkeiten nicht zulässig (*The King v. Legislative Committee of the Church Assembly ex parte Haynes-Smith* [1928] [1 K. B. 411])[1].

Da unsere Darstellung lediglich einen summarischen Überblick über die sogenannten *prerogative writs* oder *orders* bieten will, ohne sich in juristische Details zu verlieren, muß hier unerörtert bleiben, ob und inwieweit die Gerichtsbefehle des *certiorari* und der *prohibition* miteinander verbunden werden können, wie dies in der neueren Praxis häufig ist, um einerseits eine bereits erfolgte gerichtliche Handlung durch den *High Court* aufheben oder korrigieren zu lassen und um andererseits die Wiederholung ähnlicher Handlungen in Zukunft zu verhindern. Aber ein beiden Rechtsbehelfen gemeinsames Problem bedarf hier der Erwähnung, das die Rechtslehre als den *locus standi* bezeichnet, nämlich daß der Antragsteller ein persönliches Interesse an der von ihm begehrten Gerichtshilfe nachweisen muß, etwa die Versagung einer Konzession oder der Berechtigung, ein Wahlamt auszuüben. Der Schlüsselfall, seither vielfach

---

[1] In diesem Fall war der Versuch, die gesetzgebenden Körperschaften der anglikanischen Kirche durch *prohibition* an der Beratung über ein neues Gebetbuch zu verhindern, nicht etwa deswegen erfolglos, weil der Rechtsbehelf gegen kirchliche Behörden nicht gegeben wäre, sondern vielmehr, weil es sich um eine gesetzgebende und um keine richterliche Tätigkeit derselben handelte.

bestätigt, ist *R. v. Surrey Justices* ([1870] [L. R. 5 Q. B. 466]). Es genügt nicht, daß das *gravamen* ihm in seiner Eigenschaft als Mitglied des allgemeinen Publikums erwachsen ist; er muß vielmehr dartun, daß ihm als Mitglied eines bestimmten engeren Personenkreises Unrecht widerfahren ist, etwa als Bezieher elektrischen Stroms. Neuerdings wird aber diese Voraussetzung etwas weniger strikt genommen als früher.

### 3. Mandamus

Blackstones Definition (*Commentaries* III, 110) dieses Rechtsbehelfs gilt nach wie vor: Ein Gerichtsbefehl des *High Court*, der sich an irgendeine Einzelperson, Körperschaft des privaten oder öffentlichen Rechts oder an ein unteres Gericht richtet und den oder die Betreffenden anweist, eine ihm oder ihnen gesetzlich obliegende Pflicht zu erfüllen. Es wird dabei unterstellt, daß die Krone seit alters gehalten ist, weder eine Rechtsverweigerung noch eine Verzögerung in der Gerechtigkeitspflege zuzulassen und daß der *writ of mandamus* dazu dient, dabei entstandene Lücken zu füllen (*R. v. Commissioners of Inland Revenue, re Nathan* [1884] [12 Q. B. 461 auf S. 478]). Nichtbefolgung des Gerichtsbefehls, heute gleichfalls nicht mehr vorstellbar, würde Verurteilung wegen *contempt of court* nach sich ziehen. Das Verfahren wurde ebenfalls in der Gesetzgebung von 1933—1938 vereinfacht und modernisiert. In derselben Weise wie *certiorari* und *prohibition* kann sich *mandamus* nicht auf einen ins Ermessen einer Behörde gestellten Akt beziehen und ist nicht zulässig, wenn andere, etwa statutarische, Rechtsbehelfe zur Verfügung stehen (*Pasmore v. Oswaldtwistle Urban District Council* [1898] [A. C. 387] [Schlüsselfall]). Der Antragsteller muß nachweisen, daß die Nichterfüllung einer gesetzlichen Pflicht ihn persönlich betrifft, daß er um Erfüllung bei der betreffenden Behörde eingekommen und sie ihm verweigert worden ist und daß andere normale Rechtsbehelfe ihm nicht zur Verfügung stehen. Der Rechtsbehelf ist also durchaus subsidiär und als letzter Ausweg gedacht. Um einige Beispiele aus der reichen Kasuistik zu nennen: *Mandamus* wurde gewährt, um einen *County Court*-Richter zu veranlassen, die nach dem *Legal Aid and Advice Act* von 1949 vorgeschriebene Unbemittelten-Rechtshilfe zu gewähren (*R. v. Judge Frazer Harris ex parte The Law Society* [1955] [1 Q. B. 287]); um einen Wahlbeamten zu zwingen, jemandem das Wahlamt zuzubilligen, das er ihm vorher versagt hatte (*R. v. Soothill ex parte Ashdown* [1955] [The *Times*, April 2, 1955]). *Mandamus* wurde aber versagt, beispielsweise um die Ärztei-Innung (*College of Physicians*) zur Aufnahme eines abgelehnten Bewerbers zu zwingen (*R. v. Askew* [1768] [4 Burr. 2186] [Schlüsselfall]). Während das Rechtsmittel nicht gegen die Krone selbst gewährt werden darf (*The Queen v. Lords of the Treasury* [1872] [L. R. 7 Q. B. 387], ist es gegen die Minister und andere Beamte zur Erfüllung einer gesetzlichen Pflicht verfügbar (*The Queen v. Special Commissioners for Income Tax* [1888] [1 Q. B. 313]).

In früheren Zeiten war die Anwendung des *mandamus*-Verfahrens auf die Fälle beschränkt, wo öffentliche Behörden, insbesondere ein unteres Gericht die ihnen gesetzlich obliegenden Pflichten nicht erfüllt hatten. Neuerdings aber im Zug der Umwandlung des Gesetzgebungs- in den Verwaltungsstaat übertragen Parlamentsgesetze, vor allem die sogenannten *private* und lokalbeschränkten Bills, vielfach Rechte und Pflichten an Körperschaften oder Anstalten des öffentlichen Rechts, wie etwa an Elektrizitätsgesellschaften, deren Tätigkeit weite Kreise des Publikums angeht. Auf diese Weise ist der Kreis der durch Tätigkeiten der öffentlichen Behörden berührten Personen und damit auch die Anwendung der *mandamus*-Prozedur stark erweitert worden.

## 4. Ausschluß des Rechtsweges

Infolge des Grundsatzes der Parlamentssouveränität steht es dem Parlament frei, einen bestimmten Parlamentsakt oder einen Teil desselben ein für alle Male der gerichtlichen Kontrolle, wie immer sie gestaltet sei, zu entziehen (Ausschluß des Rechtsweges, die sogenannte *preclusion*). Die dabei vom Gesetz üblicherweise gebrauchte Formel ist: „*shall not be questioned in any court of law*". Damit ist die gerichtliche Nachprüfung ein für alle Male ausgeschlossen. Die bekanntesten Beispiele sind der *Extradition Act* von 1870 (33 & 34 Vict., c. 52, Sektion 5), wonach die *Order in Council*, welche das Gesetz hinsichtlich der Staatsangehörigen der vertragschließenden Mächte in Kraft setzt, in keinem rechtlichen Verfahren angegriffen werden kann, und vor allem der *Parliament Act* von 1911, wonach die Bestätigung (*certificate*) des Speaker, daß es sich um ein das Veto der Lordskammer ausschließendes Finanzgesetz handelt[1], gerichtlich nicht angefochten werden kann. Bei keinem dieser beiden Fälle erheben sich rechtsstaatliche Bedenken, der erste fällt unter die königliche Prärogative, der letztere beruht auf zwingenden politischen Überlegungen.

Seither ist aber der *Tribunals and Inquiries Act* von 1958 ergangen, der in seiner Sektion 11 bestimmt, daß insoweit als ein *vor* Inkrafttreten des Gesetzes erlassenes Parlamentsgesetz jedwede gerichtliche Nachprüfung ausgeschlossen hatte, dies nicht die Geltendmachung von *certiorari* und *prohibition* ausschließen könne. Mit anderen Worten: wenn in früheren, das heißt vor dem 1. Januar 1958 erlassenen Gesetzen eine Bestimmung enthalten war, wonach die Gerichte die Gültigkeit in keiner Weise angreifen durften, sind trotzdem die beiden hauptsächlichen Gerichtsbehelfe des *certiorari* und der *prohibition* nunmehr zulässig geworden.

[1] Siehe Bd. I, S. 259.

Davon machte der *Tribunals and InquiriesAct* selbst gewisse Ausnahmen, wie beim *British Nationality Act* von 1948 (11 & 12 Geo. 6, c. 56 [Sektion 26]) oder bei gesetzlichen Bestimmungen, die sich auf die Anspruchsverjährung beziehen. Und es steht nichts im Wege, daß auch in der Zukunft ein Parlamentsgesetz ausdrücklich bei einzelnen seiner Bestimmungen oder auch einzelnen der nach seiner Maßgabe vorgenommenen Verwaltungshandlungen gleicherweise den Ausschluß des Rechtsweges vorschreiben würde. Soweit ersichtlich, ist dies seit 1958 nicht mehr der Fall gewesen; die Frage der *preclusion* erscheint daher praktisch einigermaßen akademisch. Die rechtsstaatliche Bedeutung des *Crown Proceedings Act* mag nicht zuletzt in der Ausräumung solcher der Regierung und Verwaltung bequemen Praktiken gesehen werden.

Zum Ausschluß des Rechtsweges wurden in der Vergangenheit verschiedene Techniken herangezogen:

a) Ein Gesetz konnte die Klausel enthalten, daß eine Entscheidung einer bestimmten Verwaltungsstelle endgültig ist und daß sie einen konkludenten Beweis (*conclusive evidence*) für die Einhaltung der vorgeschriebenen Verfahrensbestimmungen darstellt[1],

b) eine vom Minister erlassene Anordnung ist endgültig und nicht der Berufung an irgendein Gericht unterworfen[2];

c) eine behördliche Anordnung soll dieselbe Wirkung haben als ob sie ein Bestandteil des Gesetzes selbst wäre („*as if enacted in this Act*")[3]. Vom Standpunkt der Regierung aus ist es verständlich, wenn die von ihr beherrschte Unterhausmehrheit bei komplizierten Gesetzen dazu benutzt wird, durch den Ausschluß des Rechtsweges die Arbeit der Verwaltungsbehörden zu erleichtern. In allen modernen Staaten ist ja das Tauziehen zwischen der Verwaltung und den sie überwachenden Gerichten eine alltägliche Erscheinung. Nun war es bereits vor dem *Crown Proceedings Act*, der eine Erweiterung in der Verwendung der Rechtsbehelfe von *certiorari* und *prohibition* festlegte, keineswegs so, daß sich die Gerichte der vom Parlament verfügten Beschneidung oder Ausschaltung des Rechtsweges widerstandslos gefügt hätten. Wie immer die dabei verwendete Formel lauten mochte, der *High Court* hatte darauf bestanden, zumindest die Zuständigkeit der Behörde zum Erlaß der fraglichen

---

[1] *Ex parte Ringer* ([1909] [25 T.L.R. 718]). Diese Klausel wurde in neueren Gesetzen nicht mehr verwendet.

[2] In solchen Fällen hielt der *High Court* dafür, daß nur die Berufung an ein Gericht, nicht die Heranziehung von *certiorari* und *prohibition* unzulässig ist (*R. v. Minister of Transport ex parte R. C. Motor Works, Ltd.* [1928] [2 K.B. 401]).

[3] Der vom *House of Lords* entschiedene Schlüsselfall ist hier *R. v. Minister of Health ex parte Yaffe* ([1930] [2 K.B. 98]; [1931] [A.C. 494]). Die Entscheidung wäscht das Fell des Bären, ohne es naß machen zu wollen.

Maßnahme unter die Lupe zu nehmen (neuerdings *The Queen v. Medical Appeal Tribunal ex parte Gilmore* [1957] [1 Q. B. 574]). Nur bei Verwendung einer völlig unmißverständlichen Formel wie „*shall not be questioned in any Court of law*" oder daß die Bestätigung einer Anordnung durch den zuständigen Minister den schlüssigen Beweis (*conclusive evidence*) ihrer Gesetzmäßigkeit erbringt, sahen sich die Gerichte, vom *High Court* aufwärts, veranlaßt, den Wunsch des Parlaments auf Ausschluß des Rechtsweges ihrerseits zu respektieren. Wie sich die Gerichte im Hinblick auf die Erweiterung der *certiorari*- und *prohibition*-Prozedur im Gesetz von 1947 in Zukunft verhalten werden, bleibt abzuwarten. Aber auch das Parlament scheint zurückhaltender geworden zu sein. Neuerdings lassen sich Klauseln zur parlamentarischen Festlegung des Ausschlusses des Rechtsweges nicht mehr nachweisen.

## 5. Die normalen Mittel der richterlichen Kontrolle gegenüber den Verwaltungsbehörden

Außer dem vorstehend beschriebenen schweren Geschütz der ehemaligen prärogativen *writs* oder nunmehrigen Gerichtsbefehle verfügen die Gerichte aber auch über ein ganzes Arsenal von nicht minder wirksamen kleinkalibrigen Feuerwaffen, um die Gesetzmäßigkeit der Verwaltung durchzusetzen. Diese sind die einstweilige Verfügung (*injunction*), die Anordnung einer speziell umschriebenen Handlung (*specific perfomance*), der Erlaß einer die Parteien bindenden Gerichtserklärung (*declaration*) und schließlich die Zulassung der Schadenersatzklage gegen eine schuldbare Behörde (*damages*).

### a) Die einstweilige Verfügung

Ist eine öffentliche Behörde, hier im weitesten Sinn des Begriffs, daran, einen rechtswidrigen Akt zu begehen, z. B. eine Installation zu errichten, welche die Nachbarn durch Gerüche oder Geräusche im Genuß ihres Eigentums beeinträchtigt, so kann der *High Court* auf Antrag eine einstweilige Verfügung zum Verbot dieser Maßnahme oder Handlung erlassen, deren Nichtbefolgung als *contempt of court* mit Geldbuße oder Inhaftnahme geahndet würde. Die Gewährung einer solchen einstweiligen Verfügung liegt im Ermessen des Gerichts, wird aber nach genau den gleichen Gesichtspunkten gegen eine öffentliche Behörde erteilt, wie sie bei Privatpersonen zur Anwendung kommen (*Pride of Derby Angling Association v. British Celanese, Ltd.* [1953] [1 Ch. 149] [C. A.]; hier hatte es sich um die Verunreinigung eines Fischgewässers durch die Elektrizitätsbehörden gehandelt). Fallen die streitigen Handlungen aber unter die Zuständigkeit des Parlaments, sind also, was in den Vereinigten Staaten als „politische Fragen" (*political questions*) angesehen würde, so lehnen die Gerichte den Erlaß der einstweiligen Verfügung ab[1]. Antragsberechtigt für eine einstweilige Verfügung, die das Publikum als solches angeht, ist in der Regel der *Attorney-General*, dem sich eine besonders in Mitleidenschaft gezogene Privatperson anschließen kann (das sogenannte „Relatoren-Verfahren"). Seit der *Administration of Justice* (*Miscellaneous Provisions*) *Act* von 1938 das altrechtliche Verfahren des *prerogative writ quo warranto* abgeschafft hatte, wird die einstweilige Verfügung des *High Court* jetzt auch in Anspruch genommen, falls jemand ein Amt ausübt, das ihm gesetzlich nicht zusteht; es kann ihm die weitere Innehabung verboten und das Amt selbst als unbesetzt erklärt werden[2]. Im Bereich der Lokalverwaltung kann ein Wähler in einem vereinfachten Verfahren die Berechtigung zur Amtsübernahme durch einen gewählten Vertreter der Lokalbehörde anstreben (*Local Government Act* von 1933 (23 & 24 Geo. 5, c. 51) (Sektion 64). Ein Gerichtsbefehl auf Vornahme einer bestimmten vertraglichen Handlung, die eine Behörde zur Vertragserfüllung vornehmen muß, folgt den gleichen Grundsätzen wie das einschlägige Verfahren zwischen und gegen Privatpersonen.

### b) Die gerichtliche Feststellung (Declaration)

Beim *High Court* kann eine gerichtliche Feststellung (*declaration*) des Inhalts beantragt werden, das Verhalten einer öffentlichen Behörde sei rechtswidrig; der Antrag wird durch Feststellungsurteil beschieden. Rein abstrakte oder hypothetische Sachverhalte sind jedoch, wie überhaupt im angelsächsischen Rechtsleben, unzulässig, wie es ja auch in England (oder den Vereinigten Staaten) keine gutachtlichen Stellungnahmen der Gerichte (*advisory opinions*) gibt. Zwar kann eine solche Feststellung gegen eine Behörde nicht vollstreckt werden, aber es wird angenommen, daß sie sich unweigerlich dem Spruch des *High Court* fügt und das rechtswidrige Verhalten ein- oder abstellt. Der Antrag kann sich nach Maßgabe des *Crown Proceedings Act* gegen die Krone selbst, gegen jede öffentliche Behörde und gegen alle Verwaltungsgerichte richten. Neuere Fälle sind *Barnard v. National Dock Labour Board* (1953 [2 Q. B. 18] [Schlüsselfall]); (hier hatte der *Court of Appeal* die Übertragung der dem

---

[1] Hieraus erklären sich die Bd. I, S. 106 behandelten beiden Entscheidungen über die Unzulässigkeit von gerichtlichen Maßnahmen gegen die Wahlkreiseinteilungen der *Boundary Commissions: Hammersmith Borough Council v. Boundary Commission for England* (*The Times*, December 15, 1954); *Harper v. Home Secretary* (1955) (Ch. 238).

[2] Das *quo warranto*-Verfahren wurde in den berühmt gewordenen Fällen *The King v. Speyer* (1916) (1 K.B. 595); und The *King v. Cassel* (1916) (2 K.B. 858) verwendet, um zwei *Privy Councillors*, die naturalisierte Bürger waren, ihrer Mitgliedschaft im *Privy Council* für verlustig zu erklären. Beide waren angesehene Bankiers, die aber zu Kriegsbeginn aus ihren Sympathien für Deutschland kein Hehl gemacht hatten. Der Antrag verfiel der Ablehnung.

Board zustehenden Disziplinargewalt über Dockangestellte an den Hafendirektor für unzulässig erklärt. Da *certiorari* verspätet gewesen wäre, benutzte das Gericht die *declaration* zum Ausgleich einer sonst unheilbaren Rechtsverweigerung); ferner *Pyx Granite Co., Ltd. v. Minister of Housing and Local Government* ([1958] [1 Q. B. 554] [C. A.] und [1960] [A. C. 260] [H. L.]).

Der Rechtsbehelf der *declaration* erfreut sich zunehmender Beliebtheit in der verwaltungsrechtlichen Praxis, da er elastisch und bequem ist. Er ist selbst dann zulässig, wenn *certiorari*- oder *mandamus*-Gerichtsbefehle gegeben wären. Gegenüber dem ersteren hat die *declaration* den Vorteil, daß die oft sehr zweifelhafte Abgrenzung zwischen richterlichen Akten, für welche *certiorari* zulässig, und verwaltungstechnischen Akten, wo es unzulässig ist, entfällt. Der Rechtsbehelf ist außerdem aber auch praktischer als die formellen Gerichtsbefehle, weil die Beweisführung durch Zulässigkeit von Urkundenvorlegung (*discovery*) und mündlichen Beweisen wie bei gewöhnlichen Prozessen zulässig ist und zudem die Verjährungsfrist wie bei gewöhnlichen Ansprüchen sechs Jahre beträgt. Mit dem *declaration*-Verfahren kann auch die Gesetzmäßigkeit der abgeleiteten oder übertragenen Normensetzung geprüft werden; Zweifel über die Rechtslage, die zwischen öffentlichen Behörden bestehen, können damit authentisch entschieden werden. Selbst dann, wenn eine Behörde nur amtlich wissen will, was rechtens ist, kann dazu gegriffen werden.

### c) Schadenersatzklagen gegen öffentliche Behörden

Hat ein Bürger infolge einer Handlung einer öffentlichen Behörde, für welche sie nicht zuständig war oder bei deren Vornahme eine Kompetenzüberschreitung begangen wurde, einen persönlichen Schaden erlitten, so kann er eine Schadenersatzklage gegen sie in der gleichen Weise beantragen, wie wenn es sich um Schadenersatzansprüche zwischen Privatpersonen handelte. Klagegrund kann Eigentums- oder Besitzbeeinträchtigung (*trespass*), Fahrlässigkeit der Behörde, gesetzwidrige Inhaftnahme oder Eigentums- und Besitzstörung (*nuisance*) sein. Das gleiche gilt, wenn ein Bürger durch die Nichterfüllung einer der Behörde auferlegten Pflicht zu Schaden gekommen ist. In einer Reihe solcher Fälle wird die Klage vom *Attorney-General* erhoben, dem sich der Geschädigte anschließt. Vielfach aber bestimmt das Parlamentsgesetz, daß solche private Klagen ausgeschlossen sind, wenn die Verpflichtung der Behörde gegenüber dem allgemeinen Publikum besteht. Auch bei einem von der öffentlichen Behörde begangenen Vertragsbruch ist die Schadenersatzklage gegeben (*Armour v. Liverpool Corporation* [1939] [Ch. 422] [Schlüsselfall]).

## Zweiter Teil

# Zwei Verwaltungsgebiete: Die territoriale Selbstverwaltung und die nationalisierten Wirtschaftszweige und Sozialdienste

## Fünftes Kapitel

# Die territoriale Selbstverwaltung (Local Government)

### Vorbemerkungen

### 1. England als territorial dezentralisierter Einheitsstaat

Eine sich auch nur auf die Umrisse beschränkende Darstellung der Sachaufgaben der staatlichen Verwaltung – etwa Schule und Erziehung, Straßen und Verkehr, Wohnungsbau und Siedlung, Gesundheitspflege – kann hier nicht geboten werden[1]. Zum Verständnis aber der britischen Staatsordnung von heute ist eine Behandlung der Organisationen unentbehrlich, welche zum Vollzug der Aufgaben der örtlichen Selbstverwaltung und derjenigen der in Staatsregie übernommenen, also der „nationalisierten" Wirtschaftszweige und Sozialdienste geschaffen wurden.

Heterogen wie diese beiden Verwaltungsgebiete als Sachgegenstände auf den ersten Blick erscheinen mögen, gemeinsam ist ihnen einmal, daß sie mit dem Alltagsleben des Bürgers in weit engerer Verbindung stehen als etwa die politischen Einrichtungen, zum anderen, daß jede von ihnen ein Element der Dezentralisierung bedeutet, wodurch die Zentralregierung und ihre Departments von bestimmten staatlichen Aufgaben entlastet werden. Worin sie sich aber wesentlich voneinander unterscheiden, ist die völlig verschiedene Technik ihrer Organisation: Die territoriale

[1] Der interessierte Leser muß für Einzelheiten auf das mehrfach erwähnte jährlich erscheinende amtliche Handbuch *Britain, An Official Handbook*, herausgegeben vom *Central Office of Information* verwiesen werden.

Selbstverwaltung bedient sich zur Erfüllung ihrer Aufgaben gewählter Organe, die trotz ihrer umfassenden Autonomie von der Zentralregierung weitgehend abhängig sind und von ihr überwacht werden. Die in Staatsregie überführten Wirtschaftszweige dagegen sind als von der Zentralregierung grundsätzlich unabhängige juristische Personen des öffentlichen Rechts — *corporations* — konstituiert und kommen ihren Obliegenheiten unter eigener Verantwortung nach.

## 2. Begriffsbestimmung der Lokalverwaltung

Was die örtliche Selbstverwaltung anbelangt, so ist Großbritannien ein Einheitsstaat, dessen Verwaltung territorial dezentralisiert ist, wobei hier außer Acht bleibt, daß daneben auch eine gewisse regionale Dezentralisation zumindest hinsichtlich Schottlands und Nordirlands besteht[1].

Der englische Ausdruck *Local Government* ist im Deutschen nicht leicht wiederzugeben[2]. Vorzuziehen wäre die Bezeichnung „territoriale Selbstverwaltung", da sie alle Gebietseinheiten — städtisch, ländlich oder gemischt — gleichermaßen umfaßt. Es wird aber aus praktischen Gründen an der wortgetreuen Übersetzung mit „Lokalverwaltung" festgehalten; sie trifft auf alle Einheiten einschließlich der Metropolitanbezirke gleichermaßen zu.

Weiter ist zu beachten, daß die Darstellung sich auf die Lokalverwaltung in England und Wales beschränken muß; Schottland weist vielfach ihm allein eigentümliche Besonderheiten auf; auch tritt der *Secretary for Scotland* an die Stelle des *Minister of Housing and Local Government*. Nordirland folgt in der Organisation seiner Lokalverwaltung im allgemeinen dem englischen Muster. Aber auch innerhalb von England allein muß zwischen der Regelung für Großlondon mit seiner außerordentlichen Bevölkerungsansammlung und dem übrigen England unterschieden werden[3].

Sachlich befaßt sich die Lokalverwaltung mit allen Gemeinschaftsangelegenheiten, welche ihren Behörden durch ein die gesetzliche Grundlage bildendes Parlamentsgesetz zur eigenrechtlichen Verwaltung übertragen sind. Ehemalige Zuständigkeiten nach *common law* sind heute in weitestem Umfang von gesetzlichen Regelungen verdrängt. In ihrer Gesamtheit stellen die lokalen Zuständigkeiten ein engmaschiges Netz dar, in das das Leben des zeitgenössischen Bürgers eingesponnen ist. Die terri-

---

[1] Siehe hierüber Bd. I, S. 28ff., 30ff.

[2] „Örtliche" Selbstverwaltung wäre zu eng, da sie nicht nur einzelne „Orte", sondern auch umfassendere Gebietskörperschaften wie Grafschaften umfaßt. „Munizipalregierung" wäre nicht angemessen; man versteht darunter nach dem Sprachgebrauch meist urbanisierte Einheiten. Auch der in Deutschland nicht unübliche Ausdruck „Kommunal-Selbstverwaltung" scheint nicht völlig zu passen, auch hier mag man eher an städtische als an ländliche Bezirke denken.

[3] Siehe unten S. 159ff.

toriale Selbstverwaltung ist also der eigentliche Kern des Verwaltungsstaats. Während aber in früheren Zeiten die Lebenskreise der lokalen Selbstverwaltung und der National- oder Zentralregierung voneinander weitgehend unabhängig waren, ist heute die erstere von der letzteren abhängig. Damit hat die Lokalverwaltung viel von ihrer einstigen Bedeutung als des für das Leben des Bürgers entscheidenden sozialen und politischen Milieus eingebüßt, ist aber umgekehrt gerade diejenige Sphäre, in welcher der Bürger am unmittelbarsten und stärksten mit der öffentlichen Verwaltungspraxis in Berührung kommt. Ferner: Auch die zunehmend komplizierter gewordene Lokalverwaltung hat der zeitgenössischen Tendenz zur Verbürokratisierung ihren Tribut zahlen müssen, was in der Praxis bedeutet, daß die bürgerliche Selbstbestimmung durch gewählte Vertreter gegenüber den Exekutivbefugnissen des in der Selbstverwaltung tätigen Beamtentums zurückgetreten ist.

Trotz dieser Einschränkungen ist die Bedeutung und der Wert der lokalen Selbstverwaltung auch heute noch unbestreitbar. Sie bietet den Bürgern, ohnehin voll mit ihren Privatinteressen beschäftigt, die Gelegenheit, in den sie am meisten angehenden Lebensfragen aktiv mitzuarbeiten und damit ihrem demokratischen Gewissen zu genügen. Mit der Übernahme von Wahlämtern können sie eine weit größere und unmittelbarere Verwaltungserfahrung gewinnen als die Parlamentsabgeordneten, so daß ihre munizipale Schulung ein Sprungbrett für das Parlamentsamt darstellt. Vom praktischen wie ideologischen Standpunkt aus stellt also die Lokalverwaltung einen nach wie vor gewichtigen Beitrag zur lebendigen Demokratie Großbritanniens dar.

## I. Zur geschichtlichen Entwicklung der Lokalverwaltung

### 1. Die Lokalverwaltung vor der Reform des 19. Jahrhunderts

#### a) Die Grafschaften

Alle Regierung wurde im örtlichen Bereich geboren und entstammt der Urzelle der lokalen Selbstverwaltung. In England hatte sie bereits viele Jahrhunderte bestanden, ehe es eine Zentralregierung gab oder das Wort Parlament geprägt worden war, also lange vor der normannischen Eroberung. Die kleinste Gemeinschaftsbildung war die *township* mit einer Versammlung der ansässigen Freibürger und unter einem Vorstand oder Vogt (*reeve*). Mehrere solcher Gemeinschaften bildeten das *hundred* (auch *wapentake*) genannt, dessen Versammlung in der Regel einmal monatlich zusammentrat. Darüber stand das *county* oder *shire*, zumindest seit dem 7. Jahrhundert bekannt, unter einem *ealderman* (wovon sowohl *earl* wie *alderman* abgeleitet sind). Seit dem 10. Jahrhundert stand das *county* unter einem *shire-reeve* (Stammvater des Wortes *sheriff*). Mit der Zeit trat zu dieser dreistufigen Organisation noch der *borough*, ursprünglich eine befestigte *township*, durch königliche Verleihung (*royal charter*) begründet.

Seit der normannischen Eroberung durchzieht die englische Geschichte ein latenter, aber bei Gelegenheit sich in schweren Reibungen entladender Gegensatz zwischen der königlichen Zentralverwaltung und den Territorialgebilden, der teilweise noch auf die Nachwirkungen der angelsächsischen Fürstentümer, teilweise auf die von den normannischen Eroberern künstlich umgestaltete Grafschaftseinteilung zurückzuführen war. Die aus der Vergangenheit ererbten Unterscheidungen zwischen einerseits den Grafschaften – *counties* oder auch *shires* – und innerhalb derselben den Dorfgemeinden – *parishes* – und andererseits diejenige zwischen den letzteren und den geschlosseneren Siedlungen der Flecken – *boroughs* — oder den stadtähnlichen Bezirken der *towns* haben sich bis ins 19. Jahrhundert erhalten, um dann im Zuge der Reform einer auf den ersten Blick verwirrenden Fülle von neugestalteten Territorialeinheiten zu weichen. Im Mittelalter war überdies die altrechtliche Territorialeinteilung vielfach durch die Feudalelemente überlagert.

Im Frühmittelalter war ein königlicher Beamter, der *sheriff*, ausgestattet mit richterlichen wie verwaltungstechnischen Zuständigkeiten, der amtliche Vertreter der Krone im *county* oder *shire*. Die eigentliche Verwaltung oblag der *County Court* genannten Versammlung aller freien Grundeigentümer (*freeholders*) der Grafschaft. Diese war wiederum in kleinere Bezirke — *hundreds* — mit einer eigenen Versammlung eingeteilt und die *hundreds* ihrerseits wiederum in Dorfbezirke (*vill*) unter einem später *petty constable* genannten Oberhaupt. Letzten Endes hat sich diese altrechtliche Einteilung in der heutigen Organisation der ländlichen Lokalverwaltung in *county*, *district* und *parish* erhalten.

Mit der Zeit, etwa seit der Mitte des 13. Jahrhunderts, wurden die *Sheriffs* von den *Justices of the Peace* verdrängt. Dies waren vorwiegend ortsansässige Landedelleute, die der König zunächst als Gerichtsbeamte mit der Rechtspflege beauftragte. Zwischen Justizgebarung und Verwaltung läßt sich in dieser Frühzeit kaum eine Grenze ziehen; denn die *Justices of the Peace* waren nicht nur weitgehend mit der Polizeigewalt ausgestattet (*Justices of the Peace Act* von 1361) (34 Edw. 3, c. 1); die wirksame Verbrechensbekämpfung erforderte auch eine gute Verwaltung, wie die Straßensicherheit und die Verhinderung des Landstreichertums, welche zum Verbrechen keine Gelegenheit gab. Mehr und mehr wurde die eigentliche Verwaltung die Hauptaufgabe der Friedensrichter. Mit dem Verfall des Feudalsystems und der Stärkung der Zentralgewalt fiel ihnen auch die Durchsetzung der Parlamentsgesetze in ihrem Amtsbezirk zu.

Dieses neue soziale Element war von größter Bedeutung für die politische Entwicklung. Denn diese Klasse von der Zentralgewalt verpflichteter Honoratioren der *gentry* wirkte als Gegengewicht gegen den Feudalismus, so daß die feudale Zersplitterung früher als auf dem Kontinent von einer starken Zentralgewalt überwunden werden konnte. Darüber hinaus aber stellte diese Klasse von verwaltungsversierten und wirtschaftlich unabhängigen Landedelleuten ein Hauptkontingent der Unterhausmitgliedschaft, die dort die gleiche Selbstsicherheit und Unabhängigkeit zur Geltung bringen konnten, die sie daheim gewohnt waren. Ihr Einfluß auf die Gestaltung der britischen Politik ist zumindest seit der Tudorzeit, wo ihr Kreis durch den Erwerb konfiszierter Kirchengüter von der Krone erweitert und erneuert wurde, aus der britischen Geschichte nicht wegzudenken. Zahlreiche Parlamentsgesetze übertrugen den Friedensrichtern immer weitere Verwaltungsaufgaben wie die Aufrechterhaltung der Straßen in ihrem Bezirk (*Statute of Highways* [1555] [2 & 3 Phil. & Mary, c. 8]) und die Überwachung der Armenfürsorge in den *parishes* (*Poor Relief Act* von 1601 [43 Eliz. 1, c. 2]). Nachdem aber die die *Justices of the Peace* kontrollierende königliche Gerichtsbarkeit mit der Abschaffung der *Star Chamber* (1641) entfallen war, trat eine Periode so gut wie völliger Autonomie der Lokalverwaltung ein, in die nur durch gelegentliche Parlamentsgesetze und die prärogativen *writs* der Zentralgerichte eingegriffen wurde. Da sie weitgehend ohne staatliche Aufsicht blieben, nahm das Kaliber der Friedensrichter vielfach ab. Edmund Burke spricht von den Friedensrichtern von Middlesex als vom „Abschaum der Erde". Hierin trat erst mit der grundsätzlichen Reform zu Anfang des 19. Jahrhunderts ein entscheidender Wandel ein.

### b) Die städtischen Bezirke (boroughs)

Ganz anders verhielt es sich mit den städtischen Bezirken (*boroughs*). Um ein *borough* zu sein, bedurfte eine städtische Siedlung von jeher — und es ist auch heute noch so — der Konstituierung durch königliche Urkunde (*royal charter*). Sie standen damit völlig außerhalb der Grafschaftsverwaltung und unter der Herrschaft von bürgerlichen Oligarchien, welche die leitenden Stellungen in den Korporationen einnahmen, als welche die Städte organisiert wurden, und diese Schicht konnte sich durch die Kooptierung Gleichgesinnter verewigen. Als *corporations* des *common law* waren die *boroughs* so gut wie völlig gerichtsimmun, insbesondere nicht dem Grundsatz des *ultra vires* unterworfen. Ihre Selbstherrlichkeit auf den täglichen Lebensgebieten, insbesondere bei der Regelung von Handel und Verkehr, der Armenpflege und der Polizeigewalt trug zu jener schweren Korruption des politischen Lebens bei, der schließlich die Große Reform von 1832 ein Ende bereitete.

## 2. Die Reform der Lokalverwaltung im 19. Jahrhundert

### a) Die Errichtung von gewählten Vertretungskörperschaften

Die liberale Reformwelle der industriellen Revolution zu Beginn des 19. Jahrhunderts schwemmte auch die längst überalterten Techniken der Lokalverwaltung weg und brachte als grundlegende Neuerung die Einsetzung von gewählten Vertretungskörperschaften (*council*) anstelle der bisher ehrenamtlichen Friedensrichter und anderer unbezahlter Verwaltungsorgane. Der *Poor Law Amendment Act* von 1834 (4 & 5 Will. 4, c. 76) ersetzte die bisherigen von den *Justices of the Peace* ernannten unbezahlten *overseers of the poor* durch die von den örtlichen Steuerzahlern gewählten *guardians of the poor*, die der Kontrolle der Zentralregierung in Gestalt der *Poor Law Commissioners* unterstellt wurden, ein Vorgang von außerordentlicher organisatorischer Bedeutung, indem für ein Spezialgebiet eine Spezialbehörde errichtet wurde[1]. Die *Commissioners* wurden insbesondere ermächtigt, die Dörfer zum Zwecke der besseren Verwaltung zusammenzulegen; aus etwa 15 000 *parishes* entstanden 700 solcher Zusammenlegungen (*unions*). Der noch einschneidendere *Municipal Corporations Act* von 1835 (5 & 6 Will. 4, c. 76) räumte mit den verlotterten Munizipalkorporationen auf und stellte die Stadtverwaltungen unter von den Grundeigentümern gewählte Vertretungskörperschaften (*borough councils*). Für insgesamt 178 Städte wurde damit ein einheitliches Wahlsystem für die Bürgermeister (*mayor*), Ältesten (*aldermen*) und Räte (*councillors*) geschaffen, wodurch der üblichen Wahlkorruption erfolgreich entgegengetreten werden konnte. Dieser Prozeß der zunehmenden Demokratisierung der Lokalverwaltung nahm während des ganzen 19. Jahrhunderts seinen Fortgang. Der *Local Government Act* von 1888 (51 & 52 Vict., c. 41) errichtete gewählte Lokalverwaltungsräte für die Grafschaften und die Grafschafts-*boroughs* (eine neue Kategorie). Der *Local Government Act* von 1894 (56 & 57 Vict., c. 73) vollendete die demokratische Reform durch die Einführung gewählter Räte in den *urban districts* und *rural districts* bis hinunter zu den Dorfgemeinden, den *parishes*[2]. Parallel damit lief die Technik, daß die Zentralregierung für bestimmte Aufgabenkreise der Lokalverwaltung eigene Behörden einsetzte, wie es auch gelegentlich schon vor der Reform der Fall gewesen war. Im allgemeinen aber ging die neuere Tendenz in der Richtung der Übertragung aller sachlichen Selbstverwaltungsfunktionen (*all purpose units*) an die gewählten Körperschaften.

---

[1] Siehe unten S. 174.

[2] Für die Erklärung der Bezeichnungen der territorialen Selbstverwaltungseinheiten siehe unten S. 137 ff.

### b) Die Errichtung der Zentralinstanz

Am bedeutungsvollsten aber war der allmählich immer unwiderstehlicher werdende Zug zur Einschaltung der Zentralregierung in die Bereiche der Lokalverwaltung. Der 1871 errichtete *Local Government Board* übernahm als zentrale Aufsichtsbehörde die einheitliche Regelung des Armenfürsorgewesens zugleich mit der vom *Privy Council* abgezweigten Gesundheitspflege. Sein Präsident war Parlamentsmitglied, wodurch die parlamentarische Verantwortung sichergestellt war. Nachdem weiterhin der *Local Government Board* vom neuerrichteten *Ministry of Health* (1919) abgelöst worden war, wurde schließlich die gesamte zentrale Regelung der Lokalverwaltung dem *Ministry of Housing and Local Government* übertragen (1951)[1]. Dem Ministerium, zweifellos gegenwärtig eines der wichtigsten — sein Inhaber ist regelmäßig Kabinettsmitglied —, obliegen: Die allgemeine Verantwortung für den Wohnungsbau und die Mietenkontrolle; die allgemeine Beaufsichtigung der Lokalverwaltung einschließlich der von der Zentralregierung getätigten Finanzierung und Rechnungsprüfung; die Siedlungsplanungsapparatur einschließlich der Errichtung neuer Städte. Bemerkt sei bereits hier, daß kein anderes westliches Land der rationellen Entwicklung des verfügbaren Siedlungsraums und den damit zusammenhängenden Fragen der Bevölkerungsverschiebung und Urbanisierung ein solches Gewicht beilegt wie Großbritannien.

## II. Die gegenwärtige Gestaltung der Lokalverwaltung

### 1. Die gesetzliche Grundlage

Gegenwärtig besteht die gesetzliche Grundlage der englischen Lokalverwaltung auf zwei umfassenden Gesetzgebungsakten, und zwar verschieden für England und Wales und für Groß-London. Für den ersteren geographischen Bereich gilt der *Local Government Act* von 1933 (23 & 24 Geo. 5, c. 51) mit seinen zum Teil einschneidenden Neufassungen von 1948 (11 & 12 Geo. 6, c. 26) und 1958 (6 & 7 Eliz. 2, c. 42 und 55). Die sehr umfangreiche Kodifikation regelt vor allem: die Lokalverwaltungsbehör-

[1] Zunächst (1943) war ein Ministerium für Stadt- und Landplanung errichtet worden (*Minister of Town and Country Planning Act* von 1943) (6 & 7 Geo. 6, c. 5). Im Jahre 1951 wurde sodann nach Maßgabe des *Ministers of the Crown (Transfer of Functions) Act* von 1946 (9 & 10 Geo. 5, c. 31) das Department des bisherigen *Minister of Town and Country Planning* durch *Order in Council* in dasjenige des *Minister of Local Government and Planning* umgetauft und ihm verschiedene vorher dem *Minister of Health* zustehende Funktionen derart übertragen, daß ihm die gesamte Aufsicht über die Lokalverwaltung anvertraut wurde. Dies war eine Labour-Maßnahme. Der gegenwärtige Titel *Minister of Housing and Local Government* datiert von dem kurz nachher ans Ruder gekommenen Tory-Regime, um — überflüssigerweise — den Akzent von der allgemeinen Planwirtschaft auf die Beschaffung von Wohnraum zu verlegen.

den; Wahlrecht für diese; Mitgliederqualifikation; Ausschüsse; Änderungen der Territorialabgrenzung; Landerwerb; Finanzen; Rechnungsführung und -prüfung; Verordnungsbefugnisse.

Die Regierung von Groß-London andererseits beruhte ursprünglich auf dem *London Government Act* von 1899 (62 & 63 Vict., c. 14), der die Vertretungskörperschaften des *London County Council* sowie der *Metropolitan Borough Councils* regelte. Das weit zerstreute Gesetzgebungsmaterial wurde sodann im *London Government Act von 1939* (2 & 3 Geo. 6, c. 40) konsolidiert und im jüngsten *London Government Act* von 1963 (Eliz. 2, c. 33) mit der Schaffung des Verwaltungsareals von Groß-London (*Greater London*) auf eine weitgehend neue organisatorische Basis gestellt.

Hand in Hand mit diesen neuzeitlichen Umstellungen ging insbesondere seit dem zweiten Weltkrieg die gesetzliche Neuregelung der verschiedenen öffentlichen Dienstleistungen, welche der Lokalverwaltung obliegen. Die einzelnen Gebiete werden nachstehend kurz umrissen, ohne daß auf Einzelheiten eingegangen werden könnte[1]. Für den Metropolitanbezirk von London ergingen dabei jeweils gesonderte Gesetze, oder London wurde in den einschlägigen Maßnahmen besonders berücksichtigt.

## 2. Einteilung der Gebietseinheiten

Die Klassen oder Arten der Gebietseinheiten der territorialen Selbstverwaltung, wie sie von der vorstehend erwähnten Gesetzgebung aufgestellt wurden, sind für den Ausländer verwirrend und auch dem Durchschnittsengländer keineswegs geläufig. Es bestehen die folgenden Typen[2]: Die Grundeinteilung ist in *county boroughs* (83) und *administrative counties* (61 und mit dem *Greater London County Council* 62). *County boroughs*, eine organisatorische Neuschöpfung des Gesetzes von 1888, sind städtische Verwaltungsbezirke, deren Bevölkerung (ursprünglich mehr als 75000) nach den Gesetzen von 1945 und 1958 über 100000 bzw. 125000 beträgt und die von der Grafschaftsverwaltung völlig unabhängig sind. Dazu gehören alle größeren Städte in England und Wales, wie Birmingham, Manchester, Leeds, Bristol und andere mehr[3]. Es gibt aber auch bevölkerungsmäßig viel kleinere *county boroughs* wie Canterbury und Chester, denen der Status aus historischen Gründen belassen wurde. *Administrative counties* andererseits, vielleicht als städtisch-ländlich gemischte Verwaltungseinheiten zu charakterisieren, umfassen sowohl diejenigen Städte, die nicht groß genug sind, um als *county borough* zu figu-

---

[1] Siehe unten S. 140ff.

[2] Die in Klammern beigefügten Ziffern bezeichnen die Gesamtzahl der zu einer Klasse gehörenden Einheiten nach dem Stand von 1964.

[3] In Schottland besteht für die *county boroughs* die altertümliche Bezeichnung *burghs*; diese sind Glasgow, Edinburgh, Aberdeen und Dundee.

rieren, als auch benachbarte teils urbanisierte, teils ländliche Gegenden. Diese *administrative counties* haben noch oft, aber keineswegs immer, ihre historischen Namen wie Devon oder Hampshire beibehalten; sie müssen sich aber organisatorisch nicht mit den historischen Grenzen decken, eine Situation, welche die Übersicht keineswegs erleichtert. Die einzelnen *administrative counties* sind dann je nach der Besiedlungsart in die sogenannten *non-county boroughs* (317), städtische Bezirke — *urban districts* — (564) und ländliche Bezirke — *rural districts* — (474) untergeteilt. Die *rural districts* ihrerseits sind in etwa 7 500 Dorfgemeinden — *parishes* — und etwa 3 300 Weilergemeinden — *hamlets* — eingeteilt; erstere besitzen einen gewählten Vertretungskörper (*parish council*), letztere sind dazu zahlenmäßig zu klein und behandeln die ihnen überlassenen Gemeindeangelegenheiten in einer Bürgerversammlung (*parish meeting*).

Für ganz Großbritannien ergibt sich das folgende Bild:

| | England und Wales | Schottland | Nordirland |
|---|---|---|---|
| County Boroughs bzw. Burghs . . . . | 83 | 4 | 2 |
| Administrative Counties einschl. Greater London Council . . . . . . . . . . | 62 | 33 | 6 |
| Metropolitan Boroughs (nur innerhalb von Groß-London) . . . . . . . . . | 28 | — | — |
| Non-county (oder Municipal) Boroughs oder Burghs . . . . . . . . . . . | 317 | 198 | 9 |
| Urban Districts . . . . . . . . . . . | 564 | 198 (Urban und Rural Districts zusammen) | 25 |
| Rural Districts . . . . . . . . . . . | 474 | | 31 |

Alles in allem bestehen also mehr als zweitausend territoriale Selbstverwaltungseinheiten, wobei die Dorf- und Weilergemeinden nicht berücksichtigt sind.

Was ihre Aufgaben und Zuständigkeiten anbelangt, so stehen diese Verwaltungseinheiten keineswegs auf dem gleichen Fuß. Man unterscheidet zwischen solchen, die alle parlamentsgesetzlich ermächtigten Zuständigkeiten ausüben — die sogenannten *all purpose units* —, und solchen, die sich mit einer über- oder untergeordneten Einheit in die Aufgaben teilen. Zu den ersteren gehören die 83 *county boroughs*, zu den letzteren die insgesamt 101 *administrative counties*, zu denen auch die Verwaltung von London (früher *London County Council*, seit der Reform von 1963 der *Greater London Council*) gerechnet werden muß. Die Funktionen sind zwischen der Oberstufe des *administrative county* und den Unterstufen der *non-county* (oder *municipal*) Behörden und den *urban* und *rural districts* geteilt. Die untergeordneten Einheiten können insbesondere nicht über ihre finanziellen Mittel allein verfügen. Daraus erklärt sich das Verlangen mancher *non-county boroughs* nach einer Rangerhöhung durch den Aufstieg in die Klasse der *county boroughs*.

## 3. Verfahren zur Änderung des Status einer Lokalverwaltungseinheit

Wie auch in anderen Industriestaaten, aber wohl in höherem Maß als in den meisten, ist die Bevölkerungsbewegung in England ununterbrochen im Fluß. Neue Siedlungen vollziehen sich im Zug der natürlichen wie der durch die Siedlungsplanung gelenkten Urbanisierung, sei es daß die Industrie nach bisher vorwiegend ländlichen Gegenden wandert, oder daß benachbarte Städte zu den *conurbation* genannten Siedlungsgemeinschaften zusammenwachsen. Dadurch ändern sich Charakter und Bedeutung der einzelnen Verwaltungseinheiten.

Nach dem bisherigen Recht konnte ein Bezirk, etwa ein *urban district*, sich in einen *municipal* oder *non-county borough* verwandeln, indem der *Urban District Council* bei der Krone um die Verleihung des *municipal borough*-Status einkam, der dem Bezirk dann durch eine königliche Urkunde (*royal charter*) formell verliehen wurde. Hierüber entschied dann unter Benachrichtigung der beteiligten Behörden ein Ausschuß des *Privy Council*. Solche Fälle kommen aber nicht mehr vor, da die Statusänderung durch ein Parlamentsgesetz vollzogen wird. Der beschleunigten Bevölkerungsdynamik trug nunmehr der *Local Government Act* von 1958 (6 & 7 Eliz. 2, c. 55 [Teil II]) für England und Wales, aber mit Ausschluß von Groß-London Rechnung. Es wurde für England und für Wales eine ständige *Local Government Commission* errichtet, deren Aufgabe es ist, die erforderliche Umgruppierung der bestehenden Kategorien von Lokalverwaltungseinheiten zu beobachten und dem Minister dahingehende Empfehlungen zu unterbreiten. Die Technik folgt sichtlich derjenigen der nach dem zweiten Weltkrieg eingesetzten *Boundary Commissions* für die Neueinteilung der Parlamentswahlkreise[1]. Die Aufgabe ist eine doppelte: Sie bezieht sich einmal auf die Entwicklung in den sogenannten *conurbations*[2], zum anderen auf das übrige England und Wales. Wo im Interesse einer „wirksamen und praktischen Verwaltung" Statusänderungen der bestehenden Verwaltungseinheiten angemessen erscheinen, sollen dem *Minister of Housing and Local Government* Vorschläge unterbreitet werden. Es kann sich dabei um die Errichtung eines neuen *administrative county* durch Zusammenschluß bestehender Einheiten, um die Errichtung eines neuen *county borough*, um die Abschaffung solcher Einheiten oder auch um andere territoriale Änderungen handeln. Widerspricht irgendeine Lokalbehörde dem Vorschlag der Kommission, muß der Minister eine öffentliche Untersuchung veranstalten (*Wednesbury Corporation v. Ministry of Housing and Local Government* [1965] [1 All.

---

[1] Siehe Bd. I, S. 105f.

[2] Dazu gehören außer Groß-London: South-East Lancashire, West Midlands Central, Clydeside, West Yorkshire, Merseyside und Tyneside mit insgesamt über neun Millionen Einwohnern.

E. R. 186]). Stimmt der Minister zu, so erläßt er eine diesbezügliche Anweisung, die dem Parlament in der Form eines *statutory instrument* vorzulegen und von ihm durch eine zustimmende Resolution zu bestätigen ist. Gleichzeitig auferlegt das Gesetz den *counties* die Verpflichtung, ihrerseits die Umgruppierung ihrer territorialen Unterabteilungen im Auge zu behalten, etwa daß ein *non-county borough* in einem *rural district* aufgehen oder daß Dörfer zusammengelegt werden sollen. Eine diesbezügliche vom Minister erlassene *Order* kann vom Parlament aufgehoben werden[1].

## 4. Sachgebiete der Lokalverwaltung

In Großbritannien gibt es keine katalogartige Abgrenzung der Funktion der Lokalverwaltung von denen der Zentralregierung. So tief sich auch historisch Gedanke und Praxis der Selbstverwaltung im Volksbewußtsein eingewurzelt haben, so schwer ist es heute, die Handlungssphäre der Londoner Zentralregierung von derjenigen der Lokalverwaltungseinheiten abzugrenzen. Aber es läßt sich seit Beginn dieses Jahrhunderts als die allgemeine Tendenz feststellen, daß mehr und mehr Aufgaben, die ehemals als der Lokalverwaltung unterstellt gegolten hatten, heute von Westminster aus mit der Maßgabe geregelt werden, daß die Lokalverwaltungsbehörden die dabei von der Zentralregierung und insbesondere vom *Minister of Housing and Local Government* überwachten Ausführungsorgane geworden sind. *Mutatis mutandis* liegt also im Verhältnis von Zentralregierung und Lokalinstanzen jene im bundesstaatlichen Milieu bekannte Art der Auftragsverwaltung vor. Im großen ganzen führen die Lokalbehörden die vom Parlament festgelegten gesamtnationalen Programme für ihren Bezirk aus und durch. In weitem Umfang sind auch die Lokalbezirke finanziell von Zuschüssen (*government grants*) der Zentralverwaltung abhängig geworden[2], was ihre Bewegungsfreiheit weiter beeinträchtigt. Setzt die Zentralinstanz dabei einzuhaltende Minimalstandards fest, so bleibt es der einzelnen Lokalbehörde unbenommen, diese aus eigenen Mitteln oder Antrieb zu übertreffen und zu verbessern. Um nur einige Beispiele für diese Wechselbeziehung zwischen Zentral- und Lokalverwaltung anzuführen: Das lokale Schulwesen ist nunmehr längst einem gesamtstaatlichen Schulsystem eingegliedert; die Unterstützung Unbemittelter ist von den Gemeinden völlig auf den Staat übergegangen. Durch die Nationalisierung wichtigster Wirtschaftszweige — Gas und Elektrizität vor allem, einstmals Hauptgegenstände örtlicher Selbstverwaltung — sind den Lokalverwaltungsbehörden weite Gebiete entzogen, wie ihnen andererseits neuerdings andere zugewachsen sind.

---

[1] Über die bisherige Arbeit der erwähnten Kommissionen siehe unten S. 169.

[2] Siehe unten S. 150.

Eine auch nur summarische Aufzählung der von den Lokalverwaltungsbehörden dem Publikum zu leistenden Dienste ist daher völlig unmöglich, wollte man nicht die überaus weitschichtige Gesetzgebung besonders seit dem 1. Weltkrieg systematisch durchackern. Sie erstrecken sich vom Beerdigungswesen bis zum Vogelschutz, von der Errichtung von öffentlichen Büchereien bis zur Blindenfürsorge. Ein anspruchsloser Versuch einer Gruppierung der Dienstleistungen nach Sachgebieten würde etwa der folgende sein: Ordnungsdienste (*environmental services*): sie beziehen sich auf die Aufrechterhaltung der öffentlichen Bequemlichkeit und Gesundheit; dazu gehören vor allem Nahrungsmittelkontrolle; Wasserversorgung; öffentliche Sauberkeit wie Kanalisation, Abfallvernichtung, Entwässerung. Eingeschlossen werden mögen hier die Straßenbeaufsichtigung, Straßenbeleuchtung, Verkehrssicherheit, die Bereitstellung von Erholungsstätten wie Parks und Spielplätze. Am wichtigsten aber erscheint hier neuerdings — und dies in der Regel über den örtlichen Bezirk hinausreichend — die Siedlungsplanung und das Wohnungswesen. Die zweite Kategorie von Gemeinschaftsdiensten gilt dem Schutz des Publikums (*protective services*), wozu in erster Linie die Polizei, das öffentliche Gesundheitswesen, das Feuerlöschwesen gehören, letzteres in Großbritannien eine Sonderstellung einnehmend. Schließlich mag man noch als eine dritte Klasse von Dienstleistungen die kulturellen ansehen, in erster Linie das Schul- und Bildungswesen, wozu auch andere Gelegenheiten zur Bildung und Erholung (Konzertsäle, Büchereien etc.) gehören mögen.

Vergleicht man die historisch wichtigsten Sachgebiete, die der Lokalverwaltung obliegen, mit der heutigen Situation, so ergibt sich das folgende Bild: Die Polizei stand früher an der Spitze, sie tut es auch heute noch. Die Sorge für Straßen und Brücken ist heute weniger wichtig, weil die Hauptverkehrsstraßen – *trunk roads* – zur Zuständigkeit der Zentralregierung gehören. Mit der einst so bedeutsamen Armenpflege haben die Lokalbehörden kaum mehr etwas zu tun; sie ist unter dem neuen *Ministry of Pensions and National Assistance* und dem aus allgemeinen Steuermitteln gespeisten *National Assistance Board* so gut wie völlig an die Zentralregierung übergegangen. Was also als das Hauptelement der heutigen Lokalverwaltung noch bleibt, ist das öffentliche Gesundheitswesen, während die individuelle Krankenfürsorge im *National Health Service* nationalisiert worden ist, ferner die Bereitstellung von Wohnraum und das Schulwesen. Hierzu wäre kurz zu bemerken: Die Siedlungsplanung, der das Wohnbauressort zuzurechnen ist, ist seit 1948 eine Aufgabe der *County*- und *County Borough*-Behörden. Das Wohnungswesen umfaßt die Erstellung neuer und die Modernisierung älterer Häuser, die Beseitigung von Sub-Standard-Wohnungen und die Ausräumung der städtischen (und oft auch ländlichen) Elendsviertel (*slum clearance*). Das Schulwesen war bis zum *Elementary Education Act* von 1870 (33 & 34 Vict., c. 75) überhaupt keine öffentliche Angelegenheit — in vielen Dingen ist England lange und bis in die Gegenwart erstaunlich rückständig geblieben. Seine gegenwärtige Grundlage ist der *Education Act* von 1944 (7 & 8 Geo. 6, c. 31), nach welchem die Schulen unter Aufsicht des *Ministry of Education* von den Lokalverwaltungen der *counties* und *county boroughs* betreut werden müssen, wobei aber mehr als die Hälfte der Mittel von der Zentralregierung beigesteuert wird. Die Fürsorge für die Volksgesundheit bedingt Mutterhilfe vor und nach der Entbindung, Sorge für Geisteskranke und arbeitsunfähige Personen, Impfungen und Ähnliches. Nicht zuletzt befassen sich die Lokalbehörden auch mit Handel und Verkehr, — so unterhält die Stadt Birmingham eine Bank —, betreiben Personen- und Güterbeförderung, unterhalten Häfen und Docks und andere Installationen und sind zunehmend damit beschäftigt, Industriegebiete zu entwickeln, durch welche das örtliche Einkommen vermehrt und die Urbanisierung befördert werden kann.

## III. Die Behörden der Lokalverwaltung

### 1. Organisation

Alle Lokalverwaltungseinheiten wurden seit Beginn der Reform des 19. Jahrhunderts stufenweise mit gewählten Vertretungskörpern (*councils*) ausgestattet. Eine Ausnahme bilden die *parishes* oder Dorfbezirke unter 300 Einwohnern, die eine solche Körperschaft haben können, aber nicht müssen; in letzterem Falle tritt an ihre Stelle die Dorf- oder Gemeindeversammlung (*parish meeting*). Das demokratische Prinzip ist also heute in vollem Umfange auch auf der Ebene der örtlichen Selbstverwaltung durchgeführt[1].

Die örtliche Vertreterversammlung ist im *Local Government Act* von 1933 (Sektion 305) eine bestimmte „örtliche Behörde" (*local authority*). Auf die Einzelheiten der Organisation der verschiedenen Gestaltungs-

[1] Die einzigen Ausnahmen vom Grundsatz der Wahl sind die in den Grafschaften aufrechterhaltenen königlichen Beamten des *Lord-Lieutenant* und des *High Sheriff*. Ersterer, ein Rest der ehemaligen Militärgewalt der Krone, ist heute ein völlig bedeutungsloses Titularamt, der *Sheriff* dagegen noch immer von erheblicher Wichtigkeit, vornehmlich im Rahmen der Gerichtsorganisation. Ein uraltes Amt, schon auf den *shire-reeve* der angelsächsischen Zeit zurückgehend, ist es das einzige, für das ein Annahmezwang (von allerhand Ausnahmen durchlöchert) besteht. Die Ernennung erfolgt durch den Monarchen selbst in einem alljährlich besonders abgehaltenen Zeremonialakt. Nur Personen mit ausreichendem Grundbesitz sind qualifiziert, damit sie eventuellen Schadenersatzansprüchen wegen Pflichtverletzung genügen können. Der *Sheriff* ist auch der *ex offcio*-Wahlbeamte für die in seiner Grafschaft abgehaltenen Parlamentswahlen, überträgt diese Funktion aber regelmäßig dem *Clerk of the Peace*. Nach wie vor ehrenamtlich, ist das Amt ein kostspieliges Vergnügen, das heute auch als Statussymbol nicht mehr besonders gesucht wird.

typen — *county, county borough, borough, urban district, rural district, parish* — kann hier nicht eingegangen werden, sie interessieren nur den kommunalrechtlichen Spezialisten. Es werden daher nur die gemeinsamen Grundzüge aufgezeigt. Die Verfassung der Selbstverwaltungseinheit ist je nach der Kategorie verschieden, zu der sie gehört. Bei denjenigen, die zur Handhabung aller gesetzlich ermächtigten Verwaltungsaufgaben berechtigt sind („*all purpose units*"), vor allen den *county boroughs*, ist sie einstufig, in den *urban districts* zweistufig, geteilt zwischen *county* und entweder *borough* oder *urban district*, in den ländlichen Bezirken aber in der Regel dreistufig (*county, rural district* und *parishes*). Die Verteilung zwischen den oberen und den unteren Stufen hängt vom Sachgegenstand ab. Bei der einen oder anderen Kategorie von Verwaltungseinheiten, zum Beispiel beim *administrative county*, ist seit dem *Local Government Act* von 1958 zur Erzielung größerer Elastizität eine Weiterdelegierung bestimmter Funktionen an die untergeordneten Distriktbehörden unter Aufrechterhaltung der Oberaufsicht zulässig.

Alle Mitglieder der Vertretungskörperschaften (*councillors*) dienen ehrenamtlich, sind jedoch zur Vergütung der Reise- und Aufenthaltsspesen und zu einer Entschädigung für entgangenes Berufseinkommen berechtigt. Bei einzelnen Kategorien von Selbstverwaltungseinheiten werden die gewählten Vertreter durch sogenannte *aldermen* ergänzt, deren Bestellung aber nicht auf Volkswahl, sondern auf Kooptierung durch die gewählten Vertreter beruht. Die Vertreterversammlung (*council*) wird von einem Vorsitzenden geleitet, der in den *boroughs* in England und Wales der Bürgermeister (*mayor*) ist, dem außer seiner Tätigkeit im Rat auch gewisse zeremonielle und bürgerliche Repräsentationsverpflichtungen obliegen. Diesen Vorsitzenden wird eine ihren Tätigkeiten angemessene Vergütung gewährt. Verschiedentlich, beispielsweise bei den 83 *county boroughs*, ist der amtierende *mayor* gleichzeitig auch *ex officio* Friedensrichter. Die Sitzungen aller mit Lokalverwaltungsaufgaben betrauten Behörden sind neuerdings dem Publikum öffentlich zugänglich (*Public Bodies* [*Admission to Meetings*] *Act* von 1960]) (8 & 9 Eliz. 2, c. 67)[1]. Die davon betroffenen Behörden sind alle, welche Lokalsteuern erheben können, aber auch reine Verwaltungsstellen wie die Wasserversorgungsbehörden, regionale Krankenhaus-*Boards*, nicht aber die Polizeibehörden. Die Öffentlichkeit kann nur aus bestimmten aufgeführten Gründen ausgeschlossen werden. Voranzeigen jeder Sitzung sind obligatorisch, der Presse muß auf Verlangen die Tagesordnung vorher mitgeteilt werden.

Der Amtstermin der gewählten Vertreter beträgt normalerweise drei Jahre. Wo, wie bei den 61 *administrative counties*, die Zuwahl von *alder-*

---

[1] Nach dem früheren Gesetz (*Local Authorities* [*Admission of the Press to Meetings*] *Act* von 1939 (2 & 3 Geo. 6, c. 78) bestand diese Berechtigung nur für die Presse.

*men* zulässig ist — einer für je drei Vertreter —, werden diese zur Hälfte alle drei Jahre erneuert, so daß durch eine sechsjährige Amtsperiode Verwaltungskontinuität gesichert ist. In manchen territorialen Einheiten tritt die gesamte Vertreterkörperschaft nach drei Jahren zurück und macht einer neugewählten Platz, selbstverständlich mit dem Recht der Wiederwahl, bei anderen findet jedes Jahr eine Neuwahl von einem Drittel statt.

Eine kurze Erwähnung verdient schließlich die Mischung von repräsentativer und unmittelbarer „Regierungs"weise, wenn man angesichts der beschränkten Zuständigkeit diesen Ausdruck gebrauchen will, bei den Dorfgemeinden oder *parishes*; eine solche „Pfarrei" hat aber nichts mit den kirchlichen Einteilungen zu tun. Es muß alljährlich im März eine Gemeindebürgerversammlung abgehalten werden, und zwar auch dann, wenn eine *parish*-Vertreterversammlung existiert. Wo keine Vertreterversammlung besteht, muß im Herbst jedes Jahres noch eine zweite Gemeindebürgerversammlung stattfinden. Man hat hier also ein Gegenstück mit ziemlich identischen Formen zu dem bekannten *town meeting* im amerikanischen New England, das sich auf das englische Vorbild stützt. Mehr als Dreiviertel aller Dörfer mit weniger als dreihundert Einwohnern haben aber von dem Recht Gebrauch gemacht, sich eine gewählte Vertreterversammlung zuzulegen. Bei Dorfgemeinden über dreihundert Einwohnern ist die Errichtung einer Vertreterkörperschaft obligatorisch. Seit dem *Representation of the People Act* von 1948 (11 & 12 Geo. 6, c. 65) finden bei ihrer Wahl die Verfahren der Nomination und geheimen Stimmabgabe wie bei allen anderen Vertretungskörperschaften Anwendung; vorher waren sie von der Pfarreiversammlung gewählt worden. Jurisdiktionell haben diese Körperschaften aber wenig zu bestellen, da die meisten Verwaltungsangelegenheiten anstelle des *parish* den übergeordneten *county-* und *rural district*-Behörden zustehen (*Parish Councils Act* von 1957) (5 & 6 Eliz. 2, c. 42).

Zusammenfassend läßt sich feststellen, daß die Volldemokratie auf allen Ebenen der Lokalverwaltung einschließlich ihrer untersten Stufe nunmehr durchgeführt ist und daß die englische Öffentlichkeit dieser Entwicklung erhebliche Bedeutung beimißt.

## 2. Der Geschäftsbetrieb

Diejenigen dieser Vertretungskörperschaften, die für bevölkerungsstarke Einheiten funktionieren, also besonders diejenigen der weitgehend urbanisierten *administrative counties* und der *borough counties*, sind in Wirklichkeit bürokratische Großbetriebe, von denen manche, was Aufgabenkreis und Verantwortung anbetrifft, den eigentlichen Regierungsstellen kaum nachstehen. Die Versammlung der gewählten Lokalverwaltungsvertreter kann sich naturgemäß nur mit der Festlegung und Kontrolle der Verwaltungsrichtlinien — *policy formulation* — befassen, muß aber anderen Organen deren Ausführung in der Routine der Alltagsarbeit überlassen. Die dabei eingeführten Techniken bestehen einerseits in der Aufstellung von Arbeitsausschüssen aus der Vertretungskörperschaft selbst, andererseits in der Heranziehung eines in der Lokalverwaltung technisch geschulten Berufsbeamtentums. Dies ist um so notwendiger, als die *Council*-Mitglieder durchwegs Zivilberufe ausüben und ein *Council* daher nicht in Permanenz tagen kann.

### a) Die Ausschüsse

Im großen ganzen besitzt jede *Local Government*-Behörde eine weitgehende Autonomie in der Organisation ihres internen Geschäftsbetriebs. Nach dem *Local Government Act* von 1933 (Sektionen 65 und 90) ist jede Lokalverwaltungsbehörde ermächtigt, die ihr gutdünkenden Ausschüsse für Spezialressorts aufzustellen. Es besteht hier kein allgemein befolgtes Modell, sondern eine erhebliche Elastizität der Organisation nach Maßgabe der örtlichen Bedürfnisse. Ein *Council* kann sich auf die Richtlinienfestlegung beschränken und alle seine Zuständigkeiten an geschäftsführende Ausschüsse delegieren oder aber wichtigere Ressorts sich selbst vorbehalten. Nur die Entschlüsse über Finanzen — Steuerauferlegung und Anleihenaufnahme — müssen gesetzlich vom *Council* selbst wahrgenommen werden. Eine Reihe von solchen Ausschüssen ist nach Maßgabe von Parlamentsgesetzen obligatorisch. Jeder Ausschuß kann sich dann wieder je nach den Geschäftsanforderungen in Unterausschüsse aufgliedern. Einteilungskriterien sind gewöhnliche und gemeinsame (*joint*) Ausschüsse; letztere funktionieren, wenn die Zusammenarbeit mit anderen Lokalverwaltungsstellen für ein geographisch ausgedehnteres Gebiet empfehlenswert ist. Sie können nur der Beratung oder aber der eigentlichen Geschäftsführung dienen, je nachdem die Geschäftsordnung der Behörde es bestimmt. Obligatorisch sind beispielsweise für ein *County Council* Ausschüsse für Finanzen, öffentliche Gesundheit, Kinderschutz, Landwirtschaft, Schulwesen und ein *Joint Committee* für die Polizei. Der Finanzausschuß darf nur aus Mitgliedern der gewählten Vertretungskörperschaft bestehen. Bei der Mehrzahl der anderen Ausschüsse kann — in einzelnen besonders vorgeschriebenen Fällen muß — ein Drittel der Ausschußmitglieder aus kooptierten Außenseitern bestehen, die die Wählbarkeit zum Mitglied und besondere Fachkenntnisse, beispielsweise im Schulwesen, besitzen. Da ein *County Council* vorschriftsmäßig nur viermal im Jahr zusammenzutreten hat, liegt das Schwergewicht des Geschäftsbetriebs der meisten Selbstverwaltungsbehörden auf ihren Ausschüssen. Wenn diese die wichtigen Entscheidungen treffen, kommt es bei den Plenarsitzungen in der Hauptsache nur zu ihrer Ratifizierung.

### b) Die Beamten

Die Routinearbeit wird unter der Verantwortung der Lokalverwaltungsbehörde von ihren Beamten und Angestellten vorgenommen. Ein kleiner Landbezirk mag deren ein halbes Dutzend, die Behörde eines *administrative county* oder eines städtischen *borough county* viele Tausende aufweisen. Insgesamt sind derzeit im Lokalverwaltungsdienst etwa 750 000 Personen beschäftigt. Der *Local Government Act* von 1933 überläßt die Anstellung der Beamten der einzelnen Verwaltungsstelle (Sektionen 105—107). Bei fast allen Lokalverwaltungsbehörden, die über einen bestimmten Umfang hinausgehen, hat sich dadurch eine festetablierte bürokratische Organisation entwickelt, die nach ähnlichen Grundsätzen arbeitet wie der staatliche *Civil Service.* Bei allen Verwaltungsbehörden sind eine Reihe von Beamten obligatorisch, so bei den *counties* der *Clerk,* der Schatzmeister (*treasurer*), ein Medizinalbeamter für das Gesundheitswesen, ein Beamter für die Kinderangelegenheiten und einer für das Schulwesen. Der Chef des bürokratischen Etablissements ist in der Regel der *County* oder *Town Clerk,* im allgemeinen ein Volljurist (fast immer ein *solicitor*), der die Rechtsabteilung versieht und als Sekretär bei den Sitzungen wirkt. Er ist in der Regel bei den Parlamentswahlen der Wahlbeamte. Gehaltsskala und Anstellungsbedingungen stehen im Ermessen der anstellenden Behörde, mit der Maßgabe jedoch, daß bei einzelnen Kategorien (wie beim *County Clerk* in England und Wales) das Gehalt vom zuständigen Minister gebilligt werden muß. Dafür, daß dabei die Standards eingehalten werden, sorgen die Berufsorganisationen der *Whitley Councils,* welche für Gehalt und Vertragsbedingungen fast immer befolgte Empfehlungen machen[1]. Die professionellen Standards der Beamten der Lokalverwaltungsbehörden sind hoch, wenn auch vielleicht geringer als beim staatlichen *Civil Service.* Korruption ist ebenso selten wie in der Schweiz oder Skandinavien. Skandale, wie sie die amerikanischen Munizipalitäten laufend erschüttern, sind in England völlig unbekannt.

## 3. Die Wahlen für die territorialen Vertretungskörperschaften

### a) Das aktive Wahlrecht

Das aktive Wahlrecht war seit 1918 zwar für alle Lokalwahlen das gleiche, aber an gewisse Vermögensnachweise gebunden gewesen, so daß praktisch nur die zu den Lokalsteuern veranlagten Personen damit aus-

[1] Für die Beamten der Lokalverwaltung kommen hier in Betracht: Das *National Joint Council for Local Authorities' Administrative, Professional, Technical and Clerical Services* und das *National Joint Council for Local Authorities' Non-Trading Services* (für die ungelernten Arbeiter), beides einflußreiche und mächtige Organisationen.

gestattet waren. Nachdem aber die neuere Entwicklung der Lokalverwaltungsfinanzen dahin ging, daß mehr als die Hälfte aller Kommunalausgaben von der Zentralregierung, also vom allgemeinen Steuerzahler getragen werden, bestand keine Veranlassung mehr, das Wahlrecht auf die zu Lokalsteuern Veranlagten zu beschränken. Demgemäß glich der *Representation of the People Act* von 1948 (11 & 12 Geo. 6, c. 65), der jetzt die *sedes materiae* ist, das Lokalstimmrecht so gut wie vollständig demjenigen für die allgemeinen Parlamentswahlen an, mit dem einzigen Unterschied, daß außer den im Wahlkreis wohnsitzberechtigten Personen auch diejenigen das Stimmrecht ausüben können, welche als Eigentümer, Pächter oder Mieter Land oder Räumlichkeiten im jährlichen Mindeststeuerwert von £ 10 innehaben und daß auch die Peers wahlberechtigt sind. Der Stichtag ist der 19. Oktober; das Wahlregister tritt am darauffolgenden 16. Februar in Kraft. Die Wahlen für die *rural districts* und die *parishes* finden am gleichen Tag statt (*Local Government Elections Act* von 1956) (4 & 5 Eliz. 2, c. 43).

### b) Wählbarkeitsvoraussetzungen

Dagegen sind die Wählbarkeitsvoraussetzungen für die Mitglieder der Vertretungskörper strenger als bei den allgemeinen Wahlen, da aus guten Gründen angenommen wird, der *councillor* müsse eine wirkliche Beziehung zu seinem Wahlkreis haben. Er muß, außer der Eigenschaft als britischer Bürger und Volljährigkeit, auch nachweisen, daß er entweder Grundeigentümer innerhalb des Wahlkreises oder als Lokalwähler in die Wählerliste eingetragen ist oder daß er zwölf Monate vor der Wahl seinen Wohnsitz im Wahlbezirk hatte. Die Wahlausschließungsgründe, seit dem Gesetz von 1933 (Sektion 59) für alle lokalen Vertretungskörper vereinheitlicht, enthalten keine wesentlichen Abweichungen von denen, die für die Parlamentswahlen maßgebend sind, außer daß der Bewerber um das Wahlamt keine 500 £ übersteigenden Steuerschulden haben darf und daß die Beamten und Angestellten einschließlich der Lehrer an den örtlichen Schulen nicht gewählt werden können[1]. Eine Sonderbestimmung des *Local Government Act* von 1933 (Sektion 76) verbietet solchen Vertretern, die an einem Beratungsgegenstand ein persönliches Interesse haben, das nicht notwendig finanziell sein muß, nach Bekanntgabe ihrer persönlichen Beteiligung die Teilnahme an der Beratung und Abstimmung; doch kann der Minister auf Antrag davon Ausnahmen zulassen, wenn dies im allgemeinen Interesse erscheint[2].

---

[1] Siehe *Lamb v. Jeffries* ([1956] [1 Q.B. 431]). Seit 1946 sind einige Erleichterungen für Lehrer eingetreten, sie können jetzt für die *County District Councils* gewählt und auch zu Mitgliedern der Schulausschüsse ernannt werden.

[2] Der *Local Government (Pecuniary Interests) Act* von 1964 (Eliz. 2, c. 77) erbrachte eine weitere Auflockerung, indem materielle Interessen nicht zu berücksichtigen sind, wenn sie keinen Einfluß auf die Beratung und Entscheidung haben können.

### c) Der Wahlgang

Die Lokalwahlen sind nicht in der Weise synchronisiert, daß sie auf allen Ebenen am gleichen Tag stattfänden. Auf den Unterstufen ist das Interesse örtlich beschränkt; diejenigen aber für die Oberstufe der *administrative counties* und der *borough counties*, welche die urbanisierten Bezirke darstellen, werden im ganzen Land stark beachtet. Die alle drei Jahre Ende März oder anfangs April stattfindenden Totalerneuerungen in den großen Städten können damit zu Generalproben für die kommenden Parlamentswahlen werden. Auch die Lokalwahlen werden von den politischen Parteien ausgefochten, weisen aber weit mehr Kandidaten auf, die, nicht parteiaffiliiert, für eine besondere Interessentengruppe als Unabhängige teilnehmen. Konservative und Labour messen den Lokalwahlen vor allem in den städtischen Bezirken zunehmende Bedeutung bei, nachdem die Vertretungskörperschaften nunmehr zahlreiche nationale Programme verwalten und die Partei damit erheblichen Einfluß auf die Bevölkerung gewinnen kann. Dementsprechend ist auch die Wahlbeteiligung an den wichtigeren Munizipalwahlen erheblich gestiegen, wenn sie auch nicht an diejenige der Parlamentswahlen herankommt. Ihr Wert als Stimmungsbarometer wird allerdings nicht selten dadurch gemindert, daß in einzelnen Wahlkreisen brennende örtliche Probleme die allgemeinen parteipolitischen Tendenzen überschatten und durchkreuzen. Bei der praktischen Arbeit aber der Vertretungskörperschaften sind die Parteigegensätze weit weniger ausgeprägt als im Parlament, hauptsächlich deshalb, weil bei Programmen, die von der Regierung vorgeschrieben sind, kein Spielraum für Parteipolitik besteht, aber auch weil die Leute sich gegenseitig kennen und achten. In den Ausschüssen wird so gut wie immer sachlich und ohne Bitterkeit zusammengearbeitet. Größere Lokalverwaltungseinheiten wie die *administrative counties* und die *borough counties*, aber auch andere mit einer zahlreichen Wählerschaft sind in Einzelwahlkreise eingeteilt. Die reichlich komplizierten Einzelheiten sind hier ohne Interesse.

## IV. Die Finanzen der Lokalverwaltung

### 1. Einnahmen

Eine jede Lokalverwaltungsbehörde ist verpflichtet, alljährlich dem *Minister of Housing and Local Government* eine Aufstellung ihrer Einnahmen und Ausgaben vorzulegen, der dann darüber dem Parlament einen zusammenfassenden Bericht unterbreitet.

Die Einnahmen der Lokalverwaltungseinheit stammten früher in der Hauptsache aus den im Bezirk veranlagten Lokalsteuern (*rates*). Heute sind diese an Bedeutung hinter die Regierungszuschüsse (*grants*) zurückgetreten. Außerdem verfügen bestimmte Klassen von Verwaltungseinheiten über nicht unwesentliche Einnahmen aus anderen Quellen. Derzeit (1964) ist das Verhältnis der verschiedenen Einnahmequellen das folgende: Regierungszuschüsse: 42 Prozent, Steuereinnahmen: 38 Prozent, sonstige Einnahmen (Mieteinnahmen, Ertrag von Kapitalsanlagen, Überschuß lokal betriebener Verkehrsmittel, Lizenzgebühren oder anderer Unternehmungen): 20 Prozent.

### a) Lokalsteuern

Die Erhebung von Lokalsteuern beruht auf parlamentarischer Ermächtigung, aber für Veranlagung, Erhebung und Verwendung des lokalen Steueraufkommens sind die Lokalverwaltungsbehörden nur ihren Wählern verantwortlich. Festlegung des Lokalsteueransatzes ist Sache der zuständigen Vertretungskörperschaften der *county boroughs* und *county districts*, wobei jeweils eine *district rate* und eine *county rate* festgelegt wird. In den *parishes* der *rural districts* erfolgt die Festlegung des Steuersatzes durch die zuständige Gemeindebehörde nach Maßgabe der Anforderungen, also nicht einheitlich für einen ganzen *rural district*. Ausschließliches Steuerobjekt ist das Grundeigentum, steuerpflichtig derjenige, der es innehat (Eigentümer, Pächter, Mieter). Steuergrundlage ist der Veranlagungswert (*net rateable value*), der sich unter Berücksichtigung des Mietwerts und auf dem Eigentum ruhender Lasten (Versicherung und Instandhaltungskosten) ergibt. Die Veranlagungsgrundsätze wurden nach dem *Local Government Act* von 1948 (11 & 12 Geo. 6, c. 26) für ganz England und Wales vereinheitlicht. Die Veranlagung wird seither von Bezirksbeamten der staatlichen Einkommensteuerbehörde vorgenommen, die von den Lokalbehörden völlig unabhängig sind. Gegen ihren Entscheid ist Berufung an die durch das Gesetz errichteten örtlichen *Valuation Courts* und von da an das *Lands Tribunal* zulässig. Die Veranlagung wurde durch den *Rating and Valuation Act* von 1961 (9 & 10 Eliz. 2, c. 45) ab 1963 auf eine neue Basis gestellt, wobei landwirtschaftliche Grundstücke, wie es schon seit 1929 der Fall gewesen war, auch weiterhin lokalsteuerfrei bleiben, industriell und kommerziell genutzte Grundstücke aber nunmehr zeitgerecht veranlagt sind. Doch hat der Minister erhebliches Ermessen in der Gewährung von Steuererleichterung in wirtschaftlich notleidenden Gebieten. Der *Distress for Rates Act* von 1960 (8 & 9 Eliz. 2, c. 12), hier an die Stelle eines Gesetzes der ersten Elizabeth von 1601(!) getreten, modernisierte nunmehr auch das Verfahren bei der Eintreibung von Steuerrückständen, was mit Klage vor dem *Magistrates' Court* und gegebenenfalls Zwangsverkauf von Vermögenswerten erfolgt. Hier ist auch eine Schuldhaft von nicht über drei Monaten noch zulässig.

### b) Regierungszuschüsse

Regierungsbeiträge zu den lokalen Ausgaben waren seit langem üblich und dienten vor allem zum Ausgleich von Unterschieden zwischen reichen und armen Lokalverwaltungseinheiten (*exchequer equalisation grants*), waren aber auch deswegen unumgänglich, weil die lokalen Instanzen mehr und mehr zu bloßen Ausführungsorganen von Nationalprogrammen geworden waren, für deren Aufwendungen sie billigerweise von der Zentralregierung entschädigt werden mußten. Die Technik der Regierungszuschüsse mußte daher ständig geändert und den neuen Verhältnissen angepaßt werden. Schon seit geraumer Zeit sind die Regierungszuschüsse die wichtigste Einnahmequelle der Lokalverwaltung. Der *Local Government Act* von 1958 (6 & 7 Eliz. 2, c. 55) stellte das System auf eine neue gesetzliche Grundlage: Es wird zwischen dem *general grant* und anderen Beiträgen (*specific grants*) unterschieden. Ersterer dient als Kostenbeitrag für die allgemeinen lokalen Dienstleistungen, den der Minister den *counties* und *county boroughs* zuweist. Hierbei wird der Hauptteil der Regierungszuschüsse, der *basic grant*, nach Maßgabe der Bevölkerungszahl und der Zahl der schulpflichtigen Kinder veranlagt, seine Höhe aber zwischen dem Ministerium und den Lokalbehörden für die Dauer von zwei Jahren ausgehandelt. Die den Zuschuß festlegende Ministerialanweisung muß durch einen Beschluß der *Commons* bestätigt werden, der ausnahmslos nur Formsache ist. Außerdem gibt es Ergänzungsbeiträge (*supplementary grants*), die nach einem komplizierten demographischen Schlüssel errechnet werden, bei dem die Zahl der Kinder unter fünf Jahren, der alten Leute über 65, die allgemeine Bevölkerungsdichte und andere Faktoren berücksichtigt werden. Ferner zahlt die Regierung nach wie vor Zuschüsse zur Polizei (50 Prozent der Kosten) sowie für die Aufrechterhaltung der Straßen (20—75 Prozent) und für das Wohnungswesen. Die Regierung hilft auch bei größeren Kapitalaufwendungen — Schul-, Brücken-, Straßen-, Wasserleitungsbauten — mit einmaligen Beiträgen aus. Hält der Minister dafür, daß eine Lokalverwaltungsbehörde in ihrer Dienstleistung hinter den allgemein geltenden Standards zurückbleibt, kann er beim Unterhaus eine gewissermaßen strafweise Herabsetzung der Regierungszuschüsse beantragen.

### c) Anleihen

Für größere Kapitalaufwendungen, wie für Grunderwerb, Bauvorhaben und andere unter ihre Zuständigkeit fallende Zwecke können die Lokalverwaltungsbehörden nach *Local Government Act* von 1933 (Sektion 195) mit vorgängiger Zustimmung des Ministers Anleihen von unbegrenzter Höhe aufnehmen, wozu sie sich an den allgemeinen Kapitalmarkt wenden, Privatmittel durch Hypothekensicherung erlangen oder auch, wenn alle anderen Stricke reißen, den vom Schatzamt finanzierten *Public Works Loan Board* in Anspruch nehmen mögen. Die Laufzeit ist üblicherweise 30 bis 60 Jahre. In allen Fällen muß die Genehmigung der *Treasury* eingeholt werden. Das Parlament sieht darauf, daß der Schuldendienst aus den laufenden Lokaleinnahmen getragen werden muß.

## 2. Rechnungsprüfung

Bei der Mehrzahl der Selbstverwaltungseinheiten beziehen sich die laufenden Ausgaben auf die folgenden Dienstleistungen: Erziehung, Wohnungsbau, Straßen und Brücken, Gesundheitswesen, Sozialleistungen und Polizei. Innerhalb jeder Verwaltungseinheit sieht das vom *Council* aufgestellte *Finance Committee* darauf, daß sich die Ausgabengebarung mit der vom *Council* festgelegten Finanzpolitik deckt. Außerdem aber besteht ein umfassendes und scharfes Kontroll- und Rechnungsprüfungssystem durch von der Lokalverwaltungsbehörde völlig unabhängige Beamte, das aber nach wie vor der Einheitlichkeit ermangelt, da die *borough*-Verwaltungen dabei ihre eigenen Wege gehen können. Die allgemeine Regel ist die Rechnungsprüfung durch die sogenannten *District Auditors*[1], die nach dem *Local Government Act* von 1933 dafür zuständig gemacht wurden. Diese sind vom *Minister of Housing and Local Government* ernannte Mitglieder des *Civil Service*, die aber andererseits nicht unter seiner Autorität stehen und bei der Finanzkontrolle gerichtsartige (*quasi-judicial*) Funktionen ausüben, was wiederum erklärt, daß ihre Tätigkeit zu einer umfassenden Rechtsprechung Anlaß gegeben hat. Die *District Auditors* sind berechtigt, eine ungesetzliche oder übermäßige Ausgabe für unzulässig zu erklären (*disallow*) und den dabei in Frage kommenden Betrag denjenigen Personen oder Personeneinheit, also in der Regel den betreffenden *Council*-Mitgliedern, zu belasten, welche dafür verantwortlich sind[2]. Unter dem *Local Government Act* von 1933 muß ein Fehlbetrag der dafür schuldigen Person aufgebürdet werden (*surcharge*). Der Betreffende muß aber ein Mitglied oder Angestellter der Behörde sein (*Re Dickson* [1948] [2 K. B. 95]). Wer sich durch den Bescheid der

[1] Der hier verwendete Ausdruck "*district*" hat nichts mit der Territorialeinteilung, etwa ländlich und städtisch, zu tun, sondern kennzeichnet lediglich die Zuständigkeit für einen bestimmten Verwaltungsbezirk.

[2] In *Roberts v. Hopwood* ([1925] [A.C. 578]) hatte das Oberhaus die Streichung des vom (sozialistischen) *Borough Council* des Londoner Bezirks Poplar angesetzten Mindestlohn durch die *District Auditors* als übermäßig gutgeheißen. Nach dem damaligen Recht waren die *Council*-Mitglieder, die den Beschluß herbeigeführt hatten, dafür persönlich haftbar; die sehr hohe Summe konnte aber von ihnen nicht beigetrieben werden. Sie wären daher eingesperrt worden, wenn nicht der *Audit (Local Authorities) Act* von 1927 (17 & 18 Geo. 5, c. 31) die finanzielle Haftung auf 500 £ beschränkt hätte, dafür aber die Schuldigen auf die Dauer von fünf Jahren von der Wählbarkeit für ein Lokalverwaltungsamt ausschloß.

*District Auditors* zu Unrecht belastet fühlt, kann bei einem Betrag von mehr als 500 £ den *High Court*, sonst den Minister anrufen.

In den *boroughs* dagegen ist die Rechnungsprüfung durch unabhängige Beamte nicht unter allen Umständen vorgeschrieben. Die Rechtslage ist sehr kompliziert. Bei bestimmten Gebieten —Kinderfürsorge, Erziehung, Gesundheitswesen und Spezialleistungen — muß die Maschinerie des *district audit* zum Zug kommen, bei anderen Ausgabeposten können sich die *borough councils* berufsmäßiger Buchprüfer bedienen oder der sogenannten *elective auditors*, in welchem Verfahren zwei Mitglieder des Prüfungsgremiums gewählt und einer vom *mayor* aus der Mitte der *councillors* ernannt wird. Die gewählten Prüfer dürfen nicht Mitglieder der Verwaltungsbehörden sein, müssen aber die Wählbarkeitsvoraussetzungen für diese erfüllen. Von letzterem Verfahren scheint man aber mehr und mehr abgenommen zu sein. Es ist nicht einzusehen, warum das durchaus einwandfreie und objektive *district auditor*-Verfahren nicht auch für alle *boroughs* vorgeschrieben werden sollte.

## V. Die Polizeiverwaltung

Die polizeiliche Sorge für die öffentliche Sicherheit und Ordnung ist eine wesentliche, wenn nicht die oberste Aufgabe der staatlichen Behörden. In Großbritannien fällt die Polizei unter die Zuständigkeit der Lokalverwaltung, wobei jedoch der Zentralregierung ein erhebliches Maß von Koordinations- und Aufsichtsbefugnissen eingeräumt ist.

### 1. Zur Geschichte der Polizeiorganisation

Daß es bis zum heutigen Tage in Großbritannien keine allgemeine staatliche Polizei gibt, beruht großenteils auf historischen Zufälligkeiten, derer Herr zu werden angesichts des traditionellen Beharrungsvermögens bisher nicht gelungen ist. Wesentlich beigetragen hat aber zu diesem Konservativismus die nationale Erfahrung mit einem absolutistisch geneigten Königtum, dem eine von ihm kontrollierbare Polizei ebenso versagt wurde wie ein stehendes Heer (*Bill of Rights* von 1688).

Schon sehr frühzeitig war die Polizei oder, wie sie damals und bis ins 18. Jahrhundert geheißen wurde, die Konstablerie, Angelegenheit der örtlichen Verwaltung (*Assize of Arms* [1181] und *Statute of Westminster II* von 1285 [13 Edw. 1, c. 30]). Demgemäß wurde in jedem *hundred* ein *Chief Constable*, in jeder dem *hundred* unterstellten *township* ein *Petty Constable* bestellt, ein Jahresamt und unbezahlt. Nach dem 14. Jahrhundert gerieten die *Constables* unter die Kontrolle der Friedensrichter. In den Städten entwickelte sich eine Art Polizei untertags als *watch* und nachts als *ward*. Aber England blieb bis an die Schwelle der Neuzeit ein unsicheres Land und durch Jahrhunderte lag die Verbrechensbekämpfung, wie noch von Blackstone bezeugt, sehr im Argen, bis gegen Ende des 18. Jahrhunderts die öffentliche Meinung dagegen zu protestieren begonnen hatte. Die Reformgesetzgebung wurde von Sir Robert Peel energisch betrieben, indem zunächst der *Metropolitan Police Act* von 1829 (10 Geo. 4, c. 44) eine bezahlte Polizeitruppe für den Metropolitanbezirk von London ins Leben rief, gefolgt vom *Municipal Corporations Act* von 1835 (5 & 6 Will. 4, c. 76), der allen *boroughs* die Errichtung einer bezahlten Polizei zur Auflage machte. Für die Grafschaften erbrachte der *Constables Act* von 1839 (2 & 3 Vict., c. 93) die Möglichkeit, solche Polizeitruppen freiwillig aufzustellen, und der *County and Boroughs Police Act* von 1856 (19 & 20 Vict., c. 69) machte dies zumindest in England und Wales für alle Grafschaften schließlich obligatorisch. Erst der *Local Government Act* von 1888 (51 & 52 Vict., c. 41) errichtete die noch heute beibehaltene Kontrollinstanz der Polizei in der Form eines *Joint Committee*, bestehend je zur Hälfte aus den Friedensrichtern der Grafschaft (*Quarter Sessions*) und aus Mitgliedern der Grafschaftsvertretung. Diese Konzession an die historische Rolle der Friedensrichter bei der Aufrechterhaltung der öffentlichen Ordnung und Sicherheit mochte damals nicht unangemessen gewesen sein, mußte sich aber auf die Dauer als einer wirksamen Polizeiorganisation abträglich erweisen.

## 2. Die gegenwärtige Polizeiorganisation

Die geltende Polizeiorganisation beruht auf dem erst jüngst erlassenen umfassenden *Police Act* von 1964 (Eliz. 2, c. 48), der an die Stelle der bisherigen Regelung im *Police Act* von 1946 (9 & 10, Geo. 6, c. 46) getreten ist[1]. Er enthält auch die auf die Polizei bezüglichen Strafbestimmungen wie Angriffe gegen Polizeibeamte, fälschliche Anmaßung einer polizeilichen Funktion durch einen Unberechtigten und Unterwühlung des Dienstgeistes (*disaffection*) der Polizeitruppe (Artikel 51—53). Bei Inkrafttreten des Gesetzes bestanden in Großbritannien (ohne Nordirland) 157 Polizeigebiete (*police areas*), davon 125 in England und Wales und 32 in Schottland. Alles in allem waren 1963 87 000 Personen bei den Polizeikräften eingestellt, wovon auf die Londoner Metropolitanpolizei 18 000 trafen[2].

Jedes *county* und jeder *borough* in England und Wales ist zur Unterhaltung einer Polizeitruppe verpflichtet; außerdem bestehen die soge-

[1] Die neue Regelung ist das Ergebnis einer zum Studium des Gesamtkomplexes der Polizei eingesetzten *Royal Commission* (Cmnd. 1222/1960 und 1728/1962).

[2] Diese sieht sich seit einigen Jahren Rekrutierungsschwierigkeiten gegenüber und liegt etwa 20% unter der Sollstärke. Nur sechs der insgesamt 125 Polizeibezirke in England und Wales waren 1965 voll bemannt. 21 Londoner Polizeistationen mußten nachts geschlossen werden, da nicht genügend Mannschaften verfügbar waren. Die Polizeibeamten ziehen das ruhigere und weniger gefährdete Leben auf dem Lande oder in der Provinz der Tätigkeit in London vor.

nannten kombinierten Polizeigebiete, in welchen Verwaltungseinheiten der verschiedenen Kategorien oder Teile derselben zum Zwecke wirksamer Polizeigestaltung zusammengefaßt sind. Irgendwann im 19. Jahrhundert hatte jeder *borough* seine eigene Polizeitruppe. Eine Hauptaufgabe der Konsolidierungsgesetzgebung seit den 80er Jahren des letzten Jahrhunderts war die Verminderung der Polizeitruppen gewesen, da manche *boroughs* nicht zur Aufrechterhaltung einer eigenen Polizei fähig waren. Diese Tendenz zur Konsolidierung wird von der neuesten Regelung zielbewußt fortgesetzt: Falls die Polizeibehörden von zwei oder mehr Polizeigebieten der Auffassung sind, eine Zusammenlegung sei für die polizeilichen Zwecke tunlich, können sie dem zuständigen *Home Secretary* einen entsprechenden Zusammenlegungsplan unterbreiten oder dieser kann von sich aus das entsprechende in die Wege leiten (Sektionen 21—24). Dem gleichen Zweck dient auch, daß benachbarte Polizeigebiete eine Zusammenarbeitsvereinbarung (*collaboration agreement*) eingehen können (Sektion 13), die vom *Home Secretary* zu bestätigen ist. Damit wird einem zeitgemäßen Bedürfnis Rechnung getragen: Heutzutage macht die herkömmliche Ordnungsfunktion, welche der Polizei obliegt, keine wesentlichen Schwierigkeiten; das englische Publikum ist ordnungsliebend und fügt sich vernünftigen polizeilichen Weisungen ohne weiteres. Die Hauptaufgabe der Polizei hat sich demgemäß auf die Bekämpfung des organisierten Berufsverbrechertums verlagert, das, dem Zuge der Zeit folgend, sich der modernsten technischen Mittel bedient. Die Polizeigebiete müssen also so ausgedehnt werden, wie es die Verbrecherbekämpfung unter den Bedingungen der motorisierten Kriminalität verlangt, ohne durch einen territorial zu engen Jurisdiktionsbereich behindert zu sein.

Die lokalen Polizeibehörden sind Ausschüsse der Vertretungskörperschaften, die in einem *county* die Bezeichnung *police committee*, in einem *borough watch committee* führen. Sie setzen sich zu zwei Dritteln aus Mitgliedern der *councils* des *county* bzw. des *borough* zusammen und beim *police committee* zu einem Drittel aus Magistraten, die der *Court of Quarter Sessions* dahin delegiert, bzw. beim *watch committee* des *county borough* aus seinen dahin delegierten Richtern. Diese Polizeiausschüsse sind die Aufsichtsbehörde über die Polizeiverwaltung des betreffenden Polizeigebiets (Sektion 2). Die Stärke der Polizeikräfte richtet sich in jedem Polizeigebiet nach Bevölkerungsdichte und den örtlichen Bedingungen.

Die vorstehend beschriebene Polizeibehörde ernennt den *Chief Constable*, der die das Polizeigebiet betreffende Polizeimannschaft befehligt und der seinerseits die unteren Chargen der Polizeitruppe ernennt; sie können von ihm auch entlassen werden[1].

[1] Gilt die Entlassung als ein rein administrativer Akt, kommen die bei gerichtsförmigen Verfahren üblichen Kautelen zugunsten des Betroffenen, wie die Beob-

Innerhalb der einzelnen Polizeigebiete besteht unter der Aufsicht der Polizeiausschüsse eine weitgehende Autonomie. Die örtliche Polizeibehörde sorgt für die erforderlichen Betriebsinstallationen (Sektionen 4 und 5), wie Polizeistationen und Polizeikasernen, setzt die Gehaltsskala nach Maßgabe allgemeiner, vom Staatssekretär erlassener Richtlinien fest und handhabt die Disziplin, soweit hierfür nicht der *Chief Constable* zuständig ist[1]. Eine zeitgemäße Neuerung sind die nach dem *Roads Traffic and Roads Improvement Act* von 1960 (8 & 9 Eliz. 2, c. 63) aufgestellten Verkehrspolizisten (*traffic wardens*). Sie können Verkehrssünder durch Ausstellung eines Strafmandats zur Strecke bringen, nach dessen sofortiger Bezahlung sich eine gerichtliche Verhandlung erübrigt.

## 3. Zentralisierungsmaßnahmen

Im großen ganzen ist also die Polizeiverwaltung nach wie vor von dem Grundsatz der Dezentralisierung und der Autonomie der lokalen Verwaltungsbehörden beherrscht. Es bestehen aber wesentliche und neuerdings verstärkte Befugnisse der Zentralregierung, die durch den *Home Secretary* ausgeübt werden, der also in einem gewissen, wenn auch beschränkten Umfang als der Polizeiminister fungiert. Man kann es als eine Hauptabsicht der Neuregelung von 1964 ansehen, daß sie die Stellung des *Home Secretary* innerhalb der allgemeinen Polizeiorganisation schärfer umreißt: Er ist dem Parlament gegenüber für die Aufrechterhaltung einer wirksamen Polizei im ganzen Land verantwortlich und nicht mehr etwa nur für die eventuellen polizeilichen Fehlleistungen in einem bestimmten Bezirk. Abgesehen davon, daß er die direkte Kontrolle über die Londoner Metropolitanpolizei ausübt[2], kommt hier in erster Linie in Betracht, daß er die Ernennung aller *Chief Constables* und seiner hauptsächlichsten Gehilfen bestätigen muß und daß er aus dienstlichen Gründen ihren Rücktritt verlangen kann (Sektion 29). Er kann auch von jedem *Chief Constable* einen Spezialbericht über eine ihn interessierende Angelegenheit anfordern, abgesehen von dessen allgemeiner Verpflichtung, ihm die seiner Polizeibehörde vorgelegten

---

achtung der Grundsätze der natürlichen Gerechtigkeit, nicht zur Anwendung; so der *Court of Appeal* in *Ridge v. Baldwin* ([1962] [2 W.L.R. 716]); hier war ein Polizeibeamter, der wegen Korruption angeklagt, aber gerichtlich freigesprochen worden war, von seinem *Watch Committee* entlassen worden, ohne daß ihm rechtliches Gehör gegeben worden wäre. Das *House of Lords* aber hielt gerechterweise die Entlassung eben deswegen für ungültig und verwies die Sache zur neuen Verhandlung an die Vorinstanz zurück [1963] [2 All E.R. 60])

[1] Nach dem Gesetz von 1964 (Sektion 37) steht jedem Polizeibeamten, der sich durch eine disziplinarische Maßnahme seiner lokalen Polizeibehörde beeinträchtigt fühlt, die Berufung an den *Home Secretary* zu.

[2] Siehe unten S. 162.

Jahresberichte zugänglich zu machen (Sektion 30). Er kann auch seinerseits Untersuchungen über örtliche Polizeiangelegenheiten anstellen (Sektion 32) und — eine Neuerung — die von ihm im Benehmen mit der *Treasury* ernannten Polizeiinspektoren sind in der Lage, die örtlichen Polizeiverwaltungen fortlaufend zu kontrollieren und ihm über etwa aufgefundene Mißstände zu berichten. Ferner steht ihm dadurch eine wirksame Kontrolle zu, daß die lokalen Polizeiverwaltungen von der Zentralregierung nach dem *Miscellaneous Financial Provisions Act* von 1950 (14 Geo. 6, c. 21) einen Zuschuß in Höhe der Hälfte der Nettoaufwendungen für die Polizeiverwaltung ihres Gebietes erhalten, wodurch der *Home Secretary* bzw. der *Secretary of Scotland* in der Lage sind, durch Streichung oder Kürzung einen Druck auszuüben, wenn sie mit der Polizeiverwaltung unzufrieden sind. Auch für die Dienstverhältnisse der Polizeitruppe — Anstellung und Beförderung, Disziplinargewalt, Dienstverpflichtungen, Dienstaustritt, Gehaltsskalen, Dienststunden etc. — werden von ihm allgemeine Regelungen aufgestellt (Sektion 33). In solchen und anderen Angelegenheiten kann er sich mit den seit langem bestehenden *Police Advisory Boards* für England und Wales bzw. für Schottland beraten (Sektion 46).

Eine Reihe von Polizeidiensten, die für das ganze Land von Bedeutung sind, werden zentral geführt (Sektionen 41 und 42); dazu gehören Straf- und Fingerabdrucksregister, kriminalwissenschaftliche Laboratorien und Untersuchungsanstalten — in welchen Dingen die englische Polizei von jeher einen besonderen Ruf genießt —, Suchdienst und die verschiedenen Anstalten, die zum Polizeiausbildungswesen gehören.

An die Ersetzung des gegenwärtigen Zustands zahlreicher dezentralisierter Polizeibehörden durch eine einheitliche Landespolizei ist allerdings angesichts der eingewurzelten Abneigung dagegen nicht zu denken.

### 4. Die Polizeibeamten

Die Mitglieder der Polizeikräfte — hier der Einfachheit halber Polizeibeamte genannt, obwohl sie keine eigentlichen Beamten sind —[1] werden in einem *borough* vom *Watch Committee*, in einem *county* vom *Chief Constable* ernannt, wobei die vom *Home Office* erlassenen allgemeinen Standards zur Anwendung kommen. Es besteht seit langem in allen beruflichen Angelegenheiten (außer disziplinarischen und Beförderungsfragen) eine Standesvertretung der Polizeibeamten in Gestalt der *Police Federation* (je eine für England und Wales und für Schottland) (Sektion 44), deren Geschäftsbetrieb sich nach den allgemeinen Anweisungen des *Home Secretary* vollzieht, und außerdem für den eigentlichen Dienstbetrieb das *Police Council for Great Britain* (Sektion 45), in welchem alle

[1] Jedoch wurden sie in *Lewis v. Cattle* ([1938] [2 K.B. 454]) als „Diener der Krone" als dem *Official Secrets Act* unterstehend angesehen.

Ränge der Polizei und die lokalen Polizeibehörden vertreten sind. Meinungsverschiedenheiten über die Arbeitsbedingungen und Entlohnungsfragen werden dort nach Art der *Whitley Councils* für Beamte ausgetragen.

Die von dem Polizeibeamten bei seiner Einstellung beschworene Pflicht ist „die Aufrechterhaltung des Friedens bei Tag und bei Nacht". Zu seinen wesentlichen Funktionen gehört der Vollzug von gerichtlichen Haftbefehlen (*warrant*). Nach *common law* und bestimmten Gesetzen kann er jedoch zu einer Festnahme auch ohne einen solchen schreiten. Es stehen ihm auch bestimmte Rechte zum Betreten von Gebäuden und ihrer Durchsuchung zu[1]. Er vollzieht seinen Dienst ohne Schußwaffe.

Die englische Polizei erfreut sich eines weiten Ansehens, das insbesondere der Londoner Zentrale (*New Scotland Yard*) zugute kommt, deren unentwegte Tüchtigkeit allerdings durch die marktgängige Kriminalromanliteratur einigermaßen übertrieben wird. Skandalaffairen, bei denen Angehörige der Polizei beteiligt sind, sind selten, obzwar sie sich in den letzten Jahren vermehrt zu haben scheinen. Die in anderen angeblich auch zivilisierten Ländern geübte Polizeibrutalität kommt wegen der dem Verdächtigten zustehenden Schutzrechte kaum je vor. Das Verhältnis zwischen Polizei und Publikum ist demnach, weil von gegenseitigem Vertrauen getragen, so gut als es nur sein kann. Der „Bobby" gilt als zuverlässiger Freund des Publikums. Umso empfindlicher ist der Engländer gegen polizeiliche Mißgriffe, die nicht unbedingt Polizeiwillkür sein müssen, und auch die Gerichte verstehen hier keinen Spaß.

Es gibt kein Sonderrecht für die Polizei. Sie haftet für unerlaubte Handlungen genau wie ein Privater. Wenn also ein Polizeibeamter unter Überschreitung seiner Amtsbefugnisse handelt, begeht er eine widerrechtliche Handlung. Insbesondere hängt das Damoklesschwert der böswilligen Strafverfolgung (*malicious prosecution*) und der ungerechtfertigten Freiheitsberaubung (*false imprisonment*) ständig über ihm. Bisher war er dafür persönlich haftbar (*Christie v. Leachinsky* [1947] [A. C. 573] [Schlüsselfall]). Die Polizeibehörde selbst war für solche widerrechtliche Handlungen nicht haftbar (*Fisher v. Oldham Corporation* [1930] [2 K. B. 364] [Schlüsselfall]). Die Haftung der Krone für unerlaubte Handlung kam gleichfalls nicht zum Zug, da der *Crown Proceedings Act* von 1947 (Sektion 2(6)) diese nur bei Beamten eintreten läßt, deren Gehalt dem *Consolidated Fund* belastet ist. Doch war es schon bisher üblich gewesen, daß, falls ein Polizist in solchen Fällen in gutem Glauben gehandelt hatte, seine vorgesetzte Behörde für ihn finanziell einsprang und Schadenersatz und Kosten übernahm. Das Gesetz von 1964 bringt nun hier eine grundsätzliche Regelung (Sektion 48): Der Vorstand der Polizeitruppe (*chief officer*), der der betreffende Polizeibeamte angehört,

---

[1] Siehe hierüber ausführlich unten S. 283ff.

ist mit ihm mitverantwortlich und haftet für die vom Polizeibeamten begangene unerlaubte Handlung im Verhältnis von Herr und Diener (*master and servant*). Die Klage muß gegen ihn gerichtet werden. Schadenersatz, Kosten und eine eventuell vereinbarte Vergleichssumme werden aus dem bei jeder Polizeibehörde geführten Polizeifonds gezahlt. Die Regelung hat in eine lange Zeit verworrene Rechtslage nunmehr eine vernünftige Ordnung gebracht.

## VI. Die Munizipalverwaltung im Raum von Groß-London

### 1. Die speziellen Bedingungen der Massensiedlung

Für die Verwaltung des Raumes, in welchem die Megalopolis von London gelegen ist, bestanden seit alters besondere Bedingungen. Ehe es vor wenigen Jahren vom japanischen Tokyo überflügelt wurde, umfaßte London die gewaltigste Siedlungsgemeinschaft des Erdballs. Nach der letzten Volkszählung (1961) war die Region, die als Groß-London bezeichnet wird, auf einem Areal von nur 721,7 Quadratmeilen von 8, 172 Millionen Menschen bewohnt. Die Zusammenballung solcher Menschenmassen auf gedrängtem Raum erforderte besondere, vom übrigen Land abweichende Arrangements der Lokalverwaltung. Dazu kommt, daß innerhalb des Groß-Londoner Raums eine ganze Reihe von seit alters verwaltungstechnisch gesondert gestalteten Organisationsformen gelegen sind; die „*City of London*", die sich nach einem Gesetz von 1690 „*The Mayor and Commonalty and Citizens of the City of London*" betiteln darf, ist nach wie vor eine auf verschiedenen königlichen Verleihungen (*royal charter*) beruhende Körperschaft des öffentlichen Rechts (*corporation*), die sich durch die Zeitläufte ihre eigene Regierung durch drei *Courts* geheißene Vertretungskörperschaften erhalten hat. Weiterhin beanspruchten zwei im Stadtkern gelegene Areale, der *Inner* und der *Middle Temple*, die altehrwürdigen Sitze der Juristengilden, eine gesonderte Stellung[1]. Überdies gilt der Stadtbezirk von Westminster als „*City*" und derjenige von Kensington im Westen Londons als „*Royal Borough*" kraft königlicher Verleihung.

Andererseits verlangte in neuerer Zeit das Zusammenleben einer so gewaltigen Menschenmasse in einem völlig urbanisierten Bereich eine zentralisierte Zusammenfassung der wesentlichen öffentlichen Dienste,

[1] Der altertümliche Bezirk des *Temple* war niemals ein Teil der *City of London* gewesen, gehört aber nunmehr zum *administrative county*. Zwischen der *City* und dem *Temple* bestand seit alters eine Rivalität, die aber niemals gerichtlich ausgetragen wurde. Die Vorstände (*benchers*) der beiden Juristeninnungen des *Middle* und *Inner Temple* üben auch heute noch innerhalb ihres kleinen Territoriums gewisse Funktionen aus, die anderwärts als zur Lokalverwaltung gehörig gelten würden. Es ist eine der den Engländern so teuren historischen Reliquien.

wie Verkehr und Transportwesen, Wasserversorgung, Polizeischutz, öffentliche Arbeiten und allgemeine städtische Planung. Diesen Bedürfnissen trug nach einer chaotischen und unregulierbaren Entwicklung schließlich, wenn auch mit erheblicher Verspätung, der *London Government Act* von 1939 (2 & 3 Geo. 6, c. 40) Rechnung, der aber in jüngster Zeit durch den *London Government Act* von 1963 (Eliz. 2, c. 33) ersetzt wurde. Da letzterer die Grundlinien des ersteren beibehielt, kommt diesen hier eine kurze Betrachtung zu.

## 2. Die Metropolitanverwaltung von London nach dem Local Government Act von 1939

Das Londoner Stadtareal ist ein *administrative county*, das sich aus dem *City of London* genannten Stadtkern, 28 Metropolitanbezirken (*metropolitan boroughs*) und dem als *Temple* bezeichneten Gebäude- und Geländekomplex zusammensetzt. Die geographischen Grenzen der Metropolitanbezirke sind im ersten Anhang (*schedule*) aufgeführt. Gegenstand der gesetzlichen Regelung sind vor allem die Vertretungskörperschaft für das *county* als ganzes und die Vertretungen der in ihm eingeschlossenen Metropolitanbezirke.

### a) Der London County Council

Die *London County Council* — nachfolgend gebräuchlicherweise mit L.C.C. abgekürzt — geheißene Gesamtvertretungskörperschaft wird alle drei Jahre von den ortsansässigen Wählern gewählt. Nach Ablauf der Wahlperiode erfolgt eine Integralerneuerung. Auch der als *City of London* konstituierte Bezirk nimmt an der Wahl teil. Jeder Bezirk wählt drei Vertreter, also die 28 Metropolitanbezirke und die *City of London* insgesamt 87 Mitglieder. Die Wahlbezirke entsprechen denjenigen für Parlamentswahlen.

Was man die „Regierung“ von Metropolitan-London nennen könnte, besteht aus einem Vorsitzenden, den *Aldermen* und den Stadträten. Diese Gruppe besitzt Körperschaftsstatus und verfügt über ihr eigenes Amtssiegel. Der Vorstand wird alljährlich vom Gesamtrat gewählt. Wählbar sind *Aldermen*, Räte und alle Personen, die Räte sein können. Der Vorsitzende ist von amtswegen ein Friedensrichter des *county*. Die *Aldermen* ihrerseits, mit den gleichen Wählbarkeitsvoraussetzungen, betragen ein Sechstel der Zahl der Räte; davon wird die Hälfte alle drei Jahre neugewählt. Die Wahlen für den L.C.C. sind politische Ereignisse ersten Ranges, wenn auch an Bedeutung hinter den Generalwahlen für das Parlament zurückstehend.

Was die Zuständigkeiten gegenüber den Metropolitanbezirken anbelangt, so sind sie ausgedehnter, als es sonst bei der Vertretungskörperschaft eines *administrative county* gegenüber den ihm eingegliederten Verwaltungseinheiten der Fall ist. Sie sind sowohl eigenrechtlich als auch lediglich überwachend und aufsichtsführend, erstrecken sich aber nicht auf Polizei- und Straßenwesen. Es läßt sich vielleicht sagen, daß dem L.C.C. alle Zuständigkeiten zukommen, die sich auf die Verwaltung des Gesamtareals beziehen und die Zentralisierung ist umfassender als es sonst bei den *administrative counties* üblich und angemessen ist. Jedoch besitzt der L.C.C. keine eigene Steuergewalt, sondern befriedigt seine Bedürfnisse durch Umlagen (*precepts*), die den Metropolitanbezirken und der *City of London* auferlegt werden.

### b) Die Vertretungskörperschaften der Metropolitanbezirke

Organisation und Wahlbedingungen sind die gleichen wie beim L.C.C. Die Bezirksstadträte werden zur gleichen Zeit wie die Vertreter des L.C. C. gewählt. Die Zuständigkeiten decken sich im allgemeinen mit denen eines anderen *borough council* außerhalb Londons, allerdings mit der Maßgabe, daß der L.C.C. sie stärker beschneidet als es sonst üblich ist. Auch sie haben keine Polizeigewalt, veranlagen und erheben jedoch die Lokalsteuern für ihren Bezirk, in einer Großstadt wie London eine schwierige und wichtige Funktion. Hinsichtlich der Bildung von Ausschüssen und der Bestellung von Lokalverwaltungsbeamten bestehen keine wesentlichen Besonderheiten. Obligatorisch sind für beide Jurisdiktionsbereiche die Bestellung von *clerk*, *treasurer*, Medizinalpersonen, wozu beim L.C.C. ein Erziehungsbeamter, bei den Metropolitanbezirken Sanitätsinspektoren kommen.

### c) Die City of London

#### *aa) Die Vertretungskörperschaften*

Völlig aus dem Rahmen fällt dagegen die Stellung der *City of London*, die eine uralte Korporation ist. Geographisch wird darunter das um die St. Pauls-Kathedrale gelegene mittelalterliche London verstanden, untertags von den dort arbeitenden wimmelnden Menschenmassen bevölkert, aber von nicht mehr als 5 000 Personen dauernd bewohnt. Als Rahmen für ihre altertümlichen Verwaltungs- oder „Regierungs"einrichtungen dienen der *City of London* die stimmungsvollen mittelalterlichen Zunfthäuser und ihre Verfahren spielen sich mit jenem zopfigen Pomp ab, den der Engländer liebt und der Ausländer bewundert.

Die *City of London* ist eine Körperschaft (*corporation*) nach *common law* und verfügt über erhebliche Privateinkünfte, die keinerlei gesetzlicher Regelung unterliegen. Ihre „Regierung" besteht aus drei *Courts* genannten Vertretungskörperschaften, die ineinander so verschachtelt sind, wie es einst die venezianischen Regierungsinstanzen waren, und zwar dort wie hier zum gleichen Zweck, nämlich um die Vorherrschaft der Handelsoligarchen dauernd unangreifbar zu gewährleisten. Von diesen drei Vertretungskörperschaften besteht der *Court of Common Council* aus dem *Lord Mayor*, ein alljährlich wechselnder distinguierter Geschäftsmann, der sein Amt am 9. November antritt[1], fünfundzwanzig *Aldermen*, die von den einzelnen Stadtvierteln auf Lebenszeit gewählt werden, und aus nicht weniger als 206 Stadträten, die von den im Bezirk eingeschriebenen Wählern alljährlich bestellt werden[2]. Frauen sind nicht wählbar; das Wahlrecht ist beschränkt, die Nomination meist ausschlaggebend. Im großen ganzen fungiert diese Versammlung ähnlich wie ein anderer *Metropolitan Borough* von Groß-London und ist in seiner Zuständigkeit weitgehend dem L.C.C. untergeordnet. Es bestehen aber hier außerdem eine Reihe von Besonderheiten. Vom *Court of Common Council* werden die Richter des Stadtgerichts, des *Mayor's and City of London Court*, gewählt (außer dem wichtigen *Recorder*). Die Versammlung ist auch die Sanitätsbehörde für den zum City-Bereich gehörenden Hafen von London, woraus sich erklärt, daß der *Lord Mayor ex officio*-Admiral der Flotte ist; außerdem ist der *Court of Common Council* auch die Polizeibehörde für den Stadtbezirk.

Die zweite, kleinere Versammlung ist der *Court of Common Hall*; er besteht aus dem *Lord Mayor*, den zwei *City Sheriffs*, die von ihm alljährlich gewählt werden, mindestens vier *Aldermen* und, ein Überbleibsel der uralten Gildenorganisation, aus den Vorständen (*liverymen*) der noch bestehenden korporativen Handelsgesellschaften und Innungen. Ihm obliegt auch die Nomination von zwei Kandidaten für den Posten des nächstjährigen *Lord Mayor*, die *sheriffs* gewesen sein müssen.

Der *Court of Aldermen* schließlich besteht aus dem *Lord Mayor* und den fünfundzwanzig *Aldermen*. Er vollzieht die eigentliche Wahl des nächstjährigen *Lord Mayor*, wobei er an die Nomination der zwei vom *Court of Common Hall* designierten Bewerber gebunden ist. Er wählt auch den *Recorder*, die wichtigste Gerichtsperson im Bereich der *City of London*.

#### *bb) Gerichtsfunktionen*

Der *Lord Mayor*, die *Aldermen* und der *Recorder* sind *ex officio*-Friedensrichter. Aus ihnen wird der *Mayor's and City of London Court* als *Quarter Sessions* gebildet, der im Mansion House und Guildhall tagt und hauptsächlich Zivilgerichtsbarkeit ausübt. Schwerere Verbrechen kommen vor den *Central Criminal Court*, aus zahllosen englischen Kriminalromanen nach der Straße, an welcher das Gericht seit 1907 gelegen ist, als *Old Bailey* bekannt. Es wird vom *Recorder* präsidiert, dem *senior law officer* der *City of London* und einem der einflußreichsten und mächtigsten Gerichtsfunktionäre des Landes. Er ist gleichzeitig Richter am *Mayor's Court*[3].

[1] Der für das Jahr 1966/67 Gewählte ist der 639. Inhaber des Amts.

[2] Ihre Zahl betrug (1964) 3350.

[3] Das 1298 begründete Amt hatte bisher 94 Inhaber, von denen keiner es so lange innehatte — zweiundzwanzig Jahre — als der 1959 zurückgetretene Sir Gerald Dodson.

*cc) Die Polizeigewalt innerhalb der City of London*

Die lokale Kontrolle der Polizei gilt grundsätzlich auch für Groß-London, mit dem Unterschied jedoch, daß das gesamte Metropolitanareal ein einheitliches Jurisdiktionsgebiet bildet und weder dem L.C.C. noch gar den einzelnen Metropolitanbezirken zusteht. Vielmehr schuf schon Peels *Metropolitan Police Act* von 1829 (10 Geo. 4, c. 44) eine sich über ganz London erstreckende Polizeiorganisation, die unmittelbar unter dem *Home Secretary* steht, der sich dabei eines von der Krone ernannten *Commissioner* bedient. Der im *New Scotland Yard* als Amtssitz amtierende *Police Commissioner* ist in der Tat die wichtigste Polizeifigur des ganzen Vereinigten Königreichs. Andererseits besitzt die *City of London* ihre eigene Polizei unter einem *Commissioner*, dessen Bestellung ebenso wie diejenige aller anderen provinzialen *Chief Constables* vom *Home Secretary* bestätigt werden muß. Die Polizeibehörde für die *City of London* ist, wie erwähnt, der *Court of Common Council.* Obwohl verwaltungsmäßig völlig getrennt, arbeiten beide Polizeibehörden Hand in Hand und sind gegenüber dem raffinierten Berufsverbrechertum mit den fortgeschrittensten Mitteln der Verbrechensbekämpfung ausgestattet. Wie in allen großstädtischen Bevölkerungsmassierungen besteht eine erhebliche Kriminalität und die organisierten Banden der wohlverdienenden Jugendlichen machen der Londoner Polizei keine geringere Sorge als die Rebellion der Jugend anderswo.

## 3. Die Reform der Verwaltung von Groß-London von 1963

Groß-London war längst über den Jurisdiktionsbereich des eigentlichen *administrative county of London* hinausgewachsen und hatte in die benachbarten Grafschaften übergegriffen, womit ein Zusammenwachsen von Stadtsiedlungen in einem megalopolen Raum verbunden war, den man mit einem neuen Wort eine *conurbation* nennt. Der Abnahme der Bevölkerung im eigentlichen Stadtinnern entsprach ihrer Zunahme in den Vorstädten und den Nachbarsiedlungen. Derzeit bildet Groß-London einen vollständig urbanisierten Raum, der in einem Radius von 40 bis 50 Meilen vom Stadtkern ausstrahlend ungefähr kreisförmig gestaltet ist und eine Gesamteinwohnerschaft von mehr als 12 Millionen Menschen umfaßt. Um diesem Gesamtraum die notwendigen Lebenshaltungsdienste zu verschaffen, mußten im Laufe der Zeit durch Parlamentsgesetz *ad hoc*-Behörden eingerichtet werden, wie der *Metropolitan Water Board* (1902), die *Port of London Authority* (1908), die *London Transport Executive* (1947) und der *London Passenger Transport Board* (1933), welch' letztere nunmehr unter dem *Transport Act* von 1962 (10 & 11 Eliz., 2, c. 46) im *London Transport Board* zusammengefaßt sind. Auf die Dauer aber konnte mit solch stückweisen Arrangements den immer dringender werdenden Problemen einer Gesamtverwaltung für den Raum von Groß-

London nicht genügt werden. Eine im Jahr 1957 eingesetzte *Royal Commission on Local Government in Greater London* erstattete ihren Bericht 1960 (Cmnd. 1164)[1], auf dessen Grundlage, wenn ihm auch nicht in allen Teilen folgend, die Regierung Macmillan vom Parlament den *London Government Act* von 1963 (Eliz. 2, c. 33) annehmen ließ. Das Gesetz, aus 94 Artikeln und 18 *schedules* bestehend und mehr als 250 Seiten umfassend, schließt sich in weitem Umfang der bisherigen Regelung an, geht aber über sie hinaus, indem in der Tat, den Gemeinschaftsanforderungen des Großraums entsprechend, eine zweistufige Organisation der Londoner Verwaltung geschaffen wurde. Der *Greater London Council*, an die Stelle des *London County Council* getreten, verwaltet das Gebiet des bisherigen *administrative county of London*, zu dem aber fast die ganze Grafschaft Middlesex und erhebliche Teile der Grafschaften Kent, Surrey, Hertfordshire und Essex geschlagen wurden. Das nunmehr unter eine einheitliche Regionalverwaltung gestellte Gebiet ist sechsmal größer als das vorher von dem L.C.C. verwaltete und umfaßt insgesamt 101 Parlamentswahlkreise oder etwa ein Sechstel der gesamtbritischen Wählerschaft. Es handelt sich also um einen großangelegten Versuch einer ökologisch orientierten Regionalregierung. Auf der unteren Stufe wurden 32 Bezirksvertretungen (*boroughs*) gebildet; darunter befindet sich auch die *City of London*, die aber ihre alten Sonderrechte beibehalten durfte. Der *Greater London Council* hat 100 Mitglieder, wobei die einzelnen *boroughs* je nach Bevölkerungszahlen zwei, drei oder vier Vertreter bestellen. Er wird alle drei Jahre in seiner Gesamtheit neugewählt. Ihm steht die Verwaltung derjenigen Gemeinschaftsdienste zu, die eine einheitliche Regelung im ganzen Raum verlangen, vor allem das Schulwesen, für dessen Handhabung die *Inner London Education Authority* unter dem *Greater London Council* ins Leben gerufen wurde, das Verkehrs- und Straßenwesen, Gesundheitspflege, Brandschutz und die Bebauungsplanung. Die *borough councils* sind für die meisten der bezirksweise verwaltbaren Funktionen zuständig. Auch die Steuergewalt ist bei den *borough councils* verblieben, die entsprechende Beiträge dem *Greater London Council* zur Verfügung stellen müssen. Der *Greater London Council* verfügt also nicht über alle Zuständigkeiten des früheren L.C.C., wohl aber sind diejenigen, die sich auf die eigentliche Regionalplanung beziehen, erheblich verstärkt worden[2]. Dem ganzen Schema haftet einstweilen noch etwas Provisorisches an und es soll bis 1967 weiter überprüft werden; insbesondere sollen an die Stelle der 32 *boroughs* als Wahlkreise deren hundert gesetzt werden, die sich nicht mit den bisherigen *borough*-Abgrenzungen decken werden.

[1] Die Regierungsvorschläge sind in Cmnd. 1562 (1961) enthalten.

[2] Neueste Ergänzungen sind der *Greater London Council (Powers)* (Eliz. 2, c. *20*) und der *Greater London Council (Money) Act* (Eliz. 2, c. *25*) von 1965.

Bei der Abgrenzung der Wahlbezirke ließ sich die konservative Regierung nicht die Gelegenheit des parteipolitisch orientierten „Zurechtschneiderns“ entgehen, was bei den Parlamentswahlkreisen durch die Einsetzung der unabhängigen *Boundary Commissions* nicht mehr möglich ist[1]. Die uneingestandene, aber jedermann erkenntliche Absicht war, durch die Hereinziehung der von der wohlhabenden Mittelklasse bevölkerten „Schlafzimmersiedlungen“ in Suburbia ein Gegengewicht gegen die seit Jahren und Jahrzehnten üblich gewordene Kontrolle der Londoner Vertretungskörperschaften durch Labour zu schaffen. Die Erwartung erfüllte sich bis zu einem gewissen Grad; bei den am 9. April 1964 erstmals abgehaltenen Wahlen zum Groß-Londoner Rat gewann Labour zwar mit 64 von 100 Sitzen fast die Zweidrittelmehrheit, hätte aber ohne die den Konservativen günstige Umgruppierung zuversichtlich alle Wahlkreise mit Ausnahme gewisser erzkonservativer Zitadellen wie Westminster und Kensington – Chelsea an sich gezogen. Die Liberalen erzielten kein einziges Mandat. Auch bei den nachfolgenden Generalwahlen vom Herbst 1964 zeigte sich im ganzen Groß-Londoner Raum die Hinneigung zu Labour, 54 von 100 Groß-Londoner Wahlkreisen gingen an Labour.

Die neue Ordnung trat am 1. April 1965 in Kraft. Sie mag als ein erster tastender Schritt in der Richtung einer neuen ekologisch orientierten Regionalorganisation Großbritanniens angesehen werden, die nichts mit dem historischen Regionalismus in Schottland, Wales und Nordirland zu tun hat. Sollte sie sich verwaltungstechnisch bewähren, könnte sie bei anderen Bevölkerungszusammenballungen in den sogenannten *conurbations* Nachahmung finden.

## VII. Die Beziehungen zwischen der Zentralregierung und der Lokalverwaltung

### 1. Die Rechtsgrundlage der Selbstverwaltungszuständigkeiten

Dem pragmatischen Engländer, der theoretischen Spekulationen abgeneigt ist, wäre der Gedanke, die Selbstverwaltung sei ein gewissermaßen aus der demokratischen Gesellschaftsgestaltung abgeleitetes Recht, durchaus fremd. Es genügt ihm zu wissen, daß sich die Selbstverwaltung zur Verbesserung des Gemeinschaftslebens praktisch bewährt hat. Alle Selbstverwaltungszuständigkeiten sind durch Parlamentsgesetz oder andere Akte der Zentralregierung begründet[2]. Alle Lokalverwaltungsbehörden müssen die ihnen übertragenen Befugnisse nach Maßgabe der

[1] Siehe Bd. I, S. 105f..

[2] Die einzigen Ausnahmen sind die *boroughs*, die Munizipalkorporationen nach *common law* sind und ursprünglich durch königliche Verleihung (*royal charter*) ins Leben gerufen worden waren. Seit dem *Municipal Corporation Act* von 1882 (45 & 46 Vict., c. 50) und dem *Local Government Act* von 1933 ist diese Befugnis der *royal prerogative* aber an das Parlament übergegangen.

sie begründenden Gesetze ausüben und ziehen sich bei Überschreitung die gerichtliche Rüge der *ultra vires* zu[1]. Die folgenden Modalitäten dienen zur gesetzlichen Begründung von Lokalverwaltungsfunktionen:

*a) Parlamentsgesetze.* Diese sind Aufgabenaufträge oder Zuständigkeitsermächtigungen für allgemeine Zwecke der Lokalverwaltung (wie beispielsweise die verschiedenen *Municipal Corporation Acts*, die *Local Government Acts*, der *Greater London Government Act*). Sie ermächtigen zur Vornahme bestimmter Handlungen, wie etwa die Erlaubnis zum Vertragsabschluß innerhalb der Zweckbestimmung, die Gerichtsständigkeit für die im Verlauf der ermächtigten Tätigkeit aufkommenden Prozesse oder die Ermächtigung zum Erlaß von Durchführungsverordnungen (*by-laws*). Neben diesen allgemeinen Rahmengesetzen der Selbstverwaltung finden sich in ständig zunehmendem Umfang Gesetze als Auftragserteilung für Dienstleistungen auf einem bestimmten Gebiet, etwa für die Bereiche des Wohnungs-, Gesundheits-, Erziehungswesens und für die Stadt- und Landplanung. Die meisten dieser Gesetze sind für alle Lokalverwaltungen verbindlich, manche Leistungen aber in das Ermessen der betreffenden Lokalverwaltungsbehörde gestellt, wie etwa die Errichtung öffentlicher Büchereien.

*b) Local Acts.* Eine Lokalverwaltungsbehörde ist in der Lage, sich die Befugnisse zur Handhabung bestimmter Dienstleistungen oder Aufgaben vermittels einer sogenannten *private bill*[2] vom Parlament zu verschaffen. Hierzu ist ein umständliches Verfahren der Vorlage an und der Durchführung vor dem Parlament erforderlich und ebenso die Zustimmung der Lokalwählerschaft in einem *town meeting*, was gegebenenfalls zu einem örtlichen Referendum führen kann. Die Methode ist schwerfällig und kostspielig, da für die parlamentarische Durchbringung, die eine Art Parteiprozeß ist, Anwälte beigezogen werden müssen. Sie ist jetzt weit weniger beliebt als früher, vor allem auch deswegen, weil die meisten der üblichen Dienstleistungen und Zuständigkeiten in den allgemeinen Gesetzen festgelegt werden.

*c) Provisional Order Confirmation Acts.* Vielfach wird statt dessen eine Technik benutzt, durch welche vorläufige Anweisungen (*Provisional Orders*) des dazu gesetzlich ermächtigten Ministers, vor allem des Gesundheits- und des *Housing and Local Government*-Ministeriums, vom Parlament in gesetzliche Ermächtigung zur Vornahme von Lokalverwaltungsaufgaben verwandelt werden. Hierfür besteht seit 1945 ein spezielles Parlamentsverfahren (*Statutory Orders* [*Special Procedure*] *Act* von 1945 [9 & 10 Geo. 6, c. 18] und 1965 [Eliz. 2, c. 55]).

*d) Ministerial Orders.* Die Lokalverwaltungsbehörde kann ihrerseits auch dadurch die Initiative ergreifen, daß sie beim zuständigen Ministerium um eine Vollmacht zur Durchführung bestimmter Verwaltungsauf-

[1] Siehe oben S. 98f.

[2] Siehe Bd. I, S. 327f.

gaben einkommt. Wird dieser Antrag in der Form einer Anweisung (*Order*) vom Minister genehmigt und vom Parlament, dem sie vorzulegen ist, nicht abgelehnt, so hat die Behörde damit die gesetzliche Ermächtigung erlangt.

## 2. Die Einwirkungen der Zentralregierung auf die Führung der Lokalverwaltung

Grundsätzlich sind die Lokalverwaltungsbehörden von der Zentralregierung und ihren Ministerien unabhängig und nur ihrer Wählerschaft dafür verantwortlich, wie sie die Verwaltung führen. Sie können ihre Budgets nach ihrem Ermessen ansetzen, Beamte anstellen oder entlassen und ihren Geschäftsbetrieb nach ihrem Gutdünken organisieren. Kein Minister hat die Befugnis, sie zeitweise oder dauernd des Amts zu entheben. In der Praxis bestehen infolge gesetzlicher Ermächtigung des zuständigen Ministers zahlreiche und tiefgreifende Einwirkungen der Zentralregierung in ihre Kompetenzen und dies ist letzten Endes dadurch gerechtfertigt, daß die Lokalverwaltungsbehörden in steigendem Maß gesamtnationale Programme ausführen, an deren sachgemäßer Handhabung der Minister als Vertreter der Öffentlichkeit pflichtgemäßes Interesse hat. Hier spielt der *Minister of Housing and Local Government* naturgemäß die wichtigste Rolle, gefolgt in zweiter Linie vom *Home Secretary* als oberster Aufsichtsinstanz für die Polizeiverwaltung. Aber auch andere Zentralinstanzen, vor allem die Minister für Erziehung und Gesundheit, haben bei der Lokalverwaltung ein gewichtiges Wort mitzureden. Diesen mannigfaltigen Einwirkungsmöglichkeiten, die zu den interessantesten Gebieten des englischen Verwaltungsrechts gehören, kann unsere Darstellung nur durch beispielsweise Hinweise gerecht werden: Der zuständige Minister kann den Lokalverwaltungsbehörden die Durchführung der ihnen gesetzlich übertragenen Aufgaben durch *Orders* und *Regulations* vorschreiben, die für sie verbindlich sind. Die Vorhaben der Lokalverwaltungsbehörden müssen vielfach in Plänen (*schemes*) niedergelegt werden, die der Bewilligung des zuständigen Ministers bedürfen. Die Anstellung bestimmter Beamter muß vom zuständigen Minister genehmigt, kann also von ihm auch verweigert werden (so die Anstellung des *Chief Education*-Beamten — Schuldirektor — durch das Erziehungsministerium). Verschiedene Ministerien haben weitgehende Inspektions- und Überwachungsrechte auf den Gebieten, für welche sie zuständig sind. Vielfach müssen die lokalen Verordnungen von oben genehmigt werden. Die Finanzen der Lokalverwaltungsbehörden unterliegen einer amtlichen Rechnungsprüfung durch unabhängige Rechnungsprüfer. Die Zentralinstanz des Ministeriums kann die Aufnahme von Anleihen durch den Lokalverwaltungsbezirk versagen. Bei offensichtlichem Versagen der Lokalverwaltung in der Erfüllung ihrer gesetzlichen Pflichten kann der zuständige Minister bestimmte Aufgaben an Stelle der Behörde selbst übernehmen oder an von ihm bestellte Beauftragte übertragen. Solche Eingriffe sind allerdings sehr selten, da schon das bloße Bestehen dieser Möglichkeit genügt, um die Lokalbehörde zur Erfüllung ihrer Pflichten anzuhalten, sie kamen aber im letzten Jahrzehnt verschiedentlich vor. Die schneidigste Waffe aber steht dem Ministerium im Benehmen mit der *Treasury* in der Versagung oder Verkürzung der den Lokalverwaltungsbehörden zukommenden Zuschüsse und Beiträge zu ihrer Verwaltung zur Verfügung: Da die Lokalverwaltung in steigendem Maß auf solche Finanzhilfen angewiesen ist, erlangt der zuständige Minister damit einen äußerst wirksamen Einfluß auf das ganze Gebiet der Lokalverwaltung, mag es sich um den Wohnungsbau, die Polizei oder das Schulwesen handeln.

## Schlußbetrachtung: Die Zukunft der örtlichen Selbstverwaltung

Abschließend aber läßt sich sagen, daß im großen ganzen die Lokalverwaltungsbehörden ihren Aufgaben nicht nur pflichtgemäß nachkommen und damit wesentlich zur Erzielung eines *good government* beitragen, sondern daß darüber hinaus — und man muß bedenken, daß es sich vielfach um ehrenamtliche Honoratioren handelt, die mit der Übernahme der Ämter einer bürgerlichen Pflicht genügen — die lokale Selbstverwaltung mit Eifer und Verständnis und einer erheblichen Initiative durchgeführt wird. Sie ist so gut wie völlig frei von Korruption und hat sich mit Recht einen Ehrenplatz in der öffentlichen Ordnung Großbritanniens errungen.

Demgegenüber läßt sich nicht verkennen, daß die Bedeutung der Lokalverwaltung für das Gemeinschaftsleben im Vergleich mit der Situation noch vor einer Generation wesentlich abgenommen hat. Das liegt nicht daran, daß die den Lokalverwaltungsbehörden obliegenden Dienste mit weniger Vitalität wahrgenommen würden, sondern daran, daß wichtigste Aufgaben, die bisher auf der lokalen Ebene zu erfüllen waren, heute an den Gesamtstaat übergegangen sind und von staatlichen Behörden finanziert und verwaltet werden. Die Armenfürsorge, früher eine Hauptaufgabe der örtlichen Verwaltung, hat heute in einem Land mit Vollbeschäftigung ihre Bedeutung verloren und ist seit dem *National Insurance Act* von 1946 (9 & 10 Geo. 6, c. 67) vom *National Assistance Board* unter dem *Minister of Pensions and National Insurance* zu einer gesamtstaatlichen Verpflichtung geworden. Die Krankenhäuser und die wesentlichsten anderen Aspekte des öffentlichen Gesundheitswesens sind dem *National Health Service* (*National Health Service Act* von 1946 [9 & 10 Geo. 6, c. 81]) überantwortet worden. Die Gas- und Elektrizitätsversorgung ist in Staatsregie übergegangen, womit die Lokalverwaltungen entlastet wurden. Es zeigt sich also, daß die in diesem Abschnitt behandelten Materien der Lokalverwaltung und der nationalisierten Wirtschaftszweige weitgehend komplementär sind. Was letzteren zugewachsen ist, bedeutet aber eine Zuständigkeitsschrumpfung, und dabei keineswegs eine unerwünschte, der Lokalverwaltungen.

Wie aus dem vorgelegten Material zu schließen ist, gibt es wohl kaum ein anderes Sachgebiet der heutigen britischen Gemeinschaftsordnung, das dermaßen im Fluß ist wie dasjenige der Lokalverwaltung. Es zeigt sich dabei, daß trotz des guten Willens aller beteiligten Behörden die historisch erwachsenen Organisationstypen sich mehr und mehr außerstande sehen, den an sie gestellten Aufgaben zu genügen. Erst siebzig Jahre sind verflossen, seit die Lokalverwaltung erstmals umfassend gesetzlich geregelt wurde. Seither hat sich ihr Aufgabenkreis grundlegend geändert, indem sie zum Ausführungsorgan gesamtnationaler Programme und Zielsetzungen geworden ist. Insbesondere sind die Lokalverwaltungsbehörden vielfach zu Trägern des Wohlfahrtsstaats geworden. Eine weit zahlreichere und differenziertere Bevölkerung — in England und Wales allein an die fünfzehn Millionen mehr — ist unter ihre Obhut gerückt. Aber die organisatorische Struktur der Lokalverwaltungstypen ist dieselbe geblieben, die ihr damals unter weit einfacheren Verhältnissen gegeben worden war.

Der Hauptmangel der Lokalverwaltung besteht darin, daß die Verwaltungseinheiten zu klein und zu dezentralisiert sind, um den modernen demographischen und industriepolitischen Anforderungen gerecht werden zu können. Eine grundlegende Reform im Sinne einer breitspurigen regionalen Neugliederung mag die Antwort sein, und was im Raum von Groß-London neuerdings unternommen wird, könnte letztlich die Richtung weisen. In diesem Zusammenhang ist auf die großzügige Stadt- und Siedlungsplanung hinzuweisen, die auf Grund allparteilicher Einigung schon während des letzten Krieges in Angriff genommen und seither zielbewußt ausgebaut worden ist[1]. Was auf diesem Gebiet der rationellen Raumplanung, Industriestandortverlagerung (*Distribution of Industry Act* von 1945 [8 & 9 Geo. 6, c. 36]) und Bevölkerungssiedlung geleistet wurde, gehört zweifellos zu den erfolgreichsten Leistungen der inneren Kolonisation Großbritanniens, wenn man an diesem Ausdruck keinen Anstoß nimmt. Bisher sind achtzehn neue Städte entstanden oder im Entstehen begriffen, davon 14 in England selbst und vier in Schottland. Der industrienotleidende Norden und Nordosten des Landes wird systematisch ausgebaut[2].

---

[1] Siehe beispielsweise *New Towns Act* von 1946 (9 & 10 Geo. 6, c. 68); *Town and Country Planning Act* von 1947 (10 & 11 Geo. 6, c. 51); die gleichnamigen Gesetze von 1959 (7 & 8 Eliz. 2, c. 53); 1963 (Eliz. 2, c. 17) und 1965 (Eliz. 2., c. 65). *Caravan Site and Control of Development Act* von 1960 (8 & 9 Eliz. 2, c. 62) und andere mehr.

[2] Die weitschichtige Problematik der Siedlungsplanung, verwaltungstechnisch ein völliges Neuland, soll an anderer Stelle erörtert werden (siehe unten S. 291 ff.). Bemerkt sei aber hier, daß erst im *New Towns (No. 2) Act* von 1964 (Eliz. 2, c. 68) insofern ein Einbruch in die bis dahin bestehenden weiten Vollmachten des Ministeriums erfolgt ist, daß das Parlament eine ministerielle *order* zur Gründung einer neuen Stadt nunmehr gegebenenfalls kontrollieren kann.

Diese Entwicklungen konnten naturgemäß nicht ohne Einfluß auf die Struktur der Lokalverwaltung bleiben. Die im *Local Government Act* von 1958 eingesetzten ständigen *Review Commissions*[1] widmen dem Problem fortdauernde Aufmerksamkeit. Bisher hat die Kommission für England ihren Abschlußbericht über die fünf sogenannten *conurbations* (und auch diejenige für Wales den ihren) vorgelegt. Sie laufen letztlich auf eine Verminderung der kleineren Lokalverwaltungsbezirke und ihre Zusammenlegung in größere *administrative counties* hinaus —, die sich wohl als die vorzugsweise organisatorische Form der Zukunft erweisen dürften. Hand in Hand mit der Umwandlung der bisherigen *county* in *county borough*-Bezirke. Diese Entwicklung liegt aber in der Zukunft, da die beteiligten Bevölkerungen und ihre Vertretungskörper befragt werden müssen und begreiflicherweise die *vested interests* sich nicht leicht zu einer grundsätzlichen Neuordnung bekehren lassen werden. Es besteht aber kein Zweifel, daß über kurz oder lang eine neue Gesetzgebung kommen muß, die im Interesse einer rationell geführten Nationalwirtschaft mit den unzulänglich gewordenen kleineren Verwaltungseinheiten aufräumt und sie im Sinne einer wirtschaftstechnischen Regionalgliederung zusammenfaßt[2], eine Reform allerdings, die nur im Einvernehmen aller Parteien durchgeführt werden kann.

## Sechstes Kapitel

# Die nationalisierten Wirtschaftszweige

### Vorbemerkung

Die in diesem Kapitel behandelten staatlich betriebenen oder „nationalisierten" Wirtschaftszweige und die aus Zweckmäßigkeitserwägungen dem nächsten Kapitel vorbehaltenen Dienstleistungen des sozialen Wohlfahrtsstaats gehören systematisch zusammen. Die folgenden Bemerkungen gelten daher für beide Einrichtungen. Sie sind für das heutige Großbritannien kaum weniger charakteristisch als das Parlament und die ihm integrierte Kabinettsregierung.

---

[1] Siehe oben S. 139.

[2] Die nach dem *Local Government Act* von 1958 errichtete Kommission, welche grundlegende Reformvorschläge für England bzw. Wales machen sollte, veröffentlichte im Jahre 1962 Vorschläge für das *Tyneside Review Area* dahingehend, daß innerhalb eines als "*County of Tyneside*" zu bezeichenenden Großareals keine *county boroughs* bestehen sollten, sondern nur vier *Tyneside boroughs*, eine Regionalplanung großen Stils also, die sichtlich am Vorbild von Groß-London orientiert ist. Einstweilen ist der Plan noch im Diskussionsstadium, zeigt aber die allgemeine Windrichtung.

Außer von den dem Parlament verantwortlichen Departments der Zentralregierung und außer den ihrer örtlichen Wählerschaft verantwortlichen Behörden der territorialen Selbstverwaltung werden öffentliche Aufgaben, die der Allgemeinheit dienen, auch von Behörden ausgeführt oder verwaltet, die ebenso unabhängig von der Zentralregierung wie von der lokalen Selbstverwaltung sind. Sowohl die in Staatsregie übernommenen Wirtschaftszweige als auch die staatlichen Sozialleistungen bedeuten eine Abkehr vom privatkapitalistischen Liberalismus des 19. Jahrhunderts, unter dem die Wirtschaft nach Tunlichkeit frei von Staatsintervention geblieben und die Fürsorge für die Unbemittelten teils den Lokalbehörden, teils der privaten Wohltätigkeit überlassen gewesen war.

Zwar gehen die Anfänge dieses neuen Typs des zentralen Managements öffentlicher Aufgaben bereits auf die Zeit nach dem ersten Weltkrieg, wenn nicht in einzelnen Stücken auf das 19. Jahrhundert zurück, aber der Grundsatz der staatlichen Regie bestimmter Wirtschaftszweige und die Ausweitung der staatlichen Sozialleistungen sind im wesentlichen der Initiative der Labour-Regierung nach dem zweiten Weltkrieg zu verdanken, und ihr zielbewußter Ausbau seither hat England den Ruf eines sozialistischen Wohlfahrtsstaats eingebracht. Heute, nur zwei Jahrzehnte später, stimmen die Nation in ihrer überwiegenden Mehrheit und die politischen Parteien so gut wie geschlossen darin überein, daß die Übernahme bestimmter Wirtschaftszweige aus Privatbetrieb in Staatsregie dem Land zu einem bemerkenswerten sozialen Fortschritt verholfen hat und daß von den bisher vorgenommenen Verstaatlichungen nichts zurückgenommen werden soll, mögen auch die Meinungen darüber geteilt sein, ob das Sozialisierungsprogramm, wenn es tatsächlich ein solches sein sollte, mit seinem gegenwärtigen Stand sein Optimum erreicht hat oder ob ein weiterer Ausbau angezeigt wäre. Die Vorzüge der sozialen Dienstleistungen andererseits, mochten sie auch bei ihrer Einführung auf Widerstand gestoßen sein, werden heute einhellig als dem Gemeinwesen wohltätig anerkannt.

Mit den im vorigen Kapitel behandelten Einrichtungen der lokalen Selbstverwaltung haben die Staatsbetriebe zwar gemeinsam, daß sie eine Entlastung der Zentralverwaltung darstellen. Während aber jene von der Zentralregierung weitgehend kontrolliert und überwacht wird, ist die Betriebsführung der nationalisierten Wirtschaftszweige von ihr so gut wie vollständig unabhängig. In beiden Fällen handelt es sich um Techniken der Dezentralisierung, vertikal im Verhältnis von Zentralregierung und Lokalverwaltung, horizontal dagegen im Verhältnis der Zentralregierung zur Betriebsführung der verstaatlichten Wirtschaftszweige und Sozialdienste.

# I. Begriffs- und Zweckbestimmung der Staatsbetriebe

## 1. Terminologie

Die Organisationsform, die man von allem Anfang an zur Durchführung gewisser öffentlicher Aufgaben oder Dienstleistungen gewählt hatte, ist diejenige der *Public Corporation*, einer juristischen Person des öffentlichen Rechts. Offiziell werden sie mit dem Sammelnamen *Independent Statutory Agencies* bezeichnet, womit zum Ausdruck gebracht ist, daß sie einerseits durch Parlamentsgesetz begründet, andererseits aber in ihrer Geschäftsführung „unabhängig", das heißt keiner unmittelbaren Kontrolle des Parlaments oder der Departments unterstehen. Der Umfang ihrer parlamentarischen Verantwortung, durch die Person des sachlich zuständigen Ministers ausgeübt und vermittelt, ist jedoch außerordentlich verschieden[1]. Der generelle Ausdruck *Independent Statutory Agencies* umfaßt Behörden, welche offiziell als *Boards*, *Corporations* oder auch (inoffiziell) als *Quasi-Governmental Bodies* bezeichnet werden. Ein einheitlicher Sprachgebrauch wie etwa bei den im großen ganzen ähnlichen amerikanischen Einrichtungen, die als *Independent Regulatory Agencies* bezeichnet werden und als *Commissions* konstituiert sind, hat sich jedoch nicht eingebürgert.

Charakteristisch für diese öffentlichen Behörden ist, daß sie ihre Dienstleistungen im Gemeininteresse und nicht zum Zwecke kaufmännischen oder industriellen Gewinns ausüben, wobei wiederum die finanzielle Seite bei den in Staatsregie übernommenen Wirtschaftszweigen und bei Dienstleistungen für die allgemeine Wohlfahrt verschieden ist. Bei ersteren ist fiskalische Rationalität zumindest im Sinne eines Ausgleichs der Aufwendungen mit den Einnahmen erstrebenswert, bei den letzteren müssen die Beitragsleistungen der beteiligten Publikumsschichten nicht unbedingt zur Herstellung des finanziellen Ausgleichs ausreichen und Defizite gehen daher zu Lasten des Schatzamtes, also des allgemeinen Steuerzahlers. Wenn auch die Rechtsform als *Public Corporation* bei der Mehrzahl dieser Verwaltungsorgane üblich geworden ist, sind ihre Geschäftsordnungen oder „Verfassungen" überaus verschieden und lassen sich kaum auf einen gemeinsamen Nenner bringen. Zweckmäßig mag daher die negative Begriffsbestimmung gelten, daß sie weder den Ministerien an- oder eingegliedert noch Lokalverwaltungsbehörden sind. Letzterer Umstand ist zu betonen, da eine Reihe dieser Behörden nicht gesamtstaatlich zuständig, sondern auf ein bestimmtes Gebiet wie etwa den Londoner Metropolitanbezirk beschränkt sind.

Obwohl die *Public Corporations* dieser Art nunmehr eine Standardtechnik zur Verwaltung öffentlicher Aufgaben bilden, befinden sie sich

[1] Siehe unten S. 206ff.

sozusagen noch im Stadium des Experiments. Derzeit hat sich weder begrifflich noch juristisch eine endgültige Konsolidierungsphase eingestellt, woraus sich auch die Schwierigkeit einer befriedigenden Klassifizierung ergibt.

## 2. Gründe für die Errichtung unabhängiger Betriebsbehörden

Die Gründe, welche zur Schaffung solcher von der Zentralregierung unabhängiger, jedoch mit gesamtstaatlichen Zuständigkeiten ausgestatteter Behörden führten, sind teils zufällig-historischer, teils praktischer Natur. Anfänge dieser Technik finden sich bereits in der Zeit der industriellen Reformen des 19. Jahrhunderts, die den späteren praktischen Bedürfnissen die Richtung gewiesen haben mögen. In den Kontinentalstaaten wird in der Regel zur Erfüllung einer neuen öffentlichen Aufgabe die sie leitende Behörde in eines der bestehenden Ministerien eingegliedert oder aber für den neuen Zweck ein eigenes Ministerium geschaffen. Davon wurde und wird bis in die jüngste Gegenwart naturgemäß auch in Großbritannien weitgehend Gebrauch gemacht[1]. In England und auch in den Vereinigten Staaten dagegen fand man es zweckmäßig, für eine neue Verwaltungsaufgabe eine eigene, von den bestehenden Departments unabhängige Behörde zu schaffen[2].

Gegen die Eingliederung solcher neuen Behörden in die bestehende Ministerialorganisation sprachen zwingende Gründe. Die neuen Verwaltungsaufgaben erforderten meist ein sachlich spezialisiertes Personal, für das der berufsmäßige *Civil Service* kein Reservoir bildete und das daher außerhalb desselben rekrutiert werden mußte. Der *Civil Service* wäre durch die neuen Verwaltungsaufgaben überfordert worden. Gegen die Eingliederung sprach auch der Umstand, daß eine kleinere Spezialbehörde besser zur Verwaltung geeignet sei, als wenn sie nur eine unter vielen Abteilungen des Ministeriums darstellen würde. Für eine neue Verwaltungsaufgabe aber jeweils ein eigenes Ministerium zu begründen, hätte zu einer wahren Inflation der zentralen Departments geführt und die Zentralregierung völlig unübersichtlich gestaltet. Vielfach mochte man auch wohl nicht gewußt haben, ob es sich dabei um eine Dauerregelung handelte. Auch spielte wohl von Anfang an der Gedanke herein, daß man dadurch die enge parlamentarische Kontrolle lockern oder umgehen könnte.

Weitere Gründe für die Trennung der neuen Verwaltungs- und Betriebsaufgaben von der Zentralregierung waren, daß sie nach den Grundsätzen kaufmännischer und industrieller Rationalität geführt werden müssen, die dem Berufsbeamtentum, gewohnt an die hierarchische Deckung für seine Entschlüsse, von Haus aus fremd sind. Gewisse

---

[1] Siehe die Liste der bestehenden Ministerien Bd. I, S. 440ff.

[2] Parallelen in Deutschland wären etwa das Bundesamt für Privatversicherung, das Kartellamt oder die zur Wiedergutmachung geschaffenen Behörden.

Staatsbetriebe sollten zwar im öffentlichen Interesse geführt werden, aber trotzdem wie privatkapitalistische Unternehmungen auf Erzielung eines Überschusses oder Gewinns abgestellt sein. Es muß aber ohne weiteres zugegeben werden, daß solche Überlegungen wohl nicht von Anfang an angestellt wurden; die Entwicklung unabhängiger Betriebsorganisationen paßte sich mehr dem pragmatischen Bedürfnis an, als daß sie von einer systematischen Theorie getragen gewesen wäre.

## 3. Zur Vorgeschichte der unabhängigen Betriebsbehörden

### a) Das staatliche Postwesen

Wenn man von zentralstaatlich geleisteten Diensten für das allgemeine Publikum spricht, gedenkt man in erster Linie des staatlichen Postwesens. Als es nach Jahrhunderten privatkapitalistischen Betriebs in staatliche Regie übernommen wurde, lag darin wohl die erste „Sozialisierungs"-maßnahme, wird aber nirgends mehr als solche angesehen, da ein zuverlässiges Postwesen genau so als staatliche Aufgabe angesehen wird wie etwa ein einheitliches Münz- und Gewichtswesen. Schon Henry VIII. hatte einen *Master of the Posts* eingesetzt (1516), um seine Mitteilungen den Mitgliedern seines Hofes zuzustellen. Charles I. hatte aus seinem königlichen Postdienst eine lukrative Einnahmequelle gemacht. Ein Postamt als Dauereinrichtung (gegründet 1657) bestand seit Charles II.; schließlich wurde das Amt des *Postmaster-General* gesetzlich geregelt (1710). Das parlamentarische Ministerialamt datiert aber erst von 1837.

In Wirklichkeit ist aber das Postwesen nichts anderes als ein nationalisierter Geschäftsbetrieb und dabei wahrscheinlich der finanziell größte des ganzen Landes, mit (1963) einem Gesamtwert aller seiner dem Publikum geleisteten Dienste von 6415 Millionen £ und mit dem weitaus größten Angestelltenheer aller englischen Wirtschaftszweige. Zum Postwesen gehören Telefon-, Telegraf- und Teleprinter-Dienste, die beispielsweise in den Vereinigten Staaten nach wie vor der Privatindustrie unterstellt sind, und der Postanweisungsverkehr. Das Postamt bezieht auch wesentliche Einnahmen aus den an es abgeführten Abgaben der bestehenden Telekommunikation. Außerdem dient es gewissermaßen als Bank für die Auszahlung der Pensionen der Nationalversicherung und als Sparbank im Geldüberweisungsverkehr. Alle Dienstzweige werfen seit einigen Jahren steigende Gewinne ab. Anstelle von Steuern und Abgaben führt die Post einen bestimmten Teil ihrer Einnahmen an das Schatzamt ab.

Obgleich somit eine nationalisierte Industrie, gehört das Postwesen allerdings nicht in den Zusammenhang der autonomen Verwaltungsbehörden, da es, früher der *Treasury* unterstellt, seit 1933 ein eigenen Department mit einem parlamentarisch verantwortlichen Minister ist, das eine größere Freiheit in der Organisation der Dienstleistungen auf kommerzieller Basis (einschließlich der Anlagepolitik für Überschüsse) hat, aber andererseits auch für Fehlleistungen vor dem Parlament zur Verantwortung gezogen werden kann. Die neueste gesetzliche Regelung des Postwesens ist der *Post Office Act* von 1961 (9 & 10 Eliz. 2, c. 15).

Neuestens (1966) ist die Umwandlung des *Post Office* in eine *public corporation* geplant, um diesen öffentlichen Dienstleistungen rationeller und elastischer gerecht zu werden.

### b) Die experimentellen Anfänge

Bereits im 18. Jahrhundert, als die Lokalverwaltung lange Zeit unabhängig von einer starken Zentralgewalt funktionieren konnte, waren in ihrem Bereich durch Gesetz wie durch *private act* zahlreiche Behörden entstanden, meist *Commissioners* geheißen, die den ihnen übertragenen technischen Aufgaben — Polizei, Straßenbeleuchtung, Schulwesen usw. — ohne parlamentarische oder überhaupt zentrale Kontrolle in voller Autonomie nachgehen konnten und in deren Tätigkeit auch die Gerichte durch die an sich zulässigen *prerogative writs* kaum je eingriffen. Das erste völlig *zentral* organisierte Experiment dieser Art aber waren die durch den *Poor Law Amendment Act* von 1834 (4 & 5 Will. 4, c. 76) eingesetzten *Poor Law Commissioners*, denen die Handhabung des Armenunterstützungswesens in ganz England oblag. Ihr Regime war völlig autonom, außerhalb jeder ministeriellen und damit parlamentarischen Kontrolle. Es wirkte dann im 19. Jahrhundert vielfach als Vorbild für andere Behörden, so beim *General Board of Health*, den unabhängigen Kommissionen für Waldwirtschaft (*forestry*) und für Elektrizitätsversorgung, den *Railway Commissioners* und der Arbeitslosenversicherung. Zwar wurden die meisten dieser Verwaltungsaufgaben dann von neu geschaffenen Fachministerien übernommen, sind aber als frühe Anwendungsformen autonomer Verwaltungsbehörden bemerkenswert.

### c) Die älteren Boards

Die vorstehend skizzierte Entwicklung in der Richtung unabhängiger Verwaltungsinstanzen zum Betrieb gemeinnütziger Unternehmungen nahm aber seit Beginn dieses Jahrhunderts eine neue Wendung, veranlaßt teils durch die Bedürfnisse der im Raum von Groß-London massierten Bevölkerungsansammlungen, teils durch die Erwägung, daß gewisse Dienstleistungen der privatkapitalistischen Ausbeutung durch ihre Übernahme in Staatsregie entzogen werden sollten. Die fünf vor 1945 errichteten *Public Boards* sind: Der *Metropolitan Water Board* (1902); die *London Port Authority* (1908); der *Central Electricity Board* (1926); die *British Broadcasting Corporation* (1927) und der *London Passenger Transport Board* (1933). Von diesen fünf öffentlich-rechtlichen Korporationen bestehen heute noch drei, nämlich der *Metropolitan Water Board*, die *Port of London Authority* und die *British Broadcasting Corporation*, die beiden anderen wurden im Zug der umfassenderen Nationalisierungsmaßnahmen nach 1945 von anderen Behörden aufgesogen[1].

## 4. Die Nationalisierungs-Gesetzgebung der Labour-Regierung

Alle bisher von den bürgerlichen — liberalen wie konservativen — Regierungen geschaffenen Sonderbehörden zum Betrieb öffentlicher Dienste hatten ihr Entstehen praktisch-utilitären Erwägungen verdankt. Mit der Machtübernahme aber durch die Labour-Partei nach ihrem überzeugenden Wahlsieg von 1945 trat die Entwicklung in eine neue Phase ein, die man die ideologische nennen könnte, weil sie die vom englischen Sozialismus von Anfang an programmatisch verfochtene Nationalisierung — oder auch Sozialisierung — der für die Gemeinschaft wichtigsten Sektoren des Wirtschaftslebens verwirklichte. Damit vollzog sich aber auch ein Wandel in der öffentlichen Einstellung zur *Public Corporation* als der für die Überführung in Staatsregie angemessenen wirtschaftlichen Organisationsform. Die sich bietende Alternative wäre gewesen, für jeden der von der öffentlichen Hand übernommenen Wirtschaftszweige ein eigenes Ministerium zu schaffen, etwa je ein Department für Kohle, für Eisenbahnen und Verkehr, für Elektrizitätsversorgung. Alle nach dem ersten Weltkrieg eingesetzten Studienkommissionen hatten sich in diesem Sinn ausgesprochen[2]. Dagegen nahmen aber die theoretisch durchgeschulten Sozialisten entschieden Stellung, unter anderen Herbert Morrison in seinem Buch *Socialisation and Transport* (1933); er war die treibende Kraft bei der Schaffung des *London Transport Board* (1933) gewesen und gehörte der Labour-Regierung als *Lord President of the Council* an. Als Schrittmacher wirkten auch die günstigen Erfahrungen, die bisher mit der *Public Corporation* als Organisationsform gemacht worden waren, ebenso wie die während des zweiten Weltkriegs unumgänglich gewordene Spezialisierung der Regierungsdepartments eher abschreckte als ermutigte. Als daher die Labour-Partei zur umfassenden Nationalisierung der wichtigsten Industriezweige schritt, erwies sich die *Public Corporation* als die einzig gangbare Modalität aus zwei durchschlagenden Gründen: Eine Eingliederung in schon bestehende oder Unterstellung

---

[1] Der *Central Electricity Board* ist jetzt unter dem *Electricity Act* von 1947 (10 & 11 Geo. 6, c. 54) und dem gleichnamigen Act von 1957 (5 & 6 Eliz. 2, c. 48) der nationalisierten Elektrizitätsindustrie als *Electricity Generating Board* eingegliedert (siehe unten S. 189). Der *London Passenger Transport Board* wurde im Zuge der Nationalisierung des Transportwesens durch die Labour-Regierung von der *London Transport Executive* abgelöst, die wiederum im *Transport Act* von 1962 (10 & 11 Eliz. 2, c. 46) durch den *London Transport Board* ersetzt wurde (siehe unten S. 190).

[2] Beispielsweise *Haldane Committee on the Machinery of Government* (1918); *Royal Commission on the Coal Industry* (1919); *Bridgeman Committee on the Post Office* (1932).

unter neu zu errichtende Ministerien kam schon wegen ihrer notwendig bürokratischen Struktur nicht mehr in Betracht. Zum anderen — und das galt damals als der Kern des ganzen Sozialisierungsprogramms — sollten die neuen staatlichen Betriebe genau wie privatkapitalistische Unternehmungen geführt werden, also selbständig budgetieren, planen und betrieben werden und wenn möglich auf Gewinn abgestellt sein, der allerdings statt dem Privateigentümer oder den Aktionären nunmehr der Staatskasse zufließen sollte.

Somit wurde die Korporationsform als die organisatorische Grundlage der nach 1945 unternommenen Nationalisierungsmaßnahmen verwendet. Die dann in staatliche Regie übernommenen Wirtschaftszweige waren die folgenden: Die Bank von England (*Bank of England Act* [9 & 10 Geo. 6, c. 27]); Kohlenindustrie (*Coal Industry Nationalisation Act* von 1946 [9 & 10 Geo. 6, c. 59]); Verkehrswesen (*Transport Act* von 1947 [10 & 11 Geo. 6, c. 49]); Elektrizitätsversorgung (*Electricity Act* von 1947 [10 & 11 Geo. 6, c. 54]); Gasversorgung (*Gas Act* von 1948 [10 & 11 Geo. 6, c. 67]); ziviler Luftverkehr (*Civil Aviation Acts* von 1946 [9 & 10 Geo. 6, c. 70] und 1949 [12, 13 & 14 Geo. 6., c. 67] und *Air Corporation Act* von 1949 [12, 13 und 14 Geo. 6, c. 91]). Einschlägig ist hier auch der britische Übersee-Luftverkehr (einschließlich des europäischen) (*British Overseas Airways Act* von 1939 [2 & 3 Geo. 6, c. 61]). Die von Labour im Jahre 1949 nationalisierte Eisen- und Stahlindustrie (*Iron and Steel Act* von 1949 [12, 13 & 14 Geo. 6, c. 72]), der 1951 in Kraft treten sollte, wurde von der dann ans Ruder gekommenen konservativen Regierung rückgängig gemacht (*Iron and Steel Act* von 1953 [1 & 2 Eliz. 2., c. 15]) und ebenso hob der *Transport Act* von 1953 (1 & 2 Eliz. 2, c. 13) die staatliche Regie des Überland-Frachtverkehrs auf. Die Labour ablösende konservative Regierung sah sich aus zwingenden Gründen veranlaßt, auch die Atomforschung und ihre praktische Auswertung einer *Public Corporation* zu übertragen (*Atomic Energy Authority Act* von 1954 [2 & 3 Eliz. 2, c. 32]). Dies war die bis 1966 einstweilen letzte Maßnahme zur staatliche Regie eines Industriezweiges.

Die damit erfolgte Übernahme der gemeinwirtschaftlich wichtigsten Industriezweige in Staatsregie und Staatsbetrieb stellt sich naturgemäß als eine umwälzende Reform der britischen Nationalwirtschaft dar. Die verstaatlichten Industrien — Kohle, Gas, Eisenbahnen, Elektrizität, nukleare Energie — spiegeln gewissermaßen die einander überlagernden geologischen Schichten in Englands Wirtschaftsentwicklung wider. Allein nach ihren Ausmaßen sind sie einzigartig: An Zahl der in ihnen Beschäftigten und des darin investierten Kapitals stellen sie alle Privatunternehmungen in den Schatten. Zudem sind sie auf ihrem Wirtschaftsgebiet Monopole[1].

---

[1] Die einzige Ausnahme ist der zivile Übersee-Luftverkehr, wo die staatliche Fluggesellschaft mit den landeberechtigten ausländischen Fluglinien in Wettbewerb tritt, die im übrigen ihrerseits alle direkt oder indirekt staatlich subventioniert sind.

Die in den Anlaufsjahren leidenschaftlich erörterten Grundfragen, ob der staatliche oder der privatkapitalistische Betrieb wirtschaftlicher und darüber hinaus auch bedarfsbefriedigender ist, bewegt heute die Gemüter nicht mehr im früheren Ausmaß. Denn man erkennt heute das Risiko an, das die Labour-Regierung mit der Verstaatlichung von Kohle und Eisenbahnen übernahm, zwei Grundindustrien, die schon vorher seit Jahren und Jahrzehnten unter privatkapitalistischem Management Defizitbetriebe gewesen waren und die auf den Stand privatkapitalistischer Rentabilität zu bringen völlig unmöglich war. Der übernehmende Staat mußte also im Gemeinschaftsinteresse das Odium andauernder Betriebsverluste auf sich nehmen. Auch bei der Atomenergie hätte das erforderliche Investitionskapital alle privatwirtschaftlichen Möglichkeiten bei weitem überstiegen. Im übrigen aber wird von den staatlichen Wirtschaftsbetrieben erwartet, daß sie, kaufmännisch-rationell geführt, zumindest Ausgaben und Einnahmen ausgleichen und darüber hinaus möglichst einen Gewinn abwerfen. Die *Treasury* finanziert Kapitalsanlagen aus den allgemeinen staatlichen Einnahmen und kommt auch für Verluste auf, die aus den eigenen Einnahmen nicht gedeckt werden können.

Bemerkt sei schließlich, daß im Laufe der seither verflossenen zwei Jahrzehnte alle diese Institutionen durch neue Gesetzgebung, teils von der Labour-Regierung bald nach ihrer Begründung, teils aber von den seit 1951 an der Herrschaft befindlichen Konservativen einem fortdauernden Umwandlungsprozeß unterworfen wurden, der zwar auf verschiedenen Teilgebieten die ursprünglich gewählte Organisation modifizierte, aber an dem Grundsatz der autonomen öffentlichen Korporation als Verwaltungstyp nichts geändert hat. Einzelheiten werden im Verlauf der späteren Darstellung gebracht werden.

## 5. Versuch einer Typologie der staatlichen Betriebsbehörden

Vor Eintritt in eine summarische Beschreibung der Verwaltungs- und Betriebsbehörden, denen sowohl die verstaatlichten Industriezweige als auch die Sozialdienste und andere staatliche Aufgaben unterstehen — alles in allem Dutzende von Verwaltungsbehörden — ist zu fragen, ob sich eine sie klassifizierende Typologie herausgebildet hat. Angesichts der außerordentlichen Verschiedenheit der öffentlichen Korporationen nach Struktur, Aufgabenkreis, Stellung gegenüber einem Ministerium oder dem Parlament und vor allem angesichts des Umstands, daß viele von ihnen sich noch in einem mehr oder minder experimentellen Stadium befinden, ist eine juristisch befriedigende Einteilung von vornherein zum Scheitern verurteilt. Beispielsweise sind einige von ihnen, wie die Bank von England und vor ihrer Auflösung die *British Iron and Steel Corporation*, als Aktiengesellschaften konstituiert, wobei die Regierung der alleinige Aktionär ist. Andere sind Eigentümer aller für ihren Betrieb notwendigen Einrichtungen und Installationen. Bei einigen Dienstleistungen handelt es sich um autonome Funktionen, bei anderen sind sie einem Ministerium angegliedert. Man kann unmöglich so verschiedene Behörden wie die *War Damage Commission* und den *National Assistance Board*, die Regierungsaufgaben erfüllen, den *British Council* und den *British Arts Council* mit ihren kulturellen Zielsetzungen oder die den Rundfunk betreibende *British Broadcasting Corporation* mit den erwähnten Management-Organisationen der nationalisierten Wirtschaftszweige unter einen Hut bringen. Die folgenden Einteilungskategorien mögen als ein — zugegebenermaßen unvollkommener — Versuch gelten.

*a)* Öffentliche Korporationen als wirtschaftliche Unternehmungen kommerzieller oder industrieller Natur (*managerial*, *commercial* oder *industrial*); dazu gehören alle vorerwähnten nationalisierten Wirtschaftszweige.

*b)* Öffentliche Korporationen, welche mit der Durchführung von *staatlichen Sozialleistungen* betraut sind; hier wären der *National Assistance Board* einschlägig, dem auf gesamtnationaler Ebene die Unbemitteltenfürsorge obliegt, oder die Planungs- und Siedlungsbehörden nach den *New Towns Acts* von 1946 (9 & 10 Geo. 6, c. 68) und 1959 (7 & 8 Eliz. 2, c. 62), oder auch Landwirtschaftskommissionen nach dem *Agriculture Act* von 1947 (10 & 11 Geo. 6, c. 48).

c) Öffentliche Korporationen zur Beaufsichtigung und Regulierung der Privatwirtschaft, ähnlich also den amerikanischen *Independent Regulatory Agencies*, denen das obliegt, was man *government control of business* heißt. Teilweise noch in die Zeit zwischen den beiden Weltkriegen zurückreichend, gehören dazu: die staatlichen Aufsichtsbehörden für landwirtschaftliche Marktbewirtschaftung, Viehwirtschaft, Getreide und Baumwolle.

(d) Eine britische Besonderheit sind schließlich die beratenden Behörden (*Advisory Commissions*), die zwar in der Regel nicht als öffentliche Korporationen gestaltet sind, aber in diesem Zusammenhang nicht unerwähnt bleiben können. Sie dienen dazu, einem Minister bei seiner Amtstätigkeit sachverständigen Rat zur Verfügung zu stellen oder ihm Publikumswünsche nahezubringen. Es gibt deren auf allen Gebieten des öffentlichen Lebens und in ihnen spiegelt sich der pluralistische Charakter der englischen Staatsgesellschaft wider[1]. Solche von der Regierung mit Eifer benutzten Beratungsorgane sind in einer demokratisch geführten Gemeinschaft, in der die Regierungsinstanzen nicht das Monopol der Weisheit für sich beanspruchen, schlechthin unentbehrlich. Sie kommen vielfach bereits beim Entstehen eines Gesetzes zum Zug, indem sie den mit der Abfassung des Entwurfs befaßten *Treasury*-Beamten die Kenntnis verschaffen, welche Wirkung er auf die betroffenen Kreise haben würde,

[1] Ihre Zahl soll 1949 bereits 700 überstiegen haben und kann heute vielleicht auf das doppelte angesetzt werden.

aber sie sind von gleicher Wichtigkeit beim Erlaß der departementalen Ausführungsbestimmungen zur Durchführung eines Gesetzes.

Solche Beratungsgremien treten in den verschiedensten Erscheinungsformen auf: als die von jeher mit besonderem Prestige ausgestatteten königlichen Studienausschüsse (*Royal Commissions*), als eigentliche Regierungskommissionen (*Departmental Committees*) oder auch als Beratungsgruppen, deren Mitglieder den Interessentenkreisen entnommen sind und neben sachverständigem Rat auch Interessentenwünsche vermitteln[1]. Diese Symbiose zwischen der verwantwortlichen Regierung und den von ihren Maßnahmen betroffenen Interessenten spielt in Großbritannien eine außerordentlich wichtige Rolle. Nicht selten treten solche von der Regierung völlig unabhängige Beratungsgruppen als die Initianten wichtiger Gesetzgebungsmaßnahmen auf.

## II. Die älteren öffentlichen Korporationen

Wie früher erwähnt, hatte es schon vor Beginn der ideologisch motivierten Nationalisierung durch Labour eine Anzahl von öffentlichen Unternehmungen gegeben, die ihre Entstehung reinen Zweckmäßigkeitsgründen verdankten. Die folgenden sind auch heute noch in Betrieb:

### 1. Der Metropolitan Water Board

Von einer konservativen Regierung errichtet (1902), übernahm die Behörde Eigentum und Betriebsführung der damals bestehenden acht Privatgesellschaften, um den Londoner Metropolitanbezirk mit dem erforderlichen Trink- und Nutzwasser zu versehen[2]. Das Direktorium besteht aus derzeit 88 Mitgliedern, die den innerhalb des Londoner Areals gewählten Vertretungskörpern angehören. Mit einem täglichen Ausstoß von etwa 360 Millionen Gallonen (eine Gallone ist etwa $2^1/_2$ Liter) ist es wohl die größte Wasserlieferungsgesellschaft der Welt. Im regenreichen England ergeben sich keine Wasserknappheitsprobleme, die andere Megalopolen wie Tokyo, Paris und auch New York chronisch plagen.

### 2. Die Port of London Authority

Von einer liberalen Regierung gegründet (1908)[3] übernahm die Stelle die Docks, Piers und die anderen Hafeninstallationen von den sie vorher be-

[1] Siehe Bd. I, S. 335ff. die Ausführungen über das Verhältnis von Parlamentsgesetzen und Interessentengruppen.

[2] Der *London County Council* eignete in sich schon damals nicht zur Übernahme der Wasserversorgung, da das zu versorgende Areal suburbane und benachbarte Gebiete umfaßte, die nicht unter seiner Jurisdiktion standen. Nach Schaffung des *Greater London Council* (1963) ist die Übertragung der Wasserversorgung an diesen in Aussicht genommen.

[3] David Lloyd George und Winston Churchill, dieser damals noch Liberaler, steuerten das Gesetz, das im übrigen keine Parteimaßnahme war, durch die Commons.

treibenden Privatgesellschaften, um eine einheitliche Handhabung des damals noch größten Hafens der Welt zu fördern. Das aus 28 Mitgliedern bestehende Direktorium setzt sich aus Personen zusammen, die teils von den sachlich interessierten Ministerien ernannt sind, teils vom *London County Council*, der *Corporation of London* und derjenigen von *Trinity House* bestellt werden, wodurch den großen Schiffahrtsinteressenten als den hauptsächlichen Hafenbenutzern ein Mitspracherecht gewährt ist[1]. Bemerkt sei, daß seit 1948 etwa ein Drittel der gesamten Hafenkapazität Großbritanniens verstaatlicht ist. Die Mehrzahl der britischen Hafeninstallationen wird nach dem *British Transport Act* von 1962 (10 & 11 Eliz. 2, c. 46) von dem *British Transports Dock Board*, gleichfalls einer öffentlichen Korporation, verwaltet. Andere Häfen, (Liverpool, Glasgow, Belfast) unterstehen öffentlichen Behörden nach dem Muster der *London Transport Authority*[2].

vom *Postmaster-General* gewährten *Licence*, die aber vorwiegend technische Fragen regelt.

Die BBC ist eine Körperschaft des öffentlichen Rechts, deren Direktorium (*Governing Board*) neun Personen umfaßt, zu denen außer dem Vorsitzenden und seinen Stellvertretern auch eigene Administratoren (*Governors*) für Schottland, Wales und Nordirland gehören, wiederum ein Beispiel der weitgehenden regionalen Dezentralisierung innerhalb Großbritanniens. Die Mitglieder des *Governing Board* werden von der Krone *in Council* jeweils für eine fünf Jahre nicht überschreitende Periode ernannt. Das Direktorium ist als Kollektivgruppe für den Geschäftsbetrieb des Rundfunks und des Fernsehens nach Organisation, Programmgestaltung und -durchführung und für die den Betrieb ermöglichenden technischen Installationen verantwortlich. Der oberste Grundsatz bei der Programmierung ist Objektivität; bei der Programmdurchführung müssen alle relevanten Gesichtspunkte zur Sprache gebracht werden. „Redaktionelle" Stellungnahme der Sendestationen zu politisch kontroversen Problemen ist verpönt. Bezahlte Ankündigungen und Programme, die von wirtschaftlichen Interessenten geboten werden (*sponsors*), sind unzulässig. Das Direktorium muß bei seiner Geschäftsführung sich der ihm beigegebenen Beratungsgremien bedienen. Die BBC funktioniert durch ein ausgedehntes, sich über alle Landesteile erstreckendes Netz von Sendestationen, die 99,4 Prozent der britischen Bevölkerung zugänglich sind[1].

Der eigentliche verantwortliche Leiter der BBC ist der Generaldirektor (*General Manager*), der seinerseits von den *Governors* ernannt wird. Unzweifelhaft ist er eine der im Geistesleben der Nation einflußreichsten Persönlichkeiten. Mit der Auswahl hatten die Briten bisher ein besonderes Glück.

Die Finanzierung der BBC erfolgt in erster Linie durch eine vom Parlament alljährlich bewilligte Summe, die den Lizenzgebühren entspricht, welche die Rundfunkbenutzer an das *Post Office* als Zahlstelle abführen müssen. Dazu kommen noch kleinere Beträge aus einem vom

---

[1] Neuerdings hat sich das dornige Problem der sog. „Ätherpiraten" erhoben, also von privat betriebenen Rundfunksendern, welche sich außerhalb der britischen Jurisdiktion unterstehenden Dreimeilenzone auf einem Schiff oder einer unbewohnten Insel befinden und mit Reklame britischer Erzeugnisse reichlich durchsetzte Programme leichtester Unterhaltung verbreiten, ohne eine Konzession erlangt oder irgendwelche Abgaben bezahlt zu haben. Es kam auch zu Gewalttätigkeiten der Radiopiraten untereinander. Dem Treiben ein Ende zu bereiten, indem man ein Detachement von Polizisten mit der Besetzung und Zerstörung der Stationen beauftragt, wie es die Holländer in ähnlicher Lage getan haben, würde nicht schwer fallen; die Unterdrückung würde aber bei den Hausfrauen, bei denen die Programme sehr beliebt sind, Mißfallen erregen. Die Regierung Wilson bereitete eine *Maritime Offenses Bill* vor, derzufolge Werbung durch und Beschäftigung bei einer nicht-konzessionierten Station unter Strafe gestellt wird. Einstweilen wird gegen die in der Themsemündung gelegenen Stationen auch gerichtlich vorgegangen (*New York Times* vom 23. September 1966).

Parlament bewilligten Zuschuß für die Auslandsdienste der BBC und deren eigene nicht unbeträchtliche Einnahmen aus dem Vertrieb der Rundfunkveröffentlichungen, besonders der *Radio Times*, die fünf Millionen Abonnenten besitzt und dank ihrer weiten Verbreitung ein beliebtes Inseratenmedium geworden ist[1]. Wie überall in der Welt, gleichgültig ob der Rundfunk ein Staatsbetrieb oder privatkapitalistisch ist, ist er auch in Großbritannien ein Großverdiener[2].

### b) Die Independent Television Authority

Einigermaßen verschieden von der BBC ist das Fernsehen unter der *Independent Television Authority* (*ITA*) organisiert. Die derzeit 10 Mitglieder ihres Direktoriums, wovon je einer spezielle Zuständigkeiten (Schottland, Wales and Monmouthshire und Nordirland) hat, werden vom *Postmaster-General* ernannt. Die ITA hat zwar das Eigentum an den Sendern, aber die Programmbildung und -durchführung liegt in den Händen von derzeit fünfzehn Programmgesellschaften, die mit der ITA im Vertragsverhältnis stehen. Im Gegensatz zur BBC sind im Fernsehen Werbeankündigungen zulässig, jedoch darf kein Programm von einem Geschäftsunternehmen unmittelbar als *sponsor* veranstaltet werden. Die Gesetze schreiben scharfe Maßstäbe für die Werbeankündigungen vor: sie müssen als solche deutlich gekennzeichnet sein; der Informations- und Unterhaltungswert der gebotenen Programme darf durch die Werbeankündigungen weder zeitlich noch inhaltlich nachteilig beeinflußt werden. Die Einfügung von Werbeankündigungen muß von dem betreffenden Inserenten den Programmgesellschaften bezahlt werden[3]. Nach

[1] In dem am 31. März 1963 endenden Geschäftsjahr betrugen die Bruttoeinnahmen der BBC 46 Millionen £, davon entfielen auf die an sie abgeführten Lizenzgebühren etwa 37,8, auf die Publikationen 600000 und auf den Beitrag für die auswärtigen Sendungen 7,5 Millionen £.

[2] Eine interessante jüngste Entscheidung (*British Broadcasting Corporation v. Johns, Inspector of Taxes* [1964] [1 All E.R. 923] [C.A.]) befaßte sich mit der steuerlichen Situation der BBC, als diese eine Filmgesellschaft ins Leben gerufen hatte, für deren Produktion von den Benutzern extra gezahlt werden mußte. An sich ist die BBC nicht berechtigt, Einkommensteuer-Freiheit in Anspruch zu nehmen, da sie keine Regierungsfunktionen ausübt, also nicht "*servant of the Crown*" ist. Andererseits hat sie aber kein steuerbares Einkommen, da sie ihre Überschüsse an den *Postmaster-General* abführen muß.

[3] Nach einer Novelle von 1964 zum *Television Act* (Eliz. 2, c. 3) ist die Regierung berechtigt, Werbeankündigungen für Zigaretten im Fernsehen durch Administrativakt zu beschränken oder zu verbieten. Damit wurde einem vorher vom *Royal College of Physicians* veröffentlichten Bericht über den Zusammenhang zwischen Zigarettenrauchen und Lungenkrebs Rechnung getragen. Seither war ein Abkommen zwischen der Zigarettenindustrie und den 17 Sendestationen der ITA zustande gekommen, wonach Werbeankündigungen ausgeschlossen wurden, die sich an Jugendliche richten. Da dies offenbar nicht genügte, beschloß die Regierung, ab April 1965 alle Zigaretten-Werbeankündigungen im Fernsehen zu verbieten. Die Beseitigung ähnlicher Werbung durch andere Kommunikationsmittel (Presse, Plakate usw.) würde ein Parlamentsgesetz erfordern.

dem *Television Act* von 1954, der eines der am meisten umstrittenen Gesetze des letzten konservativen Jahrzehnts war und bei dem die Regierung ihren *backbenchers* schließlich wesentliche Zugeständnisse machen mußte, besitzt die ITA weitgehende Aufsichtsrechte, um dafür Sorge zu tragen, daß die Darbietungen objektiv, politisch unparteilich und nicht geschmacksverletzend sind. Der *Television Act* von 1963 (Eliz. 2, c. 60) verstärkte die Aufsichtsbefugnisse weiter, so daß jene Auswüchse und Geschmacksverletzungen, die das den Privatstationen überlassene amerikanische Fernsehen oft zu einer wahren Tortur machen, in Großbritannien glücklicherweise vermieden werden. Dies gilt insbesondere für die die jugendliche Kriminalität fördernde Darbietung von Mord- und Gewaltsamkeitsszenen auf dem Bildschirm. Die ITA muß sich bei der Durchführung ihrer Aufgaben mit drei Beratungsausschüssen benehmen, dem Werbeberatungsausschuß (*Advertising Advisory Committee*), einem Ausschuß für Kinderberatung und einem für Religionsangelegenheiten. Seit Juli 1964 besteht auch ein obligatorischer Bildungsausschuß (*Educational Committee*). Auch die ITA ist finanziell wohlbestallt; sie bezieht zwar keine Lizenzgebühren vom Fernsehpublikum, dafür aber Einnahmen der mit ihr im Vertragsverhältnis stehenden Programmgesellschaften[1].

Schließlich wäre darauf hinzuweisen, daß die BBC und die ITA zwar autonome Körperschaften sind, welche in ihrer Betriebsführung völlig frei von Regierungseinfluß sind, daß aber trotzdem nach Maßgabe der gesetzlichen Bestimmungen dem *Postmaster-General* gewisse Einspruchrechte vorbehalten sind. Er kann die Bekanntgabe von Regierungsankündigungen im Rundfunk und auf dem Bildschirm verlangen und auch die Verbreitung einer Sendung überhaupt verbieten, hat aber von diesem Vetorecht bisher niemals Gebrauch gemacht. In Notzeiten kann er die Telekommunikation vollständig übernehmen, wenn es auch selbst während des letzten Krieges niemals dazu gekommen ist. Außerdem werden die Mitglieder des Direktoriums der BBC von der Krone auf Empfehlung des Prime Ministers und diejenigen der ITA vom *Postmaster-General* ernannt. Alles in allem ist also die Regierungskontrolle außerordentlich marginal und bedeutet keinerlei Beschränkung der autonomen Rundfunk- und Fernsehbehörden.

## III. Die seit 1945 nationalisierten Wirtschaftszweige

Eine Darstellung der verstaatlichten Industrien und staatlich betriebenen Sozialdienste, insbesondere wenn damit eine volkswirtschaftliche Bewertung verbunden würde, kann an dieser Stelle nicht geboten werden.

---

[1] Im Finanzjahr 1961/62 betrugen die Einnahmen der ITA von den Programmgesellschaften 4,7 Millionen £. Von ihrem Überschuß von 1,4 Millionen wurden auf Anweisung des *Postmaster-General* etwa eine halbe Million an das Schatzamt abgeführt.

Sie würde eine Monographie, ja jeder ihr eingeschlossene Sachgegenstand würde eine solche erfordern. In diesem und dem folgenden Kapitel wird daher lediglich ein Abriß der gesetzlichen Grundlagen, Organisation und Zuständigkeiten der hauptsächlichen Wirtschaftszweige und Sozialdienste in staatlicher Regie geboten, der sich jedoch bei der kritischen Stellungnahme zu den dabei erzielten Ergebnissen Zurückhaltung auferlegt. Andererseits kann diese Materie, die auch in den Lehrbüchern des britischen Staatsrechts nur stiefmütterlich behandelt wird, in einer Gesamtdarstellung der britischen staatsrechtlichen Ordnung nicht völlig entbehrt werden[1].

## Vorbemerkung

So verschieden die von den einzelnen Behörden verwalteten Sachgebiete sind, sie weisen eine Reihe von Gemeinsamkeiten auf: Alle öffentlichen Korporationen wurden durch Parlamentsgesetz begründet, welches den Rahmen für ihre Zweckbestimmung, Organisation, Zuständigkeiten und Funktionen bildet. Alle werden von einer mehrmitgliedrigen Personengruppe als Direktorium geleitet — verschiedentlich als *Board*, *Commission*, *Authority* bezeichnet —, deren Mitglieder in der Mehrzahl der Anwendungsfälle vom fachlich zuständigen Minister für begrenzte Amtsperioden ernannt werden. Dem Direktorium obliegt die Betriebs- und Geschäftsführung in eigener Verantwortung. Der zuständige Minister besitzt eine je nach dem einzelnen Wirtschaftszweig verschiedene Einflußnahme auf die allgemeinen Zielsetzungen der Geschäftspolitik, jedoch nicht auf die Routine der täglichen Betriebsführung. In keinem Fall aber ist die ministerielle Teilnahme zu einer effektiven Beaufsichtigung, geschweige denn wirklichen Kontrolle der Geschäftsführung gediehen. Der zuständige Minister ist als Liaison zwischen der Behörde und dem Parlament und diesem allgemein für die Geschäftsführung der in seinem Fachbereich fallenden öffentlichen Korporationen verantwortlich, aber auch das Parlament kann auf den Routinebetrieb keinen Einfluß nehmen.

## 1. Kohle

Kohle ist der wertvollste Naturschatz des Vereinigten Königreichs. Das Urprodukt ermöglichte Englands Führung in der industriellen Revolution und seinen Aufstieg zur zeitweise größten Industriemacht der Welt. Kohle ist auch heute noch die hauptsächliche Kraftquelle und Dreiviertel des Brennstoffbedarfs werden durch sie gedeckt. Wasserkraft ist nur im bescheidensten Umfang vorhanden; die industrielle Ausnutzung der Atomenergie liegt noch in weiter Ferne. Für die Erzeugung von Gas, Koks und Elektrizität kommt vorwiegend Kohle in Frage. Viele der

[1] Zahlenmäßige Angaben sind meist dem *Handbook for Britain*, 1964 entnommen.

seit Hunderten von Jahren ausgebeuteten Kohlenflöze sind nicht mehr produktiv, was zu Zusammenlegungsmaßnahmen (seit 1919) und zu steigenden Kapitalsanlagen zwang. Von einigen Bergwerken abgesehen, die aus ihrem Standort nahe an Ausfuhrhäfen oder aus sonstigen technischen Voraussetzungen Vorteile ziehen konnten, war die in Privatwirtschaft befindliche Kohlenindustrie seit Jahrzehnten nicht mehr rentabel. Die Kohlenindustrie wurde durch den *Coal Industry Nationalisation Act* von 1946 (9 & 10 Geo. 6, c. 59) in Staatseigentum überführt[1]. Auf Grund des Gesetzes wurden ab 1. Januar 1947 die gesamte Industrie, Bergwerke, Bergwerksrechte[2] dem *National Coal Board* (NCB) übereignet und dieser als Betriebsorganisation für die gesamte Industrie aufgestellt. Nach dem weiteren *Coal Industry Act* von 1949 (12, 13 & 14 Geo. 6, c. 53) ernennt der Minister für Energiewirtschaft (*Minister of Power*) das Direktorium, bestehend aus dem Vorsitzenden und acht bis elf Mitgliedern. Der *National Coal Board* übt das Monopol der Kohlenerzeugung in Großbritannien aus, kann aber bei Bergwerken mit geringer Arbeiterzahl und geringer Erzeugung (nicht mehr als 25 000 Tonnen jährlich) Privatbewirtschaftern eine Lizenz erteilen. Die 616 größeren Bergwerke sind in Regionalgruppen eingeteilt, die jeweils als Geschäftseinheiten funktionieren; diese stehen unter Bezirksdirektorien, die ihrerseits dem NCB verantwortlich sind. Die einzelnen Bergwerke werden von angestellten Managern geleitet. Der NCB besitzt aber kein Monopol für den Verkauf der geförderten Kohle, der vielmehr zum größten Teil in privater Hand liegt. Der NCB leitet die Anlagenpolitik der gesamten Industrie und finanziert sie durch Anleihen bei der *Treasury*. Der *Coal Utilisation Council* (bestehend seit 1932) berät die Verbraucher über die rationellen Methoden der Kohlebenutzung. Seit 1954 besteht auch eine gemeinnützige Gesellschaft (*National Industrial Fuel Efficiency Service*), die die Industrie bei den Rationalisierungsmaßnahmen im Brennstoffverbrauch überhaupt berät.

Wie auch in anderen Ländern hat die britische Kohlenindustrie neuerdings schwer mit der Konkurrenz des Petroleums zu kämpfen. Nach dem letzten Krieg war es zunächst zu einem erfreulichen Aufschwung der Kohlenerzeugung gekommen (186 Millionen Tonnen im Jahre 1946 auf 218 Millionen im Jahre 1956). Dann setzte ein Rückgang ein, dem der Anstieg des Anteils des Petroleums am gesamten Brennstoffverbrauch von 15 auf 20 Prozent entsprach. Der *National Coal Board* mußte sich

---

[1] Der *National Coal Board* kaufte etwa 200 Privatunternehmungen zum Gesamtpreis von 338 Millionen £ auf. In diesem und in allen anderen Fällen wurden die enteigneten Privateigentümer durch freiverkäufliche Staatsobligationen im großen und ganzen angemessen entschädigt.

[2] Nach einem Gesetz von 1938 (*Coal Act* [1 & 2 Geo. 6, c. 52]) hatte der Staat bereits die Ausbeutungsrechte für mineralische Kohle von den Berechtigten erworben.

ab 1961 zu einer starken Kürzung der Erzeugung entschließen, die von 1957 bis 1962 von 207,5 Millionen Tonnen auf 190,9 gefallen war. In den letzten Jahren wurden daher zum Zwecke der Sanierung und Kosteneinsparung die modernsten mechanischen Förderungsmethoden eingeführt, wodurch die Produktivität zwischen 1957 und 1962 um 25 Prozent gesteigert werden konnte. Ein früherer *Minister of Power* im Labour-Kabinett (Lord Robens) steht dem *Coal Board* seit 1961 vor[1]. Man erwartet in absehbarer Zeit eine hundertprozentige Mechanisierung aller Phasen des Bergbaus unter und über Tag. Auch die Forschungs- und Entwicklungstätigkeiten sind nationalisiert. Infolge der Rationalisierungs- und Mechanisierungsmaßnahmen ist die im Kohlenbergbau beschäftigte Arbeiterzahl von 707 400 (1957) auf 555 600 (1962) Personen gefallen, wozu auch die Abneigung der jungen Generation gegen die anstrengende Arbeit unter der Erde beigetragen hat. Infolge Mangels an eigenem Nachwuchs mußten Versuche mit der Einfuhr von Fremdarbeitern gemacht werden, die jedoch nicht erfolgreich waren.

Trotz der Produktivitätssteigerung und steigenden Absatzes vor allem auch durch den ausländischen Export ist die finanzielle Lage der verstaatlichten Kohlenindustrie nicht günstig. In einzelnen Regionalbezirken (Süd-Wales, Lancashire, Schottland) bestehen andauernde Defizite, die durch die Überschüsse anderer Gegenden (beispielsweise East Midlands) nicht ausgeglichen werden können. Zwar erzielte der *National Coal Board* einen Gewinn von 1 Million £ (1962), aber die Schuldenlast von 91 Millionen £ kann dadurch nicht abgedeckt werden. Es ist geplant, innerhalb von fünf Jahren einen Ausgleich zwischen Umsatz und Kosten herbeizuführen; ob er gelingen wird, bleibt abzuwarten. Die nationalisierte Kohlenindustrie ist also unzweifelhaft eine starke finanzielle Last für den Staat. Im Vergleich mit anderen Ländern erscheint es aber durchaus fraglich, ob sie bei Privatmanagement nicht gleichfalls notleidend geworden wäre und den Staat zu großen Auslagen durch Arbeitslosenzahlungen, Umschulungsmaßnahmen und Industrieverlagerungen gezwungen hätte.

## 2. Elektrizität

Bemühungen zum öffentlichen Betrieb von Elektrizitätsversorgungs-Installationen, besonders auf kommunalem Gebiet, gehen bis zum Ende des letzten Jahrhunderts zurück (*Electric Lighting Act* von 1882) (45 & 46 Vict., c. 56). Bald nach dem ersten Weltkrieg wurden entsprechende Zentralbehörden zur Koordination der Elektrizitätsindustrie errichtet (*Electricity Commissioners* [1919] und *Central Electricity Board* [1926]), die aber auf freiwillige Zusammenarbeit angewiesen waren. Die Ver-

[1] Eine amtliche Übersicht über das Personal der *Public Boards* nach dem Stand vom 1. November 1964 mit Angaben über Gehalt und Amtsdauer findet sich in *Public Boards* (Cmnd. 2544).

staatlichung der gesamten Elektrizitätswirtschaft erfolgte durch den *Electricity Act* von 1947 (10 & 11 Geo. 6, c. 54). Ab April 1948 übernahm die *British Electricity Authority* genannte Zentralbehörde mit damals 14 ihr unterstellten Regionalgruppen die gesamte in Privat- oder Munizipaleigentum stehende Elektrizitätserzeugungsindustrie (mit Ausnahme eines nordschottischen Areals, das bereits eine solche staatliche Behörde besaß). Verschiedene Reorganisationsmaßnahmen (vor allem der *Electricity Act* von 1957) (5 & 6 Eliz. 2, c. 48) führten zur derzeitigen Organisation: Die bis dahin bestehende *Central* (früher *British*) *Electricity Authority* wurde aufgelöst und durch zwei Behörden ersetzt, den *Electricity Council* und den *Central Electricity Generating Board.* Die Zahl der Regionalbehörden beträgt vierzehn. Die organisatorischen Einrichtungen sind für England und Wales, Schottland und Nordirland getrennt und einigermaßen verschieden. Der *Electricity Council* ist die oberste Zentralbehörde der gesamten britischen Elektrizitätsindustrie, dazu bestimmt, den *Minister of Power* zu beraten und für eine Reihe gemeinschaftlicher Dienste, auch für die Finanzierung und Forschung verantwortlich. Er besteht aus einem Vorsitzenden, zwei Stellvertretern und höchstens drei anderen Personen des *Central Electricity Board* und ferner aus den Vorsitzenden der vierzehn Regionalbehörden, alles in allem maximal 21 Personen. Diese sind durchwegs technische oder geschäftserfahrene Sachverständige. Der *Generating Board* besteht aus dem Vorsitzenden und sieben bis neun Mitgliedern. Er muß für die Elektrizitätserzeugung sorgen. Den Regionalbehörden obliegt die Verteilung und der Verkauf des erzeugten Stroms. Die Vorsitzenden und Mitglieder der verschiedenen zentralen und regionalen Management-*Boards* in England und Wales werden vom *Minister of Power* ernannt[1].

Die staatlichen Elektrizitätsbehörden sind der größte Kohlenbezieher des Vereinigten Königreichs, stützen die Erzeugung aber neuerdings zunehmend auch auf Petroleum. Das Kraftwerksnetz ist in ständigem Ausbau begriffen. Die neueren Kraftwerke sind ultramodern, im Jahre 1962 wurden insgesamt 12132853 Millionen Kilowattstunden erzeugt. Neuerdings hat der *Generating Board* auch mit dem Bau von nuklearen Kraftwerken für die Elektrizitätserzeugung begonnen, ein zwar zeitgemäßes, aber technologisch und finanziell zweifelhaftes Experiment, da ein solches Kraftwerk schon nach verhältnismäßig kurzer Zeit veraltet und überdies die nukleare Stromerzeugung nach wie vor teurer ist als die normale.

Die Elektrizitätsindustrie ist das beneidete Vorbild aller nationalisierten Industrien. Denn seit ihrer Aufstellung haben die staatlichen Elektrizitätsbehörden Jahr für Jahr einen Überschuß erzielt, wobei zu

[1] Die für Schottland und Nordirland verschiedenen Arrangements können hier übergangen werden.

beachten ist, daß auch von den Regionalstellen mindestens ein Ausgleich von Ausgaben und Einnahmen gefordert wird. Der bisher insgesamt erzielte Überschuß beläuft sich auf 196 Millionen £, wäre also auch bei einer rein privatwirtschaftlichen Regie alles andere als unbeträchtlich. Überdies fährt der Konsument besser als unter der Privatindustrie: Die Stromerzeugung pro Kilowattstunde hat sich zwischen 1948 und 1961 um fast die Hälfte verbilligt, die Produktivität ist gestiegen, die Zahl der Arbeiter per Megawatt gefallen.

## 3. Gas

Der Gebrauch von Gas für öffentliche Beleuchtungszwecke geht bereits auf die Anfänge des letzten Jahrhunderts zurück, als die *London and Westminster Gas Light and Coke Company* mit einer *Royal Charter* das Recht zur Versorgung Londons mit Gas erhielt (1812). In der Folgezeit wurde Gas auch zunehmend für Beheizungszwecke verwendet. Der Konkurrenz mit der Elektrizität konnte durch die Erfindung neuer Beleuchtungstechniken entgegen getreten werden. In der Zeit zwischen den beiden Kriegen wurde Gas mehr für Beheizung als für Beleuchtung verwendet. Der *Gas Act* von 1948 (11 & 12 Geo. 6, c. 67) nationalisierte die gesamte Gaswirtschaft, indem 991 Unternehmungen, von denen 269 bereits kommunal-eigen waren, in Staatseigentum überführt wurden. Unter der vom *Minister of Power* ernannten Zentralbehörde, dem *Gas Council*, funktionieren Regionalbehörden (*area boards*). Der *Gas Council*, aus einem Vorsitzenden, seinen Stellvertretern und den Vorständen der Regionalbehörden bestehend, ist eine Koordinationsstelle, die mit der Erzeugung und dem Vertrieb von Gas nichts zu tun hat. Die eigentlichen Produktionseinheiten sind die Regionalbehörden, die im übrigen in Organisation und Geschäftsführung weitgehend autonom sind und keinem einheitlichen Muster folgen. Gas ist diejenige der nationalisierten Industrien, die am stärksten dezentralisiert ist. Die Industrie beschäftigt derzeit 125 000 Personen, versorgt 13 Millionen Verbraucher, denen sie Gas für Haushaltsbedarf, davon 70 Prozent zum Kochen, und auch für industrielle und kommerzielle Zwecke verkauft. Die Elektrizität als Energiequelle überholte Gas erst 1955. Der Gasverbrauch ist seit 1960 ständig im Steigen begriffen. Wichtige Nebenprodukte sind die Kokserzeugung. Seit 1959 wird auch flüssiges Gas, vor allem von der Sahara, eingeführt. Neuestens (1966) erschlossen Bohrungen auf englischem Boden selbst Gasvorkommen, die ergiebig zu sein versprechen. Die Industrie investierte seit ihrer Verstaatlichung 1949 etwa 650 Millionen £. In den dreizehn Jahren von 1949 bis 1962 erzielten die Regionalbehörden einen Gesamtüberschuß von etwa 28 Millionen £; die abzuführenden Steuern sind dabei nicht berücksichtigt, aber auch diese sind naturgemäß Staatseinkünfte.

## 4. Transport

Mit der Verstaatlichung weiter Sektoren des Beförderungswesens nahm die öffentliche Hand ein Unternehmen in Angriff, das ihr organisatorisch wie wirtschaftlich von allen verstaatlichten Wirtschaftszweigen das größte Kopfzerbrechen gemacht und eine Flut oft widerspruchsvoller Gesetzgebung hervorgerufen hat. Bei der Übersicht über die Verstaatlichung des Binnentransports wird zweckmäßig zwischen den Eisenbahnen und den anderen Transportmitteln unterschieden[1].

### a) Eisenbahnen

Bekanntlich ist Großbritannien das Land, von dem aus die Lokomotive ihren Triumphzug durch die Welt angetreten hat. Der erste Zug lief zwischen Stockton und Darlington (1826). Im 19. Jahrhundert überzog sich das Inselland mit dem dichtesten Eisenbahnnetz der Erde. Alle Linien blieben bis zur Verstaatlichung in Privateigentum, mit einem damals ausreichenden, später aber zusehends „viktorianisch" gewordenen Betrieb. Nachdem die Regierung im ersten Weltkrieg die Eisenbahnen unter zentrale Leitung gestellt und damit den Weg gezeigt hatte, erfolgte zunächst eine Konzentration im *Railways Act* von 1921 (11 & 12 Geo. 5, c. 55), indem 123 Privatgesellschaften zu vier großen Linien oder Netzen zusammengelegt wurden. Während der Wirtschaftsdepression der Nachkriegszeit büßten sie aber ihre Rentabilität ein, teilweise wegen des weltweiten Wettbewerbs zwischen Straße und Schiene, den die letztere nirgends gewinnen kann, teils aber wegen der unrealistischen und altmodischen Geschäftsführung der Privatgesellschaften. Die unausbleiblichen Folgen waren Verschlechterung und Leistungsminderung des Fracht- wie des Passagierverkehrs. Die immer dringlicher werdende Reform wurde durch den zweiten Weltkrieg verzögert, während dessen die Eisenbahnen wieder unter Regierungskontrolle standen.

Der *Transport Act* von 1947 (10 & 11 Geo. 6, c. 49) übertrug mit Wirkung vom 1. Januar 1948 an die von ihm geschaffene *British Transport Commission* (BTC) das Eigentum an den Anlagen und den Betrieb aller britischen Eisenbahnen mitsamt den von ihnen betriebenen Schifffahrtslinien, Docks, Hotels, Straßenbeförderungsinteressen und Kanälen, außerdem aber auch die überwiegende Mehrzahl der anderen nicht bahneigenen Kanäle sowie das bis dahin selbständig bestehende Londoner

[1] Das Schiffahrtswesen wurde dadurch nicht berührt, doch sind, wie früher erwähnt (siehe oben S. 180), eine Reihe von Häfen und Docks, etwa ein Drittel der gesamten Hafenkapazität ausmachend, in staatlicher Regie und seit dem *Transport Act* von 1962 dem *British Transport Dock Board* unterstellt, ein Zeichen also, daß auch die konservative Regierung sich keineswegs der Verstaatlichungsmaßnahmen enthalten hat.

Transportwesen unter dem *London Passenger Transport Board*[1]. Die Mitglieder der BTC waren vom Verkehrsminister — *Minister of Transport* — zu ernennen und ihm verantwortlich.

Zunächst verwandelte der *Transport Act* von 1947 das gesamte britische Eisenbahnwesen in ein einziges Unternehmen, *British Railways* genannt, das, in sechs Regionalbezirke eingeteilt, von der *Railway Executive* als Ausführungsorgan der BTC betrieben wurde. Die BTC war also nur eine Art Dachbehörde, welche die allgemeinen Richtlinien aufstellte. Der eigentliche Geschäftsbetrieb lag bei sieben Unterabteilungen, die aber nicht regional fungierten, sondern nach Sachzuständigkeiten für das ganze Land organisiert waren: die eigentlichen Eisenbahnen, Docks, Omnibusse, Straßenverkehr, Binnenwasserverbindungen der Kanäle etc. Für den Verkehr im Londoner Metropolitanbezirk war die *London Passenger Executive* zuständig, in gewissem Sinn die Nachfolgerin des absorbierten *London Passenger Transport Board*, die aber nur den Inner-Londoner Untergrundbahn- und Omnibusverkehr unter sich hatte.

Diese die Zentralisation auf die Spitze treibende Organisation erwies sich aber finanziell wie betriebstechnisch als erfolglos, weshalb eine weitgehende Dezentralisation im *Transport Act* von 1953 (1 & 2 Eliz. 2, c. 13) vorgenommen wurde. An die Stelle der aufgehobenen *Railway Executive* traten für den laufenden Geschäftsbetrieb die Manager der sechs Regional-*Boards*, ausgestattet mit umfassender Selbständigkeit. Da aber auch diese Umorganisation sich nicht zu bewähren schien, kehrte der *Transport Act* von 1962 (10 & 11 Eliz. 2, c. 46) erneut zu größerer Zentralisierung zurück, indem der *British Railways Board* die Gesamtleitung übernahm, während die eigentliche Betriebsführung an die sechs Regionalmanagers delegiert wurde.

Die britischen Eisenbahnen sind das größte Industrieunternehmen des Vereinigten Königreichs. Sie beschäftigen mehr Leute als Heer, Flotte und Luftwaffe zusammen. Sie sind gleichzeitig das größte Hotelunternehmen mit zahlreichen Eisenbahnhotels. London allein hat 15 große Eisenbahnstationen—New York nur zwei—; das Eisenbahnnetz ist noch immer das dichteste der Welt. Ein Parlamentsausschuß (*Select Committee on Nationalised Industries* von 1960) schätzte den Anlagenwert auf

---

[1] Dieser, eine Londoner Metropolitanbehörde, wurde als öffentliche Korporation 1933 ins Leben gerufen, um das gesamte Londoner Transportsystem — Eisenbahn, Omnibus, Untergrund- und Straßenbahn — in Betrieb und Verwaltung zu nehmen. Er war durch die Art und Weise der Mitgliederbestellung interessant. Sie erfolgte durch die sog. *Appointing Trustees*, unter denen sich der Vorsitzende des *London County Council* und die Präsidenten der Berufsvereinigungen der Bankiers, Solicitors und der amtlich zugelassenen Buchprüfer befanden. Dieser Modus sollte verhindern, daß ein mit der Anstellung betrauter Minister die Anstellungsbefugnis zu politischen Zwecken mißbrauchen könnte, eine damals naheliegende Befürchtung, die sich seither aber als durchaus unbegründet erweisen sollte.

nicht weniger als 500 Millionen £. Aber bis in die allerletzte Zeit war der Eisenbahnbetrieb ein Urbild viktorianischer Rückständigkeit. Drei von vier Sitzen in den Wagen waren unbesetzt. Die Eisenbahnen sind in unserer den neueren Verkehrsmitteln zugeneigten Zeit ein hoffnungslos unrentabler Betrieb und wären es auch in Privathänden geblieben, wie sie es vor der Nationalisierung gewesen waren.

Auch in Staatsregie konnte sich die finanzielle Lage der Eisenbahnen nicht wesentlich verbessern. Die Zahl der Passagiermeilen (die bezahlte Meile pro Passagier) lag 1962 unter der Ziffer von 1955. In der gleichen Zeit fiel die Ziffer der Frachtmeilen (eine Tonne Transport über eine Meile) um 25 Prozent. Auch die Gesamteinnahmen fielen in den letzten Jahren und dies trotz Erhöhung der Passagier- und Frachtpreise. Die Gründe lagen wie anderswo auch in dem verschärften Wettbewerb mit dem Überlandverkehr der Personen- und Lastkraftwagen und außerdem darin, daß, ebenso wie in anderen Metropolitanbezirken der übrigen Welt, der Wagen- und Lokomotivpark nur in den stoßartigen Hauptverkehrszeiten morgens und abends, und dies an nur fünf Tagen der Woche, voll benutzt wird, sonst aber brach liegt. Die verstaatlichen Eisenbahnen leiden seit ihrer Verstaatlichung unter chronischen Defiziten.

Eine mögliche Abhilfe wird von einer seit einem Jahrzehnt im Gang befindlichen durchgreifenden Betriebsreorganisation durch Modernisierung erhofft, deren systematische Inangriffnahme bisher Depression und Krieg verhindert hatten. Seit 1955 wurden mehr als 1000 Millionen £ investiert, die vor allem zum Ersatz der kohlebeheizten Dampf- durch ölbetriebene Dieselmaschinen verwendet wurden. Man bemüht sich auch um die Verbesserung des Frachtverkehrs durch schnellere und rationellere Verbindungen und entsprechende Güterbahnhofsorganisation. Obwohl diese Betriebsverbesserungen dem erhöhten Passagier- und Frachtverkehr zugute kamen, liegt Großbritannien, einst führend im Eisenbahnwesen, auch heute noch weit hinter den vergleichsweisen Modernisierungen in Deutschland, Frankreich, selbst Italien, gar nicht zu reden von dem vorbildlich betriebenen und steigend lukrativen verstaatlichten Eisenbahnbetrieb in Japan. Ein vom *British Railways Board* neuerdings (1963) veröffentlichter umfassender Bericht über die Zukunft des britischen Eisenbahnsystems hofft durch Modernisierungs- und Rationalisierungsmaßnahmen das chronische Defizit bis 1970 abbauen zu können, was aber, auch wenn das britische Budget die dazu erforderlichen Kosten aufbringen würde, reichlich optimistisch erscheint[1]. Eine Lösung dieser Qua-

[1] Der Plan einer durchgreifenden Modernisierung der britischen Eisenbahnen erhielt dadurch einen starken personellen Auftrieb, daß der Verkehrsminister im Kabinett Macmillan (seit 1957), Ernest Marples, ein erstklassiger Politiker-Geschäftsmann, im Jahre 1961 Dr. Richard Beeching, Direktor der *Imperial Chemical Trusts*, zum Vorsitzenden des *British Railways Board* machte. Er wurde mit Unterstützung

dratur des Zirkels – vorausgesetzt, es gäbe eine solche – könnte nur in der planvollen Koordination des Eisenbahn- mit dem Kraftwagenverkehr gefunden werden. Das läßt sich einstweilen nicht statistisch beweisen, das Rezept müßte ausprobiert werden. Auch die Privatwirtschaft könnte die Eisenbahnen, wenn überhaupt, nur auf Kosten der Publikumsinteressen rentabel machen, die dann wiederum nach Verstaatlichung rufen würden.

### b) Straßen

Nach dem Gesetz von 1947 war die *British Transport Commission* außer zur Übernahme der Eisenbahnen und ihrer Anlagen auch ermächtigt worden, allmählich die im Überlandfrachttransport beschäftigten Privatfirmen zu übernehmen. Der Straßenpassagierverkehr außerhalb von Metropolitan-London blieb dabei unberührt. Auch ein beträchtlicher Teil des eigentlichen Straßenfrachtverkehrs selbst, bestimmte Wasserstraßen und manche Docks wurden davon nicht betroffen. Doch scheint die Absicht bestanden zu haben, mit der Zeit den gesamten Binnen-Frachtverkehr zu verstaatlichen.

Die 1951 Labour ablösenden Konservativen nahmen an der Verstaatlichung des Frachtverkehrs besonderen Anstoß, trotzdem sie angesichts der experimentellen Natur der bisherigen Maßnahmen kaum greifbare Ergebnisse hatte zeitigen können. Der *Transport Act* von 1953 (1 & 2 Eliz. 2, c. 13) sah daher, neben den erwähnten Dezentralisationsmaßnahmen für die Eisenbahnen, die zumindest teilweise Entstaatlichung der Überland-Frachtverkehrsfirmen vor und widerrief auch die Vollmacht der BTC zur Koordination von Bahn- und Straßenpassagierverkehr. Die Reprivatisierung der Frachtunternehmen wurde schließlich im *Transport* (*Disposal of Road Haulage Property*) *Act* von 1956 (4 & 5 Eliz. 2, c. 56) abgeschlossen.

### c) Der Transport Act von 1962

Der *Transport Act* von 1962 (10 & 11 Eliz. 2, c. 45) brachte wiederum eine vollständige Neuorganisation des gesamten verstaatlichten Trans-

---

seines Ministers zu einem veritablen Eisenbahndiktator gemacht und hatte auch Erfolge aufzuweisen; das chronische Defizit wurde zum ersten Mal seit Jahren verringert (von 104 Millionen [1962] auf 90 Millionen £). Durch drastische Beschneidung der Belegschaft (8,5%) konnte die Arbeitsproduktivität um etwa 13% gesteigert werden. Als Dr. Beeching aber im Zuge seiner Rationalisierungsmaßnahmen daran ging, unrentable Zweiglinien aufzuheben und Eisenbahnstationen zu schließen — der von ihm 1963 angekündigte Plan sah die Auflassung von 352 Zweiglinien, 5000 Meilen Schienen und 2000 Stationen vor —, stieß er auf den Protest der Lokalinteressen und der Gewerkschaften. Die hart um ihre Wähler kämpfende Labour-Regierung konnte sich nicht entschließen, diesem von ihr ererbten Rationalisierungsplan das Plazet zu geben, so daß der Eisenbahnzar zurücktrat (Dezember 1964) und als Lord Beeching wieder zu seiner früheren Gesellschaft (mit unbekanntem Gehalt) zurückkehrte.

port- und Verkehrswesens. Die Oberbehörde, die *British Transport Commission*, hatte sich als zu schwerfällig und mit zu vielen Aufgaben belastet erwiesen und eine weitgehende Dezentralisation trat ein. Vor allem erwies es sich als zweckmäßig und notwendig, die andauernd defizitären Eisenbahnen von anderen profitableren Zweigen abzuspalten. Es wurden daher an Stelle der aufgelösten BTC vier praktisch voneinander unabhängige *Boards* errichtet (für Eisenbahnen, Londoner Verkehr, Docks und Wasserstraßen), von denen jede ihre eigene Budgetierung und Geschäftsführung haben und dem *Minister of Transport* unmittelbar verantwortlich sein sollte. Jede dieser Abteilungen wird als gesonderte Betriebseinheit mit eigener Kapitalisierung, Budget und Anleihebefugnissen geführt und letztlich wird erwartet, daß jede schließlich Ausgaben und Einnahmen balancieren wird. Jedoch erhalten die *Boards* für Eisenbahnen und Binnenwasserstraßen für eine Übergangszeit von fünf Jahren spezielle Zuschüsse von der *Treasury*. Die bisherigen gesetzlichen Beschränkungen, welche bei den Ansätzen für die Dienstleistungen galten, wurden weitgehend erleichtert, so daß alle *Boards* (mit Ausnahme der Fahrpreise innerhalb von Groß-London) die Vergütungen für ihre Dienstleistungen selbst und nach kaufmännischen Grundsätzen festsetzen können. Überdies übernahm die *Treasury* den Schuldendienst für einen Gesamtbetrag von 1450 Millionen £ Eisenbahnobligationen, die also nicht mehr das Budget der verstaatlichten Zweige selbst belasten. Alles in allem ist nach dieser neuesten Regelung bei den öffentlichen Verkehrsmitteln der Charakter als Staatseinrichtung nunmehr weitgehend dadurch verwischt worden, daß sie als kaufmännische Unternehmungen angesehen und geführt werden. Ob damit allerdings auf die Dauer den notleidenden Eisenbahnen geholfen werden kann, bleibt abzuwarten.

### d) Flugwesen

Raumgründe verbieten ein Eingehen auf die verstaatlichten Luftverkehrsmittel. Die *British Overseas Airways Corporation*, welche den Übersee-Flugverkehr verstaatlichte, geht auf den von den Konservativen durchgeführten *British Overseas Airways Act* von 1939 (2 & 3 Geo. 6, c. 61), der innerbritische Flugverkehr auf die Verstaatlichungsmaßnahme des *Civil Aviation Act* von 1946 (9 & 10 Geo. 6, c. 70) mit dem Konsolidierungsgesetz von 1949 (12, 13 & 14 Geo. 6, c. 67) und den *Air Corporation Act* von 1949 (12, 13 & 14 Geo. 6, c. 91) zurück. Auf beiden Gebieten haben die Luftfahrtgesellschaften finanziell einen schweren Stand, innerhalb Großbritanniens, weil bei den verhältnismäßig geringen Entfernungen sich der Luftverkehr nicht jener besonderen Beliebtheit erfreuen kann, wie in flächenmäßig ausgedehnteren Ländern, im Überseeverkehr aber wegen der ständigen scharfen Konkurrenz der anderen Überseeluftfahrtslinien. Seit 1957 arbeitete die Korporation ständig mit

Defiziten. Aber offenbar erlaubt es das Prestige irgendeines Staates nicht mehr, von einer staatseigenen Überseelinie Abstand zu nehmen.

## 5. Andere Verstaatlichungsmaßnahmen

### a) Eisen und Stahl

Bei den bisher behandelten, von Labour nationalisierten Wirtschaftszweigen hatte es sich um solche von unzweifelhaft gemeinwirtschaftlicher Bedeutung gehandelt. Mit der Verstaatlichung jedoch von Eisen und Stahl griff die Regierung Attlee in ein privatkapitalistisches Wespennest, wobei allerdings die Öffentlichkeit nicht ausreichend darüber im Bild war, daß die Industrie schon seit 1932 unter der staatlichen Aufsicht des *Import Duty Advisory Committee* gestanden hatte. Die Verstaatlichung erfolgte nach erbitterten parlamentarischen Kämpfen erst gegen Ende der von Labour beherrschten Legislaturperiode durch den *Iron and Steel Act* von 1949 (11, 12 & 13 Geo. 6, c. 72). Die Nationalisierung sollte sich auf 92 Firmen, die meisten darunter mittleren Umfangs, erstrecken; die kleinen Unternehmen wurden überhaupt nicht betroffen. Die den Eigentümern bzw. Aktionären schließlich bezahlte Vergütung betrug 213 Millionen £ und wurde allgemein als fair angesehen. Um zu vermeiden, daß das Verfahren nach den *Parliaments Acts* von 1911 und 1949 zur Anwendung käme, wonach eine Maßnahme auch gegen den Widerspruch der Lords zur Gesetzeskraft erwachen würde, wurde mit diesen vereinbart, daß sie erst nach der nächsten Generalwahl (im Februar 1950) in Kraft treten sollte. Nach dem Nationalisierungsplan sollten alle Firmen unter ihrem eigenen Namen und Management weiter arbeiten, aber statt den Privateigentümern oder den Aktionären einer neuen Dachorganisation, der *Iron and Steel Corporation*, verantwortlich sein. Da aber alsbald eine zweite Generalwahl stattfand (Oktober 1951), welche die Konservativen gewannen, wurde die Verstaatlichung durch den *Iron and Steel Act* von 1953 (1 & 2 Eliz. 2, c. 15) formell widerrufen. Dem Verstaatlichungs-Regime war also keine Zeit gelassen, sich einzuspielen, so daß Wirkung oder Mißerfolg hätten unter Beweis gestellt werden können.

Eine gleichzeitig errichtete staatliche Behörde, die *Steel Holding and Realisation Agency* war mit der Entstaatlichung beauftragt worden, die aber erst 1963 völlig durchgeführt war[1].

Die von der Schwerindustrie gewünschte völlige Reprivatisierung erschien auch den Konservativen angesichts des inzwischen entstandenen mächtigen Kartells der Montanunion nicht angezeigt. Somit kam die Stahlindustrie sozusagen aus dem Regen in die Traufe. Denn in Gestalt der gleichzeitig aufgestellten *Iron and Steel Holding and Realisation*

[1] Eine der größten Stahlproduzenten, die Firma Richard Thomas and Baldwins, Ltd. wurde aus nicht feststellbaren Gründen überhaupt niemals den Eigentümern zurückgegeben.

*Agency* bestand wiederum eine staatliche Aufsichtsbehörde, deren Mitglieder von der Regierung ernannt sind und die mit der Industrie auferlegten Zwangsbeiträgen finanziert wurde. Sie konnte zwar Höchstpreise für den Inlandmarkt festsetzen und hatte größere Konstruktionspläne zu genehmigen, konnte aber nicht, worauf es hauptsächlich angekommen wäre, unrentabel gewordene kleinere Firmen zusammenlegen oder überhaupt schließen.

Zweifellos hatte die Entwicklung der britischen Stahlindustrie unter der nunmehr fast zwei Jahrzehnte währenden Unsicherheit ihrer Zukunft zu leiden; denn Labour hatte seit der Entstaatlichung auf der neuerlichen Nationalisierung bestanden, falls die Partei wieder an die Regierung kommen würde. Aber die Gründe für die Stagnation oder sogar den Rückgang der Stahlindustrie liegen tiefer[1]. Die Industrie gehört zwar technisch zu den modernsten, die es überhaupt gibt, ist aber in den letzten Jahrzehnten weit hinter dem Aufschwung zurückgeblieben, den Stahl in den Vereinigten Staaten, der UdSSR, Westdeutschland und sogar Japan genommen hatte. Ein noch von der konservativen Regierung gegebener Bericht des *Iron and Steel Board*, dessen Objektivität außer Zweifel steht, mußte feststellen, daß die britische Stahlindustrie trotz der modernen Installationen an Produktivität weit hinter der Konkurrenz zurückstehe, einmal wegen der unwirtschaftlichen Verwendung des Arbeitspotentials, zum anderen aber infolge der bestehenden Zersplitterung in kleine und kleinste Einheiten, die zusammengelegt werden sollten. Die heutige britische Stahlindustrie setzt sich zwar aus nahezu dreihundert Einzelunternehmen zusammen, aber 80 Prozent des Roheisens werden von nur zehn Gesellschaften hergestellt, bei denen mehr als die Hälfte aller Arbeiter der Industrie beschäftigt sind. Fünfzehn Prozent fallen auf weitere zehn mittlere Unternehmen, alles andere sind unrentable Zwergbetriebe. Die gesamte Industrie schreit förmlich nach Rationalisierung durch Konzentration. Trotzdem ist die Stahlindustrie eine der mächtigsten Wirtschaftsgruppen in Großbritannien und die Gewinne der zwölf größten Erzeuger überstiegen im Finanzjahr 1963/64 25 Millionen £, was nicht zuletzt darauf zurückzuführen war, daß die Industrie, wie auch vom neuen *Restrictive Practices*-Gericht festgestellt wurde, ihre Monopolstellung ohne Scham ausnutzt und den Stahlpreis unentwegt und einheitlich nach den vom *Iron and Steel Board* zugelassenen Maximalansätzen festsetzt, obwohl konkurrenzierende Preise nach der Marktlage durchaus möglich wären[2]. Zudem – und dies ist ein besonders schmerzlicher Dorn

[1] Zwischen 1946 und 1962 wurden zwar 1270 Millionen £ neu investiert und die Rohstahlproduktion betrug 1962 20,5 Millionen Tonnen, lag aber 20% unter dem Spitzenproduktionsjahr von 1960 mit 24,3 Millionen Tonnen.

[2] Erst nach dem Wahlsieg von Labour im März 1966 brach das jahrelang aufrecht erhaltene Kartell durch Preisermäßigungen der großen Produzenten zusammen; siehe *New York Times* vom 4. April 1966.

im Fleisch jeder Labour-Regierung – sind die Stahlmagnaten eine konservative Institution und geizen nicht mit ihrem Geld für die konservative Parteikasse. Ihre ungezügelte Propaganda gegen die Verstaatlichung trifft Labour an seiner empfindlichsten Stelle.

Die neuerliche Verstaatlichung der Eisen- und Stahlindustrie hatte einen Hauptprogrammpunkt der Labour-Regierung vor ihrer Machtübernahme 1964 dargestellt. Diesmal sollte aber anders vorgegangen werden als das erste Mal. Statt lediglich die Stahlfirmen zu übernehmen und ihre Aktien in eine Regierungskorporation einzubringen, sollten nur etwa ein Dutzend der größten und leistungsfähigsten übernommen und so miteinander in einem Eisen- und Stahl-Trust verschmolzen werden, daß eine konservative Regierung sie nicht mehr in ihren früheren Zustand reprivatisieren könnte. Die Regierung Wilson sah sich aber angesichts ihrer schwachen Mehrheit und der angekündigten Ablehnung der Nationalisierung durch die das Zünglein an der Waage bildenden Liberalen veranlaßt, das Projekt vorläufig zurückzustellen. Sie gewann zwar die als *test* angesehene Abstimmung über ein von ihr veröffentlichtes Weißbuch mit den üblichen paar Stimmen Mehrheit gegen die Konservativen und Liberalen, stieß aber in ihrem eigenen rechten Flügel auf Widerstand, so daß ihr, ganz abgesehen von der immer bestehenden Zeitnot, die einstweilige Zurückstellung des Plans ganz willkommen sein mußte, nachdem sie vor ihrem doktrinären linken Flügel das Gesicht gewahrt hatte. Nach ihrem Wahlsieg im März 1966 ließ die (2.) Regierung Wilson die neuerliche Nationalisierung von Eisen und Stahl erwartungsgemäß in der Thronrede ankündigen und legte einige Monate später ihren Entwurf vor[1].

Demgemäß sind dreizehn der größten Werke zur Überführung in Staatsregie bestimmt, die zusammen mit der bereits verstaatlichten Firma Richard Thomas and Baldwins, Ltd. insgesamt mehr als 90% an Rohstahl und Roheisen in Großbritannien produzieren. Die mehr als zweihundert Zwergfirmen werden nicht berührt. Die bisherigen Aktionäre bzw. Eigentümer werden durch Regierungsobligationen entschädigt[2].

---

[1] Siehe *The Times* vom 2. Juli 1966.

[2] Dies war naturgemäß seit Jahren der am meisten umstrittene Punkt gewesen. Die Industrie hatte unannehmbare Forderungen gestellt, wobei dem Börsenwert andere Einschätzungsmaßstäbe (Gestehungskosten, Buchwert usw.) gegenübergestellt wurden. Die im Weißbuch vom April 1965 von der Regierung in Aussicht genommene Rate konnte nicht aufrecht erhalten werden, da der Börsenpreis der führenden Stahlaktien seither spekulativ hochgetrieben worden war. Demnach soll die Abfindung der Aktionäre nunmehr auf der Basis des durchschnittlichen Kurswerts in den letzten 61 Monaten, also vom April 1961 bis April 1966, erfolgen. Als Alternativvorschlag soll die Entschädigung aus dem Mittelwert der Börsennotierungen vom November 1965 bis April 1966 errechnet werden. Bei Meinungsverschiedenheiten über den Ablösungspreis entscheidet ein Schiedsgericht. Ablösungspreis und Verfahren erscheinen dem Publikum fair. Der Gesamtbetrag der Ablösungssumme wird auf 352 Millionen £ veranschlagt.

Die verstaatlichten Unternehmen werden der zu errichtenden *National Steel Corporation* unterstellt, deren Direktorium, bestehend aus dem Vorsitzenden und 10 bis 16 Mitgliedern, vom Minister für Energiewirtschaft ernannt wird. Die Beziehungen zwischen dem *Board* und den verstaatlichten Einzelunternehmen sollen vernünftigerweise gesetzlich nicht festgelegt werden, um dem Direktorium in der *policy*-Gestaltung freie Hand zu lassen. Am 25. Juli 1966 wurde die Regierungsvorlage in der entscheidenden zweiten Lesung mit der überzeugenden Mehrheit von 323: 248 angenommen, trotzdem sich mehr als ein Dutzend Mitglieder des rechten Labour-Flügels der Stimme enthalten hatten.

Der lange erwartete Schlag ist also gefallen. Wenn sich die Gemüter einmal beruhigt haben werden, wird die Einsicht nicht ausbleiben, daß die Verstaatlichung wirtschaftlich gerechtfertigt war, nachdem die Industrie selbst nichts zu ihrer Konzentration getan hatte, und daß sie eine angesichts der in voraussehbarer Zeit zu erwartenden Eingliederung Großbritanniens in den Gemeinsamen Markt unumgängliche Maßnahme darstellt.

### b) Die Bank of England

Die Bank von England war bereits 1694 durch Parlamentsgesetz begründet worden und funktionierte als Aktiengesellschaft unter einer *Royal Charter* als die Zentralbank in zumindest formeller Unabhängigkeit von der Regierung. Sie hatte von Anfang an das Notenemissionsmonopol und gestaltete die englische Geldpolitik. Das Pfund Sterling galt bis zum ersten Weltkrieg als die Weltwährung, war aber seither infolge des Rückgangs Großbritanniens als Handels- und Industriemacht erheblichen Schwankungen ausgesetzt. Die Bank ist auch die Zentralstelle für alle Regierungseinlagen und -auszahlungen. Sie wurde von der Labour-Regierung als erste ihrer Nationalisierungsmaßnahmen mit dem *Bank of England Act* von 1946 (9 & 10 Geo. 6, c. 27) dadurch verstaatlicht, daß die Regierung die in Privathänden befindlichen Aktien zu einem festen Kurs aufkaufte. Damit ist die Bank in eine organische Beziehung zur *Treasury*, wenn nicht unter deren Aufsicht gekommen, so daß sie jeder Regierung als ein Instrument ihrer finanziellen, monetären und damit wirtschaftlichen Politik zur uneingeschränkten Verfügung steht[1].

---

[1] Die Verstaatlichung war eine sachlich durchaus zweckentsprechende Maßnahme. Die Eile, mit der sie von der Labour-Regierung durchgeführt wurde, legt die Vermutung nahe, daß man sich dabei der zwielichtigen Rolle der Bank bei der Finanzkrise von 1931 erinnerte, mit der die konservative Bankwelt der *City of London* das damals im Amt befindliche Labour-Kabinett zu Fall gebracht haben soll. Neuerdings ergaben sich zwar Differenzen zwischen dem Gouverneur der Bank und dem Wirtschaftsministerium der Regierung Wilson über die Fiskalpolitik Labours, aber die Bankleitung erwies sich bei der von den Konservativen geerbten Währungskrise als eine durchaus zuverlässige Stütze der Regierung.

### c) Atomenergie

Der *Atomic Energy Authority Act* von 1954 (2 & 3 Eliz. 2, c. 32) sah die Errichtung einer staatlichen Behörde für die Kernenergie vor, die seit 1959 dem *Minister for Science* verantwortlich war, nun aber dem *Ministry of Technology* untersteht. Die Verstaatlichung der Atomenergie war von allem Anfang an das gegebene, da Forschung und Installationen nur mit öffentlichen Mitteln finanziert werden konnten[1]. Die zwölf Mitglieder der *Atomic Energy Authority*, von denen der Vorsitzende und der stellvertretende Vorsitzende sowie vier andere ihre Arbeitskraft vollamtlich zur Verfügung stellen müssen, werden vom *Minister of Technology* ernannt. Die Behörde ist als öffentliche Korporation genau wie ihre Schwestern in ihrem Geschäftsbetrieb völlig unabhängig, der Minister kann ihr jedoch bei Angelegenheiten von überragender nationaler Bedeutung verbindliche Direktiven erteilen. Da sie einstweilen nur über unwesentliche eigene Einnahmen verfügt (etwa aus dem Verkauf von Isotopen für Heilzwecke), ist sie auf direkte Geldbewilligungen durch das Parlament angewiesen. Ihr berühmtes Forschungs- und Versuchsetablissement ist in Harwell. Im übrigen nehmen auch andere Ministerien (*Ministry of Aviation*, *of Power* und die *Admiralty*) an der Atomenergieverwaltung teil und die Behörde arbeitet eng mit dem Gesundheits-, *Home*- und Lokalverwaltungsministerium zusammen. Sie ist von einem Netz von einschlägigen Beratungsgremien umgeben.

### d) Weitere Maßnahmen der staatlichen Einflußnahme

Eine weitere Technik der Verstaatlichung besteht darin, daß die Regierung die Aktienmehrheit (51 Prozent) von Privatunternehmungen erwirbt, so daß sie auf deren Geschäftsführung entscheidend Einfluß nehmen kann. Dies ist beispielsweise bei Englands bedeutendstem Petroleum-Konzern (*British Petroleum Co., Ltd.*) der Fall und würde sich auch bei anderen Industrien empfehlen, bei denen eine eigentliche Staatsregie nicht angezeigt erscheint. Dagegen ist die *Cable and Wireless, Ltd.* 1947 vollständig verstaatlicht worden.

Der Vollständigkeit halber mögen in diesem Zusammenhang auch verschiedene andere öffentliche Unternehmungen erwähnt werden, welche der Regierung für bestimmte wirtschaftliche Zwecke zur Verfügung stehen und die als *corporation*, *board*, *authority* oder *agency* organisiert sind. Ihre Zweckbestimmung ergibt sich aus dem Namen. Dazu gehören: Die *Commonwealth Development Corporation*; die bereits erwähnte *Iron*

---

[1] Auch in den Vereinigten Staaten war dies unter den Gesetzen von 1946 und 1954 der Fall gewesen, bis ein Gesetz von 1964 das staatliche Monopol aufhob und die Erzeugung und Ausnutzung der Atomenergie ab 1973 völlig dem privaten Unternehmertum überlassen wurde.

*and Steel Holding and Realisation Agency;* der *Sugar Board;* die *White Fish Authority* und der *Herring Industriy Board.*

## 6. Das Personal der verstaatlichten Betriebe

### a) Allgemeine Rekrutierungstendenzen

Bei der Beschaffung des sachverständigen Personals der verstaatlichten Wirtschaftszweige entstanden Probleme, die mit den Rekrutierungs- und Anstellungsmodalitäten für den *Civil Service* nicht zu lösen waren. Bei den ursprünglich in Staatsregie überführten Betrieben, etwa einem Elektrizitätswerk, einer Gasanstalt, einer Eisenbahnverwaltung, waren in den mittleren Stellungen zahlreiche Personen tätig, die ohne weiteres ihre bisherige Tätigkeit weiter ausüben konnten. Aber in der Folgezeit mußten Tausende und Abertausende solcher Spezialisten neu eingestellt werden, an deren Vorbildung andere Maßstäbe angelegt werden mußten als beim *Civil Service.* Auch waren die Voraussetzungen bei den einzelnen Staatsbetrieben viel zu verschieden, als daß sich einheitliche Rekrutierungsgrundsätze hätten herausbilden können. Man mußte also pragmatisch vorgehen. Jeder Betrieb innerhalb eines verstaatlichten Wirtschaftszweiges stellt seine Angestellten unabhängig von den anderen ein und muß dabei nicht nur mit der Konkurrenz der Privatwirtschaft, sondern auch der anderen verstaatlichten Betriebe rechnen. Die Gehälter müssen mit denen der Privatwirtschaft wettbewerbsfähig sein und liegen höher als beim *Civil Service* (außer bei dessen Spitzenstellungen). Dies macht begreiflicherweise böses Blut beim Berufsbeamtentum, so daß der Bericht der *Royal Commission on Pay and Conditions of Civil Service* (1955) — dem ersten Jahr, in dem es bei der *administrative class* mehr offene Posten als Bewerber gegeben hatte —, erhebliche Gehaltserhöhungen für den *Civil Service* vorgeschlagen wurden. Im allgemeinen haben sich bei den verstaatlichten Wirtschaftszweigen bisher keine Schwierigkeiten in der Heranziehung hochqualifizierter Sachverständiger für ihre technischen Positionen eingestellt, da viele von der Neuartigkeit der dortigen Aufgaben angelockt werden und sie gehaltsmäßig so gut oder besser als der *Civil Service* gestellt sind. Auf die Dauer allerdings wird sich eine Koordinierung der Rekrutierungstechniken der Staatsbetriebe untereinander und mit dem *Civil Service* nicht umgehen lassen. Wie sie gestaltet werden soll — ob durch das *merit*-System oder anderweitig und ob dies bei der Verschiedenartigkeit der Anforderungen der Staatsbetriebe überhaupt möglich sein wird —, steht einstweilen dahin. Damit würde sich aber sicherlich jene Bürokratisierung des Personals der Staatsbetriebe einstellen, die bisher im Interesse eines elastischeren Dienstbetriebs glücklicherweise vermieden werden konnte.

### b) Die Spitzenstellungen

Das schwierigste Personalproblem bei den nationalisierten Industrien bietet die Gewinnung von hochkalibrigen Persönlichkeiten für die eigentlichen Spitzenstellungen, vor allem die Vorsitzenden der *Management Boards* der verschiedenen Korporationen. Die antikapitalistische Mentalität der Labour-Partei konnte das Problem überhaupt nicht erfassen und die Konservativen, denen man infolge ihrer traditionellen Allianz mit der Bankwelt und Großindustrie mehr Verständnis hätte zutrauen können, brauchten geraume Zeit, um zu erkennen, daß es, nachdem dafür keine Schulungs- und Bildungsmaßstäbe vorliegen, nur durch massive Anleihen bei der Privatwirtschaft gelöst werden könnte. Demgemäß ist diese neue Schicht der selbständigen Manager und Technokraten vorzugsweise aus der Privatwirtschaft übernommen worden[1]. Andere entstammen den Naturwissenschaften oder der akademischen Welt.

Diese Leute, die nunmehr einem Industriebetrieb vorstehen, der an wirtschaftlicher Bedeutung, Zahl der Beschäftigten, Kapitalanlagen und Einkünften alles in den Schatten stellt, was die Privatwirtschaft zu bieten hat, sind sozusagen über Nacht zu einer neuen *ruling class* aufgestiegen, die mit dem herkömmlichen "*Establishment*" der englischen Gesellschaftsordnung nichts gemein hat. Diese *managerial class* der neuen Technokraten sind in der Regel *selfmade men*, die nicht den Schliff der vornehmen Privatschulen erhalten haben, noch notwendigerweise in Oxford oder Cambridge gewesen sein müssen. Die Anstellung erfolgt meist auf fünf Jahre und wird auf einen weiteren Amtstermin verlängert, wenn es der Inhaber wünscht. Aber trotz der Macht, die mit dem Amt verbunden ist, ist es kein Rosenbett. Denn der oberste Leiter eines nationalisierten Wirtschaftszweiges ist weniger unabhängig als ein Generaldirektor in der Privatwirtschaft. Er muß neben den unerläßlichen organisatorischen Qualitäten auch genügend Charakterstärke haben, um sich gegenüber dem Politiker durchzusetzen, der sein Minister ist. Zudem muß er geschickt zwischen der Skylla durchsteuern, seinen Betrieb rentabel zu machen, und der Charybdis, es dem Minister, dem Parlament und vor allem dem Publikum, seinen Konsumenten, recht zu machen. Diese Schwierigkeiten erklären, warum eine ganze Anzahl der *Chief Managers* vor Ablauf ihres Amtstermins entweder zurückgetreten ist oder sich nicht um eine Erneuerung bemüht hat[2].

[1] Um nur einige zu nennen: Lord Heyworth kam vom großen Seifenkonzern Unilever, Lord Fleck, Paul Chambers und der Eisenbahnzar Dr. Beeching vom gewaltigen *Imperial Chemical Industries*-Trust; Sir Ivan Stedeford von *Tubes Investments*. Lord Robens, seit 1961 Chairman des *National Coal Board*, war ein früherer Labour-Kabinettsminister. Auch hohe Militärs von Heer und Flotte nach ihrer Pensionierung sind nicht selten.

[2] Der Verschleiß der Vorsitzenden war bei der *British Overseas Airways Corporation* am größten (acht seit ihrer Errichtung), während bei der *British European Airways Corporation* der Chairman Lord Douglas of Kritleside auf eine Amtszeit von nicht weniger als dreizehn Jahren zurückblicken konnte, ehe er abgelöst wurde.

Auch die Gehaltsfrage für die Spitzenstellungen machte Schwierigkeiten. Mit einem Anfangseinkommen von 10 000 £ lagen die Gehälter zwar weit über denen des *Civil Service*, aber drastisch unterhalb dessen, was die Privatwirtschaft bot. Hier erzielte der bereits früher erwähnte Dr. Richard Beeching als Vorstand der *British Railways* mit einem Gehalt von 24 000 £, das seinem vorigen Einkommen bei *Imperial Chemicals* entsprach, einen bemerkenswerten und längst fälligen Durchbruch; es war das höchste Gehalt, das je im öffentlichen Dienst bezahlt wurde[1].

Damit mußte sich in den leitenden Stellen auch ein ideologischer Wandel vollziehen. Man dient dem Staat nicht mehr aus reinem Idealismus, sondern hat auf eine den Fähigkeiten entsprechende Gegenleistung Anspruch. Mit anderen Worten: Staatsbetriebe und Privatwirtschaft begannen sich miteinander zu vermischen und gegenseitig zu beeinflussen. Ein äußeres Zeichen dafür ist auch der Wettbewerb der nationalisierten Industrien untereinander. Sie sind zwar auf ihrem Gebiet Monopolbetriebe, aber die Eisenbahn ist mit dem Lastkraftwagen und der Kanalschifffahrt, die Kohle mit Gas und Elektrizität, Elektrizität wiederum mit dem Petroleum im Publikumswettbewerb. Dementsprechend haben sich auch die Werbungskosten der nationalisierten Betriebe im Verlauf eines Jahrzehnts um das Zehnfache erhöht.

### c) Nationalisierte Industrien und Gewerkschaften

Spezielle Probleme ergaben sich im Verhältnis der nationalisierten Wirtschaftsbetriebe zu den Gewerkschaften. Der Staat ist der größte Arbeitgeber des Landes und vielfach wäre er als Monopolinhaber an sich in der Lage, die Arbeitsbedingungen vorzuschreiben. Auf der Arbeitnehmerseite bestand das Problem, daß die Gewerkschaft nicht länger die Arbeiterklasse gegenüber der Unternehmerklasse zu vertreten hat, sondern daß ihr der Staat gegenübersteht, so daß alle Produktionsbedingungen, die den Arbeitsprozeß verteuern oder verlangsamen, letztlich sich gegen das allgemeine Interesse, also auch das des Arbeitnehmers auswirken müßten. Von Anfang an hat hier die Labour-Regierung in Zusammenarbeit mit den Gewerkschaften einen vernünftigen Ausgleich gefunden. Es wurde von der Errichtung von auf den Staatsbetrieb beschränkten Gewerkschaften abgesehen; die Arbeitnehmer werden auch gegenüber dem Staat von ihren allgemeinen Gewerkschaften vertreten; die bisher bestehende Gewerkschaftsorganisation wurde also weitgehend übernommen. Zum Unterschied von der Privatindustrie ist aber der Staat als Arbeit-

[1] Über die Gehälter gibt der früher erwähnte Bericht *Public Boards* (Cmnd. 2544/1964) Auskunft. Das zweithöchste Gehalt (nach dem vorerwähnten Dr. Beeching vom *British Railways Board*) bezog am 1. November 1964 der Vorsitzende der *British Overseas Airways Corporation* mit 15000 £; bei den Vorsitzenden der anderen Korporationen sind 12000 £, bei den stellvertretenden Vorsitzenden 10000 £ üblich. Dazu kommen nicht unerhebliche Zuschüsse (*allowances*). Die ganzbeschäftigten *Board*-Mitglieder sind mit 7000 bis 9500 £ gleichfalls finanziell sehr günstig gestellt.

geber nicht in den Arbeitgeberorganisationen vertreten. Im allgemeinen werden Löhne und Arbeitsbedingungen zwischen dem Staat und den Gewerkschaften friedlich ausgehandelt, wobei für eine einzelne nationalisierte Industrie, etwa Gas oder Elektrizität, gesamtnationale Verträge etwa durch den *Gas* oder den *Electricity Council* festgelegt werden. Das System ist dadurch äußerst kompliziert, daß eine einzelne nationalisierte Industrie verschiedene Tätigkeiten ausüben mag und daher mit verschiedenen Gewerkschaften zu tun hat.

Mit einer Umbildung der Arbeitnehmermentalität hat es allerdings noch gute Weile. Das einzelne Gewerkschaftsmitglied hat sich nicht — oder jedenfalls noch nicht — zu der Erkenntnis durchgerungen, daß seine Forderungen an seinen Arbeitgeber, den Staat, letztlich von ihm selbst bezahlt werden müssen. Es macht für ihn keinen Unterschied aus, ob er für ein Privatunternehmen oder für den Staat arbeitet. Es ist daher auch bei den nationalisierten Wirtschaftszweigen zu Arbeitsschwierigkeiten und gelegentlich auch zu Streiks gekommen, eine Situation, die einer Labour-Regierung mehr Kopfzerbrechen macht als einer konservativen.

Will man ein Gesamturteil wagen, so wäre zu sagen, daß das revolutionäre Experiment der Nationalisierung von lebenswichtigen Industrien und Wirtschaftszweigen im großen ganzen geglückt ist, mögen sich auch, wie nicht anders zu erwarten, Betriebsschwächen und -bruchstellen gezeigt haben. Wie zu Eingang dieses Kapitels bemerkt wurde, hat die Nationalisierung die Bedürfnisse des breiten Konsumentenpublikums in einem Maß befriedigt, daß keine einflußreiche Schicht desselben die Rückkehr zum früheren Privatbetrieb der öffentlichen Bewirtschaftung vorziehen würde.

## IV. Rechtsfragen der öffentlichen Korporationen

### 1. Allgemeine Vorschriften

Die hier einschlägigen Probleme beziehen sich einmal auf die Rechtsnatur und rechtliche Stellung der öffentlichen Korporationen, zum anderen auf ihr Verhältnis zum zuständigen Minister und zum Parlament[1]. Da sich die öffentliche Korporation als Instrument zentraler, wenn auch von den Dapartments der Zentralregierung unabhängiger Verwaltung pragmatisch entwickelt hat, ist ihre rechtsbegriffliche Erfassung unterentwickelt geblieben. Gerichtsentscheidungen, die auf diesem Gebiet weit knapper sind als auf anderen, haben sie nicht wesentlich erhellt. Auch die Rechtswissenschaft hat keine systematische Theorie zu entwickeln vermocht, was sich allerdings aus der außerordentlichen Verschiedenheit der einzelnen Korporationen nach Struktur und Zuständigkeiten erklären lassen mag.

[1] Siehe unten S. 206ff.

Wie dem auch sei, die folgenden Punkte sind unstreitig: Die öffentliche Korporation ist eine juristische Person, deren Bestand und Handlungsfähigkeit als *operational body* nicht von den für sie handelnden natürlichen Personen abhängt. Sie kann Eigentum, auch Grundeigentum, innehaben und besitzt Aktiv- und Passivlegitimation vor den Gerichten. Sie ist keine Aktiengesellschaft[1], da es keine Aktien oder Aktionäre und keinen Aufsichtsrat gibt[2]. Sie ist aber wie jene zu einer kaufmännisch geführten Buchhaltung verpflichtet und muß ihre „Bilanzen“ alljährlich dem Parlament vorlegen, die von unabhängigen, vom zuständigen Minister ernannten Sachverständigen und gegebenenfalls auch vom *Public Accounts Committee* des Unterhauses geprüft werden. Sie muß ferner dem Minister alljährlich ihren Tätigkeitsbericht vorlegen, den dieser zusammen mit seinem eigenen Tätigkeitsbericht gleichfalls dem Parlament zuleitet. Die Mitglieder des Direktoriums werden vom zuständigen Minister, in einzelnen Fällen von der Krone, meist auf die Dauer von fünf Jahren ernannt und können gleichermaßen auch abberufen werden. Ihre Gehälter werden im allgemeinen vom Minister im Behehmen mit dem Schatzamt festgestellt und beruhen auf alljährlichen Parlamentsbewilligungen.

Im übrigen kann die rechtliche Stellung eines bestimmten *Board*, seine Zuständigkeiten und Aufgaben nur nach Maßgabe des ihn errichtenden Parlamentsgesetzes beurteilt werden. Auch diese Begründungsakte lassen sich auf keinen allgemeinen rechtlichen Generalnenner bringen. Sie sind in der Regel so allgemein gefaßt und der Aufgabenkreis ist so allgemein umschrieben, daß daraus nur selten fest umrissene Rechte oder Pflichten abgeleitet werden können.

Die Finanzgebarung der öffentlichen Korporationen hängt wesentlich davon ab, ob sie sich selbst erhalten müssen oder ob für Defizite das Schatzamt aufkommen muß. Manche der Korporationen wie der *Transport Board* und die verstaatlichte Gas- und Elektrizitätsindustrie sind, da ihre Einnahmen die Ausgaben überschreiten, vom Schatzamt völlig unabhängig, außer wenn sie für Investitionszwecke beim Schatzamt eine Anleihe aufnehmen oder dieses die Ausgabe von Obligationen garantiert. Andere wiederum, wie die *British Broadcasting Corporation*, beziehen Teile ihres Einkommens aus öffentlichen Mitteln, die das Parlament bewilligen muß. Bei den nationalisierten Wirtschaftszweigen wird seit 1961 vom Schatzamt verlangt, daß während einer Periode von fünf Jahren

[1] Auch die Bank of England nicht mehr, ebensowenig die 1947 verstaatlichte *Cable and Wireless, Ltd.*

[2] In *Tamlin v. Hannaford* ([1950] [1 K.B. 18]), einem frühen Fall, spielte der *Court of Appeal* mit der sich als durchaus unfruchtbar erweisenden Hypothese, die öffentliche Korporation einer Gesellschaft mit beschränkter Haftung gleichzustellen.

bestehende Defizite durch die Einnahmen gedeckt werden sollen[1]. Auch für die Finanzgebarung bestehen daher keine allgemeinen Maßstäbe.

All dies läßt darauf schließen, daß die öffentlichen Korporationen sozusagen in einem juristischen Niemandsland funktionieren, was dem an präzise Rechtsbegriffe gewöhnten kontinentalen Beobachter befremden mag, den Engländer aber nicht, da sich eben in der Praxis keine wesentlichen Unzuträglichkeiten ergeben haben.

## 2. Die öffentlichen Korporationen und die Gerichte

Das Fehlen einer systematischen Rechtstheorie für die Existenz und Funktion der öffentlichen Korporationen ist eine zumindest teilweise Erklärung dafür, daß sich die Gerichte in den letzten zwei Jahrzehnten weit weniger mit ihnen befaßten als mit den meisten anderen Rechtserscheinungen des öffentlichen Lebens. Daß die Doktrin des *ultra vires*[2] auch auf sie anzuwenden ist, ist anerkannt (*Smith v. London Transport Executive* [1951] [A. C. 555] [H. L.])[3], wenn auch die Fassung des Begründungsgesetzes meist so weit gespannt ist, daß zu einer wirklichen Gerichtskontrolle überhaupt keine Möglichkeit besteht. Aber es besteht kein subjektives Recht eines Interessenten oder Berechtigten, die Behörde zur Erfüllung ihrer gesetzlichen Obliegenheiten zu zwingen. Höchstens kann der zuständige Minister allgemeine Anweisungen geben und wenn diese nicht befolgt werden, das verantwortliche *Board*-Mitglied oder den ganzen *Board* abberufen, wozu bisher niemals auch nur die entfernteste Veranlassung bestanden hat.

Von erheblicher praktischer Bedeutung ist aber — oder vielmehr war — die Frage, ob eine öffentliche Korporation ein Diener (*servant*) oder Vertreter (*agent*) der Krone ist oder nicht. Wird sie als letzterer angesehen, so kommt der *Crown Proceedings Act* von 1947 für alle Zivilstreitigkeiten zum Zug[4]. In diesem Fall steht die Aktiv- und Passivlegitimation dem zuständigen *Department* bzw. dem *Attorney-General* zu; außerdem könnte die Behörde im Prozeß die der Krone zustehenden Privilegien (gegen einstweilige Verfügung und Urteilsvollstreckung und die Beweisprivilegien der *discovery* und der Zeugenbefragung) für sich in Anspruch nehmen. Auch käme eine steuerliche Sonderbehandlung in Frage. Ist die

---

[1] *The Financial and Economic Obligations of the Nationalised Industries* (Cmnd. 1337/1961).

[2] Siehe oben S. 98f.

[3] Bei diesem frühen, eine öffentliche Korporation betreffenden Fall hatte es sich darum gehandelt, ob die *British Transport Commission* unter dem *Transport Act* von 1947 zu einer Weiterdelegierung ihrer gesetzlichen Befugnisse berechtigt war. Das *House of Lords* nahm dies an.

[4] Siehe oben S. 110ff.

Korporation aber kein Diener oder Vertreter der Krone, wird sie gleich jeder privatrechtlichen Gesellschaft behandelt, kann also in ihrem eigenen Namen klagen und verklagt werden und ist wie jene nach *common law* und Gesetz aus Vertrag und unerlaubter Handlung haftbar (der lange zurückliegende Schlüsselfall ist hier *Mersey Docks & Harbour Board v. Gibbs* ([1866] [L. R. 1 H. L. 93]; die Klägerin war eine der frühesten öffentlichen kommerziellen Korporationen).

Die Antwort auf diese prozeßtechnisch wichtige Frage muß wieder von Fall zu Fall in den die Korporation begründenden Gesetzen gesucht und gefunden werden. In manchen Fällen, insbesondere soweit es sich um die Aufstellung neuerer *Boards* oder *Authorities* handelt, hat das Begründungsgesetz die Frage selbst und zwar negativ entschieden, so daß also der *Crown Proceedings Act* nicht zur Anwendung kommt. Beispiele sind hier die *Regional Health Boards* nach dem *National Health Service Act* von 1946 (9 & 10 Geo. 6, c. 81)[1], wo dem *Board* ausdrücklich die Eigenschaft als Diener oder Vertreter der Krone abgesprochen wird (Sektion 13)[2]. Das gleiche wurde auch für die *Hospital Management Boards* angenommen (*Bullard v. Croyden Hospital Group Management Committee* [1953] [1 Q. B. 511])[3]. Die neueren öffentliche Korporationen aufstellenden Gesetze sind aber durchwegs mit eigenen Bestimmungen ausgestattet, welche der Korporation die Eigenschaft als Diener oder Vertreter der Krone versagen[4].

[1] Siehe unten S. 223.

[2] In einem Prozeß amerikanischer und englischer pharmazeutischer Gesellschaften gegen den *National Health Service* entschied jüngst das Oberhaus, der Beklagte sei berechtigt, unter Umgehung der die Kläger schützenden Patente billige Arzneimittel aus dem Ausland einzuführen, da der *Patents and Designs Act* von 1949 (12, 13 & 14 Geo. 6, c. 62) den Patentschutz zugunsten der *Services of the Crown* versagt; es wurde angenommen, daß hier der „Dienst der Krone" die gesamte Bevölkerung umfaßt (*Pfizer Corporation v. Minister of Health* [1965] [2 W.L.R. 387]).

[3] Andererseits räumte *Nottingham Nr. 1 Hospital Management Committee v. Owen* ([1958] [1 Q.B. 50] [D.C.]) dem Kläger das Recht zur Nichtvorlage von Urkunden in der Annahme ein, das Krankenhausgebäude stehe „im Dienste der Krone".

[4] Beispiele sind: *Atomic Energy Authority Act* von 1954 (2 & 3 Eliz. 2, c. 32); das Gelände, auf dem die von der Behörde betriebenen Installationen gelegen sind, ist zwar als Kroneigentum von Lokalsteuern befreit, im übrigen ist sie kein Vertreter der Krone; *Television Act* von 1954 (2 & 3 Eliz. 2, c. 55) (Sektion 1 (12)); *Electricity Act* von 1957 (5 & 6 Eliz. 2, c. 48) (Sektion 38), und andere. Andererseits bestimmte der *Town and Country Planning Act* von 1947 (10 & 11 Geo. 6, c. 51) ausdrücklich, daß die durch das Gesetz eingesetzte Behörde, der *Central Land Board* (inzwischen [1959] abgeschafft), für die Krone tätig ist, siehe auch *Glasgow Corporation v. Central Land Board* ([1956] [G.L. T. 41]), so daß die Beklagte sich auf das Kronprivileg der verweigerten Aktenvorlage berufen konnte. Auch der *National Assistance Act* von 1948 (11 & 12 Geo. 6, c. 29), First Schedule, § 9, erklärt ausdrücklich, daß der *National Assistance Board* für die Krone handelt.

Schwieriger dagegen ist die Rechtslage, wenn das begründende Gesetz schweigt. Die Gerichte müssen von Fall zu Fall entscheiden. Der Schlüsselfall ist hier *Tamlin v. Hannaford* ([1950] [1 K. B. 18]), wo der *Court of Appeal* dem *British Transport Board* die Eigenschaft als Vertreter der Krone mit der Begründung absprach, es sei nicht ausreichend, eine Korporation zum Vertreter der Krone zu machen, weil der zuständige Minister ihr Direktiven erteilen könne; wenn das Gesetz einer Behörde diese Eigenschaft zuschreiben wolle, müsse dies ausdrücklich geschehen. Bei der BBC wurde die Eigenschaft als Diener der Krone selbstverständlich verneint (*British Broadcasting Corporation v. Johns, Inspector of Taxes* [1964] [1 All E. R. 923] [C. A.]).

Ein schlüssiger Beweis hinsichtlich der Eigenschaft einer öffentlichen Korporation als Vertreterin der Krone kann auch aus der im *Crown Proceedings Act* (Sektion 17) vorgeschriebenen Liste der Behörden entnommen werden, welche das Kronprivileg in Anspruch zu nehmen berechtigt sind. Dort sind nur der *National Assistance Board* und der seither aufgehobene *Central Land Board* aufgeführt. Die dornige Frage scheint also jetzt endgültig gelöst zu sein und in den neuesten der vielen Prozesse, welche die Korporationen führen, spielt sie keine Rolle mehr.

## V. Die Beziehungen der Korporationen zum Minister und zum Parlament

Die bisherigen Erfahrungen mit den öffentlichen Korporationen lassen den Schluß zu, daß sie die besonders schwierigen Anlaufzeiten erfolgreich überstanden haben und ihre sachlichen Aufgaben zur Befriedigung des Konsumenten-Publikums erfüllen. Aber die mit der neuartigen Regierungstechnik untrennbar verbundenen politischen Probleme scheinen noch keine ausreichende Lösung gefunden zu haben: Wie können Regierungsbehörden, die nicht auf Wahl beruhen, in den traditionellen Rahmen des parlamentarischen Systems mit seiner Ministerverantwortlichkeit eingepaßt werden? Wie weit geht die Aufsichtsbefugnis des dem Parlament verantwortlichen Ministers und des Parlaments selbst? Konkret ausgedrückt: Sind diese unabhängigen Regierungsbehörden, die keinerlei Wahlelemente enthalten, mit dem vom Wählerwillen getragenen Parlamentarismus vereinbar?

### 1. Die Aufsicht des Ministers

Nach Maßgabe des die Korporation begründenden Gesetzes ist die Stellung des zuständigen Ministers gegenüber dem *Board* außerordentlich verschieden. Für alle *Boards* gilt jedoch, daß ihre Vorsitzenden und Mitglieder vom zuständigen Minister ernannt werden. Die Vorsitzenden und ihre Stellvertreter widmen ihre Arbeitskraft dem *Board* vollständig[1], die anderen Mitglieder können je nach dem Gesetz auch Leute umfassen, die nur einen Teil ihrer Arbeitskraft zur Verfügung stellen. Die Zahl der *Board*-Mitglieder schwankt von fünf oder sechs bis achtzehn.

Bei der Auswahl der Inhaber der leitenden Direktoriumsstellen kann der Minister durch gesetzliche Bestimmung gehalten sein, Personen mit einschlägiger Facherfahrung zu ernennen. Im allgemeinen aber hat er eine ziemlich freie Hand. Vorwürfe, daß Parteifreunde vorgezogen werden, haben sich als ebenso unbegründet erwiesen wie die Behauptung vor allem des angestellten Unterpersonals, daß immer die gleiche Clique die Zügel führt. Im großen ganzen werden die leitenden Stellen ohne parteipolitische Motivationen und nach Persönlichkeit und Sachkunde besetzt. Den wirklichen Wirtschaftskapazitäten kann auch ein Parteiwechsel nichts anhaben und sie können, wenn sie wollen, auf Erneuerung ihrer Anstellung rechnen.

Wenn auch die Aufsichts- und Einflußmöglichkeiten von Fall zu Fall je nach dem Gesetz verschieden sind, im allgemeinen kann die Stellung des Ministers dahin umschrieben werden, daß das Direktorium in der Routine-Geschäftsführung völlig autonom ist, daß der Minister aber, nach Beratung mit dem *Board*, bindende Anweisungen über die zu verfolgende Betriebspolitik geben kann und auch gibt, wenn die *policy making*-Funktion nationale Interessen berührt, für welche er dem Parlament verantwortlich ist. Denn die wesentliche Funktion des Ministers gegenüber „seinen" Korporationen ist die eines Verbindungsmannes zwischen der autonomen Korporation und dem Parlament. Wenn in letzterem der Geschäftsbetrieb seiner Korporation aufs Korn genommen wird, wird er sich für sie voll und ganz einsetzen. Bei größeren Kapitalaufwendungen, gleichgültig, ob diese von der *Treasury* oder aus eigenen Mitteln der Korporation finanziert werden, ist dem Minister ein Mitbestimmungsrecht eingeräumt. Der *Board* ist gehalten, dem Minister laufend alle erforderlichen Informationen über seine Geschäftsführung zu liefern. Bei der ersten Serie der *Boards*, die aufgestellt wurden, herrschte der Grundsatz der Konzentration aller Zuständigkeiten im *Board* vor, was die Aufsicht des Ministers erleichterte; bei den später errichteten griff aus Gründen der Verwaltungseffizienz eine weit größere regionale Dezentralisation Platz, was die Aufsicht erschwerte. Beispielsweise sind die *Area Gas Boards* relativ frei von der Kontrolle des *Central Gas Board*, dessen Vorsitzender vom Minister ernannt wird, dessen andere Mitglieder aber eben die Vorsitzenden der *Area Boards* sind. Wieder anders liegt

---

[1] Eine seltene Ausnahme ist beispielsweise der ehrenamtliche und unbezahlte Vorsitzende des *North of Scotland Hydro-Electric Board*. Ehrenamtliche Mitglieder finden sich jedoch vielfach in den den verschiedenen *Boards* beigeordneten Beratungsgremien.

die Sache bei denjenigen *Boards*, welche das Gesetz, auch wenn sie organisatorisch vom Department getrennt sind, dem Minister selbst unterstellt. Hier handelt es sich in Wirklichkeit um Instanzen der Zentralregierung, für welche der Minister genau so verantwortlich ist wie für sein eigenes Department. Beispiele wären hier die *Forestry Commission*, die dem *Minister of Agriculture, Fisheries and Food*, oder die *Prison Commission*, die dem *Home Secretary* unterstellt ist.

Das Aufsichtsrecht des Ministers oder — anders gesehen — sein Verhältnis zu seinen Korporationen läßt sich nicht in eine zuverlässige juristische Formel fassen, zumal da die die Korporationen begründende Gesetzgebung bewußt locker und weit gefaßt ist. Die Imponderabilien wiegen hier schwerer als alle gesetzliche Normierung es tun könnte. Wo ein dauerndes Vertrauensverhältnis zwischen dem Minister und den leitenden Persönlichkeiten seines *Board* sich eingestellt hat, sind formelle Anweisungen überflüssig, eben weil der Minister weiß, daß der *Board* mit ihm in allen Fragen der Betriebs-*policy* einig geht; in den Routinebetrieb mischt er sich ohnehin nicht ein. Der Minister muß also doppelgleisig fahren: er muß sich mit seinem permanenten Stab im Ministerium und mit den großen Kanonen seiner *Boards* gleichermaßen gut verstehen. Bei einem solchen Vertrauensverhältnis ist die Zusammenarbeit reibungslos und der Einfluß des Ministers weit größer als es von außen den Anschein hat. Kommt es aber zu Meinungsverschiedenheiten über Grundsatzfragen des Korporationsbetriebs, muß letzten Endes der Minister schon deswegen die Oberhand behalten, weil er dem Parlament gegenüber die Verantwortung trägt. Diese ultimative Verantwortung ist demgemäß auch in allen Gesetzen ausdrücklich ausgesprochen worden. Die *ultima ratio*, die dem Minister zustünde, wäre die Auswechslung des *Board*, für welche aber, soweit ersichtlich, noch niemals auch nur die entfernteste Veranlassung bestanden hat.

Erstaunlicherweise ist über die Interna wenig bekannt, vor allem weil der Minister seine Direktiven nicht veröffentlichen muß. Aber bei den vom Parlament unter die Lupe genommenen nationalisierten Wirtschaftszweigen ergab sich fast ohne Ausnahme, daß der Minister einen weit größeren Einfluß auf die in seinem Ressort einschlägigen Korporationen ausübt (z. B. die *British European Airways*), als ihm das Gesetz zubilligte, mehr also, als es der bekundete Wille des Parlaments war. Hier sind die Grenzlinien zwischen Unabhängigkeit der Korporation und Einflußnahme des Ministers derart verwischt, daß es wohl vorzuziehen wäre, wenn Entscheidungen des Ministers, die von denen des *Board* abweichen, öffentlich gemacht würden. Die Dinge sind hier noch allenthalben im Fluß. Angesichts des Talents der Engländer, das Pragmatische in der Politik dem Normativen vorzuziehen, mag bezweifelt werden, ob sich die Aufsichtsbefugnisse des Ministers überhaupt konkret formulieren lassen.

## 2. Die Kontrolle des Parlaments

Wenn es die Essenz eines parlamentarisch geführten Staats ist, daß das Parlament eine ständige Kontrolle über alle öffentlichen Angelegenheiten ausübt, entspricht bei den öffentlichen Korporationen die Wirklichkeit nicht dem Dogma. Die Quadratur des Zirkels zwischen den theoretisch unabhängigen zentralen Verwaltungsbehörden und einer wirksamen Parlamentskontrolle ist bisher nicht oder nur unzureichend geglückt.

Praktisch entspringt das Bedürfnis einer Kontrolle des Parlaments über die verstaatlichten Wirtschaftszweige und Dienstleistungen zwei Quellen: Ein Parlamentsmitglied mag der einen oder anderen Einrichtung von sich aus kritisch gegenüberstehen und seine Bedenken aus den dem Parlament vorgelegten Jahresberichten oder sonstiger Information schöpfen oder — der weit häufigere Fall — er wird zu seiner kritischen Einstellung durch an ihn gelangte Wünsche und Beschwerden seiner Konstituenten, in der Mehrzahl der Fälle also der Konsumenten und der Sozialleistungsberechtigten, veranlaßt. Solche Wünsche gelangen an ihn oft, wenn direkte Anfragen oder Beschwerden beim zuständigen *Board* nicht den gewünschten Erfolg gezeitigt haben.

Dem Parlamentsmitglied stehen nun zur Verlautbarung von Meinungen über die in Staatsregie übernommenen Wirtschaftszweige drei Wege offen: die Debatte, die Fragestunde und (seit 1951) ein parlamentarischer Untersuchungsausschuß (*Select Committee on Nationalised Industries*).

### a) Parlamentsdebatten

An sich würde die Geschäftsordnung der Commons eine Erörterung der nationalisierten Wirtschaftszweige bei den verschiedensten Gelegenheiten zulassen. Die großen Debatten wie bei der Adresse in Beantwortung der Thronrede sind sichtlich dazu nicht geeignet. Die tägliche halbe Stunde vor der Vertagung käme in Betracht; aber hier kann bestenfalls nur eine Stichprobe gemacht werden, da es zuviele Angelegenheiten gibt, für welche diese kostbare Zeit des Unterhauses in Anspruch genommen werden muß. Kritische Stellungnahmen mögen auch an einem der 26 Tage des *Committee of Supply* stattfinden; dies ist aber selten. Die beste Gelegenheit sind also Debatten über Gesetzentwürfe, die sich mit den nationalisierten Wirtschaftszweigen befassen, und ferner die den vom Minister vorgelegten Jahresberichten der einzelnen Industrie zu erteilende Zustimmung. Aber es liegt in der Natur der Sache, daß, wenn überhaupt, hier nur grundsätzliche Fragen zum Gegenstand einer Debatte gemacht werden, nicht aber konkrete Verwaltungsprobleme. Überdies besteht dazu nur einmal jedes Jahr die Gelegenheit und sie hinkt den Ereignissen nach. Im großen ganzen ist daher die Debatte als Mittel parlamentarischer Kontrolle unwirksam und wird nur selten in Anspruch genommen.

### b) Fragestunden

Bis eine bessere Methode gefunden ist, ist einstweilen die Fragestunde die einzige, die zur laufenden parlamentarischen Kontrolle der öffentlichen Korporationen zur Verfügung steht. Die Möglichkeiten sind aber durch die Geschäftsordnung streng begrenzt, da sich solche Anfragen nur auf Angelegenheiten beziehen dürfen, für welche ein Minister gesetzlich verantwortlich ist, also für die von ihm den *Boards* erteilten allgemeinen Direktiven, für Ernennungen, Finanzen, soweit öffentliche Fonds in Anspruch genommen werden, und hinsichtlich der gesetzlich festgelegten Obliegenheiten der *Boards*. Wie bereits 1948 vereinbart worden war, ist also der Routinebetrieb von vornherein von der Frage und damit von der Antwortverpflichtung des Ministers ausgeschlossen. Es kann also nicht gefragt werden, warum der Schnellzug von Manchester am 11. November 21 Minuten zu spät in London eintraf oder warum die elektrische Stromversorgung in Boxhill Green am 14. Februar eineinhalb Stunden versagt hat. Handelt es sich lediglich um sachliche Informationen, die ein Mitglied vom Minister haben will, wird dieser in der Regel antworten. Aber die Zwiespältigkeit der ministeriellen Stellung sozusagen als Prellbock zwischen der verstaatlichten Industrie und dem einen MP als Anfrager benutzenden Publikum wird hier deutlich, weil der Minister sich hinter die unwiderlegbare Behauptung verschanzen kann, es handle sich bei der Frage um eine die Geschäftsführung der Behörde betreffende Angelegenheit, für die er nicht verantwortlich ist, und nicht um eine Frage der allgemeinen Behördenpolitik, für die er es wäre. Zudem kann der Abgeordnete in solchen Einzelfragen sich Auskunft bei der Behörde selbst verschaffen, die ihm immer auch dann gewährt wird, wenn sie einer Privatperson versagt würde[1]. Das Ergebnis einer mehr als zehnjährigen Erfahrung ist also, daß auch die Fragestunde keine wirkliche Parlamentskontrolle gewährleistet.

### c) Spezielle Parlamentsausschüsse

Das Unterhaus machte daher bereits 1951 den Versuch, den Stier bei den Hörnern zu packen, indem ein *Select Committee* aufgestellt wurde, das

[1] In diesem Zusammenhang ist zu bemerken, daß die Benutzer der verstaatlichten Industrien (z. B. Gas oder Elektrizität) sich zur Abstellung von Beschwerden oder zur Geltendmachung von Wünschen der mit jeder Industrie verbundenen *Consultative Councils* der Konsumenten bedienen können. Solche Konsumentenberatungsorganisationen zählen derzeit an die vierzig. Sie sind nicht nur regional, sondern auch örtlich organisiert; sie behandeln allgemein wichtige Angelegenheiten, können aber auch Einzelbeschwerden nachgehen und sie weiterleiten, etwa wegen der Verzögerung der Elektrifizierung einer ländlichen Gegend oder über Mängel in der Stromversorgung in einem einzelnen Haushalt. Solche Abhilfemaßnahmen sind viel wirksamer als eine derartige Angelegenheit durch ein Parlamentsmitglied aufbringen zu lassen und damit die Aufmerksamkeit des Ministers zu erzielen.

Vorschläge zur besseren Information des Parlaments und damit zur Kontrolle über die nationalisierten Industrien machen sollte. Das Ergebnis war der Vorschlag der Einsetzung eines ständigen Ausschusses (*Standing Committee*), um das Parlament über die allgemeine Politik und die Praxis der nationalisierten Industrien fortlaufend zu unterrichten. Ein daraufhin eingesetztes, aber nur auf die Session beschränktes *Committee* richtete aber nichts aus, da ihm die Auftragserteilung für seine Untersuchung nicht weit genug gefaßt erschien. Auch das 1956 eingesetzte neue aus dreizehn Mitgliedern bestehende *Select Committee on Nationalised Industries* sah sich dadurch behindert, daß es sich trotz elastischerer Anweisungen weder mit der ministeriellen *policy* der einzelnen Staatsbetriebe noch mit deren Routine-Geschäftsführung befassen sollte[1]. Aber seit sich die nationalisierten Wirtschaftszweige im Nationalbewußtsein integriert haben, ist auch darin ein Wandel eingetreten und die seither veröffentlichten Berichte über einzelne verstaatlichte Wirtschaftszweige[2] sind unzweifelhaft die bislang beste Informationsquelle über die verstaatlichten Betriebe. Nicht selten sehr kritisch, verschafften sie zum ersten Mal dem Parlament eine wirkliche Einsicht in den Betrieb des öffentlichen Sektors der Nationalwirtschaft. Was dabei überraschenderweise herauskam, war, daß der Minister in der Praxis aus den verschiedensten Gründen weit mehr Einfluß ausübt, als ihm gesetzlich zugestanden ist. Die Berichte sind sicherlich ein Schritt auf dem richtigen Weg zu einer wirksameren Kontrolle der verstaatlichten Industrien durch das Parlament, aber eben nur ein Schritt, und sie bilden keine Lösung für das zugrunde liegende Dilemma, wie und ob überhaupt die dem britischen politischen System traditionelle Kontrolle der Verwaltung durch das Mittel der Ministerverantwortlichkeit mit dem die öffentlichen Korporationen beherrschenden Grundsatz der Unabhängigkeit eben von der ministeriellen Kontrolle sich lösen läßt. Eine wirksamere Kontrolle könnte allenfalls durch die Einsetzung eines Parlamentsausschusses für jede der verstaatlichten Industrien oder für zusammengehörige Gruppen derselben erzielt werden. Es bleibt aber offen, ob das ohnehin zum Übermaß belastete Unterhaus eine solche zusätzliche Arbeit überhaupt auf sich nehmen könnte. Überdies würde dadurch die Unabhängigkeit der *Boards* von der Zentrale beeinträchtigt werden, die ja eben einer der wesentlichen Gründe für ihre Existenz ist.

Überblickt man die Entwicklung der seit etwa zwei Jahrzehnten im Gang befindlichen Verstaatlichungsbewegung und versucht, sie in den

---

[1] H.C. 187 von 1957/58.

[2] Sie bezogen sich auf die schottischen Elektrizitätsbehörden, den *National Coal Board*, die *Air Corporations*, die Eisenbahnen und die Gasindustrie; siehe beispielsweise den Bericht des *Select Committee on Nationalised Industries on the British Overseas Airways Corporation* vom 9. Juni 1964.

verbindlichen Rahmen der britischen Staatsordnung der parlamentarischen Kabinettsregierung einzupassen, so wird man zu dem überraschenden Ergebnis gelangen, daß sich auf einem weiten und wirtschaftlich zunehmend wichtigen Gebiet ein tiefgreifender Umbau der staatlichen Struktur vollzogen hat, dessen Bedeutung auch von den englischen Sachkennern bisher nur unvollkommen erfaßt worden ist: Der öffentliche Sektor der Wirtschaft — und dies gilt auch für die Verwaltung der Sozialleistungsdienste — hat sich der parlamentarischen Aufsicht und Kontrolle in einem Maß entwunden, welche dem klassischen Parlamentarismus undenkbar erschienen wäre. Die öffentlichen Korporationen laufen auf ihren eigenen Gleisen, deren Weichen zwar vom Parlament von Zeit zu Zeit gestellt werden mögen, aber ihr Betrieb ist weitgehend „entparlamentarisiert". Kein anderes Phänomen bringt die zeitgenössische Umwandlung des einstigen Gesetzgebungs- in den heutigen Verwaltungsstaat deutlicher zum Ausdruck.

## Siebentes Kapitel

# Die Sozialleistungen des Wohlfahrtsstaats

## I. Vorbemerkung

### 1. Der britische Wohlfahrtsstaat

Was in Großbritannien unter dem „Wohlfahrtsstaat" verstanden wird, ist ein ausgedehntes und ausgebautes System von Sozialleistungen und Sozialdiensten, die einerseits den Bedürftigen und Unbemittelten („*persons in need*"), andererseits der gesamten Bevölkerung ohne Rücksicht auf die individuellen Einkommensverhältnisse zustehen. Entweder durch die Einrichtungen der Zentralregierung oder der Lokalverwaltung ist der Staat verpflichtet, vor allem die folgenden Sozialleistungen und Sozialdienste zu gewähren: die eigentliche Sozialversicherung (bei Krankheit, Unfall, Alter); Unbemitteltenunterstützung; Familienbeihilfen; Mutterhilfe; Hilfe für Kinder ohne Heim; Sorge für Kriegsopfer; Krankenpflege oder Gesundheitsdienst für die Gesamtbevölkerung. Zum Bereich des Wohlfahrtsstaats im weiteren Sinn gehören ferner auch die allgemein zugängliche und freie Ausbildung der Kinder in öffentlichen, d. h. kommunalen Schulen, die Beschaffung billigen Wohnraums für Bürger mit beschränktem Einkommen und Arbeitsvermittlung und -beschaffung.

Mit den im vorigen Kapitel behandelten verstaatlichten Wirtschaftszweigen haben diese Einrichtungen des Wohlfahrtsstaats gemeinsam, daß sie wie jene der Gemeinschaft dienen und daß ihre Organisationsform wie bei jenen in der Regel eine als Korporation gestaltete, unabhängige Behörde ist. Was sie aber von den nationalisierten Staatsbetrieben unterscheidet, ist, daß von ihnen nicht erwartet wird, sie würden sich durch eine Überschuß erzielende wirtschaftliche Geschäftsführung selbst finanzieren. Die Bezieher bestimmter, keineswegs aller Sozialleistungen sind zwar verpflichtet, ihrerseits einen Beitrag zur Kostenaufbringung zu leisten; aber es wird bei den die Sozialdienste leistenden Einrichtungen von vornherein nicht erwartet — dies wäre auch schlechterdings unmöglich —, solche Beiträge der Empfangsberechtigten würden zur Kostendeckung ausreichen.

Den Kern des britischen Wohlfahrtsstaats bilden die staatlichen Einrichtungen für die Nationalversicherung (*National Insurance*) und für den allgemeinen Gesundheitsdienst (*National Health Service*), die nachfolgend ausführlicher gewürdigt werden sollen. Sie gehen in ihrer heutigen Gestalt auf die Gesetzgebung der Labour-Regierung unmittelbar nach dem letzten Krieg zurück, waren aber im Gegensatz zur Verstaatlichung gemeinwirtschaftlicher Industriezweige von Anfang an vom Konsensus aller Parteien getragen und sind es seither geblieben. Die konservativen Regierungen haben sich am Ausbau des sozialen Wohlfahrtsstaats tatkräftig beteiligt. Niemand würde eine Rückkehr zu dem früheren System befürworten. Die Überzeugung ist allgemein, daß die Gewährung umfassender Sozialleistungen nicht anders als die Nationalverteidigung und die Aufrechterhaltung der öffentlichen Ordnung eine Gemeinschaftsverpflichtung ist, der der Staat zu genügen hat.

## 2. Zur Vorgeschichte der heutigen Sozialgesetzgebung

### a) Von den Anfängen bis ins 19. Jahrhundert

Die Fürsorge für Unbemittelte oder — wie sie damals genannt wurde — die Armenpflege kann in England auf eine längere Tradition zurückblicken als in den meisten westlichen Staaten. Die längste Zeit war sie eine karitative Aufgabe der Kirche gewesen, die lange vor jedweder staatlichen Tätigkeit Schulen, Krankenhäuser, Armenunterstützung, Fürsorge für die Jüngsten und die Ältesten und andere Sozialdienste gewährt hatte und dafür das Einkommen aus den bis ins 8. Jahrhundert zurückgehenden Zehnten (*tithes*) verwendete. Maßnahmen gegen die ungeregelte Almosengewährung, die keinen Unterschied zwischen arbeitsfähigen und arbeitsunfähigen Armen machte, waren schon durch die Gesetzgebung Richards II. von 1388 (12 Rich. 2, cc. 3–9) erlassen und nur tatsächlich arbeitsunfähige Bettler konzessioniert worden. Nachdem aber die Klöster als die Hauptträger kirchlicher Armenfürsorge in Wegfall gekommen waren, griff unter den Tudors der Staat ein: Gesetze Henrys VIII. von 1531 (22 Hen. 8, c. 12) und 1536 (27 Hen. 8, c. 25), mit strengen Strafbestimmungen für arbeitsfähige, aber arbeitsunwillige Unbemittelte, übertrugen die Armenfürsorge den Friedensrichtern. Der berühmte und seiner Zeit weit vorauseilende *Poor Relief Act* der ersten Elizabeth von 1601 (43 Eliz. 1, c. 2) schließlich übertrug die Armenfürsorge den Dorfgemeinden (*parishes*) unter den neu eingesetzten *Overseers of the Poor* mit der Maßgabe, daß Arbeitsfähige in Arbeitshäusern beschäftigt, Arbeitsunfähige durch eine örtliche Abgabe auf den Grundbesitz erhalten werden sollten. Dies führte aber in der Folgezeit zu großen Unzuträglichkeiten, da die Unterstützungsberechtigten nach den Gemeinden abwanderten, wo sie besser gestellt waren, bis ein Gesetz von 1662 (14 Cha. 2, c. 12) dafür sorgte, daß zugewanderte Unterstützungspflichtige an ihren Heimatort zurücktransportiert werden konnten. Bei diesem mit zahlreichen gesetzlichen Veränderungen versehenen System blieb es bis zur Reformgesetzgebung der dreißiger Jahre des letzten Jahrhunderts.

Eine entscheidende Wendung trat schließlich mit dem *Poor Law Amendment Act* von 1834 (4 & 5 Will. 4, c. 76) ein, der, ein Widerhall der Bentham'schen Staatsphilosophie, die Armenpflege für ganz England den *Poor Law Commissioners* übertrug, mit gewählten *boards of guardians* auf der lokalen Ebene. Die Bereitwilligkeit der Unterstützungsberechtigten, in einem Arbeitshaus zu arbeiten, bildete den Prüfstein. Das eiserne Regiment der „Drei Könige in Somerset House“, wie sie genannt wurden, ausgeübt durch verbindliche Anweisungen an alle Lokalverwaltungsbehörden und ein Netz ständig kontrollierender Inspektoren, stellte die Armenpflege endlich auf eine rationell gesamtstaatliche Grundlage und trug wesentlich zur Verminderung der unterstützungsberechtigten Armen und zu einem Wandel in der öffentlichen Anschauung gegenüber der Armenpflege überhaupt bei, wenn auch das Klima des liberalen Hochkapitalismus dem Entstehen eines echten Sozialbewußtseins nicht günstig sein konnte. Es blieb erst der Massengesellschaft unseres Jahrhunderts vorbehalten, die Fürsorge für die durch Alter, Krankheit oder ohne ihr Verschulden in Not geratenen Mitbürger als eine vordringliche Staatsverpflichtung anzuerkennen.

### b) Die Entwicklung der Sozialgesetzgebung im 20. Jahrhundert

Nachdem der *Unemployed Workmen Act* von 1905 (5 Edw. 7, c. 18) mit der Arbeitslosenunterstützung für tatsächlich arbeitslos Gewordene begonnen hatte, brachte der *National Insurance Act* von 1911 (1 & 2 Geo. 5, c. 55) zum ersten Mal die Arbeitslosenversicherung, später ausgebaut und konsolidiert im *Unemployment Insurance Act* von 1935 (25 & 26

Geo. 5, c. 8). Die schwere Depression der dreißiger Jahre zwang zur Errichtung des *Unemployment Assistance Board* (*Unemployment Act* von 1934 [24 & 25 Geo. 5, c. 29]), des unmittelbaren Vorläufers des heutigen *National Assistance Board.* Dieser übernahm die Unterstützung Arbeitsloser über 26 Wochen hinaus, die bisher den *boroughs* zur Last gefallen war, aus gesamtstaatlichen Mitteln.

In gleicher Weise trugen Lloyd Georges bahnbrechende Sozialideen bei den anderen nunmehr als selbstverständlich angesehenen Sozialleistungen Frucht. Bereits sein damals als sozialrevolutionär angesehenes Budget von 1908 hatte die Gewährung einer nicht auf Beiträgen beruhenden Altersrente vorgesehen. Die obligatorische Krankenversicherung brachte der *National Insurance Act* von 1911 (1 & 2 Geo. 5, c. 55), Alterspensionen für Personen über siebzig Jahre die *Old Age Pensions Acts* von 1908 (8 Edw. 7, c. 40) und von 1911 (1 & 2 Geo. 5, c. 16). Alle diese Maßnahmen wurden in den dreißiger Jahren einer Konsolidierung unterzogen und auch auf zusätzliche Personenkreise (wie Witwen und Familien verstorbener Versicherter) ausgedehnt.

Zu Beginn des zweiten Weltkrieges stand zwar die englische Sozialversicherung der durch die späte Dritte Republik in Frankreich eingeführten und der schon auf Bismarck zurückgehenden deutschen Sozialgesetzgebung an Umfang der Berechtigten und der gewährten Leistungen nach, aber niemand im Vereinigten Königreich brauchte Hunger zu leiden oder hatte kein Obdach. Es bestanden aber erhebliche Mängel. Die öffentliche Hand tat nicht genug; die traditionell in Anspruch genommenen freiwilligen Unterstützungsvereinigungen (*Friendly Societies*) – eine britische Eigentümlichkeit –, die für die Beerdigungskosten ihrer Mitglieder aufkamen und auch bescheidene Hinterbliebenenrenten aussetzten, litten an Kommerzialisierung und mangelnder finanzieller Stabilität[1]. Die außerordentliche Zersplitterung des ganzen Systems beeinträchtigte auch die Qualität seiner Dienstleistungen.

Demgemäß empfahl der Bericht des während des letzten Weltkriegs von der Koalitionsregierung mit Zustimmung aller Parteien eingesetzten *Interdepartmental Committee on Social Insurance and Allied Services* (1942) eine großzügige Vereinheitlichung und Ausbau der gesamten Sozialversicherung, die auf alle notleidenden oder mittellosen Personen Anwendung zu finden hätte. Der Vorsitzende war Sir William (später Lord) Beveridge, der mit Recht als der „Vater" des britischen Wohlfahrtsstaats gilt. Allen Bürgern soll wirtschaftliche Sicherheit und Gesundheits-

[1] Diese freiwilligen Wohltätigkeitsvereinigungen waren seit dem *Friendly Societies Act* von 1896 (59 & 60 Vict., c. 25) dem *Chief Registrar of Friendly Societies* als staatlicher Aufsichtsbehörde unterstellt, die verwaltungsmäßige und auch verwaltungsgerichtliche Funktionen ausübt und der auch die Eintragung aller Gewerkschaften in das amtliche Register obliegt.

pflege „von der Wiege bis zum Grab" („*from the cradle to the grave*" oder auch „*from womb to tomb*") gewährleistet werden. Aus diesem Plan erwuchs dann die von der ans Ruder gekommenen Labour-Regierung als eine ihrer Hauptprogrammpunkte vertretene umfassende Sozialgesetzgebung, die in der Hauptsache in den folgenden Gesetzgebungsakten niedergelegt ist: *Family Allowances Act* von 1945 (8 & 9 Geo. 6, c. 41 [in Kraft getreten im Jahre 1946]); *National Insurance Act* von 1946 (9 & 10 Geo. 6, c. 67); *National Insurance* (*Industrial Injuries*) *Act* von 1946 (9 & 10 Geo. 6, c. 62). Das gesamte System der Sozialversicherung trat am 5. Juli 1948 in Kraft. Hierzu kommt noch der *National Assistance Act* von 1948 (11 & 12 Geo. 6, c. 29). Alle diese Gesetzgebungsmaßnahmen wurden seither nach Maßgabe der sich bei ihrer Durchführung ergebenden Erfahrungen modifiziert und ausgebaut, ohne daß sich an den damals festgelegten Grundlinien viel geändert hätte.

## II. Die Sozialversicherung

### 1. Der National Assistance Board

Das gesamtstaatliche Versicherungswesen steht unter dem *Ministry of Pensions and National Insurance*[1], das für die Sozialleistungen nach Maßgabe der Gesetzgebung über Sozialversicherung, Versicherung für industrielle Unfälle und Familienbeihilfen zuständig ist. Dazu kommen noch verwandte Angelegenheiten wie Zahlungen an die Hinterbliebenen im Falle eines im Dienst der Streitkräfte erlittenen Todes und Pensionen an Hinterbliebene von Personen, die dabei Schaden erlitten haben, sowie die Fürsorge für Kriegsveteranen und deren Familien oder ihre Waisen. Die für diese Dienstleistungen zuständige Behörde, gleichfalls eine öffentliche Korporation, ist der *National Assistance Board*, den der *National Assistance Act* von 1946 unter gleichzeitiger Abschaffung der während vier Jahrhunderten tätig gewesenen eigentlichen Armenpflegebehörden ins Leben gerufen hatte. Der aus höchstens sechs Mitgliedern bestehende *Board* arbeitet durch seine regionalen und örtlichen Zweigstellen; letztere werden jeweils von örtlichen Beratungsgremien unterstützt. Seine Aufgabe ist, Unbemittelten die zur Lebenshaltung erforderliche Unterstützung aus öffentlichen Mitteln angedeihen zu lassen, wobei jeweils Einkünfte berücksichtigt werden, die ein Antragsteller aus der Sozialversicherung oder sonstigen Quellen bezieht. Ihm untersteht somit die Verwaltung der gesamten Sozialversicherung einschließlich Alters-, Arbeitslosen- und anderer Versicherungszweige. Er ist das eigentliche Regierungsinstrument im „Krieg gegen die Armut", um ein zeitgemäßes

[1] Es ist aus der Zusammenlegung (1953) des bereits 1916 errichteten Pensions- und des 1944 geschaffenen Nationalversicherungsministeriums entstanden.

Schlagwort zu verwenden, und der Krieg gegen die Armut wurde in Großbritannien in dem Augenblick entschieden, als der Staat seine moralische Verpflichtung zur Unterstützung der Hilfsbedürftigen und Unbemittelten anerkannte und auf sich nahm. Das Gesetz von 1946 mußte der seitherigen Geldentwertung und den steigenden Lebenshaltungskosten entsprechend und aus anderen Erfahrungsgründen wiederholt abgeändert werden; die derzeit geltende Fassung ist der *National Insurance Act* von 1963 (Eliz. 2, c. 7).

Zum Verständnis der Struktur der britischen Sozialleistungen ist eine Unterscheidung zwischen der allen Personen mit ständiger Beschäftigung zustehenden Sozialversicherung oder Sozialrente einerseits und der nur im Fall der Notlage zu beanspruchenden Unbemitteltenunterstützung andererseits zu machen. Sozialrente und Unbemitteltenunterstützung sind also keineswegs einander gleichzusetzen. Vielmehr soll die Gewährung einer angemessenen Sozialrente den Eintritt der Unterstützungsbedürftigkeit verhindern und damit die Unbemitteltenhilfe entbehrlich machen. Diese Erwartung konnte sich in einem Lande erfüllen, das wie Großbritannien die Vollbeschäftigung erzielt oder ihr jedenfalls nahegekommen ist. Demgemäß ist die subsidäre Unbemitteltenhilfe gegenüber der eigentlichen Sozialversicherung stark zurückgetreten.

## 2. Die Unbemitteltenunterstützung

Jede Person über 16 Jahre, die in finanzieller Not ist, kann beim *National Assistance Board* um Unbemitteltenunterstützung einkommen. Der *Board* stellt von Zeit zu Zeit Unterstützungsgrundsätze (*regulations*) auf, die vom Minister gebilligt und, gegebenenfalls mit seinen Änderungsvorschlägen versehen, dem Parlament zur Genehmigung vorgelegt werden müssen; sie wurde bisher immer erteilt. Sie enthalten die Standards, nach denen Unterstützung zu gewähren ist und die darauf abstellen, wieviel eine Einzelperson oder eine Familie zur notwendigen Lebenshaltung brauchen. Anderweitiges Einkommen einschließlich desjenigen aus der Sozialversicherung wird dabei berücksichtigt. Da die jeweiligen Unterstützungsvoraussetzungen von Fall zu Fall verschieden liegen, ist der Behörde ein weiter Verwaltungsspielraum eingeräumt. Im übrigen ist sie völlig autonom und in der Routinearbeit auch vom Minister unabhängig, der dem Parlament lediglich für die allgemeine Geschäftsführungspolitik des *Board* verantwortlich ist. Auch das Parlament selbst hat keine unmittelbaren Kontrollbefugnisse. Einzelfälle können nicht zum Gegenstand von Anfragen oder Debatten gemacht werden. Die Behörde ist also in ihrer Geschäftsführung weit unabhängiger als es ein Ministerium wäre.

Die beim *Board* leitend tätigen Beamten werden von der *Civil Service Commission* dafür designiert und daraufhin vom *Minister of Pensions and National Insurance* ernannt. Es kann also bei ihnen Sachkenntnis und Unparteilichkeit vorausgesetzt werden. Sie beziehen ihr Gehalt aus den dafür bestimmten alljährlichen Parlamentsbewilligungen.

Auch in die Handhabung der Sozialversicherung sind angemessene verwaltungsgerichtliche Kautelen eingebaut. Gegen die Bescheide der bei den Versicherungsbehörden tätigen Beamten, soweit sie sich auf die Unbemitteltenunterstützung beziehen, ist die Anrufung eines der *National Assistance Appeal Tribunals* gegeben, die vom Minister aufgestellt sind. Beschwerden gegen die Bescheide auf dem Gebiet der Sozialversicherung gehen an ein örtlich zuständiges *National Insurance* bzw. *National Insurance (Industrial Injuries) Tribunal,* von welch' beiden Behörden es in England und Wales 173, in Schottland 29 gibt. Ihr Vorsitzender und das eine der beiden anderen Mitglieder werden vom Minister, das andere aber vom *Board* selbst ernannt, wobei der Kandidat einer vom Minister aufgestellten Liste von Arbeitnehmern entnommen werden muß. Berufungen von den öffentlichen *Tribunals* gehen an den von der Krone ernannten *Commissioner*.

## 3. Die Sozialversicherung

### a) Personenkreis der Versicherten und Beitragsleistungen

Grundsätzlich umfaßt die Sozialversicherung die gesamte Bevölkerung der britischen Inseln vom Zeitpunkt ihrer Schulentlassung (also mit dem 15. Lebensjahr) an bis zur Erreichung des Pensionsalters. Alle solchen Personen müssen wöchentliche Beiträge aus ihrem Lohn oder Gehalt leisten, außer wenn sie ausdrücklich vom Versicherungsplan ausgenommen sein wollen („*contracting out*"), weil sie bei ihrer Firma, Universität oder sonstigem Arbeitgeber bereits pensionsberechtigt sind. Davon haben etwa $4^1/_2$ Millionen Personen Gebrauch gemacht.

Der Personenkreis der Versicherten umfaßt drei Klassen: a) alle für Lohn oder Gehalt arbeitenden Personen (derzeit [1964] 23 Millionen); b) die sogenannten selbstbeschäftigten Personen (etwa der freien Berufe [derzeit $1^1/_2$ Millionen]); und schließlich c) die nicht beschäftigten (*non-employed*) Personen (bei der herrschenden Vollbeschäftigung derzeit unbedeutend, etwa eine Viertelmillion)[1]. Die Sozialversicherung wird durch die wöchentlichen Beitragsleistungen der Arbeitnehmer und Arbeitgeber finanziert. Soweit diese Beitragsleistungen nicht ausreichen, wird der Fehlbetrag von der *Treasury* aus den allgemeinen Steuern gedeckt.

Die Beiträge sind von Arbeitnehmern und Arbeitgebern wöchentlich durch Einkleben der auf der Post erhältlichen Stempelmarken in das Versicherungsbuch zu leisten. Sie betragen (nach der letzten Erhöhung

[1] Dies ist das allgemeine Schema; es bestehen jedoch eine Reihe von Besonderheiten, wie für verheiratete Frauen, Studenten, Personen unter 18 Jahren, auf die hier nicht eingegangen werden kann.

von 1963) in der die größte Zahl umfassenden ersten Klasse 8 sh $11^1/_2$ d für den Arbeitnehmer und 9 sh $0^1/_2$ d für den Arbeitgeber, für die *selfemployed* Personen 13 sh 4 d und für die Nichtbeschäftigten 10 sh 2 d[1]. Der Bequemlichkeit halber werden von Arbeitgebern und Arbeitnehmern gleichzeitig auch die Marken für den an sich davon völlig getrennten staatlichen Gesundheitsdienst geklebt.

Die Beitragsleistungen werden bei Männern bis zum Alter von 70, bei Frauen von 65 Jahren fortgesetzt, zu welchem Zeitpunkt der Versicherte als pensionsberechtigt gilt.

### b) Versicherungsbezüge

Der Staat seinerseits gewährt den Versicherten die folgenden Leistungen: a) Unterstützung bei Arbeitslosigkeit auf die Dauer von dreißig Wochen oder, falls wiederholt arbeitslos, bis zu maximal 19 Monaten; b) Krankengeld, normalerweise auf die Dauer von einem Jahr; c) Entbindungsgeld für die Woche vor und nach der Entbindung; d) eine Alters- oder Sozialrente für Männer nach Erreichung des 65., für Frauen nach dem 60. Jahr. Pensionszahlungen erfolgen auch an die Hinterbliebenen (Witwen und Waisen) von Pensionsberechtigten. Witwengeld wird nach dem Tod des Ernährers auf die Dauer von dreizehn Wochen bezahlt mit entsprechenden Zuschlägen bei Witwen mit kleinen Kindern oder bei Witwen über 50 Jahre. Einmalige Zahlungen sind bei besonderen Fällen vorgesehen, so wenn eine Entbindung zu Hause statt im Krankenhaus stattfindet, wo sie kostenlos ist.

Alle Leistungen sind aber von zwei Bedingungen abhängig: Es muß eine bestimmte Mindestzahl von wöchentlichen Beiträgen überhaupt geleistet worden sein und die festgesetzten Höchstbeträge für die staatlichen Leistungen werden nur dann gewährt, wenn eine bestimmte Zahl von wöchentlichen Beiträgen innerhalb einer bestimmten vorhergehenden Zeit auch tatsächlich geleistet worden ist.

Was die Höhe der staatlich gewährten Bezüge anbelangt, so sind sie grundsätzlich von gleicher Höhe für alle Versicherungsfälle und ebenso für Männer und Frauen[2]. Es gibt aber davon einige Ausnahmen, vor allem die 1961 eingeführte Neuerung, daß sich die Altersrente für Personen erhöht, die mehr als 9 £ wöchentlich verdienen und je nach der Höhe ihres Einkommens „gestaffelte" Beiträge leisten, die sich auch für ihren Arbeitgeber entsprechend erhöhen. Der Standardansatz wird auch bei Vorhandensein kleiner Kinder und bei Witwen während der dreizehn Wochen nach dem Todesfall erhöht. Einzelheiten des bekanntlich bei jeder Sozialversicherung sehr komplizierten Arrangements können hier entbehrt werden.

---

[1] Dies sind die Sätze für Männer; Frauen und Jugendliche unter 18 Jahren sind zu etwas geringeren Beiträgen verpflichtet.

[2] Der Ansatz war 1964 3 £ 7 sh 6 d pro Woche.

Jedoch ist eine allgemeine Feststellung angezeigt: Gemessen an den Sozialleistungen reicherer Länder sind die Bezüge keineswegs üppig; aber im Hinblick auf die niedrigeren Gesamt-Lebenshaltungskosten in Großbritannien reichen sie aus, den Berechtigten und seine Familie in Krankheitsfällen und im Alter vor Not zu schützen, wobei ferner zu berücksichtigen ist, daß alle durch Erkrankung veranlaßten Kosten im Rahmen des nationalen Gesundheitsdienstes vom Staat getragen werden.

Nicht genug damit. Es bestehen außerdem Sozialleistungen bei industriellen Unfällen nach Maßgabe des *National Insurance* (*Industrial Injuries*) *Act* von 1946 (9 & 10 Geo. 6, c. 62) für erlittenen Körper- oder Gesundheitsschaden, der im Verlauf oder durch die Beschäftigung eingetreten ist (einschließlich des Todesfalls). Nach dem *Family Allowances Act* von 1945 (8 & 9 Geo. 6, c. 41) werden Kinderbeihilfen für jedes zweite und die weiteren Kinder bezahlt, die je nach dem Ausbildungsgang des betreffenden Kindes bis zum 15. oder 18. Jahr andauern. Daran nehmen 3,75 Millionen Familien teil. Der Betrag von 8 sh pro Woche für jedes Kind mag an sich gering erscheinen, würde aber von den Berechtigten sehr vermißt werden.

Die staatlichen Sozialleistungen werden außerdem durch die Wohlfahrtsverpflichtungen der Lokalverwaltungsbehörden ergänzt. Diese müssen sich insbesondere der Blinden, Tauben oder sonst in ihrer Erwerbsfähigkeit Beschränkten annehmen. Vor allem obliegt ihnen nach dem *Children Act* von 1948 (11 & 12 Geo. 6, c. 43) die Fürsorge für Minderjährige bis zu 17 Jahren, die keine Eltern oder Vormund haben oder bei denen die Eltern ihrer Unterhaltspflicht nicht nachkommen. Heimlose Kinder sind in Pflegeheimen unterzubringen. Hier erstreckt sich die Verpflichtung der Lokalbehörden sogar auf die Kinder im Elternhaus, wenn Gefahr besteht, daß sie der Öffentlichkeit zur Last fallen könnten.

Schließlich ist zu betonen, daß alle Leistungen der Sozialversicherung — mit der einzigen Ausnahme der Unterstützung für Unbemittelte — ohne Rücksicht auf die sonstigen Einkommens- oder Vermögensverhältnisse des Berechtigten, also ohne *means test*, erfolgen. Der reiche Bankier oder Schiffsreeder kann genau wie der Fabrikarbeiter oder Kanzleiangestellte sein Krankengeld und seine Altersrente beziehen, wenn er die vorgeschriebenen Beiträge geleistet hat. Die Sozialversicherung ist dadurch aus einer staatlichen Wohltätigkeitseinrichtung in ein verbrieftes Recht jedes Bürgers verwandelt worden, ein Triumph der neuen von Labour verfochtenen Mentalität, die damit dem Bezugsberechtigten staatlicher Sozialleistungen, statt ihn als Almosenempfänger anzusehen, seine Würde als Staatsbürger gewährleistet. Allerdings, muß hinzugefügt werden, die Voraussetzung dieses in keinem anderen westlichen Staat übertroffenen Wohlfahrtssystems ist die Fortdauer der gegenwärtigen auf Vollbeschäftigung beruhenden Prosperität; eine nachhaltige Wirtschaftsdepression könnte den allgemeinen Steuerzahler über Gebühr belasten und das ganze Gebäude der Sozialleistungen in Frage stellen.

## III. Die Verstaatlichung der Gesundheitspflege

### 1. Der Grundsatz der staatlichen Verpflichtung

Menschen, die krank sind, können nicht zur Steigerung des Sozialprodukts beitragen. Die Entstehung von Krankheiten zu verhindern, sie, wenn entstanden, zu heilen und damit die allgemeine Produktionskapazität zu fördern, liegt daher im unmittelbaren Interesse des Staates. Solange zur Überwindung der Krankheit die privatkapitalistische Organisation der Gesundheitspflege — ärztliche Fürsorge, Krankenhauspflege, Heilmittelbeschaffung — in Anspruch genommen werden mußte, waren die Unbemittelten von den Heilungsmöglichkeiten entweder völlig ausgeschlossen oder auf die öffentliche Wohltätigkeit angewiesen. Die Furcht vor Erkrankung, der nicht mit eigenen Mitteln begegnet werden kann, erhöhte psychologisch die Krankheitsanfälligkeit und bildete damit eine neue Ursache verminderter Erwerbsfähigkeit. Alle diese Überlegungen, verstärkt durch die im englischen Milieu beheimateten religiös-moralischen Motivationen, trafen zusammen, um die vor zwanzig Jahren in Großbritannien erfolgte Verstaatlichung des Gesundheitswesens zu bewirken. Dies war keineswegs nur eine Forderung sozialistischer Ideologie, da sich schon während des letzten Krieges alle Parteien darauf als ein wesentliches Element des sozialen Fortschritts geeinigt hatten. Ein zeitgemäßes Heilungswesen sollte daher im Erkrankungsfall jedermann, ohne Unterschied der Person und ohne Rücksicht auf Einkommensverhältnisse oder gesellschaftlichen Status, von staatswegen in demselben Maß zugänglich sein, wie der Staat seinem Volk die allgemeine Schulbildung kostenlos gewähren muß. Diese staatliche Verpflichtung zur Übernahme der Krankheits- und Heilungsbedürfnisse seiner Bürger mochte den damaligen Gegnern als „sozialisierte Gesundheitspflege" („*socialized medicine*") gelten, der vorgeworfen wurde, sie verbeamte und bürokratisiere die Ärzte und zerstöre das persönliche Vertrauensverhältnis zwischen Arzt und Patient[1]. Aber auch der Widerstand gewisser Ärzte- und Inter-

[1] Es waren derartige Argumente, welche in den Vereinigten Staaten es den mächtigen und mit unerschöpflichen Mitteln ausgestatteten Organisationen der Ärzte und Privatversicherungsgesellschaften ermöglichten, bis vor kurzem nicht nur eine allgemeine Krankenversicherung, sondern selbst die staatliche Krankenfürsorge für alte Leute ohne eigene Mittel zu verhindern; siehe darüber Karl Loewenstein, *Staatspolitik und Verfassungsrecht in den Vereinigten Staaten 1955 bis 1964,* Jahrbuch des öffentlichen Rechts, N. F. Band 13 (1964), S. 53ff. Erst Präsident Lyndon B. Johnson gelang es, beim Kongreß ein Gesetz zu erwirken (*Public Law* 89/97 [1965]), das Personen über 65 Jahre eine im großen und ganzen kostenlose Krankenhauspflege und andere medizinische Dienste gewährleistet. Das Gesetz, das einstweilen auf an die zwanzig Millionen Personen Anwendung findet, trat am 1. Juli 1966 in Kraft.

essentenkreise konnte nicht verhindern, daß Großbritannien mit der Einführung des *National Health Service*, der eine so gut wie kostenlose staatliche Krankheitsfürsorge für jedermann verwirklichte, einen sozialen Fortschritt erzielt hat wie kein anderes Land außerhalb des kommunistischen Herrschaftsbereichs.

## 2. Zur Vorgeschichte des National Health Service

Bereits der frühviktorianische *Public Health Act* von 1848 (11 & 12 Vict., c. 63) hatte die Förderung der öffentlichen Gesundheit zur Staatsaufgabe gemacht, so daß auf dieser gesetzlichen Grundlage in der zweiten Hälfte des letzten Jahrhunderts wesentliche Fortschritte der öffentlichen Gesundheitsfürsorge erzielt werden konnten, wie auf den Gebieten der Nahrungsmittelhygiene, Trinkwasserbeschaffung, Bekämpfung von Epidemien und ansteckenden Krankheiten, und durch ähnliche Maßnahmen. Die Gesundheitspflege von Einzelpersonen aber war meist eine Aufgabe der Lokalbehörden geblieben, ergänzt durch die Leistungen gewisser Berufsgruppen für ihre eigenen Angehörigen oder freiwillige Einrichtungen für Unbemittelte.

Erst mit der Schaffung eines eigenen Gesundheitsministeriums durch den *Ministry of Health Act* von 1919 (9 & 10 Geo. 5, c. 21) wurde die Zentralregierung von Amts wegen zum Hüter der Volksgesundheit. Unter dem *Public Health Act* von 1936 (26 Geo. 5 & 1 Edw. 8, c. 49) wurden die Lokalverwaltungsbehörden unter der Aufsicht des Gesundheitsministeriums für die Aufrechterhaltung der festgesetzten Standards der öffentlichen Hygiene verantwortlich gemacht. Die personelle Gesundheitsfürsorge aber in ihrer gegenwärtigen allumfassenden Form verdankt ihre Entstehung wiederum dem früher erwähnten, während des letzten Krieges von der Koalitionsregierung eingesetzten Ausschuß unter dem Vorsitz von Sir William Beveridge. Sein Bericht (1942) bildete den eigentlichen Anstoß zur völligen Neugestaltung, die den Grundsatz verwirklichen sollte, daß alle Mitglieder der Volksgemeinschaft Anspruch auf „umfassende Dienstleistungen zur Verhütung und Heilung von Krankheiten und zur Wiederherstellung ihrer Arbeitsfähigkeit" hätten. Die Regierung wie auch, was bemerkenswert ist, die offiziellen Organe der Ärzteschaft schlossen sich an. Die Regierung Churchill veröffentlichte noch während des Krieges (1944) einen Entwurf für einen staatlichen Gesundheitsdienst, der dann die Grundlage der von der Labour-Regierung Attlee erlassenen umfassenden Gesetzgebung, des *National Health Service Act* von 1946 (9 & 10 Geo. 6, c. 81), wurde, gefolgt von den Parallel-Gesetzen für Schottland (1947) und Nordirland (1948). Diese gesetzlichen Regelungen sind seither im Lichte der dabei gewonnenen Erfahrungen wiederholt durch neue Gesetzgebungsmaßnahmen modifiziert worden, vor allem durch die mit den *National Health Service Contributions*

*Acts* (1957-1961) erfolgte Einführung gewisser Zahlungen von Seiten der Patienten für gewisse Dienste, während nach dem ursprünglichen Schema alle Heilungsdienste grundsätzlich frei gewesen waren. Alle Beitragsleistungen wurdem vom Kabinett Wilson nach der Machtübernahme aufgehoben (*National Health Service Contributions Act* von 1965 [Eliz. 2. c. 54]).

## 3. Die Verwaltungsmaschinerie

Der organisatorische Rahmen, in den der staatliche Gesundheitsdienst eingebaut, oder der Kern, um den herum er gruppiert ist, ist wieder eine als öffentliche Korporation gestaltete Behörde — oder in diesem Fall eine Reihe von solchen — und darin liegt eine der originellsten Konstruktionen der neueren britischen Verwaltungstechnik, die gleichfalls auf den Vorschlag des Beveridge-Ausschusses zurückgeht. Diese sind die regionalen Krankenhausdirektionen (*Regional Hospital Boards*), in welchen nunmehr alle nationalen Gesundheitsdienste, mit Ausnahme derjenigen, die nach wie vor von den Lokalbehörden verwaltet werden, konzentriert und koordiniert sind. Vorher hatte es Hospitäler im kommunalen oder im privaten Eigentum gegeben, erstere immer, letztere manchmal, aber nicht notwendigerweise gemeinnützige Anstalten. Unter dem Gesetz von 1946 wurden nunmehr alle Krankenhäuser im ganzen Vereinigten Königreich verstaatlicht und in regionalen Gruppen unter einem *Regional Hospital Board* als der Zentralstelle für alle ärztlichen und andere gesundheitliche Dienstleistungen, zusammengefaßt[1]. Der *Minister of Health* trägt formell die Verantwortung für die *Regional Hospital Boards* und ernennt ihre Mitglieder[2].

Die *Regional Hospital Boards* sind allgemein für die Krankenhauspflege ihres Bezirks verantwortlich. Ihre Hauptaufgabe besteht in der Organisation der ärztlichen und zahnärztlichen Dienste für ihre Region; sie sorgen für die Bereitstellung der erforderlichen Krankenhausdienste und stellen das Spezialistenpersonal an.

Unter den derzeit bestehenden fünfzehn regionalen Hospitalinstanzen stehen etwa 2000 Einzelkrankenhäuser. Jedes von ihnen wird von einem *Hospital Management Committee* geführt, dessen Mitglieder vom *Regional Hospital Board* ernannt werden und nicht nur Ärzte, sondern auch Kommunalbeamte, Gewerkschaftler und andere Leute einschließen. Alle diese

---

[1] Dies gilt für England und Wales; in Schottland und der Isle of Man bestehen nicht unwesentliche Verschiedenheiten, während das Arrangement in Nordirland mehr oder minder dem englischen Muster folgt.

[2] Bei dem Direktorium der sog. Lehrhospitäler, die nach Art der medizinischen Fakultäten der Ausbildung des ärztlichen und zahnärztlichen Nachwuches dienen, kann er nur eine Anzahl der *Governors* bestellen, die anderen werden von den betreffenden Fakultäten, dem zuständigen *Regional Hospital Board* und den in dem betreffenden Krankenhaus tätigen Ärzten bestellt. Die Lehrhospitäler werden meist im Zusammenhang mit benachbarten Universitäten geführt.

Positionen sind ohne Ausnahme ehrenamtlich. Die Regionalgruppen sind so angeordnet, daß jede mit einer Universität in naher Verbindung steht. 1964 gab es 27 Universitäten, vier weitere waren im Aufbau. Die allgemeinen ärztlichen, zahnärztlichen, pharmazeutischen und optometrischen Dienste werden im Rahmen dieser Organisation von 138 *Executive Councils* verwaltet, welche im großen ganzen den größeren Einheiten der Lokalverwaltung entsprechen. Dazu kommen noch die 146 ärztlichen Dienststellen der *counties* und *county boroughs* für die Handhabung der einschlägigen Obliegenheiten der Lokalverwaltungseinheiten. Das System mag dem Nichteingeweihten kompliziert erscheinen, es ermöglicht aber trotz der organisatorisch-hierarchischen Gliederung den einzelnen Medizinalbehörden ein großes Maß von Autonomie. So entscheiden die *Hospital Management Committees* allein über das ärztliche Personal, das an ihrem Krankenhaus tätig ist (außer den vom *Regional Hospital Board* angestellten Spezialisten), sorgen für die Krankenhausgebäude und schaffen die von den Patienten benötigten Heilmittel (etwa künstliche Glieder oder Apparate) an.

## 4. Die ärztlichen Dienstleistungen

So wichtig die Krankenhausbehandlung auch ist, mit ihr allein ist es nicht getan. Die im Bezirk praktizierende Ärzteschaft ist in das Dienstleistungsschema eingegliedert. Es steht jedem praktischen Arzt völlig frei, ob er sich dem staatlichen Gesundheitsdienst anschließen will oder nicht. Zu Beginn des Systems scheint hierin eine der Hauptschwierigkeiten gelegen zu haben, weil behauptet wurde, ein auch nur indirekter Zwang sei dem traditionellen Vertrauensverhältnis zwischen Doktor und Patient abträglich. Das war aber schon damals nicht zutreffend, einmal weil es jedem praktischen Arzt oder Spezialisten unbenommen blieb, ob er sich anschließen würde oder nicht, zum anderen aber besteht freie Arztwahl. Der Patient kann sich unter den dem Gesundheitsdienst in seiner Lokalität angeschlossenen Ärzten den ihm passenden heraussuchen und er kann auch ohne weiteres seinen Arzt wechseln. Die weitaus überwiegende Mehrzahl aller Ärzte und Zahnärzte (etwa 95 Prozent) ist nunmehr dem staatlichen Dienst angeschlossen. Es gibt allerdings nach wie vor eine kleine Zahl von meist hochspezialisierten Ärzten, die die Privatpraxis vorziehen und sich dabei ausgezeichnet stellen. Auch kann selbst der angeschlossene Doktor Privatpatienten übernehmen, vorausgesetzt er hat dazu noch Zeit. Die Ärzteschaft ist also heute, wie die neueren Referenden unter ihnen eindeutig erwiesen, so gut wie vollständig mit dem bestehenden System einverstanden und hat ihre anfänglichen Bedenken überwunden.

Ärzte, welche bereits praktizierten als der *National Health Service* begann, waren ohne weiteres anschlußberechtigt. Nunmehr aber werden

Neuzulassungen zum staatlichen Gesundheitsdienst durch das *Central Medical Practice Council* kanalisiert, um zu vermeiden, daß einige Gebiete, wie Großstädte, ärztlich überbedient, andere aber, wie abgelegene Landgegenden oder der industrielle Norden, ärztlich unterbedient sind. Darin liegt unstreitig eine gewisse Beschränkung der ärztlichen Freizügigkeit. Es stellte sich aber im Laufe der Entwicklung ein Ausgleich ein, so daß die Verteilung des ärztlichen Personals dank der sanften Lenkung von oben nunmehr wesentlich gleichmäßiger ist als früher. Während 1952 noch die Hälfte der Bevölkerung in ärztlich unterrepräsentierten Bezirken gelebt hatte, ist dies heute nur mehr bei einem Zwanzigstel der Fall.

Alle Personen, die sich beim staatlichen Gesundheitsdienst verarzten lassen wollen — und es sind nunmehr 97 Prozent der Gesamtbevölkerung des Vereinigten Königreichs —, lassen sich bei einem bestimmten Arzt ihrer Wahl, der in ihrem Wohnbezirk praktiziert, einschreiben. Die Höchstzahl von Patienten, die ein praktischer Arzt annehmen darf, ist nunmehr auf 3 500 festgelegt, die frühere Zahl von 4 500 erwies sich als zu hoch[1]. In England und Wales umfaßt eine Praxis nunmehr durchschnittlich etwa 2 300 Patienten. Die Einweisung in ein Krankenhaus wird durch den behandelnden Arzt veranlaßt.

Allerdings mußte der gute Wille der Ärzteschaft, die als Berufsgruppe nicht weniger egoistisch ist als andere, durch eine Reihe von finanziellen Zugeständnissen erkauft und auch weiterhin erhalten werden. Die Erhöhung der Bezüge wurde wegen der erhöhten Lebenshaltungskosten auch von einer 1957 eingesetzten *Royal Commission on Doctors and Dentists Remuneration* empfohlen und das Parlament trug dem Rechnung. Der angeschlossene Arzt erhält vom Staat eine feste Gebühr für jeden bei ihm eingetragenen Patienten, die derzeit (1965) jährlich etwas mehr als ein £ beträgt und die bezahlt wird, gleichgültig wie oft der Patient seinen Arzt in Anspruch nimmt; dazu kommt noch eine Zusatzgebühr für diejenige Praxis, bei der die Zahl der eingeschriebenen Patienten zwischen 400 und 1600 liegt, was jetzt weniger der Fall ist als früher. Als Durchschnittsertrag einer ärztlichen Praxis werden derzeit 2765 £ angenommen, aber die meisten Ärzte stellen sich weit besser. Wenn also eine Praxis mit durchschnittlich 2300 Patienten belegt ist, kommt der Arzt auf ein Jahreseinkommen von 3000 bis 3500 £, das ihm nicht nur etwa ermöglicht, sondern von staatswegen garantiert ist. Es kann bei der erlaubten Höchstzahl von 3 500 Patienten auf weit über 4 000 £ steigen, wozu noch Sondervergütungen für besondere Dienstleistungen kommen. Außerdem erhält jeder Arzt eine Kostenvergütung von 1 500 £, die für alle gleich ist, gleichgültig wie hoch seine tatsächlichen Kosten sind, so daß auch hier

[1] Sie ist aber noch bei ärztlichen Partnerschaften gestattet und ein Arzt, der einen ständigen Assistenten angestellt hat, darf weitere 2000 Patienten seiner Liste hinzufügen.

Einsparungen möglich sein können. Wie in der Mehrzahl anderer westlicher Länder gehören also die Ärzte zu den Berufsgruppen mit dem höchsten Einkommen und sie stellen sich durchschnittlich viel besser als beispielsweise jene *barristers*, die, so tüchtig sie auch sein mögen, sich keinen öffentlichen Namen gemacht haben[1].

Verbesserungen der Bezüge wurden regelmäßig durch die Drohung der organisierten Ärzteschaft durchgesetzt (so 1951, 1957 und neuerdings wieder 1965), sie würde bei Nichtbewilligung aus dem Gesundheitsdienst ausscheiden. Ein derartiger Ärztestreik wäre allerdings kaum von Erfolg begleitet; ein Großteil der Bevölkerung würde, an den kostenlosen Gesundheitsdienst gewöhnt, einfach keine Zahlung leisten.

Neuestens (1966) erzielten die rund 23000 praktizierenden Ärzte ("*family doctors*"), die sich zu einer formidablen *pressure group* nach amerikanischem Muster entwickelt haben, eine weitere, schlechthin sensationelle Verbesserung ihrer Bezüge, welche die sonst wie keine auf „Maßhalten" bedachte Regierung Wilson auf Grund der Empfehlungen einer zum Studium der ärztlichen Honorare eingesetzten Kommission ihnen zugestehen mußte, wobei nicht nur die permanente Streikdrohung, sondern auch die Schwierigkeiten eines entsprechenden Nachwuchses und die daraus resultierende Überlastung der Ärzte eine wesentliche Rolle spielten. Es wurde ihnen eine zweimalige Aufbesserung ihres Einkommens von je 16% (ab April 1966 und April 1967) gewährt, wodurch sich das bisherige mittlere Nettoeinkommen von 3000 auf 3500 und 4000 £ erhöht. Die praktizierende Ärzteschaft hat sich also Jahr für Jahr um etwa 13% – und damit mindestens viermal so schnell wie die übrige Bevölkerung – verbessern können. Gleichzeitig wurden auch den Krankenhausärzten und den Dentisten – allerdings etwas bescheidenere – Aufbesserungen von 13 bzw. 10% ab 1. April 1966 gewährt. Obwohl die Ärzteschaft sich durch die Streikdrohung und andere Pressionstechniken selbst aus der Reihe der freien Berufe ausgeschaltet hat und sich nicht anders benimmt als eine hochbezahlte Klasse von Staatsangestellten, werden ihr die Einkommenserhöhungen von der ihr im allgemeinen wohl-

[1] Um einen Vergleichspunkt für die wirtschaftliche Lage der Ärzteschaft zu gewinnen, muß man die allgemeinen Einkommensverhältnisse in Großbritannien berücksichtigen. Nach den Feststellungen des *Inland Revenue Department* für 1962—63 verdienten etwa 80% der zwanzig Millionen britischer Einkommensteuerzahler weniger als 1000 £ jährlich, 13,7% der männlichen Bevölkerung verdienten über 1000 £ jährlich, 3,7% über 1500 £ und 1,6% über 2000 £, nur 0,7% 3000 £ und mehr. Führende Leute in den freien Berufen und im *Civil Service* erzielten 2750—7000 £ jährlich. Ein Einkommen von 5000—10000 £ oder darüber hatten nur die obersten Richter und *Senior Civil Service*-Beamte, Kabinettsmitglieder, die Chefs der verstaatlichten Industrien und die Inhaber der Spitzenstellungen in Handel, Industrie, Zeitungswesen oder Film. Im Vergleich mit den meisten anderen Berufsklassen stellt sich also die britische Ärzteschaft ausgezeichnet.

geneigten öffentlichen Meinung nicht mißgönnt, wobei der geduldige Steuerzahler wieder einmal die Rechnung bezahlen muß[1].

### 5. Kreis der Berechtigten und Finanzierung

Diese beiden Gegenstände gehören sachlich zusammen. Alle Bewohner Großbritanniens sind zu den Leistungen des staatlichen Gesundheitsdienstes berechtigt. Alle Arbeitnehmer, Selbstbeschäftigte und sogar die Nichtbeschäftigten leisten dafür wöchentliche Beiträge. Sie betragen für Arbeitnehmer 3 sh 4 d, wovon der Arbeitnehmer 2 sh $8^1/_2$ d, der Arbeitgeber $7^1/_2$ d bezahlt. Bei der Klasse der Selbstbeschäftigten werden 2 sh 10 d abgeführt. Die Beträge werden ebenso wie die Versicherungsprämien und gleichzeitig mit diesen durch Markenkleben ausgewiesen.

Von Anbeginn an hatte es der die Grundlage des staatlichen Gesundheitsdienstes darstellenden Sozialphilosophie entsprochen, daß alle Dienstleistungen völlig kostenlos sein sollten; selbst zeitweilige Besucher aus dem Ausland konnten davon Gebrauch machen[2]. Daß in den ersten Jahren nach der Einführung dem Staat außerordentliche Lasten erwachsen würden, hatte man erwartet; denn die lange Jahre ärztlich darbende Bevölkerung drängte sich in die Sprechstunden und Krankenhäuser. Die Konservativen führten aber bereits 1951 für gewisse Dienstleistungen (Rezepte; künstliche Gebisse etc.) und Apparaturen wie Prothesen eine an sich mäßige Gebührenpflicht ein; sie wirkte aber keineswegs abschreckend, vor allem weil die Massen inzwischen geldflüssiger geworden waren. Labour hatte gegen diese Verbiegung der ursprünglichen Ideologie immer protestiert und schaffte nach der Machtübernahme im Oktober 1964 als eine ihrer ersten Regierungshandlungen die Gebührenpflicht ab, so daß alle Leistungen des staatlichen Gesundheitsdienstes jetzt wieder völlig kostenlos sind.

Wer bezahlt aber letzten Endes dieses großzügige Gesundheitswerk? Der Löwenanteil der Kosten des *National Health Service* (zwischen 75 und 80 Prozent) wird nach wie vor aus allgemeinen Steuern gedeckt; etwa 15 Prozent entfallen auf die Beitragsleistungen und nicht mehr als fünf Prozent entfielen auf die Gebühren für Dienstleistungen. Alles in allem macht jedoch die Belastung durch den *National Health Service* nicht mehr als $3^1/_2$ Prozent des gesamten Einkommens aus, was wesentlich weniger ist als etwa Rüstungsaufwendungen. Der von konservativer Seite gelegentlich aufgebrachte Vorschlag, die Patienten sollten nach

[1] Die Erhöhung der ärztlichen Bezüge wurde zeitweilig von dem allgemeinen Einkommen- und Preisstopp der Regierung Wilson (siehe unten S. 392ff.) betroffen, was zu einer Verstärkung des Auswanderungsdranges besonders der jüngeren Ärzteschaft führte.

[2] Der *Minister of Health* berichtete (1961) im Unterhaus, daß die Mitglieder des russischen Staatsballetts sich während ihrer englischen Tournee hatten die Zähne richten lassen, was den Staat mehr als 100 £ kostete.

Maßgabe ihrer finanziellen Möglichkeiten bezahlen, würde nicht nur die Verwaltung außerordentlich komplizieren, sondern den ideologischen Gehalt, nämlich die staatliche Verpflichtung zur Gesundheitspflege, entscheidend verwässern.

## 6. Versuch einer Zwischenbilanz

Versucht man, Vorteile und Nachteile dieses revolutionären Experiments der staatlichen Gesundheitspflege für eine zeitgenössische Massengesellschaft gegeneinander abzuwägen, so dürfen dabei die negativen Seiten nicht übersehen oder verkleinert werden. Die Ärzteschaft ist zwar nicht, wie die Gegner fürchteten, verbeamtet und dadurch ihrem Heilberuf entfremdet, wohl aber mit einer Papierarbeit belastet worden, die sie zwar auf Angestellte abwälzen mag, die aber ihre ärztliche Arbeitskraft beeinträchtigen muß. Es wird auch über bürokratische Überorganisation geklagt, die den Betrieb einer Praxis erschwert. Vielfach fehlt es an medizinischem Personal und vor allem an Hospitalbetten, deren Vermehrung naturgemäß eine Kostenfrage ist[1]. Die Patienten müssen in der Sprechstunde länger warten als früher und die Aufnahme in das Krankenhaus ist schwieriger geworden. Auch macht sich der Mangel an administrativer Koordination zwischen den drei Zweigen der öffentlichen Gesundheitspflege — praktische Ärzte, Krankenhäuser und örtliche Dienstleistungsstellen — bemerkbar. Vor allem erwecken aber die steigenden Kosten Bedenken, für deren Großteil der allgemeine Steuerzahler einspringen muß, dessen Steuerkraft wiederum von der Fortdauer der Wirtschaftsprosperität abhängt. Dieser geduldige Atlas wird auch weiterhin die Last zu tragen haben; denn eine Erhöhung der Beiträge oder eine Verminderung der Dienstleistungen wäre für jede an der Macht befindliche Partei gefährlich. Doch ist hier ein gewisser Optimismus nicht unberechtigt, nachdem die Kosten seit 1945 mit etwa $3^1/_2$ Prozent des gesamten Nationaleinkommens nahezu konstant geblieben sind, was auf eine Balance zwischen dem steigenden Steueraufkommen und den steigenden Kosten des staatlichen Gesundheitsdienstes schließen läßt[2].

[1] Die Mehrzahl der etwa 2000 Krankenhäuser, die dem *National Health Service* unterstehen, datiert aus dem 19. Jahrhundert, manche sind selbst noch älter. Im Jahre 1963 wurde ein Zehnjahresplan für den Hospitalneubau in Angriff genommen, der sich aber bei steigender Bevölkerung nur langsam auswirken kann. In England und Wales standen anfangs 1964 insgesamt etwa 468000 Krankenhausbetten zur Verfügung.

[2] Ohne daß hier tiefer in die Geheimnisse der Finanzstatistik eingedrungen werden könnte, sei darauf aufmerksam gemacht, daß Nationaleinkommen (aus allen Quellen) und Staatseinkommen verschiedene Dinge sind. Die Beiträge zur Nationalversicherung und zum öffentlichen Gesundheitsdienst machten 1962 12,4% des Nationaleinkommens aus, während die staatlichen Ausgaben für die Nationalversicherung 21,7% und diejenigen für den staatlichen Gesundheitsdienst 8,5% der staatlichen Gesamtausgaben betrugen; siehe *Handbook 1964*, S. 405.

Auf der Habenseite wäre zu buchen, daß sich keine der ursprünglich von seiten der Ärzteschaft und von anderen Gegnern gehegten Befürchtungen verwirklicht hat. Weder ist eine „Versklavung" der Ärzte eingetreten, noch hat sich eine Störung des traditionellen Vertrauensverhältnisses zwischen Doktor und Patient eingestellt, noch, was am wichtigsten erscheint, hat der Massenbetrieb in den ärztlichen Sprechstunden und Krankenhäusern die Qualität der medizinischen Dienstleistung beeinträchtigt. Die Ärzte sind zwar oft überlastet, aber die Ärzteschaft im ganzen ist weit besser ausgebildet, als es früher der Fall gewesen war. Dies gilt auch für die neuerdings steigende Zahl von Ärzten aus den ehemaligen Kolonialgebieten, die an englischen Universitäten ihr medizinisches Diplom erlangt haben. Ob sie einen vollwertigen Ersatz für die nach den Vereinigten Staaten ausgewanderten Ärzte bilden, läßt sich allerdings schwer beurteilen. Die zahlreichen staatlichen Beratungs- oder Forschungsausschüsse halten den praktischen Arzt *au courant* der neuesten medizinischen Entwicklung. Gegenüber allen administrativen Nachteilen fällt aber am stärksten ins Gewicht, daß niemand — und dies gilt für Ärzteschaft und Patienten – den Zeiger zurückstellen und eine Rückkehr zu dem früheren System privatwirtschaftlicher Krankenfürsorge befürworten würde. Was einmal ein Experiment mit einer ungewissen Zukunft war, hat die Nation sich völlig zu eigen gemacht.

Zum anderen kann sich auch ein medizinisch ungeschulter Besucher Großbritanniens nicht der in die Augen fallenden Erscheinung verschließen, daß sich die allgemeine Volksgesundheit außerordentlich verbessert hat. Ganz England erscheint ihm heute von einer einheitlichen Gesellschaft bevölkert, in der die Klassenunterschiede verwischt sind. Was er überall antrifft, ist eine armutsfrei, wenn auch nicht gerade elegant gekleidete, ihrem bescheidenen Lebensgenuß hingegebene und vor allem eine gesunde Menge. England mag seit dem letzten Krieg — und wahrscheinlich schon vorher — seine Rolle als Weltmacht ausgespielt haben; es hat aber dafür eine mit ihrem Los zufriedene Nation eingetauscht, die sich ihres Wertes bewußt, aber dafür auch ohne große Ambitionen ist. Hierzu hat der Wohlfahrtsstaat durch Verbesserung des Lebensstandards und der Volksgesundheit entscheidend beigetragen, was sich auch bevölkerungsstatistisch nachweisen läßt[1]. Die rapiden Fortschritte in der Volksgesundheit mögen zum Teil auf den erhöhten Lebensstandard, auf

[1] So ist die Säuglingssterblichkeit (bis zu einem Jahr) zwischen 1949 und 1959 von 33,9 auf 23 für je 1000 Geburten, die durch die Geburt verursachte Sterblichkeit der Mütter von 1,02 auf 0,47 für je 1000 Geburten gesunken. Die Lebenserwartung ist scharf angestiegen (innerhalb der letzten 10 Jahre von 66 auf 74 Jahre). Tuberkulose-Kranke fielen von 552 auf 107 pro eine Million. Die Schulärzte stimmen überein, daß die Schulkinder größer, kräftiger, widerstandsfähiger gegen Krankheiten und besser ernährt sind als früher.

bessere Ernährung und verbesserte Leistungen der Medizin zurückzuführen sein; aber die Rolle, welche die verstaatlichte Gesundheitspflege dabei gespielt hat, ist so wesentlich — nicht zuletzt dadurch, daß sie die Furcht vor einer die finanziellen Mittel übersteigenden Erkrankung beseitigt hat —, daß man dieses großartige Sozialexperiment der britischen Wohlfahrtsgesellschaft, das außerhalb der kommunistischen Welt kein Gegenstück hat, als durchaus gelungen ansehen muß.

## Dritter Teil

# Der Bürger und der Staat

## Achtes Kapitel

# Die Staatsangehörigkeit

## I. Zur geschichtlichen Entwicklung

### 1. Die Rechtslage nach Common Law

Ähnlich wie bei den meisten anderen britischen Institutionen ist die Materie der Staatsangehörigkeit (*nationality*) auch heute noch bei vollständiger Kodifizierung mit historischen Schlacken durchsetzt. Bis zu dem *British Nationality and Status of Aliens Act* von 1914 (4 & 5 Geo. 5, c. 17) und dem die heutige Rechtsgrundlage bildenden *Nationality Act* von 1948 (11 & 12 Geo. 6, c. 56) beruhte der Begriff des Untertanen (*subject*) auf der *common law*-Doktrin der Treueverpflichtung (*allegiance*) gegenüber der Krone, der, wie auch von Blackstone (Comm. I, 366) beschrieben, die von der Krone dem Untertanen gewährte Schutzgarantie (*protection*) entsprach. Nach wie vor müssen die Inhaber der wichtigeren öffentlichen Ämter, — wozu die Minister und Staatssekretäre, die Mitglieder beider Parlamentskammern, die Richter und Friedensrichter, die Bischöfe und Kleriker der englischen Staatskirche und andere Ämterkategorien gehören — vor oder bei Amtsantritt nach gesetzlicher Vorschrift den Treueid (*oath of allegiance*) leisten.

Hierbei wurde zwischen der geburtsmäßigen (*natural*) und der nur fallmäßigen (*local* oder *temporary*) Treuepflicht unterschieden: Erstere band alle britischen Untertanen oder Bürger, wo immer sie sich aufhielten, gleichgültig ob innerhalb des Vereinigten Königreiches, der britischen Kolonien oder im eigentlichen Ausland. Die Treueverpflichtung folgte ihnen also nach wie ihr Schatten. Nach *common law* konnte auf die Eigenschaft eines britischen Untertanen überhaupt nicht verzichtet werden (*nemo potest exuere patriam*). Landesverrat (*treason*) gilt als eine Verletzung der Treuepflicht. Die fallweise Treuepflicht (*local*) dagegen obliegt allen Ausländern, die sich auf britischem Gebiet aufhalten und sich damit dem Schutz der Krone unterstellt haben. Sie bindet auch, obwohl dies nicht einwandfrei festgestellt ist, feindliche Ausländer, die sich zu Kriegszeiten in Großbritannien befinden und möglicherweise sogar die feindlichen Kriegsgefangenen.

Die Komplementärverpflichtung andererseits, wonach die Krone Schutz zu gewähren hat, ist alles andere als eindeutig. Fest steht nur, daß sie nicht gerichtlich erzwingbar ist, soweit es sich um britische Staatsangehörige im Ausland handelt. Wird sie gewährt, muß der den Schutz in Anspruch Nehmende dafür bezahlen (*China Navigation Company v. Attorney-General* [1932] [2 K. B. 197]); (hier hatte eine in England domizilierte Schiffahrtsgesellschaft gegen die Piraterei im Chinesischen Meer den Schutz der Garnison in Hong Kong erbeten und erhalten). Niemand dagegen braucht den normalen Polizeischutz zu bezahlen, wohl aber dann, wenn er aus bestimmten Gründen darüber hinaus gewährt werden soll (*Glasbrook Bros. v. Glamorgan County Council* [1925] [A. C. 270]). Daß die polizeiliche Garantie der öffentlichen Sicherheit von der Schutzverpflichtung der Krone abhängen soll, wird ausländischen Betrachtern kaum einleuchten.

## 2. Die Staatsangehörigkeitsgesetzgebung von 1914 und 1948.

Die erste umfassende Kodifikation der Staatsangehörigkeitsrechte erfolgte durch den *British Nationality and Status of Aliens Act* von 1914 (mit verschiedenen Ergänzungen bis einschließlich 1943). Sie ist zwar durch das nachfolgende Gesetz von 1948 so gut wie vollständig überholt worden, gilt aber in zwei Richtungen auch heute noch, nämlich einmal um zu beurteilen, ob eine vor dem 1. Januar 1949 geborene Person ein britischer Bürger ist, und zum anderen hinsichtlich der Rechtslage der Ausländer; die einschlägigen Bestimmungen gelten als der *Status of Aliens Act* von 1914 fort.

Das Gesetz von 1914 regelte zum ersten Mal grundlegend den Erwerb und den Verlust der Staatsangehörigkeit: Britischer Bürger war demnach eine Person, die auf britischem Gebiet geboren war (*natural born British subject*) — also der Grundsatz des *ius soli* — oder aber wer außerhalb britischen Gebiets geboren war, falls der Vater britischer Staatsangehöriger durch Geburt war[1]. Ferner erwarb die verheiratete Frau die britische Staatsangehörigkeit, wenn ihr Mann britischer Bürger war, und sie verlor sie, wenn sie einen Ausländer heiratete. Das Gesetz von 1914 stellte weiter Regeln für den Erwerb der Staatsangehörigkeit durch Einbürgerung (*naturalisation*) auf, welche innerhalb des Vereinigten Königreiches durch den *Home Secretary*, ebenso aber auch als sogenannte

[1] Diese Regelung, sich ursprünglich auch auf die Enkel von geborenen britischen Bürgern beziehend (Gesetze von 1730 und 1733), war eine Durchbrechung des *ius soli*-Grundsatzes durch den des *ius sanguinis*.

imperiale Einbürgerung in einer der britischen Überseebesitzungen (einschließlich der Adoption innerhalb eines Dominions) erfolgen konnte.

Die Erwartung, daß die Verbindung der Staatsangehörigkeits-Gesetzgebung innerhalb des Vereinigten Königreichs mit derjenigen innerhalb der Dominions zu einer einheitlichen *Commonwealth*-Staatsangehörigkeit führen würde, schien anfänglich durchaus gerechtfertigt, da sich die Parlamente der Dominions Kanada, Australien, Neuseeland und Südafrika, die einzigen damals mit autonomer Gesetzgebungsvollmacht ausgestatteten Gebiete, nachfolgend der britischen Regelung anschlossen. Alle britischen Bürger hatten demnach einen gemeinsamen Status, der nachher als *Commonwealth*-Status angesprochen wurde. Änderungen der Dominion- oder britischen Gesetzgebung sollten durch vorherige Konsultation abgestimmt werden. Die Hoffnung auf eine gemeinsame Staatsangehörigkeit aller Bürger des *Commonwealth* erfüllte sich aber nicht, da mit der Zeit die Dominions ihre eigenen Wege gingen, vor allem was die Staatsangehörigkeit der verheirateten Frau anbelangte, — welche in Australien und Neuseeland ihre Eigenschaft als britischer Bürger trotz der Heirat beibehalten konnte —, und weil Kanada im Jahre 1946 eine gesetzliche Unterscheidung zwischen kanadischen Bürgern (*citizens*) und den Staatsangehörigen der anderen britischen Gebiete einführte, welche zwar *British subjects* blieben, aber nicht kanadische Bürger waren. Kanada hielt also an der gemeinsamen Bürgereigenschaft aller britischen Personen fest, unterschied sie aber von der eigentlichen kanadischen Staatsangehörigkeit. Daraufhin beschloß eine in London (1947) zusammengetretene *Commonwealth*-Konferenz, die kanadische Regelung für das ganze *Commonwealth* einschließlich Großbritanniens anzunehmen mit dem Ergebnis, daß von nun an eine allen Angehörigen des *Commonwealth* zustehende gemeinsame, also die gemein-britische, und außerdem die Staatsangehörigkeit in dem speziellen Staat bestehen sollte, dem eine Person tatsächlich zugehört. Das daraufhin ergangene Gesetz von 1948 handelt demgemäß im ersten Teil von der Staatsangehörigkeit (*nationality*) im Vereinigten Königreich, im zweiten Teil aber von dem allen Staatsangehörigen des Commonwealth gemeinsamen Status als *British subject*, der demgemäß sowohl die Bürger des Vereinigten Königreichs als diejenigen aller britischen Überseegebiete umfaßt.

Die Gesetzgebung von 1948 ist nach zwei Richtungen bemerkenswert: Einmal ist damit der Begriff der *allegiance*, der solange die Rechtsgrundlage der Staatsangehörigkeit gebildet hatte, endgültig aus der Materie ausgeschieden und spielt nur mehr bei den glücklicherweise sehr seltenen Fällen des Landesverrats (*treason*) seine Rolle. Die Treuepflicht mag als eine Folge der britischen Staatsangehörigkeit gelten, und dies gilt auch für die selbständigen Staaten, welche noch die gemeinsame Krone anerkennen, nicht mehr aber für diejenigen, die sich als Republiken von ihr losgesagt haben. Zum anderen zog das Gesetz die längst fällige Konsequenz daraus, indem es den neuen Begriff der Bürgerqualität (*citizenship*) schuf, der von der Treuepflicht nunmehr völlig gelöst ist, sie vielmehr als eine — immaterielle — Folge der Staatsangehörigkeit betrachtet.

### 3. Terminologie

Für den Ausländer ist die britische Terminologie an sich verwirrend und wird es noch mehr in einer deutschen Übersetzung. Grundsätzlich ist an dem Unterschied zwischen dem *British subject* (oder auch *citizen*) festzuhalten, der ein Angehöriger des *Commonwealth* (einschließlich des Vereinigten Königreiches selbst) ist, und dem *British national* (oder auch *citizen*) des Vereinigten Königreichs (oder auch dem *national* Kanadas, Australiens etc.), der Staatsangehöriger oder auch Bürger eines bestimmten Staates ist. *British subject* und (*Commonwealth*-) *citizen* sind rechtlich identisch. Sie werden am zweckmäßigsten in der Übersetzung als Angehörige (oder auch Bürger) des *Commonwealth* wiedergegeben. *Nationality* dagegen ist die eigentliche Staatsangehörigkeit, wie sie anderwärts verstanden wird und der *national* ist also der Staatsangehörige. Das Wort Bürger wird hier eben wegen seiner möglichen Verwechslung mit den *Commonwealth*-Angehörigen besser vermieden, obwohl das Gesetz von 1948 anstelle des Ausdrucks *national* denjenigen des *citizen* verwendet. Britischer Staatsangehöriger (*British national*) ist also der engere Begriff gegenüber dem *British subject* oder *Commonwealth*- Angehörigen, wobei der britische Staatsangehörige immer und stets auch ein *Commonwealth*-Angehöriger (oder -Bürger) ist, während die letzteren entweder britische Staatsangehörige oder die Staatsangehörigen irgendeines zum *Commonwealth* gehörenden Territoriums sind, das ja heute, zum Unterschied von 1948, nicht nur die alten Dominions, sondern eine erhebliche Zahl der neuerdings selbständig gewordenen Staaten umfaßt. Der Ausdruck *alien* (Fremder) wird mit Ausländer wiedergegeben.

Die nachfolgende Darstellung unterscheidet also zwischen den Staatsangehörigen des Vereinigten Königreichs (*British nationals*) (II) und den Angehörigen des *Commonwealth* (*Britsh subjects* oder *citizens*) (III).

## II. Die Staatsangehörigkeit im Vereinigten Königreich

### 1. Erwerb

Nach Maßgabe des Gesetzes von 1948 bestehen für den Erwerb der Staatsangehörigkeit grundsätzlich drei Gründe, nämlich a) Geburt (der sogenannte *natural born British subject*), b) Einbürgerung (*naturalisation*) und c) Eintragung (*registration*). Der im Gesetz (Sektion 11) erwähnte vierte Erwerbsgrund der Einverleibung eines (bisher fremden) Territoriums (*incooporation of territory*) durch Eroberung, Annexion oder Gebietsabtretung kommt in einem Zeitpunkt, wo Großbritannien seinen bisherigen Gebietsbestand rapide abstößt und verselbständigt, praktisch nicht mehr in Betracht.

### a) Durch Geburt

Hier muß wiederum zwischen der Geburt (*birth*) innerhalb des Vereinigten Königreichs (einschließlich der Kanalinseln und der Insel Man) und der Abstammung (*descent*) von einem britischen Staatsangehörigen unterschieden werden. Für die nach dem 1. Januar 1915 geborenen Personen gilt nach wie vor der *Nationality and Status of Aliens Act* von 1914 (mit den nachfolgenden Änderungen bis 1943). Er ist von dem traditionellen Grundsatz des *jus soli* beherrscht. Jede Person also, die unter der „Herrschaft der Krone" („*within His* oder *Her Majesty's dominions and allegiance*)[1] (einschließlich des Vereinigten Königreichs) geboren wurde, ist britischer Staatsangehöriger nach Geburt; dazu gehören auch diejenigen, die auf einem britischen Schiff geboren wurden, gleichgültig, ob sich dasselbe zur Zeit der Geburt innerhalb oder außerhalb von territorialen Wassern befand, außerdem aber, eine Durchbrechung des *jus soli* durch das *ius sanguinis*-Prinzip, alle außerhalb des britischen Gebiets geborenen Personen, wenn der Vater zur Zeit der Geburt *Commonwealth*-Angehöriger (*British subject*) war[2].

Für alle am oder nach dem 1. Januar 1949 geborenen Personen gilt (Sektion 4), daß sie britische Staatsangehörige (*citizens*) durch Geburt sind, wenn sie innerhalb des Vereinigten Königreichs und seiner Kolonien geboren sind — die Verdeutlichung durch die Ersetzung des früheren Ausdrucks *dominions* durch *colonies* ist wichtig —, es sei denn, der Vater wäre ein diplomatische Immunität genießender Ausländer oder die Geburt erfolgte an einem Ort, der unter feindlicher Besatzung steht. Dies ist also der Triumph des *ius soli*. Die bei reichen Ausländern früher nicht unübliche Gepflogenheit, ihre Kinder in Großbritannien entbinden zu lassen, mag allerdings heute zur Seltenheit geworden sein.

Die Durchbrechung des *ius soli*-Grundsatzes durch den Abstammungs-(*descent*)-Grundsatz (Sektion 5) bedeutet, daß eine Person, die am oder nach dem 1. Januar 1949 geboren ist, gleichfalls britischer Staatsangehöriger (*citizen*) ist, falls es der Vater im Zeitpunkt der Geburt war. Hatte der Vater aber in diesem Fall die britische Staatsangehörigkeit nicht bei Geburt, sondern seinerseits durch Abstammung besessen, so wird die Staatsangehörigkeit nicht erlangt, außer wenn eine Reihe von Vorbedingungen erfüllt sind, wozu beispielsweise gehört, daß er oder sein Vater

---

[1] Der hier gebrauchte Terminus *dominions* ist Bestandteil einer altertümlichen Rechtsformel, hat also nichts mit den Dominions genannten Staatsgebilden zu tun.

[2] Einige durch den *Nationality Act* von 1943 (6 & 7 Geo. 6, c. 14) eingefügte Ergänzungen können hier außer Betracht bleiben.

in einem der Souveränität der britischen Krone unterstehenden Gebiet geboren war oder daß die Geburt bei einem britischen Konsulat registriert wurde oder daß sein Vater in einem der namentlich aufgeführten *Commonwealth*-Staaten geboren wurde, dessen eigene Staatsangehörigkeit aber nicht erworben hatte. Diese Ausnahmen und Bedingungen geben den Staatsangehörigkeits-Spezialisten unter den englischen *solicitors* genügend zu tun.

**b) Durch Einbürgerung**

Früher konnte die Einbürgerung eines Ausländers nur durch Spezialakt des Parlaments als *private bill* erfolgen. Der *Naturalisation Act* von 1870 (33 & 34 Vict., c. 14) ersetzte dieses Verfahren allgemein durch einen Exekutivakt des *Home Secretary*. Nach dem Gesetz von 1948 (Sektion 10) wird die Staatsangehörigkeit durch Einbürgerung (*naturalisation*) nunmehr unter den folgenden Voraussetzungen erworben: Eine Person, die entweder ein Ausländer (*alien*) oder aber eine unter dem britischen Schutz stehende Person (*British protected person*)[1] ist, kann nach erreichter Volljährigkeit beim *Home Secretary* (oder dem Gouverneur der Kanalinseln oder der Insel Man oder einer Kolonie) den Antrag auf Einbürgerung stellen, der nach Bewilligung und Ableistung des Treueids mit dem Tag der Einbürgerungsurkunde die britische Staatsangehörigkeit ausweist. Voraussetzung der Bewilligung ist, daß der Antragsteller während der dem Antrag vorausgehenden zwölf Monate sich in England aufgehalten (*resided*) hat oder — was als Äquivalent gilt — während dieser Frist im Dienst der Krone stand und ferner, daß er sich während der letzten sieben Jahre, die vor den erwähnten zwölf Monaten liegen, mindestens vier Jahre im Vereinigten Königreich oder einer seiner Kolonien oder Schutzgebiete aufgehalten oder im Krondienst gestanden hat. Er muß auch den Anforderungen eines einwandfreien Charakters genügen und die Kenntnis der englischen (oder bei Ausländern einer ihr gleichgestellten) Sprache nachweisen. Außerdem muß er die Absicht bekunden, sich im Vereinigten Königreich oder einem ihm unterstehenden Gebiet fernerhin aufzuhalten. Dem Wortlaut des Gesetzes nach ist also die Einbürgerung nicht mehr erschwert als etwa in den Vereinigten Staaten oder der Deutschen Bundesrepublik. Die britischen Behörden nehmen es aber mit der verwaltungsmäßigen Handhabung der Vorschriften recht genau und sehen sich ihre Leute an, ohne allerdings wie in den Vereinigten Staaten den Nachdruck auf Anzeichen einer etwa „subversiven“ Vergangenheit zu legen. Auch weist der dem Eingebürgerten dann ausgefolgte Reisepaß den Eintrag „*naturalised British subject*“ auf, was von manchen als eine Zurücksetzung betrachtet wird. Im Gegensatz zu den traditionell auf

[1] Die letztere Kategorie ist heute ziemlich bedeutungslos geworden, da sich Großbritannien aller Trust-Territorien und der meisten Protektorate entledigt hat.

Einwanderung angewiesenen Vereinigten Staaten ist eine gewisse Xenophobie in Großbritannien nicht vollständig verschwunden, die sich neuerdings sogar in rassischen Auswüchsen geltend machte[1].

Ein naturalisierter Staatsangehöriger besitzt die gleichen bürgerlichen und politischen Rechte wie ein gebürtiger Staatsangehöriger. Jedoch kann die Einbürgerung vom *Home Secretary* widerrufen werden[2].

### c) Durch Eintragung

Diese durch das Gesetz von 1948 (Sektionen 6—8) neu eingeführte Modalität für den Erwerb der britischen Staatsangehörigkeit stellte ursprünglich an sich eine Erleichterung für solche Personen dar, welche als Staatsangehörige eines anderen zum *Commonwealth* gehörenden Staats sowie des Freistaats Eire[3] Staatsangehörige des Vereinigten Königreichs werden wollten, ohne den langen Wartefristen der eigentlichen Ausländer unterworfen zu sein. Der *Home Secretary* war angewiesen, ihnen die britische Staatsangehörigkeit durch Eintragung in ein Register zu gewähren, wenn sie vor dem Antrag zwölf Monate ihren gewöhnlichen Wohnsitz im Vereinigten Königreich gehabt (oder die gleiche Zeitspanne im Dienste der Krone gestanden) hatten. Aber der *Commonwealth Immigration Act* von 1962 (10 & 11 Eliz. 2, c. 21)[4] machte diese an die Adresse der anderen *Commonwealth*-Staaten gerichtete freundliche Geste dadurch zunichte, daß die Frist drastisch auf fünf Jahre erstreckt wurde. Dadurch wurde die Einbürgerung der durch das erwähnte Gesetz ohnehin gedrosselten Einwanderer aus den *Commonwealth*-Staaten denselben Beschränkungen unterstellt wie die Einbürgerung von wirklichen Ausländern.

Die Eintragungsverpflichtung des *Home Secretary* erstreckt sich auch auf ausländische Frauen, die mit einem Staatsangehörigen des Vereinigten Königreichs oder seiner Kolonien verheiratet, und dies auch, wenn sie nicht volljährig sind. Es steht ferner im Ermessen des *Home Secretary*, einer an sich nach den vorstehenden Bestimmungen qualifizierten Person die Eintragung zu versagen, wenn der oder die Betreffende auf ihre britische Staatsangehörigkeit vorher verzichtet hat oder sie von amtswegen entzogen wurde. Ähnliches Ermessen gilt für die Eintragung von minderjährigen Kindern auf Antrag ihrer Eltern oder ihres Vormunds. Dies ist bei minderjährigen Kindern von naturalisierten Personen von Wichtigkeit, die seit 1948 nicht mehr automatisch mit der Einbürgerung der Eltern die britische Staatsangehörigkeit erwerben. Minderjährige Kinder von Eingebürgerten müssen also eigens eingetragen werden, um die

[1] Siehe unten S. 372ff.

[2] Siehe unten S. 238f. Nach dem bis 1914 geltenden *Naturalisation Act* von 1870 war die Ausbürgerung schlechthin unzulässig.

[3] Siehe darüber unten S. 242.

[4] Siehe unten S. 245ff.

Staatsangehörigkeit zu erwerben, zweifellos eine unbillige Erschwerung des Verfahrens.

#### d) Die Stellung der verheirateten Frau

Dagegen ist die neue britische Gesetzgebung gegenüber der verheirateten Frau anerkennenswert großzügig. Grundsätzlich behandelt das Gesetz von 1948 die verheiratete Frau, wie es unter dem *common law* der Fall gewesen war, in derselben Weise wie eine unverheiratete Frau oder einen unverheirateten Mann. Nach dem Gesetz von 1914 war die Staatsangehörigkeit der verheirateten Frau weitgehend vom Status ihres Mannes bestimmt gewesen. Heiratete sie einen Ausländer oder wurde ihr (britischer) Ehemann nach der Heirat Ausländer, so verlor sie die britische Staatsangehörigkeit. Die nachfolgenden Gesetzesänderungen sorgten allerdings dafür, daß sie ihre britische Staatsangehörigkeit auch in solchen Fällen behalten konnte, falls sie nämlich durch die Heirat mit einem Ausländer nicht selbst dessen Staatsangehörigkeit erlangte, was von der fremden Gesetzgebung abhing, oder wenn sie eine offizielle Erklärung abgab, daß sie britische Staatsangehörige zu bleiben wünsche.

Die Gesetzgebung von 1948 bestimmt, daß, falls eine verheiratete britische Staatsangehörige ihre Staatsangehörigkeit vor dem Inkrafttreten des Gesetzes verloren hatte, sie diese automatisch wiedererlangt (Sektion 14). Außerdem — und dies ist der Kern der neuen Regelung — verliert eine britische Frau durch die Heirat mit einem Ausländer nicht mehr ihre britische Staatsangehörigkeit, wie das vorher der Fall gewesen war. Ferner ist eine Frau, die vor ihrer Heirat eine Ausländerin war, nach der Heirat mit einem britischen Staatsangehörigen nach eigenem, von ihrem Ehemann unabhängigen Recht berechtigt, als Staatsangehörige eingetragen zu werden, und muß in ihrer Person den Treueid leisten (Sektion 6 (1)). Auch kann die ausländische Frau eines Ausländers in eigenem Namen um die Naturalisation einkommen (Sektion 10). Die verheiratete Frau ist also hinsichtlich des Erwerbs sowie des Verlustes der Staatsangehörigkeit sowohl der unverheirateten Frau als auch dem Mann völlig gleichgestellt.

### 2. Verlust

Einem gebürtigen britischen Staatsangehörigen (*natural born subject*), sei es, daß die Eigenschaft auf Geburt innerhalb des britischen Staatsgebiets oder auf Abstammung von einem gebürtigen britischen Vater beruhte, kann die Staatsangehörigkeit nicht gegen seinen Willen entzogen werden. Anders jedoch bei Personen, welche die Staatsangehörigkeit durch Einbürgerung oder durch Eintragung erlangt haben. Der *Home Secretary* kann (Sektion 20 (2)) dem Eingebürgerten die Staatsangehörigkeit unter gesetzlich bestimmten Voraussetzungen entziehen. Diese sind: Die Naturalisationsurkunde wurde durch Betrug, Falschdarstellung oder Verheimlichung wesentlicher Umstände erlangt; der *Home Secretary* ist zur Überzeugung gekommen, daß der Eingebürgerte es an Loyalität gegenüber seinem neuen Vaterland hat fehlen lassen; er wurde während der ersten fünf Jahre nach der Einbürgerung zu einer Gefängnisstrafe von mindestens einem Jahr verurteilt; er hat sich während einer Zeit von sieben Jahren dauernd im Ausland aufgehalten und zwar aus persönlichen Gründen und nicht etwa nur im Dienst der Krone oder einer internationalen Organisation, an der das Vereinigte Königreich teilnimmt, und er hat es verabsäumt oder unterlassen, durch eine alljährlich vor einem britischen Konsulat abzugebende Erklärung seinen Willen zur Beibehaltung der britischen Staatsangehörigkeit ordnungsgemäß kundzumachen (Sektion 20 (4))[1]. Da diese Maßnahme der Ausbürgerung aber vom *Home Secretary* nur dann vorgenommen werden darf, wenn er zur Auffassung gekommen ist, sie liege im öffentlichen Interesse, sind solche Fälle überaus selten. Überdies steht dem Betroffenen gegen die geplante Ausbürgerung die Anrufung des *Deprivation of Citizenship Committee*, einer verwaltungsgerichtlichen Behörde, zu (Sektion 20), außer im Fall des andauernden Aufenthalts im Ausland, weil die Unterlassung der konsularischen Erklärung ein unmißverständlicher Willensakt der Abschüttlung der Staatsangehörigkeit ist (Sektion 20 (2) und (3)). Vernünftigerweise schaffte dann der *British Nationality Act* no. 2 von 1964 (Eliz. 2, c. 22) (Sektion 4 (2)) den Verlustgrund des langjährigen Aufenthalts im Ausland überhaupt ab.

In ähnlicher Weise kann auch die Staatsangehörigkeit durch Eintragung aus bestimmten Gründen widerrufen werden, wogegen gleichfalls der Rechtsweg an das *Deprivation of Citizenship Committee* offensteht[2].

Während somit der Verlust der Staatsangehörigkeit nur bei Eingebürgerten und Eingetragenen möglich ist, kann jeder Staatsangehörige, auch derjenige durch Geburt, auf die Bürgereigenschaft freiwillig verzichten (*renunciation*). Nach *common law* wurde angenommen, daß ein britischer Bürger (*British subject*) sich nicht in einem anderen Staat einbürgern könne. Tat er es, so galt dies als freiwillige Aufgabe der briti-

---

[1] Eine ähnliche, aber wesentlich schärfere Bestimmung, die den Verlust der amerikanischen Staatsangehörigkeit bei Aufenthalt eines naturalisierten Bürgers im Ausland nach sich zog (*Immigration and Nationality Act* von 1952 [66 Stat. 1163] [Sektion 352 (a)]), wurde vom Obersten Gerichtshof in *Schneider v. Rusk* (377 U.S. 163 [1964]) für ungültig erklärt.

[2] Die Beteiligung eines *British subject* an Kriegshandlungen anderer Staaten, denen gegenüber die Regierung Ihrer Majestät neutral ist, zieht, anders als in den Vereinigten Staaten, nicht den Verlust der Staatsangehörigkeit nach sich. Beteiligungen an solchen Kriegshandlungen aller Art (*foreign enlistment*) wie Wehrdienst, Ausrüstung einer Expedition zur Unterstützung eines kriegführenden Staates usw. sind aber nach dem *Foreign Enlistment Act* von 1870 (33 & 34 Vict., c. 90) verboten und strafbar.

schen Bürgereigenschaft[1]. Diese Einstellung war von dem Gedanken getragen, daß nicht nur eine doppelte Staatsangehörigkeit als solche unerwünscht sei, sondern daß die Einbürgerung in einem anderen Staat als Verzicht auf die britische Staatsangehörigkeit angesehen werden müsse.

Diese Auffassung hat sich aber gewandelt, da bei der dichter gewordenen wirtschaftlichen Verflechtung die Aufnahme einer auswärtigen Bürgereigenschaft oft aus persönlichen Gründen unumgänglich und mit der Treue zum Heimatland keineswegs unvereinbar ist. Nach dem Gesetz von 1948 (Sektion 10) ist es nunmehr zulässig, daß ein britischer Staatsangehöriger sich in einem anderen Staat naturalisieren läßt, ohne dadurch automatisch und notwendigerweise seine britische Staatsangehörigkeit einzubüßen. Ist nach den Gesetzen des Staates, in welchem er die Staatsangehörigkeit erwirbt, die doppelte Staatsangehörigkeit zulässig, braucht er nichts weiter zu tun und behält die britische. Kann er jedoch die neue Staatsangehörigkeit nicht ohne Aufgabe der britischen erwerben, so steht es ihm frei, auf sie durch formelle Erklärung zu verzichten. Es steht dann im Ermessen des *Home Secretary*, ob er eine von einem (gebürtigen oder naturalisierten) Staatsangehörigen abgegebene formelle Erklärung annimmt und durch Eintragung in das Register rechtswirksam macht oder ob er aus bestimmten Gründen die Registrierung verweigert und damit die freiwillige Aufgabe der Staatsangehörigkeit nicht zuläßt. Die Novelle von 1964 (*British Nationality Act*, Eliz. 2, c. 22) brachte sodann wesentliche Erleichterungen zur Wiederaufnahme (*resumption*) einer verlorenen Staatsangehörigkeit, insbesondere wenn die Verzichtserklärung deshalb abgegeben wurde, weil nur durch sie die Möglichkeit bestand, eine fremde Staatsangehörigkeit zu erwerben (dies gilt für Fälle, wo der Erwerb der fremden Staatsangehörigkeit vom vorigen Verzicht auf die bisherige abhängig ist) und wenn außerdem eine sogenannte *qualifying connection* mit Großbritannien bestand, worunter das Gesetz beispielsweise die Geburt als britischer Staatsangehöriger oder die frühere Staatsangehörigkeit durch Einbürgerung versteht. Der Zweck der Maßnahme ist, britische Staatsangehörige trotz Erwerbs einer fremden Staatsangehörigkeit im Staatsverband zu erhalten. Außerdem verfügt die Novelle, daß, falls die Verzichtserklärung erfolgt ist, um eine andere Staatsangehörigkeit anzunehmen, sie ohne Wirkung bleibt, wenn die neue Staatsangehörigkeit nicht innerhalb von sechs Monaten tatsächlich erworben wird.

Schließlich wäre zu ergänzen, daß ebensowenig wie ein Staatsangehöriger nach Geburt und einer, der Inhaber eines im Vereinigten Königreich ausgestellten Passes ist, seine Staatsangehörigkeit gegen seinen Willen verlieren kann, er aus dem Staatsgebiet ausgewiesen werden kann.

---

[1] Der Fall *R. v. Lynch* ([1903] [1 K.B. 44]) ging dabei so weit, daß, falls die Einbürgerung in einem Staat erfolgte, mit dem die britische Krone sich im Krieg befand, dies als Landesverrat zu werten und daß der Einbürgerungsakt nichtig sei.

## III. Die Bürger des Commonwealth

### 1. Begriffsbestimmung des British Subject

Die Gesetzgebung von 1948 erging in einem Zeitpunkt, in welchem zwar die zentrifugale Tendenz der älteren Dominions eine unumstößliche Tatsache war, die seitherige Entwicklung aber, welche zur Verselbständigung der meisten Gebiete des damaligen Weltreichs führte, jedenfalls nicht in ihrem nachherigen Umfang vorausgesehen werden konnte. Großbritannien konnte daher damals der grandios „imperialen“ Idee huldigen, daß, wer Bürger eines damaligen oder auch eines ehemaligen britischen Gebiets war, nach wie vor als *British subject* zu gelten Anspruch hatte, eine Konzeption also, die derjenigen des *Civis Romanus sum* des römischen Weltreichs nach der Reform Caracallas im 3. Jahrhundert nach Chr. nicht unähnlich war.

Demgemäß wurde damals vom Gedanken ausgegangen, daß zwar das Parlament jedes selbständigen Staates innerhalb des *Commonwealth* die heimische Staatsangehörigkeit gesetzlich regeln könnte, daß es aber jedem Staat freistünde und sogar nahegelegt würde, gleichzeitig seine eigenen Staatsangehörigen zu Bürgern des *Commonwealth*, also zu einem *Civis Britannicus* — *British subject* — zu erklären. Mit gutem Beispiel vorangehend, trug Großbritannien selbst dieser Voraussetzung schon in den Eingangsbestimmungen des *British Nationality Act* von 1948 Rechnung. Nach Sektion 1 (1) und (2) gilt als *British subject* oder als *Commonwealth*-Bürger — die beiden Begriffe werden in Sektion 2 ausdrücklich als gleichbedeutend erklärt — jede Person, die ein Staatsangehöriger (*citizen*) des Vereinigten Königreichs und seiner Kolonien ist, und außerdem jede Person, die nach den damals geltenden oder in Zukunft zu erlassenden Bestimmungen Staatsangehöriger in einem der in Sektion 1 (3) ausdrücklich aufgeführten Staaten ist. Diese *Commonwealth*-Bürgereigenschaft besitzen alle vom Gesetz umfaßten natürlichen Personen einschließlich der verheirateten Frauen. Die Liste der Staaten, deren Bürger gleichzeitig als *Commonwealth*-Bürger gelten, wird nach Maßgabe der inzwischen eingetretenen staatlichen Verselbständigung auf Grund des *British Nationality Act* von 1958 (6 & 7 Eliz. 2, c. 10) laufend ergänzt[1].

Bei Erlaß des Gesetzes von 1948 wurde erwartet, daß alle *Commonwealth*-Mitgliedstaaten analoge Staatsangehörigkeitsgesetze erlassen würden, in denen die heimische Staatsangehörigkeit automatisch mit der Eigenschaft als *Commonwealth*-Bürger verbunden sein würde, so daß ein

[1] Die Liste umfaßte 1961: Kanada, Australien, Neuseeland, Indien, Pakistan, die Föderation von Rhodesien und Nyasaland, Ceylon, die Föderation von Malaya, Ghana, Nigeria, Cypern, Sierra Leone, Tanganyika und Singapore. Den seitherigen weiteren Verselbständigungen wurde entsprechend Rechnung getragen. Die Südafrikanische Union gehört seit 1961 nicht mehr zum *Commonwealth*.

diesbezügliches Sondergesetz über die *Commonwealth*-Bürgereigenschaft entbehrt werden könnte.

Im Rückblick will es scheinen, als ob sich das britische Gesetz von 1948 einigermaßen übernommen hat; denn es verfügte als positives Recht, daß die Staatsangehörigen jedes *Commonwealth*-Mitgliedstaates gleichzeitig *British subjects* sein sollten, griff also in die Gesetzgebungskompetenzen selbständiger Staaten ein, und dies zu einem Zeitpunkt also, wo dies faktisch nicht mehr möglich war. Der Irrtum sollte schwerwiegende Folgen haben, weil die *Commonwealth*-Mitgliedstaaten nicht nach dem gewünschten Mandat handelten[1]. Noch schwerer wiegt — und das ist die *crux* der Angelegenheit —, daß Großbritannien, sich als großmütige Mutter aller ihrer lebenden und ihrer noch nicht geborenen Staaten-Kinder fühlend, den Staatsangehörigen der *Commonwealth*-Staaten ein einseitiges Geschenk gewährte, für welches — wie es sich zeigen sollte — keine Garantie der Gegenseitigkeit bestand. Denn jedem *Commonwealth*-Bürger stand es bis vor kurzem frei, sich im Vereinigten Königreich aufzuhalten, sich dort dauernd niederzulassen und jede Tätigkeit auszuüben, die einem Staatsangehörigen Großbritanniens in seinem eigenen Land zusteht. Diese Großzügigkeit war damals von dem britischen Gesetzgeber als eine historisch erwachsene moralische Verpflichtung angesehen worden unter der heute romantisch anmutenden Voraussetzung, daß einem *British subject*, der zur Treue gegenüber seinem Souverän verpflichtet ist, der Zugang zu diesem nicht versagt werden solle. Aber auch hier fehlte es an der Gegenseitigkeit; denn die überwiegende Mehrheit der *Commonwealth*-Mitglieder und selbst der mit Selbstverwaltung ausgestatteten, wenn auch nicht selbständigen Kolonien unterwirft die Einreise von Bürgern Großbritanniens und der übrigen *Commonwealth*-Staaten den vom Nationalinteresse bedingten Beschränkungen, so daß Großbritannien schließlich aus wirtschaftlichen wie rassischen Gründen auch dieses großzügige Geschenk zurücknehmen mußte[2].

## 2. Die Sonderstellung der irischen Staatsangehörigen

Als ob das Staatsangehörigkeitsrecht im Vereinigten Königreich nicht kompliziert genug ist, besteht eine Sonderregelung für die Staatsangehörigen von Eire, des ehemaligen Irischen Freistaats. Von Großbritannien aus gesehen sind die Iren staatsrechtlich ein Zwittergebilde, weder *British subjects*, da Irland diesen Begriff in seinen Staatsangehörigkeitsgesetzen niemals anerkannte, noch aber Ausländer (*British Nationality Act* von 1948, Sektion 32(1)), da Großbritannien aus traditionellen Gründen die Iren auch nach der Erklärung Eires zur Irischen Republik

[1] Siehe unten S. 249f.

[2] Siehe unten S. 245ff.

und dem damit erfolgten Ausscheiden aus dem *Commonwealth* nicht als solche abstempelte. Die geltende Regelung beruht auf dem nach der Sezession Eires erlassenen *Ireland Act* von 1949 (12, 13 & 14 Geo. 6, c. 41). Nachdem Sektion 1(2) ausdrücklich feststellte, daß die Republik Irland nach Maßgabe keines im Vereinigten Königreich und seinen Besitzungen geltenden Gesetzes als Ausland betrachtet werden soll, verfügt Sektion 3 (2), daß das Ausscheiden Irlands aus dem Verband des *Commonwealth* die Geltung der *British Nationality Act* von 1948 in keiner Weise berühren soll. Allerdings verlieren nach Sektion 5(1) irische Staatsangehörige ihre Eigenschaft als britische Bürger — und dies betrifft die Mehrheit der in Großbritannien domizilierten Iren —, außer wenn sie eine vom *British Nationality Act* von 1948 (Sektion 12) aufgeführte persönliche Verbindung mit dem Vereinigten Königreich, zum Beispiel Dienst in dessen Streitkräften oder Regierungsdienst, nachweisen können. Praktisch bedeutet dies, daß Iren, die ihren regelmäßigen Wohnsitz nicht im Vereinigten Königreich haben, weder britische Staatsangehörige noch *British subjects* im Sinne des Gesetzes von 1948 sind. Eire ist auch nicht unter den Staaten aufgeführt, deren Bürger gleichzeitig *British subjects* sein sollen. Jedoch kann ein irischer Bürger ebenso wie der Staatsangehörige jedes *Commonwealth*-Mitglieds die britische Staatsangehörigkeit durch Eintragung erlangen. Aber selbst wenn sie keine britischen Staatsangehörigen sind, verfügt das Gesetz (Sektion 3(2)), daß, falls sie ihren dauernden Wohnsitz im Vereinigten Königreich haben, alle britischen Gesetze auf sie Anwendung finden, als ob sie britische Staatsangehörige wären; sie sind also auch wehrdienstpflichtig (*Bicknell v. Brosman* [1953] [2 Q. B. 77]). Dem entspricht andererseits, daß die in Großbritannien ansässigen irischen Staatsangehörigen auch das gleiche Wahlrecht für das Parlament und die lokalen Vertretungskörper besitzen wie die britischen Staatsangehörigen selbst (*Representation of the People Act* von 1949 [12 & 13 Geo. 6, c. 68] [Sektion 1(1)]).

Die Anomalie der Stellung der irischen Staatsangehörigen in Großbritannien hat ihren Grund in der langen geschichtlichen Verbindung der beiden Länder, ist aber nicht ohne soziologische Berechtigung. Eire hatte sich zwar politisch von England getrennt und war auch während des letzten Krieges neutral geblieben; aber die Bevölkerungen der beiden Nationen leben nachbarlich gut zusammen; seit Jahrhunderten hat ein lebhafter Bevölkerungsaustausch mit weitgehendem *connubium* zwischen ihnen stattgefunden und die Iren sind im englischen Wirtschaftsleben als zuverlässige Arbeiter und Angestellte mit einem beträchtlichen Fonds von Initiative und Erfindungsgabe gesucht und beliebt. Zudem sind Industrie und Landwirtschaft besonders in Nordirland weitgehend von ihnen abhängig. Sie als Ausländer zu betrachten würde der englischen Tradition wie dem wirtschaftlichen Interesse zuwiderlaufen.

### 3. Die Commonwealth-Bürgereigenschaft in der seitherigen Praxis

Die Erwartung, die seither selbständig gewordenen Staaten würden, dem britischen Beispiel folgend, auch ihrerseits dem Doppelcharakter der Staatsangehörigkeitsregelung Rechnung tragen und ihren eigenen Staatsangehörigen gleichzeitig die Eigenschaft als Bürger des *Commonwealth* zuerkennen, hat sich jedoch keineswegs erfüllt. Die Mehrzahl der ehemaligen britischen Gebiete, die seither die staatliche Selbständigkeit erlangten, hat sich nicht zur Aufnahme der gemeinsamen *Commonwealth*-Bürgereigenschafts-Klausel in ihren Staatsangehörigkeitsgesetzen entschlossen, mit dem Ergebnis, daß, was ursprünglich als ein Gegenstand homogenen internen Staatsrechts gedacht war, sich im Laufe der Zeit auf das Gebiet des internationalen öffentlichen Rechts verlagert hat. So lehnt beispielsweise in der Südafrikanischen Union der *Citizenship Act* von 1949 den Begriff der gemeinsamen *Commonwealth*-Bürgereigenschaft völlig ab und gewährt selbst den Staatsangehörigen des Vereinigten Königreichs (und seiner Kolonien) die südafrikanische Staatsangehörigkeit nur unter etwa den gleichen Bedingungen wie jedem anderen Ausländer. Der *Citizenship Act* von Ceylon von 1948 enthält keine Bestimmung über die *Commonwealth*-Bürgereigenschaft. In demjenigen von Pakistan von 1951 fehlt die Gemeinsamkeitsklausel; trotzdem gilt der Pakistani-Staatsangehörige gleichzeitig als *Commonwealth*-Bürger. Was Indien anbetrifft, so wird zwar den indischen Staatsangehörigen im *Citizenship Act* von 1955 keine *Commonwealth*-Bürgereigenschaft zugesprochen, aber die Staatsangehörigen gewisser anderer *Commonwealth*-Staaten gelten dort nach internationalem Vertragsrecht als *Commonwealth*-Bürger. Die Verfassung der Malaysischen Föderation von 1957 gewährt ihren eigenen Staatsangehörigen die *Commonwealth*-Bürgereigenschaft als Attribut der eigenen Staatsangehörigkeit (Artikel 20), stellt aber bei dem den Staatsangehörigen anderer *Commonwealth*-Staaten zustehenden Recht auf internationalrechtliche Gegenseitigkeit ab (Art. 155). Kurzum, Großbritannien steht mit der großzügigen Geste, die den Staatsangehörigen der übrigen *Commonwealth*-Staaten ohne verbürgte Gegenseitigkeit die Eigenschaft eines *Commonwealth*-Bürgers zuerkennt, ziemlich allein. Angesichts der rassischen Benachteiligungen, welche die Südafrikanische Union seit Jahren den afrikanischen und asiatischen Staatsangehörigen zuteil werden läßt, scheint es unwahrscheinlich, daß in Zukunft irgendein *Commonwealth*-Mitglied sich auf die Gewährung der uneingeschränkten *Commonwealth*-Bürgereigenschaft für seine eigenen Staatsangehörigen oder für diejenigen anderer *Commonwealth*-Staaten einlassen würde. Für das *Commonwealth* im ganzen jedenfalls haben sich Idee und Praxis der gemeinsamen Bürgereigenschaft als überholt und daher als ein Fehlschlag erwiesen[1].

---

[1] Die Kategorie der sog. *protected British person* — britische Schutzangehörige — kann hier übergangen werden; darunter wird die zunehmend sich vermindernde

## 4. Der Commonwealth Immigrants Act von 1962

### a) Veranlassung

Kaum ein anderes Faktum wirft ein so bezeichnendes Schlaglicht auf den Wandel in den Geschicken des Vereinigten Königreichs als Weltmacht und Vormacht des *Commonwealth* als der von der konservativen Regierung Macmillan durchgeführte *Commonwealth Immigrants Act* von 1962 (10 & 11 Eliz. 2, c. 21), der zum ersten Mal in der englischen Geschichte der bisher unbegrenzten Einwanderung und Niederlassung von *Commonwealth*-Bürgern einen gewissen Riegel vorschob. Diese offene Bekundung eines in allen anderen Staaten längst zur Geltung gekommenen Nationalismus hatte wirtschaftliche wie — auch dies ist ein Novum — rassische Gründe. Während eines Jahrzehnts und mehr einer kaum je erlebten Prosperität war die Arbeitslosigkeit in Großbritannien mit durchschnittlich unter zwei Prozent eine der niedrigsten aller Industriestaaten geblieben. Zu Beginn der sechziger Jahre aber zeigten sich beunruhigende Anzeichen einer zunehmenden Übersättigung des Arbeitsmarktes, wobei verschiedene Umstände zusammenwirkten. Der Zustrom der durch den Geburtenüberschuß verfügbaren jüngeren Altersgruppen, der Abbau von auswärtigen Militärbeständen, welche für das Zivilleben frei wurden, eine fühlbare Verflachung der Produktionskurve (1962/63), der kälteste Winter seit mehr als hundert Jahren ließen die Arbeitslosenrate bis zu drei Prozent und mehr ansteigen, wovon vor allem die sogenannten *Development Districts* mit der endemischen Unterbeschäftigung der Schiffsbau-, Bergwerks- und Metallverarbeitungsindustrien betroffen wurden. Besonders in Nordost-England, Schottland und Teilen von Wales erreichte die Arbeitslosigkeit trotz energischer Regierungsmaßnahmen zehn Prozent[1]. Eine ungezügelte Einwanderung mußte den Arbeitsmarkt noch weiter belasten, zumal die mittellosen Neuankömmlinge, vielfach aus Ländern mit einem weit niedrigeren Lebensstandard, allgemein geneigt waren, die von den Gewerkschaften aufrechterhaltenen Lohnsätze zu unterbieten.

Arbeitsuchende Ausländer hatten seit langem einer strikten Regierungskontrolle unterstanden, indem die Zulassung von einer Bescheinigung abhängig war, die der zukünftige Arbeitgeber vom *Ministry of Labour* zu erlangen hatte. Jährlich werden etwa 50 000 solcher Arbeits-

---

Gruppe von Personen verstanden, die in einem britischen Protektorat, Schutzstaat oder Trust-Gebiet geboren sind; sie waren vor dem Gesetz von 1948 Ausländer (R. *v. Ketter*, 1940 [1 K.B. 787]). Unter dem Gesetz von 1948 sind sie weder *British subjects* noch aber Ausländer.

[1] Der Konjunkturrückgang erwies sich als vorübergehend. Im Februar 1965 betrug die Arbeitslosigkeit nur 1,6%, weniger als zu irgendeiner Friedenszeit in der englischen Wirtschaftsgeschichte.

erlaubnis-Bescheinigungen ausgestellt, davon mehr als zwei Drittel für ungelernte Arbeit, wie Hausangestellte und untergeordnete Dienstleistungen in Krankenhäusern und ähnlichen Berufen. Die in der Regel auf ein Jahr ausgestellte Arbeitserlaubnis kann auf Antrag verlängert werden. Für *Commonwealth*-Bürger aber bestand bis zum Inkrafttreten des Gesetzes (1. Juli 1962) überhaupt keine Einwanderungs- oder Niederlassungskontrolle oder -beschränkung. Dabei ist eine besondere Erscheinung neueren Ursprungs zu beachten: Für die Bürger der aufblühenden älteren Dominions mit „kaukasischer" Bevölkerung — Kanada, Australien, Neuseeland — bot die Einwanderung nach Großbritannien keine Ant ziehung mehr; im Gegenteil, seit dem letzten Krieg siedelten sich dorweit mehr Briten an als die Übersee-Dominions Einwanderer nach Großbritannien sandten. Insbesondere Facharbeiter und vor allem hochqualifizierte Naturwissenschaftler und Ärzte suchten seit dem letzten Krieg ihr Glück in Amerika und den anderen Übersee-Dominions mit ihren höheren Gehältern und Lebensstandards. Dagegen nahm die Einwanderung aus den eben zur Selbständigkeit erwachsenen farbigen *Commonwealth*-Staaten zu Ende der fünfziger Jahre sprungweise zu. In den Jahren 1960 und 1961 trafen von den insgesamt 194 000 *Commonwealth*-Einwanderern nicht weniger 116 000, alle farbig, auf die westindischen (karibischen) Territorien. Dies führte zu einer neuen Komplikation, da sich diese in der Regel mittel- und einstweilen beschäftigungslosen ungelernten Arbeiter in ghettoartigen Wohnsiedlungen, vor allem des Londoner Westens (Notting Hill, Kensington) und in gewissen Industriezentren niederließen und dort die Opfer gewissenloser Grundstücksspekulanten und Vermieter wurden. Wirtschaftliches Elend ließ diese Bezirke zu Unruheherden werden. Diese wurden dann von Rudeln weißer Fanatiker, die nicht selten ausgesprochen faschistischen Splittergruppen angehörten, entsprechend weiter geheizt. England mußte zum ersten Mal in seiner Geschichte Rassenkrawalle erleben, eine bittere Erfahrung, wenn man sich erinnert, daß es schon im 18. Jahrhundert das Land der Rassentoleranz gewesen war und daß ein Sklave, der englischen Boden betrat, dadurch frei wurde.

Die Gerechtigkeit verlangt die Feststellung, daß es sich hier einstweilen nur um isolierte Zwischenfälle gehandelt und daß es bislang eine eigentliche Rassenfrage nicht gegeben hatte. Denn die farbige Bevölkerung macht weniger als zwei Prozent der Gesamtbevölkerung aus[1]. Wohl

---

[1] Genaue Statistiken sind nicht vorhanden, da bei der Volkszählung nicht nach der Abstammung oder Hautfarbe gefragt wird. Bei der letzten Volkszählung von 1961 betrug die Bevölkerung (ohne die Kanalinseln und die Insel Man) 52675556 Personen; die Zahl der damals niedergelassenen Farbigen wurde auf etwa 700000 geschätzt. Einschlägige Einwanderungsstatistiken werden erst seit 1962 geführt, die sich aber nicht auf die bereits Ansässigen erstrecken. Nach der zuverlässigsten Schätzung dürfte die Gesamtzahl der „farbigen" *Commonwealth*-Bürger Ende 1965

aber hätte es in absehbarer Zeit eine wirkliche Rassenfrage geben können, da die Neueinwanderer sich in den besten Zeugungs- und Gebärjahren befinden und sich weit rascher vermehren als das Gastvolk selbst, mit der Chance, einen letztlich unassimilierbaren Fremdkörper zu bilden. Die Hauptkontingente der farbigen Einwanderer stellen die westindischen Besitzungen, Pakistan und Indien. Während die erstere Gruppe aus reinrassigen Negern besteht, sind Inder und Pakistani vielfach sogenannte Arier, werden aber von der Bevölkerung wegen ihres dunkleren Pigments mit jenen als Farbige in einen Topf geworfen. Alle diese Umstände veranlaßten die Regierung zur durchgreifenden Änderung der bisherigen Politik der unbeschränkten Einwanderung von *Commonwealth*-Angehörigen. Das Vereinigte Königreich folgt damit dem Beispiel aller anderen *Commonwealth*-Mitgliedstaaten und selbst der britischen Kolonien, die alle ohne Ausnahme Einwanderungsbeschränkungen in ihre Gesetzgebung aufgenommen haben[1].

### b) Die Bestimmungen des Gesetzes

Nach dem Gesetz unterstehen alle *Commonwealth*-Bürger (*British subjects*) sowie die Staatsangehörigen von Eire und die Angehörigen der britischen Schutzgebiete einer Einwanderungskontrolle in der Weise, daß den Einwanderungsbeamten das Recht ihrer Nichtzulassung zum Vereinigten Königreich außer aus Gründen der Gesundheit, der öffentlichen Sicherheit oder wegen einer vorherigen Freiheitsstrafe gegeben ist, falls diese Bedingungen nicht erfüllt sind: Erbringung des Nachweises, daß der Einwanderer sich aus eigenen Mitteln erhalten kann; Eigenschaft als Student oder als Frau oder minderjährige Kinder bereits ansässiger Personen und, die wichtigste Neuerung: Vorweis einer Bescheinigung (*voucher*) des *Ministry of Labour*, die ihm einen Arbeitsplatz zusichert. Diese wird vom zukünftigen Arbeitgeber beim Ministerium beantragt und ihm zur Übermittlung an den Einwanderer ausgehändigt. Damit ist wirksame Vorsorge getroffen, daß nur Personen mit einer festen Beschäftigung zugelassen werden, die sie nicht der öffentlichen Wohltätigkeit zur Last fallen läßt. Die Einwanderungsbeschränkung gilt jedoch nicht für Personen — auch wenn sie zu den unter Kontrolle gestellten Kategorien gehören —, die im Vereinigten Königreich geboren sind und für solche, die einen dort ausgestellten Paß besitzen.

---

etwa 800000 betragen haben, wovon die Hälfte auf Westindien, 150000 auf Indien, 120000 auf Pakistan und der Rest auf Nigeria, Guyana und andere Staaten entfielen. Alles in allem liegt also der Anteil der Farbigen an der Gesamtbevölkerung noch weit unter zwei Prozent, wobei allerdings zu beachten ist, daß sich an einzelnen Orten ein weit höherer Prozentsatz eingestellt hat.

[1] Eine britische Kolonie kann sogar die Zulassung von britischen Staatsangehörigen verbieten; siehe *Thornton v. The Police* ([1962] [2 W.L.R.1141] [P.C.]).

Für andere Einwanderer aus den *Commonwealth*-Staaten, die ohne einen solchen Arbeitsnachweis nach Großbritannien kommen wollen, um sich dort erst nach ihrer Ankunft Arbeit zu suchen, stellt die Regierung von Zeit zu Zeit bestimmte Einwanderungsquoten für die einzelnen *Commonwealth*-Staaten auf, auf die die Antragsteller in der Reihenfolge ihres Antrages zugeteilt werden, bis sie erschöpft sind. Sonderbestimmungen gelten für Einwanderer, die bestimmte handwerkliche Fertigkeiten oder eine Universitätsausbildung nachweisen können; ihnen werden keinerlei Schwierigkeiten in den Weg gelegt, weil mit ihrer alsbaldigen Absorption im Wirtschaftsprozeß zu rechnen ist. Die Einwanderung aus Staaten also, die nicht zum *Commonwealth* gehören, ist nach wie vor unbeschränkt und nur den allgemeinen Zulassungsbedingungen unterworfen, ist aber niemals wirklich erheblich gewesen, da die auswärtigen Hausangestellten etc. meist nur auf Zeit in Großbritannien Dienst suchen. Die Kontrolle hinsichtlich der irischen Einwanderer steht einstweilen nur auf dem Papier; sie würde das Wirtschaftsleben besonders bei den Saisonarbeitern aus dem Freistaat nachteilig beeinflussen[1].

Gleichzeitig ermächtigt das Gesetz — auch eine Neuerung — zur Ausweisung (*deportation*) von *Commonwealth*-Bürgern, die nach ihrer Zulassung, die nicht notwendig auf Grund des Gesetzes von 1962 erfolgt sein muß, sich eine Freiheitsstrafe zugezogen haben. Zu bemerken ist hier, daß selbst gewisse Staatsangehörige des Vereinigten Königreichs und seiner Kolonien der Ausweisung unterliegen, außer wenn sie in Großbritannien geboren wurden oder einen dort ausgestellten Paß besitzen; dies gilt etwa für naturalisierte Bürger oder solche, die die Staatsangehörigkeit durch Eintragung erlangt haben[2]. Die Ausweisung ist aber nicht bei Personen zulässig, die bereits fünf Jahre ihren Wohnsitz im Lande hatten oder eine sachliche Verbindung mit dem Vereinigten Königreich (wie Heeresdienst oder Regierungsanstellung) nachweisen; sie ist also im wesentlichen ein potentielles Zuchtmittel gegen Neueinwanderer, die sich nicht der öffentlichen Ordnung fügen.

Das Einwanderungsbeschränkungsgesetz galt ursprünglich nur bis Ende 1963 und konnte dann im Rahmen des *Expiring Laws Continuance Act* jeweils um ein weiteres Jahr verlängert werden.

Die mit dem jüngsten Gesetz erfolgte Einwanderungskontrolle gegenüber den *Commonwealth*-Bürgern bedeutet einen in ihrer Tragweite

---

[1] Sucht man nach einer Parallele zu der derzeitigen britischen Regelung, so wäre es die, daß die Puertorikaner, die ja amerikanische Bürger sind, nur dann in die kontinentalen Vereinigten Staaten einwandern könnten, wenn sie vorher sich einen Arbeitsplatz gesichert hätten. Daran denkt in den Vereinigten Staaten zumindest im Augenblick niemand.

[2] Wie oben erwähnt (S. 237) erstreckte das Gesetz von 1962 die Wohnsitzfrist von vorher 12 Monaten, die zum Erwerb der Staatsangehörigkeit für *Commonwealth*-Bürger und Iren gefordert wird, auf fünf Jahre.

kaum zu überschätzenden Einschnitt in der imperialen Politik des Vereinigten Königreichs und ist letzten Endes das Eingeständnis, daß die imperiale Epoche ihren Abschluß gefunden hat. Im Verzicht auf das allumfassende Band einer gemeinsamen Staatszugehörigkeit, das die politische Loslösung überbrücken sollte, nähert die Gesetzgebung die *Commonwealth*-Bürger dem Status aller Ausländer an. So will es scheinen, als ob England aufgehört hat, das „Mutter"land aller seiner Kinder, global als *British subjects* bezeichnet, auch in Wirklichkeit und nicht nur nach dem Anspruch zu sein.

**c) Bisherige Ergebnisse**

Die Maßnahme war bei ihrem Erlaß von der Labour-Partei, die sich hier als „imperialer" erwies als die Konservativen, sonst die traditionellen Hüter der *Commonwealth*-Belange, heftig bekämpft worden; die bisherigen Ergebnisse aber überzeugten auch sie von ihrer Zweckmäßigkeit, so daß die Aufhebung nicht in ihrem Wahlprogramm von 1964 figurierte. Die Statistiken des ersten Jahres (1. Juli 1962 bis 30. Juni 1963 [Cmnd. 2151]) ergeben, daß die Kontrolle sich auf Angehörige von 28 namentlich aufgeführten (zusätzlich einer Gruppe nicht namentlich genannten) Ländern erstreckte, aber nicht auf Irland. Von diesen sind in der Berichtszeit 333 000 Personen ein- und 299 000 wieder ausgereist, so daß ein Überschuß von 35 000 im Lande geblieben ist. Dreiviertel dieser Personen waren Frauen und Kinder bereits ansässiger Personen. Von den Neuankömmlingen stammten nur etwa 6 000 aus den „kaukasischen" Dominions Kanada und Australien, etwa fünf Sechstel also aus Staaten mit einer farbigen Bevölkerung. Die größten Kontingente wurden von Indien (fast ein Drittel), Pakistan, Jamaika und anderen karibischen Inseln, Nigeria, Rhodesien und Nyasaland gestellt. Im Endeffekt war also die Einwanderungsschicht vorwiegend farbig. Verweigert wurde die Zulassung nur in insgesamt 15 246 Fällen. Unter den 333 000 Personen, die aus den verschiedensten Gründen einreisten, befanden sich aber 14 680, die mit einer Arbeitsbescheinigung des *Ministry of Labour* ausgestattet waren. Von diesen war allerdings die überwiegende Mehrheit farbig[2]. Dazu kamen noch 6 500 Personen, die sich dauernd niederlassen wollten, aber, weil finanziell unabhängig, keine Arbeitsbescheinigung brauchten. Die Gesamtzahl also der mit Arbeitsbescheinigung ausgestatteten Personen, von denen keineswegs alle die Absicht einer dauernden Niederlassung haben, beträgt etwa 20 000, wozu noch etwa die gleiche Zahl von Familienangehörigen kommt. Diese Zahl erscheint durchaus mäßig, vor allem wenn man damit die Zahl der im gleichen Berichtsjahr

[1] Die Ziffern sind auf Tausend auf- oder abgerundet.

[2] Es läßt sich dabei nicht feststellen, ob sich unter den Einwanderern aus den alten Dominions nicht auch Farbige befanden, aber ihre Zahl kann nur gering gewesen sein.

gestellten Anträge auf Erteilung der Arbeitserlaubnis vergleicht. 146 000 solche Anträge gingen ein, aber nur 45 000 wurden bewilligt. Zwei Drittel der Anträge kamen aus Indien und Pakistan. In vielen Fällen wurde aber von der Arbeitsbewilligung dann kein Gebrauch gemacht und sie verfiel nach Ablauf von sechs Monaten (außer bei Verlängerung).

### d) Labour und die Rassenfrage

Es unterliegt keinem Zweifel, daß das Gesetz zu einem dauernden Bestandteil der britischen Bevölkerungspolitik geworden ist. Denn die Labour- Partei, die, wie erwähnt, sich der Einführung anfänglich widersetzt hatte, mußte ihre Opposition im Wahlkampf von 1964 teuer bezahlen. Patrick Gordon Walker, als Außenminister bei einem Labour-Sieg vorgesehen, verlor seinen Sitz in Smethwick, einer Industrievorstadt von Birmingham mit einer starken farbigen Kolonie, den er seit 1945 mit starken Mehrheiten gehalten hatte, an einen Konservativen, der die Rassenfrage gegen ihn ausgebeutet hatte[1]. Auch sein zweiter Versuch in Leyton, das bisher ein völlig sicherer Labour-Sitz gewesen war, mißlang (22. Januar 1965); der Wahlkreis ging an einen Konservativen verloren[2]. Auch hier hatte die von den Faschisten genährte Rassenhetze Frucht getragen[3]. Labour hatte auch in anderen Wahlkreisen unter der ihm mit Recht oder Unrecht imputierten Freundlichkeit gegenüber den Farbigen zu leiden; so wurde die Niederlage eines langjährigen Labour-Abgeordneten in Eton Slough, der sich zeitlebens für die Kolonialbevölkerung eingesetzt hatte, mit der mikroskopisch kleinen Minderheit von 11 (!) Stimmen auf die Rassenfrage zurückgeführt.

Labour hatte aus der bitteren Lektion gelernt. Demgemäß sah sich die Regierung Wilson schon aus Gründen der politischen Selbsterhaltung zu einer radikalen Änderung ihres bisherigen Kurses gezwungen. Um der beunruhigend ansteigenden Vordringlichkeit des Rassenproblems entgegenzutreten, ging sie nach zwei Richtungen vor. Im Hinblick auf sich häufende Zwischenfälle rassischer Natur, bei denen entweder ein aufgehetzter weißer Mob es zu Ausschreitungen kommen ließ oder rassischer Antagonismus sich bei Einzelgruppen geltend machte, brachte die Regierung im Unterhaus eine Vorlage gegen unterschiedliche Behandlung

---

[1] Die Konservativen arbeiteten mit dem Slogan: *If you want a nigger neighbor vote Liberal or Labour.* Prime Minister Wilson bezeichnete den konservativen Sieger als einen „parlamentarischen Aussätzigen", ohne daß der Speaker es gerügt hätte.

[2] Der konservative Sieger machte das Rennen äußerst knapp mit nur 205 Stimmen, aber die Labour-Mehrheit bei den letzten Generalwahlen hatte 7 936 Stimmen betragen! Damit war die Mehrheit der Regierung Wilson auf ganze drei Stimmen im Unterhaus gefallen.

[3] Allerdings war die Niederlage vor allem dem Umstand zuzuschreiben, daß der langjährige und sehr beliebte Labour-Inhaber zugunsten von Walker abgehalftert und ins Oberhaus geschickt worden war.

der Rassen und Aufhetzung zum Rassenhaß (*Racial Discrimination and Incitement Bill*) ein[1]. Vor allem aber mußte sie darauf sehen, daß das heikle Problem dem Parteienstreit entzogen und vom Parteienkonsensus getragen würde. In dieser Entpolitisierung der schwierigen Situation hatte sie die volle Unterstützung der konservativen und liberalen Parteileitungen, die sich der unabweisbaren Notwendigkeit einer überparteilichen Stellungnahme bewußt waren.

Zunächst (März 1965) wurde ein Koordinator in der Person eines jüngeren Regierungsmitglieds aufgestellt, dem es obliegt, die Integration und Assimilation der Neueinwanderer im englischen Milieu zu fördern und sich besonders der Siedlungsfragen anzunehmen, um zu verhindern, daß sich ghettoartige *slums* in farbigen Elendsvierteln als Unruheherde bilden. Nicht genug damit. Die Einwanderungs- und Niederlassungsbestimmungen der Gesetzgebung von 1962 hatten sich unzweifelhaft als zu großzügig und weitmaschig erwiesen. Während des Jahres 1964 waren nicht weniger als 23 500 *Commonwealth*-Angehörige, in der überwältigenden Mehrheit Farbige, mit Arbeitserlaubnis nach dem Vereinigten Königreich gekommen und außerdem noch nach Maßgabe des Gesetzes 51 500 ihrer Familienangehörigen. Demgemäß wurde durch Verwaltungsanordnung die Zahl der jährlich genehmigten Arbeitserlaubnisscheine von 20 000 auf 6 500 herabgesetzt; bereits seit September 1964 hatte das Arbeitsministerium ihre Ausstellung fast vollständig gestoppt. Sie werden von nun an nur mehr für Personen ausgestellt, die einen festen Arbeitsplatz oder eine im Lande benötigte Fertigkeit nachweisen können. Auch die trotz des Gesetzes florierende illegale Einwanderung wurde abgestellt. Außerdem wurde die Zulassung von Familienangehörigen von bereits eingewanderten *Commonwealth*-Bürgern drastisch gedrosselt: Nur die Frauen der bereits Ansässigen und ihre Kinder bis zu 16 Jahren werden zugelassen, so daß die bisher weitherzige Regelung, wonach Abkömmlinge über 16 Jahre sich mit ihren Eltern vereinigen oder Minderjährige sich irgendeinem Verwandten anschließen können, der nicht ein Elternteil ist, in Wegfall gekommen ist.

Niemand wird sich der Berechtigung dieser Maßnahmen in einem an sich übervölkerten Land mit seinem schwer belasteten Wohnungsmarkt und seinen angespannten Sozialdiensten verschließen können. Ob sie des plötzlich aufgetauchten Rassenproblems Herr zu werden vermögen, bleibt abzuwarten; denn wie in den Vereinigten Staaten ist es nicht nur wirtschaftlicher, sondern vor allem sozialpsychologischer Natur. Es kann aber mit Befriedigung festgestellt werden, daß sich beim Wahlkampf von 1966 allem Anschein nach keinerlei rassisch bedingten Mißhelligkeiten

---

[1] Aus Gründen der Stoffanordnung wird diese Maßnahme erst später im Zusammenhang mit den Staatsschutzmaßnahmen behandelt werden; siehe unten S. 372ff.

eingestellt haben; inwiefern dies auf das inzwischen erlassene Gesetz gegen Rassenhaß zurückzuführen war, entzieht sich einstweilen der Beurteilung.

## IV. Die Stellung der Ausländer

### 1. Die gesetzlichen Grundlagen

Die bürgerlichrechtliche Gleichstellung von „Fremden" (*aliens*) oder Ausländern (einschließlich staatenloser Personen) ist erst neueren Datums. Im Mittelalter und noch nachher konnten sie kein Grundeigentum innehaben und besaßen nach *common law* praktisch überhaupt keine bürgerlichen Rechte, bis teils die Gesetzgebung, teils die *common law*-Gerichtshöfe hierin Wandel schufen. Vom 16. Jahrhundert an wurden ihnen die Klagen aus Vertrag und anderen persönlichen Rechten zugestanden. Die gesetzliche Anerkennung aber, daß sie auch Grundeigentum besitzen und darüber frei verfügen konnten, brachte erst der *British Nationality and Status of Aliens Act* von 1914 (4 & 5 Geo. 5, c. 17), dessen durch die Gesetzgebung von 1948 nicht aufgehobener Teil, der sich auf die Ausländer bezieht, auch heute geltendes Recht ist. Danach stehen Ausländer den Inländern eigentumsrechtlich völlig gleich, außer daß sie nicht Eigentümer eines britischen Schiffs sein können. Der *Aliens Restriction Act* von 1914 (4 & 5 Geo. 5, c. 12) räumte der Regierung weitgehende Vollmachten zur Kontrolle von Ausländern im Kriegs- und Notstandsfall ein, und der nachfolgende *Aliens Restrictions* (*Amendment*) *Act* von 1919 (9 & 10 Geo. 5, c. 92) gab der Regierung bei gleichzeitiger Aufrechterhaltung mancher Kontrollbestimmungen des Gesetzes von 1914 das Recht, „unerwünschten Ausländern" (*undesirable aliens*) die Einreise zu versagen. Ob die Regierung nach *common law* das Recht hatte, einen Ausländer des Landes zu verweisen (*expulsion*) bleibt fraglich, da in solchen Fällen seit 1793 immer eine gesetzliche Ermächtigung dafür eingeholt worden war. Auch unter der königlichen Prärogative ist die Ausweisung bestritten. Fest steht aber seit alters, daß ein Ausländer nicht auf Zulassung klagen kann, da Ausschließungsmaßnahmen als *acts of state* justizfreie Hoheitsakte sind (*Musgrove v. Chun Teeong Toy*, 1891 [A. C. 272] [Schlüsselfall]). Der *British Nationality Act* von 1948 schließlich brachte die praktisch ausreichende, wenn auch nur negative Begriffsbestimmung, wonach ein Ausländer eine Person ist, die weder ein *British subject* noch eine Schutzperson noch ein irischer Bürger ist.

### 2. Die Handhabung in der Praxis

Was die allgemeine Stellung der Ausländer in Friedenszeiten anbelangt, so sind sie den britischen Staatsangehörigen in allen bürgerlichen

Rechten gleichgestellt, können aber nicht einen Parlamentssitz einnehmen (*Act of Settlement* von 1700) oder ein öffentliches Amt innehaben (*Aliens Restriction Act* von 1914); sie besitzen kein Wahlrecht zum Parlament oder zu den Lokalvertretungskörperschaften, können nicht im Regierungsdienst beschäftigt werden, außer entweder nach Verfügung eines Ministers außerhalb des Vereinigten Königreichs oder innerhalb desselben durch Ministerialverfügung mit Zustimmung des Schatzamtes; die Liste derartiger Bescheinigungen ist alljährlich dem Parlament vorzulegen (*Aliens Employment Act* von 1955 [4 & 5 Eliz. 2, c. 18]). Alle in Großbritannien sich befindenden Ausländer stehen in einem Treueverhältnis zur Krone und sind den allgemeinen zivilen und strafrechtlichen Bestimmungen ebenso wie jeder Bürger unterworfen. Von spezieller Bedeutung ist die bereits dem *common law* geläufige, jetzt auch von der Gesetzgebung übernommene Unterscheidung zwischen dem „freundlichen" und dem „feindlichen" Ausländer.

## 3. Die Kontrolle der Ausländer

Die von den Regierungsbehörden ausgeübte Kontrolle über die im Vereinigten Königreich befindlichen Ausländer beruht derzeit auf der vom *Privy Council* erlassenen *Aliens Order* von 1953 (St. I. 1953, S. 1674) (in der Fassung von 1960), die ihrerseits durch die *Aliens Restrictions Acts* von 1914 und 1919 ermächtigt ist. Sie enthält die wesentlichen Bestimmungen über die Zulassung, Aufsicht und Ausweisung.

### a) Zulassung

Ohne daß die insularen Engländer von Haus aus ein besonders fremdenfreundliches Volk wären, zeigen sie den Fremden gerne, was sie erreicht haben, und haben auch erkannt, welche Rolle der Tourismus in ihrer Zahlungsbilanz spielt. *Bona fide*-Touristen werden daher willkommen geheißen und finden eine freundliche Aufnahme. Die Einwanderungsbeamten bestimmen über die Zulassung eines Ausländers bei der Einreise nach freiem Ermessen und können ihm die Landungserlaubnis verweigern (*Ex parte Lannoy* [1942] [2 K. B. 281]), müssen sich dabei jedoch im Rahmen der geltenden Fremdenregelungs-Order halten (*Kuchenmeister v. Home Office* [1958] [1 Q. B. 496]). Ausschließungsgründe sind „Unerwünschtheit", ärztliche oder Sicherheitsgründe, mangelnder Nachweis von Subsistenzmitteln. Ein arbeitsuchender Ausländer muß eine Arbeitsbescheinigung des *Ministry of Labour* vorweisen. Ausländer, die sich mehr als drei Monate im Vereinigten Königreich aufhalten, unterliegen nach den Gesetzen von 1914 und 1919 einer Meldepflicht und unterstehen einer polizeilichen Kontrolle durch das *Home Office*, die aber in den allermeisten Fällen eine Formalität und mit keinerlei bürokratischen Schikanen verbunden ist. Hier bestehen jedoch wichtige Ausnahmen für Kriegs- und Notstandszeiten.

### b) Ausweisung

Der *Home Secretary* kann jeden Ausländer ausweisen (*deportation*), den er aus irgendwelchen Gründen für unerwünscht ansieht. Er wird dabei, jedoch unverbindlich, von einem Ausschuß beraten. Um der Europäischen Niederlassungskonvention von 1956 zu genügen, wird dem von der Ausweisungsverfügung betroffenen Ausländer, außer wenn sie wegen Sicherheitsgefährdung erfolgt, die Anrufung des *Chief Metropolitan Magistrate* gestattet. Dies gilt jedoch nur für Ausländer, die bereits mehr als zwei Jahre im Lande ansässig waren. Bei Verurteilung wegen einer erheblichen Straftat empfiehlt in der Regel das verurteilende (britische) Gericht die Ausweisung. Da der Ausweisungsbefehl ein Ermessensakt der Regierung ist, können seine Gründe gerichtlich nicht nachgeprüft werden (*Ex parte Venicoff* [1920] [3 K. B. 72] [Schlüsselfall])[1]. Das Obergericht kann jedoch eingreifen, wenn der Auszuweisende geltend macht, er sei kein Ausländer, sondern ein *British subject* (*Eshugbayi Eleko v. Government of Nigeria* [1931] [A. C. 662] [P. C.]), oder wenn Zweifel bestehen, ob es sich um eine *bona fide*-Ausweisung des *Home Secretary* selbst oder um eine Willkürmaßnahme der Polizei handelt (*The King v. Superindendant of Chiswick Police Station ex parte Sacksteder* [1918] [1 K. B. 578]). Die Bestimmung, nach welchem Land er ausgewiesen werden soll, steht dem *Home Secretary* und nicht dem Auszuweisenden zu (zahlreiche Entscheidungen z. B. *R. v. Secretary of State ex parte Greenberg* [1947] [2 All E. R. 550]). Es braucht ihm auch vor der Zwangsausweisung keine Gelegenheit zur freiwilligen Ausreise gegeben zu werden (*R. v. Governor of Brixton Prison ex parte Sliwa* [1952] [1 K. B. 169] [C. A.]). Es wird dabei aus humanitären Gründen aber immer dem Umstand Rechnung getragen, ob der in seinen Heimatstaat Auszuweisende in Lebensgefahr geraten würde.

Dieser Grundsatz wurde jedoch in einem jüngsten, ebenso dramatischen wie tragischen Fall zumindest von den zuständigen Behörden, wenn nicht von den oberen Gerichten durch den Bruch mehr als durch den Brauch geehrt (*R. v. Secretary of State for Home Affairs ex parte Soblen* [1963] [2 Q. B. 243 und 3 All E. R. 373] [Q. B.] und *R. v. Governor of Brixton Prison ex parte Soblen* [1963] [3 All E. R. 641] [C. A.]). Dem in der ganzen gesitteten Welt starkes Aufsehen erregenden Fall liegt folgender Sachverhalt zugrunde: Dr. Robert Soblen war im Jahre 1961

---

[1] Hier hielt das Gericht dafür, daß, weil die Ausweisungsverfügung ein administrativer und kein gerichtlicher Akt war, der *High Court* sie nicht deswegen außer Kraft setzen kann, weil der *Home Secretary* keine formelle amtliche Untersuchung vorgenommen hatte.

von einem amerikanischen *District Court* wegen Landesverrats (*treason*) zu lebenslänglichem Zuchthaus verurteilt, aber nach Stellung einer Kaution von 100 000 $ bis zur Entscheidung seiner Revision durch den *Supreme Court* auf freiem Fuß belassen worden. Die Revision wurde verworfen. Ehe er in Haft genommen werden konnte, flüchtete er mit einem falschen Paß nach Israel, das ihm aber unter amerikanischem Druck die Einreise verweigerte — kein israelisches Ruhmesblatt — und ihn im Gewahrsam eines *U.S.Marshal* (Vollstreckungsbeamten) nach den Vereinigten Staaten zwangsverschickte. Vor der Zwischenlandung in London fügte er sich lebensgefährliche Wunden zu und mußte in ein Londoner Hospital verbracht werden. Der *Home Secretary* versagte ihm die Landeerlaubnis, was ihm im Krankenhaus mitgeteilt wurde, sobald die dortigen Ärzte es zuließen. Die *Queen's Bench* (in der ersten der oben erwähnten Entscheidungen) bestätigte die Verweigerung der Landeerlaubnis mit der reichlich spitzfindigen Bemerkung, „landen" könne nur ein freier Mann, Soblen sei aber von allem Anfang an nicht frei, weil in Polizeigewahrsam des *Marshal* gewesen, wobei, ganz abgesehen davon, daß „landen" ein *terminus technicus* und kein rechtlich relevanter Willensakt ist, ununtersucht geblieben war, ob die Israelis nach internationalem Recht berechtigt gewesen waren, ihn unter Polizeigewahrsam abzuschieben. Das von Soblen angestrengte *habeas corpus*-Verfahren hatte in zwei Instanzen keinen Erfolg, ohne daß die gerichtlichen Entscheidungen voll oder auch nur beiläufig überzeugend gewesen wären. Die erste der oben angeführten Entscheidungen betraf den gegen den Ausweisungsbefehl des *Home Secretary* erhobenen Widerspruch. Die Ausweisung wurde, der ständigen Rechtsprechung folgend, als ein von den Gerichten nicht nachprüfbarer Exekutivakt angesehen. Praktisch aber lief der Ausweisungsbefehl darauf hinaus, daß Soblen wegen einer im Verhältnis zwischen dem Vereinigten Königreich und den Vereinigten Staaten nicht auslieferungsfähigen Straftat ausgeliefert wurde, wobei der *Home Secretary* und nicht der zu Deportierende, wiederum früheren Entscheidungen folgend, ermessensmäßig das Transportmittel wählen kann (aber keinesweg muß). Die Angelegenheit endete mit Soblens Selbstmord vor seiner Überstellung an die amerikanischen Beamten. Sie bedeutet auch kein Ruhmesblatt in der Geschichte der britischen Justizgebarung oder der Handhabung der Exekutivbefugnisse.

## 4. Die sogenannten feindlichen Ausländer

Der Begriff des feindlichen Ausländers (*enemy alien*) ist eine Kriegserscheinung und gilt nur, wenn die Krone sich im Krieg mit einer fremden Macht befindet. Er ist durchaus utilitär und stellt nicht auf die Staatsangehörigkeit des Betreffenden, sondern darauf ab, ob dieser der feindlichen Macht während des Krieges nützlich ist, insbesondere ob er mit ihr Handel treibt. Seit alters konnte daher auch ein *British subject*, sei es eine Einzelperson, eine Handelsfirma oder eine Korporation als feindlicher Ausländer gelten (viele Entscheidungen seit dem Ende des 17. Jahrhunderts, z. B. *Johnson v. Driefontein Consolidated Mines* [1902] [A. C. 484]). Umgekehrt konnte ein feindlicher Ausländer, der in England während des Krieges ansässig war, mit königlicher Erlaubnis als „freundlicher" Ausländer gelten (*Wells v. Williams* [1697] [Ld. Ryam. 282]). In der neueren Praxis erwies sich eine ausdrückliche Regierungserlaubnis als untunlich, und jeder Staatsangehörige eines Landes, mit dem sich die Krone im Kriegszustand befindet, gilt als freundlicher Ausländer, wenn er polizeilich angemeldet ist und die Polizei ihn gewähren läßt (*Thurn and Taxis* [*Princess*] *v. Moffit* [1915] [1 Ch. 58]). Freundliche Ausländer — und dies gilt selbst für den Fall, daß er ein Staatsangehöriger des Landes ist, mit dem sich die Krone im Krieg befindet — genießen die gleichen Rechte wie jeder englische Bürger. Die Charakterisierung als feindlicher Ausländer ist im ersten und im zweiten Weltkrieg besonders für Handelsgesellschaften bedeutungsvoll geworden, die unter die Verbotsbestimmungen der *Trading with the Enemy Acts* fielen (*Trading with the Enemy Act*) von 1939 [2 & 3 Geo. 6, c. 89])[1]. Eigentum und Vermögen feindlicher Ausländer unterliegen zwar nach Kriegsausbruch nicht der automatischen Beschlagnahme, sie kann aber von der Regierung verfügt werden. Die Verwaltung wird dann regelmäßig einem *Custodian of Enemy Property* übertragen, wobei unterstellt wird, daß die endgültige Verfügung darüber dem Friedensvertrag überlassen wird. Jedoch wurde nach dem letzten Krieg ohne einen solchen von den Siegerländern einseitig über das deutsche Eigentum verfügt (*Distribution of German Enemy Property Act* von 1949 [12, 13 & 14 Geo. 6, c. 85]). Die Besiegten und auch internationale Handelsinteressen haben gegen die Konfiskation von Privateigentum als einer Verletzung eines internationalen Rechtsgrundsatzes, der angeblich „die Heiligkeit des Privateigentums" auch im Krieg verbürgen soll, Widerspruch erhoben, jedoch zu Unrecht, da einmal kein solcher Rechtssatz besteht, zum anderen, da die beschlagnahmten Werte zur Befriedigung der Kriegsansprüche der eigenen Staatsangehörigen dienen.

Der feindliche Ausländer befindet sich während des Kriegszustandes in einer Lage verminderter Rechtsgleichheit. Verträge, die vor Kriegsausbruch von ihm mit Dritten eingegangen wurden, sind für die Kriegsdauer suspendiert, solche, die während des Krieges abgeschlossen werden, aber nichtig. Er kann vor keinem britischen Gericht eine Klage erheben und, war er Kläger in einem vor Kriegsausbruch eingeleiteten Prozeß,

---

[1] Siehe unten S. 372. Handel mit dem Feind war im übrigen auch nach *common law* verboten, wie schon in der Magna *Charta* (c. 1) niedergelegt.

keine Berufung einlegen. Aber auch der feindliche Ausländer kann während des Krieges Beklagter sein, um den britischen Staatsangehörigen und freundlichen Ausländern die Verfolgung ihrer Rechte zu ermöglichen. Die Gerechtigkeit gebietet dann, daß er, falls er hier unterliegt, während des Krieges Berufung einlegen und durchführen kann (*Porter v. Freudenberg* [1915] [1 K. B. 857] [Schlüsselfall]; *Eichengruen v. Mond* [1940] [1 Ch. 785]). Der Zweck all dieser Bestimmungen ist, jede Verbindung mit dem Kriegsgegner auszuschalten und ihn dadurch zu schädigen.

Im Zeitalter des totalen Krieges, der nicht nur zwischen den Regierungen, sondern auch zwischen den Völkern selbst geführt wird, ist neben das Bedürfnis, den Handel mit dem Feind zu unterbinden, auch mehr und mehr der Gesichtspunkt der Staatssicherheit getreten, um Spionage, Sabotage, Subversion und ähnliche feindliche Handlungen zu verhindern[1]. Die Ausnahmegesetzgebung während der beiden letzten Weltkriege räumte daher der Regierung sehr weitreichende Vollmachten zur Kontrolle der feindlichen Ausländer einschließlich ihrer Internierung für die Kriegsdauer (*Ex parte Liebmann* [1916] [1 K. B. 268]); *Netz v. Chuter Ede* [1946] [Ch. 224]) ein. Die Internierung ist gleichfalls als ein justizfreier Hoheitsakt (*act of state*) unter der königlichen Prärogative gerichtlich nicht nachprüfbar und es gibt gegen die Internierung kein *habeas corpus*-Verfahren (*R. v. Bottrill ex parte Kuechenmeister* [1947] [K. B. 41] [C. A.]) (Schlüsselfall).

## V. Die Auslieferung

### 1. Die Rechtslage im allgemeinen

Eine Person, die in einem Staat ein Verbrechen begangen und sich der heimischen Strafverfolgung durch Flucht in ein anderes Land entzogen hat, muß auf Antrag des Verfolgungsstaats vom Aufnahmestaat ausgeliefert werden. Die Selbsthilfe des Verfolgungsstaats, wie sie von den israelischen Strafverfolgungsbehörden im Fall des sich in Argentinien aufhaltenden Eichmann unternommen worden war, ist ein internationaler Rechtsbruch. Die Auslieferung durch den Aufnahmestaat ist zwischenstaatlich davon abhängig, daß zwischen ihm und dem die Auslieferung begehrenden Staat ein Auslieferungsvertrag abgeschlossen worden ist, daß die inkriminierte Handlung in beiden Staaten strafbar und im Vertrag als Auslieferungsgrund angeführt ist. Innerstaatlich ist erforderlich, daß ein gesetzlich geregeltes Auslieferungsverfahren besteht, nach welchem über die Überantwortung des strafrechtlich Verfolgten von den ordentlichen Gerichten entschieden wird und dies nicht ausschließlich dem Verwaltungsermessen überlassen ist.

---

[1] Siehe unten Kapitel 14, S. 360ff. über den Staatsschutz.

Die Auslieferung (*extradition*) von Personen an den sie strafrechtlich verfolgenden Staat regelt sich in Großbritannien nach dem *Extradition Act* von 1870 (33 & 34 Vict., c. 52) und den ihn seither ergänzenden Gesetzen. Das Auslieferungsbegehren muß von dem diplomatischen Vertreter des begehrenden Staats an das *Foreign Office* gerichtet werden und wird von diesem an den *Home Secretary* weitergeleitet, der seinerseits, falls es sich nicht um eine politische Straftat handelt, den *Chief Metropolitan Magistrate* anweist, die einstweilige Festnahme durch die Polizei zu verfügen. Gegen die Festnahme kann der Inhaftierte binnen fünfzehn Tagen beim *High Court* die Freilassung durch *habeas corpus*-Verfahren beantragen (*Extradition Act* von 1870, Sektion 11). Das Gericht verfügt sodann die Auslieferung, falls ihm die übermittelten Beweise genügend erscheinen (*R. v. Metropolitan Police Commissioner ex parte Savundranayan* [1955] [Crim. L. R. 309]), die in Frage kommende Handlung im Auslieferungsvertrag aufgeführt und auch in Großbritannien strafbar ist und falls die anderen Voraussetzungen ihm die Auslieferung zu rechtfertigen scheinen. Bei der Auslieferung von Personen, die nicht notwendigerweise *British subjects* sein müssen, die von einem Gebiet des *Commonwealth* in ein anderes flüchten, um der Anklage oder Bestrafung im früheren Aufenthaltsstaat zu entgehen, besteht nach dem *Fugitive Offenders Act* von 1881 (44 & 45 Vict., c. 69) ein im Vergleich zur Auslieferung von Ausländern vereinfachtes Verfahren: Die Auslieferung ist hier nur zulässig, wenn es sich um eine im Gesetz aufgeführte Straftat handelt, auf deren Begehung mehr als zwölf Monate Gefängnis stehen. Die Festnahme kann von jedem gewöhnlichen Magistrat verfügt werden, muß aber von anderen im Gesetz bezeichneten Stellen dann endgültig entschieden werden.

Bemerkenswert beim britischen Auslieferungsverfahren ist, daß auch die eigenen britischen Bürger ausgeliefert werden können, falls der betreffende Auslieferungsvertrag dies verfügt; das Vereinigte Königreich besteht hier nicht einmal auf Gegenseitigkeit. Es besteht also keine verfassungsrechtliche Pflicht der Nichtauslieferung der eigenen Staatsangehörigen, wie etwa nach Artikel 16, Abs. 2 des Bonner Grundgesetzes.

## 2. Politische Straftaten

Seit England, nach schweren inneren Kämpfen und blutigen Wirren, seine dauernde politische Form als rechtsstaatliches und freiheitliches Gemeinwesen gefunden hat, erwies es sich als ein zuverlässiger Hafen für politisch Verfolgte und als ein unerschrockener Gegner der Tyrannen und ihrer Knechte.

In der Mehrzahl der Auslieferungsverträge werden politische Straftaten, das heißt Handlungen, welche an sich strafbar sind, aber aus politischen Gründen begangen werden, von der Auslieferung ausgeschlossen.

Von dieser politischen Tradition wird auch in der britischen Auslieferungspraxis nicht abgewichen (Gesetz von 1870, Sektion 3) (*Re Castioni* [1891] [1 Q. B. 149]). So konnte die Mannschaft eines polnischen Fahrzeugs, das sich in einen englischen Hafen geflüchtet hatte, um der politischen Verfolgung im Heimatland zu entgehen, das Auslieferungsbegehren erfolgreich abwehren (*R. v. Governor of Brixton Prison ex parte Kolczynski* [1955] [1 Q. B. 540]). Im allgemeinen gilt eine als Verbrechen angesehene Handlung dann als politisch, wenn mehrere Parteien um die Herrschaft im Staat ringen. Eine an sich strafbare Handlung (hier Kindsentführung) wird nicht dadurch zu einer der Auslieferung entgegenstehenden politischen Handlung, weil sie von religiösen Motiven (hier die Sicherung einer jüdisch-orthodoxen Kindererziehung) motiviert ist (*Re Shalom Schtraks* [1962] [2 All E. R. 176] [Q. B.]; *Schtraks v. Government of Israel* [1962]; [3 All E.R. 529] [H. L.]); *The Queen v. Governor of Brixton Prison, ex parte Schtraks* [1964] [A. C. 556]). Einzelakte von Gewaltsamkeit, etwa ein anarchistischer Mord, werden daher unter dem britischen Gesetz nicht als politisch indiziert angesehen und der Täter unterliegt der Auslieferung (*Re Meunier* [1894] [2 Q. B. 415]).

Bei politischen Straftaten ist die Auslieferung also an sich nicht ausgeschlossen, wird aber in der Regel verweigert, wenn sie den Geboten der Menschlichkeit zuwiderliefe (*R. v. Governor of Brixton Prison ex parte Naranjan Singh* [1962] [1 Q. B. 211]). Der *Court of Appeal* ist zur Abhilfe zuständig (*De Demko v. Home Secretary* [1959] [A. C. 654] [H. L.]).

Der wohl sensationellste Fall einer Anwendung des *Fugitive Offenders Act* von 1881 war *R. v. Governor of Brixton Prison es parte Enaharo* ([1963] [2 All E. R. 477] (Q. B]). Anthony Enaharo, ein nach England geflüchteter Stammeshäuptling und führendes Mitglied der Opposition im Bundesparlament von Nigeria, war in seinem Heimatstaat wegen Hochverrats angeklagt worden und sollte zur Aburteilung dorthin ausgeliefert bzw. ausgewiesen werden. Der *Divisional Court* versagte den Antrag auf *habeas corpus* und das *House of Lords* die Zulässigkeit der Revisionseinlegung. Damit war der *Home Secretary* allein zur Entscheidung über Nigerias Auslieferungsantrag zuständig geworden. Die gesamte britische Öffentlichkeit nahm an der Angelegenheit leidenschaftlichen Anteil, da der Angeklagte in seinem Heimatstaat mit der Todesstrafe rechnen mußte. Eine Delegation von Parlamentsabgeordneten aller Parteien wurde beim *Home Secretary* vorstellig, um die Auslieferung zu verhindern. Dieser, offensichtlich selbst unschlüssig, legte vor Unterzeichnung des Auslieferungs-*warrant* die Angelegenheit dem Unterhaus vor – eine Maßnahme, die ohne Präzedenz war –, welches nach zweitägiger Debatte mit Abstimmung die Auslieferung für gerechtfertigt erklärte (10. April 1963)[1]. Auch dann unterzeichnete der *Home Secretary* den Auslieferungsbefehl

[1] 674 H. C. Deb. cs. 1271 ff.; 675 H. C. Deb. cs. 1287 ff.

immer noch nicht, da inzwischen ein neues *habeas corpus*-Verfahren in Gang gekommen war, in welchem der Inhaftierte neben anderen Verfahrensverletzungen geltend machte, der *Home Secretary* habe, statt seiner gesetzlichen Pflicht ermessensmäßig allein nachzukommen, die Verantwortung mit dem Unterhaus geteilt. Dieses Argument, das unter anderen Umständen als legislative Einmischung in eine Exekutivhandlung beachtenswert gewesen wäre, wurde von *Chief Justice* Lord Parker und der von ihm präsidierten *Queen's Bench* aber einstimmig zurückgewiesen, dem *Home Secretary* wurde attestiert, daß er das Menschenmögliche getan und eine pflichtverletzende Abwälzung der Verantwortung nicht vorgelegen hab. Ein von der Labour-Opposition eingebrachtes Mißtrauensvotum wurde zwar von der Regierung mühelos gewonnen, brachte aber eine der tumultuösesten Sitzungen des Unterhauses seit der Suezkrise. Enaharo wurde nach seiner Auslieferung an Nigeria zu einer siebenjährigen Kerkerstrafe verurteilt[1, 2].

Der Fall beweist, daß das vor mehr als achtzig Jahren erlassene Gesetz in einem Zeitpunkt, wo die Stellung Großbritanniens zu den *Commonwealth*-Mitgliedern grundlegend geändert ist, einer neuerlichen Überprüfung unterzogen werden sollte. Denn dieses verstaubte Requisit aus der imperialen Rumpelkammer beginnt neuerdings sich insofern zu einer ernsten Gefährdung einer gesitteten Rechtspflege zu entwickeln, als die illegalen Gewaltherrschaften meist militärischer Observanz, die in zahlreichen Staaten des *Commonwealth* die Macht ergriffen haben, von Großbritannien die Auslieferung dorthin geflüchteter Funktionäre des gestürzten Regimes unter dem Vorwand von angeblich begangenen

---

[1] Bei einem Militärputsch in Nigeria wurde Enaharo vorzeitig in Freiheit gesetzt (3. August 1966).

[2] Die Angelegenheit hatte ein Nachspiel, wie es nur in England vorkommen kann. Reginald Paget, Labour-Parlamentsmitglied seit 1945, hier aber in seiner Eigenschaft als *barrister* — *Queen's Counsel* — handelnd, beantragte bei der Disziplinarbehörde der Juristeninnung des *Inner Temple* ein Verfahren gegen den *Attorney-General* der britischen Regierung Sir John Hobson wegen standeswidrigen Verhaltens bei der Ausweisung des nigerischen Häuptlings Enaharo mit dem Vorbringen, er habe in amtlicher Eigenschaft das Unterhaus getäuscht: Der Widerstand der Commons gegen die Ausweisung, die in der Tat eine Auslieferung war, gründete sich vor allem darauf, ob dem Angeklagten vor seinem Heimatgericht die Vertretung durch Anwälte seiner eigenen Wahl gestattet würde; der *Attorney-General* habe aber dem Unterhaus verschwiegen, daß die Regierung von Nigeria zwei von Enaharo bestimmte Anwälte nicht zulassen würde. In der mehr als sechshundertjährigen Geschichte der *Inns of Court* war es bisher niemals vorgekommen, daß der nach dem *Lord Chancellor* höchste Justizbeamte des Königreichs, der als *Attorney-General* der amtliche Vorstand der gesamten Bar ist, sich hätte vor seinen Standesgenossen verantworten müssen. Dreißig der insgesamt einhundertzehn *masters* des *Inner Temple* nahmen an der Verhandlung teil (21. und 22. Oktober 1963). Das ohne Zulassung der Öffentlichkeit abgehaltene Verfahren endete mit Freispruch. Gründe werden bei Freispruch herkommensmäßig nicht angegeben.

gemeinen Verbrechen (Korruption) verlangen, denen nach der bestehenden Rechtslage entsprochen werden muß und denen gegenüber die zeitweise Suspendierung der Auslieferung durch den Innenminister nicht durchschlägt. Die britische Regierung legte daher (Mai 1966) dem Parlament einen Gesetzentwurf vor, der, im Benehmen mit den Justizämtern der *Commonwealth*-Staaten, unter Abänderung des einschlägigen Sektion 10 des Gesetzes von 1881, die Auslieferung bei offensichtlich politischen Strafverfolgungen für unzulässig erklärt[1].

## Neuntes Kapitel

# Die Bürgerrechte I: Die Freiheit der Person

## I. Vorbemerkung zum Gesamtkomplex der Bürgerrechte

### 1. Der pragmatische Charakter der englischen Freiheitsrechte

Das Wesen einer rechtsstaatlichen Gemeinschaftsordnung oder „Verfassung" liegt in dem Schutz, den sie den Machtadressaten gegen willkürliche Einwirkungen der Machtträger auf ihre Persönlichkeitssphäre gewährt, oder, anders ausgedrückt, in dem Schutz, den die Bürger gegenüber den Regierungsmaßnahmen genießen, die, vom Standpunkt der allgemein gültigen Gesetze aus gesehen, auch dann rechtswidrig sind, wenn sie unter dem Vorwand des öffentlichen Interesses vorgenommen werden. Der Begriff der bürgerlichen Freiheitsrechte[2] ist demnach der Kern des Rechtsstaats (*rule of law*). Was die heutige „Gestalt" der britischen Verfassungsordnung als der Freiheit von Staatswillkür ausmacht, kann füglich als das Ergebnis der im Laufe der Jahrhunderte sich einstellenden Beschränkungen der Staatsmacht angesehen und in diesem Sinn beschrieben werden. Die bürgerlichen Freiheitsrechte sind daher weit weniger „abstrakte" Postulate einer bestimmten, hier der naturrechtlichen

[1] Eine dementsprechend veränderte Einstellung der Gerichte, hier des *House of Lords*, scheint sich in *Armah v. Government of Ghana and Another* ([1966] [*T.L.R.* 12. August 1966]) anzubahnen.

[2] Die Terminologie macht hier einige Schwierigkeiten. Der englische Ausdruck *civil liberties* bedeutet Freiheitsrechte, Bürgerrechte oder auch die „Grundrechte" des deutschen Verfassungsrechts. Die Wiedergabe mit „bürgerlichen Freiheitsrechten" oder schlechthin „Bürgerrechten" scheint am zweckmäßigsten. Von „Grund"-rechten allerdings kann kaum gesprochen werden, da jedes Bürgerrecht durch Parlamentsgesetz einschränkbar ist (siehe unten S. 264ff.). Der Ausdruck *basic rights* ist daher ganz und gar unüblich. Diese eigentlichen Freiheitsrechte sind jedoch von den politischen Bürgerrechten zu unterscheiden, die unter anderem im Wahlrecht für das Unterhaus und die lokalen Vertretungskörperschaften, in der Abberufung eines MP durch Nicht-Wiederwahl, im Zugang zu den Gerichten und anderen Dingen mehr bestehen, alles Gegenstände, die bereits früher besprochen wurden.

Ideologie, wie es bei den rationalisierten Rechtserklärungen der französischen Revolution weitgehend der Fall und auch charakteristisch für die amerikanische Freiheitsmetaphysik war; vielmehr reflektieren sie die im *common law* und in bestimmten Gesetzen enthaltenen politischen Konzessionen, die eine bestimmte, sich mit dem „Volk“ identifizierende Klasse den jeweiligen Machtträgern aufzwang, wenn diese ihre Machtausübung über das für die Machtadressaten erträgliche Maß auszudehnen versuchten. Alle englischen Gesetze, die heute die Grundlage der bürgerlichen Freiheitsrechte bilden, verdanken demnach ihre rechtliche Geltung konkreten Anlässen als im Kampf mit der Obrigkeit erzwungene Zugeständnisse zum Schutz der bürgerlichen Persönlichkeitssphäre. Statt metaphysisch, etwa als aus der menschlichen Natur abgeleitet oder durch göttliche Offenbarung enthüllt zu sein, sind sie durchaus pragmatischen Ursprungs und Inhalts, bedingt durch die jeweilige politische Spannungslage, was allerdings die gerade federführenden politischen „Ideologen“ nicht hinderte, sie nachträglich zu „Grund“rechten der menschlichen Gesellschaft zu verabsolutieren. Ihre wirkliche Bedeutung im englischen Milieu besteht aber darin, daß sie nicht nur Maximen oder Standards, sondern, soweit sie bestehen, auch gerichtlich erzwingbar sind.

## 2. Zur geschichtlichen Entwicklung der Freiheitsrechte

### a) Die Magna Charta

Diese Verabsolutierung konkret-geschichtlicher Vorgänge trifft in weitem Maß bereits bei der den Grundstein der englischen Freiheit bildenden *Magna Charta*[1] (1215) zu. Sie gilt heute in der gesamten angelsächsischen Welt und weit darüber hinaus als die Wiege englischer und damit abendländischer Freiheit, war aber damals nichts anderes als eine jener in der Feudalzeit vielfach in Europa üblichen Formalisierungen der wechselseitigen Vertragsverpflichtungen, die den König banden, die verbrieften Rechte seiner Vasallen zu achten. Da die Opposition der Barone und Prälaten sich der Unterstützung weiter Volkskreise versichern wollte, fiel für alle Stände und Klassen der Untertanen etwas ab, was dann im Laufe der Zeit in absolute allgemein-gültige „Rechte“ der „Bürger“ umgedeutet wurde: Die Kirche sollte frei von weltlicher Bevormundung sein, London und die anderen Städte ihre Gebräuche und Freiheiten genießen, die Kaufmannschaft frei von ungerechter Besteuerung sein und die *freemen*, als der sozial-wirtschaftliche Unterbau der Gesellschaft anerkannt, sollten, wie das nachmals so berühmt gewordene Kapitel 39 besagt, in ihren Freiheits- und Eigentumsrechten nicht beeinträchtigt (“*captured or imprisoned or desseised*“) und nur durch rechtmäßiges Urteil ihrer Standesgenossen („*by the lawful judgement of his peers*“) und nach dem

[1] Über diese siehe Bd. I S. 5f.

geltenden Recht („*by the law of the land*") zur Rechenschaft gezogen werden können. Daraus und aus der folgenden Bestimmung (c. 40) der Absage der Krone an Rechtsverweigerung und Rechtsverzögerung („*To no one will we sell, to no one will we deny or delay right or justice*"), wurde in der nachherigen nationalen Legendenbildung, vor allem während des Kampfes des Bürgertums gegen die Stuarts im 17. Jahrhundert, der Anspruch auf Verhandlung vor den Geschworenen und auf den *writ of habeas corpus* abgeleitet, obwohl ersterer aus anderen Quellen entsprang und letzterer erst viel später gesetzmäßig wurde. Aber Juristen wie Politiker nahmen später keinen Anstand, den einschlägigen Bestimmungen der *Magna Charta* als der Quelle der prozessualen und materiellen Freiheitsrechte zu huldigen.

### b) Die gesetzlichen Formulierungen des 17. Jahrhunderts

Drei Jahrhunderte später, in der Zeit des sogenannten Tudor-Despotismus, bewirkten die große Sozialrevolution der Reformation und die außenpolitische Bedrohung durch das katholische Spanien eine lang andauernde und segensreiche Allianz zwischen Parlament und Krone, gefolgt von dem, was als das heroische Zeitalter des englischen Konstitutionalismus zu gelten hat, dem Kampf des Parlaments gegen die rechtsstaatlich nicht tragbare Willkür der königlichen Stuarts. Er endete nach schweren und blutigen Wirren zu Ende des 17. Jahrhunderts mit dem Sieg des ersteren oder vielmehr der das Parlament beherrschenden Whig-Aristokratie über die sich auf das Gottesgnadentum berufenden absolutistischen Machtansprüche der Monarchen. Die der Krone in der mit Recht die Glorreiche geheißenen Revolution aufgezwungenen Konzessionen sind in den damaligen und auch heute noch die Grundlage der Freiheitsrechte bildenden Gesetzgebungsakten niedergelegt.

Schon die Charles I. abgerungene *Petition of Rights* von 1628 (3 Cha. 1, c. 1), an sich eine die Krone rechtlich nicht bindende bloße Willenskundgebung des Parlaments, hatte neben staatsrechtlich bedeutsamen Postulaten, wie dem Verbot der Steuerauferlegung ohne Parlamentsermächtigung, auch eine Reihe von echten individuellen Freiheitsrechten enthalten: Der Befehl des Souveräns allein bildet keinen genügenden Rechtsgrund für die Inhaftierung eines seiner Untertanen; niemand darf verhaftet oder verurteilt werden außer nach Recht und Gesetz, wie sich die weltberühmte Klausel „*under due process of law*" annähernd wiedergeben läßt; Standrecht (*martial law*) ist in Friedenszeiten unzulässig und Militär darf nicht in Privatquartiere gelegt werden. Aber die parlamentsgesetzliche Anerkennung der Bürgerrechte erfolgte erst mit der *Bill of Rights* von 1688 (1 Will. 3 & Mary, sess. 2, c. 2), die sich die bitteren Erfahrungen willkürlicher Kronmaßnahmen unter der Restauration nutzbar machen konnte. Sie enthielt außer der Grundlegung des parlamentarischen Verfassungsstaats in einer Reihe politischer Einrichtungen und der Abstellung eingerissener politischer Mißstände die folgenden konkreten Bürgerrechte: Die Gleichheit vor dem Gesetz, hier in der Form des Verbots der Befreiung eines Einzelfalls durch königliches *fiat* von der Geltung der allgemeinen Gesetze; das uneingeschränkte Petitionsrecht und das Recht des Waffentragens für die (protestantischen) Bürger; die Meinungsfreiheit für die Parlamentsdebatten, woraus dann im Laufe der Zeit die allgemeine Meinungsfreiheit abgeleitet wurde, und schließlich die formelle Bekräftigung der bereits früher gewährten, aber oft mißachteten prozessualen Freiheitsrechte; das Verbot einer übermäßigen Kaution (bei gerichtlich verfügter Haftentlassung); das Recht auf Geschworenengerichte und die Rechtswidrigkeit von Vermögensauflagen vor erfolgter Verurteilung. Überdies bestätigt die *Bill of Rights* in aller Form die gesetzlich nicht aufgeführten, aber nach *common law* geltenden Bürgerrechte („*the ancient, true and indubitable rights of the people of the realm*“). Der *Act of Settlement* von 1700 (12 & 13 Will. 3, c. 2) schließlich vollendete den verfassungsrechtlichen Aufbau der nunmehr konstitutionell gewordenen Monarchie, ohne allerdings den Bürgerrechten unmittelbare Aufmerksamkeit zu schenken.

Im Vergleich mit den seit der französischen Erklärung der Menschen- und Bürgerrechte von 1789 üblichen Katalogen mögen diese gesetzlichen Grundlagen mager erscheinen; es fehlt ihnen auch die spätere Sublimierung von Bürger- zu Menschenrechten. Aber sie boten den *common law*-Gerichten ausreichende Handhaben zum Schutz und Ausbau der englischen Freiheit. Alle seitherigen Rechteerklärungen sind diesem Vorbild verschuldet. An ihrer unverkürzten Geltung hat sich während der verflossenen drei Jahrhunderte nichts geändert, außer daß sie gerichtlich laufend schärfer profiliert und daß ihre Ausübung gesetzlich bei verschiedenen Anlässen gewissen sozial gebotenen Einschränkungen unterworfen wurde.

## 3. Die Geltung der Freiheitsrechte

Die Geltung der bürgerlichen Freiheitsrechte unterscheidet sich in Großbritannien von derjenigen in Staaten mit einer geschriebenen Verfassung, wo sie meist in der Form einer sie zusammenfassenden Rechteerklärung in die Verfassungsurkunde selbst aufgenommen, somit „verfassungskräftig“ sind. Wo dies der Fall ist, wie in den Vereinigten Staaten und der Deutschen Bundesrepublik, ergibt sich die überaus wichtige Folge, daß ein Abweichen des Gesetzgebers vom verfassungskräftig formulierten Grundrecht nur durch eine Verfassungsänderung möglich ist, oder zumindest, wie unter Weimar, eines „verfassungsändernden Gesetzes“ mit den dafür vorgeschriebenen parlamentarischen Mehrheiten bedarf.

Demgegenüber kann nicht stark genug betont werden, daß es in Großbritannien überhaupt keine sogenannten „Grund“rechte gibt; denn sie können nach Gegenstand und Inhalt, Reichweite und Geltendmachung durch das gewöhnliche einfache Parlamentsgesetz bestimmt werden. Das einfache Parlamentsgesetz kann jedes Freiheitsrecht abändern, einschränken, seine Ausübung von bestimmten Bedingungen abhängig machen oder zeitweise ganz oder teilweise außer Kraft setzen. Auch die angeblichen Grundrechte müssen sich der Parlamentssouveränität beugen[1]. Solche Eingriffe des Parlaments in die geschichtlich entwickelte bürgerliche Freiheitssphäre sind zwar keineswegs alltäglich, aber dann, wenn ein durch die Erfordernisse eines gesitteten Gemeinschaftslebens gegebener Anlaß dazu besteht, auch keineswegs ganz selten. Eine Aufzählung ist nicht möglich; Einzelheiten werden nachstehend im Verlauf der Darstellung angeführt werden[2]. Die britische Verfassung kennt also keine „garantierten" Freiheitsrechte (*Liversidge v. Anderson* [1942] [A. C. 206]) (Schlüsselfall). Es würde auch einem Engländer nicht einfallen, sich eines „Grund"rechts des Brief- oder Fernmeldegeheimnisses zu rühmen. Gewohnheit und Zweckmäßigkeit legen normalerweise ihre Aufrechterhaltung nahe; findet aber das Parlament einen vernünftigen Grund, davon Ausnahmen zu machen, wird der Brauch eben durch Gesetz durchbrochen oder eingeschränkt.

Dazu kommt aber noch ein weiteres. Wie schon Dicey richtig erkannt hatte[3], ist nicht eine hypothetische Verfassung die Quelle der Individualrechte, sondern umgekehrt sind es diese ihrerseits, die bestimmen, was die „Verfassung" ist. Das bedeutet praktisch — hier wiederum im Gegensatz zu einer Verfassung mit einem Katalog von Freiheitsrechten —: Geltung und Erstreckung der bürgerlichen Freiheitsrechte ergeben sich aus dem *common law*, wie es von den Gerichten ausgelegt wird, und aus den Gesetzen, welche sie nicht etwa abstrakt statuieren, sondern lediglich ihre praktische Aussühnung regeln. Das bedeutet, daß, wer gegen ein Gesetz verstößt, das zum Schutz der anderen Bürger oder der Allgemeinheit dient, sich den dem Verletzten zustehenden zivil- und strafrechtlichen Rechtsbehelfen aussetzt. Wer rechtswidrig in die Freiheitssphäre eines anderen eingreift, ist diesem schadenersatzpflichtig. Die Reichweite der Individualrechte richtet sich also nach den allgemeinen Gesetzen und nicht nach einer abstrakten Norm. Die Meinungsfreiheit besteht nach *common law*, aber wer sie dazu benutzt, um einen anderen zu beleidigen, sieht sie entscheidend durch die Folgen der Beleidigung eingeschränkt. Das Recht auf Privateigentum besteht, soweit seine Benutzung nicht

[1] Siehe Bd. I, S. 61 ff.

[2] Beispiele wären: *Law of Libel Amendment Act* von 1888 (51 & 52 Vict., c. 64); *Defamation Act* von 1952 (15 & 16 Geo. 6 & 1 Eliz. 2, c. 66); *Incitement to Disaffection Act* von 1934 (24 & 25 Geo. 5, c. 56) (alle diese Gesetze sind Einschränkungen der Meinungsfreiheit); *Public Order Act* von 1936 (1 Edw. 8 & 1 Geo. 6, c. 6) (Einschränkung der Vereinigungs- und Versammlungsfreiheit).

[3] *Law of the Constitution*, 10. Aufl., S. 203.

dem Nachbarn schädlich ist oder es eben gesetzlich beschnitten ist. Die Bürger dürfen sich frei und ohne polizeiliche Erlaubnis versammeln, soweit ihnen hier nicht gewisse Vorschriften zur Aufrechterhaltung der öffentlichen Ordnung oder des Verkehrs Schranken auferlegen.

So paradox es auch klingen mag, nicht für den Engländer, wohl aber für den Ausländer: Der Schutz der bürgerlichen Freiheitsrechte besteht nicht in einem Katalog von Rechten, die für die Behörden oder die anderen Bürger unantastbar sind, sondern in den gewöhnlichen Regeln des Privatrechts, das für Vertrag und unerlaubte Handlung einschlägig ist, und des Strafrechts, das bestimmte Handlungen unter Strafandrohung stellt. Das *common law* und seine statutarischen Ergänzungen, wie es von den ordentlichen Gerichten gehandhabt wird, sichern dem Einzelnen dadurch den Schutz seiner bürgerlichen Freiheitsrechte zu.

Um zusammenzufassen: Es gibt keine allgemeine Garantie der bürgerlichen Freiheit; aber rechtswidrige Beeinträchtigungen durch die Behörden oder Dritte können mit Hilfe der nach dem allgemeinen Recht gegebenen Mittel abgewehrt werden. Die Engländer sind mit dieser „Relativierung" der Freiheit sicherlich nicht schlechter gefahren als andere Völker, die sie in Formeln gefaßt und katalogisiert oder gar „verabsolutiert" haben.

## 4. Die Grenzen der gesetzgeberischen Beschränkung der Freiheitsrechte

Im Zusammenhang mit der Geltung der Bürgerrechte bedürfen schließlich noch zwei Probleme der Erörterung, nämlich welche Grenzen der Parlamentssouveränität in der Beschränkung der Bürgerrechte gesetzt sind und ferner, ob eine formelle Katalogisierung der als bestehend anerkannten Bürgerrechte ihre Geltungskraft verstärken könnte.

Auszugehen wäre von der Tatsache, daß das souveräne Parlament ein Gesetz jedweden Inhalts mit einfacher Mehrheit erlassen kann, auch wenn es ein angebliches Grundrecht einschränken oder gar aufheben würde, und weiter von der unbestrittenen Rechtslage, daß die Gerichte durch ein Parlamentsgesetz ein für alle Male gebunden sind. Es wäre daher theoretisch keineswegs unmöglich, daß eine Parteimehrheit — und die britische Regierung ist nun einmal eine Parteiregierung — einem Bürgerrecht entscheidend Abbruch tun könnte. Auch in Großbritannien ist eine Parteimehrheit nicht über einen möglichen Mißbrauch ihrer Machtvollkommenheiten erhaben. Aber diese Gefahr ist beim politischen Klima des Inselreichs gering[1]. Das Gegengewicht gegen die Hybris einer Parteimehrheit im Parlament besteht in der Vitalität der repräsentativen Einrichtungen und in dem in der Nation fest verankerten Bewußtsein der

[1] Siehe auch Bd. I, S. 79f.

Grundsätze des Rechtsstaats. Der potentiellen Einbuchtung oder sogar Aufhebung der Grundrechte, wenn man von solchen sprechen will, sind ein oder sogar mehrere Riegel vorgeschoben. Selbst einer Regierung, die über eine überwältigende Parteimehrheit verfügt, sind dadurch Grenzen gesetzt, daß sie ihre eigenen Parteianhänger überzeugen muß; sie kann trotz der strikten Parteidisziplin ihrem Gewissen kein Diktat auferlegen. Die *rank and file* der Regierungspartei geht nur bis zu einem bestimmten Punkt mit; triebe man sie darüber hinaus, würde sie rebellieren.

Nicht genug damit: Die parlamentarische Opposition wacht, sie kann geschäftsordnungsmäßig nicht mundtot gemacht werden. Sie kann und wird Bedenken und Widerspruch gegenüber einer ihr gefährlich erscheinenden Ausnutzung der Parlamentssouveränität geltend machen. Damit wird aber die öffentliche Meinung auf den Plan gerufen und keine Regierung, mag sie auch über eine noch so große Mehrheit verfügen, kann sie vor den Kopf stoßen. Auch darf in diesem Zusammenhang das Oberhaus, wo die Parteibindungen viel lockerer sind als in den Commons, nicht außer acht gelassen werden. Vor allem aber besteht auch die unabhängige Presse als das Ventil der öffentlichen Meinung. Würde beispielsweise die Pressefreiheit angetastet werden[1], so wäre mit ihrem äußersten Widerstand zu rechnen. Kurz, einem eventuellen politischen Mißbrauch der sich auf die Parlamentssouveränität stützenden Parteimehrheit, also einer Überspitzung der Souveränität des Gesetzgebers, sind im englischen Milieu unübersteigliche Grenzen gesetzt, auch ohne daß es einer verfassungskräftigen Formalisierung der Grundrechte bedürfte, wie dies in Staaten mit einer geschriebenen Verfassung der Fall ist. Und in Zeiten eines wirklichen nationalen Notstands fehlt es nie an der wirklichen nationalen Einigkeit, welche die Individualrechte zeitweise hinter das Wohl der Nation zurückzustellen bereit ist.

Dies führt zu einer benachbarten Frage: Ob der bürgerlichen Freiheit mit der auch in Großbritannien derzeit zur Diskussion stehenden Errichtung eines parlamentarischen Kommissärs nach Art des skandinavischen *Ombudsman* wesentlich gedient wäre, der Beschwerden der Bürger über die Verletzung ihrer Bürgerrechte nachgeht, mag füglich bezweifelt werden. Die gerichtlichen und verwaltungsmäßigen Kautelen gegen Machtmißbrauch der Regierung und ihrer Behörden sind so ausgedehnt, daß er kaum viel zu tun hätte, auch wenn er als Entlastung der Fragestundentechnik nicht ohne Nutzen wäre. Würde sich aber eine Katalogisierung der wichtigsten Bürgerrechte in der Form eines (einfachen, nicht verfassungskräftigen) Gesetzes empfehlen, wie dies vor einigen Jahren (1958) in Kanada der Fall war?[2] Eine derartige gesetzliche Katalogisierung

[1] Siehe unten S. 306ff.

[2] Siehe EDWARD McWHINNEY, *The Canadian Constitution*, Jahrbuch des öffentlichen Rechts der Gegenwart N. F., Band 8 (1959), S. 438ff.

könnte zwar, so wird bei Befürwortung dieses Vorschlags geltend gemacht, dem Parlament die einfach-gesetzliche Begrenzung nicht verbieten, wohl aber eine Art rotes Licht darstellen, um einer übermäßigen Einbuchtung der Bürgerfreiheiten Einhalt zu gebieten. Man mag zweifeln, ob die kanadische Neuerung wirklich so zweckmäßig ist wie ihre konservativen Befürworter damals annahmen. Ganz abgesehen davon, daß eine solche Formalisierung in Großbritannien völlig aus dem Rahmen der Dynamik der Verfassung fallen würde, wäre sie schon um dessentwillen überflüssig, weil die Praxis der Bürgerfreiheit auf den allgemeinen Gesetzen beruht und, wie gezeigt, in der Obhut der Gegenkräfte der Opposition und der öffentlichen Meinung steht, die sich gegen jede Überspannung der Gesetzesallmacht durch die Parlamentssouveränität auflehnen würden.

## II. Rechtmäßige und rechtswidrige Entziehung der persönlichen Freiheit

### 1. Der Begriff der persönlichen Freiheit

Nach englischer Rechtsauffassung und vor allem im Licht der gerichtlichen Entscheidungen besteht die Freiheit der Person oder die persönliche Freiheit im wesentlichen im Recht des *British subject*, in seiner Bewegungsfreiheit im Bereich des Vereinigten Königreichs (und zumindest grundsätzlich auch seiner Kolonien und Territorien) gegen seinen Willen keinerlei Beschränkungen unterworfen zu sein. Bewegungsfreiheit bedeutet hier nicht nur Freizügigkeit innerhalb des britischen Gebiets[1], sondern in erster Linie die Freiheit, ohne Einwirkungen von außen sein eigenes Leben führen zu können. Andere Aspekte der persönlichen Freiheit — das Recht auf Leben und körperliche Unversehrtheit — werden dabei zwar mitverstanden, sind aber in der Rechtsprechung weit weniger hervorgetreten als das Recht der Bewegungsfreiheit. In das Recht auf das Leben kann von staatswegen nach zwei Richtungen hin eingegriffen werden. Der Bürger, der nach Maßgabe der von Fall zu Fall erlassenen Wehrpflicht-Gesetzgebung (*National Service Armed Forces Act* von 1939 [2 & 3 Geo. 6, c. 81] und von 1941 [4 & 5 Geo. 6, c. 15]) zum Wehrdienst (*conscription*) einberufen ist, muß der Nation sein Leben zur Verfügung stellen. Wer sich eines mit der Todesstrafe bedrohten Kapitalverbrechens (*capital crime*) schuldig gemacht hat und auf Grund des Gesetzes vom zuständigen Gericht rechtskräftig zur Todesstrafe verurteilt wurde, muß

---

[1] Über die wichtige Einschränkung der imperialen Freizügigkeit des *British subject* durch den *Commonwealth Immigrants Act* von 1962 siehe oben S. 245ff.

es mit seinem Leben büßen[1]. Leibesstrafen sind längst abgeschafft und Körperstrafen nach *common law* nur mehr bei der Haus- und Schuldisziplin, längst aber nicht mehr bei Heer und Flotte zulässig.

Der Schwerpunkt der persönlichen Freiheit liegt also in Großbritannien auf der widerrechtlichen Freiheitsentziehung. Wenn die persönliche Freiheit positiv die ungehinderte Bewegungsfreiheit ist, so besteht sie negativ darin, daß eine Freiheitsentziehung nur aus bestimmten allgemein geltenden Rechtsgründen erfolgen darf. Wird also ein britischer Bürger aus irgendwelchen Gründen Beschränkungen seiner Bewegungsfreiheit unterworfen, hat er Anspruch darauf zu erfahren, aus welchen Rechtsgründen ihm die Beschränkung auferlegt wird. Wiederum wird das Bürgerrecht hier durch die ordentlichen Gesetze bestimmt: Bei rechtswidriger Freiheitsentziehung steht ihm gegen den Entzieher Anspruch auf Schadenersatz und gegebenenfalls auf strafrechtliche Verfolgung wegen widerrechtlicher Freiheitsentziehung (*false imprisonment*) zu.

Für die neuerdings vom Freiheitsethos in den Vordergrund gerückten Verfeinerungen der persönlichen Freiheit — freie Entfaltung der Persönlichkeit, Freiheit der Berufswahl und des Arbeitsplatzes, der Teilnahme an und des Genusses der den Gemeinschaftsmitgliedern gebotenen kulturellen Werte – mit allen Aspekten also, welche mittelbar oder unmittelbar die persönliche Freiheit zur Menschenwürde ausweiten wollen — zeigen das englische Recht und die Rechtsprechung keinerlei Interesse. Alle diese Dinge verstehen sich für den praktischen Engländer von selbst; wo erforderlich, sind sie durch Gesetz oder Verordnung geregelt.

Das Bürgerrecht der persönlichen Freiheit und dasjenige der freien Verfügung des Bürgers über sein Eigentum sind benachbart und berühren sich vielfach. Aus praktischen Gründen wird die persönliche Freiheit in diesem, die freie Eigentumsverfügung im nächsten Kapitel behandelt.

---

[1] Unter dem vielumstrittenen *Homicide Act* von 1957 (5 & 6 Eliz. 2, c. 11) konnte die Todesstrafe bei Mordtaten nur mehr wegen *capital murder* verhängt werden. Darunter fielen vor allem die Gesellschaftsordnung bedrohende Mordtaten, wie ein Mord, der anläßlich eines Diebstahls oder Einbruchs, zur Vermeidung einer rechtmäßigen Verhaftung begangen wurde und vor allem derjenige, dem ein Polizeibeamter in der Ausübung seiner dienstlichen Verpflichtungen zum Opfer gefallen ist. Die unter der Regierung Wilson eingebrachte *private member*-Vorlage zur völligen Abschaffung der Todesstrafe bei Mord wurde im Unterhaus in einer parteientbundenen Abstimmung mit der überzeugenden Mehrheit von 355:170 Stimmen und im Oberhaus mit der noch überraschenderen von 204:104 angenommen. Die Maßnahme, deren Geltungsdauer zur weiteren Erprobung zunächst auf fünf Jahre beschränkt sein sollte, wurde als *Murder (Abolition of Death Penalty) Act* von 1965 (Eliz. 2, c. 71) Gesetz. Die Todesstrafe kann jedoch bei anderen schweren Straftaten, besonders im Rahmen des Staatsschutzes, nach wie vor verhängt werden.

## 2. Rechtlich begründete Freiheitsentziehung

Die wesentlichen Rechtsgründe für eine zulässige Freiheitsentziehung sind: Verhaftung durch die zuständige Behörde bei Verdacht einer strafbaren Handlung und die Fortdauer der Haft bis zum Abschluß der gerichtlichen Verhandlung, falls das Rechtsmittel der gerichtlichen Freistellung durch das *habeas corpus*-Verfahren nicht durchschlägt;
Freiheitsentziehung nach erfolgter Verurteilung durch das zuständige Gericht einschließlich der Überweisung Jugendlicher an eine Besserungsanstalt oder Reform-Schule[1];
Einsperrung wegen *contempt of Parliament* — heute kaum mehr vorkommend;
Freiheitsentziehung wegen einer geistigen Erkrankung durch Einweisung in eine Heilanstalt (*civil detention*), jetzt durch den *Mental Health Act* von 1959 (7 & 8 Eliz. 2, c. 72) geregelt[2].
Minderjährige Kinder unterstehen der elterlichen Autorität, welche gegebenenfalls Freiheitsbeschränkungen auferlegen kann, und solche, die aus besonderen Gründen einer Fürsorge bedürfen, können aus humanitären Erwägungen bei Pflegeeltern oder anderweitig untergebracht werden (*Children and Young Persons Act* von 1933 [23 & 24 Geo. 5, c. 12] und von 1938 [1 & 2 Geo. 6, c. 40]).

## 3. Abhilfemaßnahmen gegen rechtswidrige Freiheitsentziehung

Alle anderen Freiheitsentziehungen, was immer ihre Veranlassung, sind rechtswidrig. Demjenigen, dem behördlich oder gerichtlich die Freiheit entzogen wird, stehen eine Reihe von Rechtsbehelfen zur Verfügung, die auf die vorläufige oder auch endgültige Haftentlassung abstellen. Dabei ist zwischen Maßnahmen der beabsichtigten Freiheitsentziehung zu unterscheiden, welche dem Betroffenen *prima facie* rechtswidrig erscheinen, und solchen, bei denen ein zulässiger Rechtsgrund der Inhaftierung vorliegt.

---

[1] Diese Anstalten, Borstal geheißen, sind erzieherischer Natur ohne Strafcharakter, wobei in England und Wales ein Aufenthalt von sechs Monaten bis zu zwei Jahren und eine nachfolgende Überwachungszeit von zwei Jahren vorgesehen sind. In Schottland und Nordirland bestehen andere Fristen.

[2] Nach Teil IV dieses Gesetzes ist zur Unterbringung einer Person in einer Heilanstalt, sei es zur Untersuchung einer vermuteten oder Heilung einer festgestellten Geisteskrankheit, lediglich ein Gutachten von zwei Ärzten erforderlich, von denen nur einer ein Psychiater zu sein braucht; die Einweisung kann ohne gerichtliche Anordnung erfolgen, der einzige derartige Fall im gegenwärtigen britischen Recht. Früher war dazu die richterliche Anordnung durch einen Friedensrichter vorgeschrieben. Es besteht zwar nunmehr das Recht der nachmaligen Überprüfung der Einweisung durch ein regionales *Mental Health Tribunal*, eine verwaltungsgerichtliche Behörde mit einem rechtskundigen Vorsitzenden, dessen Mitglieder vom *Lord Chancellor* ernannt werden, aber die Regelung ist rechtsstaatlich nicht bedenkenfrei.

Im ersteren Fall kann der Betroffene gegenüber einer Privatperson, oder aber auch gegenüber einem Polizeibeamten, der ohne Verhaftungsbefehl vorgeht oder der den Grund der Verhaftung nicht sofort bekanntgibt, zur Selbsthilfe schreiten, um die rechtswidrige Verhaftung abzuwenden. Die Rechtslage bei Widerstand gegen als ungesetzlich angesehene Inhaftnahme ist alles andere als eindeutig; Selbsthilfe ist aber, wenn die Verhaftung von einem Polizeibeamten vorgenommen wird, unter allen Umständen zu widerraten, da dann Widerstand gegen die Verhaftung (*resistance to arrest*) vorliegen kann. Rechtsbehelfe andererseits gegen die an sich rechtmäßige Freiheitsentziehung sind die folgenden: Gegen eine durch gerichtliches Urteil verfügte Einsperrung besteht, wo gesetzlich zulässig, die Berufung oder Revision, gegebenenfalls auch der Antrag auf *certiorari* oder *prohibition*[1]. Gegen eine rechtswidrige Inhaftnahme kann der Betroffene im Zivilverfahren Schadenersatz wegen ungerechtfertigter Freiheitsentziehung, böswilliger Strafverfolgung (*malicious prosecution*) und tätlichen Angriffs (*assault and battery*) anstrengen oder auch aus den gleichen Gründen die Strafverfolgung in Gang setzen. Erfolgt aber eine Freiheitsentziehung durch Inhaftnahme von Seiten der Behörde vor Einleitung eines gerichtlichen Verfahrens, so ist die Hauptwaffe der Antrag auf den gerichtlichen Erlaß eines *writ of habeas corpus*. Das *habeas corpus*-Verfahren, das jedem Verhafteten ohne jede Ausnahme zusteht, ist der bei weitem häufigste Behelf bei einer gesetzmäßigen Freiheitsentziehung und bedarf einer eingehenderen Erörterung[2].

Die gesetzlich zulässige Inhaftnahme (*arrest*) und das sie gegebenenfalls lösende *habeas corpus*-Verfahren gaben, als zu den wichtigsten Gegenständen des britischen öffentlichen Rechts gehörend, zu einer erheblichen Anzahl von maßgeblichen Schlüsselfällen Anlaß.

## III. Die behördliche Inhaftnahme und ihre Modalitäten

### 1. Verhaftung mit richterlichem Haftbefehl

Grundsätzlich kann eine rechtmäßige Verhaftung nur erfolgen, wenn ein Richter (*magistrate*) einen formellen Haftbefehl (*warrant*) ausgestellt hat, der eine bestimmte Person der Festnahme unterstellt. Dies ist der Kern der altrechtlichen auf die *Petition of Rights* zurückgehenden Vorschrift einer Inhaftnahme nur unter *due process of law*. Der Haftbefehl wird entweder auf Grund einer beschworenen Erklärung (*affidavit*) oder nach Maßgabe einer polizeilichen Information erlassen. Voraussetzung der Inhaftnahme ist, daß die zu inhaftierende Person ein Verbrechen oder Vergehen oder eine andere strafbare Handlung begangen hat

[1] Siehe oben S. 121f., 123f.

[2] Siehe unten S. 273ff.

oder der Begehung verdächtig ist. Der den Haftbefehl erlassende Richter muß dafür zuständig sein, die betreffende Person also in seinem Gerichtsbezirk sich aufhalten oder die strafbare Handlung in ihm begangen sein.

### 2. Rechtswidrigkeit von Blanko-Haftbefehlen

Haft- und Durchsuchungsbefehle ohne Angabe einer bestimmten Person, gegen die sich diese Maßnahme richtet (*general warrant*), also Blankovollmachten nach Art der berüchtigten *lettres de cachet* des französischen *ancien régime*, sind seit den berühmten *general warrant*-Fällen des 18. Jahrhunderts schlechthin unzulässig[1]. *Leach v. Money* ([1765] [19 St. Tr. 1002]) verbot einen gegen unbekannte Personen gerichteten Haftbefehl; *Wilkes v. Wood* ([1763] [19 St. Tr. 1153]) erklärte die Beschlagnahme unter den gleichen Voraussetzungen für rechtswidrig[2], und schließlich sprach *Entick v. Carrington* ([1765] [19 St. Tr. 1030]) dem *Secretary of State* in seiner Eigenschaft als *Privy Councillor* (außer bei *treason*-Fällen) die Befugnis zur Ausstellung eines *general warrant* ab[3]. Damit war gleichzeitig die für den englischen Rechtsstaat überaus bedeutungsvolle Feststellung getroffen, daß staatliche Notwendigkeit keine ausreichende Verteidigung für die Verletzung persönlicher Freiheitsrechte ist.

### 3. Verhaftung ohne richterlichen Haftbefehl

Ist die Festnahme einer Person, die ein Verbrechen begangen hat oder die der Begehung eines solchen hinreichend verdächtig ist, im allgemeinen nur mit einem richterlichen Haftbefehl zulässig, so ist sie es unter bestimmten Voraussetzungen auch ohne denselben. Dabei ist einerseits zwischen der Festnahme nach *common law* und nach statutarischer Ermächtigung, andererseits aber zu unterscheiden, ob sie von einer Privatperson oder einem Polizeibeamten vorgenommen wird.

Nach *common law* ist eine Privatperson zur Festnahme dessen ermächtigt, der ein Verbrechen (*felony*) oder einen schweren Friedensbruch in seiner Gegenwart begangen hat oder begeht (*R. v. Price* [1832] [8 C, & P. 282]). Jedermann muß auch, wenn dazu aufgefordert, einem Polizeibeamten (*constable*) bei einer Festnahme Hilfe leisten (*R. v. Brown*

[1] Es handelt sich hier um eine der politisch wichtigsten Phasen der Entwicklung Englands zum Rechtsstaat, weil mit den Entscheidungen eine von den damaligen Regierungen ausgeübte Presse- und Buchzensur in Wegfall kam. Für Einzelheiten der geschichtlichen Entwicklung siehe unten S. 307ff.

[2] Als Folge wurde John Wilkes (*Wilkes v. Lord Halifax* [1769] [19 St. Tr. 1407]) die für damalige Verhältnisse außerordentlich hohe Summe von £ 4000 als Schadenersatz gegen den damaligen Staatssekretär Lord Halifax zugesprochen, unter dessen Autorität der Kläger auf Grund eines *general warrant* verhaftet und seine Papiere beschlagnahmt worden waren.

[3] Heute ist jeder *Privy Councillor* gleichzeitig ein Friedensrichter, dürfte aber zum Erlaß eines Haftbefehls überhaupt nicht mehr in Frage kommen.

[1841] [C. & Mar. 314] [Schlüsselfall]). Solche Fälle werden jedoch selten sein. Mag auch in Großbritannien das Verhältnis des Publikums zur Polizei besser sein als anderswo, so wird diese Bekundung der Bürgerpflicht wohl von den meisten unterlassen werden. Auch läuft der auf eigene Faust Handelnde immer Gefahr, sich dann eine Anklage wegen unrechtmäßiger Freiheitsentziehung zuzuziehen, was einigermaßen dämpfend auf seinen bürgerlichen Eifer wirken mag.

Ein Polizeibeamter andererseits hat mehr Rechte zur Festnahme ohne Haftbefehl als Privatpersonen. Er kann die Festnahme auf den begründeten Verdacht hin vornehmen, es sei ein Verbrechen (*treason* oder *felony*) oder eine schwere Körperverletzung begangen worden, wofür eine lange Kette von Entscheidungen besteht (neuestens beispielsweise *Dallison v. Caffery* [1965] [1 Q. B. 348] [C. A.]). Er muß aber auch hier die gebotene Vorsicht wegen einer unerlaubten Freiheitsentziehung walten lassen. In England steht die Polizei unter weit gewichtigeren Hemmungen als auf dem Kontinent oder auch in den Vereinigten Staaten.

Wer ohne Haftbefehl festgenommen wurde, muß alsbald von dem wirklichen Grund der Festnahme unterrichtet werden; dies ist unabdingliche Voraussetzung der Rechtmäßigkeit. Der Schlüsselfall ist hier *Christie v. Leachinsky* ([1947] [A. C. 573]), wo das *House of Lords* Schadenersatz wegen rechtswidriger Freiheitsentziehung unter anderem deswegen aussprach, weil von den Polizeibeamten statt des wirklichen ein anderer Festnahmegrund angegeben worden war.

Die Festnahme ohne Haftbefehl ist weiter auf Grund zahlreicher gesetzlicher Ermächtigungen zulässig, beispielsweise nach drei gleichzeitig (1861) erlassenen Gesetzen (*Larceny Act* [24 & 25 Vict., c. 96]; *Malicious Damage Act*, [ebenda, c. 97] und *Offences against the Person Act* [ebenda, c. 100]) und vielfach nach neueren Gesetzen (z. B. *Aliens Order* von 1953; *Prevention of Crime Act* von 1953 [1 & 2 Eliz. 2, c. 14]; *Sexual Offenders Act* von 1956 [4 & 5 Eliz. 2, c. 69]). Die Notwendigkeit einer wirksamen Verbrechensbekämpfung hat also erhebliche Einbuchtungen des in schweren Kämpfen errungenen *common law*-Grundsatzes der Notwendigkeit eines richterlichen Haftbefehls nach sich gezogen.

## IV. Das Verfahren zur Haftentlassung durch Habeas Corpus

Das auf britischem Gebiet jedermann zustehende Recht, die Enthaftung oder Haftlösung durch ein bestimmtes Verfahren — den Antrag auf den *writ of habeas corpus* — zu bewirken, ist das Bollwerk der britischen und damit der angelsächsischen Freiheit geworden und wurde von der Mehrzahl aller rechtsstaatlichen Verfassungsordnungen übernommen. Man versteht darunter die gerichtliche Überprüfung der Gründe und

Umstände, die einer Person gegenüber geltend gemacht werden können, von der behauptet wird, sie entziehe jemandem die persönliche Freiheit.

## 1. Zur geschichtlichen Entwicklung: Die Rechtslage nach Common Law

Der *writ of habeas corpus*, auf die Regierung Edwards I. zurückgehend, war ursprünglich ein Ausfluß der königlichen Prärogative gewesen, indem die Gerichte im Namen der Krone denjenigen, der die körperliche Verfügung über einen Gefangenen hatte, anwiesen, ihn leiblich vor ihre Schranken zu bringen (daher der Ausdruck *habeas corpus adduce tecum*), zunächst aber keineswegs zu seiner eventuellen Freistellung von der Inhaftierung, sondern weil aus irgendeinem rechtlichen Grund seine persönliche Anwesenheit vor Gericht erforderlich war. Da in solchen Fällen wohl in der Regel vom Gefangenen die Rechtmäßigkeit der Freiheitsentziehung gerügt und die Freilassung beantragt wurde, mußte der Richter sich bei dieser Gelegenheit vergewissern, ob die Inhaftnahme rechtlich begründet war. Die längste Zeit war das Verfahren wohl nichts anderes als ein Mittel der Krone zur Aufsicht über ihre Beamten gewesen, das im Interesse einer geordneten Rechtspflege Schuldige zur Rechenschaft zog und — mittelbar — auch Unschuldige von der Verfolgung freistellte. Mit der Zeit aber verschob sich der öffentlich-rechtliche Akzent und das Verfahren kam auch und vor allem Privatpersonen zugute.

Den wesentlichen politischen und damit verfassungsrechtlichen Auftrieb erhielt der Rechtsbehelf aber erst im 17. Jahrhundert, als die von den Stuartkönigen willkürlich oder auch rechtens in Haft genommenen Mitglieder der parlamentarischen Opposition sich seiner zur Freilassung bedienten. Die Krone und ihr liebedienerische Richter waren aber oft in der Lage, die Enthaftung im *habeas corpus*-Verfahren zu vereiteln. Die beiden gesetzlichen Regelungen der Stuart-Zeit entsprangen parlamentarischem Protest gegen solche Umgehungsversuche. Als die *King's Bench* im Fall *Darnel* ([*Five Knights Case*] [1627] [3 St. Tr. 1]) erklärt hatte, die Gefangensetzung, für die überhaupt kein Grund angegeben worden war, sei rechtens, weil auf Befehl des Königs (*per mandatum speciale regis*) erfolgt, entschied die in stürmischer Sitzung ergangene *Petition of Rights* von 1628, daß dies kein zureichender Grund ist. Unter Charles II. wurde die Praxis willkürlicher Verhaftung politischer Gegner wieder in vollem Umfang aufgenommen und die willfährigen Gerichte leisteten der Regierung dabei Schützenhilfe. Verschiedene dagegen eingebrachte Gesetzentwürfe drangen nicht durch, bis die skandalöse Rechtsverweigerung der beteiligten richterlichen Instanzen im Fall von *Francis Jenkes* ([1676] [6 St. Tr. 1190]) der letzte Strohhalm war, der des geduldigen Kamels

Rücken brach[1]. Drei Jahre später erging daraufhin der *Habeas Corpus Act* von 1679 (31 Cha. 2, c. 2), der den berühmtesten Meilenstein auf dem steinigen Weg zur englischen Bürgerfreiheit setzte.

## 2. Die Habeas Corpus-Gesetzgebung von 1679 und ihre Ergänzungen

Die hauptsächlichen Bestimmungen des Gesetzes sind kurz die folgenden: Auf Antrag des in Haft Genommenen entscheidet der *Lord Chancellor* oder irgendein Richter der oberen Gerichtshöfe (*King's Bench*, *Common Pleas*, *Exchequer* und *Chancery*), sei es während der regulären Sitzungsperiode oder in den Gerichtsferien, ob ein *writ of habeas corpus* erlassen werden soll. Der angegangene Richter muß sich dabei darüber schlüssig werden, ob der Antrag mitsamt den ihn begründenden Urkunden genügt, um den Erlaß eines *writ* zu rechtfertigen. Bei dieser Vorentscheidung muß die Frist bestimmt werden, innerhalb welcher derjenige, der die Verfügung über den Inhaftierten hat, eine Entgegnung (*return*) abzugeben hat, aus der die Begründung hervorgeht, weshalb der Inhaftierte weiterhin in Haft gehalten werden soll. Gleichzeitig wird auch die Frist festgesetzt, innerhalb welcher die Gerichtsentscheidung über den Erlaß des *writ* ergehen soll (Sektionen 2 und 3). Der *writ* wird jedoch nicht erlassen, falls die Inhaftnahme nach rechtmäßiger Verurteilung durch ein Gericht erfolgt ist (Sektionen 3 und 10)[2]. Eine neuerliche Verhaftung aus dem gleichen Anlaß, falls der *writ* die Haftentlassung verfügt hat, ist unzulässig (Sektion 6). Im Falle von *treason* oder eines Verbrechens (*felony*) muß die Enthaftung gegen Kaution (*bail*) oder aber eine alsbaldige Verhandlung erfolgen (Sektion 7)[3].

Schwere Strafandrohungen (hohe Geldstrafen, die an den Inhaftierten zu bezahlen sind, gegebenenfalls Verlust des Amtes und Einsperrung wegen *contempt of court*) gelten für diejenigen, in deren Obhut sich die Person des Inhaftierten befindet und die dem *writ* den Gehorsam verweigern. Dazu gehörte, daß er überhaupt nicht beantwortet oder daß nicht

---

[1] Jenkes war vom *Privy Council* wegen einer Rede, die die Einberufung des Parlaments verlangte, ins Gefängnis geworfen worden; nacheinander verweigerten die *Quarter Sessions*, der *Lord Chancellor*, der *Chief Justice* der *King's Bench* und diese selbst die Haftentlassung unter den nichtigsten Vorwänden. Es dauerte monatelang, ehe er gegen Kaution freigelassen wurde.

[2] Hier gibt es aber Ausnahmesituationen, beispielsweise, wenn der Gefangene darzutun in der Lage ist, daß er über die verhängte Strafzeit hinaus festgehalten wird (*Re Featherstone* [1953] [37 Cr. App.R. 146]).

[3] Bemerkt sei, daß die *habeas corpus*-Gesetzgebung nicht für Schottland gilt; es bestehen dort gesetzliche Bestimmungen (*Criminal Procedure* [*Scotland*] *Act* von 1887 [50 & 51 Vict., c. 35] [Sektionen 17 und 43]), um einem Inhaftierten die Beiziehung eines Anwalts und die angemessen beschleunigte Durchführung eines Strafverfahrens zu ermöglichen; sie stehen aber an Wirksamkeit der englischen Regelung unzweifelhaft nach.

innerhalb von sechs Stunden auf Verlangen des Verhafteten oder seines Vertreters eine Abschrift des Verhaftungsbefehls ausgehändigt wird. Ein Richter des *Supreme Court*, der in einer Strafsache zu Unrecht den *writ*, weil in den Gerichtsferien, verweigert, konnte gleichfalls mit einer Geldstrafe von 500 £ belegt werden, ein Echo des Jenkes-Falls von 1676. Jede Person, die dem *writ* gegenüber ungehorsam ist, kann nach dem Ergänzungsgesetz von 1816 (56 Geo. 3, c. 100) wegen *contempt of court* ihrerseits eingesperrt werden.

Wesentliche Lücken der Regelung von 1679 waren, daß die zu stellende Kaution übermäßig hoch sein konnte; dies wurde in der *Bill of Rights* von 1688 rektifiziert, von welcher dann das Verbot der übermäßigen Kaution (*excessive bail*) auch in den Artikel VIII der amerikanischen *Bill of Rights* von 1791 übernommen wurde. Zum anderen galt das *habeas corpus*-Verfahren nur bei Inhaftnahme aus strafrechtlichen Gründen. Das Gesetz von 1816 erstreckte die Haftlösung gegen Kaution auch auf zivilrechtliche Fälle, aber unter Ausschluß der Schuldhaft wegen nicht-bezahlter Geldschulden. Die zahlreichen davon betroffenen Schuldner mußten also auf den späteren *Debtors Act* von 1869 (32 & 33 Vict., c. 62) warten, der die Schuldhaft auf Personen beschränkte, welche eine gerichtlich auferlegte Zahlung trotz nachweisbarer finanzieller Leistungsfähigkeit verweigerten. Die Inhaftnahme erfolgt hier wegen der vorsätzlichen Mißachtung eines Gerichtsbefehls[1].

Da der *writ of habeas corpus* in der überwiegenden Mehrzahl der Fälle gegen Regierungsbeamte beantragt und erlassen wird, schützt er des Bürgers persönliche Freiheit in doppelter Weise: Ist die Inhaftnahme ungenügend begründet, muß die sofortige Haftentlassung verfügt werden. Aber auch wenn sie an sich begründet wäre, wird der Beschuldigte gegen Kaution freigelassen, so daß ihn die Exekutive nicht nach Belieben hinter Schloß und Riegel halten kann.

### 3. Die Kautionsstellung bei Haftentlassung

Der auf Grund eines *habeas corpus*-Verfahrens vorläufig von der Haft Freigestellte muß die ihm gerichtlich auferlegte Kaution (*bail*) entweder selbst oder durch Bürgschaftsstellung (*surety*) leisten, für welch letzteren Fall darauf spezialisierte Finanzinstitute sorgen. Wird die auferlegte Kaution trotz des Verbots der *Bill of Rights* für übermäßig erachtet, kann auch

[1] Der *Maintenance Orders Act* von 1958 (6 & 7 Eliz. 2, c. 39) setzte zwar die Höchstdauer der Schuldhaft auf sechs Wochen fest und brachte auch andere Erleichterungen für den Schuldner, ohne aber die veraltete Maßnahme gänzlich abzuschaffen. Es wurde damals berichtet, daß an die 7000 Personen deswegen in Haft saßen und daß das Verfahren sehr viel Zeit der unteren Gerichte in Anspruch nimmt. Ein einziges Gericht in Südwales habe jährlich 25000 solche Fälle zu behandeln.

hiergegen das *habeas corpus*-Verfahren in Anspruch genommen werden (*Ex parte Thomas* [1956] [Crim. L. R. 119] [D. C.]). Die Kaution soll das Erscheinen des Angeschuldigten bei der nachfolgenden Verhandlung gewährleisten. Nur bei *treason* (Landes- und Hochverratsfällen) ist die Kautionsgewährung ausgeschlossen. Sie kann aber nach Ermessen des Richters bei allen anderen Verbrechen und Vergehen, und bei allen Übertretungen (*misdemeanours*) muß sie gewährt werden. Die mißliche und rechtsstaatlich bedenkliche Praxis einer lang andauernden Untersuchungshaft, wie sie in manchen kontinentalen Staaten (darunter die Bundesrepublik und Frankreich) nach wie vor besteht, hat daher keinen Platz im englischen Strafverfahren. Statt wegen angeblicher Verdunklungsgefahr oder Fluchtverdachts den Angeklagten hinter Schloß und Riegel zu halten, ist es gerade die Freistellung, die ihm eine angemessene Verteidigung, vor allem die Instruktion seines Verteidigers erst ermöglicht. Gegen die Versagung der Kaution liegt die Berufung zum *High Court*.

Eine weitere wesentliche Prozeßgarantie zugunsten des Angeschuldigten oder Angeklagten liegt ferner in der obligatorischen Vorsorge für eine alsbaldige Verhandlung (*speedy trial*), gleichfalls in die amerikanische *Bill of Rights* übernommen (Artikel VI). Wenn eine Anklage wegen Landesverrats oder eines Verbrechens nicht bei den nächsten praktisch tunlichen *Assizes* zur Verhandlung gekommen ist, kann Freilassung unter Kaution verlangt werden, außer wenn die Zeugen der Strafverfolgungsbehörde etwa nicht rechtzeitig verfügbar sind; wer aber von den zweitnächsten *Assizes* noch nicht verhandelt wurde, ist überhaupt freizulassen (*Habeas Corpus Act* von 1679, Sektion 6); *R. v. Campbell* [1959] [1 W. L. R. 646], wo allerdings daran gezweifelt wird, ob diese immerhin drei Jahrhunderte alte Bestimmung auch heute noch gilt). Ebenso verfügt der *Assizes Relief Act* von 1889 (52 & 53 Vict., c. 12) die alsbaldige Verhandlung von Fällen der *felony* und *misdemeanour* vor den *Quarter Sessions*. Der *Administration of Justice Act* von 1960 (8 & 9 Eliz. 2, c. 65) gestattet nunmehr auch die Kautionsstellung im Fall der Berufung bzw. Revision in Strafsachen, die beim *Court of Appeal*, und für solche, die bei einem *Divisional Court* des *High Court* anhängig sind oder bei denen Revision zum *House of Lords* eingelegt ist.

## 4. Die Reichweite des Habeas Corpus-Verfahrens

Bei der Beurteilung der Frage nach der Reichweite und der Anwendung des *habeas corpus*-Verfahrens muß zwischen der sachlichen und der räumlichen Geltung unterschieden werden.

In sachlich-personeller Hinsicht ist die Anwendung des *writ* so gut wie unbeschränkt. Er kann nicht nur gegen Polizei, Gefängnisvorstände und andere Beamte ergehen, die im Verfolg ihrer Amtspflichten Haftmaßnahmen durchführen, sondern auch gegen jede Privatperson, die im

Verdacht einer rechtswidrigen Freiheitsentziehung steht. Der *writ* wurde ehemals auch im Interesse von Personen im Zustande der Sklaverei in Anspruch genommen, mit dem Ergebnis, daß schon zu einer Zeit, als die Sklaverei in manchen britischen Überseegebieten noch rechtens war, der den englischen Boden betretende Sklave frei wurde (statt vieler Fälle: *Sommersett's Case* [1772] [20 St. Tr. 1]; *Forbes v. Cochrane* [1815] [2 B. & C. 448]). *Habeas corpus* wurde ebenso bei militärgerichtlicher Inhaftnahme (*Re Clifford and O'Sullivan* [1921] [A. C. 570] [Schlüsselfall]), bei Auslieferungsfällen (*R. v. Governor of Brixton Prison ex parte Caborn-Waterfield* [1960] [2 Q. B. 498] [D. C.]), und selbst im Falle einer Einsperrung wegen *contempt of Parliament* (der berühmte Fall des *Sheriff of Middlesex* [1840] [11 Ad. & E. 271] [Schlüsselfall]) verwendet. Außerdem aber ist das Verfahren auch gegen die politischen Beamten anwendbar, also gegen Diener der Krone, die im Namen der Krone zu handeln vorgeben, eine verfassungsrechtlich überaus bedeutsame Erstreckung der rechtsstaatlichen Garantien auf eigentlich politische Handlungen. Der hier einschlägige Schlüsselfall ist *Home Secretary v. O'Brien* ([1923] [A. C. 603]; das *House of Lords* erklärte die Inhaftnahme eines irischen Rebellen auf englischem Boden während des Konflikts mit Irland für ungesetzlich; vom Erlaß eines *writ* mußte jedoch abgesehen werden, weil der *Home Secretary* den Mann inzwischen nach Irland abgeschoben hatte.)

Ebenso ist der *writ* in familienrechtlichen Streitigkeiten zulässig, etwa um zu entscheiden, welchem Elternteil die Verfügung über ein Kind zusteht (*Barnado v. McHugh* [1891] [A. C. 388]), oder um ein minderjähriges Kind aus der Verwahrung in einer Waisenanstalt zu lösen (*Barnado v. Ford* [1892] [A. C. 326]), ebenso auch um die Entlassung einer fälschlich in einer Anstalt für Geisteskranke untergebrachten Person zu erzwingen (*Harnett v. Fisher* [1927] [A. C. 574]).

Was die räumliche Anwendung des *habeas corpus*-Verfahrens anbelangt, so verfügte der *Habeas Corpus Act* von 1862 (25 & 26 Vict., c. 20) in Abweichung von der bis dahin bestehenden Rechtslage, daß kein Gericht des Vereinigten Königreichs einen *writ of habeas corpus* erlassen kann, der in einer Kolonie oder einem auswärtigen Dominion vollzogen werden soll, wenn dort ein zuständiges Gericht besteht, das den *writ* erlassen und durchführen kann[1].

---

[1] Das Problem tauchte neuerdings im Fall *Ex parte Mwenya* ([1959] [3 All. E-R. 767] und [1960] [1 Q.B. 241]) hinsichtlich eines *British subject* aus dem Protektorat Nordrhodesien auf, konnte aber nach widersprechenden Entscheidungen des *Divisional Court* und des *Court of Appeal* nicht vom *House of Lords* beschieden werden, da der *Governor* des Protektorats inzwischen die Festnahme seinerseits aufgehoben hatte.

## 5. Die geltende Praxis des Habeas Corpus-Verfahrens

### a) Das Antrags- und Erlaßverfahren

Um einen Gerichtsbefehl auf Haftentlassung herbeizuführen, bedarf es eines Antrags der inhaftierten Person oder ihres Bevollmächtigten, begleitet von einer eidlichen Erklärung, aus der hervorgeht, daß der Antragsteller annimmt, ohne zureichenden Rechtsgrund in Gewahrsam genommen worden zu sein. Die Erklärung soll dem Gericht unmittelbar greifbare Anhaltspunkte (*prima facie*) für die Rechtswidrigkeit der Freiheitsentziehung vermitteln. Zuständig zur Entscheidung über den Antrag ist ein *Divisional Court* der *Queen's Bench Division* oder während der Gerichtsferien einer ihrer Einzelrichter (*judge in chambers*). Nach der jüngsten prozessualen Regelung des *Habeas Corpus*-Verfahrens im *Administration of Justice Act* von 1960 (8 & 9 Eliz. 2, c. 65, Sektion 14) ist in einem konkreten Haftfall nur ein einziger solcher Antrag und seine Wiederholung nur dann zulässig, wenn neues Beweismaterial vorgelegt wird[1]. Nach der gleichen Gesetzesbestimmung kann von nun an kein Antrag an den *Lord Chancellor* gerichtet werden.

Unter der derzeitigen Regelung ist also zur Entscheidung des Antrags auf Erlaß eines *writ of habeas corpus* in Strafsachen (nur) ein *Divisional Court* der *Queen's Bench* zuständig, wobei ein Antrag auf Freistellung vom Gewahrsam unter dem *Mental Health Act* von 1959 den Strafsachen gleichgestellt ist. Mit dieser neuesten Regelung ist eine frivole Wiederholung des Antrags — was übrigens immer mit erheblichen Kosten für *counsel* verbunden ist — abgeriegelt, ohne daß das Bürgerrecht als solches unvernünftig eingeschränkt worden wäre.

Über den Antrag auf Erlaß eines *writ* findet keine mündliche Verhandlung statt, es sei denn, daß außerordentliche Umstände dies veranlaßten (*Re Greene* [1941] [57 T. L. R. 533]). Das Gericht kann dann entweder sofort nach Maßgabe des Antrags und seiner Unterlagen den endgültigen (*absolute*) *writ* erlassen oder aber wird, was die Regel ist, wenn

[1] Damit wurde der die längste Zeit möglichen Zersplitterung des Antragverfahrens ein Ende gemacht. Vor der Gerichtsreform durch die *Judicature Acts* der siebziger Jahre war ein Antrag an jedes der vier Gerichte (*King's Bench*, *Common Pleas*, *Exchequer* und *Chancery*) zulässig. Trotzdem die *Judicature Acts* die Gerichte als einen einzigen *Supreme Court* organisiert hatten, galt das *habeas corpus*-Privileg, zumindest nach Äußerungen des *House of Lords* und des *Privy Council*, als so grundlegend, daß auch nachher der Antrag an jede einzelne Abteilung zulässig war und darüber hinaus auch an jeden einzelnen Richter (siehe z. B. *Home Secretary v. O'Brien* [1923] [A.C. 603] [H.L.]), bis schließlich eine Reihe von Entscheidungen in ein und derselben Sache die logische Folge zog, daß alle Abteilungen des *High Court* Bestandteile ein- und desselben Gerichts seien und daß daher eine Wiederholung des Antrags „aus dem gleichen Anlaß" nicht mehr statthaft ist (*Re Hastings* [1959] [Ch. 358] C. A.]).

nicht zwingende Umstände vorliegen, den *writ* erst erlassen, wenn demjenigen, der die Verfügung über die Person des Inhaftierten hat, Gelegenheit zum Widerspruch gegeben worden ist (*order nisi*). Erst dann, nach Zustellung dieses Zwischenbescheids, findet die streitige mündliche Verhandlung statt, auf Grund derer entweder der Antrag abgewiesen oder der *writ* erlassen wird, der die Haftentlassung befiehlt. Die Anwesenheit des in Haft genommenen, die altrechtlich früher Bedingung war, ist überhaupt nicht mehr erforderlich, außer er oder sein Vertreter bestehen darauf. Demjenigen, der eine Person in Gewahrsam genommen hat, also in der Regel einem Beamten, stand bis zur Novelle von 1960 gegen den *writ*, der die Haftentlassung befiehlt, überhaupt kein Rechtsmittel zu, er hatte zu gehorchen (*Cox v. Hakes* [1890] [15 App. Cas. 506] [H. L.]). Eine — angemessene — Ausnahme bestand nur bei familienrechtlichen Streitigkeiten über die Frage, welchem Elternteil die Verfügung über ein minderjähriges Kind zusteht[1].

### b) Berufungs-Regelung

Ein wesentlicher Mangel der vor 1960 bestehenden Regelung machte sich in Strafsachen bei der Berufung gegen die Versagung des *writ* geltend, zum Unterschied von der Versagung in nicht-strafrechtlichen Angelegenheiten, wo die in Verwahrung gehaltene Person Berufung an den *Court of Appeal* und gegebenenfalls Revision an das *House of Lords* einlegen konnte; in diesem Fall konnte jedes der angegangenen Gerichte den *writ* erlassen. Anders in Strafsachen, wo die endgültige Entscheidung vielleicht noch wichtiger war, weil davon die Verhandlung und eventuelle Verurteilung abhingen. Denn vor den *Judicature*-Gesetzen der siebziger Jahre hatte überhaupt keine Berufung in Strafsachen bestanden und war erst sehr verspätet durch den *Criminal Appeal Act* von 1907 (7 Edw. 7, c. 23) eingeführt worden, der sich aber nicht auf das *habeas corpus*-Verfahren bezog.

Auch hier schuf der erwähnte *Administration of Justice Act* von 1960 (Sektion 15) den rechtsstaatlich gebotenen Wandel. Nunmehr besteht in allen strafrechtlichen wie zivilrechtlichen *habeas corpus*-Sachen das Berufungsrecht, und zwar vom zuerst angegangenen *Divisional Court* direkt zum *House of Lords* (Sektion 1), worin wiederum eine bezeichnende Ausdehnung von dessen Jurisdiktion liegt. Auch hier ist wie bei allen Berufungen die allgemein übliche Einlegungserlaubnis entweder des *Divisional Court* oder des Revisionsgerichts einzuholen, aber von dem

[1] Die Anrufung des *High Court* (*Queen's Bench Division*) in zivilrechtlichen *habeas corpus*-Sachen ist heute sehr selten geworden. Nach den *Civil Judicial Statistics* für 1963 (Cmnd. 2384/1964) wurden in Zivilsachen nur sieben Anträge gestellt und drei *writs* erlassen. Die Zahl der strafrechtlichen Anträge und ihre Verbescheidung konnten nicht festgestellt werden.

Erfordernis einer Bestätigung des *Attorney-General* dahingehend, daß es sich um eine Rechtsfrage oder um eine Angelegenheit von öffentlicher Bedeutung handelt, wird generell Abstand genommen. Die Berufung ist sowohl gegen einen Haftentlassungsbefehl wie gegen dessen Versagung zulässig. Der *Divisional Court* kann auch für die Laufzeit des Berufungsverfahrens eine Kautionsstellung anordnen, womit auch diese nunmehr voll-rechtsstaatlich ausgebildet ist.

Die in Kriegs- und Notstandszeiten zulässigen Einschränkungen der persönlichen Freiheit, insbesondere die dann mögliche Suspendierung der *habeas corpus*-Rechte werden nachfolgend in Kapitel 14 zusammenhängend dargestellt[1].

## Zehntes Kapitel

# Die Bürgerrechte II: Die Gewährleistung des Eigentums

### Vorbemerkung

Es mag als ein Paradox der Geschichte erscheinen, daß in England, der Wiege des auf der freien Verfügung über das Eigentum beruhenden Privatkapitalismus in seiner modernen Gestalt, niemals ein eigentliches „Grund"recht auf Gewährleistung des Privateigentums bestand, oder daß das semantische Idealbild von der „Heiligkeit des Privateigentums" dort Anerkennung gefunden hätte[2]. Die Wurzeln dessen, was in England als „Kollektivismus" gilt, worunter die Unterordnung des Privateigentums unter die vom Parlament verkörperten Gemeinschaftsinteressen verstanden wird, reichen tief in die englische Geschichte zurück, trotzdem England sich niemals dem Merkantilismus in dem Maße verschrieben hatte wie manche der Kontinentalstaaten. In der agrarischen Gesellschaft bestanden seit alters nachbarrechtliche Beschränkungen in der Nutzung des Grund und Bodens und allen Eigentums. Die Nachbarn waren gegen davon ausgehende Beeinträchtigungen (*nuisance*) — sich etwa mit dem Rechtsbegriff der Immissionen deckend — geschützt und hatten gegen diese wie gegen widerrechtliche Eingriffe (*trespass*) und Fahrlässigkeit (*negligence*) nach *common law* zivil- und strafrechtliche Abwehrmöglichkeiten. In der Folgezeit aber wurden diese herkömmlichen Eigentumsbeschränkungen in steigendem Maß von den statutarischen

---

[1] Siehe unten S. 381 ff.

[2] Die allem Druck widerstehende Aufrechterhaltung des Bankgeheimnisses gebot sich, um der *City of London* ihre traditionelle finanzielle Vormacht zu erhalten.

Einwirkungen der öffentlichen Hand in den Schatten gestellt. Zumindest seit der industriellen und wirtschaftlichen Reformgesetzgebung der ersten Hälfte des 19. Jahrhunderts ist anerkannt, daß das Eigentum nur nach Maßgabe der allgemeinen Gesetze und in Not- und Kriegszeiten überhaupt nicht gewährleistet ist. Kein Gebäude darf ohne behördliche Erlaubnis errichtet oder beseitigt werden. Die *Public Health Acts* von 1875 bis 1936 legten ihrerseits dem Grundeigentümer Beschränkungen im Interesse des Gemeinwohls auf. Auch die als ein Bestandteil des Eigentumsrechts anzusehende Vertragsfreiheit besteht nur nach Maßgabe der allgemeinen Gesetze. Beispielsweise sind die Beziehungen zwischen Grundeigentümer und Pächter nach dem *Agricultural Holdings Act* von 1948 (11 & 12 Geo. 6, c. 63) dahingehend geregelt, daß eine willkürliche Aufkündigung des Pachtverhältnisses ausgeschlossen ist. Vollends im heutigen Wohlfahrtsstaat ist der Umfang solcher Beschränkungen des Privateigentums weit über das vom klassischen Liberalismus gebilligte Maß hinausgegangen.

## I. Die Unverletzlichkeit der Wohnung

Trotz dieses Wandels der Gesellschaftsauffassung ist zumindest auf dem Gebiet dessen, was man als die Unverletzlichkeit der Wohnung bezeichnen kann, die Privatsphäre derart den staatlichen Eingriffen entzogen, daß man hier von einem echten bürgerlichen Freiheitsrecht sprechen kann, wobei allerdings systematisch Zweifel bestehen mögen, ob es sich um ein Bürgerrecht *sui generis* oder um einen Ausfluß des im vorigen Kapitel behandelten Rechts der Persönlichkeits-Freiheit handelt. In der Praxis bedeutet die Unverletzlichkeit der Wohnung den Schutz gegen rechtswidrige oder willkürliche Maßnahmen der Haussuchung und Beschlagnahme von Seiten der Behörden.

### 1. Geschichtliches

Von jeher haben es die Engländer als ihr eifersüchtig bewachtes Vorrecht betrachtet, in der Zurückgezogenheit ihrer eigenen vier Wände, ob Haus oder Wohnung, nicht gestört zu werden und demgemäß jedweden widerrechtlichen Eingriff in ihre private Wohnsphäre als unerlaubten Eingriff (*trespass*) abzuwehren. *Domus sua cuique est tutissimum refugium* wurde dann später in das Rechts-Sprichwort „*The Englishman's home is his castle*" umgewandelt[1]. Selbst die geringfügigste Beeinträchtigung des Grundsatzes der Unverletzlichkeit der Wohnung, was immer ihr Vorwand, ist rechtswidrig. Wer Eintritt in eine Wohnung begehrt — *sheriff*, Polizist, Gesundheitsinspektor, Steuerbeamter — muß einen Rechtsgrund

[1] Der Ausspruch wurde schon frühzeitig (1603) im *Semayne's* Fall (5 Co. Rep. 91, 91 b) gerichtlich verwendet.

nachweisen (*Entick v. Carrington* [1765] [19 St. Tr. 1030]). In gleichem Sinn verboten schon mittelalterliche Gesetze aus der Regierungszeit Richards II. (*Statutes of Forcible Entry* von 1381 und 1391) den gewaltsam erzwungenen Eintritt in eine Wohnung, außer wenn rechtens, was selbst dann gilt, wenn der sich den Eintritt Erzwingende zur Inbesitznahme berechtigt ist (*Hemmings v. Stoke Poges Golf Club* [1920] [1 K. B. 720]). *Nemo de domo suo extrahi debet* (D. 1, 17, 103). Bei rechtswidriger Eigentumsbeeinträchtigung steht dem Eigentümer die Schadenersatzklage und gegebenenfalls der Anspruch auf Wiederherstellung des Eigentums zu.

## 2. Zulässigkeit der Haussuchung

### a) Nach Maßgabe eines gerichtlichen Durchsuchungsbefehls

In der Mehrzahl der Fälle ist der übliche Anlaß, dessentwegen Einlaß in eine Privatwohnung begehrt wird, ein strafrechtlicher, indem ein dazu bevollmächtigter Beamter im Auftrag einer dazu berechtigten Behörde die Durchsuchung (*search*) und die Beschlagnahme (*seizure*) der dabei zu Tage geförderten, für das Strafverfahren wesentlichen Gegenstände — Diebesgut, Papiere, Waffen, Narkotika — vornimmt. Ebenso wie bei der Verhaftung einer Person ist nach *common law* zur Durchsuchung und Beschlagnahme ein Gerichtsbefehl (*warrant*) erforderlich. Durchsuchungen und Beschlagnahmen auf Grund einer Blanko-Ermächtigung, welche weder die Person angibt, welche die Durchsuchung zu dulden hat, noch die gegebenenfalls aufzudeckenden Gegenstände, sind ebenso verboten wie bei der Verhaftung (*Wilkes v. Wood* [1763] [19 St. Tr. 1153] und *Entick v. Carrington* [1765] [19 St. Tr. 1030] [Schlüsselfälle]).

Auch bei der Mehrzahl der bestimmte Tatbestände unter Strafandrohung stellenden neueren Gesetze ist zur Verhaftung und/oder Durchsuchung eine gerichtliche Ermächtigung (*search warrant*) erforderlich. Der zuständige Richter fertigt sie aus, wenn ihm auf Grund einer beschworenen Information glaubhaft gemacht wird, daß eine bestimmte namhaft gemachte Person strafrechtlich relevante Gegenstände, die jedoch nicht spezifiziert sein müssen, in ihrem Gewahrsam hat. Zahlreiche Gesetze ermächtigen zur Ausfertigung des Durchsuchungsbefehls, jedoch nur mit Kennzeichnung der zu suchenden und zu beschlagnahmenden Gegenstände. Alles in allem gibt es an die siebzig Gesetze, welche die Durchsuchung und Beschlagnahme mit gerichtlicher Ermächtigung gestatten. Sie kann sich entweder darauf gründen, daß Anlaß zur Annahme besteht, eine strafbare Handlung sei bereits begangen worden oder aber sie würde demnächst begangen werden[1]. In allen diesen Fällen dient

[1] Beispiele sind: *Offences against the Person Act* von 1861 (24 & 25 Vict., c. 100); *Forgery Act* von 1913 (3 & 4 Geo. 5, c. 27); *Coinage Offences Act* von 1936 (26 Geo. 5 & 1 Edw. 8, c. 16); *Obscene Publications Act* von 1959 (7 & 8 Eliz. 2, c. 66).

die Durchsuchung und Beschlagnahme zum Beweis einer begangenen oder bevorstehenden strafbaren Handlung.

Bei einer Reihe von strafbaren Handlungen, deren Begehung eine schwere Beeinträchtigung der öffentlichen Sicherheit und Ordnung darstellen würde, muß der Durchsuchungsbefehl, statt von irgendeinem Richter erlassen zu sein, von einem Richter des *High Court* ausgehen und außerdem muß ein eidlicher Antrag eines Polizeioffiziers nicht unter dem Rang eines Inspektors vorliegen (*Public Order Act* von 1936 [1 Edw. 8 & 1 Geo. 6, c. 6] und *Incitement to Disaffection Act* von 1934 [24 & 25 Geo. 5, c. 56])[1].

**b) Ohne gerichtlichen Durchsuchungsbefehl**

Von dem allgemeinen Erfordernis der Ausfertigung eines gerichtlichen Durchsuchungsbefehls bestehen jedoch sowohl nach *common law* als auch auf Grund spezieller gesetzlicher Anweisung gewisse Ausnahmen, so daß auch ohne einen solchen die Haussuchung (mitsamt der Beschlagnahme) sogar durch untergeordnete Polizeiorgane erfolgen kann[2].

Weit häufiger sind jedoch gerichtsbefehl-entbundene Haussuchungen nach *common law*, welche den Polizeibeamten (*constable*) ermächtigen, ein Grundstück (mit allen Nebengebäuden) oder eine Privatwohnung zu betreten. In der Regel wird hier mit der Durchsuchung die (vorherige oder nachträgliche) Verhaftung einer Person verbunden sein; der Eintritt in die Privatwohnung ist rechtens, um das Begehen eines Verbrechens zu verhindern, die Gefahr eines bevorstehenden Friedensbruchs abzuwenden oder eine rechtmäßig verhaftete Person, die sich der Verhaftung entzogen hat, dingfest zu machen. Vor 1935 bestand die Gepflogenheit, daß die Polizei auch ohne Gerichtserlaubnis ein Privatanwesen auf Wunsch des Eigentümers oder Inhabers betreten konnte, um mit einer im Gang befindlichen Friedensstörung fertig zu werden[3]. Die Polizei kann aber

[1] Diese beiden wichtigen Gesetzesmaßnahmen ergingen in den bewegten dreißiger Jahren, als die britische Öffentlichkeit von der vom nationalsozialistischen Deutschland ausgehenden Subversionswelle beunruhigt war. Besonders der erstere Akt bedeutete eine weitgehende statutarische Fassung von vorher nur nach dem *common law* zu beurteilenden Tatbeständen der öffentlichen Ordnung; siehe unten S. 327ff.; 348ff.

[2] Solche Ausnahmen finden sich im *Explosives Act* von 1875 (38 & 39 Vict., c. 17 [Sektion 73]); *Official Secrets Act* von 1911 (1 & 2 Geo. 5, c. 28 [Sektion 9 (2)]); *Larceny Act* von 1916 (6 & 7 Geo. 5, c. 50 [Sektion 42 (2)]); in letzterem Fall kann eine bloße schriftliche Anweisung des Polizei-Superintendenten jeden Polizeibeamten ermächtigen, ein Grundstück nach Diebesgut zu durchsuchen und es zu beschlagnahmen.

[3] Der Fall *Thomas v. Sawkins* ([1935] [2 K. B. 249] [Schlüsselfall]), in welchem die bei einer öffentlichen Versammlung anwesende, aber uneingeladene Polizei zum Verlassen gezwungen worden war und das Gericht die Anwesenheit auch ohne Gerichtserlaubnis aufrecht erhielt, betraf einen Sonderfall, der später im Rahmen der Versammlungsfreiheit zu behandeln ist; siehe unten S. 352.

kein Privatanwesen ohne Gerichtsbefehl betreten oder darin gegen den Willen des Eigentümers verweilen, wenn es sich nur um ein *summary offence* und keinen Friedensbruch handelt (*Davis v. Lisle* [1936] [2 K. B. 434]). Im großen ganzen legt also das *common law* den Ordnungsorganen beim Betreten von Privatgrundstücken sehr erhebliche Schranken auf.

Ähnlich wie in den Vereinigten Staaten, wo das Problem überdies durch die konkurrierenden Zuständigkeiten von Bund und Einzelstaaten weiter kompliziert ist, machte auch in Großbritannien die Frage viel Kopfzerbrechen, ob es nach *common law* rechtens ist, wenn die Polizei, ausgerüstet mit einem Durchsuchungsbefehl hinsichtlich einer darin bezeichneten strafbaren Handlung, bei der Durchsuchung Gegenstände beschlagnahmt, die sich nicht auf diese Handlung und nicht auf einen bestimmten Täter beziehen, sondern als Beweismaterial für irgendeine andere Straftat dienen können, auch wenn sie von irgendeiner anderen Person begangen ist. Eine in diesem Sinn vom Gericht bei der nachfolgenden Strafverhandlung legalisierte Beschlagnahme (*Elias v. Pasmore* [1934] [2 K. B. 164]) war rechtsstaatlich bedenklich, weil mit Recht geltend gemacht wurde, daß, falls die Polizei bei ordnungsgefährdenden strafbaren Handlungen umfangreicher Vollmachten bedürfte, die sich nicht auf eine bestimmte von einer bestimmten Person begangene strafbare Handlung beziehen, diese durch ein entsprechendes Parlamentsgesetz erteilt werden sollten. Dies ist dann gerade im Hinblick auf den vorerwähnten Fall im *Incitement to Disaffection Act* von 1934 und im *Public Order Act* von 1936 tatsächlich geschehen. Das ewige Tauziehen zwischen der auf Verbrechensbekämpfung bedachten Polizei und der rechtsstaatlichen Sicherheit des Bürgers scheint aber weiterzugehen[1].

## 3. Unverletzlichkeit der Wohnung und geheime Telefonüberwachung

Zum Bereich der Unverletzlichkeit der Wohnung gegenüber behördlichen Eintritts- und Durchsuchungsansprüchen gehört auch das von einer Behörde unternommene heimliche Mithören der von der Wohnung oder dem Geschäftslokal aus geführten Telefongespräche (*wiretapping*)[2]. Insbesondere die Polizeibehörden glauben darauf angesichts des sich ständig verschärfenden Kampfes mit dem technologisch ausgerüsteten Großverbrechertum nicht verzichten zu können. In England wurde hier eine praktisch befriedigende Lösung gefunden, mit der man auch rechtsstaatlich einverstanden sein kann. An sich ist das heimliche Abhören des

[1] Siehe *Kuruma v. Rex* ([1955] [A.C. 197]), wo der *Privy Council* dafür hielt, daß auch rechtswidrig erlangtes Beweismaterial in Zivil- wie Strafsachen verwendet werden könnte.

[2] Über die Rechtslage in den Vereinigten Staaten, die durch die dortige bundesstaatliche Organisation weiter kompliziert ist, siehe KARL LOEWENSTEIN, *Verfassungsrecht und Verfassungspraxis der Vereinigten Staaten*, S. 506.

Telefons durch eine Behörde nicht ungesetzlich, bedarf aber einer ausdrücklichen Genehmigung durch einen *warrant* des *Home Secretary*. Diese Regelung entspricht dem behördlichen Eingriffsrecht in das Briefgeheimnis, das gleichfalls mit Ermächtigung des *Home Secretary* zulässig ist. (*Post Office Act* von 1953 [1 & 2 Eliz. 2, c. 36]). Die gegenwärtige Praxis trägt den Empfehlungen eines Ausschusses von Mitgliedern des *Privy Council* Rechnung[1]: Behördliches Abhören von Telefongesprächen ist nur zur Aufdeckung schwerer Verbrechen oder aus Gründen der Staatssicherheit zulässig; die Maßnahme darf nur bei bestimmt bezeichneten Personen und nur zeitweilig vorgenommen werden; das dabei eruierte Material darf nur für den Dienstgebrauch der Behörden verwendet werden. Damit ist einer Wiederaufnahme der seit Jahrhunderten gerichtlich gebannten Technik der Blanko-Vollmachten zur Beschränkung eines Freiheitsrechts vorgebeugt.

## 4. Die Durchlöcherung des Unverletzlichkeits-Grundsatzes im modernen Verwaltungsstaat

Eingriffe der Behörden in die Unverletzlichkeit der Wohnung beschränken sich also, wie dargestellt, in der Hauptsache auf die Verfolgung und den Verdacht strafbarer Handlungen und beruhen in der Mehrzahl der Fälle auf einem gerichtlich ermächtigten Durchsuchungs- und Beschlagnahmebefehl. Damit mag die Privatsphäre des Bürgers rechtsstaatlich entsprechend geschützt sein. Im Bereich der öffentlichen Verwaltung aber wird der Grundsatz der Unversehrtheit weit mehr durch den Bruch als durch den Brauch geehrt. Er ist heute in solchem Umfang durchlöchert, daß man eher von der Pflicht des Bürgers, der Behörde Eintritt zu gewähren, als von seinem Recht sprechen kann, sie abzuweisen. Die Gründe liegen auf der Hand. In dem immer engmaschiger werdenden Netz der Gemeinschaftsbeziehungen des Sozial- und Wohlfahrtsstaats mußte die einstige Selbstherrlichkeit des Einzelnen, der über seine wirtschaftliche Tätigkeit nach eigenem Ermessen verfügte und entschied, den unabdingbaren Forderungen des vom Staat gelenkten Gemeinschaftslebens weichen. Im Gefolge des Anwachsens der lokalen Selbstverwaltung, des staatlichen Planungsmechanismus, der Nationalisierung wichtigster Industriezweige mußte sich das Recht des Bürgers auf staatseingriffsfreie Selbstbestimmung seiner Lebensgestaltung im Interesse der Gemeinschaft schwere Einbußen gefallen lassen.

Ein äußeres Anzeichen dieser völlig veränderten Rechtslage ist der Umstand, daß buchstäblich ungezählten Tausenden von Behördenvertretern aller Art auf Grund der einschlägigen Gesetze heute der Zutritt zur Privatsphäre, sei es Wohnung, Geschäft, Fabrikanlage, gewährt

---

[1] *Report of the Committee of Privy Councillors appointed to inquire into the interception of communications (Cmnd. 263/1957).*

werden muß, wenn dies im Verfolg ihrer amtlich-dienstlichen Obliegenheiten erforderlich ist. Dazu gehören Beamte des *Civil Service* der Zentralverwaltung wie die Beamten der Lokalverwaltungsbehörden auf den verschiedenen Ebenen, die Inspektoren, die sich um die Volksgesundheit, Beobachung der Vorschriften über den Fabrikbetrieb und um die Arbeiterschutzbedingungen, um die Einhaltung gesetzlich festgelegter Produktions-Standards, um Maße und Gewichte kümmern müssen, die Beamten, die sich mit der Steuer- und Zollverwaltung, nationalisierten Industrien, der Stadt- und Landplanung befassen. Ohne diese weitgehenden Eintritts-, Eingriffs- und Kontrollmöglichkeiten wäre die im Gemeinschaftsinteresse gebotene Aufsicht über das Wirtschaftsleben im heutigen Sozialstaat nicht möglich.

Das Betreten von Privatgrundstücken aller Art zur Vornahme amtlicher Inspektionsmaßnahmen bedarf nur ausnahmsweise der Zustimmung des Betroffenen, kann aber bei Weigerung durch eine vom Friedensrichter ausgefertigte Eintrittserlaubnis erzwungen werden. Nur in den wenigsten Ausnahmefällen wird sich der Betroffene solchen behördlichen Maßnahmen widersetzen wollen. Bislang konnte sich infolge der unorganischen Entwicklung keine Einheitlichkeit der Zulassungspraxis ausbilden: welche Personen zum Eintritt ermächtigt sind, die Art ihres amtlichen Ausweises, die vorherige Benachrichtigung des Betroffenen, die Zeit und die Länge ihrer Anwesenheit auf dem betreffenden Grundstück[1]. Es muß auch eingeräumt werden, daß einheitliche Bestimmungen, wenn sie auch nur die Formalien des Betretens regeln wollten, im Hinblick auf die Mannigfaltigkeit der Inspektionszwecke kaum möglich sind. Verlangt wird in der Regel, daß der Eintritt begehrende Beamte sich über die Eintrittsberechtigung auf Verlangen ausweisen muß und daß ein rechtswidriger Eintritt von Anfang an als Eigentumsbeeinträchtigung (*trespass*) gelten würde. Auch kann der Eigentümer sich dem Eintritt widersetzen, wenn die gesetzlich vorgeschriebenen Bedingungen nicht eingehalten werden oder ein Mißbrauch der Inspektionsbefugnis vorliegt. Das Bürgerrecht der Unverletzlichkeit der Wohnung einschließlich der Arbeitsräume ist also weitgehend ein Opfer des Verwaltungsstaats geworden, ein Schicksal, das Großbritannien mit allen anderen modernen Sozial- und Industriestaaten teilt.

## II. Eigentumsbeschränkungen durch die Steuergewalt

Die historisch älteste und zutiefst mit dem Gemeinschaftsleben verbundene Pflicht des Bürgers, nächst der Verteidigung gegen den äußeren

[1] Siehe etwa den *Rights of Entry (Gas and Electricity Boards) Act* von 1954 (2 & 3 Eliz. 2, c. 21), der die durch *Grove v. Eastern Gas Board* ([1952] [1 K.B. 77] [C. A.]) entstandene Lücke des *Gas Act* von 1948 füllte.

Feind, ist diejenige, die ihm finanzielle Leistungen zur Bestreitung der Dienste und Aufgaben der Gemeinschaft auferlegt. Die Steuergewalt ist also eine der unabdingbaren Grundtatsachen jeder staatlichen Ordnung. Gleichzeitig bedeutet sie aber eine maßgebliche Beschränkung des Eigentums, ja, sie ist geeignet, wie der berühmte amerikanische Richter Oliver Wendell Holmes es formulierte, es zu vernichten: "*The power to tax is the power to destroy.*"

Die Entwicklung des englischen Konstitutionalismus kann mühelos aus den Gerichtsentscheidungen und statutarischen Regelungen abgelesen werden, welche die Steuererhebung durch die Regierung-Exekutive von der vorherigen Zustimmung des Parlaments als der legitimen Vertretung derjenigen Sozialkräfte abhängig machten, die als das „Volk" galten. Im Kampf des Parlaments gegen die absolutistischen Bestrebungen der Stuarts im 17. Jahrhundert wurde das parlamentarische Finanzmonopol ein für alle Male festgelegt. Die grundlegenden Gerichtsentscheidungen hatten sich allerdings durchwegs auf die Seite der Krone gestellt: In *Bates'* Fall (*Case of Impositions* [1606] [2 St. Tr. 371]) wurde ein von der Krone ohne Parlamentsermächtigung erhobener Einfuhrzoll vom *Exchequer Court*, weil von der ausschließlich der Krone unterstehenden auswärtigen Gewalt gedeckt, für gerechtfertigt erklärt. In *Darnel's* Fall (*Five Knights Case*) ([1627] [3 St. Tr. 1]) wurde eine von der Krone bestimmten Personen auferlegte Zwangsanleihe als unter die königliche Prärogative fallend für rechtens gehalten, aber unmittelbar darauf wurde diese Steuerquelle durch die *Petition of Rights* zugeschüttet. In *R. v. Hampden*, dem berühmten Schiffsgeld(*shipmoney*)-Fall ([1637] [3 St. Tr. 825]) schließlich wurde die Auferlegung einer Flottenabgabe, allerdings nicht mehr einstimmig, als durch die außenpolitische Notlage legalisiert angesehen. Die *Bill of Rights* von 1688 schließlich verankerte das Grundprinzip der englischen Verfassung, daß die Auferlegung von Abgaben unter dem Vorwand der Prärogative ohne ausdrückliche Zustimmung des Parlaments ein für alle Male ungesetzlich ist[1].

Dabei ist es bis auf den heutigen Tage verblieben, und zwei neuere Entscheidungen verfehlten nicht, den Grundsatz neuerdings festzunageln: In *Att.-Gen. v. Wilts. United Dairies* ([1922] [91 L.J.K.B. 897]) (Schlüsselfall) wurde eine Verordnung des *Food Commissioner*, welche während des ersten Weltkriegs die Lizenz für den Verkauf von Milch gebührenpflichtig gemacht hatte, für ungesetzlich erklärt, und ebenso wurde dem *Postmaster-General* die jahrzehntelang betriebene Einhebung von Gebühren für Rundfunkapparate als dem *Wireless Telegraph Act* von 1904 (4 Edw. 7, c. 24) widersprechend verboten (*Davey Paxman and Co., Ltd. v. Post Office* [*Times*, November 16, 1954]). Die Gebührenerhebung mußte nachträglich durch den *Wireless Telegraph* (*Validation of Charges*) *Act* von

[1] Siehe auch Bd. I, S. 346.

1954 (3 & 4 Eliz. 2, c. 2) legalisiert werden. Der britische Bürger hat also mit Entschiedenheit darauf bestanden, daß er nur durch das Parlament — und dies bedeutet seit dem *Parliament Act* von 1911 nur durch die Commons — gesetzmäßig besteuert werden kann. Aber an der Tatsache, daß sein Eigentum, mag es Vermögen oder Einkommen sein, durch die staatliche Steuergewalt beschränkt und vermindert werden kann, wurde niemals gerüttelt.

Zu einer Erörterung des britischen Steuersystems besteht hier keine Veranlassung. Der Hinweis muß genügen, daß das Parlament von der staatlichen Steuergewalt entweder selbst durch die Auferlegung direkter und indirekter Steuern oder durch die den Lokalverwaltungsbehörden gesetzlich erteilte Ermächtigung zur Auferlegung von Lokalsteuern auf den örtlichen Grundbesitz Gebrauch macht. Der britische Steuerzahler gehört zu den am schwersten belasteten der ganzen Welt. Er unterliegt der Einkommensteuer, die von der Labour-Regierung für das Finanzjahr 1965/66 von 38,75 auf 41,25 Prozent erhöht wurde. Dazu kommt noch für Einkommen über 2 000 £ die Zuschlagssteuer (*surtax*), die progressiv gestaffelt ist, so daß bei einem Einkommen von 15 000 £ mehr als drei Viertel weggesteuert werden können. Er unterliegt weiter der Erbschaftssteuer, die, falls der Nachlaß mehr als 5 000 £ beträgt, bis zu 80 Prozent gestaffelt ist, was hauptsächlich zur weitgehenden Vermögensnivellierung im heutigen Großbritannien beigetragen hat. Unter den indirekten Steuern kommt vor allem die Umsatzsteuer (*purchase tax*) zum Zug, die so gut wie alle Käufe und Dienstleistungen besteuert. Das Privateigentum des britischen Bürgers ist also nur in dem beschränkten Umfang gewährleistet, daß die steuerlichen Belastungen durch das Parlament autorisiert und, wenn autorisiert, für alle einer bestimmten Einkommens- und Vermögensklasse angehörenden Steuerzahler gleich sein müssen. Angemerkt sei schließlich, daß die Engländer in der Veranlagungs- und Erhebungstechnik die Lehrmeister der übrigen Welt geworden sind.

## III. Gesetzliche Entziehung des Eigentums

### 1. Die verschiedenen Anlässe

Privateigentum kann nicht nur in seinem Gebrauch rechtens eingeschränkt werden, wie es bei den zulässigen Eingriffen in die Unverletzlichkeitssphäre der Wohnung der Fall ist; es kann nicht nur in seiner Substanz durch die Steuergewalt vermindert, es kann auch nach Recht und Gesetz sogar gänzlich entzogen — enteignet — werden, allerdings, wie es rechtsstaatlich geboten ist, nur gegen angemessene Entschädigung (*Newcastle Breweries v. The King* [1920] [1 K. B. 854]). Eines der wichtigsten Anwendungsgebiete stellt die staatliche Enteignung im Zusammenhang mit der Überführung bestimmter Industriezweige in staatliche Regie dar[1]. Eine weitere Möglichkeit des staatlichen Zwangserwerbs von Eigentum, insbesondere von Grund und Boden, besteht aus Anlaß der Nationalverteidigung: Die Krone kann nach Maßgabe der parlamentarischen Gesetzgebung Privateigentum für Verteidigungszwecke in Vorbereitung und zur Durchführung der Kriegshandlungen vorübergehend oder auch dauernd erwerben (*Att.-Gen. v. De Keyser's Royal Hotel, Ltd.* [1920] [A. C. 508] [Schlüsselfall])[2]. Eine weitere, zumindest zeitliche Beschränkung im Genuß und der Ausnutzung des Privateigentums ergibt sich aus dem gesetzlichen Mieterschutz, der derzeit mit dem *Rent Act* von 1957 (5 & 6 Eliz. 2, c. 25) weitgehend abgebaut ist.

Zahlreiche Parlamentsgesetze ermächtigen die öffentliche Hand zum zwangsweisen Erwerb von Grund und Boden für öffentliche Zwecke. Der Privateigentümer muß sich dieser Enteignung fügen, wobei ihm allerdings unter allen Umständen sowohl hinsichtlich des Grundes der Maßnahme als auch der Höhe der zu zahlenden Entschädigung der Rechtsweg an eine verwaltungsgerichtliche Behörde offen steht. Jede Landnahme durch eine öffentliche Stelle muß gesetzlich ermächtigt sein. Wenn beispielsweise die *Transport Commission* Grund und Boden zum Bau einer neuen Eisenbahnlinie oder eine Wasserversorgungsgesellschaft zur Vergrößerung der Wasserreserven erwerben will, geschieht dies durch die Einbringung und den Erlaß einer *private bill* im Parlament.

Die gesetzliche Ermächtigung zum Grunderwerb durch Enteignung wird also entweder durch spezielles Parlamentsgesetz hinsichtlich spezifischen Eigentums für im Gesetz bezeichnete spezifische Zwecke erteilt oder sie erfolgt an die zuständigen Behörden der Zentralregierung und der Lokalverwaltung allgemein für im Gesetz bestimmte Zwecke von öffentlichem Interesse. Grund und Boden durch freiwillige Vereinbarung mit dem Eigentümer zu erwerben, ist zwar der Zentralregierung gestattet, nicht aber den Lokalverwaltungsbehörden, die auch hierfür ausnahmslos einer Genehmigung durch eine Stelle der Zentralregierung bedürfen. In der heutigen Praxis hat das Parlament außer der Erteilung der allgemeinen gesetzlichen Ermächtigung mit dem zwangsweisen Grunderwerb nichts mehr zu tun; ihn zu genehmigen ist vielmehr Sache des zuständigen Ministers. Das Parlament würde nur in den äußerst seltenen Fällen eingreifen, wo behauptet wird, der zuständige Minister habe nicht im öffentlichen Interesse gehandelt[3].

---

[1] Siehe oben S. 175ff.

[2] Darüber wird später im Rahmen der Ausnahmegesetzgebung in Kriegszeiten zu handeln sein; siehe unten S. 384ff.

[3] Die Praxis der parlamentarischen Ermächtigung zum Grunderwerb durch Enteignung geht schon auf das 19. Jahrhundert zurück; siehe beispielsweise *Lands Clauses Consolidation Act* von 1845 (8 & 9 Vict., c. 18); *Railways Clauses Consolidation Act* von 1845 (ebenda, c. 20); *Waterworks Clauses Act* von 1847 (10 & 11 Vict., c. 17) und *Towns Improvement Act* von 1847 (ebenda, c. 34).

Solche Enteignungsanlässe mögen eine Ausnahmeerscheinung im staatlichen Betrieb bilden. Aber auf zwei Gebieten, dem der landwirtschaftlichen Bodennutzung und der Landerschließungs- und Siedlungsplanung, auf welch' letzterem Großbritannien allen westlichen Ländern vorangegangen ist, ist die Landnahme durch die öffentliche Hand eine häufige, wenn nicht alltägliche Erfahrung und verdient daher an dieser Stelle eine Würdigung.

## 2. Die Landerschließungs- und Siedlungsplanung

Im modernen Sozialstaat steht die Beschaffung von Wohnraum für die wachsende Bevölkerung im Vordergrund der sozialpolitischen Gestaltungsziele. Die Wohnraumbeschaffung ihrerseits ist aufs engste mit der Erschließung des verfügbaren Raums und der Erstellung lebenswürdiger Stadtsiedlungen und Dorfgemeinschaften verbunden. Die Darstellung der gesetzestechnisch sehr komplizierten Materie muß sich hier auf die gröbsten Umrisse beschränken[1]. Im Zug der staatlichen Planung zur Beschaffung von Wohnraum und zur Verbesserung der Lebensweise der Massen spielt die Enteignung verständlicherweise eine ausschlaggebende Rolle.

### a) Die gesetzlichen Grundlagen

Großbritannien ist eines der bevölkerungsdichtesten Länder der Welt; seine ständig anwachsende Bevölkerung ist auf einen an sich nicht erweiterungsfähigen Lebensraum angewiesen. Die seit dem zweiten Weltkrieg erlassene Stadt- und Landplanungsgesetzgebung (*town and country planning*), die in ihrer Gesamtheit eine der bemerkenswertesten Sozialleistungen der Nation bedeutet, stellte daher den gesamten Grund und Boden des Vereinigten Königreichs zur Verfügung und unter die Kontrolle der Zentralregierung, als deren Ausführungsorgane im wesentlichen das Ministerium für *Housing and Local Government* und die Lokalverwaltungsbehörden dienen. Die Gesetzgebung hat nicht nur die Schaffung von den modernen hygienischen und sozialpolitischen Anforderungen entsprechenden Wohnsiedlungen in Stadt und Land zum Ziel, sondern stellt gleichzeitig auch auf die Erhaltung einer lebensfähigen Landwirtschaft, die möglichste Aufrechterhaltung der Annehmlichkeiten des Landlebens und auf die Bereitstellung öffentlicher Erholungsgebiete und den Schutz von Naturdenkmälern ab.

Das von fortschrittlichen Sozialreformern befürwortete Schema einer der allgemeinen Volkswohlfahrt dienenden Siedlungsplanung hat eine

---

[1] An sich hätte diese Materie auch im organisatorischen Rahmen der Lokalverwaltung ihren Platz finden mögen, paßte aber dort wegen der Beteiligung sowohl zentraler als auch lokaler Verwaltungsbehörden nicht recht hinein.

lange gesetzgeberische Vorgeschichte (seit 1909), der aber ein durchschlagender Erfolg versagt bleiben mußte, weil die Vollmachten der öffentlichen Hand nicht ausreichten, um der seit Beginn der industriellen Revolution vorherrschenden, privatkapitalistisch ausgerichteten, planlosen Urbanisierung Einhalt zu gebieten. Einen Schritt vorwärts als Zwischenlösung bildeten die *Town and Country Planning Acts* von 1932 (22 & 23 Geo. 5, c. 48 und 49)[1]. Aber auch sie verfehlten ihr Ziel, einmal weil sich keine befriedigende Lösung für die Frage der Entschädigung für zwangsmäßig übernommenes Land finden ließ, zum anderen, weil die mit der Durchführung beauftragten Lokalverwaltungsstellen zögerten, sich finanziell untragbare Lasten aufzubürden. Zwischen 1937 und 1942 befaßten sich drei Untersuchungsausschüsse mit dem Gesamtkomplex der Landplanung. Im Vordergrund standen dabei die Standortsbedingungen der Industrie, die um sich greifende Verstädterung bisher vorwiegend ländlicher Bezirke und die Lösung der verwaltungstechnischen und finanziellen Fragen. Die Ergebnisse sind in der derzeitigen umfassenden Gesetzgebung der Nachkriegszeit bis in die jüngste Gegenwart wie folgt niedergelegt: *Town and Country Planning Acts* von 1947 bis 1963 mit den entsprechenden schottischen Gesetzen 1947—1963; der Akt von 1963 (Eliz. 2, c. 17) bildet hier die Grundlage der Regelung in England und Wales. Die Gründung und Errichtung neuer Städte unterliegt den *New Towns Acts* von 1946—1959; der heute maßgebende ist derjenige von 1959 (7 & 8 Eliz. 2, c. 53)[2].

**b) Die Praxis der Landplanung**

Die grundlegenden *Town and Country Planning Acts* von 1947 (für England und Wales und für Schottland) hatten die Lokalverwaltungsbehörden aller territorialen Verwaltungsbezirke (die *councils* der *counties* und *county boroughs* und — wo angezeigt — verschiedene Einheiten zusammenfassende gemeinsame Planungsbehörden) angewiesen, für ihren Bezirk einen Landerschließungs- und Nutzungsplan auszuarbeiten, wie sie sich für die nächsten zwanzig Jahre die Grund- und Bodennutzung vorstellten, wobei alle Faktoren einer rationellen ökolo-

[1] Wiederum sind die Regelungen für England und Wales, Schottland (siehe obiges Gesetz c. 49) und Nordirland (siehe *Planning and Housing Act* von 1931 [21 & 22 Geo. 5., c. 63]) verschieden, wenn sich auch in der gleichen allgemeinen Richtung bewegend.

[2] Weitere Gesetzgebungsmaßnahmen befassen sich mit anderen einschlägigen Fragen, so der *Distribution of Industry Act* von 1945 (8 & 9 Geo. 6, c. 36) und der *Local Employment Act* von 1963 (Eliz. 2, c. 19), welche die Industrieplanung zum Gegenstand haben; der *National Parks and Access to the Countryside Act* von 1949 (12, 13 & 14 Geo. 6, c. 97), der sich mit der Schaffung von Erholungsgebieten (*national parks*) und ähnlichem befaßt und der *Caravan Sites and Control of Development Act* von 1960 (8 & 9 Eliz. 2, c. 62), der Camping, Wohnwagen-Standorte und ähnliche Angelegenheiten regelt.

gischen Entwicklung berücksichtigt werden sollten: Wohn- und Industriegebiete, Straßenanlagen und Verkehrsverhältnisse, die Einschaltung von Grüngürteln in oder zwischen urbanisierten Siedlungsgebieten, die Erhaltung und Schaffung von Parks, Erholungsstätten, Denkmalschutz und ähnliches mehr. Diese langfristigen Pläne waren dem *Minister of Housing and Local Government* bzw. dem *Secretary of State* für Schottland zur Überprüfung und Bestätigung vorzulegen. Diese Pläne sind seither ausgearbeitet und in so gut wie allen Fällen mit entsprechenden Modifikationen von den zuständigen Ministerien gutgeheißen worden. Sie unterliegen einer ständigen Revision in höchstens fünfjährigen Abständen. Vor der Entscheidung des Ministers über Änderungen des ursprünglichen Plans sind öffentliche Vernehmungen zu veranstalten. Gegen den Plan selbst und seine nachträglichen Modifikationen ist nur dann eine gerichtliche Entscheidung des *High Court* zulässig, wenn der Plan nicht den gesetzlichen Voraussetzungen entspricht oder *ultra vires* ist. Unter dem *Town and Country Planning Act* von 1962 (10 & 11 Eliz. 2, c. 38) werden die Einzelvorschläge regional koordiniert, wobei entweder lokale Planstellen oder die Zentralbehörde des Ministeriums zum Zug kommen.

Eine Parallelentwicklung von erheblicher demographischer Bedeutung ist die Schaffung neuer Stadtsiedlungen unter dem *New Towns Act* von 1946 (9 & 10 Geo. 6, c. 68)[1], wonach der *Minister of Housing and Local Government* bzw. der *Secretary of State for Scotland* ermächtigt sind, ein bestimmtes Areal — das bereits eine städtische Siedlung enthalten mag oder aber auf dem bislang Kartoffeln wuchsen oder Schafe weideten — als den Standort für eine neue Stadt zu bezeichnen, die dann von einer vom Minister bestellten öffentlichen Körperschaft (*development corporation*) geplant und durchgeführt wird. Die Lokalverwaltungsbehörden und das Publikum sind in allen Fällen am Verfahren beteiligt. Die öffentliche Korporation ist dann zum kaufsweisen oder zwangsweise durchzuführenden Erwerb derjenigen Teile des Areals autorisiert, welche zur Ausführung des Besiedlungsplanes erforderlich sind. Auf dem somit erworbenen Grund und Boden werden Wohnbauten, öffentliche Gebäude, Industrieanlagen, Erholungsstätten, Grüngürtel, kurz alles erstellt, was für die neue Stadt mit modernen Lebensbedingungen wesentlich ist. Die Finanzierung erfolgt durch vom *Consolidated Fund* über das Ministerium vorgestreckte öffentliche Mittel, die verzinslich und innerhalb einer bestimmten Frist (60 Jahre) zurückzuzahlen sind[2].

---

[1] Siehe auch *The New Towns of Britain*, Central Office of Information Pamphlet no. 44, H. M.'s Stationary Office 1964.

[2] Der *New Towns Act* von 1964 (Eliz. 2, c. 68) erhöhte die seit 1946 autorisierte Finanzierung auf insgesamt 550 Millionen £, wovon bis Ende 1965 339 Millionen effektiv angewiesen worden waren.

Auf diese Weise ist ein ansehnlicher Teil des Landareals im Vereinigten Königreich (von [1964]) über 100.000 acres) in das Eigentum der öffentlichen Hand mit dem beabsichtigten Ergebnis einer möglichst rationellen Ausnutzung übergegangen. Bisher (1966) sind insgesamt zwanzig solche neuen Städte in Großbritannien entweder entstanden oder im Aufbau begriffen (davon 15 in England, eine in Wales und vier in Schottland), vor allem um den Bevölkerungsüberschuß Groß-Londons und anderer Metropolitanbezirke (Liverpool, Birmingham, Glasgow, Edinburgh) in neue Siedlungsgebiete zu leiten, oder auch um in bisher industriell vernachlässigten und benachteiligten Gegenden wie in Nordost-England und Schottland neue Industriezentren unter günstigeren Besiedlungs-Bedingungen zu schaffen. In Schottland ist die Entwicklung allerdings erheblich langsamer als in England vorgeschritten. In dieser Politik der rationellen Urbanisierung ist Großbritannien allen anderen Ländern als Modell vorangegangen und sie stellt eine seiner bemerkenswertesten sozialpolitischen Zielsetzungen dar.

Ist die neue Stadt schließlich gebaut, so wird nach dem *New Towns Act* von 1959 (7 & 8 Eliz. 2, c. 62) die Entwicklungs-Korporation aufgelöst und ihre Aktiven und Passiven gehen auf eine neue seit 1961 funktionierende Zentralbehörde, die *Commission for New Towns* über, welcher die Weiterführung der Verwaltung nach den Grundsätzen der Gemeinschaftsinteressen und der Fürsorge für die Wohnbevölkerung obliegt. Die Verstaatlichung hat also nicht nur etwa einzelne gemeinschaftswichtige Industriezweige ergriffen, sondern dehnt sich zusehends auf den Grund und Boden aus, der nicht länger ausschließlich im Privateigentum, sondern potentiell im Nationaleigentum steht. Demgemäß ist im Zuge der Siedlungsplanung und ihrer Durchführung ein umfangreicher Übergang des Grundeigentums vom Privat- in das Gemeinschaftseigentum erfolgt.

Zur Zeit der Inangriffnahme des Siedlungswerks betrug die in den betreffenden Arealen bereits ansässige Bevölkerung insgesamt etwa 225 000 Personen. Bis 1964 hatte sich die Zahl mit mehr als 750 000 mehr als verdreifacht und nach vollendetem Ausbau werden dort mehr als 1,1 Millionen Menschen ein den modernen Anforderungen entsprechendes Heim gefunden haben. Dabei wäre zu berücksichtigen, daß manche der ursprünglichen Siedlungen, die nichts als Dörfer mit ein paar hundert oder auch kleine Landstädte mit ein paar tausend Einwohnern waren, bereits jetzt ansehnliche Mittelstädte geworden sind und, ist die Siedlungsplanung einmal vollendet, den Kern neuer und gesünderer Großstädte bilden werden.

Über die Notwendigkeit einer Fortsetzung und Intensivierung dieser Politik sind sich alle Parteien einig. Es blieb aber Labour vorbehalten, in seinem Wahlmanifest von 1964 ausdrücklich die Verstaatlichung von städtischem Bauland zu einem wesentlichen Punkt des Wahlprogramms zu machen. Eine neu zu errichtende *Crown Land Commission* soll ermächtigt werden, Land, auf dem gebaut oder umgebaut werden soll, zu angemessenen Preisen zu erwerben und den Erwerbern der auf solchem Land gebauten Einfamilienhäuser mit einer neuen Eigentumsberechtigung, *crownhold* genannt, ein dauerndes Eigentumsrecht zu gewähren. Angesichts der prekären Mehrheitssituation und im Hinblick auf die Dringlichkeit anderer Gesetzgebungsaufgaben war es verständlich, daß die Inangriffnahme dieser neuen „Sozialisierungs"maßnahme von der (1.) Regierung Wilson einstweilen zurückgestellt werden mußte.

### c) Die Entschädigung bei der Enteignung

Die Enteignung durch die öffentliche Hand ist nach rechtsstaatlichen Grundsätzen stets mit einer Entschädigung für den bisherigen Eigentümer verbunden. Eine faire Lösung des Entschädigungsanspruchs bereitete den verschiedenen Regierungen große Schwierigkeiten, weil man bei der Zwangsenteignung eine mittlere Linie zwischen den berechtigten Forderungen der Grundstückseigentümer und einer übermäßigen finanziellen Belastung des Staates einhalten wollte. Nach dem Gesetz von 1946 wurde zuerst darauf Rücksicht genommen, ob eine Entwertung des Grund und Bodens wegen der beabsichtigten Siedlungsmaßnahmen stattgefunden hätte. Als Entschädigungsgrundlage wurde der Marktwert nach Maßgabe des damaligen Gebrauchs angenommen, welcher von dem Grundstück gemacht wurde. Auch mußte eine Wertzuwachssteuer bezahlt werden. Da die Eigentümer unter diesen Voraussetzungen dem freiwilligen Verkauf abgeneigt waren und man nicht zur Massenenteignung schreiten wollte, schafften die Gesetze von 1954 zwar die unbeliebte Wertzuwachssteuer ab, fanden aber wiederum keine allgemein befriedigende Lösung. Das Gesetz von 1959 (7 & 8 Eliz. 2, c. 53) schließlich stellte die Entschädigung auf eine neue Basis: Übernimmt die Lokalbehörde Grundeigentum durch Zwangsenteignung, wird eine für die meisten Fälle festgelegte Entschädigung vorgeschrieben, die nunmehr im *Land Compensation Act* von 1961 (9 & 10 Eliz. 2, c. 33) vereinheitlicht ist. Grundsätzlich wird nunmehr der Preis zugrunde gelegt, den das enteignete Grundstück bei Verkauf im offenen Markt erzielt hätte, wobei sowohl die Preissteigerung berücksichtigt wird, welche auf die Planungstätigkeit der Behörde zurückzuführen ist, wie ebenso eine etwaige Wertverminderung, die das Grundstück eben wegen der beabsichtigten Planung erlitten haben könnte. Ist die Höhe der zu zahlenden Entschädigung streitig, so entscheidet das regionale *Lands Tribunal*, dem auch, wie früher erwähnt, die Berufung gegen die Veranlagung zu Lokalsteuern durch die örtlichen *Valuation Boards* zusteht.

### d) Der öffentliche Sektor der Wohnraumbeschaffung

Der praktische Wert der britischen Landerschließungs- und Siedlungsplanung läßt sich zweckmäßig im Zusammenhang mit den jüngsten Ergebnissen der staatlichen Wohnraumbeschaffung ermessen. Wie in allen anderen modernen Industriestaaten gilt auch in Großbritannien das Wohnbauprogramm als eine der vordringlichsten Sozialaufgaben. Umfassende Zerstörungen während des letzten Krieges, die Bevölkerungszunahme und die sich mit dem allgemeinen Wohlstand steigernden Wohnbedürfnisse haben einstweilen eine chronische Wohnungsnot hervorgerufen, die trotz stärkster Bemühungen aller seitherigen Regierungen nicht behoben werden konnte. Sie wurde dadurch weiter verschärft, daß die Beseitigung der in den Groß- und vielen Mittelstädten bestehenden Elendsviertel (*slums*) in Angriff genommen, wodurch die dort wohnende Bevölkerung heimlos wurde. Auch auf diesem Gebiet ist Großbritannien seit dem Kriegsende mit einer großzügigen Planung befaßt, deren Erfolge allerdings durch die beschränkten Mittel bedingt sind. Die zunehmende Prosperität und umfassende Maßnahmen der staatlichen und kommunalen Bauhilfe haben zwar den Privatleuten einen erheblichen Anreiz zum Bau von Eigenheimen gegeben, aber ein im Vergleich mit anderen Staaten sehr erheblicher Teil der Wohnungsbeschaffung geht auf die öffentliche Hand zurück, die im Rahmen der Landerschließungs- und Siedlungsgesetzgebung den zur Wohnraumbeschaffung notwendigen Grund und Boden hat übernehmen können.

Die Wohnbauplanung und die Beaufsichtigung der nach ihrer Maßgabe durchzuführenden Wohnbauprogramme obliegt für England und Wales wiederum dem *Minister of Housing and Local Government*, für Schottland dem *Secretary of State*, für Nordirland dem dortigen *Minister of Health and Local Government*. Sie ist also zentral gelenkt. Für die eigentliche Wohnraumbeschaffung aber ist in jedem Bezirk die örtliche Verwaltungsbehörde zuständig, also die *councils* der *county boroughs* und *boroughs* der städtischen und ländlichen Bezirke und für Groß-London der (jetzt) *Greater London County Council* bzw. der *Common Council* der *City of London*.

Zwischen 1945 und dem Ende von 1962 wurden insgesamt viereinviertel Millionen neue Häuser und Wohnungen (*flats*) gebaut. Eine von vier Familien lebt in einem neugebauten Haus. Von den insgesamt über 17 Millionen der in Großbritannien vorhandenen Häuser stehen dreidreiviertel Millionen, das ist etwa jedes vierte Haus, im Eigentum der öffentlichen Hand. Von dem seit 1945 erstellten neuen Wohnraum sind mehr als 63 Prozent mit öffentlichen, das heißt von den Lokalverwaltungsbehörden zur Verfügung gestellten Mitteln erbaut. Dies bedeutet aber keineswegs, daß die Lokalverwaltungsbehörden die Hauseigentümer geworden sind. Die Bauherren sind vielmehr Privatleute, die auf Grund eines Vertrags mit der Lokalverwaltungsbehörde öffentliche Mittel zum

Bau verwenden. Damit ist die ausschließlich aus Privatmitteln finanzierte Wohnraumbeschaffung stark zurückgetreten. Seit der Aufhebung des Verbots privater Bautätigkeit (1954) ist zwar der Anteil des privaten Sektors am Wohnbau stark gestiegen, machte aber im Jahre 1962 immerhin im ganzen Vereinigten Königreich nur 54 Prozent aus[1]. Etwa 70 Prozent des zwischen 1954 und 1964 neu erstellten Wohnraums wurden von den öffentlichen Behörden erbaut oder zumindest finanziert, von den Lokalbehörden, den Kommissionen der Neuen Städte oder in Nordirland vom *Northern Ireland Housing Trust*, einer öffentlichen Wohnraumbeschaffungskorporation. Die öffentlich erstellten Wohnbauten werden in der Regel vermietet. Völlig der öffentlichen Hand überantwortet ist die Ersetzung der Elendsviertel durch menschenwürdigen Wohnraum, indem die zuständigen Lokalbehörden den Grund und Boden übernehmen und auf ihm neuen Wohnraum erstellen. In England und Wales sind 6,5 Prozent aller Häuser, in Schottland sogar zehn Prozent zum Abbruch bestimmt. Das bisherige Programm sollte bis 1965 zum Abschluß kommen und es besteht die – vielleicht zu – optimistische Annahme, daß bis anfangs der siebziger Jahre alle Elendsviertel durch bessere Wohnmöglichkeiten ersetzt sein werden.

Es zeigt sich also, daß der öffentliche Sektor im Wohnraumbeschaffungsprogramm eine immer größere Rolle spielen muß und daß auch auf diesem sozialpolitisch unvergleichlich wichtigen Gebiet der Staat und die Lokalverwaltung in weitem Umfang gezwungen sind, ihrerseits anstelle der Privatinitiative die Führung zu übernehmen. Auch hier ist das Vorrücken des Staats in die private Eigentumssphäre unwiderstehlich und endgültig geworden. Nichts erweist deutlicher den Wandel der Sozialauffassung, den der Wohlfahrtsstaat in Großbritannien bewirkt hat, als das Schicksal des Privateigentums. Ein eigentliches Grundrecht der Verfügung darüber hat in England niemals bestanden; heute untersteht es zur Gänze dem für die Gemeinschaft handelnden Staat und seinen Behörden.

## Elftes Kapitel

# Die Bürgerrechte III: Die Meinungsfreiheit

### Vorbemerkung: Gegenstand und Reichweite der Meinungsfreiheit

Im Gegensatz etwa zur französischen Erklärung der Menschen- und Bürgerrechte von 1789 und allen ihr nachfolgenden Katalogen ist in England ein Recht der Meinungsäußerung niemals als positive Norm aner-

[1] In Schottland betrug der Anteil nur 29% und war auch in Nordirland geringer als im Gesamtdurchschnitt.

kannt worden und dabei ist es bis heute verblieben. Andererseits hat sich zumindest seit 1832 die politische Praxis entwickelt, daß die Meinungsfreiheit, soweit sie sich im Rahmen der allgemeinen Gesetze bewegt, behördlich nicht behindert wird, und in dieser Form ist sie in der Tat eine der wesentlichsten Grundlagen der britischen politischen Zivilisation geworden.

Um diese paradoxe Situation, daß nämlich kein Recht auf Meinungsfreiheit anerkannt, diese aber trotzdem in weitestem Umfang gewährt und geübt wird, auf eine kurze Formel zu bringen: Der englische Bürger kann in normalen Zeiten, also wenn weder ein Kriegszustand noch ein anderer Notstand besteht, seiner persönlichen Überzeugung in jeder ihm beliebigen Form — Wort, Schrift, Druck, bildliche Darstellung oder auch durch die neueren Bekundungsmittel der Telekommunikationen und des Films — Ausdruck geben, vorausgesetzt, er verstößt damit nicht gegen gesetzliche Vorschriften, welche diese Freiheit im Interesse anderer Personen oder auch der Gemeinschaft beschränken. Solche statutarischen Begrenzungen sind seit Jahrhunderten ergangen und trugen dazu bei, die Rechtslage nach *common law* teils zu präzisieren, teils zu modifizieren. Sie sind neuerdings weit zahlreicher geworden, so daß Geltung und Anwendung der Meinungsfreiheit auf weiten Gebieten nunmehr gesetzlich geregelt sind. Beispiele wären etwa der *Defamation Act* von 1952 (15 & 16 Geo. 6 & 1 Eliz. 2, c. 66) oder der *Obscene Publications Act* von 1959 (7 & 8 Eliz. 2, c. 66). Wiederum zeigt sich die Relativität eines in anderen politischen Zivilisationen als „Grund"recht erachteten gesellschaftlichen Verhaltens: Es gilt nur insoweit, als es nicht gesetzlich verboten ist. Da Großbritannien keine geschriebene Verfassung kennt, welche den Maßstab dafür bilden würde, was das Gesetz an Beschränkungen der Meinungsfreiheit bestimmen darf, ohne diese als Grundrecht zu verletzen oder aufzuheben, sind dem Lande alle jene Interpretationsschwierigkeiten erspart geblieben, die andere Verfassungsordnungen seit jeher und noch immer belasten; der Grundsatz der Parlamentssouveränität ist keinen juristischen Begrenzungen unterworfen.

In den englischen Lehrbüchern wurde von der Meinungsfreiheit die längste Zeit, so noch von A. V. Dicey[1], als der Diskussionsfreiheit — *freedom of discussion* — gehandelt, worunter der nicht-technologische Meinungsaustausch durch die Medien des Wortes und der Schrift verstanden wurde. Letzten Endes kann aber aus so gut wie allen Verhaltensweisen einer Person eine Bekundung ihrer Meinung abgeleitet werden. Die Meinungsfreiheit braucht sich also nicht der üblichen Kommunikationsmedien der Sprache, Schrift, bildlichen Darstellung zu bedienen; auch eine Straßendemonstration, selbst wenn sie schweigend vor sich geht,

[1] *Law of the Constitution*, 10. Auflage, S. 238ff.

kann als Ausdruck persönlicher oder kollektiver Überzeugung gewertet werden und diese wiederum mag politisch, religiös, wirtschaftlich, sozial, kulturell indiziert sein. Auch ein Mieterstreik — wie jeder Streik — oder die Beifalls- oder Protestkundgebung des Publikums bei einer Theateraufführung können als Meinungskundgebungen gedeutet werden. Wenn also letztlich auch die Versammlungs- und Vereinigungsfreiheit der Meinungsfreiheit dienen, so empfiehlt es sich aus Gründen der übersichtlichen Stoffanordnung, zunächst die Meinungsfreiheit im herkömmlichen Sinn und die Vereinigungs- und Versammlungsfreiheit in den nachfolgenden Kapiteln zu behandeln[1].

Zwei Aspekte der Meinungsfreiheit verdienen eine Sonderdarstellung, ohne daß ihnen allerdings dadurch nach englischer Auffassung ein ihnen eigentümlicher Rechtscharakter zuerkannt würde, nämlich die Gewissensfreiheit und die politische Überzeugung als Kundmachungen der Meinungsfreiheit.

## I. Die Gewissensfreiheit als Meinungsfreiheit

Religiöse Konflikte beherrschten im 16. und 17. Jahrhundert die englischen Geschicke wie kaum in einem anderen Lande. England ist zeitweise das glaubensmäßig untoleranteste Land Europas gewesen. Henrys VIII. Abfall von der katholischen Religion und die Zwangskonvertierung des Landes zum Protestantismus führten mit dem *Act of Supremacy* (1534 [26 Hen. 8, c. 1]) zur englischen Staatskirche und zur Erhebung des englischen Monarchen zu ihrem obersten Schirmherrn und Haupt (*Protector and Supreme Head of the Church and Clergy of England*). Die *Statute of the Six Articles* (1539 [31 Hen. 8, c. 14]) gab mit der Definition der Häresie die gestzliche Grundlage zur nachfolgenden religiösen Verfolgung Anders- (besonders katholisch) denkender. Auch das Zeitalter der puritanischen Revolution ist von schweren Glaubenskämpfen erfüllt. Rekatholisierungsversuche von James II. brachten schließlich die nationale Einheit zustande, aus der die Glorreiche Revolution von 1688 erwuchs. Zwar schwieg sich die nachfolgende *Bill of Rights* (1688) über die religiösen Fragen aus, aber der *Act of Settlement* von 1700 (12 & 13 Will. 3, c. 2) legte dann ein für alle Male fest, daß der englische Monarch als Haupt der anglikanischen Staatskirche (*Defender of the Faith*) der protestantischen Religion angehören müsse. Im Verlauf des 18. Jahrhunderts wurden dann die religiösen Beschränkungen des öffentlichen Lebens langsam abgebaut. Das Kabinett des Herzogs von Wellington mußte sich unter dem Druck der öffentlichen Meinung zur Aufhebung des *Test Act* von 1673 (25 Cha. 2, c. 2) entschließen, der Katholiken und Nonkonformisten den Zugang zum öffentlichen Dienst versperrt hatte

[1] Siehe unten Kapitel 12, S. 323ff. und 14, S. 343ff.

(*Sacramental Test Act* von 1828 [9 Geo. 4, c. 17]). Im folgenden Jahr räumte der *Roman Catholic Relief Act* (10 Geo. 4, c. 7) mit allen noch bestehenden politischen Entrechtungen der Katholiken auf, die damit das aktive und passive Wahlrecht zum Parlament erhielten[1]. Seit der Mitte des 19. Jahrhunderts waren die Anhänger aller religiösen Bekenntnisse mit den gleichen zivilen und politischen Rechten ausgestattet. Außer der Vorschrift, daß der Träger der Krone Protestant sein muß, ist die einzige derzeit (wahrscheinlich) noch gültige religiöse Beschränkung, zumindest nach Herkommen, daß der *Lord Chancellor*, dem gewisse kirchliche Patronagerechte zustehen, und der *Lord High Commissioner* der schottischen Staatskirche weder Katholiken noch Juden sein sollen oder dürfen.

Es besteht also seit Generationen die uneingeschränkte Glaubens- und Bekenntnisfreiheit. Sie geht so weit, daß die General- und Lokalwahlen auf einen Werktag angesetzt werden, um zu vermeiden, daß Wähler, die den Sonntag oder den Sabbath heiligen wollen, an der Ausübung des Wahlrechts gehindert sind. Dank der religiösen Toleranz florieren in Großbritannien die verschiedensten konfessionellen Richtungen und religiöse Sekten aller Art[2]. Alle diese religiösen Gruppen genießen volle Glaubens- und Bekenntnisfreiheit mit ihren eigenen Gottesdiensten in ihren eigenen Weihestätten, Tempeln und Moscheen.

Katholiken, Juden und jedem Gläubigen einer exotischen Konfession, vorausgesetzt er ist britischer Bürger, steht wie den die Mehrheit bildenden Protestanten der Zugang zu allen Rängen des öffentlichen Dienstes und zum Berufsbeamtentum in Staat und Gemeinde offen. Im öffentlichen Dienst ist die Religion strikte Privatsache. Eine „Aufschlüsselung"

---

[1] Siehe Bd. I, S. 203.

[2] Außer den beiden Staatskirchen, der anglikanischen in England und der presbyterischen in Schottland, wirken in Großbritannien und Übersee die siebzehn autonomen Kirchen der anglikanischen Gemeinschaft (*Anglican Communion*), zu denen die entstaatlichten Kirchen von Irland, Schottland und Wales gehören, ferner die sog. Freikirchen (*Free Churches*), worunter die nonkonformistischen Richtungen verstanden werden; unter diesen sind die wichtigsten die Baptisten, Methodisten, Kongregationalisten und die entstaatlichten presbyterischen Kirchen. Von den zahlreichen anderen protestantischen Richtungen wären die Quäker besonders zu nennen. Dazu kommen die in Großbritannien wie anderswo an Einfluß ständig zunehmenden römischen Katholiken mit ihrer seit der Mitte des 19. Jahrhunderts wieder hergestellten hierarchischen Organisation und die anglo-jüdische Konfession, die seit Hitlers Vernichtung der deutschen Judenschaft mit etwa 450000 Gläubigen (1963) nunmehr die stärkste jüdische Gemeinschaft außerhalb der Vereinigten Staaten, Israels und möglicherweise der UdSSR ist. Gruppen von Einwanderern aus dem Festland, besonders aus dem Osten bilden ihre eigenen protestantischen Gemeinschaften, wie dies auch bei den Anhängern des christlich-orthodoxen Glaubens der Fall ist. Schließlich bestehen auf britischem Boden ansehnliche nicht-christliche Glaubensgemeinschaften, besonders der Moslems und Buddhisten.

der führenden Stellen etwa im *Civil Service* nach konfessionellen Gesichtspunkten wäre schlechthin undenkbar. Anhänger nicht-protestantischen Bekenntnisses finden sich auch nicht selten in den höchsten Kabinettspositionen, wenn auch bisher weder ein katholischer noch ein jüdischer Prime Minister vorgekommen ist[1].

## II. Die Freiheit der politischen Meinung

Großbritannien zeichnet sich durch völlige Freiheit der politischen Meinungsbildung und ihrer öffentlichen Kundmachung aus, soweit nicht bestimmte Organisationsformen der politischen Betätigung aus Gründen der öffentlichen Ordnung gesetzlich unzulässig sind.

Geschichtlich gesehen sind die Geburtsstätte der politischen wie der religiösen Freiheit des Engländers die *Commons* gewesen. Schon die *Statute of Westminster I* von 1275 (3 Edw. 1, c. 3) hatte niedergelegt, daß auf die Wahlen nicht durch Gewalt, Böswilligkeit und Drohung eingewirkt werden dürfe. Damit hatte es allerdings noch gute Weile. Aber die *Commons* setzten im 16. und besonders im 17. Jahrhundert ihre korporative Freiheit von der von der Krone betätigten Verfolgung aus religiösen wie politischen Gründen durch. Mit der schließlichen Erringung der vollen Debattier- und Petitionsfreiheit in der *Bill of Rights* (1688) wurden sie mit der Zeit der Schrittmacher der allgemeinen politischen Meinungsfreiheit. Daraus erwuchs dann im 19. Jahrhundert das Recht der straflosen Veröffentlichung der Parlamentsdebatten als Mittel demokratischer Information, eine Wendung, die allerdings dem Unterhaus selbst von der öffentlichen Meinung abgerungen werden mußte[2]. Lediglich die das Parlament herabsetzenden öffentlichen Äußerungen sind nach wie vor als Verletzung der Parlamentsprivilegien unzulässig. Ebenso wurden wahrheitsgetreue Berichte über die Gerichtsverhandlungen privilegiert[3].

Die freie politische Selbstbestimmung der Wähler aber war erst dann vollendet, als mit der Einführung der geheimen Stimmabgabe im *Ballot Act* von 1872 (35 & 36 Vict., c. 33) jedweder Einfluß der Regierung und jeder soziale Druck ausgeschaltet worden waren. Die strengen Strafandrohungen gegen ungesetzliche Wahlbeeinflussung (*corrupt and illegal practices*)[4], nunmehr in den Teilen II und III des *Representation of the*

---

[1] Beispiele von Juden in hohen Staatsstellungen aus der jüngeren Zeit sind etwa Lord Melchett (Sir Alfred Mond), Lord Samual (Sir Herbert Samuel), Lord Isacs (Sir Rufus Isacs) (als *Lord Chief Justice* und Vizekönig von Indien). Gesellschaftlicher Antisemitismus ist zwar nicht völlig unbekannt, gilt aber nicht für den Hochadel, wo Heiraten in die jüdische Geldaristokratie nicht selten sind.

[2] Siehe Bd. I, S. 280f.

[3] Siehe oben S. 22ff.

[4] Siehe Bd. I, S. 103.

*People Act* von 1949 kodifiziert, sorgten dafür, daß die politische Meinung sich ohne äußere Beeinflussung — außer derjenigen, die sich der Wähler aus den ihm offenstehenden Informationsquellen holt — in Wählerstimmen umsetzen kann.

In der Freiheit der Meinungsbildung vor und beim Gang zur Wahlurne wird Großbritannien von keinem anderen Land überboten. Dank der streng durchgeführten gesetzlichen Bestimmungen kann sich keine Partei gegenüber ihren Konkurrenten ein politisches Übergewicht durch die Verwendung größerer Geldmittel verschaffen. Die Freiheit der politischen Gruppenbildung zur wirksamen Geltendmachung der Meinungsfreiheit ist durch die Vereinigungsfreiheit gewährleistet. Auch ohne sich in aller Form als eine politische Partei zu konstituieren, können sich die Anhänger jeder politischen Richtung an den General- und Kommunalwahlen beteiligen, wenn sie sich nach den allgemein geltenden Bestimmungen des Wahlrechts in der *Representation of the People*-Gesetzgebung richten. Das alleinige Risiko dabei ist, daß sie den Verfall der von allen Kandidaten zu erlegenden Wahlkaution gewärtigen müssen, falls sie weniger als ein Achtel aller Stimmen ihres Wahlkreises erzielen.

Es gibt daher in Großbritannien keine von der Obrigkeit — Regierung oder Polizei — als staatsgefährdend angesehenen und daher als „subversiv" abgestempelten politischen Gruppen oder Parteien, die im Genuß der gleichen politischen Meinungs- und Betätigungsfreiheit benachteiligt wären. Die Kommunistische Partei konnte von Anfang an bei jeder Generalwahl ihre Kandidaten aufstellen und sogar gelegentlich den einen oder anderen Abgeordneten ins Unterhaus entsenden. Auch rechtsradikal-faschistische Gruppen genießen die gleiche politische Organisations- und Meinungsfreiheit wie alle anderen Parteien. Mit den Auswüchsen der radikalen politischen Propaganda ist Großbritannien rechtzeitig durch den Erlaß des *Public Order Act* von 1936 fertig geworden[1], der, ohne sie namhaft zu machen, gewissen organisatorisch-propagandistischen Mißbräuchen der britischen Nationalsozialisten ein Ende bereitete. Auch von der beispielsweise in den Vereinigten Staaten nach dem letzten Weltkrieg angestellten Hexenjagd auf „Subversive" im öffentlichen Dienst hat sich Großbritannien völlig freigehalten und sich damit begnügt, politisch Unzuverlässige von den als sensitiv angesehenen Staatsstellen, in denen sie Geheimnisträger hätten werden können, fernzuhalten[2]. Man stellt sich in Großbritannien auf den Standpunkt, daß jede politische Meinung, auch diejenige, die unpopulär und von den allgemeinen Standards abweichend ist, ein Recht auf öffentliches Gehör hat, in der Erwartung, — welche die Praxis bestätigt hat —, daß das gesunde Urteil des Volks sie wägen und zu leicht befinden würde.

---

[1] Siehe unten S. 327ff.

[2] Siehe unten S. 368ff.

Vor allem aber — und hierauf wird noch eingegangen werden —[1] werden der Presse in der Betätigung der politischen Meinungsfreiheit keinerlei Beschränkungen auferlegt, außer denjenigen die sich aus den allgemeinen Gesetzen ergeben, wie etwa, daß jede Zeitung (außer denen, die im Eigentum einer Aktiengesellschaft stehen) in das im *Somerset House* geführte Zeitungsregister eingetragen sein muß (*Newspaper Libel and Registration Act* von 1881 (44 & 45 Vict., c. 60 [Sektion 9]). Bei den Telekommunikationen dagegen, welche allerdings in der politischen Meinungsbildung noch immer eine geringere Rolle spielen als etwa in den Vereinigten Staaten oder Frankreich, wird, da sie keine Staatsanstalten sind, die politische Meinungsfreiheit durch eine Absprache zwischen den im Wettbewerb eines Wahlkampfes befindlichen politischen Parteien geregelt, durch welche den beiden Alternierungsparteien die gleiche, den anderen Parteien eine entsprechend knapper bemessene Zeit zur Darlegung ihres Standpunkts im Rundfunk und Fernsehen zur Verfügung gestellt wird[2]. Daß infolge des das Wahlsystem beherrschenden Grundsatzes der relativen Mehrheitswahl den Minderheitsparteien keine der Zahl der für sie abgegebenen Stimmzettel entsprechende Vertretung im Parlament zufällt und daß selbst eine der beiden Alternierungsparteien weit weniger Sitze erlangen kann als sie nach der von ihr erzielten Gesamtstimmenzahl beanspruchen könnte[3], ist eine Folge der geltenden Wahltechnik und keine gegen politische Minderheitsgruppen gerichtete staatliche Diskriminierung aus reinen Zweckmäßigkeitsgründen, wie es bei der im deutschen Wahlrecht üblich gewordenen Fünf-Prozent-Klausel der Fall ist.

## III. Die Begrenzungen der Meinungsfreiheit

### a) Grundsätzlich durch die allgemeinen Gesetze

Das Ergebnis der bisherigen Erörterung ist, daß trotz der umfassenden praktischen Übung ein Bürgerrecht — geschweige denn ein „Grund"-

[1] Siehe unten S. 306ff.

[2] Der *Television Act* von 1954 (2 & 3 Eliz. 2, c. 61) schreibt ausdrücklich vor, daß die *Independent Television Authority* verpflichtet ist, jeweils die ganze von den Parteien vereinbarte Serie politischer Sendungen vorzuführen und nicht etwa nur die von ihr ausgewählten. Bei den Wahlen von 1964 wurde die zur Verfügung gestellte Rundfunk- und Fernsehzeit zwischen den Konservativen, Labour und den Liberalen im Verhältnis von 5:5:3 aufgeteilt, was der Wiederbelebung der Liberalen Rechnung trug, nachdem 1959 das Verhältnis 4:4:1 betragen hatte. Zu nationsweiten Sendungen waren nach der Entschließung der Telekommunikationsleitungen nur Parteien berechtigt, die mindestens fünfzig Kandidaten aufgestellt hatten. Die Beschwerde der Kommunisten, die nur 36 Kandidaten ins Feld geschickt hatten, gegen die Versagung von Fernsehzeit wurde vom *Election Court* in Edinburgh zurückgewiesen (*The Times* vom 29. Dezember 1964).

[3] Siehe Bd. I, Kapitel 7, S. 149ff.

recht – der Meinungsfreiheit in Großbritannien gesetzlich nicht anerkannt ist, daß diese vielmehr nur im Rahmen der allgemeinen Gesetze ausgeübt werden kann. Ihre Geltung ist also durch die allgemeinen Gesetze begrenzt. Wie jedes andere Bürgerrecht reicht die Meinungsfreiheit genau so weit, aber auch nur soweit, als die allgemeinen Gesetze sie nicht nach Form oder Inhalt für unzulässig erklären. Wer von der Meinungsfreiheit also Gebrauch macht, tut es auf eigene Verantwortung, aber auch auf eigene Gefahr. Nicht der Staat als Regierung, sondern der Staat als Gericht bestimmt, wo die zulässige Meinungsfreiheit aufhört und die Verletzung der sie einschränkenden Gesetze beginnt. Aus diesem Grund ist auch die Materie von mehr Gerichtsentscheidungen umrankt als viele andere Betätigungsgebiete der Bürger. Dies war um so mehr der Fall, solange eine Kontrolle der Meinungsfreiheit nur nach *common law* erfolgte und solange der Gesetzgeber nicht selbst die Richtlinien gezogen hatte, was besonders in neuerer Zeit immer häufiger, vor allem auf den Gebieten des Ehrenschutzes, der Presse und der Staatssicherheit der Fall gewesen ist.

Unter diesen Umständen sieht auch der Staat davon ab, dem Bürger bei seiner Selbstbestimmung im Gebrauch der Meinungsfreiheit dadurch behilflich zu sein, daß er etwa eine Zensur über die Meinungsäußerungsmedien ausübt, welche den Bürger vor Grenzüberschreitungen bewahren könnte. Die Zensur, die bis zu Ende des 17. Jahrhunderts als Regierungsinstrument zur Lenkung und Drosselung der Meinung bestanden hatte, ist mit dem englischen Freiheitsdenken völlig unvereinbar. Sie hat auch in den schwersten Notzeiten, wie während der beiden Weltkriege, nicht bestanden. Dieser bewußten und gewollten Selbstbestimmung aber entspricht jene Disziplin der englischen Presse, welche den Neid vieler anderer Nationen bildet. Bei verantwortlichen Organen der Meinungsbildung — Herausgeber, Eigentümer, Redakteure, Journalisten — hat sich im Laufe der Generationen jenes Feingefühl eingestellt, welches untrüglich anzeigt, wie weit in der Kritik der Regierung, in der Information des Publikums über lebenswichtige Vorgänge, in der Berichterstattung über private Vorgänge, welche ein allgemeines Interesse beanspruchen könnten, gegangen werden kann. Auch die politisch radikalen Richtungen legen sich in der Ausübung der Meinungsfreiheit in der Regel diejenige Zurückhaltung auf, die dem Herkommen und dem öffentlichen Interesse entspricht.

### b) Ausnahmsweise durch Einrichtungen der Zensur

Der einzige derzeitige Überrest der einstigen obrigkeitlichen Kontrolle über die Meinungsfreiheit ist die nach wie vor bestehende Zensur über Theater- und Filmaufführungen. Aus der Blütezeit des englischen Dramas unter Henry VIII. und Elizabeth I. stammend, wurde die Theaterzensur als Akt der königlichen Prärogative vom *Lord Chamberlain* gehandhabt, bis sie von Walpoles *Licensing Act* von 1736 statutarisch festgelegt wurde. Die heutige Rechtsgrundlage ist der *Theatres Act* von 1843 (6 & 7 Vict., c. 68), der zwar in der Hauptsache baupolizeiliche Vorschriften enthält, denen vor der Konzessionserteilung für ein Bühnentheater nachgekommen sein muß, darüber hinaus aber dem *Lord Chamberlain* das Recht erteilt, die Aufführung eines von ihm nicht genehmigten Stückes zu verbieten, wenn es nach 1843 geschrieben ist oder wenn ein vorher abgefaßtes Stück abgeändert wurde. Außerdem ermächtigt das Gesetz (Sektion 14) den *Lord Chamberlain,* die öffentliche Aufführung in ganz Großbritannien dann zu verbieten, wenn er sie für sittenverletzend (*good manners and decorum*) oder ordnungsstörend erachtet. Demgemäß müssen alle neuen Theaterstücke und alle älteren, bei denen Änderungen vorgenommen wurden, ihm zur Genehmigung vorgelegt werden. Die Zensur — denn um nichts anderes handelt es sich — wird in seinem Namen von einem *Examiner of Plays* ausgeübt. Überdies steht dem *Lord Chamberlain* in großen Teilen Londons und an allen Orten, wo sich eine königliche Residenz befindet, die Konzessionserteilung für die Theater zu, die sonst von den örtlichen Friedensrichtern erteilt wird.

Der *Lord Chamberlain* ist der Inhaber eines uralten Hofamts, vom Monarchen ernannt und nur ihm verantwortlich. Die derzeitige Situation wird also mit Recht von den Bühnenleitern, Autoren und auch vom bevormundeten Publikum als ein Anachronismus empfunden, zumal gegen die Verweigerung des Aufführungsrechts weder eine gerichtliche noch eine parlamantarische Entscheidungsinstanz besteht[1]. Die Praxis ist allerdings weniger reaktionär als es den Anschein haben mag, da die Zensur nur selten ausgeübt wird und das englische Theater heute kaum weniger *risqué* ist als anderswo. Den einstigen Ruf oder Verruf besonderer Prüderie hat England längst abgeschüttelt.

Die ganze Frage der Theaterzensur kam aber neuerdings wieder in Fluß, als der *Lord Chamberlain* den gerichtlichen Versuch machte, auch die privaten Theater-Klubs, die häufig ein von ihm mit dem Bann belegtes Stück ihren Mitgliedern vorführen und dadurch seine Zensur umgehen, unter seine Kontrolle zu bringen. Trotzdem erweislich war, daß jedermann gegen Erwerb einer nominellen Mitgliedschaft sich das Stück ansehen konnte, wurde dem betreffenden Klub die Eigenschaft *bona fide* privat zu sein, nicht abgesprochen. Der Magistrat stellte aber eine Verletzung des *Theatres Act* von 1843 fest, weil nach dem Gesetz eine lizenz-

[1] Bisher wurden insgesamt fünf vergebliche Versuche gemacht, die Zensur aufzuheben, der letzte scheiterte (Dezember 1962) im Unterhaus mit 137 : 77 Stimmen. Es wurde dabei von den Gegnern darauf hingewiesen, daß ein Stück, das auf der Bühne verboten ist, im Film ohne weiteres dargeboten werden kann. Im übrigen ist die Zensur neuerdings liberaler geworden, beispielsweise wurde der Bann gegen Stücke aufgehoben, die sich mit der Homosexualität befassen.

lose Vorführung "*for hire*" verboten ist und darunter jeder Platz verstanden wird, an dem alkoholische Getränke zu haben sind; in dem Theater befand sich aber die übliche Bar. Der Richter kam zu dem Ergebnis, nach dem Theater-Gesetz wäre die einzige Möglichkeit der Umgehung der Zensur gewesen, wenn der Eintritt und die *drinks* frei gewesen wären!

Dies war das Signal für eine Initiative des Oberhauses, wo sich *Lord Chancellor* Gardiner entschieden gegen jede Art von Zensur erhob. Das Ergebnis war die Einsetzung eines aus Mitgliedern beider Häuser bestehenden Ausschusses zum neuerlichen Studium des ganzen Zensurkomplexes[1].

Anders steht es aber mit der Zensur von Filmen, die schon aus Jugendschutzgründen nicht entbehrt werden kann. Hier steht den zentralen Staatsbehörden überhaupt kein Einspruchsrecht zu. Vorführungsverbote werden von den lokalen Konzessionsbehörden erlassen, deren es in Großbritannien etwa siebenhundert gibt; in manchen Bezirken fungieren an ihrer Stelle die Gerichts-Magistrate. Die Behörden verlassen sich dabei auf die Begutachtung des bereits 1912 errichteten *British Board of Film Censors*, dem alle für eine öffentliche Darbietung bestimmten Filme vorzulegen sind. Diese halböffentliche Behörde, deren Mitglieder den Kreisen der Filmindustrie entnommen werden und deren Vorsitzender meist ein verdienter *Civil Servant* im Ruhestand ist, arbeitet ohne feste Regeln, macht aber kaum je Fehlentscheidungen. Filmverbote sind nicht häufig, doch werden nicht selten Kürzungen oder Änderungen verlangt. Dem Schutz Jugendlicher dient nach dem *Cinematograph Act* von 1952 (15 & 16 Geo. 6 & 1 & 2 Eliz. 2, c. 68) die vom *Board* bei der Vorführungserlaubnis erteilte Bescheinigung (*certificate*), wonach der Film jeweils für Jugendliche, für diese in Begleitung eines Erwachsenen oder nur für Erwachsene freigegeben wird. Rechtsstaatliche Einwendungen gegen die Filmzensur lassen sich nicht rechtfertigen.

Die nachfolgende Darstellung der Meinungsfreiheit und ihrer Begrenzungen behandelt zunächst die in der Praxis des Alltagslebens wichtigsten Materien des Presserechts und des Ehrenschutzes und anschließend Einschränkungen nach Maßgabe der im Allgemeininteresse oder zum Schutze bestimmter Personenklassen erlassenen gesetzlichen Anordnungen.

## IV. Die Freiheit der Presse

Nach englischer Auffassung erstreckt sich die Freiheit der Presse nicht nur auf die eigentlichen Zeitungen und Zeitschriften, sondern auf den Gesamtkomplex der durch die Druckerpresse vermittelten Meinungskundgebungen, also auch auf Bücher, Pamphlete, Plakate, Abwurfzettel und ähnliche Gestaltungsformen.

[1] Siehe *New York Times* vom 15. und 18. Februar und 2. April 1966.

## 1. Zur geschichtlichen Entwicklung

Alsbald nach Erfindung der Druckerpresse im 15. Jahrhundert, der wohl revolutionärsten Wendung der abendländischen Geschichte, wurden Druckerzeugnisse aller Art, da sie als Instrumente der Opposition zur bestehenden Ordnung dienen konnten, wie im übrigen Europa auch in England der rücksichtslosen Regierungszensur unterstellt. Viele der von den Tudors im Reformationszeitalter erlassenen *treason*-Gesetze befaßten sich mit den durch die Druckerpresse begangenen staatsverräterischen Handlungen, insbesondere auf religiösem Gebiet. Sie verfolgten die gleichen „staatserhaltenden" Ziele wie die Gesetze gegen Häretiker und Gotteslästerer. Man verstand damals unter staatsverräterischen Handlungen meist die Versuche der Anzweiflung oder Antastung der kirchlichen Suprematie des Souveräns. Ohne Genehmigung der auf Grund der Prärogative tätigen königlichen Zensurbeamten (*licensors*) konnte keine Druckschrift legal erscheinen. Verletzung der Lizenzpflicht wurde von den königlichen Sondergerichten aufs schwerste geahndet. Die Krone legte sich zu diesem Behuf die Funktion des obersten Sittenrichters (*custos morum*) zu[1]. Verstöße gegen die Lizenzpflicht auf weltlichem Gebiet kamen in der späten Tudor- und frühen Stuart-Zeit vor die *Star Chamber*, diejenigen auf geistlichem vor den *Court of High Commission*. Ein besonders grausames Gesetz gegen aufrührerische Handlungen (*sedition*) der ersten Elizabeth von 1581 (23 Eliz., c. 2) verhängte Verstümmelung oder Tod über diejenigen, welche durch die Druckerpresse eine der Regierung in Staat und Kirche abträgliche Meinung bekundeten. Dem gleichen Zweck der Kontrolle der Presse diente das der Innung der *Stationary's Company* in London und den Universitäten Oxford und Cambridge erteilte Druckmonopol; überall sonst war Drucken durch Private verboten.

Trotz dieser rigorosen Beschränkungen konnte die informationshungrige und neuerungssüchtige öffentliche Meinung nicht zurückgehalten werden. Die erste Zeitung (als Wochenschrift *The Weekly News*) trat 1623 auf den Plan. Der Kampf zwischen Parlament und Krone nach 1640 entfesselte eine literarische Sturmflut; es sollen zwischen 1640 und 1660 mehr als dreißigtausend Druckerzeugnisse den Markt überschwemmt haben, trotzdem das Lange Parlament und das *Commonwealth* die Pressezensur nicht aufgehoben hatten. Das berühmteste Ergebnis des Kampfes um die Pressefreiheit war John Miltons *Areopagitica* (1644), zusammen

[1] Diese Auffassung reicht, allerdings nur in Ausnahmefällen, mit der Übertragung des sittenrichterlichen Amts an die Gerichte sogar bis in die Gegenwart; siehe *Shaw v. Director of Public Prosecutions* ([1962] [A. C. 220]), wo angenommen wurde, durch die Veröffentlichung eines als sittenverderblich angesehenen Buches sei eine nach *common law* strafbare Verabredung (*conspiracy*) begangen worden, um die öffentlichen Sitten zu untergraben.

mit John Stuart Mills *On Liberty* die klassischen Bekundungen englischer Zunge der uneingeschränkten Meinungsfreiheit[1]. Die Restauration riegelte dann die Druckerpresse durch den *Licensing Act* von 1662 (14 Cha. 2, c. 33) erneut scharf ab. Kein Druckerzeugnis konnte ohne amtliche Lizenz erscheinen. Zuwiderhandlungen, begangen von Verfassern, Herausgebern, Druckern oder Verteilern, waren den härtesten Strafen, von Bußen und Einsperrung bis zur Auspeitschung und dem Strick, ausgesetzt. Zur Ausfindigmachung der Schuldigen waren Blanko-Haft- und -Durchsuchungsbefehle zulässig, welche schon zur Praxis der *Star Chamber* gehört hatten. Nach wiederholter dreijähriger Erneuerung erlosch das Gesetz schließlich im Jahre 1679, wurde aber durch die monströsen Gerichtsentscheidungen (*Harris and Carr* [1680] [7 St. Tr. 929, 1127]) nach *common law* ersetzt, wonach jede im Druck erscheinende Stellungnahme zur Regierung ohne Lizenz strafbar war. Die Folge war, daß damit die Bildung einer öffentlichen Meinung auf die mündliche Information in den Londoner Kaffeehäusern oder in der Provinz auf briefliche Nachrichten angewiesen war. Der 1679 erloschene *Licensing Act* wurde 1685 unter James II. wieder erneuert (1 Ja. 2, c. 17), so daß die ganze Periode der Glorreichen Revolution im Schatten der Zensur stand, um dann 1695 endgültig außer Kraft zu treten. Seither war die Presse in England zumindest theoretisch der Zensur ledig und frei geworden. In der Folgezeit trat an ihre Stelle die Besteuerung der Presse in den verschiedenen Stempelgesetzen (*stamp acts*), der erste von 1711 (10 Anne, c. 18) und mit zahlreichen Nachfolgern bis ins 19. Jahrhundert. Einer der berüchtigten *Six Acts* von 1819, welche der steigenden revolutionären Unruhe Herr werden sollten, legte politischen Veröffentlichungen eine sie verkrüppelnde Steuer auf (60 Geo. 3 & 1 Geo. 4, c. 9).

Aber die öffentliche Meinung hatte nunmehr den Punkt erreicht, wo eine obrigkeitliche Bevormundung der Presse nicht mehr geduldet werden konnte. Gegen die Pressefreiheit gerichtete Gesetze wurden mißachtet oder umgangen und nur mehr lax vollzogen. Auch hier bildet die Wahlreform von 1832 den liberalen Wendepunkt. Die Steuer auf Zeitungsanzeigen wurde stark herabgesetzt (1833) und schließlich aufgehoben (1855). Die Stempelabgabe auf Zeitungen fiel 1836, die die Volksaufklärung drosselnde Papiersteuer 1861. Seit der Reform setzte sich die heutige Auffassung durch, daß die Pressefreiheit in einer demokratischen Gesellschaft unentbehrlich ist und daß die Presse, statt von oben dirigiert zu werden, dem freien Spiel der öffentlichen Meinung zu dienen habe.

Wichtiger aber noch als die direkten Mittel der Regierungskontrolle über die Druckerzeugnisse war in dieser Inkubationszeit der Meinungsfreiheit das der Regierung zur Verfügung stehende indirekte Mittel, die

---

[1] Milton selbst wurde nachher zu einem der *licensors* ernannt!

Organe der öffentlichen Meinungsbildung mit der Anklageerhebung gegen die für ein Druckerzeugnis verantwortlichen Personen wegen öffentlich begangener Beleidigungen (*criminal libel*) zu bedrohen. Unter den beiden ersten Hannoveranern hatte sich die Presse einer gewissen Toleranz zu erfreuen gehabt[1]. Nach dem Regierungsantritt von George III. kam es aber zu neuerlichen Versuchen der Presseknebelung, um die unbequeme Opposition gegen die reaktionären Regierungen auszuschalten, wobei die Methode des *criminal libel* als die wirksamste erachtet wurde, das aber nur dann anhängig gemacht werden konnte, wenn man wußte, wer die inkriminierte Veröffentlichung veranlaßt hatte. Im Zusammenhang damit kam es zu jenem berühmten Konflikt zwischen der mündig werdenden öffentlichen Meinung und der Regierung, der mit Namen und Tätigkeit des Volkstribunen John Wilkes verbunden ist. Kein geringerer als der *Lord Chief Justice* Mansfield, der als der größte englische Richter gilt, schlug der Regierung mit der Ungültigkeitserklärung von Blanko-Haft- und -Durchsuchungsbefehlen (*Leach v. Money* [1765] [19 St, Tr. 1002]) die beliebteste Waffe zur Mundtotmachung der Opposition aus der Hand[2]. Es sollte aber noch fast ein Jahrhundert dauern, bis auch diese letzte Behinderung der Pressefreiheit in Lord Campbells *Libel Act* von 1843 (6 & 7 Vict., c. 96) endgültig beseitigt werden konnte[3].

Eine Zusammenfassung des geltenden Presserechts kann erst geboten werden, wenn die heute seinen wichtigsten Bestandteil bildenden Fragen der durch die Presse begangenen Ehrverletzungen erörtert worden sind, in die nunmehr einzutreten wäre.

## 2. Meinungsfreiheit und Ehrenschutz

### a) Begriffsbestimmungen der Beleidigung

Meinungsfreiheit und Ehrenschutz gehören insofern zusammen, als die gravierendsten Ehrverletzungen in der überwiegenden Mehrzahl durch die Druckerpresse und hier vor allem durch die Zeitungen begangen werden. Selbstverständlich können Ehrverletzungen auch durch andere Verhaltensweisen oder Kundgebungen als durch das gedruckte Wort begangen werden. Aber eine Ehrverletzung durch eine Zeitung oder ein ähnliches Kommunikationsmittel wird wegen der damit verbundenen weiten Verbreitung von den Betroffenen am schwersten empfunden.

Die Ehrverletzung — allgemein als *defamation* bezeichnet — besteht in einer Dritten zugänglich gemachten Meinungsbekundung, durch die eine andere Person der Verachtung, der Lächerlichkeit oder dem Haß ausgesetzt wird oder die dazu führt, daß sie gesellschaftlich oder beruflich

[1] Die erste wirkliche Tageszeitung, der *Daily Courant*, begann 1709 zu erscheinen.
[2] Siehe oben S. 272.
[3] Siehe unten S. 313.

benachteiligt wird (*Capital and Counties Bank v. Henty* [1882] [7 App. Cases 771]). Unter „Kundmachung“ wird jede Art der Übermittlung an Dritte verstanden, gleichgültig welches das Medium der Übermittlung ist. Dabei wird zwischen *slander* und *libel* unterschieden[1]: Wird die Ehrverletzung mündlich oder durch Gesten ausgedrückt, liegt *slander* vor; erfolgt sie dagegen durch irgendeine andere Art der Kundmachung, der eine Dauerwirkung anhaftet, also durch Schriftform, Druck oder aber auch in einem Sprechfilm[2], ist der schwerere Tatbestand des *libel* erfüllt. In der überwiegenden Mehrzahl der Fälle wird die Ehrverletzung lediglich als unerlaubte Handlung und Zivilunrecht (*civil wrong*) und daher nicht als strafbar behandelt. Bei der Verhandlung wegen *criminal libel* muß auf Antrag einer der Parteien eine Geschworenenbank beigezogen werden, die über die Haftbarkeit (*liability*) oder Nichthaftbarkeit entscheidet und im ersteren Fall auch die Höhe des evtl. zu zahlenden Schadenersatzes bestimmt. Da die Geschworenen dabei sehr großzügig zu sein pflegen, vor allem, wenn es sich um eine Tageszeitung mit großer Verbreitung handelt, ist die Tagespresse in der Kundgebung von Meinungen, die als ehrverletzend angesehen werden könnten, sehr vorsichtig, was man aber nur dann als eine Beschränkung der Pressefreiheit ansehen würde, wenn man nicht eine scharfe Grenzlinie zwischen journalistischer und redaktioneller Zügellosigkeit und den Bedingungen eines gesitteten Gemeinschaftslebens zieht. In der Mehrzahl der Fälle wird ein gütlicher Ausgleich einer öffentlichen Verhandlung vorgezogen, der allerdings gleichfalls sehr kostspielig sein kann.

### b) Unbedingt und bedingt zulässige Meinungskundgebungen

Weiterhin: Bestimmte ihrem Inhalt nach objektiv ehrverletzende Meinungskundgebungen durch die Presse und andere Mitteilungsmedien können überhaupt nicht zum Gegenstand einer (zivilen oder strafrechtlichen) Klage gemacht werden. Sie sind also unbedingt zulässig oder nach der englischen Ausdrucksweise absolut privilegiert. Bei anderen Ehrverletzungen aber, die an sich klagbar sind, kann zur Verteidigung geltend gemacht werden, sie seien nicht in böswilliger Absicht (*malice in fact*) wie Rachsucht, zu Betrugszwecken oder aus einem anderen, gesetzlich mißbilligten Motiv erfolgt; diese gelten als bedingt zulässig oder qualifiziert privilegiert. Beide Tatbestände sind von einer reichen gerichtlichen Kasuistik umrankt.

[1] Die englischen Rechtsbegriffe decken sich nicht mit den deutschen Tatbeständen der Beleidigung, üblen Nachrede und Verleumdung.

[2] Dies wurde in dem berühmten Fall *Yousoupoff v. Metro-Goldwyn-Mayer Pictures, Ltd.* ([1934][50 T.L.R. 581]) entschieden, bei dem die Filmgesellschaft wegen der in einem Film enthaltenen Darstellung der Mitwirkung des Klägers, eines russischen Fürsten, bei der Ermordung des berüchtigten Rasputin zu einer hohen Schadenersatzzahlung verurteilt wurde.

*aa) Absolutes Privileg*

Zu diesen gehören: Äußerungen eines Parlamentsmitglieds (sowohl Gemeine wie Lords) innerhalb des Parlaments (R. *v. Creeveÿ* [1813] [M. & S. 273])[1]. Die geschichtliche Bedeutung dieser Immunität der Parlamentsmitglieder für die Inkubation einer rechtsstaatlich gebundenen Regierung ebenso wie für die Entstehung der allgemeinen Meinungsfreiheit kann kaum überschätzt werden. Das parlamentarische Privileg deckte Parlamentsmitglieder gegen die Verfolgung ihrer kritischen Äußerungen durch Regierung und Krone und fand seine dauernde Regelung in der *Bill of Rights* von 1688, die jede Art von Haftbarkeit für Reden im Parlament ein für alle Male ausschloß[2]. Dies geht so weit, daß ein Parlamentsmitglied nicht einmal für einen Verstoß gegen die *Official Secrets Acts* von 1911 und 1939 gerichtlich in Anspruch genommen werden kann, wenn ein Staatsgeheimnis in den Debatten oder Anfragen enthüllt würde.

Im gleichen Sinn absolut privilegiert sind alle auf Befehl eines der beiden Parlamentshäuser veröffentlichten Berichte und Dokumente (*Parliamentary Papers Act* von 1840 [3 & 4 Vict., c. 9] [Sektionen 1 und 2]); alle in einer Verhandlung vor Gericht gemachten Äußerungen der Richter, Parteien und Zeugen (*Royal Aquarium and Summer and Winter Garden Society, Ltd. v. Parkinson* [1892] [1 Q. B. 431]). Das Privileg gilt auch für Parteien, die sich selbst vertreten. Gleichermaßen geschützt sind alle Gerichtsverhandlungen einschließlich der dem Gericht in einem Rechtsstreit vorgelegten Urkunden[3]. Das Privileg kommt aber nicht zum Zug, wenn eine Veröffentlichung vom Gericht selbst verboten wird oder auf Grund Gesetzes verboten ist (*Judicial Proceedings [Regulation of Reports] Act* von 1926 [16 & 17 Geo. 5, c. 61]). Für die Prozeßberichterstattung durch die Presse ist ferner wichtig, daß untendenziöse und wahrheitsgetreue Berichte über irgendeine Gerichtsverhandlung zulässig sind, die im Vereinigten Königreich stattgefunden hat, wobei auch die *Administrative Tribunals* mitinbegriffen sind, vorausgesetzt sie erfolgt mit dem Verfahren zeitlich zusammenfallend und enthält sich der Wiedergabe von gotteslästerlichen oder unzüchtigen Materials. Das gleiche Privileg gilt auch für den Rundfunk (*Defamation Act* von 1952, Sektionen 8 und 9 [15 & 16 Geo. 6 & 1 Eliz. 2, c. 66]).

---

[1] Für beleidigende Äußerungen außerhalb des Parlaments sind sie selbstverständlich verantwortlich. Als der nachmalige Prime Minister Wilson bei einer Pressekonferenz im September 1964 die Behauptung aufgestellt hatte, die Leitung einer namentlich genannten Maschinenfabrik hätte in ihrem Unternehmen einen Streik herbeigeführt, um Labours Wahlchancen zu vermindern, mußte er durch seine Anwälte vor dem *High Court* eine formelle Entschuldigung abgeben und auch die dem Kläger erwachsenen Kosten übernehmen. Einen Prime Minister betreffend ist der Fall einzigartig.

[2] Siehe Bd. I, S. 277 ff.

[3] Dies gilt auch für die Militärgerichtsverhandlungen.

Alle diese Schutzbestimmungen entsprechen dem Recht des Publikums auf Information über öffentliche Vorgänge; sie verstehen sich im Grund von selbst.

*bb) Qualifiziertes Privileg*

Bei dieser Frage wird zweckmäßig zwischen amtlichen Vorgängen, die das Publikum im ganzen angehen, und solchen unterschieden, welche nur von persönlichem oder Parteiinteresse sind. Was die ersteren anbelangt, so ergänzen Gerichtsentscheidungen und gesetzliche Bestimmungen meist die Regeln über die absolut privilegierte Veröffentlichung. Beispielsweise fallen darunter: wahrheitsgetreue Berichte über parlamentarische Dokumente, auch wenn sie vom Parlament nicht autorisiert sind (*Parliamentary Papers Act* von 1840, Sektion 3) und ebenso die Rundfunksendungen (*Defamation Act* von 1952, Sektion 9). Der *Defamation Act* von 1952 (Sektion 7) kommt der Presse auch insofern allgemein zugute, als eine Veröffentlichung privilegiert ist, falls sie aus Gründen des öffentlichen Interesses erfolgt und nicht durch sonstige Gesetze verboten ist. Der private Ehrenschutz muß also unter bestimmten Voraussetzungen dem öffentlichen Interesse weichen.

Eine wesentliche und publikumswichtige Neuerung ist hier aber die gesetzliche Erlaubnis zur Presseberichterstattung über alle Vorgänge, die vor öffentlichen Körperschaften der Lokalverwaltung oder einer anderen öffentlichen Behörde behandelt wurden. Die Liste dieser Behörden ist im jüngsten *Public Bodies* (*Admission to Meetings*) *Act* von 1960 (8 & 9 Eliz. 2, c. 67) aufgeführt. Dies gilt jedoch nicht, wenn Presse und Publikum dabei ausdrücklich ausgeschlossen waren. Ebenso privilegiert sind Veröffentlichungen aller Dokumente, die auf Veranlassung eines Regierungsdepartments oder einer anderen Regierungsstelle nach Maßgabe der Aufzählung in dem erwähnten Gesetz veröffentlicht wurden. Damit ist den Interessenten eine wirksame Handhabe der Verwaltungskontrolle zur Verfügung gestellt; Lokalbehörden und Regierungsstellen können sich nicht darauf berufen, ein Bericht oder ein Gutachten sei nur für den inneren Dienst bestimmt und dürfe daher öffentlich nicht diskutiert werden. Auf Verlangen einer kritisierten Behörde muß jedoch eine Erklärung oder ein Widerspruch veröffentlicht werden.

Einigermaßen anders verhält es sich bei objektiv ehrverletzenden Mitteilungen, die von Privatpersonen an Dritte gemacht werden. Geschützt sind hier, immer unter der Voraussetzung, daß es sich um keine böswillige oder betrügerische Absicht handelt, Kundgebungen, welche im Verfolg einer gesetzlichen, sozialen oder moralischen Verpflichtung solchen Drittpersonen zugehen, die eine Verpflichtung zu ihrer Entgegennahme oder ein Interesse daran haben (*Stuart v. Bell* [1891] [1 Q. B. 530]), oder wenn Personen an einer solchen Kundgebung ein gemeinsames Interesse besitzen [*Hunt v. Great Northern Ry.* [1891] [2 Q. B. 191]).

Schließlich ist auch eine Person qualifiziert privilegiert, wenn ehrenrührige Äußerungen in Selbstverteidigung wegen Vorwürfen gegen ihren Charakter oder ihr Verhalten gemacht wurden (*Koenig v. Ritchie* [1862] [3 F. & F. 413]). Im allgemeinen ist bei *civil libel* der Wahrheitsbeweis eine durchschlagende Verteidigung.

### c) Die strafbare Meinungsäußerung (criminal libel)

Strafrechtliche Fragen interessieren hier nur insoweit, als sie mit der Meinungsfreiheit zusammenhängen. Das *common law* kennt drei Arten von strafbaren Meinungskundgebungen, die als *public* oder *criminal libel* bezeichnet werden, wobei das Wort *libel* (*libellus*) wesentlich mehr umfaßt als eine bloße Ehrverletzung. Diese Kundgebungen können aufrührerischen (*seditious*), gotteslästerlichen (*blasphemous*) und unzüchtigen (*obscene*) Inhalts sein. Auch bloße mündliche Äußerungen können zu einem *criminal libel* werden, dann nämlich, wenn die gebrauchten Worte einen strafbaren Tatbestand darstellen[1].

Einer als *libel* zu qualifizierenden Meinungskundgebung wird nur dann eine strafrechtliche Folge gegeben, wenn zu erwarten wäre, daß sie Anlaß zu einer Friedensstörung gegeben hätte (*R. v. Wicks* [1935] [52 T. L. R. 253]). Gerade aus diesem Grund war bei einem *criminal libel* wegen Ehrverletzung der Wahrheitsbeweis keine zulässige Verteidigung, bis Lord Campbells *Libel Act* von 1843 (6 & 7 Vict., c. 96) ihn zuließ, wenn die inkriminierte Meinungskundgebung im öffentlichen Interesse (*for the public good*) erfolgt war. Das gleiche Gesetz gewährte dem Herausgeber einer Druckschrift Immunität, wenn er beweisen konnte, daß die Veröffentlichung ohne seine Kenntnis erfolgt war.

Als strafbare Ehrverletzung wird manchmal die Herabsetzung einer ganzen Personenklasse, etwa der Freimaurer oder der Juden, strafrechtlich verfolgt[2] und ebenso die Ehrverletzung eines Verstorbenen. Weitere Einzelheiten erübrigen sich hier[3].

---

[1] Geschichtlich geht diese Regelung nach *common law* darauf zurück, daß die *King's Bench* die ganze Materie des *criminal libel* von der *Star Chamber* übernommen hatte, in deren Gerichtsbarkeit sie einen Hauptgegenstand dargestellt hatte.

[2] Die Rechtsprechung befleißigt sich hier großer Zurückhaltung. In *R. v. Leese* ([1936] [*The Times*, 19. und 20. November 1936]) wurde wegen eines ausgesprochen antisemitischen Zeitungsartikels verurteilt, weil das Gericht darin eine Aufreizung zur Ordnungsstörung sah. In *R. v. Caunt* ([1947] [*The Times*, 18. November 1947)] dagegen wurde ein Zeitungseigentümer beim gleichen Sachverhalt wegen *seditious libel* unter Anklage gestellt; da aber der Richter bei der Rechtsbelehrung die Geschworenen angewiesen hatte, sie dürften nur schuldig sprechen, wenn sie den Beweis für erbracht hielten, der Angeklagte habe damit zu Gewalttätigkeiten aufreizen wollen, sprachen sie frei.

[3] Vor allem die verfahrensrechtlichen; der *Libel Act* von James Fox von 1792 (32 Geo. 3, c. 60) gestattete den Geschworenen, in Korrektur einiger vorher ergangener Gerichtsentscheidungen, bei *criminal libel* auch über die Schuldfrage selbst zu entscheiden, das heißt, nicht nur darüber, ob der Angeklagte die Veröffentlichung vorgenommen, sondern ob eine Absicht der Ehrverletzung vorgelegen habe.

Anklagen wegen *seditious libel* sind seit mehr als hundert Jahren nicht mehr vorgekommen, weil bei politischen Angelegenheiten die Grenzen der Meinungsfreiheit nunmehr sehr weit ausgedehnt werden und die Geschworenen daher ungern verurteilen. Strafverfahren wegen eines eine Ehrverletzung zum Inhalt habenden *criminal libel* kommen aber auch heute noch, wenn auch selten vor, jedoch kaum mehr gegen respektable Organe der Meinungskundgebung.

### 3. Bemerkungen zum geltenden Presserecht

Als Zeitungen im technischen Sinn werden alle Druckerzeugnisse angesehen, die in Abständen von nicht mehr als sechsunddreißig Tagen erscheinen (*Newspaper Libel and Registration Act* von 1881 [44 & 45 Vict., c. 60] [in der Fassung des *Defamation Act* von 1952] [15 & 16 Geo. 6 & 1 Eliz. 2, c. 66]), gegenwärtig die maßgebliche gesetzliche Regelung. Alle Zeitungen, mit Ausnahme derjenigen, deren Eigentümer eine Aktiengesellschaft ist, müssen im Zeitungsregister des *Somerset House* eingetragen sein (*Newspaper Libel and Registration Act* von 1881). Alle Druckerzeugnisse (Bücher, Zeitungen, Zeitschriften usw.) müssen Namen und Anschrift des Druckers aufweisen (*Newspapers Printers and Reading Rooms Repeal Act* von 1869 [32 & 33 Vict., c. 24]), was die Ausfindigmachung der für den Inhalt verantwortlichen Personen erleichtert.

Folgende Spezialbestimmungen gelten für Zeitungen und periodische Druckschriften: Bei einer Zivilklage wegen Ehrverletzung kann der beklagte Herausgeber oder Redakteur geltend machen, die inkriminierte Veröffentlichung sei ohne böswillige Absicht oder grobe Fahrlässigkeit erfolgt. In diesem Fall muß dem Verletzten eine möglichst in der nächsten Nummer zu veröffentlichende volle Entschuldigung oder, wo dies nicht tunlich ist, in schriftlicher Form geboten werden (*Libel Act* von 1843). Dies gilt nach dem *Defamation Act* von 1952 (Sektion 4) auch für Ehrverletzungen, die nicht in der Presse gebracht wurden. Was die delikate Frage anbelangt, ob eine Zeitung ihre Informationsquelle angeben muß, und die damit zusammenhängende, ob Journalisten zur Aussageverweigerung berechtigt sind, wenn mit der Aussage eine Preisgabe ihrer Informationsquellen verbunden wäre, so wird ein derartiger Schutz der Presse und ihrer Mitarbeiter rechtlich nicht anerkannt; es wird ihm aber gewohnheitsmäßig Rechnung getragen, was andererseits den Zeitungsleuten doppelte Vorsicht bei der Nachprüfung vertraulicher Informationen auferlegt[1].

---

[1] Anders scheint die Sache zu liegen, wenn es sich um ein vom Parlament nach Maßgabe des *Tribunals of Inquiry (Evidence) Act* von 1921 (11 & 12 Geo. 5, c. 7) ausgestelltes *Tribunal of Inquiry* zur Untersuchung einer dringlichen öffentlichen Angelegenheit handelt, dem bei der Zeugenvernehmung und der Urkundenvorlage die Rechte des *High Court* zustehen. Ein solches war zur Aufklärung des Spionage-

Bei einem Verfahren wegen *criminal libel* wird zunächst vor einem Magistratsrichter verhandelt; ergibt die Beweisaufnahme, daß der Wahrheitsbeweis angetreten und das öffentliche Interesse geltend gemacht werden kann, so kann das Gericht die Klage abweisen, wenn es der Auffassung ist, die Geschworenen würden freisprechen (*Newspaper Libel and Registration Act* von 1881, Sektion 4). Hält es aber den Angeklagten zwar für schuldig, nimmt jedoch das Vorliegen einer Bagatellsache an, so kann es eine Buße bis zu 50 £ auferlegen (ebenda, Sektion 5). Zu einer Verhandlung eines Pressedelikts vor den Geschworenen ist die Erlaubnis eines Einzelrichters des *High Court in chambers* erforderlich, vor welchem der Beschuldigte vor Erlaß der Entscheidung gehört werden muß. Hiervon ist die einzige Ausnahme ein Antrag des *Attorney-General* wegen strafbarer Äußerungen gegen die Regierung, eine Situation, die bei der heutigen Pressefreiheit kaum mehr denkbar ist.

Zum Gesamtkomplex der Ehrverletzungen durch die Presse ist zu sagen, daß eigentliche Pressedelikte überaus selten geworden sind. Zwar betrachtet der Engländer seine Ehre als sein wichtigstes Persönlichkeitsrecht, er verschmäht es aber, anders als in hier nicht zu nennenden Ländern, wegen jeder Bagatelle zum Kadi zu laufen. Ehrverletzungen werden in der Regel nur von öffentlich bekannten Persönlichkeiten vor Gericht gebracht, aber auch in solchen Fällen mit größter Zurückhaltung, nicht zuletzt auch wegen der selbst im Fall des Obsiegens sehr erheblichen Kosten[1].

## 4. Meinungsfreiheit und die Telekommunikationen

Auch die Telekommunikationsmedien des Rundfunks und des Fernsehens können zur Meinungskundgebung benutzt werden. Aber sie sind schon technisch der Presse nicht gleichzusetzen. Jedermann kann zwar eine Zeitung aufmachen, nicht aber eine Rundfunk- oder Fernseh-Sendestation betreiben, da nur eine relativ beschränkte Zahl von Ätherwellen und Fernsehkanälen vorhanden ist. Der Staat hat sich daher das Recht der Konzessionserteilung für die Errichtung einer Sendestation innerhalb des Vereinigten Königreichs vorbehalten (*Wireless Telegraph Act* von 1949 [12, 13 & 14 Geo. 6, c. 54]). Er enthält sich jedoch jeder Einflußnahme auf oder Einmischung in die Praxis der Meinungskundgebung

falls Vassall aufgestellt worden (1963). Zwei dort vernommene Journalisten verweigerten die Aussage über ihre Informationsquelle und wurden wegen *contempt of court* mit Gefängnis bestraft (*Attorney-General v. Mulholland, v. Foster* [1963] [1 All E. R. 761]; [1963] [2 Q. B. 477]). Siehe auch, sich gleichfalls auf die Vassall-Affaire beziehend, *Attorney-General v. Clough* ([1963] [1 All E. R. 421]).

[1] Prof. Harold Laski, der eine Zeitung verklagte, weil sie ihm in einem Bericht über eine Versammlungsrede angeblich fälschlich revolutionäre Äußerungen unterstellt hatte, verlor nicht nur den Prozeß (1947), sondern auch seine politische Laufbahn und alle seine Ersparnisse.

durch die Medien der Telekommunikationen. Die Leitungen der zu ihrem Betrieb errichteten *British Broadcasting Corporation* und *Independent Television Authority*[1] sind in der Programmgestaltung und dem Inhalt der Sendungen selbständig und keinerlei staatlicher Kontrolle unterworfen. Die theoretisch vorhandene Verantwortlichkeit des *Postmaster-General* ist bisher noch niemals akut geworden. Unter vollster Aufrechterhaltung der freien Meinungskundgebung wachen daher die BBC und die ITA sorgfältig darüber, daß bei den Sendungen weder die allgemeinen Gesetze verletzt, noch daß insbesondere Ehrverletzungen Dritter unterlaufen. Eine ehrverletzende Rundfunksendung gilt trotz ihrer Mündlichkeit als *libel* und nicht nur als *slander* (*Defamation Act* von 1952 [15 & 16 Geo. 6 & 1 Eliz. 2, c. 66] [Sektion 1]).

Zweifellos kommt den Leitungen der Telekommunikationen ein sehr erheblicher Einfluß auf die Meinungsbildung zu, wenn sie auch für die politische Stellungnahme der Wählerschaft geringer sein mag als in anderen Staaten. Rundfunk und Fernsehen befleißigen sich daher einer vorbildlichen Objektivität in der Behandlung kontroverser Fragen, gleichgültig ob politischen, religiösen, sozialen oder kulturellen Inhalts. Gegenüber einer Publikumskritik ihrer Objektivität sind sie außerordentlich empfindlich[2]. Ernstliche Schwierigkeiten, die auf eine unzulässige Beeinflussung der Meinungsbildung durch die Telekommunikationen schließen ließen, haben sich bisher nicht eingestellt. Es ist jedoch einzuräumen, daß bei der Stellung der Telekommunikationen im politischen Prozeß eine rechtliche Zwielichtzone vorliegt, die über kurz oder lang einer statutarischen Klärung bedürfte.

## V. Beschränkungen der Meinungsfreiheit aus Gründen des Gemeinschaftsinteresses

Eine Reihe von anerkannten Gemeinschaftswerten — Moral, Sittlichkeit, Religion — sind für die Integration der Gesellschaft von solcher Bedeutung, daß ihnen gegenüber die Meinungsfreiheit zurücktreten muß. Das Niveau der öffentlichen Sittlichkeit darf nicht durch die Verbreitung unzüchtiger (*obscene*) Schriften oder Bildwerke oder sonstiger Erzeugnisse dieser Art beeinträchtigt werden. Bei aller englischen Toleranz gegenüber religiösen Bekenntnissen darf der allen Religionen ohne Unterschied gebührende Respekt nicht durch Verunglimpfung (*blasphemy*) verletzt wer-

[1] Siehe oben S. 180 ff.

[2] Der ITA wurde beispielsweise vorgehalten, sie betreibe mit der Fernsehübertragung der Eröffnung des Parlaments durch die Königin eine einseitige Propaganda für die gerade am Ruder befindlich gewesene politische Partei der Konservativen. Jedoch gleicht sich dies im Rhythmus der Parteialternierung aus, wenn dann der gleiche Staatsakt übertragen wird, bei dem die von einer Arbeiterregierung verfaßte Thronrede verlesen wird.

den. Weitere Vorschriften sowohl nach *common law* wie nach Gesetz schränken die Meinungsfreiheit und andere Bürgerrechte im Interesse der Aufrechterhaltung der öffentlichen Ordnung und der Staatssicherheit ein[1]. Von solchen Begrenzungen der Meinungsfreiheit ist diejenige der Fernhaltung unzüchtigen Materials vom Publikum die praktisch wichtigste.

## 1. Maßnahmen gegen die Verbreitung unzüchtiger Meinungskundgebungen

England besaß die längste Zeit den Ruf eines seiner puritanisch gehobenen Moral nachlebenden Volkes, was aber keineswegs die Sittenverwilderung in der Zeit der Restauration, während beträchtlicher Perioden des 18. Jahrhunderts und unter der Regentschaftszeit zu Beginn des 19. Jahrhunderts verhinderte. Erst die lange Herrschaft der bis zur Prüderie sittenstrengen Königin Victoria gab der öffentlichen Sittlichkeit einen neuen Auftrieb, um dann seit Edward VII., der seinerseits als *Prince of Wales* keineswegs ein Musterbeispiel sittlichen Lebenswandels dargestellt hatte, sichtlich derjenigen Auflockerung der allgemeinen Sittenauffassung zuzusteuern, die in der heutigen Welt und insbesondere bei der jüngeren Generation vorherrscht.

In früheren Zeiten waren zur Bekämpfung der als unzüchtig angesehenen Veröffentlichungen die Kirche und die kirchlichen Gerichtshöfe zuständig, bis sie zu Beginn des 17. Jahrhunderts von den *common law*-Gerichten an sich gezogen wurde (*Curl's Case* [1727] [17 St. Tr. 153]). Neben dem *seditious* und dem *blasphemous libel* wurde damit auch das *obscene libel* nach *common law* anerkannt. Als erste gesetzliche Maßnahme ermächtigte sodann der *Obscene Publications Act* von 1857 (20 & 21 Vict., c. 83) den Richter zur Beschlagnahme und Vernichtung aller als unzüchtig angesehenen Gegenstände, die zum Verkauf oder für andere gewinnsüchtige Zwecke feilgehalten wurden. Im Schlüsselfall *R. v. Hicklin* ([1868] [L. R. 3 Q. B. 360]) wurde sodann als „unzüchtig" gerichtlich charakterisiert, was diejenigen, die Zugang zu solchen Gegenständen haben, verdirbt (*deprave*) und dem Laster aussetzt (*corrupt*). Diese reichlich dehnbare und der richterlichen Willkür ausgesetzte Definition blieb ein Jahrhundert lang maßgebend, wobei bei dem Beschlagnahmeverfahren Verfasser und Verleger überhaupt nicht gehört wurden, außer wenn sie unter Anklage standen, und auch von der Vernehmung literarischer und künstlerischer Sachverständiger in der Regel Abstand genommen wurde.

Schließlich aber erging — man kann wohl sagen, endlich — nach der Berichterstattung eines Parlamentsausschusses[2] der *Obscene Publica-*

---

[1] Über die letzteren wird in den folgenden Kapiteln, besonders Kapitel 14, S. 360 ff. gehandelt werden.

[2] *Report from the Select Committee on Obscene Publications* (1958) (H.C. no. 123).

*tions Act* von 1959 (7 & 8 Eliz. 2, c. 66), der nunmehr allen Wünschen nach einer zeitgemäß liberalen und sachlich vernünftigen Regelung der Materie Rechnung trägt. Zunächst wurde anstelle des bisherigen *common law-misdemeanour* der statutarische Tatbestand der unzüchtigen Veröffentlichung begründet und unter Aufhebung des Gesetzes von 1857 auch die Beschlagnahme und Vernichtung unzüchtigen Materials geregelt. Wer einen gerichtlich für unzüchtigt erklärten Gegenstand veröffentlicht oder zum Verkauf feil hat, gleichgültig ob für Gewinn oder nicht, setzt sich einer Buße oder Gefängnisstrafe aus. Der Beweis der Unzüchtigkeit für die Zwecke des Gesetzes wird in der Wirkung gefunden, welche die Veröffentlichung im ganzen auf die Adressaten ausüben kann[1]. Die Anklage kann durch den Beweis abgewehrt werden, daß die Veröffentlichung einen Wert der Wissenschaft, Literatur oder Kunst darstellt oder aus anderen Gründen durch das Allgemeininteresse gerechtfertigt ist. Die Beiziehung von Sachverständigen zur Unterstützung dieser Verteidigung oder auch ihrer Widerlegung ist ausdrücklich zulässig[2]. Auch das Beschlagnahme- und Verfallerklärungsverfahren wurde durch das Gesetz neu geregelt. Der Friedensrichter kann einen Polizeibeamten mit einem Durchsuchungs- und Beschlagnahmebefehl versehen. In der darauffolgenden Verhandlung kann Einspruch mit der Behauptung erhoben werden, die beschlagnahmten Gegenstände seien nicht unzüchtig; auch der Verfasser und Herausgeber oder Hersteller kann am Verfahren teilnehmen. Ebenso kann dagegen mit der Behauptung des öffentlichen Interesses unter beiderseitiger Beiziehung von Sachverständigen vorgegangen werden. Die Berufung gegen die schließlich gerichtlich verfügte Beschlagnahme geht an die *Quarter Sessions* bzw. den *High Court*. Die Novelle von 1964 (*Obscene Publications Act* [Eliz. 2, c. 74]) brachte die vom Buchhandel mit Recht geforderte Schutzmaßnahme, daß jemand, der im Besitz eines unzüchti-

[1] Damit war der Praxis mancher Verhandlungsrichter ein Ende gemacht, welche den Geschworenen nur die krassesten Stellen unterbreiteten, nicht aber auf den Gesamtinhalt abstellten, wie dies etwa in *R. v. Martin Secker and Warburg* ([1954] [1 W.L.R. 1138]; [1954] [2 All E.R. 683]) ausnahmsweise der Fall gewesen war. Siehe auch *R. v. Clayton* und *R. v. Halsey* ([1962] [3 All E.R. 500] [C.A.]), wo die Verurteilungen aufgehoben wurden, weil das Maß der Unsittlichkeit sich nach der Empfänglichkeit der betrachtenden Person richtet; die beschlagnahmenden Polizeibeamten hatten ausgesagt, die beschlagnahmten Bilder hätten bei ihnen keinerlei Reaktion hervorgerufen.

[2] Die Probe auf das Exempel kam alsbald in dem weithin beachteten Prozeß *The Queen v. Penguin Books, Ltd.* ([1961] [Crim. C. R. 690]), wo die Veröffentlichung von H. D. Lawrence' Roman "*Lady Chatterley's Lover*" unter Anklage gestellt war, aber berechtigtermaßen ein Freispruch erfolgte. Siehe den vom Verlag der Penguin Books unter dem Titel *The Trial of Lady Chatterley* herausgegebenen Verhandlungsbericht (London 1962). Es soll in diesem Zusammenhang aber nicht verschwiegen werden, daß in keinem anderen dem Verfasser bekannten Land die unverfälschte Pornographie dem Publikum so leicht zugänglich ist wie im angeblich sittenstrengen England.

gen Gegenstands angetroffen wird, sich durch den Nachweis exkulpieren kann, er habe ihn nicht untersucht und es habe kein vernünftiger Anhaltspunkt bestanden, ihm einen unzüchtigen Charakter zuzuschreiben (*innocent dissemination*).

Eine ganze Reihe von ähnlichen Gesetzen dient dem Schutz des Publikums gegen die Veröffentlichung unzüchtigen Materials, teilweise in Abweichung von den sonst geltenden allgemeinen Regelungen. So schließt der *Judicial Proceedings* (*Regulation of Reports*) *Act* von 1926 (16 & 17 Geo. 5, c. 61) moralgefährdende Details bei Ehescheidungen, Sexualdelikten oder ähnlichen Prozessen von der an sich unbeschränkt zulässigen Berichterstattung über Gerichtsverfahren aus. Damit wird den gröbsten Auswüchsen der sensationslüsternen Boulevardpresse ein heilsamer Riegel vorgeschoben. Vor allem aber wird dem Jugendschutz weitgehend Rechnung getragen. Der *Children and Young Persons* (*Harmful Publications*) *Act* von 1955 (3 & 4 Eliz. 2, c. 28) verbietet und unterwirft der Beschlagnahme und Vernichtung Magazine und ähnliche Veröffentlichungen, die die sogenannten *horror comics* zum Gegenstand haben, jene bildlichen und beschrifteten Darstellungen also, die den Jugendlichen Grausamkeit und Gewaltakte vorführen, eine Erscheinung, die zumindest in den Vereinigten Staaten nach dem Urteil angesehener Sozialpsychologen wesentlich zur Jugendkriminalität beiträgt. Die Strafverfolgung kann nur mit Zustimmung des *Attorney-General* eingeleitet werden. Wenn man will, liegt in dieser Maßnahme ein Zensurakt; aber wer außer den gewissenlosen Herstellern und Vertreibern würde daran Anstoß nehmen? Andere gesetzliche Maßnahmen gegen unzüchtige Veröffentlichungen enthalten der (ältere) *Indecent Advertisement Act* von 1889 (52 & 53 Vict., c. 18) sowie die das Post- und Zollwesen regelnden allgemeinen Gesetze. Publikumsbeschwerden über einen Mißbrauch sind, im Gegensatz zu den Vereinigten Staaten, nicht laut geworden.

## 2. Maßnahmen gegen Verunglimpfung der Religion

In den vergangenen Zeiten religiöser Intoleranz, als Staat und Religion sich gegenseitig bedingten, galt ein Angriff auf die staatlich vorgeschriebene Religion und ihre Einrichtungen als ein hochverräterisches (*treasonable*) Unternehmen gegen den Staat selbst. Die religiösen Verfolgungen von Nonkonformisten und Andersgläubigen im Zeitalter der Tudors und nachher wurden als hochverräterische Angriffe gegen die Staatsautorität gerechtfertigt. Meinungskundgebungen, die als gotteslästerlich angesehen wurden (*blasphemous libel*) waren im Grunde der Verleitung zum Aufstand gegen den Staat (*seditious libel*) gleichgestellt Sie standen unter der harten Zucht der königlichen Sondergerichte. Als *misdemeanour* nach *common law* wurde die blasphemische Meinungskundgebung erstmals in *R. v. Atwood* (1617) (Cro. Jac. 421) bestraft. Anklagen wegen als Gotteslästerung angesehener Meinungskundgebungen dauerten auch nach Aufhebung der königlichen Sondergerichte durch das Lange Parlament fort und verschärften sich gegen Ende der Restaurationsperiode, als sich der religiöse Konflikt zwischen der Hochkirche und dem von der Krone geduldeten Papismus zuspitzte.

Seit der Abmilderung der religiösen Gegensätze und mit der fortschreitenden Aufklärung aber wurden die gerichtlichen Fälle der Gotteslästerung immer seltener und der strafbare Tatbestand immer enger gefaßt. Eine Religionsbeschimpfung kann nur dann angenommen werden, wenn die Angriffe gegen die christliche Religion, die Existenz Gottes, die Bibel ihrer äußeren Form und Darbietung nach die religiösen Institutionen herabsetzen, nicht aber, wenn sie in angemessen gemäßigter Form vorgetragen werden. Die Kirche von England und ihre Einrichtungen können aus der Tatsache ihrer Staatlichkeit längst keinerlei besonderen Schutz mehr in Anspruch nehmen. Jedwede das Maß einhaltende, wenn auch sachlich noch so kritische Untersuchung der christlichen Doktrinen ist daher von der Meinungsfreiheit gedeckt (*The Queen v. Ramsay and Foote* [1883] [48 L. T. 733]; *Bowman v. Secular Society* [1917] [A. C. 406] [H. L.]). Ausgesprochen gotteslästerliche oder religionsverunglimpfende Meinungskundgebungen kommen heute schon um dessentwillen nicht mehr vor, weil sie kein Publikum finden, an das sie sich wenden könnten. Selbst in streng kirchlichen Kreisen sind im Zeitalter der Naturwissenschaften die Fundamentalisten, welche die Bibel als göttliche Offenbarung wörtlich nehmen, kaum mehr anzutreffen. Auf diesem Gebiet also sind alle Schranken der Meinungsfreiheit gefallen.

## VI. Maßnahmen gegen monopolistische Kontrollen der Meinungsbildung

Die bisherigen Ausführungen gehören zu dem gewissermaßen klassischen Kapitel der Meinungsfreiheit, nämlich den der liberalen Gedankenwelt entstammenden Bestrebungen, die Bildung und Kundmachung der individuellen und kollektiven Meinung, gleichgültig welchen Inhalts, gegen sie beeinträchtigende Eingriffe des Staats und seiner Behörden abzuschirmen. Es blieb aber der heutigen neo-kapitalistischen Gesellschaftsordnung – und nur in dieser konnte das Phänomen in Erscheinung treten – vorbehalten, sich einer neuen und dabei keineswegs geringeren Gefahr für die Freiheit der Meinungsbildung und -verbreitung bewußt zu werden. Sie liegt darin, daß ein kapitalkräftiger Privatmann oder auch ein geldmächtiger Konzern unter Ausnutzung der privatwirtschaftlichen Möglichkeiten des Kapitalismus sich der vorhandenen Kommunikations-Medien – vor allem der Presse, wenn die Telekommunikationen staatlich betrieben werden –, in solchem Umfang bemächtigt, daß daraus eine monopolistische Beherrschung des Meinungsbildungsmarktes oder auch eines erheblichen Segments desselben erwächst, die zu einer Bedrohung des für die Demokratie unentbehrlichen freien Wettbewerbs führt. Denn der Einzelne, oder auch eine unter einheitlicher Leitung stehende Gruppe, ist dadurch in der Lage, seine oder ihre kulturellen, sozialen, religiösen oder auch politischen Auffassungen dem Publikum aufzuoktroyieren oder ihm jedenfalls die beabsichtigte Richtung zu weisen. Solchen Groß-Unternehmungen der Meinungsbildungs-Industrie wohnt die Tendenz inne, sich wie der Igel im Maulwurfsgraben auf Kosten der kleineren und wirtschaftlich schwächeren Kommunikationsmedien auszudehnen und sie aus dem Wettbewerb zu verdrängen. Je größer die Zirkulation eines Informationsmediums – ob Tages-, Sonntags-, illustrierte Wochenzeitung –, desto größer der Zustrom von Interessenten und Werbebeflissenen, desto billiger die Herstellungskosten, desto größer der Profit. Es handelt sich dabei nicht nur um die eigentliche Übernahme bisher selbständiger Presseorgane durch den Mächtigeren, sondern ebenso um den Erwerb von Druckereien, Papierfabriken, Verlagen, Vertriebsorganisationen, Kunden- und Abonnentenstämmen. Das Zeitungssterben und das ihm entsprechende Anwachsen der Massenpublikationen ist zu einer allgemeinen Erscheinung der kapitalistischen Gesellschaftsordnung und damit zum krassen Widerspruch mit dem verbrieften Grundrecht der Meinungsfreiheit geworden.

In neuerer Zeit hat England als das klassische Land der „Presse-Lords" gegolten. Die Namen Northcliffe, Rothermere, Beaverbrook, Kemsley und neuestens Cecil Harmsworth King sind am bekanntesten. Der Millionenabsatz der *Daily Mail* soll auch heute noch selbst den japanischen Massenpublikationen den Rang ablaufen. Trotzdem ist zwischen den Pressemagnaten der freie Wettbewerb derart erhalten geblieben, daß sich zwar vier englische Zeitungsgruppen untereinander in 66 Prozent der Tages- und Sonntagsauflagen teilen, daß aber keine Einzelperson mehr als etwa vier Prozent des gesamten Marktes zu kontrollieren in der Lage ist[1].

Obwohl sich also in Großbritanien die bisherige wirtschaftliche Zusammenballung in verhältnismäßig engen Grenzen gehalten hat, sah sich die Regierung Wilson nach Studium der Sachlage durch eine *Royal Commission* veranlaßt, mit Zustimmung aller Parteien und der öffent-

[1] Siehe „*Der Spiegel*" 32/1966 vom 1. August 1966, S. 11/12; an der gleichen Stelle wird berichtet, daß in der Deutschen Bundesrepublik ein einziger (Hamburger) Verleger 40 Prozent der Tagesauflagen, 90 Prozent der Sonntagsauflagen und 81,5 Prozent der elf überregionalen Tageszeitungen kontrolliert. In den Vereinigten Staaten bestehen zehn führende Zeitungskonzerne, von denen die vier größten zwischen 4,1 und 6,4 Prozent des Marktes beherrschen.

lichen Meinung, einer potentiellen Gefahr durch den *Monopolies and Mergers Act* von 1965 (Eliz. 2, c. 50) vorzubeugen. An sich eine Erweiterung und Verschärfung des ursprünglichen britischen Anti-Trust-Gesetzes (*Monopolies and Restrictive Practices (Inquiry and Control) Act* von 1948 [11 & 12 Geo. 6, c. 66]) darstellend, enthält das jüngste Gesetz eine spezielle Regelung für Verschmelzung von Zeitungen (*newspaper mergers*) (Sektion 8) Unter „Zeitung“ werden Tages-, Sonntags- und alle anderen periodischen Veröffentlichungen verstanden, unter einem „Zeitungs-Eigentümer“ (*newspaper proprietor*) die eigentlichen Eigentümer wie auch Personen, die in einem als Gesellschaft gestalteten Zeitungsunternehmen (*body corporate*) ein es kontrollierendes Interesse haben. Die Übernahme einer Zeitung (oder ihrer Aktiven) durch einen Zeitungseigentümer, der bereits über eine Tageszirkulation von mindestens fünfhunderttausend Exemplaren verfügt, ist ungesetzlich und nichtig, außer sie erfolgt mit der schriftlichen Erlaubnis des *Board of Trade*, welche ihrerseits von einem die Übernahme befürwortenden Bericht der Monopolkommission bedingt ist. Von diesem Bericht kann nur abgesehen werden, wenn das Handelsministerium die Überzeugung gewonnen hat, das zu übernehmende Zeitungsunternehmen sei wirtschaftlich unhaltbar und es würde nicht als gesondertes Unternehmen weitergeführt werden. Außerdem kann von dem Bericht der Monopolkommission abgesehen werden, wenn das zu übernehmende Organ einen täglichen Absatz von nicht mehr als 25000 Exemplaren aufweist. Während also Verschmelzungen, welche die Konzentration in einer einzigen Hand über 500000 Exemplare steigern würden, schlechthin unzulässig sind, vollzieht sich das Verfahren bei sonstigen Übernahmen in der Weise, daß das Handelsministerium von der Kommission einen Bericht verlangt, ob der Erwerb sich gegen das öffentliche Interesse auszuwirken geeignet ist, wobei als Zielsetzungen die objektive Darstellung der Nachrichten und die Freiheit der Meinungsäußerung ausschlaggegend sind (Sektion 8 (3)). Genehmigte Verschmelzungstransaktionen müssen dem Parlament in der Form eines *statutory instrument* vorgelegt, können also von ihm widerrufen werden.

Mit dieser Regelung, die in anderen rechtsstaatlichen Jurisdiktionen kein Gegenstück hat, die amerikanische Kartellgesetzgebung nicht ausgenommen, ist also die Gefahr gebannt, daß eine Einzelperson oder ein einzelner Konzern sich einer monopolistischen Kontrolle des Meinungsbildungsprozesses bemächtigen könnten[1].

---

[1] Das Gesetz kam erstmals zum Zug, als der kanadische Pressemagnat Lord Thomson Englands berühmteste Tageszeitung, die *Times*, aufkaufen und gleichzeitig mit der ihm bereits gehörenden *Sunday Times* unter derselben redaktionellen Leitung vereinigen wollte. Der Bericht der *Monopolies Commission* war bei Drucklegung noch nicht ergangen.

### Zwölftes Kapitel

# Die Bürgerrechte IV: Die Vereinigungsfreiheit

## Vorbemerkung: Der sachliche Nexus zwischen den Bürgerrechten

Zwischen allen Bürgerrechten besteht ein Sachzusammenhang; eines ergibt das andere, keines kann nur für sich selbst bestehen. Auch die Gepflogenheit des in einer organisierten Gemeinschaft lebenden Menschen, sich mit anderen Gesellschaftsmitgliedern zu einer transindividuellen Gruppe zu verbinden, ist wie alle anderen Bürgerrechte ein Ausfluß des Rechts zur freien Entfaltung und Betätigung der Persönlichkeit. Eine solche Gruppenbildung oder Vereinigung kann vorübergehend oder auf Dauer bestimmt sein; sie kann lose sein und lediglich auf einem nicht formalisierten Einverständnis über die Existenzbedingungen der Gruppe beruhen oder sie kann als rationalisierte Normenordnung die Gruppenmitglieder mit Hinsicht auf den Gruppenzweck mit bestimmten Rechten ausstatten oder bestimmten Bedingungen und Beschränkungen unterwerfen, wie Prüfung der Mitgliedschaftsvoraussetzungen, Zahlung von Beiträgen, Gewährung von Teilnahmerechten an der Bildung des Gruppenwillens. Ebenso mannigfaltig wie die Formen kann der Zweck der Gruppenbildung sein: die Vereinigung kann rein gesellschaftliche Zwecke verfolgen: — Schachspiel —, künstlerisch-kulturelle — die Förderung des Theaters —, wirtschaftliche — die Aufhebung eines Einfuhrzolls —, oder politische — die Einführung des Verhältniswahlrechts. Außer bei den Vereinigungen, die rein gesellschaftlichen Zielen nachleben — und sogar auch dann —, wird jede Art von Gruppenbildung gleichzeitig ein Ausdruck der alle Teilnehmer umfassenden kollektiven Meinungsfreiheit sein.

Die für den Staatsbetrieb wichtigsten Gruppenbildungen sind die politischen Parteien[1], die Interessentengruppen und Verbände[2] und unter diesen wiederum die Arbeitnehmerverbände oder Gewerkschaften[3]. Die Bildung von politischen Parteien und wirtschaftlichen Interessentengruppen ist in Großbritannien im Rahmen der allgemeinen Gesetze völlig frei. Wie früher eingehend dargestellt, ist die politische Partei im demokratischen Verfassungsstaat ebenso unentbehrlich für den politischen Prozeß wie die Interessentenverbände für die Mobilisierung der öffentlichen Meinung und das Gesetzgebungsverfahren.

In ähnlicher Weise und sogar noch konkreter besteht ein Sachnexus auch zwischen der Vereinigungs- und der Versammlungsfreiheit. Sicher-

---

[1] Siehe Bd. I, Kapitel 6, 7 und 8.

[2] Siehe Bd. I, S. 385 ff.

[3] Siehe unten S. 329 ff.

lich sind Fälle denkbar, wo für die Mitglieder einer transindividuellen Gruppe oder Vereinigung kein Bedürfnis oder Notwendigkeit zu einer gemeinsamen Zusammenkunft oder Versammlung besteht, dann nämlich, wenn die Verbandsziele durch andere Methoden, etwa durch schriftlichen Verkehr zwischen ihnen, Delegierten oder Verbandsbeamten durchgeführt werden können. In der Regel aber werden sich Zusammenkünfte der Gruppenmitglieder als zweckmäßig oder notwendig erweisen. Solche Zusammenkünfte oder Versammlungen, bei denen nur die anerkannten Gruppenmitglieder teilnahmewürdig und -berechtigt sind, sind privater Natur und bilden einen Bestandteil der Vereinigungsfreiheit. Anders aber liegt die Sachlage bei solchen Versammlungen, deren Teilnehmer nicht auf die eigentlichen Gruppenmitglieder beschränkt sind, sondern die auf das allgemeine Publikum oder jedenfalls diejenigen abgestellt sind, welche am Versammlungsgegenstand ein spezielles Interesse haben. In der Mehrzahl solcher Fälle wird es sich hier um eine sogenannte öffentliche Versammlung handeln. Alle Mitglieder des Publikums, die sich an einer solchen öffentlichen Versammlung beteiligen, geben zwar dadurch ihrer persönlichen oder kollektiven Meinung Ausdruck, bekennen sich damit aber nicht zur Mitgliedschaft einer Vereinigung. Hier ist dann der Punkt erreicht, wo sich die Versammlungs- von der Vereinigungsfreiheit weitgehend losgelöst hat.

Aus dem Vorstehenden ergibt sich, daß Vereinigungs- und Versammlungsfreiheit, auch wenn zwischen ihnen kein unumgänglicher Sachnexus besteht, systematisch zusammengehören. Aus diesem Grund enthalten die einschlägigen Gesetzgebungsakte Bestimmungen sowohl über die Vereinigungs- als auch über die Versammlungsfreiheit, die sich in der nachfolgenden Behandlung nicht trennen lassen. Da die rechtlichen und rechtspolitischen Probleme jedoch einigermaßen verschieden gelagert sind, empfiehlt sich in unserer Darstellung eine Trennung, indem die Vereinigungsfreiheit in diesem, die Versammlungsfreiheit im folgenden Kapitel behandelt werden.

## I. Die rechtlichen Begrenzungen der Vereinigungsfreiheit

### 1. Zur Begriffsbestimmung

Jedermann, ob Bürger oder Ausländer, hat in Großbritannien das Recht, sich mit anderen Personen zu einer Gruppe, Vereinigung oder Gesellschaft (*association*) zusammenzuschließen und sich mit den Gruppenmitgliedern oder irgendwelchen Drittpersonen zu treffen oder zu versammeln (*assembly*). Diese Rechte bestehen, ohne in bestimmte Normen eingekleidet zu sein, nach *common law*. Die rechtlichen Begrenzungen aber der Betätigung der Vereinigungsfreiheit liegen darin, daß Zusammenschluß und Zusammenkünfte nicht dem *common law* oder einem Gesetz zuwiderlaufen dürfen. Das bedeutet, daß der Zweck der Vereinigung (und Zusammenkunft) nicht rechtlich mißbilligt wird oder daß ein an sich rechtlich erlaubter Zweck der Vereinigung nicht mit rechtswidrigen Mitteln verfolgt werden darf. Das gleiche gilt auch für die Versammlungsfreiheit. Die Betätigung der Vereinigungsfreiheit war von jeher und ist auch heute durch den Tatbestand der strafbaren Verabredung (*conspiracy*) nach *common law* eingeschränkt. Neuerdings und vor allem in Zeiten innerer und äußerer Spannungen, in denen die uneingeschränkte Betätigung der Vereinigungs- und Versammlungsfreiheiten eine Bedrohung des öffentlichen Friedens bewirken könnte, haben sich statutarische Begrenzungen als zunehmend notwendig erwiesen.

## 2. Die strafbare Verabredung[1]

Der angelsächsische Rechtsbegriff der *conspiracy* ist ein allgemeiner Rahmen für die Strafbarkeit von Verabredungen zwischen zwei oder mehreren Personen zur Begehung einer widerrechtlichen oder einer rechtlich nicht gebilligten Handlung durch unerlaubte Mittel [*Mulcahy v. R.* [1868] [L. R. 3 H. L. 306]). Die Verabredung als solche (*combination*) ist ein Vergehen nach *common law*. Die elastische Fassung hat den entschiedenen Vorteil, daß es dabei zu keiner Ausführungshandlung zum Vollzug der Vereinbarung, etwa einem Versuch, gekommen sein muß (*R. v. Gill* [1819] [2 Bl. & A. auf S. 206]). Die rechtswidrige Verabredung kann sich auf eine *per se* strafbare Handlung oder aber auch auf die Begehung einer nur zivilrechtlich unerlaubten Handlung, etwa Arglist, beziehen. Eine strafbare Verabredung würde auch dann vorliegen, wenn sie darauf hinausläuft, einen an sich rechtlich erlaubten Akt mit unerlaubten Mitteln, etwa Gewaltsamkeit, durchzuführen. Darüber hinaus kann aber eine gesetzwidrige Verabredung auch ein zivilrechtlicher Klagegrund wegen unerlaubter Handlung (*tort*) sein, der den davon Betroffenen dann zum Schadenersatz gegen die Täter berechtigt, wenn der Zweck der Verabredung vordringlich eine solche Schadenzufügung gewesen war (*Crofter Harris Tweed Co. v. Veitch* [1942] [A. C. 435]). Solche Fälle sind allerdings selten.

---

[1] Für den englischen Begriff der *conspiracy* gibt es kein genau passendes deutsches Äquivalent. Er deckt sich einerseits mit strafbarer Verabredung zur Begehung einer strafbaren Handlung im allgemeinen, nähert sich also in schweren Fällen der Verschwörung oder dem Komplott an, andererseits würde er in der deutschen strafrechtlichen Systematik, soweit es sich um konkret definierte Tatbestände handelt, der Mittäterschaft, Beihilfe oder ähnlichen akzessorischen Handlungen gleichgestellt werden müssen.

## 3. Gesetzliche Beschränkungen

### a) Ältere Gesetzgebung

Die Mehrzahl der Beschränkungen der Vereinigungs- und Versammlungsfreiheit durch Spezialgesetze gehört systematisch zur Materie des Staatsschutzes[1]; der Gegenstand verlangt aber eine Erörterung in diesem Zusammenhang. Gesetzliche Maßnahmen erweisen sich vor allem in den Zeiten als notwendig, wo sich Spannungen zwischen der Regierung und bestimmten Bevölkerungsgruppen oder solche zwischen einzelnen Sozialgruppen entwickeln. Veranlassung für den mangelnden Konsensus der nationalen Gemeinschaft können auch außenpolitische Einflüsse sein, wie dies während der französischen Revolution, sodann nach dem Wiener Frieden und neuerdings in der Zeit zwischen den beiden Weltkriegen der Fall gewesen ist. Den radikalen Einflüssen der französischen Revolution verdankten der *Incitement to Mutiny Act* von 1797 (37 Geo. 3, c. 70) und der *Unlawful Societies Act* von 1799 (39 Geo. 3, c. 79) die Entstehung[2]. Als die nach dem Wiener Frieden einsetzende Wirtschaftskrise zu einer gefährlichen Radikalisierung zu führen drohte, griff die konservative Regierung Liverpool zu einer umfassenden Ausnahmegesetzgebung, bei der von Einschränkungen der Vereinigungs- und Versammlungsfreiheit ausgiebig Gebrauch gemacht wurde. Dazu gehörten der *Seditious Meetings Act* von 1817 (57 Geo. 3, c. 19)[3] und, wie heute noch – oder wieder –, zur Bekämpfung extremistischer politischer Agitation und Organisation der *Unlawful Drilling Act* von 1819 (60 Geo. 3, c. 1), einer der berühmt-berüchtigten *Six Acts*, mit denen die damalige Regierung der steigenden Unruhe wegen der Rückständigkeit der politischen Einrichtungen Herr werden wollte. Sie bildeten im Grunde den Kern dessen, was heute unter dem Sammelbegriff der Staatsschutzgesetzgebung gegen „Subversion" täglicher Gebrauchsgegenstand aller und auch der demokratischen Staaten geworden ist. Das Gesetz verbot ohne spezielle behördliche Erlaubnis veranstaltete Zusammenkünfte zur Unterweisung im Waffengebrauch oder zu militärischen Übungen. In die gleiche Richtung der Ausschaltung staatsfeindlicher Organisationen weisen gesetzliche Verbote einer Eidesleistung, die nach den *Unlawful Oath Acts* verboten ist, oder von Vereinigungen, bei denen die Namen der Vorgesetzten oder Gruppenoberen den Mitgliedern verborgen bleiben. England hat also die Auswüchse revolutionär-extremistischer Organisation und Propaganda sehr frühzeitig erkannt und sie im Interesse der nationalen Einheit *hors de loi* gestellt.

---

[1] Siehe unten S. 360 ff.

[2] Die zeitgenössische Parallele einer solchen Ausnahmegesetzgebung waren in den jungen Vereinigten Staaten die *Alien and Sedition Acts* von 1798 (1 Stat. 570, 596, 610).

[3] Siehe unten S. 348/49.

### b) Der Public Order Act von 1936

Der bei weitem wichtigste Eingriff in die Betätigung der Vereinigungsfreiheit erfolgte im *Public Order Act* von 1936 (1 Edw. 8 & 1 Geo. 6, c. 6)[1]. Zur damaligen Zeit hatte die Praxis der politischen Propaganda durch paramilitärische Organisationen von Anhängern extremistischer Richtungen, welche in Italien, Weimar-Deutschland und anderwärts den schließlichen Sieg des Faschismus bzw. Nationalsozialismus vorbereitet hatten, wenn auch einstweilen in durchaus vereinzelten Fällen auch auf England überzugreifen begonnen, wobei nicht die Kommunisten, sondern die britischen Faschisten (*British Union of Fascists*) unter der Führung von Sir Oswald Mosley die Aufmerksamkeit auf sich zogen. Uniformierte Aufzüge, zusammengesetzt aus zur Gewaltsamkeit geneigten arbeitslosen Jugendlichen und Leuten jüngeren Mannesalters, suchten besonders in London gewisse kleinbürgerliche Viertel heim, in denen man sich durch die Zurschaustellung disziplinierter Kraftentfaltung einen erheblichen Zuzug von Anhängern versprach. Auch verschonten sie nicht, hier zu Einschüchterungszwecken, vorwiegend jüdische Stadtteile im Londoner Osten. Die politische Meinungsbildung sollte dabei durch die mitgeführten Parteisymbole — Uniformen, Fahnen, Armbinden etc. — im Sinne der Demonstranten durch die Erregung entweder von Solidaritäts- oder auch von Furchtgefühlen beeinflußt werden. In Erscheinung und Auftreten offensichtlich zu Gewalttätigkeiten und Friedensbrüchen bereit, wirkten diese Demonstrationen notwendigerweise provokatorisch auf Andersdenkende und führten zu häufigen Zusammenstößen mit Gegnern und der Polizei. Früher als in allen anderen Staaten erkannte die Regierung, sich hier völlig mit der öffentlichen Meinung eins wissend, daß die Grenzen der erlaubten Meinungsfreiheit erreicht sind, wenn diese mit den Mitteln potentieller oder tatsächlicher Gewaltsamkeit bekundet wird. Zwar ist es ein Grunddogma der konstitutionellen Demokratie, daß die *Bekundung* der politischen Meinung unbedingt und unter allen Umständen von jeder staatlichen oder behördlichen Beschränkung frei sein muß, aber es kann nicht geduldet werden, daß die demokratiefeindliche Meinungsbekundung darüber hinaus sich einer *Organisation* bedient, welche die gewaltsame Machtübernahme zum Ziel hat, mag die Drohung mit Gewaltsamkeit dabei potentiell oder effektiv sein[2]. Diesem elementaren Bedürfnis des Staatsschutzes trugen die einschlägigen Bestimmungen des *Public Order*

---

[1] Das Gesetz regelte auch verschiedene Aspekte der Versammlungsfreiheit, welche in einem späteren Zusammenhang behandelt werden; siehe unten S. 349 ff.

[2] Der Verfasser hat diesem überaus wichtigen Problem während mehr als einem Vierteljahrhundert vordringliche Aufmerksamkeit gewidmet und sich dabei nicht zuletzt an den englischen Erfahrungen orientiert. Siehe KARL LOEWENSTEIN, *Verfassungslehre*, S. 348ff. und die monographische Behandlung des Gegenstands in *Le Contrôle Législatif de l'Extrémisme Politique dans les Démocraties Européennes*, Paris 1939.

*Act* von 1936 in der Weise wirksam Rechnung, daß der Mißbrauch des politischen Symbolismus durch die extremistischen Richtungen bereits als ein Organisationsmerkmal gesetzlich erfaßt wurde, daß also, um ihm zu begegnen, die Vereinigungsfreiheit gewissen Beschränkungen unterzogen wurde.

Verboten ist (Sektion 1), in der Öffentlichkeit oder bei einer öffentlichen Versammlung eine Uniform zu tragen, welche die Zugehörigkeit (*association*) zu einer politischen Organisation oder welche die Förderung eines politischen Ziels bekundet (*signify*). Der *Home Secretary* kann nach seinem Ermessen die Erlaubnis zum Uniformtragen erteilen und hat auch bei Verletzung des Verbots die strafrechtliche Verfolgung zu genehmigen. Was dabei unter einer „Uniform" zu verstehen ist, wurde vom Gesetz der richterlichen Feststellung je nach den Umständen überlassen[1].

Verboten ist ferner (Sektion 2) jedwede Personenvereinigung oder -verbindung, deren Mitglieder zur rechtswidrigen Übernahme (*usurpation*) der Aufgaben der Polizei oder der Streitkräfte ausgebildet oder organisiert oder ausgerüstet sind, und ferner eine Personenverbindung, welche durch ihre Organisation, Ausbildung oder Ausrüstung zur Förderung eines politischen Ziels physische Gewalt zur Schau zu stellen oder anzuwenden beabsichtigt oder sich in solcher Weise geriert, daß sie vernünftigerweise die Furcht erregt, sie strebe einem solchen Ziel nach. In diesen Fällen machen sich die Organisatoren oder Manager der Vereinigung oder diejenigen, die sich an der Organisation der Ausbildung beteiligen, strafbar. Bei Personen, die deswegen unter Anklage gestellt sind, gilt der — kaum je zu erbringende — Nachweis als Entlastung, sie hätten den unerlaubten Zwecken der Vereinigung, das heißt der Ausbildung und Ausrüstung der Mitglieder oder Anhänger nicht zugestimmt oder hätten damit nicht in geheimem Einverständnis gestanden. Es wird somit vernünftigerweise die Leitung und Führung solcher Vereinigungen aufs Korn genommen, während die bloße Mitgliedschaft in ihnen nicht strafbar ist. Zur Strafverfolgung ist hier die Zustimmung des *Attorney-General* erforderlich[2]. Der *Public Order Act* hat sein gesetzespolitisches Ziel voll erreicht:

[1] Bei den nach Erlaß des Gesetzes sich ergebenden *test*-Fällen wurden Schwarzhemden mit faschistischen Armbinden und Abzeichen als Verstöße gegen das Uniformverbot angesehen, während die grüne Ausstattung der Mitglieder der *Social Credit*-Partei als nicht gesetzesverletzend beurteilt wurde; siehe *Solicitors Journal* Bd. LXXXI (1937), S. 108 und 509 über eine Reihe einschlägiger Fälle.

[2] Wer sich für englische Geschichte interessiert, wird hier feststellen, daß die Bekämpfung von Privattruppen oder — wie man heute sagen würde — von paramilitärischen Verbänden, die mit der staatlichen Ordnungsgewalt in Wettbewerb treten wollen, nichts neues ist. Bereits in dem berühmten Fall *Maxey's* ([1397] [Rot. Par. III, 434]) war es einer der in einer *bill* (Petition) an König Richard II. enthaltenen Beschwerdepunkte gewesen, daß die Feudalherren trotz der dagegen erlassenen Gesetze nach wie vor Privattruppen (*retainers*) in Uniform (*livery*) unterhielten. Die Praxis der verschiedenen Machtaspiranten, ihre Ansprüche mit Hilfe

Die faschistische Bewegung in Großbritannien wurde abgedrosselt, weil sie ihrer Hauptwaffe, der Zurschaustellung paramilitärischer Organisation und der Drohung mit Gewaltsamkeit, entkleidet wurde. Uniformlose Demonstrationszüge von Anhängern kamen auch nachher vor, führten aber kaum mehr zu Ordnungsstörungen. Die bloße Existenz des Verbotsgesetzes war so wirksam, daß Strafverfolgungen wegen seiner Verletzung während fast einer Generation verhältnismäßig selten gewesen sind[1].

## II. Die Vereinigungsfreiheit und die Gewerkschaften

Rechtsstellung, Rechte und Pflichten der Arbeitervereinigungen — Gewerkschaften *(trade unions)* — gehören ebenso wie andere Teile des Arbeitsrechts, etwa die Schiedsgerichtsbarkeit in Arbeitsstreitigkeiten, zum öffentlichen Recht. Kaum eine andere Materie spiegelt den bis in die

---

von Privatarmeen durchzusetzen, starb aber jahrhundertelang nicht aus und war eine der Hauptursachen der zahllosen Aufstände und Bürgerkriege, welche der Ausbildung einer starken Zentralmonarchie dauernd im Wege standen. Besonders die Kriege zwischen der weißen und der roten Rose (York und Lancaster) beruhten maßgeblich auf solchen den beiderseitigen Lagern zur Verfügung stehenden Privatarmeen. Sie waren außerdem Instrumente der Magnaten, um die Geschworenen einzuschüchtern und andere Gewaltakte zu begehen. Eine lange Reihe von dagegen erlassenen Gesetzen konnte dem Übel nicht abhelfen, bis schließlich der erste Tudor, Henry VII., es bei der Wurzel packte. Das Gesetz von 1487 (3 Hen. 7, c. 1) setzte ein königliches Sondergericht ein, um bestimmte, für den rechtlosen Zustand des Königreichs verantwortliche Tätigkeiten unter Anklage zu stellen. Dazu gehörten die Unterhaltung (*maintenance*), Uniformierung (*livery*), Inpflichtnahme (*indenture*) von organisierten Anhängern (*retainers*), außerdem aber eine Reihe anderer strafbarer Handlungen, wie willkürliche Zusammensetzung der Geschworenenbank, Aufruhr (*riot*) und ungesetzliche Versammlung. Die berühmte Streitfrage, ob das Gesetz von 1487 die nachmals berüchtigte *Star Chamber* errichtete — die Bezeichnung *pro Camera Stellata* wurde erst viel später hinzugefügt — kann hier nicht erörtert werden. Ein weiteres einschlägiges Gesetz erging 1507 (19 Hen. 7, c. 14). Damit war der allgemeine Landfrieden von der Zentralgewalt erzwungen, womit auch Angriffe gegen die an sich ursurpierte Herrschaft der Tudors im Keim erstickt werden konnten. Privatarmeen waren damit ein für alle Male ausgerottet, was allerdings weder das Parlamentsheer der puritanischen Revolution noch den Versuch der Rückgewinnung des englischen Throns durch den schottischen Kronprätendenten (1746) verhinderte. Ähnliche uniformierte oder livrierte Privattruppen tauchten während des Mittelalters überall auf, wo keine starke Zentralgewalt sie ausschalten konnte, beispielsweise die der Montagues und Capulets im mittelalterlichen Verona. Es ist nicht ohne melancholischen Beigeschmack, daß erst unserem Jahrhundert der Wiederaufbau der paramilitärischen Verbände und die dagegen gerichtete Gesetzgebung beschert war.

[1] Die Novelle von 1963 (Eliz. 2, c. 52) bringt lediglich Änderungen der Strafvorschriften. Das Gesetz findet übrigens nicht nur bei politisch motivierten, sondern auch bei anderen Ordnungsstörungen, etwa zwischen verfeindeten Nachbaren, Anwendung (*Ward v. Holman* [1964] [2 All. E. R. 729] [Q. B.]).

jüngste Vergangenheit reichenden Kampf zwischen Gerichten und Parlament so deutlich wider wie das Gewerkschaftsrecht. In seiner Gesamtheit stellt es sich als eine Sonderregelung im Interesse bestimmter Personenkreise dar.

Dem als Zentralorgan der ihm angeschlossenen Gewerkschaften fungierenden Gewerkschaftskongreß *(Trade Union Congress)* war die Gründung der politischen *Labour Party* zu verdanken (1899), indem er das *Labour Representation Committee* als ihren organisatorischen Kern ins Leben rief. Damit sind die Gewerkschaften in einem in anderen Ländern nicht bekannten Umfang unmittelbar in den politischen Prozeß eingetreten und bilden seither das Rückgrat der Labour-Partei. Die Gewerkschaften spielen eine ausschlaggebende Rolle innerhalb der Labour-Partei und ihr Einfluß auf Programmgestaltung, Bestellung der Parteiorgane, Kandidatenaufstellung und vor allem Finanzierung des Wahlkampfs kann kaum überschätzt werden[1]. Fragen der Gewerkschaftsorganisation sind damit, parallel zum Aufstieg der Labour-Partei seit den Wahlen von 1906, zu allgemein wichtigen politischen Problemen Großbritanniens geworden, was wiederum je nach der Parteifärbung der jeweils am Ruder befindlichen Regierung die gewerkschaftsfreundliche oder gewerkschafts-abgeneigte Einstellung des vom Kabinett beherrschten Parlaments bedingte. Dabei sind insbesondere die Probleme der Gewerkschafts-Mitgliedschaft, des Streikrechts und der Verwendung von Gewerkschaftsmitgliedsbeiträgen zu Brennpunkten von Konflikten zwischen den Gerichten einerseits und dem Parlament und den parteigetragenen Kabinetten andererseits geworden, bei denen die Gewerkschaften selbst, auch wenn sie sich den ihnen ungünstigen Gerichtsentscheidungen zu fügen hatten, ihr ganzes Gewicht hinter diejenige Regierung warfen, die in der Lage war, die Gerichtsentscheidungen zu korrigieren.

## 1. Zur geschichtlichen Entwicklung

Jahrhundertelang war der Zusammenschluß von Arbeitern und Arbeitnehmern zum Zweck der Verbesserung ihrer Arbeitsbedingungen als strafbare Verabredung unmöglich gewesen. Die industrielle Revolution war schon in vollem Gang, als der die frühere Gesetzgebung konsolidierende *Combination of Workmen Act* von 1801 (41 Geo. 3, c. 38) ganz im Geist des damals seiner Hochblüte zustrebenden Privatkapitalismus jede Arbeitervereinigung für gesetzwidrig erklärte, die auf höheren Lohn oder kürzere Arbeitszeit abstellte, den Besuch derartiger Zusammenkünfte verbot und den Unternehmern die volle Freiheit in der Einstellung und Entlassung von Arbeitnehmern und die Setzung ihrer Arbeitsbedingungen garantierte. Die nachfolgenden Regelungen von 1824 und 1871

[1] SieheBd. 7, S. 179 ff.

nahmen zwar Zusammenschlüssen, die sich eine Verbesserung der Berufsverhältnisse zum Ziel setzten, den strafbaren Charakter, aber auch diese konnten nach *common law* als Beeinträchtigungen von Handel und Verkehr — *restraint of trade* — unzulässig sein.

## 2. Das geltende Gewerkschaftsrecht

### a) Der Trade Union Act von 1871

Das heutige Gewerkschaftsrecht nimmt von dem einer aufgeklärteren Zeit entstammenden *Trade Union Act* von 1871 (34 & 35 Vict., c. 31) seinen Ausgang. Arbeitervereinigungen *(trade unions)* sind demnach zulässig, wenn ihre Tätigkeit den im Gesetz festgelegten „statutarischen Zielsetzungen" entspricht (Sektion 1), nämlich wenn sie auf die Regelung der Beziehungen zwischen Arbeitgebern und Arbeitnehmern, zwischen den Arbeitern und zwischen den Unternehmern abstellen und ferner wenn sie Vorteile für die Mitglieder, etwa Krankenversicherung oder Pensionszahlung, zum Gegenstand haben. Arbeitervereinigungen oder Gewerkschaften dieser Art — und darin lag ein wesentlicher Fortschritt — sind weder straf- noch zivilrechtlich verpönt und gelten nicht als Beeinträchtigungen des Handels und Verkehrs (Sektionen 2 & 3) (*Swaine v. Wilson* [1889] [24 Q. B. 252]). Das Gesetz stellte Arbeitgeber- und Arbeitnehmerverbindungen formell gleich, war aber seither hauptsächlich für die letzteren von Bedeutung, da die Arbeitgeber in ihren in einem loseren pluralistischen Rahmen funktionierenden Berufsverbänden mit der erst 1919 erfolgten Gründung der *National Confederation of Employers Organisations* — jetzt die *British Employers Federation* — ihren eigenen Weg gingen. Gewisse Vereinbarungen solcher Gewerkschaftsvereine waren jedoch gerichtlich unerzwingbar, darunter diejenigen zwischen den Gewerkschaftsmitgliedern, unter welchen Bedingungen sie sich beschäftigen lassen wollten, über die Zahlung von Beiträgen an oder die Erhebung von Bußen durch die Gewerkschaft, über die Verwendung des Gewerkschaftsvermögens zur Leistung von Unterstützungen oder anderen Zuwendungen an die Mitglieder. Auch waren Abmachungen zwischen zwei oder mehreren Gewerkschaften unzulässig. War somit auch der Rahmen für eine kollektive Arbeitsregelung gegeben, so standen seiner Ausfüllung in der Praxis eben wegen dieser Beschränkungen nach wie vor Hindernisse entgegen.

Ein wesentlicher Fortschritt wurde aber dadurch erzielt, daß es seither jeder Gewerkschaft freisteht, sich in das vom *Chief Registrar* geführte Verzeichnis der sogenannten *Friendly Societies* eintragen zu lassen. Damit sind erhebliche Vorteile verbunden, weil die Gewerkschaft damit eine Art juristischer Person mit einer gewissen Rechtsfähigkeit wird: sie kann Eigentum und Vermögen besitzen, das formell im Interesse der Gewerkschaft ihren *Trustees* zusteht, und darüber frei verfügen; sie erlangte mit der Eintragung auch die Aktiv- und Passivlegitimation vor den Gerichten. Der *Registrar* ist gehalten, die Gewerkschaftsstatuten zu genehmigen, was allerdings für die Gerichte nicht bindend ist *(Birch v. National Union of Railwaymen* [1950] [Ch. 602]). Gegen die Eintragungsverweigerung geht die Berufung an den *High Court.*

### b) Die Rechtsstellung der Gewerkschaften

Die Gewerkschaft ist zwar keine Gesellschaft nach Zivilrecht *(corporation)* und erst recht keine Korporation des öffentlichen Rechts, sie ist aber der ersteren dadurch angenähert, daß sie ihrerseits wegen unerlaubter Handlung klagen kann *(National Union of General and Municipal Workers v. Gillian* [1946] [1 K.B. 8] [C. A.]) und auch wegen Vertrags verklagt werden kann *(Bonsor v. Musicians' Union* [1956] [A. C. 104] [H. L.] [Schlüsselfall]). Andererseits aber besaß sie gerichtliche Immunität gegen Klagen wegen unerlaubter Handlung *(tort)*. Dies beruhte nach dem Gesetz von 1871 darauf, daß von jeher solche Klagen gegen Vereinigungen ohne Rechtspersönlichkeit, etwa einen gesellschaftlichen Klub, unmöglich gewesen waren, wenn es auch zulässig war, die Organe, welche für die Gesellschaft handelten oder auch Einzelmitglieder wegen von ihnen begangener unerlaubter Handlungen in Anspruch zu nehmen. Diese Regel hätte an sich auch für die Gewerkschaften gelten müssen. Da sie aber eine Reihe von Privilegien der beschränkten Rechtspersönlichkeit genossen, welche den anderen nicht-inkorporierten Vereinigungen nicht zustanden, nahm das *House of Lords* unter Rückgriff auf den *conspiracy*-Begriff in einer berühmten und vielumstrittenen Entscheidung *(Taff Vale Railway v. Amalgamated Society of Railway Servants* [1901] [A. C. 426]) an, sie seien selbst für unerlaubte Handlung haftbar. Daraus wäre der Zukunft der Gewerkschaftsbewegung eine schwere Gefahr erwachsen, hätte nicht der von der liberalen Regierung Asquith erlassene *Trade Union Act* von 1913 (2 & 3 Geo. 5, c. 30) die Entscheidung korrigiert: Er bestimmte (Sektion 4 (1)), daß gegen Gewerkschaften als solche, ihre Organe und Mitglieder keine Klage wegen unerlaubter Handlung zulässig ist; dies gilt für alle Arten von unerlaubter Handlung und nicht nur diejenigen, von denen behauptet wird, sie seien im Zusammenhang mit einer Arbeitsstreitigkeit erwachsen *(Vacher and Sons, Ltd. v. London Society of Compositors* [1913] [A. C. 107] [H. L.] [Schlüsselfall]). Die gleiche Immunität gilt für die *Trustees* einer Gewerkschaft (Sektion 4(2)), wobei darauf abgestellt wird, daß die von ihnen verwalteten Gewerkschaftsfonds nicht dem Zugriff Dritter ausgesetzt sein sollen. Damit war also den Gewerkschaften eine Ausnahmestellung ähnlich derjenigen eingeräumt, welche die amerikanischen *trade unions* von der Kartellgesetzgebung ausnimmt.

Andererseits kann die Gewerkschaft in gewissem Umfang, ebenso wie sie wegen Vertrags klagen kann, auch aus Vertrag verklagt werden. Ein wichtiger Anwendungsfall ist hier die Klage eines von der Gewerkschaft ausgeschlossenen Mitglieds. Ein solcher Ausschluß kann für den Betroffenen geradezu existenzvernichtend sein, wenn nämlich die Gewerkschaftsmitgliedschaft Vorbedingung zur Erlangung eines Arbeitsplatzes ist *(closed shop)*. In solchen Fällen kann der zu Unrecht Ausgeschlossene sogar Schadenersatz von der Gewerkschaft erlangen *(Bonsor v. Musicians' Union* [1956] [A. C. 104]). Im allgemeinen kommt aber bei der Regelung von Streitigkeiten zwischen der Gewerkschaft und ihren Mitgliedern die gerichtliche Selbstverwaltung durch die Technik der *Domestic Courts* zum Zug[1]. Innerhalb der Gewerkschaftsorganisation besteht ein ausgebautes Netz solcher *Trade Union Tribunals* als Entscheidungsinstanzen, das im großen ganzen voll befriedigend arbeitet. Wird gegen die Entscheidung aber Berufung zum *High Court* eingelegt, so enthält sich dieser jeder Nachprüfung der sachlichen Entscheidungsgründe und beschränkt sich auf die Untersuchung, ob die Verfahrensregeln beachtet wurden, ob die Gewerkschaftsstatuten die Entlassung rechtfertigen und ob die Grundsätze der natürlichen Gerechtigkeit nicht verletzt wurden *(Annamunthodo v. Oilfields Workers Trade Union* [1961] [3 W. L. R. 650] [P. C.]). Das Gerichtsurteil kann durch eine *declaration* oder auch durch einstweilige Verfügung gegen den fortgesetzten Ausschluß erzwungen werden[2].

### c) Die Gewerkschaften und der closed shop

Nach mehreren Jahrzehnten, während derer zwischen den Gewerkschaften und den Gerichten Meeresstille und glückliche Fahrt geherrscht hatte, brach neuerdings wiederum ein schwerer Konflikt mit den, wenn nicht ausgesprochen gewerkschaftsfeindlichen, so doch sozial konservativ eingestellten obersten Richtern aus. Verborgen hinter an sich unwichtigen Streitigkeiten zwischen einer Gewerkschaft und gewissen Einzelpersonen geht es dabei um die von den Gewerkschaften in zäher Arbeit vielfach durchgesetzte Zwangsmitgliedschaft aller in einem bestimmten Unternehmen beschäftigten Personen in einer Gewerkschaft, was mit dem Ausdruck *closed shop* bezeichnet wird. Die Gewerkschaft glaubt darauf bestehen zu müssen, daß in einem bestimmten Betrieb nur Gewerkschaftsmitglieder beschäftigt sein dürfen, in der durchaus gerechtfertigten Einstellung, dort beschäftigte Nichtmitglieder würden automatisch von den von der Gewerkschaft erzielten Verbesserungen der Arbeits- und Lohn-

---

[1] Siehe oben S. 81.

[2] In *Paramus v. Film Artists Association* ([1963] [1 All. E. R. 636] [C.A.]) wurde zwar der Ausschluß eines Mitglieds, das eine lange zurückliegende strafrechtliche Verurteilung durch Gerichte der Kanalinseln beim Antrag auf Aufnahme verschwiegen hatte, als gerechtfertigt anerkannt; der *Master of the Rolls* Lord Denning erhob aber Bedenken gegen eine solch weite Ausdeutung der Gewerkschaftsautonomie. Die Entscheidung war aber aus anderen Gründen von Bedeutung; siehe unten S. 335.

bedingungen profitieren, ohne aber ihrerseits Gewerkschaftsverpflichtungen übernommen zu haben[1].

In *Rookes v. Barnard* ([1964] [A. C. 1129] und [1964] [1 All. E. R. 367]) hatte es sich darum gehandelt, daß ein Mitglied einer Gewerkschaft sich mit dieser überworfen hatte und aus ihr ausgetreten war, diese aber von der Betriebsleitung deshalb die Entlassung aus dem Arbeitsverhältnis verlangte und, falls dem Verlangen nicht entsprochen würde, mit Bestreikung drohte, obwohl der Tarifvertrag, während dessen Geltung der Streik unzulässig war, noch nicht abgelaufen war. Alle gerichtlichen Instanzen sahen darin eine rechtswidrige Einschüchterung *(tortious intimidation)* und hielten die Gewerkschaft für schadenersatzpflichtig. Das *House of Lords* legte die Sektion 3 des maßgebenden *Trade Disputes Act* von 1906 (6 Edw. 7. c. 47) dahin aus, die unerlaubte Einschüchterung liege auch in der Drohung mit einer als Vertragsbruch zu bewertenden Arbeitseinstellung. Damit wäre der Gewerkschaftsbewegung wiederum ein oberstrichterlicher Knüppel zwischen die Beine geworfen worden; denn es war gerade ein Hauptzweck des Gesetzes von 1906 gewesen, bei Arbeitsstreitigkeiten die Geltendmachung unerlaubter Handlungen — außer wo es sich um unmittelbare Bedrohung oder tatsächliche Gewaltanwendung handelte —, auszuschließen.

Eine Arbeiterregierung konnte einer derartigen Beeinträchtigung des Gewerkschaftsspielraumes nicht mit verschränkten Armen zusehen: es erging daher, nach Überwindung des anfänglichen Widerstands der konservativen Oberhausmehrheit, der *Trade Disputes Act* von 1965 (Eliz. 2. c. 48), wonach Handlungen, welche die Drohung mit einem Vertragsbruch hinsichtlich der Arbeitsbedingungen in sich schließen, nicht klagbar sind, und zwar auch dann nicht, wenn die Drohung von einer Person ausgeht, die am Arbeitsvertrag selbst nicht unmittelbar beteiligt ist (Sektion 1(1a) und (b)). Das Gesetz dient nicht nur zur Stärkung der Gewerkschaftsbewegung, sondern ist auch als eine legislative Berichtigung einer richterlichen Entscheidung von rechtstheoretischem Interesse.

Hatte zwar bei der vorbehandelten Angelegenheit die Zwangsmitgliedschaft aller in einem bestimmten Betrieb beschäftigten Arbeitnehmer den mittelbaren Anlaß gebildet, so kam der *closed shop* in neuesten Entscheidungen direkt unter oberstrichterliches Feuer. Die einschlägigen Entscheidungen sind *Boulting et al. v. Association of Cinematograph*

[1] In den Vereinigten Staaten hatte der maßgebende *Labor-Management Relations (Taft-Hartley) Act* von 1947 (61 St. 136, Sektion 14B) die Entscheidung über den *closed chop* den Einzelstaaten überlassen, von denen insgesamt neunzehn, unter dem irreführenden Slogan des „Rechts auf Arbeit“ ihn verboten hatten. Eine im 89. Kongreß auf Drängen der organisierten Arbeiterschaft eingebrachte Vorlage zur Aufhebung dieser gewerkschaftsfeindlichen Bestimmung wurde zwar vom Repräsentantenhaus angenommen, scheiterte aber am republikanischen Widerstand im Senat (1965).

*Television and Allied Technicians* ([1963] [1 All E. R. 716] [C. A.]) und *Paramus* v. *Film Artists Association* ([1963] [1 All E. R. 636] [C. A.]) und ([1964] [1 All E. R. 25] [H. L.]). Die höchsten Richter (der *Master of the Rolls* und der *Lord Chief Justice)* mit ihren Richterbänken hielten dafür, daß Sektion 3 des *Trade Union Act* von 1871 (34 & 35 Vict., c. 31) den *closed shop* nicht autorisiert habe und daß er also nach *common law* eine unvernünftige Behinderung des Handels *(unreasonable restraint of trade)* darstelle. Ob dieser richterlichen Einstellung die Spitze abgebogen werden soll und wie sich eine Legalisierung des *closed shop*, wenn sie für wesentlich gehalten werden sollte, vollziehen würde, ist im Augenblick nicht bekannt.

## 3. Das Streikrecht

### a) Die Rechtslage im allgemeinen

Ein formelles Recht zur kollektiven Arbeitsniederlegung — Streik — besteht nicht, muß also aus dem allgemeinen Persönlichkeitsrecht des Einzelnen abgeleitet werden, sich eine ihm genehme Arbeit zu suchen und sie auch wieder aufzugeben. Die Voraussetzung der Legalität des Streiks ist allerdings, daß die kollektive Arbeitsniederlegung bei allen Beteiligten freiwillig erfolgt, wofür Abstimmungs- oder andere Zustimmungsmodalitäten vorhanden sind, und daß Ziel und Durchführung des Streiks weder nach *common law* noch nach den Gesetzen unzulässig sind. Der Streik ist auch kein Vertragsbruch, wenn er dem Arbeitgeber rechtzeitig mitgeteilt ist, wie dies nach den Tarifvereinbarungen allgemein üblich ist. Eine Schadenersatzpflicht entfällt sogar dann, wenn der Streik, statt von den zuständigen Gewerkschaftsorganen angeordnet zu sein, „wild" ausgerufen wird, in welchem Fall allerdings den Streikenden die aus den Gewerkschaftsmitteln zu zahlende Streikunterstützung versagt werden kann.

Schlechthin ungesetzlich sind aber Streiks von gewissen Klassen von Arbeitnehmern, bei denen die unbedingte Aufrechterhaltung der Arbeit ein wesentliches Gemeinschaftsinteresse darstellt. Dazu gehören die Polizeibeamten, da der *Police Act* von 1919 (9 & 10 Geo. 5, c. 46) (jetzt *Police Act* von 1964 [Eliz. 2, c. 48] [Sektion 47]) ihnen die Zugehörigkeit zu einer Gewerkschaft verbietet; die Arbeitsniederlegung wäre ein disziplinär zu ahnendes Dienstvergehen. Die *Police Federations* für England und Wales bzw. für Schottland sind die offiziellen Berufsvereinigungen, welchen die Wahrung der allgemeinen Berufsinteressen der Polizeibeamten obliegen.

Auch die Berufsbeamten des *Civil Service* unterliegen keinem formellen Streikverbot. Um jedoch den innerhalb des *Civil Service* bestehenden gewerkschaftsartigen Berufsvereinigungen die potentielle Beteiligung an Streikbewegungen unmöglich zu machen, hatte der *Trade Disputes and Trade Unions Act* von 1927 (17 & 18 Geo. 5, c. 22) ihre Verbindung mit dem Gewerkschaftskongreß verboten und damit indirekt zur Schwächung der Gewerkschaften beigetragen; diese Diskriminierung wurde dann von der Labour-Regierung im gleichnamigen Gesetz von 1946 (9 & 10 Geo. 6, c. 52) prompt rückgängig gemacht. Trotzdem ist ein Streik des *Civil Service* virtuell unmöglich und bisher auch niemals vorgekommen. Zum Ausgleich beruflicher Streitigkeiten dienen die *Whitley Councils*[1]. Ferner ist die kollektive Arbeitsniederlegung gesetzlich unzulässig und gegebenenfalls als *conspiracy* strafbar, wenn es sich um Arbeitnehmer bei den für die Gemeinschaft lebenswichtigen Betrieben — Wasser, Gas, Elektrizität — handelt (*Conspiracy and Protection of Property Act* von 1875 [38 & 39 Vict., c. 86] [Sektion 4]) oder wenn die als Vertragsbruch anzusehende Arbeitsniederlegung nach der billigen Erwartung der an ihr Beteiligten eine Gefahr für das menschliche Leben oder eine Eigentumsverletzung bedeuten würde.

### b) Regelung des Streikpostenrechts

Gemäß dem von einer liberalen Mehrheit mit Unterstützung der jungen Arbeiterpartei erlassenen *Trade Disputes Act* von 1906 (6 Edw. 7, c. 47) liegt eine Arbeitsstreitigkeit (*trade dispute*) dann vor, wenn sie sich auf das Verhältnis zwischen Arbeitgeber und Arbeitnehmer (oder auch nur zwischen letzteren) mit Hinsicht auf die Beschäftigung und Arbeitsbedingungen bezieht. Die davon berührten Arbeitnehmer brauchen sich nicht in einem Arbeitsverhältnis mit dem Arbeitgeber zu befinden, der an der Streitigkeit beteiligt ist (Sektion 5). Bei solchen Arbeitsstreitigkeiten ist das friedliche Streikpostenstehen (*peaceful picketing*) dann zulässig, wenn die damit befaßten Personen sich bei oder nahe der Wohnung oder der Arbeitsstätte des arbeitswilligen Arbeitnehmers aufhalten und ihre Tätigkeit die Informationserteilung oder die Überredung zur Arbeitsniederlegung (oder -aufnahme) zum Gegenstand hat (Sektion 2). Die Ausübung des Streikpostenrechts muß sich aber jeder Einschüchterung, Belästigung oder Störung der öffentlichen Ordnung enthalten, um nicht als unerlaubte und gegebenenfalls selbst strafbare Handlung zu gelten (*Conspiracy and Protection of Property Act* von 1875 [38 & 39 Vict., c. 86] [Sektion 7]). Die von dem mehrfach erwähnten Vergeltungsgesetz von 1927 verfügten drastischen Beschränkungen des Streikpostenrechts wurden sodann von der Labour-Partei 1946 aufgehoben.

### c) Das Problem des Generalstreiks

Einen schweren Einbruch in das allgemeine Gewerkschaftsrecht und damit auch das Streikrecht brachte der von der konservativen Regierung Baldwin im Jahre 1927 erlassene *Trade Disputes and Trade Unions Act*

---

[1] Siehe Bd. 1, S. 472/73.

von 1927 (17 & 18 Geo. 5, c. 22). Über die Frage der Stillegung von Kohlenzechen, welche bisher durch die Regierungssubsidien in Betrieb erhalten, aber weitgehend unrentabel geworden waren, und im Zusammenhang damit wegen der Herabsetzung der Bergarbeiterlöhne war es 1926 zu einem vom Gewerkschaftskongreß ausgerufenen und von der Labour-Partei aktiv unterstützten Generalstreik gekommen, der jedoch, da die Regierung von den ihr einige Jahre vorher im *Emergency Powers Act* von 1920 (10 & 11 Geo. 5, c. 55) gewährten Vollmachten[1] Gebrauch machte und die öffentliche Meinung weitgehend auf ihrer Seite stand, nach nur zehn Tagen mit einem völligen Fehlschlag und der bedingungslosen Kapitulation der Gewerkschaften endete[2]. Die konservative Regierung sah sich veranlaßt, auf den erfolglosen Generalstreik mit einer massiven Vergeltungsmaßnahme gegen die Gewerkschaftsbewegung überhaupt zu antworten. Die Hauptbestimmungen des Gesetzes, soweit hier einschlägig, waren: Ein Streik, der über den Bereich des Arbeitszweigs hinausgeht, der an der Arbeitsstreitigkeit unmittelbar beteiligt ist, und der zur Einschüchterung *(intimidation)* der Regierung oder des Gemeinwesens dient, ist verboten. Sympathiestreiks sind verboten. Das Recht des Streikpostenstehens wurde durch sein Verbot nahe der Wohnung des Arbeitnehmers stark eingeengt. Beamtenvereinigungen dürfen nicht dem Gewerkschaftsverband angehören und sich an keinem Streik mit politischer Zielsetzung beteiligen. Auch der Frage der Verwendung der Beiträge der Gewerkschaftsmitglieder für politische Zwecke wurde eine gewerkschaftsfeindliche Wendung gegeben[3]. Damit war eine völlige Abkehr von der seit 1906 geltenden Regelung vollzogen, welche Gewerkschaften und Arbeitnehmer von jedweder zivil- und strafrechtlichen Verantwortung bei Arbeitsstreitigkeiten freigestellt hatte. Der gesamten Gewerkschaftsbewegung war ein sie dauernd verkrüppelnder Schlag versetzt, was von den Arbeitern umso bitterer empfunden wurde, als der Generalstreik von 1926 aus wirtschaftlichen Voraussetzungen erwachsen und erst nachträglich als „politischer" Streik abgestempelt worden war. Die gleichzeitig erlassenen analogen Bestimmungen für Arbeitsaussperrungen *(lock-outs)* galten den Arbeitern mit Recht nur als ein Scheinmanöver. Kein Wunder also, daß die Labour-Regierung nach der Machtübernahme von 1945 als eines ihrer ersten Anliegen das arbeiterfeindliche Gesetz aufhob *(Trade Disputes and Trade Unions Act* von 1946 [9 & 10 Geo. 6, c. 52])[4].

[1] Siehe unten S. 381ff.

[2] Eine eingehende Darstellung des Generalstreiks und seiner staatsrechtlichen Folgen findet sich bei KARL LOEWENSTEIN, *Verfassungsleben in Großbritannien 1924—1932*, Jahrbuch des öffentlichen Rechts, Band 20 (1932), S. 200ff.

[3] Siehe unten S. 340.

[4] Der Generalstreik war zwar damals in einer stark politisch gefärbten Entscheidung für illegal erklärt worden *(National Sailors' and Firemen's Union v. Reed* [1926] [Ch. 536]); die Frage seiner Rechtsgültigkeit ist aber angesichts der erfolgten

### d) Das Streikrecht bei den verstaatlichten Industrien

Das Problem des Streiks mag allerdings ein anderes Gesicht bekommen, wenn man es im Rahmen der verstaatlichten Industrien betrachtet. An dem Recht der dort beschäftigten Arbeitnehmer, sich einer Gewerkschaft anzuschließen, hat sich nichts geändert; im allgemeinen sind sie bei den Gewerkschaften verblieben, denen sie bisher angehört hatten. Bei den Arbeitsvertragsverhandlungen hat sich allerdings entscheidend geändert, daß anstelle der bisherigen vielfachen Arbeitgeber ein einziger, nämlich der Staat getreten ist. Kann der Arbeitnehmer auch gegen „seinen" Staat streiken? Das Problem hat sich niemals gestellt, da bei Arbeitsstreitigkeiten, die nicht ausbleiben konnten, von der weitgehend ausgebauten Schlichtungsmaschinerie erfolgreich Gebrauch gemacht wird. Daraus, daß die eine nationalisierte Industrie betreibende Korporation (oder die sie betreibenden mehreren Korporationen) nicht Mitglieder der Arbeitgeberorganisationen sind, haben sich bei den Tarifverhandlungen bisher keinerlei Schwierigkeiten ergeben, wenn sich auch nicht bestreiten läßt, daß damit eine gewisse Schwächung des Gewerkschaftsverbandes verbunden ist. Aber die Gewerkschaften selbst sind durch das nunmehr bestehende Arbeitgeber-Monopol des Staats in ein Dilemma geraten. Sie sehen sich vor die Aufgabe gestellt, den Produktionsprozeß dadurch zu fördern, daß die bisher im Arbeiterinteresse bestehenden Produktionshemmungen soweit wie möglich in Wegfall kommen. Aber weder bei den Gewerkschaften noch bei den Arbeitnehmern selbst hat sich die durch die Identifizierung von Staat und Arbeitgeber gebotene neue Mentalität einstellen können. Auch bei den nationalisierten Industrien sind, besonders im Transport- und Verkehrssektor, vereinzelte Streiks nicht ausgeblieben, allerdings nicht selten in der Form von „wilden", von der zuständigen Gewerkschaft nicht gebilligten Arbeitsniederlegungen. Dahinter stand nicht selten die Motivierung, daß die konservativen Regierungen grundsätzlich als nicht arbeiterfreundlich galten. Im allgemeinen hatten aber die verstaatlichten Wirtschaftszweige bisher weit weniger unter Streik zu

---

Aufhebung des gesetzlichen Verbots von 1927 damit keineswegs endgültig entschieden. Sie mag heute, wo die Gleichberechtigung der Sozialpartner gewissermaßen zum Evangelium geworden ist, weniger wichtig sein als vor einer Generation, als die Arbeiterbewegung sie erst erkämpfen mußte. Es ist wohl anzunehmen, daß ein wirtschaftlicher Generalstreik solange nicht ungesetzlich ist, als durch seine Veranstaltung nicht bestimmte strafrechtliche Tatbestände, wie Aufstand, Aufruhr, *conspiracy* usw. gegeben sind. Die seither aufgebrachte Unterscheidung zwischen dem „revolutionären" Generalstreik mit politischen Zielsetzungen, der ungesetzlich, und dem nur wirtschaftlichen, der zulässig wäre, ist theoretisch unhaltbar und läßt sich praktisch nicht durchführen, da er die Gerichte in das Gestrüpp politischer Entscheidungen führen müßte. Überdies paßt der Begriff des „politischen" Streiks nicht in eine Verfassungsordnung, welche die Alternierung einer programmatisch sozialistischen mit der besitzbürgerlichen Partei sanktioniert.

leiden als die Privatindustrie und zu Gesamtbestreikungen eines ganzen Wirtschaftszweiges ist es dank der Schlichtungsmaschinerie niemals gekommen. Die 1964 ans Ruder gekommene Labour-Regierung sieht sich jedoch hier dem schwer lösbaren Problem gegenübergestellt, wie das Interesse der Gewerkschaften, auf die sie politisch angewiesen ist, mit dem Staatsinteresse auszugleichen ist[1].

Im großen ganzen schneidet die britische Industriegesellschaft auf dem Gebiet des Arbeitsfriedens nicht schlechter und eher besser ab als andere führende Industriestaaten. Man hat ausgerechnet, daß innerhalb der letzten dreißig Jahre der Verlust an Arbeitszeit durch Streiks und Aussperrungen jährlich etwa zweieinhalb Millionen Arbeitstage ausmachte, was umgelegt auf die Gesamtzahl der in der Industrie Beschäftigten pro Arbeiter weit weniger als einen Arbeitstag ausmacht. Auf jeden Fall bleibt die Zahl der durch Arbeitseinstellung verlorenen Arbeitstage weit hinter der zurück, die sich aus den normalen Gründen von Krankheit, Betriebsunfall oder Einzelfernbleiben ergaben. Arbeitseinstellungen entstehen in der überwiegenden Mehrheit der Fälle nicht aus dem Versagen der durchaus befriedigend funktionierenden Schlichtungsmaschinerie, sondern daraus, daß innerhalb eines einzelnen Unternehmens eine betriebstechnisch wichtige Gruppe in den Streik getreten ist; davon erfolgten 90 Prozent unter Bruch der Tarifverträge und daher „wild". Bestreikungen einer ganzen Industrie sind, außer zu eintägigen Demonstrationszwecken wie 1962 in der Schiffsbauindustrie, zu großen Seltenheiten geworden. Allein im Jahre 1963 wurden über zweihundert Arbeitsstreitigkeiten wegen Lohnerhöhung oder Kürzung der Arbeitszeit friedlich ausgeglichen. Die Regierung trägt dabei das ihrige zur Erzielung harmonischer Beziehungen zwischen den Sozialpartnern durch das seit 1939 bestehende *National Labour Advisory Council* bei, dem Vertreter der *British Employers Confederation*, des Gewerkschaftskongresses und der nationalisierten Industrien angehören und der unter dem Vorsitz des Arbeitsministers mindestens jedes Vierteljahr zusammentritt. Es mag als bemerkenswert angesehen werden, daß auch dann, wenn eine nicht schlichtbare Arbeitsstreitigkeit in einen Streik mündet, sich die Austragung selbst mit den erlaubten friedlichen Mitteln vollzieht. Es kommt äußerst selten zu Gewaltsamkeiten, auch nicht zwischen streikenden und arbeitswilligen Arbeitnehmern. Das Streikpostenstehen ist mehr oder minder zu einer symbolischen Handlung geworden.

---

[1] Daß auch — und gerade — eine Arbeiterregierung das Gemeinschafts- vor das Gewerkschaftsinteresse zu stellen gewillt und in der Lage ist, erwies der die Nation wirtschaftlich stark in Mitleidenschaft ziehende sechswöchige Streik der Seeleute-Gewerkschaft im Frühjahr 1966, bei dem Regierung und Gewerkschaftskongress eine geschlossene Front gegen die streikende Gewerkschaft darstellten, obgleich die Berechtigung der Gewerkschaftsforderungen weitgehend anerkannt wurde.

### 4. Beiträge von Gewerkschaftsmitgliedern für politische Zwecke

Seit Beginn der politischen Vertretung der Arbeiterinteressen durch eine Klassenpartei hatte sich die Gepflogenheit eingebürgert, daß die Gewerkschaften einen Teil der Mitgliedsbeiträge zur Finanzierung von Wahlkampagnen verwendeten. Solange keine Abgeordnetendiäten gesetzlich eingeführt waren — was erst 1911 im *Parliament Act* geschah —, wurden solche Mittel auch zur Bezahlung von MPs verwendet. In dem Schlüsselfall *Amalgamated Society of Railway Servants v. Osborne* ([1910] [A. C. 87]) erklärte das *House of Lords* diese Praxis für ungesetzlich und eine dahingehende aus dem *Trade Union Act* von 1871 abgeleitete Auslegungsregel für *ultra vires.* Dieser gerichtliche Schlag gegen die Finanzierungsmethoden der Labour-Partei — der allein nach der damaligen Sachlage solche Beträge zuflossen — wurde durch den von der liberalen Regierung Asquith erlassenen *Trade Union Act* von 1913 (2 & 3 Geo. 5, c. 30) pariert. Die Verwendung von Mitgliedsbeiträgen für politische Zwecke wurde für zulässig erklärt (Sektion 3); jedoch konnte das Einzelmitglied sich hinsichtlich seines Beitrags durch eine an die Gewerkschaftsleitung gerichtete schriftliche Erklärung davon ausschließen *("contracting-out").* Über eine politische Verwendung mußte eine Gewerkschaftsabstimmung abgehalten werden. Mitglieder, die an der politischen Abgabe nicht teilnehmen wollten, durften nicht in ihren sonstigen Mitgliedschaftsrechten verkürzt werden (*Birch v. National Union of Railwaymen* [1950] [2 All. E. R. 253]). Politische Zwecke konnten also fortan nur unter entsprechender Berücksichtigung der erfolgten Ausschlußerklärungen finanziert werden; doch war die Zahl der Mitglieder, die von diesem Recht Gebrauch machten, verhältnismäßig gering. Von über drei Millionen waren es 1925 nur 100000. Man darf wohl annehmen, daß der Aufstieg der Labour-Partei zur offiziellen Opposition (1922) und zur Alternierungspartei (1923) zu einem erheblichen Teil auf die Finanzierung durch die Gewerkschaften zurückzuführen war.

Das mehrfach erwähnte konservative Vergeltungsgesetz von 1927 drehte daher den Spieß um und legte fest, daß das Einzelmitglied, statt sich ausdrücklich für seine Person auszuschließen, nunmehr ausdrücklich der politischen Verwendung seines Beitrags zuzustimmen hätte *("contracting-in"),* was psychologisch einen stärkeren Willensentschluß erforderte als keine Schritte unternehmen zu müssen wie nach der bisherigen Rechtslage. Damit war die politische Stoßkraft der Gewerkschaften und der Labour-Partei ins Mark getroffen. Weniger als 60 Prozent der Mitglieder gaben die erforderliche Erklärung ab und da überdies durch die im Gesetz verfügte Trennung der Vereinigungen der Berufsbeamten vom Gewerkschaftskongreß eine wesentliche Finanzquelle versiegte, wurden die Gewerkschaften und die Labour-Partei finanziell stark geschwächt. Wiederum kann als Fernwirkung angenommen werden, daß der Verfall der

Labour-Partei in den dreißiger Jahren, nach ihrem flüchtigen Erstarken in den Protestwahlen von 1929, in einem ursächlichen Zusammenhang damit gestanden hat. Die Labour-Partei beeilte sich daher nach der Machtübernahme im *Trade Disputes and Trade Unions Act* von 1946 die frühere Rechtslage des *contracting-out* wiederherzustellen. Die seitherigen konservativen Regierungen waren wohlberaten, sich damit abzufinden.

## 5. Die Organisation der Gewerkschaften

Infolge des stückweisen und unorganischen Wachstums der Gewerkschaften besteht heute eine große Verschiedenheit ihrer Organisation. Sie nahmen ihren Ausgang von der Schicht der speziell ausgebildeten gelernten Handwerker, dehnten sich aber dann auch auf die ungelernten Arbeiter und neuerdings auch auf die Angestellten mit dem „weißen Kragen" in Büro und Verwaltung und selbst auf die aufsichtführende obere Schicht aus. Bei manchen Gewerkschaften beruht die Mitgliedschaft horizontal auf ihrer sachlichen Beschäftigung, beispielsweise alle Munizipalangestellten oder alle Spengler, bei anderen erstreckt sich die Mitgliedschaft vertikal auf eine ganze Industrie ohne Rücksicht auf die Art der Beschäftigung. Bei manchen Gewerkschaften finden sich Verbindungen beider Mitgliedschaftsstrukturen. Ebenso verschieden sind die einzelnen Gewerkschaften nach Zahl ihrer Mitglieder. Im Jahr 1961 betrug die Gesamtzahl 9,883 Millionen in insgesamt 635 Einzelgewerkschaften, somit die überwiegende Mehrheit aller Arbeitnehmer umfassend. Etwa zwei Drittel davon waren in den 17 größten Gewerkschaften eingeschrieben und mehr als die Hälfte in den sechs größten, der *Transport and General Workers Union* (Transport und Verkehr), der *Amalgamated Engineering Union* (Metallarbeiter), der *National Union of General and Municipal Workers* (Angestellte und Arbeiter der Lokalverwaltung), der *National Union of Mineworkers* (Zechenarbeiter), der *Union of Shop Distribution and Allied Workers* (Einzelhandel) und der *National Union of Railwaymen* (Eisenbahnen). Alle größeren Gewerkschaften sind hierarchisch aufgebaut, mit den örtlichen Gewerkschaften, oft Logen genannt, auf der untersten, mit bezirksweisen und regionalen Zwischenstufen und dem nationalen Gesamtverband auf der obersten Stufe; jede Gruppe ist mit ihren erforderlichen Stäben von Gewerkschaftsfunktionären versehen. Das Einzelmitglied kann in seiner Lokalgewerkschaft an den Wahlen der Gewerkschaftsorgane und an den Versammlungen teilnehmen. Überall bildet eine mehr oder minder zahlreiche Gruppe von Aktivisten den Betriebskern. Die Zentralorganisationen wiederum sind gigantische bürokratische Betriebe mit gewählten Verbandsorganen, einem gleichfalls gewählten *National Executive Council* oder *Committee* und neuerdings ausnahmslos mit technologisch spezialisierten Beamten ausgerüstet. Wo keine industrieweiten Gewerkschaften bestehen, wird auf die Zusammenarbeit und organisatorische Verbindung der einschlägigen Teilgewerkschaften gesehen. Gewerkschaftsverbände oder -föderationen sind häufig.

Den Gipfel der Gewerkschaftspyramide nimmt der Gewerkschaftskongreß *(Trades Union Congress)* ein, dem direkt oder indirekt etwa 350 Gewerkschaften mit etwa 8 Millionen Mitgliedern angeschlossen sind. Die wichtigsten, die fehlen, sind die Berufsverbände der Beamten der Lokalverwaltung *(National and Local Government Officers Association)*, die Lehrer *(National Union of Teachers)* und gewisse Berufsvereinigungen des *Civil Service*. Dem Gewerkschaftskongreß obliegt die Gesamtleitung der Gewerkschaften und damit indirekt der gesamten Arbeiterbewegung. Er ist offiziell von der Regierung als die Vertretung der Arbeitnehmerinteressen anerkannt und dient auch als Konsultationsorgan für die verschiedenen Regierungsdepartments in allen die Arbeitnehmer angehenden Angelegenheiten. Seit Jahren befaßt er sich auch vordringlich mit Ausbildungsfragen und unterhält ein eigenes Gewerkschafts-College, das der Heranbildung von Gewerkschaftsbeamten und der Unterrichtung über Betriebswissenschaft und andere technologische Fragen dient. Alljährlich hält der Gewerkschaftskongreß eine einwöchentliche Tagung ab, auf welcher auch die Gewerkschaftsleitung, der *General Council*, gewählt wird. Diesem steht unter gewissen Voraussetzungen das Recht der Vermittlung bei Streitigkeiten zwischen einzelnen Gewerkschaften zu. In der Öffentlichkeit wird den Jahrestagungen des Gewerkschaftskongresses kaum geringere Aufmerksamkeit geschenkt als den Parteitagen. — Schottland besitzt seinen eigenen Gewerkschaftsverband, der aber in der Regel mit dem englischen Gewerkschaftskongreß konform geht.

Wie andere Einrichtungen in Großbritannien ist auch vieles im Gewerkschaftswesen überaltert und reformbedürftig. Davon sind auch und gerade die jüngeren Gewerkschaftsführer überzeugt. Vor allem gibt es zu viele und darunter viel zu kleine Gewerkschaften. Empfohlen wird eine rationelle Zusammenlegung in einige zwanzig oder dreißig Superorganisationen, die sich auf eine oder sogar mehrere Industrien insgesamt erstrecken müßten, um Jurisdiktionsstreitigkeiten und Eifersüchteleien über „wohlerworbene Rechte" auszuschalten, die jetzt häufig den Arbeitsfrieden und damit die Produktionskapazität des Landes nachteilig beeinflussen.

Das schwierigste und bisher nicht gelöste Problem sind die sogenannten wilden — *wildcat* — Arbeitseinstellungen, die oft aus an sich höchst belanglosen Gründen gegen den Willen der zuständigen Gewerkschaftsleitung ausbrechen und bei denen eine kleine Gruppe Streikender in einer Schlüsselstellung oft die ganze Industrie lahmlegen kann.

In der Wirtschaftskonkurrenz auf dem Weltmarkt, in der sich zu behaupten Großbritannien bestrebt sein muß, will es nicht zu einer Macht zweiten Ranges werden, spielen, neben der Qualität der Leistung, die Erzeugungskosten die entscheidende Rolle. Der britische Arbeiter steht technisch seinen Berufskollegen in anderen Ländern keineswegs nach. Aber die Gewerkschaften lassen es vor allem in ihrer Lohnpolitik und der Ausmerzung von Leerlauf im Arbeitsprozeß — *featherbedding* — vielfach an der erforderlichen Einsicht und Elastizität fehlen. Zweifellos werden sowohl die Lohnforderungen wie die wilden Arbeitseinstellungen von denen, die daran ein propagandistisches Interesse haben, gerne übertrieben. Aber sie sind geeignet nicht nur die nationale Arbeitsleistung zu beeinträchtigen, sondern sie sind auch dem Ansehen der Gewerkschaften in der Öffentlichkeit abträglich, was eine wenigstens teilweise Erklärung für die neuerdings wieder gewerkschafts-unfreundliche Einstellung der von Haus aus konservativen obersten Gerichte sein mag.

Vielleicht — auch davon ist bereits öffentlich die Rede — wird die künftige Lösung eine staatliche Industriegerichtsbarkeit sein, die an die Stelle des unbegrenzten Streikrechts, jenes Erbes des Liberalismus, zu treten hätte. Eine solche grundlegende Reform wäre naturgemäß Sache einer Labour-Regierung, für die sie aber begreiflicherweise das heißeste Eisen darstellt, das sie anfassen könnte[1].

## Dreizehntes Kapitel

# Die Bürgerrechte V: Die Versammlungsfreiheit

## I. Allgemeine Betrachtungen

Auch die öffentliche Versammlung *(assembly)* ist an sich nichts anderes als eine bestimmte — und zwar besonders nachdrückliche — Technik der Meinungskundgebung. Die Veranstalter oder Einberufer als die Aktivisten in einer öffentlichen Angelegenheit versprechen sich von der Massenunterstützung ihrer Ziele durch die anonym bleibende Teilnehmer- und Zuhörerschaft eine stärkere Wirkung ihrer eigenen Meinung — gleichgültig ob politischer, wirtschaftlicher, religiöser oder kultureller Natur. Bei der kollektiven Meinungsäußerung aber, wie sie eine Versammlung darstellt, bestehen gewisse Unterschiede, die sie von der bloß individuellen Meinungsäußerung abgrenzen: Sie erfordert ein bestimmtes Maß organisatorischer Vorbereitung — wie die Bereitstellung eines Versammlungslokals oder -platzes und dessen Ankündigung, der Leiter und Redner, möglicherweise auch eines internen Ordnungsdienstes. Diese technischen Vorbereitungsmaßnahmen werden, falls keine organisierte Vereinigung — etwa eine politische Partei — dahintersteht, von den Veranstaltern oder

---

[1] Über die die Gewerkschaften zu tiefst berührende jüngste Gesetzgebung siehe unten S. 392ff.

Einberufern vorgenommen, welche sich zu diesem Zweck als eine Art *ad hoc*-Vereinigung, wenn auch formlos konstituiert haben. Während also die Meinungskundgebung bei einer Vereinigung auf eine gewisse Dauer berechnet ist, beschränkt sie sich bei der Versammlung auf eine einmalige Wirkung.

Außerdem aber ist die öffentliche Versammlung eben wegen ihres Charakters als Massendemonstration in weit höherem Maß den Einflüssen unberechenbarer Emotionalität ausgesetzt als jede andere Art der Meinungskundgebung, zumindest potentiell also geeignet, zu Störungen der öffentlichen Ordnung zu führen. Diese Gefahr wird insbesondere dadurch erhöht, daß die Gelegenheit von Gegnern der zu erwartenden Meinungskundgebung zu Gegenvorstellungen ausgenutzt wird; Gegner sind in einem demokratischen Milieu niemals zu vermeiden, außer die Versammlung wird nur von sorgfältig ausgesuchten eingeladenen Teilnehmern besucht, wodurch die Veranstaltung den Charakter der „öffentlichen“ Versammlung einbüßen mag. Die ehrwürdige Gepflogenheit des *heckling* — des Unterbrechens einer Rede durch Zwischenrufe — ist in Großbritannien seit alters zu einer feinen Kunst ausgebildet, die, wenn gutartig, sehr zur Belebung der Vorgänge beiträgt, wenn bösartig, aber leicht zu Friedensstörungen führen kann. Der Schwerpunkt der Versammlungspraxis liegt daher im modernen Rechtsstaat in der Rolle, welche die Organe der öffentlichen Ordnung — Polizei — dabei spielen.

## 1. Bedeutungswandel der Versammlungspraxis

In geschichtlicher Sicht entstand die Praxis der öffentlichen Versammlung aus der für England charakteristischen und schließlich in der *Bill of Rights* auch grundrechtlich verbrieften Tradition, öffentlich unter mutmaßlich Gleichgesinnten eine Petition an das Parlament zu erörtern, abzufassen und dem Parlament persönlich vorzulegen. In dieser Frühzeit bestand offenbar kein Unterschied zwischen einer Vereinigung und einer Versammlung, vielmehr mußte sich die Versammlung mit der sie veranstaltenden Vereinigung decken. Die Technik der Petition an das Parlament konnte naturgemäß erst dann einem wirklichen Bedürfnis entsprechen, als man dem Parlament eine Wirkung auf die Regierungsmaßnahmen zuschreiben konnte, was wohl seit dem 17. Jahrhundert der Fall gewesen sein mochte. Andererseits hatte die Regierung ein Interesse daran, dem ihr unbequemen Druck der Petenten auf das Parlament Zügel aufzuerlegen. Dem trug der ältere *Tumultuous Petitioning Act* von 1661 (13 Cha. 2, st. 1, c. 5) Rechnung, der das Sammeln von mehr als zwanzig Unterschriften für Petitionen an die Krone oder eines der beiden Parlamentshäuser in Staats- und Kirchenangelegenheiten ohne behördliche Erlaubnis verbot und auch die persönliche Überbringung einer solchen Bittschrift durch mehr als zehn Personen unter Strafe stellte. Die Technik der Versammlung zur Abfassung einer Petition verlor aber spätestens mit dem frühen 19. Jahrhundert ihre Bedeutung. Das Parlament reagiert längst nicht mehr auf Petitionen[1]. Die Krone selbst erhält zwar auch heute noch zahlreiche individuelle Bittschriften, ist aber für solche, die öffentliche Angelegenheiten betreffen, keineswegs mehr der geeignete Adressat. An die Stelle der Petition traten dann die öffentlichen Versammlungen. Sie erwiesen sich zu Ende des 18. und Beginn des 19. Jahrhunderts als ein wirksames Mittel politischen Drucks im Zusammenhang mit der von den Massen geforderten Erweiterung des Wahlrechts, der schließlich zur Großen Reform von 1832 führte. Von der Aufstellung einer formellen Petition konnte dabei meist abgesehen werden, weil die von ihr gefaßten Resolutionen oder Meinungskundgebungen durch die Presse verbreitet und damit den zuständigen Stellen zur Kenntnis gebracht wurden.

Seit der Großen Reform wurden der Versammlungsfreiheit in Großbritannien von seiten der Regierung oder der Behörden keinerlei Hindernisse mehr in den Weg gelegt. Auch wenn die dabei sich abspielenden Vorgänge oder Beschlüsse regierungskritisch oder sogar regierungsfeindlich waren, gelten sie längst nicht mehr als Bedrohung oder als Prestigeverlust der Regierung und gehören zu den normalen und ständig in Anspruch genommenen Mitteln der öffentlichen Meinungskundgebung. Dadurch aber, daß im Wahlrecht wirksame Mittel zur Geltendmachung der Volkswünsche zur Verfügung standen, verlor die Technik der öffentlichen Versammlung im Laufe des 19. Jahrhunderts viel von ihrer früheren Bedeutung als politisches Druckmittel, behielt sie aber als zulässige Meinungskundgebung. Der Akzent der die Versammlungspraxis regelnden Gesetzgebung verschob sich auf das Bestreben, den dabei potentiell möglichen Friedensstörungen die Spitze abzubrechen, richtet sich also gegen die Auswüchse des Versammlungsrechts und längst nicht mehr gegen seine Betätigung selbst oder ihren Gegenstand.

Nun trat aber in der Praxis der Versammlungsfreiheit insofern ein weiterer Bedeutungswandel ein, als dem Publikum und auch der Opposition in Gestalt der neueren Kommunikationsmedien wirksamere Mittel zur Meinungsäußerung zur Verfügung stehen als die notgedrungen umständliche Versammlungstechnik. Der politisch Interessierte bezieht seine Informationen aus Presse, Rundfunk, Fernsehen. Versammlungen sind also zu einer Art symbolischer Aktion geworden und nicht mehr Strukturelemente des politischen Prozesses. Nach britischer Gepflogenheit finden sie vorwiegend zu Wahlzeiten statt, um dem Kandidaten Gelegenheit zur Vorstellung bei seinen Wählern zu bieten oder um die Parteiprominenten dem weiteren Publikum vorzuführen. Der Wahlkampf

[1] Siehe Bd. I, S. 299.

selbst wird wesentlich durch das *canvassing* — von Haus zu Haus-Besuche — geführt, was naturgemäß eine sehr abgeschwächte Art der Versammlungstechnik ist. Der in einer lebendigen Demokratie nicht entbehrlichen Kundgebung radikal-extremistischer Meinungen liefern die bekannten aus dem Stegreif veranstalteten Versammlungen im Londoner Hyde Park oder anderswo, von der Polizei wohlwollend überwacht, ein gleichfalls nur symbolisches Ventil.

Wiederum eine Wendung in der Versammlungspraxis erfolgte durch die neuestens in Mode gekommenen Demonstrationszüge, die in der überwiegenden Regel darauf abzielen, die Ansichten einer oppositionellen Minderheit dramatisch zur Schau zu stellen, etwa eine Demonstration für den Frieden oder eine, die sich gegen die nukleare Bewaffnung oder gegen ein tyrannisches Regime in einem anderen Lande richtet. Hier liegt die Gefahr von Ausschreitungen besonders nahe, teils wegen des emotionalen Charakters des Demonstrationsgegenstandes, teils aber auch, weil in unserer Zeit, zum Unterschied von dem „rationalen" vergangenen Jahrhundert, die Gewaltsamkeit wiederum zum gebräuchlichen, wenn auch illegitimen Mittel der Politik geworden ist. Die politisch extremistischen Richtungen haben die öffentliche Gewaltsamkeit geradezu zu ihrer bevorzugten Propagandatechnik erhoben. Auch die offiziell der Gewaltsamkeit abschwörende „friedliche" Resistenz ist letzten Endes eine Technik, welche die Ordnungsorgane ihrerseits zur Gewaltsamkeit einlädt. Es sind somit aus diesem neuerlichen Bedeutungswandel der Versammlungstechnik sowohl der Polizei neue Aufgaben erwachsen, um eine Störung des normalen Straßenverkehrs hintanzuhalten, als auch dem Gesetzgeber, der die überholte Rechtsprechung auf dem Gebiet der Versammlungsfreiheit durch Festlegung gesetzgeberischer Schranken ersetzen mußte. Dies ist in Großbritannien vor allem durch den *Public Order Act* von 1936 (1 Edw. 8 & 1 Geo. 6, c. 6) erfolgt, der nunmehr die wesentliche *sedes materiae* des Versammlungsrechts bildet.

## 2. Begriffsbestimmungen

Wie schon Dicey feststellte, der ohne die Hilfe gesetzlicher Definitionen nur nach *common law* urteilen mußte, handelt es sich bei der rechtlichen Regelung der Versammlungspraxis im wesentlichen um die folgenden Fragen: Besteht ein allgemeines Recht der Versammlung auf öffentlichen Plätzen und Straßen? Wenn dies bejaht wird: wann und unter welchen Umständen wird eine an sich rechtmäßige Versammlung rechtswidrig *(unlawful)*? Wie müssen sich die Organe der öffentlichen Ordnung, also die Polizei — der Einsatz der bewaffneten Macht kommt heutzutage kaum mehr in Frage — gegenüber rechtswidrigen Versammlungen verhalten? Wie sollen sich die Mitglieder einer an sich rechtmäßigen Versammlung dann verhalten, wenn in sie durch die Ordnungsorgane oder durch Dritte mit Gewalt oder der Drohung mit Gewalt eingegriffen wird? Der Schwerpunkt liegt also nicht mehr darin, ob ein Recht zu einer öffentlichen Versammlung — dieses ist unbestritten — besteht, sondern in der Abgrenzung der rechtmäßigen von der rechtswidrigen Versammlung und der Einstellung der Polizei zu jeder dieser beiden Kategorien.

Eine Reihe von Begriffsbestimmungen hat nunmehr der *Public Order Act* gebracht (Sektion 9 (1)). Eine öffentliche Versammlung ist eine Zusammenkunft einer unbestimmten Personenmehrheit zur Erörterung von Angelegenheiten öffentlichen Interesses, an der teilzunehmen das allgemeine Publikum oder ein bestimmter Publikumskreis aufgefordert oder eingeladen sind. Eine öffentliche Versammlung kann sowohl in der Öffentlichkeit als auch auf einem Privatgrundstück abgehalten werden. Der Ausdruck Privatgrundstück bezieht sich auf die Veranstaltungsstätte, wenn das Publikum dazu nur mit Zustimmung des Eigentümers oder Inhabers der Verfügungsgewalt zugelassen ist. Unter „Öffentlichkeit" dagegen werden öffentliche Straßen, Plätze, Parks, Strände und alle Veranstaltungsstätten verstanden, welche dem Publikum jederzeit allgemein zugänglich sind. Ein öffentlicher Aufzug *(procession)* ist eine örtlich nichtstationäre Personengruppe, die sich auf öffentlichen Straßen und Plätzen fortbewegt, also eine Art mobiler Versammlung. Maßgebend für das Verhalten der Polizei gegenüber solchen Veranstaltungen ist der Umstand, ob sie zu einem Friedensbruch führten oder führen können. Der Tatbestand des Friedensbruches ist teilweise gesetzlich als Aufruhr *(riot)* oder aber nach *common law* als Landfriedensbruch (*affraey*) (*R. v. Woodrow* [1959] [43 Cr. App. R. 105] [C. C. A.]) bestimmt.

## 3. Die Problematik der Versammlungsfreiheit als garantiertes Bürgerrecht

Wie bei allen anderen Bürgerrechten ist auch das Versammlungsrecht kein absolut garantiertes „Grund"recht, sondern seine Betätigung ist nur insoweit zulässig, als nicht das *common law* oder statutarische Rechtsnormen dadurch verletzt werden. Öffentliche Versammlungen sind nach *common law*, das hier antiquierter ist als auf anderen Gebieten, weder ausdrücklich erlaubt noch ausdrücklich verbietbar. Damit fährt Großbritannien nicht schlechter und eher besser als Staaten mit einer Verfassungsurkunde, welche das Versammlungsrecht als Grundrecht anerkennt, es aber nur „im Rahmen der Gesetze" gelten läßt.

Es kann aber nicht genug betont werden, daß in Großbritannien die Behörden — hier vor allem die Polizei — kein Recht haben, eine öffentliche Versammlung, sei es daß sie auf einem Privatgrundstück oder in der Öffentlichkeit stattfindet, zu verbieten oder ihre Abhaltung von einer vorherigen Genehmigung abhängig zu machen. Dem stünde entscheidend die Tradition der freien Meinungsbekundung entgegen, der dadurch

Rechnung getragen wird, daß die Munizipalbehörden anläßlich der Wahlen Schulen und andere Versammlungsräume für öffentliche Versammlungen kostenlos zur Verfügung stellen. Wo die Veranstaltung auf einer privaten Versammlungsstätte abgehalten werden soll, kann der Eigentümer auf Grund seines Rechtes der freien Verfügung über sein Eigentum dies überhaupt verweigern oder die Zulassung von einer Eintrittskarte abhängig machen. Solche privaten Behinderungen der allgemeinen Meinungsfreiheit sind keineswegs rechtswidrig. Er wird solche Vorsichtsmaßnahmen vor allem dann treffen, wenn er befürchtet, der Gegenstand der abzuhaltenden Versammlung würde zu Ausschreitungen der Versammlungsteilnehmer oder auch ihrer Gegner führen, bei denen sein Eigentum Schaden erleiden könnte. Im übrigen ist bei Versammlungen und Aufzügen auf öffentlichen Straßen und Plätzen heute das Automobil der beste Hüter der öffentlichen Ordnung; die Fahrer werden auf eine Behinderung ihrer Route durch Demonstrationen kaum mit Enthusiasmus reagieren. Aber auch eine an sich zulässige Versammlung oder Demonstration kann sich in eine rechtswidrige Veranstaltung verwandeln, wenn sie mit der Absicht der Erregung einer Friedenstörung oder einer Provokation Andersdenkender vorgenommen wird, die zu einer solchen führen würde.

## II. Rechtliche Schranken der Versammlungsfreiheit

Rechtliche Schranken der Versammlungsfreiheit haben nach *common law* von jeher bestanden und gelten auch weiterhin, soweit sie nicht in neuerer Zeit durch statutarische Regelungen ersetzt oder schärfer gefaßt wurden, wie dies in zunehmendem Maß der Fall gewesen ist. Aus diesem Grunde werden die gesetzlichen Beschränkungen hier vorangestellt.

### 1. Durch Gesetz

Eine erhebliche Anzahl von gesetzlichen Beschränkungen der Versammlungsfreiheit deckt sich mit bestimmten Staatsschutzvorschriften. Dazu gehört beispielsweise, wenn eine Versammlung zur Vorbereitung oder zum Unternehmen des Aufstands dient (*Seditious Meetings Act* von 1817 [57 Geo. 3, c. 19])[1]; wenn eine Versammlung dazu benutzt wird, Mitglieder der bewaffneten Macht zur Meuterei zu veranlassen; der ältere

[1] Das Gesetz war eine Gelegenheitsmaßnahme, um der Unruhe der aus den napoleonischen Kriegen zurückgekehrten Soldaten zu steuern, die keine Arbeit finden konnten. Es ist mit Ausnahme der Bannmeilenschutzbestimmung der Sektion 23, die Versammlungen unter freiem Himmel in der Nähe des Parlamentsgebäudes verbietet, längst aufgehoben. Das für das Parlament geltende Bannmeilenverbot für Versammlungen wurde für die in der Nähe des Strands tagenden Gerichtshöfe durch den *Supreme Court of Judicature Act* von 1925 (15 & 16 Geo. 5, c. 49 [Sektion 224]) entsprechend ergänzt.

*Incitement to Mutiny Act* von 1797 (37 Geo. 3, c. 70) wurde neuerdings durch den *Incitement to Disaffection Act* von 1934 (24 & 25 Geo. 5, c. 56) ergänzt. Der *Riot Act* von 1714 (1 Geo. 1, st. 2, c. 5) verwandelte das *common law*-Vergehen der Zusammenrottung oder des Auflaufs in ein statutarisches Verbrechen. Solche Fälle kommen aber in einem geordneten Gemeinwesen in normalen Zeiten kaum mehr vor. Weitere Bestimmungen stellen Angriffe gegen Personen, die anläßlich einer Versammlung begangen werden *(Offences against the Persons Act* von 1861 [24 & 25 Vict., c. 100]) und Eigentumsbeschädigung *(Malicious Damages Act* des gleichen Jahres [24 & 25 Vict., c. 95]) unter Strafe. Eine Reihe von Bestimmungen schützt auch die Polizei in der Ausübung ihrer Pflichten: Der *Metropolitan Police Act* von 1839 (2 & 3 Vict., c. 47) ahndet beleidigende Worte und Verhalten gegenüber der Polizei als Übertretung; Bestimmungen der verschiedenen *Prevention of Crimes Acts* von 1871 (34 & 35 Vict., c. 112) und von 1885 (48 & 49 Vict., c. 75), jetzt *Police Act* von 1964 (Eliz. 2, c. 48 [Sektion 51]), betreffen tätliche Angriffe gegen Polizeibeamte, alles Tatbestände, die sich selbstverständlich auch bei Versammlungen, aber nicht nur bei diesen ergeben können.

Unmittelbar mit den Versammlungen befaßt sich aber der *Public Meeting Act* von 1908 (8 Edw. 7, c. 6). Strafbar als Übertretung ist ordnungswidriges Verhalten *(disorderly conduct)* bei einer öffentlichen Versammlung. Handelt es sich um eine politische Versammlung im Zusammenhang mit einer Parlamentswahl, so gilt die Handlung als rechtswidrig *(illegal)* nach Maßgabe des *Representation of the People Act* von 1949. Der weitere Ausbau des Versammlungsrechts erfolgte dann im Zusammenhang mit dem *Public Order Act* von 1936 (1 Edw. 8 & 1 Geo. 6, c. 6), dessen Anlaß die beabsichtigten Störungen der öffentlichen Ordnung durch die Propagandatechniken der britischen faschistischen Bewegung gebildet hatte. Er enthält die wesentlichen heute geltenden Einschränkungen der Versammlungsfreiheit[1]. Verboten und strafbar sind der Gebrauch drohender, beleidigender oder aufreizender Worte in der Öffentlichkeit oder bei einer öffentlichen Versammlung (Sektion 5)[2], oder wenn sie in der Absicht einer Friedensstörung erfolgen; ebenso das Mitführen

---

[1] Für die Regelung der öffentlichen Aufzüge siehe unten S. 364f; auf die Vorschriften für das Vereinigungsrecht wurde oben S. 327ff. eingegangen.

[2] Siehe *Jordan v. Burgoyne* ([1963] [2 All E.R. 225]); hier hatte der „Führer" der britischen Faschisten, die ihre zahlenmäßig ganz unbedeutende Anhängerschaft durch öffentlichen Lärm wettmachen wollen, eine Versammlung auf dem Trafalgar Square abgehalten, die von der Polizei wegen der dabei betriebenen antisemitischen Hetze aufgelöst worden war. Bei der Verwerfung von Jordans Berufung führte der *Lord Chief Justice* Parker aus (a.a.O. S. 227): "*A man is entitled to express his views as strongly as he likes, to criticize his opponents, to say disagreeable things about their policies ... but what he must not do ... and this are the words of the Act, he must not threaten, he must not be abusive, he must not insult them.*"

von Angriffs- oder nicht autorisierten Waffen bei einer öffentlichen Versammlung oder einem Aufzug. Die Festnahme durch einen Polizeibeamten kann hier ohne Verhaftungsbefehl erfolgen, wenn hinreichender Verdacht einer solchen Handlung besteht (Sektion 7). Praktische Erfahrungen mit Störungsversuchen zulässiger Versammlungen veranlaßten die weitere Bestimmung (Sektion 6), wonach der Polizeibeamte auf Wunsch des Versammlungsleiters Namen und Anschrift einer Person festzustellen berechtigt ist, von der er nach der Sachlage *(reasonably)* annehmen kann, sie werde einen Verstoß gegen das Gesetz begehen. Bei Weigerung des Aufgeforderten oder Verdacht falscher Angaben kann gleichfalls ohne Verhaftungsbefehl die sofortige Festnahme vorgenommen werden. Weitere gesetzliche Beschränkungen der Versammlungsfreiheit finden sich im *Highways Act* von 1959 (7 & 8 Eliz. 2, c. 25), der die Verkehrsstörung auf den öffentlichen Straßen und Plätzen durch Versammlungen und Aufzüge verbietet (Sektion 121). Auch die Munizipalbehörden sind mit entsprechenden Vollmachten zur Regulierung der Veranstaltung von Versammlungen ausgerüstet, die dann die Rahmenvorschriften für vielfache örtliche Verordnungen bilden.

## 2. Nach Common Law

Die nach *common law* strafbaren Tatbestände einer rechtswidrigen Menschenansammlung, die in der Versammlungspraxis eine Rolle spielen können, sind Zusammenrottung und Aufruhr oder Landfriedensbruch, womit die englischen Ausdrücke *riot* und *affray* einigermaßen zutreffend umschrieben werden können. Beide gelten als Vergehen *(misdemeanour)*. Zur Begehung des *riot* ist eine Gruppe von mindestens drei Personen erforderlich, die sich zur gemeinsamen Durchführung eines privaten Vorhabens, gegebenenfalls mit Gewalt, zusammengetan haben und bereit sind, gegen jedermann vorzugehen, der sich ihrem Vorhaben widersetzen würde, womit das weitere wesentliche Tatbestandsmerkmal verbunden ist, daß ihr Vorgehen andere Personen in Schrecken setzt *(Field v. Receiver of the Metropolitan Police* [1907] [2 K. B. 853]). Als *affray* wird eine öffentliche Schlägerei angesehen, an welcher zwei oder mehr Personen beteiligt sind und die gleichfalls als eine Einschüchterung Dritter wirkt[1]. Die Fassung dieser Tatbestandsmerkmale ist, wie man dies beim *common law* häufig antrifft, kasuistisch schwerfällig und auf schwer nachweisbare psychologische Elemente abgestellt. Bei solchen gewalttätigen Zusammenrottungen kann leicht auch ein Sachschaden verübt werden, für den seit dem *Riot (Damages) Act* von 1886 (49 & 50 Vict., c. 38) nicht die (meist unbekannt bleibenden) Täter haftbar sind, sondern er

[1] Wegen einer neueren Definition von *affray* siehe *R. v. Allen* ([1963] [2 All. E. R. 896] [C. A.]). Das ähnliche Reat des *rout* (Zusammenrottung oder Auflauf) ist heute veraltet.

wird dem Geschädigten aus den der Polizei zur Verfügung gestellten öffentlichen Mitteln vergütet. Strafverfolgungen wegen Zusammenrottung oder Auflauf kommen kaum mehr vor, wohl aber Schadenersatzansprüche, die aus Mobhandlungen erwachsen sind[1]. Führt der Aufruhr zu einer sonst strafbaren Handlung, etwa einer Brandstiftung, machen sich die nachweisbaren Teilnehmer eines Verbrechens schuldig.

Überdies besteht die Möglichkeit, daß das Vergehen des Auflaufs nach *common law* sich in ein statutarisches Verbrechen verwandelt: wenn nämlich vor einer aus mindestens zwölf Personen bestehenden Menschenansammlung, die sich rechtswidrig und aufrührerisch zu einer Friedensstörung zusammengetan hat, der amtliche Befehl *(proclamation)* zum friedlichen Auseinandergehen von einem Polizeibeamten (oder einer Gerichtsperson) formell verlesen wurde *(„to read the Riot Act")*, und sie trotzdem mindestens eine Stunde nachher unter Fortsetzung des aufrührerischen Verhaltens diesem Befehl nicht nachgekommen war (*Riot Act* von 1714 [1 Geo. 1, stat. 2, c. 5]). Das Verbrechen kann mit lebenslänglichem Gefängnis geahndet werden.

## III. Das Versammlungsrecht in der Praxis

In der Praxis des Versammlungsrechts sind zu unterscheiden: 1) Rechtlich zulässige Versammlungen[2], die wiederum in solche a) auf Privatgrundstücken und b) öffentliche Versammlungen eingeteilt werden; 2) Öffentliche Aufzüge und 3) rechtswidrige Versammlungen und die Mittel zu ihrer Kontrolle und Auflösung. Bei allen diesen Modalitäten ist — begreiflicherweise — die Rolle der Polizei von ausschlaggebender Bedeutung.

### 1. Versammlungen in Privaträumlichkeiten

Man versteht darunter die Veranstaltung in einer Lokalität, über die ein Privateigentümer verfügen kann, also etwa ein im Privateigentum stehender Saal, Stadium oder Sportplatz etc. Die Aufforderung zur Teilnahme mag an das allgemeine Publikum oder auch an geladene Gäste gerichtet, der Zutritt frei oder gegen eine Gebühr sein. Grundsätzlich steht es jedermann frei, eine solche Versammlung abzuhalten und sie zu besuchen. Die Polizei hat an sich kein Recht der Kontrolle der Teilnehmer und ebensowenig ein Recht der Anwesenheit während der Versammlung,

---

[1] In *Munday v. Metropolitan Police Receiver* ([1949] [1 All. E.R. 337]) war eine Zuschauermenge, die bei einem Fußballspiel keinen Zulaß gefunden hatte, in ein Privatgrundstück eingedrungen und hatte dort Schaden angerichtet.

[2] Der Ausdruck „erlaubte" Versammlung wird absichtlich vermieden, um nicht zu unterstellen, daß irgendeine Versammlung einer behördlichen Erlaubnis bedürfe.

außer die Veranstalter wünschen ihre Anwesenheit. Der Wunsch kann aber von den Veranstaltern während des Verlaufs der Versammlung widerrufen werden, in welchem Fall sich die Polizei zurückzuziehen hat. Hat die Polizei, ohne dazu aufgefordert zu sein, dadurch Zugang erlangt, daß sich ihre Mitglieder ohne Uniform unter das Publikum gemischt haben, müssen sich diese gleichfalls zurückziehen, wenn die Versammlungsleitung es verlangt. Der Polizei ist aber der Zutritt auch ohne Einladung dann gestattet und sogar geboten, wenn sie Grund zu der Annahme hat, es werde dabei zu einer Friedensstörung kommen. Vor Erlaß des *Public Order Act* konnten solche Veranstaltungen ohne Polizeischutz stattfinden; die Aufrechterhaltung der Saalordnung war den von den Veranstaltern selbst gestellten Saalordnern *(stewards)* überlassen[1].

Neuere Entscheidungen aber, bedingt durch die Praxis extremistischer Richtungen, ließen Zweifel an der Rechtslage aufkommen. In *Thomas v. Sawkins* ([1935] [2 K. B. 249] [Schlüsselfall]) hielt die *King's Bench Division* unter dem Vorsitz des *Lord Chief Justice* Hewart dafür, die Polizei sei von Anfang an zur Anwesenheit bei einer öffentlichen Versammlung in Privatlokalitäten berechtigt, wenn sie Grund zur Annahme habe, es würden dort aufrührerische Reden gehalten oder sonst zu Friedensbrüchen kommen. Die Anwesenheit der Polizei sei auch dann zulässig, wenn sie von den Veranstaltern zum Verlassen aufgefordert ist, was bei dem dem Urteil unterliegenden Sachverhalt der Fall gewesen war[2]. Solange also keine ausdrückliche statutarische Ermächtigung gegeben ist — und der kurz darauf ergangene *Public Order Act* enthält keine einschlägige Regelung —, kann nach diesem zweifellos die allgemeine Bürgerfreiheit der unbewaffneten Versammlung gefährdenden Entscheidung die Polizei auf die bloße Annahme hin, es werde dabei zu einem Verbrechen oder zu einer Friedensstörung kommen, eine öffentliche Versammlung in einer privaten Lokalität besuchen und dort auch dann verbleiben, wenn sie zum Verlassen aufgefordert wird[3]. Die Rechtslage bleibt also zweifelhaft und unbefriedigend. Denn wo bleibt die Bürgerfreiheit der friedlichen

[1] So veranstalteten die britischen Faschisten Versammlungen 1935 und 1936 in der Londoner Albert Hall und anderwärts, bei denen aber der schwarzhemdige Saalschutz andersdenkende Besucher der Versammlung mißhandelte.

[2] Dabei fällt ins Gewicht, daß es bei der fraglichen in einer Stadt in Wales abgehaltenen Versammlung, die gegen das damals dem Parlament vorliegende Gesetz wegen Aufreizung von Mitgliedern der bewaffneten Macht protestierte, in der Tat weder zu strafbaren Meinungskundgebungen noch sonst zu einer Friedensstörung gekommen war.

[3] Der in diesem Zusammenhang von den Lehrbüchern angeführte Fall *Davis v. Lisle* ([1936] [2 K.B. 434]), der einem Polizeibeamten das Betreten eines Privatgrundstückes ohne gerichtliche Ermächtigung untersagte, ist nicht einschlägig, weil es sich dabei nicht um eine politische Versammlung, sondern um einen alltäglichen Routinefall — Verkehrsstörung durch einen stationierten Lastkraftwagen — gehandelt hatte.

Versammlung, wenn ein einzelner Polizist auf die bloße Annahme hin, es würde zu einer Friedensstörung kommen, trotz Aufforderung zum Verlassen im Saal bleibt und damit die Versammlung faktisch einer polizeilichen Überwachung unterwirft? Diese Art präventiver Versammlungszensur ist mit dem englischen Freiheitsbegriff nicht vereinbar. Glücklicherweise hat sich bisher keine Notwendigkeit einer praktischen Probe auf das Exempel ergeben.

## 2. Öffentliche Versammlungen auf öffentlichen Plätzen

Es wird nach den bisherigen Ausführungen kaum überraschen, daß das Recht sich gegenüber den öffentlichen Versammlungen auf allgemein zugänglichen Plätzen — wobei unter „Platz" nicht nur ein von Gebäuden umgebener Raum, sondern auch die Straßen, Parks etc. verstanden werden müssen — neutral verhält: Zwar verbietet es sie nicht und zwar macht es erst recht die Abhaltung nicht von einer vorgängigen behördlichen Erlaubnis abhängig, aber es wird dem Bürger auch nicht unmittelbar ein derartiges Versammlungsrecht gewährt.

Einschränkungen für die Veranstaltung solcher öffentlicher Versammlungen ergeben sich sowohl aus dem Straßenverkehrsrecht als auch subsidiär aus dem *common law*. Die Straße dient in erster Linie dem Verkehr. Wird sie zu an sich verkehrsfremden Zwecken benutzt, kann eine Eigentumsverletzung der privaten Anlieger, etwa die Behinderung des Ladenverkaufs *(Harrison v. Duke of Rutland* [1893] [1 Q. B. 142]), oder auch desjenigen der örtlichen Straßenbehörde vorliegen, welche Eigentümerin der Straßenfläche ist *(Tunbridge Wells Corporation v. Baird* [1896] [A. C. 434]). Nach *common law* verneinten ältere Entscheidungen das Recht zur Abhaltung einer öffentlichen Versammlung unter anderem im Hyde Park *(Bailey v. Williamson* [1873] [L. R. 8 Q. B. 118]) und auf dem Trafalgar Square *(R. v. Cunninghame Graham and Burns* [1888] [16 Cox C. C. 420] [Schlüsselfall]). Neuestens hat endlich der *Highways Act* von 1959 (7 & 8 Eliz. 2, c. 25 [Sektion 121]), der an die Stelle des längst veralteten Gesetzes von 1835 (!) (5 & 6 Will. 4, c. 50) getreten ist, jede absichtliche Straßenverkehrsstörung *(obstruction)* zu einer Übertretung *(summary offence)* gemacht, der der Polizist ohne Verhaftungsbefehl entgegentreten kann. Wie der *Chief Justice* Parker in einer neueren Entscheidung betonte, hat der normale Straßenverkehr den unbedingten Vorrang vor der auf öffentlichen Plätzen in Anspruch genommenen Versammlungsfreiheit (*Arrowsmith v. Jenkins* [1963] [2 Q. B. 561] [D. C.]). Der Einwand, der Verkehr hätte trotz der Versammlung oder des Aufzugs noch Platz genug gehabt, schlägt nicht durch (*Homer v. Cadman* [1886] [16 Cox C. C. 51]).

Den praktischen Verkehrsbedürfnissen dient das dem *Commissioner of Metropolitan Police* eingeräumte Recht, bestimmte Londoner Hauptverkehrsstraßen für den regulären Verkehr freizuhalten *(Metropolitan Police Act* von 1839 [2 & 3 Vict., c. 47] [Sektion 52]), eine ehrwürdige Bestimmung, die angesichts der chronischen Straßenverstopfung durch den Londoner Automobilverkehr heute einigermaßen ironisch anmutet. Analoge Befugnisse stehen vielfach den örtlichen Behörden hinsichtlich bestimmter öffentlicher Straßen und Plätze zu.

Im großen ganzen aber sind die Polizeibehörden, eingedenk der britischen Freiheitstradition, den Versammlungen unter freiem Himmel gegenüber sehr großzügig. Obwohl kein Recht zur Abhaltung einer Versammlung auf einem öffentlichen Platz besteht, ist diese auch *prima facie* nicht rechtswidrig *(Burden v. Rigler* [1911] [1 K. B. 337]). Folglich kann jeder Veranstalter einer Versammlung, was immer ihr politisches oder sonstiges Ziel sein möge, damit rechnen, daß ihm ein öffentlicher Platz dazu zur Verfügung gestellt wird, der sich mit den Verkehrsanforderungen vereinbaren läßt. Hierfür stehen vor allem die öffentlichen Parks zur Verfügung und die sonntäglichen Miniaturversammlungen im *Hyde Park Corner*, wo die radikalsten Meinungen vor den tauben Ohren der Polizei verkündet werden dürfen, gelten nicht mit Unrecht als klassische Belege der englischen Meinungsfreiheit.

## 3. Öffentliche Aufzüge

Öffentliche Aufzüge *(processions)* unterscheiden sich von öffentlichen Versammlungen unter freiem Himmel grundsätzlich nur darin, daß sie sich während ihres Verlaufs auf der öffentlichen Straße fortbewegen, während die Versammlung stationär ist. Gerade deshalb, weil die Straße an sich zum Hin- und Hergehen von Passanten bestimmt ist, muß ein Aufzug auf der Straße grundsätzlich als zulässig gelten. Worauf es dabei jedoch ankommt, ist nicht nur, ob der Aufzug an sich eine Verkehrsstörung oder ein öffentliches Ärgernis darstellt, sondern im Hinblick auf die neueste Praxis vor allem, welche Wirkung er auf das ihn betrachtende Publikum, vor allem also auch auf die Gegner seines öffentlichen Auftretens macht. Ob die Benutzung einer Straße durch einen Aufzug verkehrswidrig und unvernünftig ist und ob er eine öffentliche Belästigung darstellt, wird also vom Standpunkt des Publikums und nicht des Veranstalters und der Teilnehmer am Aufzug beurteilt. Die kasuistische Rechtsprechung stellt dabei auf die zugrunde liegenden Umstände ab, wie groß die Zahl der Teilnehmer ist *(Att.-Gen. v. Brighton and Hove Cooperative Supply Association* [1900] [1 Ch. 276]), unter welchen Umständen der Aufzug stattfindet, wobei Tageszeit, Örtlichkeit, Dauer der Demonstration berücksichtigt werden müssen, weil davon abhängen mag, ob die damit verbundene Verkehrsstörung belanglos oder erheblich, vorübergehend oder längere Zeit beanspruchend ist, und ebenso, ob der Aufzug in gutartiger Absicht unternommen wurde *(Lowdens v. Keaveney* [1903] [I. R. 82]). Beim Störungstatbestand kommt es auch darauf an, ob die Störung vom Aufzug selbst ausgeht oder durch die feindliche Reaktion der Zuschauer und des Publikums im allgemeinen bedingt ist[1]. Gerade die Wirkungen, welche eine an sich zulässige Straßendemonstration oder -aufzug auf das Publikum auszuüben in der Lage ist, waren es, welche schließlich angesichts der von den britischen Faschisten nach fremdem Muster bevorzugten Propagandatechnik den Erlaß der einschlägigen Bestimmung des *Public Order Act* von 1936 (Sektion 3) veranlaßten. Der Polizeichef kann dem Aufzug, wenn er der Auffassung ist, er würde eine erhebliche Störung der öffentlichen Ordnung bewirken, eine bestimmte Route vorschreiben oder ihm das Betreten einer bestimmten Gegend überhaupt verbieten; dadurch kann die Demonstration von einem ihr notorisch feindlich gesinnten Bezirk ferngehalten werden, bei Faschisten etwa von einer vorwiegend von einer jüdischen Bevölkerung bewohnten Gegend. Darüber hinaus kann der *Chief Constable* in einer Stadt außerhalb Londons beim örtlichen *borough* oder *district council* beantragen, alle derartigen öffentlichen Aufzüge oder eine bestimmte Art auf die Dauer von drei Monaten (mit dem Recht einer weiteren dreimonatlichen Verlängerung) überhaupt zu verbieten. Der Erlaß der Verordnung erfolgt dann mit Zustimmung des *Home Secretary*. Innerhalb von Groß-London kann der *Commissioner of the City of London Police* bzw. der *Commissioner of the London Metropolitan Police*[2] unter den gleichen Voraussetzungen selbst die entsprechenden Anordnungen mit der Zustimmung des *Home Secretary* erlassen. Es bedarf aber der Betonung, daß diese gesetzlich ermächtigten Einschränkungen nur für mobile Aufzüge, nicht aber für stationäre Versammlungen gelten, die von der Polizei, solange sie rechtlich zulässig (*lawful*) sind, überhaupt nicht verboten werden können.

Man macht sich kaum einer Übertreibung schuldig, wenn man es der Handhabung dieser Bestimmungen, außer dem an sich dem politischen Radikalismus ungünstigen Klima, zuschreibt, daß es in Großbritannien auch in einer Zeit, als der Extremismus Gelegenheit hatte, seine Anhänger aus den Reihen der Arbeitslosen zu rekrutieren, niemals zur Herrschaft der Straße gekommen ist. England hatte aus den Erfahrungen anderer Länder rechtzeitig gelernt.

---

[1] Mehrere damals vielerörterte Entscheidungen befaßten sich mit der anfänglich sehr unbeliebten Heilsarmee und ihren musikalischen Straßenumzügen, die in der Regel nur wenige Personen umfaßten. In *Beatty v. Gillbanks* ([1882] [9 G.B. 308] [Schlüsselfall]) wurden die ursprünglich wegen widerrechtlicher Versammlung verurteilten Heilsarmeemitglieder von der Berufungsinstanz freigesprochen, einmal weil es sich um einen religiösen Umzug gehandelt hatte, zum anderen weil die Friedensstörung von feindseligen Dritten ausgegangen war; ebenso *Beatty v. Glenister* ([1884] [51 L.T. 304]).

[2] Siehe oben S. 162.

## 4. Die rechtswidrige Versammlung

Eine Versammlung kann von Anfang an rechtswidrig *(unlawful)* sein oder sie kann, obgleich anfangs und an sich nicht rechtswidrig, sich in eine solche verkehren. Demgemäß war nach *common law* der Tatbestand der Rechtswidrigkeit dann gegeben, wenn drei oder mehr Personen sich mit der Absicht oder zum Zweck eines Friedensbruches versammeln oder, wenn versammelt, einen solchen begehen, oder sich zum Zwecke der gewaltsamen Begehung eines Verbrechens versammeln oder aber, wenn die Versammlung, gleichgültig ob rechtlich zulässig oder rechtswidrig, in solcher Weise vor sich geht, daß „starke und mutige Personen der Nachbarschaft" die Befürchtung hegen müssen, es würde zu einem Friedensbruch kommen (*R. v. Vincent* [1839] [3 St. Tr.] [N.S. 1037]). Der Tatbestand ist aber heute praktisch überholt. Einerseits wurden seither gesetzliche Bestimmungen gegen die widerrechtliche Versammlung erlassen, wie beispielsweise im *Highways Act* von 1835, der Verkehrsstörungen strafbar machte, und in den *Prevention of Crimes Acts* von 1871 (34 & 35 Vict., c. 112) und 1885 (48 & 49 Vict., c. 75), welche Widerstand gegen die Staatsgewalt — hier gegen einen Polizeibeamten — strafbar machten. Andererseits aber entwickelte die Polizei ihrerseits Methoden, um mit rechtswidrigen Versammlungen fertig zu werden. Der Nachdruck liegt nach den neueren Entscheidungen darin, ob eine Versammlung in einer Weise vor sich geht, daß ein Friedensbruch zu erwarten ist. Dies muß aber an den Versammlungsteilnehmern — Leitern, Rednern, Zuhörern — liegen und nicht bei Dritten, wie die vorerwähnten Heilsarmee-Fälle erweisen, die bekanntlich die friedlichsten Leute der Welt sind und ihrerseits niemals zu Gewalt schreiten würden. Eine an sich rechtmäßige Versammlung kann dann zu einer rechtswidrigen werden, wenn dabei aufreizende Reden gegen Andersdenkende geführt werden (*Wise v. Dunning* [1902] [1 K.B. 167] [Schlüsselfall]); (hier hatte der Berufungskläger, ein protestantischer Fanatiker, bei einer Straßenversammlung katholische Zuhörer bewußt zu Gewalttätigkeiten herausgefordert, die dann auch stattfanden). Aus den politischen Spannungszeiten der dreißiger Jahre stammt der Fall *Duncan v. Jones* ([1936] [1 K.B. 218]) [Schlüsselfall], wo eine Versammlung für rechtswidrig gehalten wurde, weil die Veranstalterin darauf bestanden hatte, sie gegenüber einem Ausbildungslager für Arbeitslose abzuhalten, von denen Friedensstörungen zu erwarten waren, und sich der Anordnung der Polizeibeamten, die Versammlung in eine andere Straße zu verlegen, nicht gefügt hatte[1].

[1] Die Entscheidung war und ist vielumstritten, weil die Berufungsklägerin selbst keinerlei ungesetzlichen oder rechtswidrigen Akt begangen hatte und die Festnahme durch einen einzigen Polizeibeamten erfolgt war, der keinerlei Anhaltspunkte für den evtl. Ausbruch von Friedensstörungen hatte, außer daß vierzehn Monate vorher bei gleichem Anlaß ein solcher stattgefunden hatte. Die Versammlungsfrei-

Die *crux* der Rechtslage scheint also darin zu liegen, unter welchen Umständen ein die Versammlung beobachtender Polizeibeamter — und ein solcher wird bei öffentlichen Versammlungen unter freiem Himmel ausnahmslos vorhanden sein — zur Annahme gelangen kann, daß eine an sich rechtlich zulässige Versammlung durch den Ausbruch von Störungsakten zu einer rechtswidrigen wird.

## 5. Gerichtliche Präventivmaßnahmen gegen Versammlungsstörungen

In diesem Zusammenhang mag auch einer englischen Verfahrenseigentümlichkeit zur Vermeidung von Friedensbrüchen im Zusammenhang mit einer an sich zulässigen Versammlung gedacht werden: Vermutlich schon seit dem *Justices of the Peace Act* von 1361 (34 Edw. 3, c.1) steht den Gerichtsmagistraten die Befugnis zu, eine bestimmte Person im allgemeinen oder für eine bestimmte Verhaltensweise auf die Höchstdauer von zwölf Monaten zur Einhaltung des Friedens zu verpflichten, wenn von ihr zu erwarten ist, daß sie sich ungesetzlich verhalten würde (das sogenannte *„binding-over")*. Dies kann mit oder auch ohne Stellung einer Bürgschaft *(surety)* erfolgen und kann für jede Art eines erwarteten Mißverhaltens, also nicht nur im Zusammenhang mit einer Versammlung, angeordnet werden. Bruch der Verpflichtung kann, außer den Verfall der Bürgschaft nach sich zu ziehen, auch mit Gefängnis bis zu sechs Monaten bestraft werden *(Lansbury v. Riley* [1914] [3 K.B. 229]). Die Befugnis ist im *Magistrates, Courts Act* von 1952 (15 & 16 Geo. 6 & 1 Eliz. 2, c. 55 [Sektion 91]) ausdrücklich bestätigt worden[1]. Diese Präventivmaßnahme hat sich in den Fällen als besonders zweckmäßig erwiesen, wo von gewissen Personen, die als Agitatoren und Unruhestifter gerichtsnotorisch sind, Versammlungsstörungen und andere ungesetzliche Handlungen gewärtigt werden können. Die gerichtliche Inpflichtnahme an sich ist natürlich keine Verurteilung, da keine strafbare Handlung sie veranlaßt hat; es wird gegen sie daher nunmehr die Berufung an die *Quarter Sessions* gewährt (*Magistrates' Courts Appeals from Binding Over Orders* von 1956 [4 & 5 Eliz. 2, c. 44]).

## 6. Zur Kritik des geltenden Versammlungsrechts

Der Eindruck, den der Leser aus der Darstellung des Rechts der Versammlungsfreiheit notwendigerweise gewinnen muß, ist ein durchaus zwiespältiger. Die gesetzlichen Regelungen, mit Ausnahme der neueren im *Public Order Act* von 1936, sind höchst lückenhaft; die Rechtspre-

---

heit derart in das Ermessen eines untergeordneten Polizeiorgans zu stellen, erscheint bedenklich.

[1] In *R. v. Sharp* ([1957] [1 Q.B. 552]) wurde diese Befugnis vom *Court of Criminal Appeal* in seiner Eigenschaft als Friedensgericht ausgeübt.

chung, kasuistisch und von keinerlei handfesten Tatbestandskriterien getragen, ist nicht nur wegen der oft schwer beweisbaren psychologischen Voraussetzungen der Beteiligten nicht nur weitgehend unberechenbar, sondern wird auch der modernen Praxis des Versammlungswesens nur unvollkommen gerecht. Ihre Einstellung ist im Grunde noch viktorianisch und trägt nicht den neuen Kommunikationstechniken des technologischen Zeitalters Rechnung.

Vor allem mutet die gegenwärtige Rechtslage der theoretisch freien Versammlungspraxis den Polizeiorganen zu viel zu. Von ihrer Beurteilung hängt die Quadratur des Kreises ab: daß Versammlungsfreiheit gewährt, aber die öffentliche Ordnung aufrechterhalten werden muß. Das Problem ist längst nicht mehr das der *ab initio* widerrechtlichen Versammlung; ihr Risiko für Veranstalter und Teilnehmer ist zu groß geworden. Kommt es bei an sich zulässigen öffentlichen Versammlungen zur Friedensstörungen und hat die Polizei nicht rechtzeitig eingegriffen, ist unbedingt mit der öffentlichen Kritik zu rechnen und die beteiligten Polizeiorgane ziehen sich den Unwillen ihrer Vorgesetzten oder sogar disziplinarische Verantwortung zu. Hat die Polizei aber eingegriffen, weil sie die Situation als friedensstörend einschätzte und hat sie sich darin geirrt, so setzt sich der handelnde Polizeibeamte persönlich der Klage wegen Überschreitung seiner Zuständigkeiten und sogar möglicherweise der unzulässigen Freiheitsentziehung aus, wobei er sich nicht auf die Anweisungen seiner Vorgesetzten oder auf „höheren Befehl" berufen kann (*Keighley v. Bell* [1866] [4 F. & F. 763])[1].

Die Schwierigkeiten sind besonders naheliegend, wenn es sich um die sehr subjektive Frage handelt, unter welchen Umständen eine Versammlung oder Aufzug verkehrsstörend ist. Dabei ist zu berücksichtigen, daß die Polizei in England mit dem Publikum auf gutem Fuß steht und bei der Versammlungspolizei erfahrene und auch politisch und massenpsychologisch versierte Beamte eingesetzt werden. Der einzelne Polizeibeamte ist in der Regel durchaus guten Willens und versucht, das richtige zu tun, es gibt aber auch Übereifrige, die auf ihre Karriere bedacht sind und sich auszeichnen wollen. Die Polizei wird also bei der Handhabung der Versammlungspolizei überfordert, weil sie vor ein wirkliches Dilemma gestellt wird. Sie nach Tunlichkeit daraus zu befreien, wäre also ein vordringliches rechtspolitisches Ziel der Versammlungspraxis. Es zu verwirklichen wäre umso mehr Anlaß, als sich das Telos der Versammlungspraxis grundlegend gewandelt hat. Die öffentliche Versammlung dient heute nur mehr in geringem Maß der echten Meinungsbildung. Nur wenige der Teilnehmer, die anderer Anschauung als die Veranstalter und die

[1] Der Fall ist analog anwendbar, trotzdem es sich dabei um einen einem Soldaten von seinem Vorgesetzten gegebenen Befehl gehandelt hatte.

große Masse der Besucher sind, werden sich durch Reden überzeugen lassen. Die Meinungsbildung in politischem, wirtschaftlichen oder sonstigen Streitfragen erfolgte seit langer Zeit durch die Presse, nunmehr aber in erster Linie durch die Telekommunikationen mit ihrer auch die größte Massenversammlung überragenden weiten Streuwirkung. Versammlungen sind nicht viel mehr als Propagandatechniken, die mehr durch die Berichterstattung der Meinungsmedien über sie wirken als durch ihren unmittelbaren Appell an die Teilnehmer. Bei den neuerdings wieder in Mode gekommenen Aufzügen liegt es allerdings etwas anders. Sie werden von Oppositions- oder Minderheitsgruppen veranstaltet, nicht etwa, damit sie miterlebt werden, sondern damit die Aufmerksamkeit der Öffentlichkeit durch die Berichterstattung in Presse und Rundfunk auf ihre Sache gelenkt wird.

Eine realistische Analyse der heutigen Wirkung der öffentlichen Versammlung müßte also darauf abstellen, daß man sie zwar als Symbolfunktion der Meinungsfreiheit nicht entbehren kann und daher nicht verbieten darf, daß man aber, ohne diese zu verletzen, die Versammlungspraxis vernünftig kanalisieren sollte, wie dies der *Public Order Act* bereits für die Aufzüge zuläßt, wenn die Versammlungsfreiheit den Verkehrsanforderungen nachgeordnet werden kann. Friedensstörungen von Versammlungen gehen in der Regel nicht von Veranstaltern und *bona fide*-Teilnehmern, sondern von den Gegnern der Versammlungsziele aus. Um dies einzuschränken und die prekäre Rolle der Polizei zu erleichtern, ließe sich denken, daß durch statutarische Regelung auch bei öffentlichen Versammlungen, die in Privatlokalen abgehalten werden, die Polizei grundsätzlich anwesend sein dürfte und ferner, daß sie auf bestimmte öffentliche Plätze beschränkt würden, bei denen die Veranstaltung kein Verkehrshindernis bedeuten würde. Jede größere Stadt könnte ein offizielles *Hyde Park Corner* haben. Versammlungen in Schulgebäuden, wo die Teilnehmerschaft leichter überschaut werden kann, sind denen an öffentlichen Plätzen vorzuziehen, ohne daß dadurch eine materielle Einschränkung des Rechts zur Versammlung erfolgen würde. Man könnte sogar soweit gehen, daß jede öffentliche Versammlung vorher nach Ort, Zeit und Umständen des — falls notwendig — erforderlichen Polizeischutzes mit der zuständigen Polizeibehörde abgesprochen werden müßte und daß gegen eine negative Einstellung der Behörden ein Verwaltungsgericht angerufen werden könnte, das binnen vierundzwanzig Stunden die Entscheidung zu treffen hätte.

Solche gesetzlichen Regelungen wären im politischen Klima Großbritanniens umso ungefährlicher für die Meinungsfreiheit, als dort, wie die Erfahrungen einer spannungsgeladenen Epoche beweisen, keinerlei Möglichkeit besteht, daß sich die Regierung der Herrschaft der Straße zu beugen hätte.

## Vierzehntes Kapitel

# Der Staatsschutz

Dafür Sorge zu tragen, daß die als souveräner Staat organisierte Gemeinschaft in ihrem Fortbestand gesichert ist — Staatsschutz —, gehört zu den Elementaraufgaben jedes Staates. Die Staatsschutzmaßnahmen im systematischen Zusammenhang mit den Bürgerrechten zu behandeln, erscheint aus mehreren Gründen angemessen: Nicht nur ist jeder Bürger an der Aufrechterhaltung der staatlichen Ordnung und öffentlichen Sicherheit interessiert; wie gezeigt, hängen nach englischem Recht die Bürgerrechte von den allgemeinen Gesetzen ab, die ihre Geltung bestimmen und ihre Reichweite einschränken können. Dies gilt nicht zuletzt für zum Staatsschutz bestimmte Notstandsituationen, bei welchen sie weitgehenden Abschwächungen unterliegen.

## I. Allgemeine Gesetzgebung zum Schutz der Staatsordnung

### 1. Zur Begriffsbestimmung

Wie jeder andere Staat verfügt auch Großbritannien über ein ausgebautes und, wie die bisherige Praxis erwiesen hat, durchaus zweckentsprechendes System von Strafnormen, welche den Bestand der geltenden Staats- und Gemeinschaftsordnung gegenüber den Bestrebungen gewährleisten, sie durch ungesetzliche und rechtswidrige Mittel zu beeinflussen oder zu ändern. Ihre der traditionellen Gesetzestechnik entspringende Besonderheit liegt aber darin, daß sie weiter in die Vergangenheit zurückreichen als es meist anderswo der Fall ist.

Weil das gesamte Strafrecht ein Teil des öffentlichen Rechts ist, ist jede Straftat — mag es Mord, Meineid, Brandstiftung oder Beamtenbestechung sein — letzten Endes gleichzeitig eine Verletzung der öffentlichen Ordnung. Diese wird zwar im Einzelfall durch die Straftat vorübergehend gestört, aber gerade durch die Aufdeckung und gerichtliche Ahndung wiederhergestellt. Solche Einzelhandlungen haben daher keinerlei dauernde Wirkung auf Bestand und Geltung der Gemeinschaft. Im Gegensatz dazu handelt es sich bei den eigentlichen Staatsschutzbestimmungen um Bestrebungen, welche, mögen sie auch von Einzelpersonen unternommen worden sein, sich immer mittelbar oder unmittelbar gegen den Bestand der Staatsordnung als solche richten; ihr Ziel oder ihre Absicht ist die Beeinträchtigung der Gemeinschaft oder der Gemeinschaftsinteressen.

Die nachfolgende Übersicht über die Staatsschutzgesetzgebung kann nach der Sachlage nicht mehr als eine Auswahl einschlägiger Materien bieten. Wichtige Sachgebiete — etwa die Beeinträchtigung von Handel und Verkehr durch Schmuggel, Münz- und Banknotenfälschung, der Staatseinkünfte durch Steuerhinterziehung und viele andere mehr — müssen hier unberücksichtigt bleiben. Andere, wie der Schutz der Justizgebarung durch *contempt of court* oder Maßnahmen zum Schutz des Publikums gegen unzüchtige Schriften oder die Verunglimpfung der Religion und andere sind bereits früher berührt worden.

Demgemäß werden nachfolgend nur die folgenden Gegenstände behandelt: Die allgemeine Gesetzgebung zum Schutz der bestehenden Staatsordnung (I); behördliche Maßnahmen zu ihrem Schutz (II); die Gesetzgebung für den zivilen Notstand (III); der Staatsschutz in Kriegszeiten (IV).

## 2. Staatsverrat (treason)

### a) Geschichtliches

Aus geschichtlichen Gründen, die vor allem mit der monarchischen Staatsform zusammenhängen, sind im englischen Begriff des Staatsverrats — *treason* — die auf dem Kontinent üblichen Tatbestandsmerkmale des Hochverrats als Angriff gegen die verfassungsmäßige Ordnung und des Landesverrats als Begünstigung feindlicher, gegen den Heimatstaat gerichteter Bestrebungen nicht systematisch voneinander geschieden. Aus diesem Grund empfiehlt sich hier die Wiedergabe des Ausdrucks *treason* mit der umfassenderen Bezeichnung des Staatsverrats.

*Treason* im weitesten Sinn ist ein Bruch des Treueverhältnisses — *allegiance* —[1] des Untertanen oder Bürgers zum Souverän und zur Krone, das als das Korrelat des den britischen Bürgern (und selbst den sich auf britischem Gebiet aufhaltenden Ausländern) von der Krone gewährten Schutzes gilt. Die gesetzliche Grundlage des *treason*-Rechts ist noch immer die mittelalterliche *Statute of Treason* von 1351 (25 Edw. 3, st. 5, c. 2). Erst in neuester Zeit wurde es modernisiert, indem der lediglich als vorübergehende Kriegsmaßnahme bestimmte *Treachery Act* von 1940 (3 & 4 Geo. 6, c. 21) gesonderte Tatbestände für den (militärischen) Landesverrat aufstellte, durch den den feindlichen Streitkräften Vorschub geleistet oder den heimischen Nachteile zugefügt werden. Entkleidet man den mittelalterlichen *Treason Act* seiner damaligen feudalrechtlichen sprachlichen Verbrämung, die jede staatsverräterische Handlung als gegen die geheiligte Person des Monarchen gerichtet ansah, so ist *treason* unter Berücksichtigung der seither ergangenen zahlreichen Novellen heute nichts anderes als die Gefährdung des Bestands der als Staat konstituier-

---

[1] Siehe hierüber oben S. 231 f.

ten politischen Einheit. Als Hochverrat — *high treason* —[1] gelten eine Reihe von strafbaren Handlungen, die sich sowohl auf Verfassungs- wie auf Feindverrat beziehen, also den Tatbestand des Hochverrats wie des Landesverrats erfüllen. Folgende Ergänzungen des ursprünglichen *Treason*-Gesetzes verdienen hier Erwähnung[2]. Der *Treason Act* von 1554 (1 Ph. & M., c. 10) stellte die Verheimlichung staatsverräterischer Handlungen Dritter — *misprision of treason* —, das heißt ihre Nichtbekanntgabe an eine verantwortliche Stelle oder an einen Richter unter Strafe. Der *Treason Act* von 1702 (1 Anne, stat. 2, c. 21) und der *Succession to the Throne Act* von 1707 (6 Anne, c. 41) trafen Vorsorge dafür, daß die im *Act of Settlement* von 1700 festgelegte Thronfolge der Hannoveraner nicht durch Schrift oder Handlung angetastet würde, heute gleichfalls bedeutungslos; der Bestimmung des letzteren Gesetzes, wonach weder schriftlich noch sonstwie „böswillig" *(maliciously)* behauptet werden dürfe, das Parlament könne die Krone und ihre Nachfolger nicht durch Gesetz binden, mag als einer indirekten Bekräftigung der Parlamentssouveränität auch heute noch eine gewisse verfassungsrechtliche Bedeutung beikommen. Verschiedene Ergänzungen des ursprünglichen *Treason Act* durch die Gesetze von 1795 (36 Geo. 3, c. 7) und 1817 (57 Geo. 3, c. 6), die, wiederum in Krisenzeiten erlassen, den Staatsverratstatbestand ausgedehnt hatten, wurden durch den *Treason Felony Act* von 1848 (11 & 12 Vict., c. 12) korrigiert: Bestimmte Handlungen wurden zu bloßen Verbrechen *(felonies)* degradiert, ohne sie als staatsverräterisch zu qualifizieren; sie wurden also aus der schwersten Kategorie der *treasonable acts* herausgelöst, wozu gehören: die Absicht, den Souverän abzusetzen, das Unternehmen oder Planen kriegerischer Handlungen, um das Parlament zu einer Änderung seiner Politik zu veranlassen und die Begünstigung einer fremden Invasion.

Das geltende Recht des Staatsverrats ist also heute, ohne formell aufgehoben oder sonstwie bereinigt zu sein, in der Mehrzahl seiner Tatbestandsfeststellungen völlig veraltet. Der *Treason Act* von 1945 (8 & 9 Geo. 6, c. 44) brachte lediglich verfahrensrechtliche Änderungen, indem *treason* jetzt wie Mord behandelt wird. Während der beiden Weltkriege beschränkte sich die Praxis auf Fälle des Landesverrats, des strafbaren Einverständnisses also mit dem auswärtigen Feind[3].

[1] Der historische Gegensatz war „niederer Verrat" — *petit treason* —, worunter feudalrechtlich die Tötung des Herrn durch seinen Diener, des Ehemanns durch die Ehefrau und des kirchlichen Vorgesetzten durch seinen Untergebenen verstanden wurden. Diese Handlungen sind aber seit dem *Offences against the Persons Act* von 1828 (9 Geo. 4, c. 21) als gewöhnlicher Mord strafbar.

[2] Der *Treason Act* von 1495 (11 Hen. 7, c. 1) beschränkte — wohlweislich — im Hinblick auf die ständigen Thronstreitigkeiten und auch darauf, daß Henrys VII. Anspruch auf den Thron keineswegs über alle Zweifel erhaben war, den Begriff der *allegiance* auf den *de facto*-Monarchen, ließ ihn also für den *de jure*-Souverän nicht mehr gelten. Er ist heute natürlich gegenstandslos.

[3] Siehe unten S. 364.

### b) Attentat gegen die Person des Monarchen

Nach dem Gesetz von 1351 sind Plan *(imagine)* und Ausführung *(encompass)*, dem Monarchen nach dem Leben zu trachten (Königsmord) staatsverräterische Handlungen[1]. Das gleiche gilt zwecks Sicherung der Thronfolge für die Königin *(Queen Consort)* und den ältesten Sohn und Thronerben sowie, wiederum feudalrechtlich bedingt, für die älteste unverheiratete Tochter des Königs und die Frau des Thronerben. Die Bestimmungen stehen zwar noch im Buch, sind aber seit Jahrhunderten niemals zum Zug gekommen; zumindest seit der Glorreichen Revolution ist kein Attentatsversuch mehr auf den Monarchen ausgeübt worden, ein Beweis des ungebrochenen Ansehens, dessen sich die engliche Monarchie erfreut. Die Bestimmung ist aber trotzdem keineswegs bedeutungslos, da gerichtlich darunter auch das Ende der Herrschaft des Monarchen über eine Kolonie durch eine Revolution verstanden wurde *(R. v. Maclane* [1797] [26 St. Tr. 721]); noch im jüngsten Konflikt mit der Kronkolonie Rhodesien wurde sie herangezogen. Ferner wird die Bedrohung des Monarchen mit einer Schußwaffe, selbst wenn nicht geladen, als Versuch, den Souverän zu beunruhigen oder zu verletzen, als *misdemeanour* mit Gefängnis bestraft (*Treason Act* von 1842 [5 & 6 Vict., c. 5])[2].

### c) Bürgerkriegshandlungen

Nach dem Gesetz von 1351 gilt ferner jede Handlung als *treason*, die innerpolitisch *(„in the realm")* zu bewaffnetem Widerstand gegen die Streitkräfte der Krone führt, sei es aus religiösen Gründen[3], sei es, um Beschwerden Nachdruck zu verleihen oder um mißliebige Beamte zum Rücktritt zu zwingen.

### d) Unterstützung des Landesfeinds

Aus dem ganzen historischen Komplex des Staatsverrats bleibt also gegenwärtig nur die Unterstützung des Landesfeinds *(adhering to the King's enemies)* als der Kernfall des eigentlichen Landesverrats von praktischer Bedeutung. Die *lex specialis* scheint hier die Fassung des militärischen Landesverrats im nur für die Kriegsdauer gültigen *Treachery*

---

[1] Was unter den Feudalbegriffen des *encompass* und *imagine* verstanden wird, hat die Rechtsgelehrten endlos beschäftigt (vgl. z. B. Blackstone, Comm. IV, 74ff.), ohne heute von irgendwelchem Interesse zu sein.

[2] Die gleichfalls im Gesetz von 1351 enthaltene Bestimmung, wonach die Ermordung des *Lord Chancellor* oder eines königlichen Richters an der Gerichtsstätte als *treason* zu verantworten ist, ist vermutlich längst aufgehoben worden und würde heute als gewöhnlicher Mord geahndet werden.

[3] In *R. v. Damaree* [1709] [15 St. Tr. 521]) wurden die Angeklagten des *treason* für schuldig befunden, weil sie Häuser niedergebrannt hatten, in denen Nonkonformisten sich trafen; das Gericht sah dies als einen gegen den Bestand des Staates gerichteten Akt an.

*Act* von 1940 (3 & 4 Geo. 6, c. 21) zu sein, der Vorschubleistung für die feindlichen Streitkräfte als Verbrechen behandelte und mit dem Tod bestrafte. Unter einem „Feind des Königs“ wird hier ein Kriegführender nach Völkerrecht verstanden, nicht etwa Piraten auf hoher See oder Rebellen auf britischem Boden. Wie bei allen strafbaren Handlungen muß die Absicht nachgewiesen werden (*R. v. Ahlers* [1915] [1 K. B. 616] [Schlüsselfall]; hier hatte ein deutscher Konsul bei Kriegsausbruch (1914) militärpflichtigen Landsleuten zur Ausreise verholfen, ohne Kenntnis vom Zeitablauf für solche Ausreisen zu haben; er wurde in der zweiten Instanz freigesprochen). Für den Tatbestand bleibt es gleichgültig, ob die Unterstützung auf britischem Gebiet (*within the realm*) oder irgendwo anders außerhalb erfolgt ist (*R. v. Lynch* [1903] [1 K.B. 444]; hier wurde *treason* im Falle eines *British subject* angenommen, der im Burenkrieg irische Freiwillige kommandiert hatte). Einschlägig sind hier zwei jeweils aus dem ersten und dem zweiten Weltkrieg erwachsene Fälle, die weltweite Aufmerksamkeit erweckten. In *R. v. Casement* ([1917] [1 K.B. 98]) hatte ein irischer Patriot, der also *British subject* war, während des Krieges in Deutschland irische Freiwillige zum Kampf gegen England angeworben. Nach seiner Landung in Irland durch ein deutsches Unterseeboot wurde er gefaßt und von einem mit drei Richtern besetzten Gericht der *King's Bench* zum Tode verurteilt[1]. Bot die Verhängung der Todesstrafe gegen ihn keine rechtlichen Bedenken, so bestanden solche in starkem Maß im Fall des berüchtigten „Lord Haw-Haw“, der während des letzten Krieges Nazipropaganda über den deutschen Rundfunk in England verbreitet hatte (*Joyce v. Director of Public Prosecutions* [1946] [A.C. 347] [Schlüsselfall]). Der Revisionskläger war kein *British subject*, sondern amerikanischer Staatsangehöriger, hatte sich aber einen britischen Paß erschlichen und ihn kurz vor seiner Ausreise von England bei Kriegsausbruch erneuern lassen. Das *House of Lords* hielt dafür, daß der Paß ihm den Schutz der Krone gewährte und damit auch die Verpflichtung zur Treue bedingte; der juristische Kern der Entscheidung lag darin, daß zwar der Staatsverrat innerhalb und auch außerhalb des britischen Gebiets und auch von einem Ausländer begangen werden kann, vorausgesetzt dieser habe Anspruch auf britischen Schutz. Die Entscheidung wurde mit Recht stark kritisiert, einmal weil der Verurteilte überhaupt kein *British subject* war, zum anderen, weil kein Beweis dafür erbracht worden war, er habe in Deutschland den angeblichen Schutz der Krone in Anspruch genommen, der ihm ja dort wohl wenig genutzt hätte. Joyce wurde gehängt.

---

[1] Fünfzig Jahre später (1. März 1965) wurde seinen nach Dublin überführten irdischen Überresten von Eire ein Staatsbegräbnis zuteil, an dem auch der britische Gesandte und Mitglieder der Commons teilnahmen.

### e) Verfahren bei Staatsverrat

Die Anklageerhebung wegen Staatsverrats innerhalb des britischen Staatsgebiets muß innerhalb von drei Jahren nach Begehung erfolgen. Freilassung gegen Kaution kann nur von einem Richter der *Queen's Bench Division* oder einem Staatssekretär bewilligt werden[1]. Bis 1870 war mit der Verurteilung die Vermögenseinziehung verbunden. Die Todesstrafe, die früher überaus grausam vollzogen wurde, erfolgt seit dem *Treason Act* von 1814 (54 Geo. 3, c. 46) durch das Beil — jetzt nicht mehr gebräuchlich — oder den Strang. Der *Treason Act* von 1945 (8 & 9 Geo. 6, c. 44) stellte endlich diese Fälle verfahrensmäßig den gewöhnlichen Mordfällen gleich (außer der obigen Verjährungsfrist).

## 3. Auflehnung gegen die Staatsgewalt (sedition)

Für die nach *common law* als *sedition* bezeichneten strafbaren Handlungen gibt es keine alle ihre Tatbestandsmerkmale umfassende deutsche Übersetzung. Gemeint ist die Aufwiegelung gegen bestehende Staatseinrichtungen und ihre amtlichen Vertreter und die Aufforderung zu oder Vornahme von Handlungen, welche eine Auflehnung gegen die legitime Staatsgewalt bedeuten. Es können sich also die Aufforderung zum Ungehorsam gegen die im Rahmen ihrer gesetzlichen Befugnisse handelnden Behörden wie der tatsächliche Widerstand oder die Versuche dazu, also Aufruhr und Landfriedensbruch, als *sedition* qualifizieren. In den schwersten Fällen käme die strafbare Handlung sogar dem Hochverrat nahe oder gleich. Statutarische Regelungen für den Gesamttatbestand oder für einzelne Aspekte bestehen nicht.

Nach *common law* fallen im wesentlichen drei strafbare Tatbestände darunter, die indes nicht auf den Inhalt des inkriminierten Akts, sondern auf seine Begehungsweise abstellen, nämlich die Veröffentlichung einer als aufrührerisch zu qualifizierenden Meinungskundgebung *(seditious libel)*[2], mündliche Äußerungen aufrührerischen Charakters und die Verabredung *(conspiracy)* zur Förderung oder Begehung eines solchen Akts. Beim Reat der Auflehnung oder Aufwiegelung kommt es auf die Kommunikationstechnik durch Wort oder Schrift an.

Wesentlich aber für alle drei Tatbestände — und hierin liegt die inhaltliche Qualifizierung, die sich auf einer umfangreichen Kasuistik aufbaut — ist die Absicht, die mit der Meinungskundgebung verfolgt wird. Es fallen daher darunter alle Meinungskundgebungen, die in der

---

[1] Früher bestand bei Staatsverratsfällen auch die Besonderheit, daß für die Dauer eines so bezeichneten *Habeas Corpus Suspension Act* (vgl. beispielsweise ein Gesetz von 1794 [34 Geo. 3, c. 54]) ein mit *warrant* eines Staatssekretärs wegen des Verdachts von *high treason* Verhafteter das *habeas corpus*-Verfahren nicht in Anspruch nehmen konnte. Dies galt aber nicht für Verhaftungen aus anderen Gründen.

[2] Siehe oben S. 313.

Absicht erfolgt sind, die Person des Monarchen, die Regierung als solche, das Parlament oder andere anerkannte und nach Gesetz funktionierende Einrichtungen des Staates oder der Kirche herabzusetzen oder sie auf andere als gesetzlich erlaubte Art und Weise ändern zu wollen, Unzufriedenheit oder Auflehnung unter den Bürgern zu verursachen, die Klassen gegeneinander aufzureizen. Die Formulierung dieser *common law*-Vergehen *(misdemeanour)* verrät zwar immer noch ihre Herkunft aus den Zeiten, wo die Staatsgewalt sich gegen jedwede Kritik ihrer Untertanen decken wollte, aber in der Wirkung ist ihnen der autoritäre Stachel längst ausgezogen worden; Kritik an Personen und Einrichtungen ist durch die Meinungsfreiheit voll gedeckt und, soweit nicht ungesetzliche Mittel in Anspruch genommen werden, ist jede Art der Massenorganisation der öffentlichen Meinung zur Behebung von Mißständen oder zur Durchführung aller Arten von Reformen gestattet. Staatsfeindliche und staatseinrichtungsfeindliche Meinungen sind zollfrei wie die Gedanken und an sich straffrei. Strafverfolgungen wegen *criminal libel* sind daher neuerdings sehr selten geworden und erfolgen in der Regel nur dann, wenn die fragliche Meinungsäußerung mit der Aufreizung zur Gewaltsamkeit verbunden ist (*R. v. Aldred* [1909] [22 Cox C. C. 1] [Schlüsselfall]). Bei der Strafverfolgung wegen *criminal libel* ist der Wahrheitsbeweis keine Entlastung (*O'Connell v. R.* [1844] [11 Cl. & Fin. 155]). Unter den heutigen Umständen ist also die Bedeutung der *common law*-Strafbestimmungen gegen *sedition* als Staatsschutzmaßnahme sehr beschränkt.

### 4. Aufreizung zur Meuterei und Pflichtverletzung

Echte Staatsschutzmaßnahmen sind dagegen in einer Reihe von Gesetzen vorhanden, welche die Verleitung der staatlichen Ordnungsorgane zur Pflichtverletzung unter Strafe stellen. Sie galten bereits mit dem den Auswirkungen der französischen Revolution entgegentretenden *Incitement to Mutiny Act* von 1797 (37 Geo. 3, c. 70), dessen harte Strafandrohungen gegen die Unterwühlung der Disziplin der bewaffneten Streitkräfte gerichtet waren. Das gleiche Ziel hinsichtlich der Polizei — vermutlich gegen kommunistische Einflüsse gerichtet – verfolgte der *Police Act* von 1919 (9 & 10 Geo. 5, c. 46), jetzt *Police Act* von 1964 (Eliz. 2, c. 48 [Sektion 53]) — eine Bestimmung, die auch den Polizeistreik ungesetzlich macht. Die jüngste Regelung ist der *Incitement to Disaffection Act* von 1934 (24 & 25 Geo. 5, c. 56). Während das Gesetz die älteren Bestimmungen gegen die Verleitung von Mitgliedern der bewaffneten Macht zur Pflichtverletzung und zum Treubruch gegenüber der Krone, wenn auch mit entschärften Strafbestimmungen, wiederholt, ist es eine neue und den Zeitumständen entsprechende Wendung, daß der Besitz oder die Verwendung von diesbezüglichem Propagandamaterial gleichfalls unter Strafe gestellt ist, ein Mittel, um kommunistische, faschistische, aber auch pazifistische Propaganda von den Kadern der Ordnungsorgane und der bewaffneten Macht, die ihren Pflichten unbeeinflußt obliegen sollen, fernzuhalten. Das Gesetz rüstete die Polizei im Zusammenhang damit mit einer erleichterten Durchsuchungserlaubnis von Gebäuden aus, die von einem Richter des *High Court* erteilt wird[1]. Strafverfolgungen bedürfen der Zustimmung des *Director of Public Prosecutions*, sind im übrigen sehr selten und noch seltener erfolgreich, da die Geschworenen nicht gerne verurteilen. Während alle diese Bestimmungen sich nur gegen die Verleitung der eigentlichen Ordnungsorgane zur Pflichtverletzung richten, bedroht der *Aliens Restriction (Amendment) Act* von 1919 (9 & 10 Geo. 5, c. 92) einen Ausländer auch dann mit Strafe, der die Verführung zur Pflichtverletzung oder Auflehnung außer bei der bewaffneten Macht, bei der Zivilbevölkerung selbst unternimmt und verbietet ihm auch die Einmischung in Industriekonflikte, außer, wenn er in der betreffenden Industrie vorher mindestens zwei Jahre lang beschäftigt gewesen war.

## 5. Geheimnisverrat

### a) Gesetzliche Regelungen

Im Rahmen der Staatsschutzgesetzgebung ist ferner das in den verschiedenen *Official Secrets Acts* enthaltene Verbot der Auskundschaftung und des Verrats von Staatsgeheimnissen von wesentlicher praktischer Bedeutung. In ihrer Gesamtheit stellen sie den Staatsschutz gegen Spionage dar. Die weite Fassung der neueren Gesetzgebung hat allerdings den erheblichen Nachteil, daß eine Erörterung von Angelegenheiten behindert oder sogar völlig verhindert wird, welche die Regierung im Interesse der Staatssicherheit geheimgehalten wissen will, was sich nicht immer notwendigerweise mit dem öffentlichen Interesse decken muß. Der *Official Secrets Act* von 1911 (1 & 2 Geo. 5, c. 28) richtet sich hauptsächlich gegen die Auskundschaftung von als verboten erklärten Örtlichkeiten, vor allem also von militärischen Installationen, und die Übermittlung von einem Feind nützlichen Informationen, Dokumenten oder anderem Material sowie gegen andere Spionageakte. Das Zusatzgesetz von 1920 (10 & 11 Geo. 5, c. 75) detailliert vor allem strafbare Listen, die bei der Erlangung des Zutritts zu verbotenen Plätzen benutzt werden könnten, und verbietet allgemein die Verbindung mit fremden Agenten. Anstiftung und Beihilfe sind strafbar. Die Fassung der Gesetzesbestimmungen ist weit genug, um ihren Schutz auch solchen Angelegenheiten zuteil werden zu lassen, die nicht von nationaler Bedeutung, sondern nur zur amtlichen Geheimhaltung bestimmt sind, so daß unter das Gesetz auch *civil service*-Beamte, Steuerinspektoren und sogar Polizisten fallen. Kein Polizeibeamter kann also Dritten, beispielsweise einem Journalisten oder Reporter, Kenntnis

[1] Siehe oben S. 284.

von Dingen geben, die er amtlich erfahren hat[1]. Außerdem bestehen bei Anwendung der Gesetze weite Durchsuchungsberechtigungen auf bloßen Verdacht hin und es kann dabei von der vorherigen Ausstellung eines Durchsuchungsbefehls Abstand genommen werden. Einer mißbräuchlichen Anwendung dieser scharfen Schutzbestimmungen ist dadurch ein Riegel vorgeschoben, daß jede Strafverfolgung der Zustimmung des *Attorney-General* bedarf und daß bei der Befragung nach den Quellen einer Information vorher ein Staatssekretär seine Zustimmung gegeben haben muß.

Infolge der Unterstellung der Beamten und selbst der Arbeiter und Angestellten von Fabriken, die mit der Herstellung geheimzuhaltender Gegenstände befaßt sind, ist die Geheimhaltungspflicht über die eigentlichen, an sich nicht alltäglichen Spionagefälle hinaus auf weite Bevölkerungskreise ausgedehnt und damit zu einem wesentlichen Bestandteil des Staatsschutzes geworden. Doch legt sich die Regierung in der Handhabung der Bestimmungen außerordentliche Zurückhaltung auf und es ist vor allem durchwegs vermieden worden, daß unter dem Deckmantel des Geheimschutzes Angelegenheiten dem Publikum vorenthalten wurden, auf deren Kenntnis und Erörterung es an sich Anspruch hätte. Analoge Schutzbestimmungen im Interesse von Geheimhaltung enthält der *Atomic Energy Act* von 1946 (9 & 10 Geo. 6, c. 80 [Sektion 11]). Ob dadurch der internationalen Forschung ein wesentlicher Nachteil erwachsen ist, läßt sich einstweilen nicht einwandfrei feststellen.

### b) Administrative Staatssicherheitsmaßnahmen

Aus einer Reihe von Gründen erlangten neuerdings die Probleme des Staatsschutzes und der Staatssicherheit verstärkte Bedeutung. In einer Periode erhöhter politischer Spannungen zwischen dem kommunistischen und dem westlichen konstitutionell-demokratischen System hängt die Nationalverteidigung wesentlich von dem einem Lande zur Verfügung stehenden Nuklearpotential ab. Der Kommunismus aber kann bei diesem Wettbewerb auf eine ideologisch motivierte Loyalität seiner fanatischen Anhänger rechnen, welche sich gegebenenfalls als stärker als die einer Person angeborene Treue gegenüber seinem eigenen Vaterland erweist. Hat daher ein überzeugter Kommunist Zugang zu atomaren oder anderen Staatsgeheimnissen, liegt die Gefahr eines, wenn auch aus politischem Idealismus begangenen Geheimnisverrats besonders nahe.

Auch England sah sich seit dem letzten Weltkrieg solchen Konflikten zwischen Staatstreue und kommunistischer Ideologie gegenübergestellt.

[1] Vor dem Fall *Lewis v. Casttle* ([1938] [2 K.B. 454]) war die Weigerung der Bekanntgabe der Quelle, aus der jemand seine Kenntnis einer geheimzuhaltenden Angelegenheit bezogen hatte, strafbar; der *Official Secrets Act* von 1939 (2 & 3 Geo. 6, c. 121) beschränkte dies auf die eigentlichen Spionagetatsachen.

Zwei solcher Fälle erregten sensationelles Aufsehen; der erste betraf den ostdeutschen Kernphysiker Klaus Fuchs, der wegen des Verrats von ihm anläßlich seiner amtlichen Tätigkeit im Atomforschungs-Laboratorium Harwell zugänglich gewordenen Kenntnissen an russische Agenten zu zehn Jahren Gefängnis verurteilt wurde (1950). Der zweite Fall war die Flucht zweier Beamter des Auswärtigen Amts, Maclean und Burgess, von denen der erstere in leitender Stellung gewesen war, zu den Sowjets, wobei sich herausstellte, daß sie bereits wegen des nachträglich bestätigten Verdachts der Nachrichtenübermittlung überwacht, aber nicht rechtzeitig dingfest gemacht worden waren[1]. Beide Fälle veranlaßten weitere Verbesserungen der bereits bestehenden Verwaltungsmaßnahmen zur Überprüfung der politischen Zuverlässigkeit.

Das bei Verdacht politischer Unzuverlässigkeit einzuschlagende Verfahren, an dem selbstverständlich alle Parteien gleichermaßen interessiert waren, wurde erstmals in einer Anweisung des Schatzamts von 1948 niedergelegt, die seither (1958) durch eine weitere nach Maßgabe der in der Zwischenzeit berichtenden Konferenz der *Privy Councillors*[2] ergänzt wurde. Der Zweck des Verfahrens ist ausschließlich präventiv, die amtliche Feststellung also, daß ein Mitglied des *Civil Service* (oder auch eine andere Person, die kraft ihrer beruflichen Tätigkeit Zugang zu Staatsgeheimnissen hat) politisch nicht zuverlässig genug ist, um mit Geheimmaterial vertraut zu sein. Dabei müssen greifbare Anhaltspunkte einer potentiellen Unzuverlässigkeit vorliegen. Dazu gehören: Mitgliedschaft in oder Verbindung mit einer kommunistischen (oder, wenigstens theoretisch, einer faschistischen) Organisation; gesellschaftlicher Umgang mit Kommunisten; Heirat mit einem kommunistisch eingestellten Ehepartner[3]; dazu traten dann beim weiteren Ausbau des Überprüfungsverfahrens gewisse Persönlichkeitsmängel (wie Homosexualität)[4], welche

---

[1] In der Affäre Profumo (1963) wurden zwar Verletzungen der Staatssicherheit behauptet, erwiesen sich aber als unbegründet. Andere weithin beachtete Spionagefälle betrafen den Physiker Bruno Pontecorvo, der sich vor der Entdeckung nach Rußland absetzen konnte, und auch eine Reihe von Beamten, wie Gordon Lonsdale, die Marinespione von Portland, und John Vassall.

[2] *Statement on the Findings of the Privy Councillors on Security* (Cmnd. 9715/1956).

[3] Die Veranlassung des oben erwähnten Ausschusses der *Privy Councillors* war die durch den *Minister of Supply* bewirkte Entlassung eines höheren Angestellten der mit Rüstungsaufgaben befaßten *Imperial Chemical Industries* gewesen, dessen Frau kommunistischer Neigungen bezichtigt worden war.

[4] Der weites Aufsehen erregende Wolfenden-Bericht (1957) hatte eine Aufhebung der harten Strafandrohungen wegen Homosexualität empfohlen, soweit es sich um ein privates Verhältnis zwischen Erwachsenen handelt, während die Schutzbestimmungen zugunsten der Jugendlichen aufrechterhalten bleiben sollten, und war von der Öffentlichkeit, insbesondere auch von den Kirchen, befürwortet worden. Diesbezügliche *private member*-Vorlagen waren aber bei freigegebener Abstimmung

angenommenermaßen zu einer Erpressung ausgenutzt werden könnten. Die Überprüfung wurde später auch auf solche Anstellungen in der Privatindustrie erstreckt, die beruflichen Zugang zu Staatsgeheimnissen haben. Im Jahre 1952 wurde die Überprüfung automatisch auf alle „sensitiven“ Stellungen des *Civil Service* ausgedehnt, also diejenigen vor allem, welche mit der nuklearen Forschung und Praxis und einschlägigen Rüstungskontrakten zu tun haben. Damit war 1955 die Zahl der in diese Kategorie der „sensitiven“ Stellungen fallenden Personen von ursprünglich 3000 auf etwa 10000 angewachsen. Die nach der Aufdeckung des Falles Maclean-Burgess eingesetzte Konferenz der *Privy Councillors* befaßte sich vor allem mit dem auswärtigen Dienst, ging also über die nur technischen Staatsgeheimnisse hinaus.

Die Entscheidung über die politische Zuverlässigkeit des Beamten liegt beim zuständigen Minister. Hat dieser Anlaß zur Vermutung politischer Unzuverlässigkeit, wird der Betreffende einstweilen beurlaubt, bis die endgültige Entscheidung vorliegt. Sie erfolgt im Benehmen mit einem dreigliedrigen Beratungsausschuß, dem zwei ehemalige *Civil Service*-Mitglieder und, worauf die Beamten-Vertretung der *Whitley Councils* bestanden hatte, ein früherer Funktionär des Gewerkschaftskongresses angehören. Dem Verdächtigten wird volles Gehör und Gelegenheit zur Widerlegung der Anschuldigung gewährt, deren Quellen allerdings aus Staatssicherheitsgründen geheim bleiben müssen. Erweist sich auf Grund des amtlichen Verfahrens der Zweifel an der politischen Zuverlässigkeit des Verdächtigten als begründet, so kann der Minister entweder die Dienstentlassung verfügen, soweit statt dessen nicht Gelegenheit zum freiwilligen Rücktritt vom Amt gegeben wird, oder aber — der weit häufigere Fall — er kann den Betreffenden unter Aufrechterhaltung des Dienstverhältnisses auf eine andere staatssicherheitsmäßig weniger oder nicht exponierte Stelle in seinem Department versetzen, wo er keinen Zugang zu Geheimmaterial hat. Gegen den Bescheid des Ministers besteht keinerlei Berufungsmöglichkeit. Bemerkt sei, daß solche internen Dienstmaßnahmen unter keinen Umständen als Verletzung der *Official Secrets*-Gesetzgebung gelten.

Von einer statutarischen Einkleidung der Präventivmaßnahmen wurde als mit der britischen Freiheitstradition unvereinbar Abstand genommen. Die einzige Ausnahme findet sich im *Atomic Energy Authority Act* von 1954 (2 & 3 Eliz. 2, c. 32 [*First Schedule* (7) (2)]), wonach eine Anstellung bei der Atomenergiebehörde nur mit Zustimmung des zuständigen

zweimal (1960 und 1964) von den Commons abgelehnt worden, im letzteren Fall mit 173:159 Stimmen und dies trotzdem das Oberhaus die Vorlage gutgeheißen hatte. Bei einer neuerlichen Vorlage (1966) kehrte sich aber in der zweiten Lesung das Verhältnis um (164:107). Sie ist aber bisher noch nicht zur Gesetzeskraft erwachsen.

Ministers (damals des *Lord President of the Council*, nunmehr des *Minister of Technology*) beendet werden kann.

Die Belastung des *Civil Service* mit aus den angegebenen Gründen unzuverlässigen Beamten erwies sich, soweit bekannt geworden, weder zahlenmäßig noch sachlich als bedeutend[1]. Bei der Durchführung wurde mit größter Diskretion vorgegangen und die Namen der in Mitleidenschaft gezogenen Personen sind der Öffentlichkeit unbekannt geblieben, in wohltuendem Gegensatz zu den Vereinigten Staaten, wo die mit der Staatstreueüberprüfung verbundene amtliche Hysterie die Öffentlichkeit vergiftete und über die Beteiligten, ob schuldig oder ob — häufiger — unschuldig —, schweres Leid gebracht hatte und sich überdies bis tief in die Privatindustrie hinein erstreckte[2], ohne im großen ganzen der Staatssicherheit mehr zu nutzen als die behutsame englische Art.

Alle Parteien sind sich darüber einig, daß zwar die Staatssicherheit Vorsichtsmaßnahmen erfordert, daß dabei aber der Würde der Persönlichkeit und der Individualfreiheit so wenig wie möglich Abbruch getan werden sollte. England ist dabei nicht schlechter gefahren, als es anderswo der Fall war.

## 6. Andere Staatsschutzgesetze

Von anderen statutarischen Regelungen die öffentliche Sicherheit und Ordnung betreffend ist der bereits früher mehrfach behandelte *Public Order Act* von 1936 mit seinen im Interesse des Staatsschutzes gebotenen Eingriffen in die Vereinigungs- und Versammlungsfreiheit die praktisch bei weitem wichtigste. Herstellung und Vertrieb von Explosivstoffen unterliegen der überall üblichen gesetzlichen Kontrolle (*Explosives Act* von 1923 [13 & 14 Geo. 5, c. 17]). Das jüngste Anwachsen der Jugendkriminalität, soziologisch nicht ohne ursächliche Verbindung mit der Wohlstandsgesellschaft, erforderte einige nicht notwendig auf den Staatsschutz bezogene gesetzgeberische Maßnahmen. Unter dem *Firearms Act* von 1937 (1 Edw. 8 & 1 Geo. 6, c. 12) ist es verboten, Schußwaffen oder Munition ohne behördliche Lizenz zu besitzen oder sie zum Widerstand gegen eine rechtmäßige Festnahme zu verwenden oder sie zu verwenden versuchen, wie auch das Mitführen von Schußwaffen bei der Begehung bestimmter Straftaten straferschwerend ist. Nach dem *Prevention of Crime Act* von 1953 (1 & 2 Eliz. 2, c. 14) darf keine Angriffswaffe ohne behördliche Erlaubnis oder zureichenden Grund in der Öffentlichkeit mitgeführt werden (*R. v. Jura* [1954] [1 Q. B. 503] [C. C. A.]). Bestimmte

---

[1] In den ersten sieben Jahren nach Einführung des Verfahrens wurden 24 Beamte entlassen oder nahmen ihren Abschied, 72 wurden auf andere Stellen versetzt.

[2] Siehe hierüber ausführlich KARL LOEWENSTEIN, *Verfassungsrecht und Verfassungspraxis der Vereinigten Staaten*, S. 551ff.

Arten von Messern dürfen weder hergestellt noch verkauft noch zum Verkauf ausgestellt werden (*Restriction of Offensive Weapons Acts* von 1959 [7 & 8 Eliz. 2, c. 37] und 1961 [9 & 10 Eliz. 2, c. 22]).

Auch das bereits nach *common law* bestehende Verbot des Handelsverkehrs mit dem Feind fand eine dauernde gesetzliche Regelung im *Trading with the Enemy Act* von 1939 (2 & 3 Geo. 6, c. 89). Wie sein Titel besagt, gilt er nur bei Bestehen des Kriegszustands mit einem auswärtigen Feind. Unter „Feind" wird dabei nicht nur der feindliche Staat selbst, sondern jede Einzelperson verstanden, welche in einem feindlichen Gebiet niedergelassen ist. Feindliches Gebiet ist auch dasjenige, das nur zeitweilig unter einer feindlichen Macht steht. Als „Verkehr" gilt jede kommerzielle, finanzielle oder anderweitig getätigte Handlung, die dem Feind zugute kommen könnte. Das Gesetz wird vom *Board of Trade* verwaltet, der in bestimmten Fällen im Benehmen mit der *Treasury* Ausnahmen bewilligen kann.

## 7. Maßnahmen gegen Rassenhetze und rassische Diskriminierung

Weitet man, was nicht unzulässig erscheint, den Begriff des Staatsschutzes dahin aus, daß darunter auch die Gewährleistung der Bedingungen eines harmonischen Gemeinschaftslebens verstanden wird, so wäre hier auch die jüngste Gesetzgebung zur Bekämpfung der Rassenhetze gegen die farbige Bevölkerung und gegen ihre unterschiedliche Behandlung einschlägig. Wie früher ausgeführt[1], hatte der Zustrom von dunkelhäutigen britischen Bürgern aus dem *Commonwealth* die Drosselung der bis dahin unbeschränkten Einwanderung im *Commonwealth Immigrants Act* von 1962 (10 & 11 Eliz. 2, c. 21) veranlaßt. Er war die Folge gewisser sozialer Spannungen gewesen, die sich in unerwarteter Weise in einem Lande eingestellt hatten, das mit Stolz sich der Führung der Welt gegen die Sklaverei schon im 18. Jahrhundert berühmen darf.

Es wäre allerdings verfehlt, im neuesten Rassenproblem eine Parallele mit den Zuständen in den Vereinigten Staaten zu erblicken. Die Proportionen sind in Großbritannien weit kleiner; auch handelt es sich bei der britischen Einwanderung nur zum geringsten Teil um echte Neger; die Mehrheit der sogenannten farbigen Bevölkerung besteht aus intellektuell weit höher stehenden Bürgern von Indien und Pakistan. Auch ist die Rassenfrage bisher kein allgemeines Problem geworden, sondern es beschränkt sich auf bestimmte Industriezentren, wo sich infolge der Unmöglichkeit, andere Wohnungen zu finden, eigentliche Ghettos von Farbigen bilden mußten[2]. Es läßt sich mit Bestimmtheit sagen, daß die

[1] Siehe oben S. 244 ff.

[2] Der Ausbeutung der Wohnungsnot durch skrupellose Hauseigentümer und Vermieter soll durch den neuen *Rent Act* von 1965 (Eliz. 2, c. 75) entgegengetreten werden.

überwiegende Mehrheit der Bevölkerung der britischen Inseln von der Farbigen-Frage nicht unmittelbar berührt ist.

Dies hindert aber nicht, daß sich dort, wo Einheimische und Eingewanderte zusammenwohnen und zusammenarbeiten müssen, Reibungen entwickelt haben, welche zu einer verbreiteten Mißstimmung der ersteren gegen die letzteren und umgekehrt zu berechtigten Klagen der letzteren geführt haben. Hausbesitzer weigerten sich, an Farbige zu vermieten, Grundeigentümer, an Farbige zu verkaufen, weil sie dabei eine Wertminderung befürchteten. Auch in den Vergnügungs- und Unterhaltungslokalen wurden die beiden Rassen unterschiedlich behandelt. Angesichts der herrschenden Vollbeschäftigung haben sich jedoch — einstweilen — keine Einstellungsschwierigkeiten für die arbeitsuchenden Einwanderer von dunklem Pigment ergeben, deren berufliche Leistung allgemein geschätzt wird.

Diese Mißstimmung einzelner Bevölkerungssektoren bot der zahlenmäßig gänzlich unbedeutenden Gruppe von nazistischen Rassenfanatikern die erwünschte Gelegenheit zur Rassenhetze und Aufwiegelung und dies umso mehr, als keinerlei gesetzliche Verbotsbestimmungen dagegen vorhanden waren. Es wurde dabei nach amerikanischem Muster des Ku Klux Klan[1] auch mit individuellen Terrorakten gegen Farbige und sie unterstützende britische Bürger gearbeitet, was dann wiederum zur Bildung von Abwehrorganisationen der betroffenen Farbigen führen mußte. Die Spannungen hatten aber auch starke politische Rückwirkungen. Labour hatte bei den Wahlen von 1964 schwer unter der gegen die Partei gerichteten Rassenhetze zu leiden, da die Partei sich ursprünglich der Einwanderungsdrosselung grundsätzlich widersetzt hatte. Auch konservative Kandidaten fanden es zu ihrem Vorteil, im Trüben der Rassenhetze zu fischen.

Alle diese Umstände veranlaßten die Labour-Partei nach der Regierungsübernahme — übrigens nicht zum ersten Mal —, eine Vorlage gegen Rassenhetze und rassenbedingte Diskriminierung im täglichen Leben einzubringen. Das mit Zustimmung aller Parteien erlassene, sich vorsichtig als *Race Relations Act* von 1965 (Eliz. 2, c. 73) betitelnde Gesetz verbietet die auf Rasse, Farbe oder Religion gegründete unterschiedliche Behandlung in Hotels und allgemein zugänglichen Unterkunftsstätten, in Restaurants und Unterhaltungslokalen sowie die Verweigerung von Miet- und anderen Grundstücksverträgen. Verboten ist weiter die Rassenhetze und die Herstellung und Verbreitung des ihr dienenden Propaganda-

[1] Dieser ist eine seit dem amerikanischen Bürgerkrieg in einzelnen Südstaaten der Union bestehende Geheimorganisation, deren Programm die Niederhaltung von Negern, Katholiken, Juden und Ausländern ist. Eine Beseitigung dieses Treibens ist bisher angesichts der Passivität der örtlichen Polizeiinstanzen nicht gelungen.

materials. Personen, die durch eine der verbotenen Handlungen geschädigt sind, steht zivilrechtlicher Schadenersatzanspruch zu.

In der schließlichen Fassung des Gesetzes scheinen die Engländer aber die gleichen Fehler begangen zu haben, die lange Jahrzehnte den parallel gelagerten amerikanischen Maßnahmen anhafteten: Statt nach dem Grundsatz des *principiis obsta* von Anfang an energisch durchzugreifen, wurde die Vorlage unter dem Druck von *backbenchers* beider Parteien dadurch verwässert und entschärft, daß anstelle der ursprünglich vorgesehenen Strafbestimmungen – Geldbußen, die sich im Wiederholungsfall steigern konnten – lediglich ein „Ausgleichs" (*conciliation*)-Verfahren eingefügt wurde, das erst als *ultima ratio* zu einer von der Regierung zu beantragenden gerichtlichen einstweiligen Verfügung führen kann. In Einzelfällen mag ein solches Ausgleichsverfahren von Nutzen sein, wenn etwa der Inhaber eines Vergnügungsbetriebs auf das Unzulässige einer rassischen Diskriminierung hingewiesen werden kann. Bei den Wahlen von 1966 wurde über rassenbedingte Zwischenfälle nichts berichtet. Auch Patrick Gordon Walker konnte seinen 1964 verlorenen Sitz in Smethwick triumphal wiedergewinnen. Ob dieser Umschwung auf das neue Gesetz zurückzuführen ist, ist nicht festzustellen. Es läßt sich aber mit Sicherheit voraussagen, daß mit dieser Maßnahme die Rassenfrage in Großbritannien nicht gelöst sein dürfte. Sollte einmal die Vollbeschäftigung nachlassen und Farbige in Stellungen belassen werden, auf welche Weiße Anspruch erheben, kann aller Voraussicht nach mit einer die Vorurteile des weißen Mobs ausbeutenden Agitation gerechnet werden, der gegenüber die gegenwärtige Regelung ohne kräftige Strafandrohungen wirkungslos bleiben muß.

## II. Behördliche Maßnahmen zum Schutz der Staatsordnung

### 1. Die zur Zwangsanwendung berechtigten Ordnungsorgane

Nach *common law* ist die Aufrechterhaltung der öffentlichen Ordnung eine Pflicht der Regierung, aber nicht dieser allein; sie wird vielmehr mit allen Behörden und sogar mit der allgemeinen Bürgerschaft geteilt. Die Verpflichtung zur Ergreifung der dabei erforderlichen Maßnahmen obliegt den Bürgermeistern der *boroughs*, den Gerichtsmagistraten der Grafschaften und den *sheriffs* (in Schottland). Diese Behörden bedienen sich dabei normalerweise der Polizeiorgane — *constables* —, die bezeichnenderweise als *officers of the peace* angesprochen werden[1]. Die Polizeibeamten sind aber nicht Vertreter (*agents*) der Lokalbehörden, sondern der zentralen Staatsgewalt (*Fisher v. Oldham Corporation* [1930] [2 K. B. 364]). Der

[1] Siehe oben S. 152 ff.

im Dienst befindliche Polizeibeamte handelt jedoch unter eigener Verantwortung und nicht mit abgeleiteter Zuständigkeit (*Enever v. The King* [*Australia*] [1906] [3 C. L. R. 969]).

Seit alters steht den mit der Aufrechterhaltung des öffentlichen Friedens betrauten Behörden im Notfall das Recht der Ernennung von Spezialkonstablern zur Ergänzung der ordentlichen Polizeikräfte zu, wofür alle körperlich rüstigen Personen im Alter von 25 bis 55 Jahren herangezogen werden können. Sie werden von zwei oder mehreren Friedensrichtern ernannt und eingeschworen. Nach den *Special Constables Acts* von 1914 (4 & 5 Geo. 5, c. 61) und 1923 (13 & 14 Geo. 5, c. 61) können solche Polizeihilfskräfte auch dann als Polizeireserve bestellt werden, wenn keine Notlage besteht oder befürchtet wird.

Weiterhin können nach *common law* zur Aufrechterhaltung der öffentlichen Ordnung und zur Verhütung von Verbrechen (*felony*), falls die Ordnungskräfte der zuständigen Zivilbehörden nicht ausreichen, die Mitglieder der bewaffneten Streitkräfte eingesetzt werden, wozu aber in neuerer Zeit nur im äußersten Notfall gegriffen würde. Sie stehen dann unter dem Befehl der zuständigen Zivilbehörden, in der Regel eines Gerichtsmagistraten, und sind nichts anderes als Bürger in Uniform. Sie dürfen nur auf seine Anordnung von der Schußwaffe Gebrauch machen und müssen es dann tun. Als Vorsichtsmaßregel wird verlangt, was allerdings keine gesetzliche Pflicht ist, daß ein Gerichtsmagistrat die Truppe beim Einsatz begleitet. Den eingesetzten Offizieren und Mannschaften kommen dabei aber keine besonderen Privilegien und keine besondere Verantwortung zu. Das Militär handelt ausschließlich unter ziviler Zuständigkeit, nicht im eigenen Namen.

Schließlich kann jeder Bürger im Notfall zur Aufrechterhaltung der öffentlichen Ordnung eingesetzt werden, also etwa bei Auflauf, Aufruhr oder feindlicher Invasion und er kann dabei den zur Wiederherstellung des Friedens erforderlichen Zwang anwenden. Wird ein an sich Unbeteiligter bei einem Auflauf oder bei einer sonstigen schweren Friedensstörung von einem Polizeibeamten zur Mitwirkung an der Wiederherstellung des Friedens aufgefordert, so muß er Folge leisten (*R. v. Brown* [1841] [C. & Mar. 314] [Schlüsselfall]).

Zwang darf nur wenn notwendig angewendet werden und sein Maß muß sich im Einklang mit dem abzustellenden Übelstand befinden (*R. v. Pinney* [1832] [8 C. & P. 254] [Schlüsselfall]). Bei zweckwidriger und übermäßiger Zwangsanwendung setzt sich der Polizeibeamte oder auch Zivilist strafrechtlicher Verantwortung wegen Zwangsüberschreitung aus (*Wright v. Fitzgerald* [1799] [27 St. Tr. 765]).

Heute sind die wohlausgebildeten Polizeikräfte durchaus in der Lage, jeder öffentlichen Ordnungsstörung, mag sie auch noch so bedrohlich erscheinen, Herr zu werden. Der Einsatz des Militärs bei inneren Unruhen ist in neuerer Zeit kaum je vorgekommen und auf die Hilfe von Zivilisten wird überhaupt nicht mehr zurückgegriffen.

## 2. Probleme und Problematik des Standrechts

### a) Begriffsbestimmung

Der englische Begriff *martial law* wird zweckmäßig als das Standrecht oder auch als das Recht des Ausnahmezustandes wiedergeben, jedoch mit dem Vorbehalt, daß es sich in Großbritannien, zum Unterschied etwa von Frankreich, um keine gesetzlich anerkannte staatsrechtliche Einrichtung nach Art des Belagerungszustandes (*état de siège*), sondern um eine sich aus tatsächlichen Gründen ergebende Situation handelt[1].

Was also ist in der Tat *martial law?* In Großbritannien (und anderen angelsächsischen Rechtszivilisationen) wird darunter die Situation verstanden, daß innerhalb des eigenen Staatsgebiets eine Kriegslage besteht oder kriegerische Handlungen vor sich gehen. Der wesentliche Unterschied der Standrechtssituation von derjenigen eines nur lokalen Unruheherdes liegt also darin, daß in letzterem Fall das Militär im Notfall von den Zivilbehörden eingesetzt werden kann, während im ersteren Fall die Militärbehörden in der Hauptsache an die Stelle der Zivilbehörden treten müssen. Praktisch würde eine Definition des *martial law* darauf hinauslaufen, daß in bestimmten Staatsnotlagen den Militärbehörden die Ordnungsgewalt zufällt, daß also Militärgerichte auch gegenüber Zivilpersonen den Gehorsam gegenüber den militärischen Anordnungen erzwingen können.

Zunächst aber erhebt sich hier die Grundfrage: Gibt es in Großbritannien überhaupt eine Rechtsinstitution, die als ein solches Ausnahme- oder Standrecht bezeichnet werden kann? Unbestritten ist, daß dies in Friedenszeiten überhaupt nicht möglich ist, weder nach *common law* noch als ein Prärogativrecht der Krone (*R. v. Eyre* [1868] [L. R. 3 Q. B. 478] [Finlayson Sp. Rep. 73]). Dem stünde schon die *Petition of Rights* von 1628 entgegen, welche die Abschaffung von mit Ausnahmebefugnissen ausgestatteten Kommissionen verlangte. Zweifelhaft aber mag sein, ob bei einem auswärtigen Krieg nach erfolgter Kriegserklärung innerhalb des Gebiets von Großbritannien zum Standrecht geschritten werden kann. Die Prärogative könnte dafür nicht herangezogen werden; denn der

---

[1] *Martial law* ist nicht mit gewissen anderen Rechtslagen zu verwechseln oder gleichzusetzen, also nicht mit den Bestimmungen, welche die Rechtsverhältnisse der Militärpersonen regeln (*military law*, das früher manchmal auch als *martial law* bezeichnet wurde), und auch nicht mit dem Recht, das in einem militärisch besetzten (fremden) Gebiet unter einer Militärregierung (*military government*) gilt. Schließlich deckt sich der Begriff auch keineswegs mit nach *common law* den Behörden obliegenden Pflichten, im Falle von Rebellion, Aufstand oder Invasion die öffentliche Ordnung aufrechtzuerhalten.

Krone obliegt zwar die Staatsverteidigung im Krieg gegen einen auswärtigen Feind, aber sie kann nicht Krieg gegen die eigenen Bürger führen. Ebensowenig findet sich im *common law* eine Rechtsgrundlage für ein Ausnahmerecht, bei dem die Militär- an die Stelle der Zivilbehörden treten könnten. Wenn überhaupt, könnte dies nur durch ausdrücklichen statutarischen Akt des Parlaments erfolgen. In der unabdingbaren Suprematie der Zivil- über die Militärgewalt liegt ein ebenso unabdingbarer Grundsatz des englischen Rechtsstaats.

Die Frage, ob es ein *martial law* gibt, ist aber letzten Endes akademisch. Denn seit den Bürgerkriegszeiten unter Charles I. hat die Krone überhaupt keinen Versuch mehr gemacht, und nicht einmal in Kriegszeiten, den Staatsschutz mit Hilfe des Standrechts duchzuführen. Man kann also, soweit dies bei einer so zwielichtigen Materie angängig ist, feststellen, daß es innerhalb des Staatsgebietes von Großbritannien weder in Kriegs- noch gar in Friedenszeiten eine Rechtsinstitution des *martial law* gibt.

Wohl aber bestanden auch in neuerer Zeit außerhalb des Staatsgebiets von Großbritannien in gewissen Teilen des britischen Weltreichs kriegerische Situationen, in denen das Standrecht zur Anwendung kam, nämlich in Südafrika während des Burenkrieges, in Palästina mehrfach in der Zeit zwischen dem Mandatsantritt Englands und der Verselbständigung als der Staat Israel, vielfach in Indien zwischen den beiden Weltkriegen und vor allem in Südirland in der Zeit zwischen der Osterrebellion von 1916 und der Aufrichtung des Irischen Freistaats. Die überwiegende Mehrzahl aller Gerichtsentscheidungen bezieht sich auf diese Situationen, die, mit Ausnahme von Irland, außerhalb des eigentlichen Staatsgebiets des Vereinigten Königreichs lagen.

### b) Anlaß zum Standrecht

Ob auf britischem Gebiet eine Spannungslage besteht oder zu entstehen droht, welche den Übergang von der Zivil- auf die Militärgewalt rechtfertigt, ist eine Tatfrage, für welche keine rechtlichen Anhaltspunkte vorhanden sind. Unter keinen Umständen aber würde eine interne Revolutionslage, die nicht zu kriegerischen Handlungen geführt hat, die Ablösung der Zivil- durch die Militärbehörden rechtfertigen; ihr muß, wie dargestellt, von den ersteren, gegebenenfalls unter Beiziehung von Truppen, entgegengetreten werden. Das äußere Kriterium der Gefahrenlage könnte darin erblickt werden, daß die Zivilgerichte in der betroffenen Gegend eben wegen der vor sich gehenden Kriegshandlungen nicht normal funktionieren. Aber auch dieser Beweis, wenn es sich um einen solchen handelt, für die Rechtsgültigkeit des Ausnahmezustandes mag ungenügend sein.

Man wird also zum Schluß kommen, daß die Frage, ob ein Ausnahmezustand zu verhängen ist, keine Rechts-, sondern eine Tatfrage ist, deren

Entscheidung bei den Militärbefehlshabern liegt. Das ist rechtsstaatlich unerfreulich, aber nicht zu ändern. Ein nachträglicher Anhaltspunkt für die Rechtmäßigkeit mag in der nachträglichen Unterstellung des guten Glaubens der Militärbehörden an die Notwendigkeit seiner Einführung gefunden werden. Der umfassende *Indemnity* (Freistellungs) *Act* von 1920 (10 & 11 Geo. 5, c. 48) (Sektion 1 [1]) stellte alle Behörden von etwa während des Kriegs begangenen Ungesetzlichkeiten ausdrücklich frei, die in „gutem Glauben, in Erfüllung einer dienstlichen Pflicht oder zur Verteidigung des Staats" vorgenommen wurden. Dies ist ein probates Mittel, wo es an einer allgemeinen gesetzlichen Notstandsregelung fehlt.

### c) Die Stellung der Militärgerichte

Übernimmt die Militärgewalt die Aufgabe des Staatsschutzes bei kriegerischen Handlungen, sei es um eine Invasion zurückzuweisen oder um einer weitverbreiteten Rebellion Herr zu werden, so können Militärgerichte (*courts martial*) zur Aburteilung auch von Zivilpersonen eingerichtet werden, beispielsweise um den Gehorsam gegenüber militärischen Anordnungen, wie Ausgehverbot, Leistung von Hilfsdiensten etc., zu erzwingen, vorausgesetzt, solche Anordnungen waren zu legitimen Verteidigungszwecken erlassen worden. Diese Militärgerichte sind aber nicht und gelten auch nicht als anerkannte Gerichtsbehörden (*courts of record*)[1]. Sie sind deswegen keine echten Gerichte, weil sie nur dazu bestimmt sind, als Hilfsorgane des Militärbefehlshabers zu fungieren (*Re Clifford and O'Sullivan* [1921] [2 A. C. 570] [Schlüsselfall])[2]. Auch die offizielle Erklärung des Ausnahmezustandes durch eine Proklamation, die üblich ist, schafft keinen gültigen Beweis, daß die Verhängung rechtens war. Die ordentlichen Gerichte entscheiden auf Antrag eines militärgerichtlich Betroffenen darüber allein; denn jeder Bürger hat das unabdingbare Recht, jeden Akt der Exekutive, also auch der in ihrem Auftrag handelnden Militärbehörden, auf seine Rechtmäßigkeit nachprüfen zu lassen. Es sind also die Zivilgerichte selbst, die darüber entscheiden, ob oder ob nicht in dem betreffenden Bezirk kriegerische Handlungen vor sich gingen, welche die Übertragung der Justizgewalt an die Militärbehörden rechtfertigen (*R.* [*Garde*] *v. Strickland* [1921] [2 I. R. 313]). Es liegt aber

[1] Dies ist verschieden von der statutarischen Unterstellung von Zivilisten unter die Militärgerichtsbarkeit, wie sie vom *Army Act* von 1955 (3 & 4 Eliz. 2, c. 18) und vom *Air Force Act* von 1955 (3 & 4 Eliz. 2, c. 19) verfügt worden ist. Dort wurden neun bestimmte Kategorien, darunter die Familienangehörigen von Dienstleistenden, der Militärgerichtsbarkeit unterstellt; in diesen Fällen sind die Militärgerichte anerkannte *judicial bodies*.

[2] Hier hatte das *House of Lords* den Antrag zweier in den irischen Wirren vor Errichtung des Irischen Freistaats von einem Militärgericht Verurteilter auf Erlaß eines Gerichtsbefehls der *prohibition* (siehe oben S. 123) eben deshalb abgewiesen, weil die Militärgerichte keine echten Gerichte sind.

in der Natur der Sache, daß, ist einmal das Standrecht in Kraft gesetzt, der von einem Militärgericht verurteilte Bürger schlechter gestellt ist als es vor den ordentlichen Gerichten der Fall wäre. Er kann bereits erschossen worden sein, ehe ein eingelegter Rechtsbehelf (etwa ein *habeas corpus*-Enthaftungsantrag) zum Zuge gekommen ist; die *ex post facto*-Feststellung, daß die Militärgerichte ungesetzlich gehandelt haben, hilft ihm dann kaum. Wird das Vorliegen einer Kriegslage angenommen, so gibt es überhaupt keinen Rechtsbehelf gegen eine militärgerichtliche Entscheidung; denn es ist unbestritten, daß die ordentlichen Zivilgerichte gegenüber den unter *martialaw* amtierenden Militärbehörden einschließlich der Militärgerichte keine Zuständigkeit besitzen (*Ex parte D. F. Marais*, [*Marais v. General Officer Commanding*] [1902] [A. C. 109] [Schlüsselfall]; *R. v. Portobello Barracks Commanding Officer ex parte Erskine Childers*) [1921] [1 I. R. 5][1]. Die Rechtslage wurde ein einziges Mal, während des irischen Aufstands nach dem ersten Weltkrieg, statutarisch geregelt (*Restoration of Order in Ireland Act* von 1920 [10 & 11 Geo. 5, c. 31]), der der Exekutive und den für sie handelnden Militärbehörden außerordentliche Vollmachten zur Bewältigung des Aufstands eingeräumt hatte. In *R. v. Allen* [1921] [2 I. R. 241] und *R.* (*Garde*) *v. Strickland* [1921] [2 I. R. 313] lehnte die irische *King's Bench Division* ein Eingreifen gegen das Militärgericht ab, da nach ihrer Auffassung die betreffende Gegend von Kriegshandlungen betroffen war.

Was also von den nachprüfenden ordentlichen Gerichten verlangt wird, soweit die sehr kärglichen und noch dazu meist aus der irischen Kampfzeit stammenden Entscheidungen ein Urteil zulassen, ist folgendes Ob im kritischen Zeitpunkt in einem bestimmten Bezirk eine Kriegslage besteht oder bestanden hat, ist eine Tatfrage. Wird sie bejaht, sind die Militärgerichte nicht an die für die ordentlichen Gerichte geltenden Verfahrensregeln gebunden und es gibt daher auch kein Rechtsmittel gegen ihre Entscheidungen. Auch nach Beendigung der Kriegslage besteht keine Abhilfe, wenn angenommen wird, die Verurteilung sei in gutem Glauben der Militärbehörden und im Einklang mit der Notlage erfolgt (*Wright v. Fitzgerald* [1799] [27 St. Tr. 759]). Stellt andererseits das Gericht nachträglich fest, daß im kritischen Zeitpunkt in der fraglichen Gegend keine Kriegslage bestanden habe, kann der Verurteilte — ist er noch am Leben — die Enthaftung durch *habeas corpus* beantragen und erlangen und anderweitigen Schaden geltend machen (*Wolfe Tone's*-Fall [1798] [27 St. Tr. 614]), es sei denn, daß ihm solche Ansprüche durch ein inzwischen ergangenes Indemnitätsgesetz abgeschnitten worden waren.

---

[1] Der damals sensationelles Aufsehen erregende Fall betraf den bekannten irischen Patrioten Erskine Childers, der von einem Militärgericht zum Tode verurteilt und nach Ablehnung des *habeas corpus*-Antrags hingerichtet worden war.

Bei Kapitalverbrechen also, die von Militärgerichten abgeurteilt werden, ist es um den Schutz des Bürgers vor Unrecht schlecht bestellt. Allerdings sind die meisten der entschiedenen Fälle für die englischen Gerichte nicht bindend und diese könnten in dem kaum wahrscheinlichen Fall, daß sie sich mit *martial law*-Fällen zu befassen hätten, auch die Militärgerichtsurteile unter ihre Jurisdiktion bringen.

**d) Statutarische Vollmachten an die Militärbehörden**

Um Zweifel auszuräumen, wurde bereits früher bei vereinzelten Gelegenheiten das Standrecht durch Parlamentsgesetz begründet (so für Irland [1799] und für Jamaica [1865]). Aber auch diese Anwendungsfälle bezogen sich nicht auf Großbritannien selbst. Jedoch wurde anläßlich des ersten wie des zweiten Weltkrieges eine diesbezügliche Gesetzgebung auch für Großbritannien selbst erlassen. Im *Defence of the Realm* (*Consolidation*) *Act* von 1914 [5 & 6 Geo. 5, c. 8] wurden bestimmte aufgezählte Tatbestände, welche wesentlich für die Nationalverteidigung waren, an Militärgerichte verwiesen (so Übermittlung von Nachrichten an den Feind, Sabotage der Verkehrsmittel und anderes). Aber schon sieben Monate später wurde diese Ermächtigung ausdrücklich widerrufen (*Defence of the Realm* [*Amendment*] *Act* von 1915 [5 & 6 Geo. 5, c. 34]) und somit der Schutz durch die ordentlichen Gerichte und die Verhandlung vor Geschworenen für die Zivilbevölkerung in vollem Umfang wiederhergestellt. Der Anspruch des britischen Bürgers auf den gesetzlichen Richter wurde also im großen ganzen nicht beeinträchtigt. Es kamen aber Kompetenzüberschreitungen sowohl militärischer wie ziviler Stellen vor, die schließlich den Erlaß eines umfassenden Indemnitätsgesetzes erforderten (*Indemnity Act* von 1920 [10 & 11 Geo. 5, c. 48]).

Bei Ausbruch des zweiten Weltkriegs wurde von einem Rückgriff auf Militärgerichte für von der Zivilbevölkerung begangene Handlungen zunächst völlig abgesehen. Lediglich für feindliche Ausländer wurde wegen staatsgefährdender Handlungen im *Treachery Act* von 1940 (3 & 4 Geo. 6, c. 21) die Aburteilung durch Militärgerichte zugelassen; der Akt kam nie zur Anwendung und ist längst abgelaufen. Als aber im Jahre 1940 eine deutsche Invasion — Operation Seelöwe — die Gefahr der Übertragung von Kriegshandlungen auf englischen Boden unmittelbar nahebrachte, ermächtigte der *Emergency Powers* (*Defence* [*No. 2*]) *Act* von 1940 (3 & 4 Geo. 6, c. 45) für solche bedrohte Bezirke, die vom *Minister of Supply* als Kriegszonen bezeichnet wurden, die Errichtung von Sondergerichten (*special courts*). Dies waren also keine Militärgerichte, sondern detachierte, aber ordentliche Zivilgerichte. Da die Invasion nicht stattfand, traten diese Gerichte niemals zusammen. Diese Maßnahme zeigt wiederum die unüberwindliche Abneigung des Engländers gegen jedwede Art von Militärherrschaft und -gerichtsbarkeit.

## III. Die Gesetzgebung für den zivilen Notstand

Der Regierung außerordentliche Vollmachten einzuräumen widerspricht an sich der englischen Tradition der ständigen Kontrolle des Parlaments über die Regierung. Es wurde jedoch im *Emergency Powers Act* von 1920 (10 & 11 Geo. 5, c. 55) für eine bestimmt umrissene zivile Notstandssituation eine dauernde gesetzliche Regelung geschaffen, die als vorbildlich gelten kann. Die dabei zur Anwendung kommende Technik besteht in der zeitweiligen Übertragung der Verordnungsgewalt an die Regierung und ihre Departments unter Einschaltung einer rigorosen Parlamentskontrolle hinsichtlich der delegationsweise erlassenen Regierungsmaßnahmen. Die Regelung trat an die Stelle der rechtsstaatlich unbefriedigenden vorherigen Praxis, die in solchen Notzeiten von der Exekutive mangels ausdrücklicher statutarischer Ermächtigung zur Überwindung der Krise begangenen Ungesetzlichkeiten durch ein nachträgliches Indemnitätsgesetz zu sanktionieren. Das Gesetz folgte also der im ersten Weltkrieg eingeführten Praxis statutarischer Ermächtigungen für die Regierung.

Die Bestimmungen des Gesetzes treten nur dann in Kraft, wenn die Regierung durch eine königliche Proklamation formell den Staatsnotstand (*state of emergency*) erklärt hat. Dies ist aber nur dann geboten und zulässig — und dadurch unterscheidet sich die britische Regelung maßgeblich von einer ermessensmäßigen Notstandsregelung —, wenn bestimmte Voraussetzungen vorliegen, wenn nämlich die Regierung zur Auffassung gelangt ist, daß die Versorgung der Zivilbevölkerung oder eines beträchtlichen Teils derselben mit den Lebensnotwendigkeiten — Nahrungsmittel, Brennstoffe, Licht und Strom und ähnliches — oder der Normalablauf der Verkehrsmittel gefährdet ist. Es handelt sich also nur um einen zivilen Notstand, der wirtschaftlich bedingt ist und politische Erwägungen kommen dabei überhaupt nicht in Betracht. Die Dauer der Notstandserklärung ist jeweils auf höchstens einen Monat beschränkt, kann aber unbegrenzte Male erneuert werden (Sektion 1 (1)). Das Parlament ist vom Eintritt der Notstandssituation sofort zu unterrichten und muß, wenn nicht versammelt, binnen fünf Tagen zusammentreten (Sektion 1 (2)). Während der Dauer des erklärten Zivilnotstandes ist die Regierung ermächtigt, im Verordnungswege (*His* oder *Her Majesty in Council*) alle Maßnahmen zu treffen, die zur Versorgung der Bevölkerung mit den Lebensnotwendigkeiten, zur Aufrechterhaltung des Verkehrs und zur Wahrung des Friedens und der öffentlichen Sicherheit erforderlich sind. Dazu gehört beispielsweise, daß die Regierung im Falle eines Streiks die bestreikte Industrie oder die Verkehrsmittel selbst in Betrieb nimmt, was gegebenenfalls durch Freiwillige oder auch durch das Militär zu erfolgen hätte. Die Verordnungsgewalt ist ausdrücklich dahingehend beschränkt, daß sie die strafrechtlichen Verfahrensbestimmungen nicht ändern kann, keine Bestrafung ohne gerichtliche Verhandlung zulässig ist, keine allgemeine Wehrpflicht oder industrielle Zwangsmobilisierung und keine Beschränkung des allgemeinen Streikrechts verfügt werden darf (Sektion 3 (2)).

Alle unter der Notstandsermächtigung von der Regierung unternommenen Maßnahmen sind alsbald dem Parlament vorzulegen und treten nach sieben Tagen außer Kraft, es sei denn, sie würden durch eine Resolution beider Häuser ausdrücklich bestätigt werden (Sektion 2 (2)). Verstöße gegen die Verordnungen können von den Gerichten summarisch, das heißt ohne Geschworene, geahndet werden. Die Höchststrafe wurde auf Gefängnis bis zu drei Monaten oder eine Buße bis zu 100 £ oder beides festgesetzt.

Das Gesetz, von konservativen wie von Labour-Regierungen gleichermaßen angerufen, leistete, was es leisten sollte, nämlich die Austragung von Wirtschaftsstreitigkeiten durch Verhandlungen zu ermöglichen, ohne daß dabei der Normalablauf des Gemeinschaftslebens beeinträchtigt würde. Demgemäß kam es bisher ausschließlich bei nationalen Streiklagen zum Zug. Proklamationen des Zivilnotstands wurden 1921 und 1924 erlassen, ohne aber zu weiteren Regierungsmaßnahmen zu führen. Die eigentliche Erprobung und Bewährung des Gesetzes erfolgte aber anläßlich des Generalstreiks von 1926[1]. Infolge der von der konservativen Regierung getroffenen Maßnahmen, vor allem des Aufgebots von Freiwilligen zur Aufrechterhaltung der Gemeinschaftsdienste, brach er schon nach zehn Tagen zusammen, ohne im übrigen dank der Disziplin von Arbeiterschaft und Polizei zu irgendwelchen gewaltsamen Störungen der öffentlichen Ordnung geführt zu haben. Auch beim Dockstreik von 1948, wo die Labour-Regierung den Betrieb der Londoner Docks übernahm, und beim Eisenbahnerstreik von 1955, als den verschiedenen Ministerien Vollmachten zur ununterbrochenen Versorgung der Zivilbevölkerung mit den Lebensnotwendigkeiten erteilt wurden, wurde das Gesetz angewendet. Wiederum war es eine Arbeiterregierung, das (2.) Kabinett Wilson, das sich vom Parlament anläßlich des Seeleutestreiks im Frühjahr 1966 mit dem vollen Instrumentarium der zivilen Notstandsmaßnahmen ausrüsten ließ, um den Normalablauf der Wirtschaft zu gewährleisten. Ermächtigt wurden nicht weniger als fünfunddreißig Regierungsverordnungen, darunter auch, zum ersten Mal bei einer solchen Gelegenheit, die Befugnis zur Festsetzung von Lebensmittel-Höchstpreisen. Die Forderungen der streikenden Seeleute auf Verbesserung ihrer Arbeits- und Entlohnungsbedingungen waren zweifellos in weitem Umfang berechtigt, stießen aber angesichts der prekären Wirtschaftslage nicht nur auf die entschlossene Abwehr der Regierung, sondern auch auf den Widerstand des Gewerk-

[1] Siehe oben S. 336 f.

schaftskongresses. Da ein gleichzeitiger Dockarbeiterstreik ausblieb, brauchten die der Regierung gewährten Vollmachten überhaupt nicht eingesetzt zu werden, mit der alleinigen Ausnahme einer rein hafentechnischen Maßnahme. Der Streik endete nach fünfundvierzig Tagen nach Maßgabe eines von einer Kommission vorgeschlagenen Kompromisses, war aber letztlich eine der wesentlichen Ursachen für die unmittelbar folgende Pfundkrise.

Die bisherige Beschränkung auf Streikbewegungen erwies, daß diese auch dann auf dem Weg der Verhandlungen zwischen den Sozialpartnern bereinigt werden können, wenn die Gemeinschaft nicht durch Entziehung der Lebensnotwendigkeiten unter Druck gesetzt wird. Die Regelung des Zivilnotstands könnte sich aber gemäß der Novelle von 1964 (Eliz. 2., c. 38) gegebenenfalls auch auf andere Störungen des Normalablaufs, etwa durch eine Natur- oder atomare Katastrophe erstrecken. Über Notwendigkeit und Zweckmäßigkeit einer solchen Notstandsregelung sind sich die Parteien einig.

## IV. Der Staatsschutz in Kriegszeiten

### 1. Die Technik der Ermächtigungsgesetze als Staatsschutzmaßnahme

In Zeiten eines durch außenpolitische Ereignisse bedingten nationalen Notstands muß notwendigerweise im Interesse der Nationalverteidigung eine grundlegende Änderung des politischen Betriebs eintreten; die Regierung faßt die erforderlichen Entschlüsse im Verordnungswege und ohne parlamentarische Zustimmung und läßt sie durch ihre Organe ausführen. Die nationale Notstandssituation bringt es dabei mit sich, daß sich ihr, solange sie dauert („*for the duration*“), sowohl die Geltung der Bürgerrechte wie ihr gerichtlicher Schutz unterordnen müssen. Niemals ist es aber dabei zu jener vollständigen Aufhebung der konstitutionellen Garantien gekommen, wie es unter dem französischen Recht des *état de siège* zulässig ist oder es nach Artikel 48 der Weimarer Verfassung war.

Das britische Regierungssystem kennt keine bereits in Friedenszeiten für den Kriegsfall erlassenen Regierungsvollmachten. In den beiden Weltkriegen wurde die vom nationalen Notstand gebotene Konzentration der Entscheidungsfällung und ihrer Durchführung durch weitreichende Ermächtigungsgesetze bewirkt, die, zu Kriegsausbruch vom Parlament erlassen, der Regierung Vollmachten zur Kriegsführung und allem, was damit zusammenhing, einräumten. Unter dem Gesichtswinkel der Verfassungslehre würde dies nichts anderes als die Einsetzung einer konstitutionellen Diktatur für die Dauer der Kriegshandlungen bedeuten. Die politische Basis für diese Regelung wurde in der Bildung von Koalitionsregierungen gefunden, welchen alle Parteien angehörten (die Regierungen Asquith und Lloyd George im ersten und die Regierung Churchill im zweiten Weltkrieg). Dank der durch den Kriegspatriotismus verstärkten Parteidisziplin durften sie sich dauernd von der Zustimmung des gesamten Parlaments getragen wissen. Diese Ermächtigungsgesetze waren zeitlich beschränkt und sollten mit Kriegsende außer Kraft treten. Nach Maßgabe der den britischen politischen Prozeß beherrschenden Parlamentssouveränität konnte ihre Annahme im gewöhnlichen Gesetzgebungsverfahren mit einfachen Mehrheiten — die allerdings so gut wie einstimmig waren — erfolgen. In gleichem Maße waren auch die Gerichte durch die Parlamentsgesetze gebunden.

## 2. Die Regierungsvollmachten im ersten Weltkrieg

Die gesetzliche Grundlage der außerordentlichen, der Regierung zu Zwecken der Nationalverteidigung erteilten Vollmachten waren der *Defence of the Realm Consolidation Act* von 1914 (5 & 6 Geo. 5, c. 8) und die drei Ergänzungsgesetze von 1915 (ebenda, c. 14, c. 37 und c. 42). Sie ermächtigten die Regierung — *King in Council* — zum Erlaß von Verordnungen (*regulations*) zur Aufrechterhaltung der öffentlichen Sicherheit und zur Nationalverteidigung. Nichts in diesen aber deutete auf eine gesetzliche Antastung der Bürgerrechte hin. Von der bei früheren Notzeiten gelegentlich geübten Praxis der ausdrücklichen Außerkraftsetzung des *habeas corpus*-Verfahrens war bewußt Abstand genommen worden. Einschränkungen der traditionellen Freiheitsrechte ergaben sich jedoch schon aus der Einführung der allgemeinen Wehrpflicht — zum ersten Mal in der englischen Geschichte. Trotzdem konnten aber die der Regierung eingeräumten außerordentlich weitgehenden Vollmachten auch potentiell nicht zu einer Regierungsdiktatur führen. Beschränkungen bestanden einmal politisch in der parlamentarischen Verantwortung der Minister, die allerdings angesichts der Bedrohung der Nation nur nominell sein konnte, andererseits aber durch die den Gerichten nach wie vor zustehende Kontrolle der *ultra vires*-Außerkraftsetzung einer Regierungsanordnung[1]. Jedoch nahmen die Gerichte an, daß die Vollmachten weit genug gefaßt waren, um eine Inhaftnahme von verdächtigen oder in ihrer Staatstreue als unzuverlässig erachteten Personen zu decken. Der Schlüsselfall ist hier *R. v. Halliday ex parte Zadig* ([1917] [A. C. 260]), in welchem nicht weniger als drei Instanzen, ein mit fünf Richtern besetzter *Divisional Court*, der *Court of Appeal* und das *House of Lords* dafür hielten, daß eine Person auf Verfügung des *Home Secretary* interniert und ohne Verhandlung in Haft gehalten werden dürfe, wenn der *Home Secretary* dies aus Gründen ihrer feindlichen Abstammung oder Verbindungen im Interesse der Staatssicherheit für erforderlich hält, ohne daß sie eines

[1] Der im übrigen nur vorübergehend zulässigen Aburteilung bestimmter Handlungen durch Militärgerichte ist bereits früher (siehe oben S. 380) gedacht worden.

bestimmten strafbaren Tatbestands beschuldigt war oder ihr Fall zu einer gerichtlichen Verhandlung gebracht würde[1]. Andererseits schlug der im Fall Zadig erfolglos vorgebrachte Einwand der unzulässigen Kompetenzüberschreitung des *ultra vires* in zwei anderen, gleichfalls als Schlüsselfälle angesehenen Entscheidungen durch. In *Chester v. Bateson* ([1920] [1 K. B. 829]) lag der folgende Sachverhalt vor: Eine Anordnung des *Minister of Munitions*, die unter dem Gesetz von 1914 ergangen war, hatte es dem Eigentümer eines Hauses, das in einer aus Sicherheitsgründen als *special area* bezeichneten Zone gelegen war, unmöglich gemacht, sich durch Angehen des zuständigen Gerichts in den Besitz seines von Arbeitern der dortigen Munitionsfabriken bewohnten Hauses zu setzen. Das Gericht entschied, das Ermächtigungsgesetz habe dem Minister keine Befugnisse eingeräumt, den Zugang zum gesetzlichen Richter zu verweigern. In *Att.-Gen. v. Wilts. United Dairies* ([1922] [91 L. J. K. B. 897]) schließlich lag der traditionsgeheiligte Grundsatz zugrunde, daß nur das Parlament selbst eine Steuer oder finanzielle Abgabe auferlegen kann; eine vom Nahrungsmittelkontrolleur während des Krieges auferlegte Lizenzgebühr zum Milchverkauf wurde daher vom Oberhaus als jenseits der Kompetenz des Ermächtigungsgesetz angesehen.

So weit die Ermächtigungsgesetze von 1914/15 und die darunter ergangenen Regierungsverordnungen auch gefaßt waren, es konnte nicht ausbleiben, daß zahlreiche Ungesetzlichkeiten bei ihrer Handhabung vorkamen, denen gerichtlich nachzugehen die während der Kriegsdauer vorherrschend patriotische Stimmung verboten haben mochte. Demgemäß wurde zunächst der weitausgreifende *Indemnity Act* von 1920 [10 & 11 Geo. 5, c. 48) erlassen[2], gefolgt von dem *War Charges Validity Act* von 1925 (15 & 16 Geo. 5, c. 6), der während des Krieges zu Unrecht erhobene Abgaben korrigierte.

## 3. Die konstitutionelle Diktatur der Regierung im zweiten Weltkrieg

### a) Die gesetzliche Grundlage

Wiederum wurde für die Zwecke des Staatsschutzes und der Nationalverteidigung zur gleichen Technik wie im ersten Weltkrieg gegriffen, indem der Regierung in Ermächtigungsgesetzen weiteste Vollmachten

[1] Der im *House of Lords* dissentierende Richter, Lord Shaw, war der Auffassung, der Wortlaut der *regulation* könne nicht wohlbegründete Rechte des Bürgers außer Kraft setzen; die Novelle zum *Defence of the Realm Act* von 1915 räume jedem *British subject* das Recht auf Verhandlung vor einem Zivilgericht mit Geschworenen ein, das Parlament habe im Ermächtigungsgesetz die Internierung ohne nachfolgendes Verfahren nicht ausdrücklich ermächtigt und das ganze Verfahren laufe der englischen Verfassungstradition zuwider. Man würde heute wohl der abweichenden Meinung rechtlich den Vorzug geben. Im Krieg sehen die Dinge meist anders aus. Jedoch wurde in der Tat der fragliche Internierte alsbald entlassen.

[2] Siehe Bd. 1, S. 68.

eingeräumt wurden. Man hat den Eindruck, daß bei Ausbruch des zweiten Weltkriegs, der, wenn dieser Vergleich berechtigt ist, eine viel schwerere Bedrohung der nationalen Existenz Englands darstellte als selbst der erste, die Regierungsjuristen die erforderlichen gesetzgeberischen Verteidigungswaffen mit weit größerer Sorgfalt vorbereitet und insbesondere aus den gerichtlichen Erfahrungen des ersten Weltkriegs gelernt hatten. Alle Gerichtsentscheidungen, welche geeignet gewesen waren, die Regierungsvollmachten zur Nationalverteidigung abzustumpfen, wurden bei der Abfassung der neuen Ermächtigungsgesetze eingehend berücksichtigt. Den rechtsstaatlichen Anforderungen wurde insofern Rechnung getragen, als die Zwecke der Regierungsanordnungen genauer umschrieben und diese überdies durch eine detaillierte Liste von Spezialzwecken ergänzt wurden, was der Regierung eine viel sicherere Grundlage für ihre Verordnungen bot als es im ersten Weltkrieg der Fall gewesen war.

Der *Emergency Powers* (*Defence*) *Act* von 1939 (2 & 3 Geo. 6, c. 62), der bereits eine Woche vor Ausbruch des Krieges mit Deutschland vom Parlament verabschiedet worden war, ermächtigte die Regierung — *His Majesty in Council* — Verordnungen (*regulations*) für die folgenden fünf Zwecke zu erlassen: Öffentliche Sicherheit, Aufrechterhaltung der öffentlichen Ordnung, der für die Gemeinschaft lebenswichtigen Versorgung und Dienstleistungen, die Landesverteidigung und die wirksame Durchführung jedes Krieges, in welchen die Krone verwickelt würde. Ohne daß damit diesen allgemeinen Aufgaben Abbruch getan würde, wurden weiter die folgenden fünf Spezialaufgaben aufgeführt: Die Festnahme, Aburteilung und Bestrafung aller Personen, die sich gegen die erlassenen Verordnungen vergingen, die Internierung aller Personen, deren Festnahme dem *Secretary of State* im Interesse der öffentlichen Sicherheit und der Landesverteidigung geboten erschien, die staatliche Inbesitznahme jedes Vermögenswertes oder Unternehmens, der Erwerb des Eigentums an jedem Vermögenswert mit Ausnahme von Grund und Boden, der ungehinderte Zugang zu und die Durchsuchung aller Gebäude und schließlich das Recht, alle bisher erlassenen Rechtsnormen zu suspendieren, aufzuheben, zu modifizieren oder zu ändern (all dies in Sektion 1). In der Formulierung der Internierungsermächtigung wird man eine Fernwirkung des dissentierenden Oberhausrichters im Fall Zadig erblicken dürfen. Daß der *Treasury* außerdem ausdrücklich das Recht zur Abgabenerhebung eingeräumt wurde, war ein Echo auf die *Wilts. United Dairies*-Entscheidung. Einschlägige Schatzamts-*regulations* bedurften zu ihrer Gültigkeit einer zustimmenden Resolution des Parlaments innerhalb von 28 Tagen (Sektion 2). Alle anderen Verordnungen waren dem Parlament alsbald vorzulegen und konnten von ihm innerhalb von 28 Tagen aufgehoben werden, wovon aber niemals Gebrauch gemacht wurde. Die Gerichte konnten bestimmte Personen oder Personenklassen im Interesse der nationalen

Sicherheit von der Teilnahme an einer Gerichtsverhandlung ausschließen und die Berichterstattung über solche Verhandlungen beschränken.

### b) Die Legalisierung der Staatsallmacht im totalen Krieg

Nachdem sich das nationalsozialistische Deutschland im Frühjahr 1940 mit der Niederwerfung seiner Kontinentalgegner Dänemark und Norwegen, Belgien, Holland und Frankreich die Ausgangsbasen für eine maritime Expedition gegen Großbritannien — Operation Seelöwe — geschaffen hatte, war das Landgebiet Großbritanniens zum ersten Mal seit den Normannen unmittelbar von einer feindlichen Invasion bedroht. Ihr Erfolg hing allerdings von der Niederkämpfung der britischen Luftwaffe ab, die nicht gelang. Die Antwort des Inselreiches auf den Plan aber wurde von der im Mai 1940 ans Ruder gelangten Regierung Winston Churchill im *Emergency Powers* (*Defence*) *Act* (*No. 2*) von 1940 (3 & 4 Geo. 6, c. 45) aller Welt kundgemacht. Das Gesetz, das beide Häuser an einem einzigen Tag passiert und am selben Tag noch die königliche Sanktion erhalten hatte, erklärte lapidar: Die nach der Gesetzgebung von 1939 ermächtigten *Defence Regulations* können verlangen, daß „alle Personen sich selbst, ihre Arbeitskraft und ihr Eigentum zur Verfügung Seiner Majestät stellen" "*...for requiring persons to place themselves, their services and their property at the disposal of His Majesty as might appear to him necessary and expedient for any of the general purposes enumerated in the Act of* 1939". Diese großartige Formel des totalen Kriegs, der nicht wie einst von den Soldaten, sondern von der Gesamtnation geführt wird, hat den Klang der gewaltigen Kriegsprosa Winston Churchills. Kein anderer Fall der Weltgeschichte kommt in Erinnerung, in dem sich ein Volk mit solcher vorbehaltloser Geschlossenheit aus eigener Willensentschließung mit allen seinen Menschen und seinem gesamten Hab und Gut der Allmacht seiner Regierung überantwortet hätte. Es mag dahingestellt bleiben, ob damit der Regierung weitergehende Vollmachten eingeräumt wurden, als sie bereits nach der Gesetzgebung von 1939 besessen hatte. Immerhin ließe sich die Auffassung vertreten, das Gesetz von 1939 habe zwar mit der nach seiner Maßgabe ergangenen *Defence Regulation 58* die gesamte Industrie unter Regierungskontrolle gestellt, aber von der Einführung der Arbeitspflicht aller Arbeitsfähigen (*industrial conscription*) abgesehen[1].

[1] Unter dem Gesetz von 1940 erging sodann die *Defence Regulation* 58*A*, die den Arbeitsmarkt in der Weise regelte, daß Arbeiter von einer weniger an eine kriegswirtschaftlich wichtigere Beschäftigung überwiesen werden konnten. Der einzelne Arbeitnehmer konnte damit einem bestimmten Arbeitgeber zugeteilt werden. Das System der Beschäftigtenlenkung wurde nachher durch die *Essential Works Orders*, welche Arbeitsniederlegungen und Entlassungen in kriegswichtigen Unternehmen beschränkten, und durch die *Control of Engagement Orders* ergänzt, durch welche der gesamte Arbeitsmarkt der staatlichen Lenkung unterstellt wurde.

### c) Weitere gesetzliche Kriegsmaßnahmen

In den ersten Wochen nach Kriegsausbruch — das Unterhaus war damals noch nicht durch die Bombenangriffe zerstört worden — ergoß sich ein Strom von Gesetzen — einige sechzig — über die Nation, welche zusammen mit den später ergangenen das gesamte Wirtschafts- und Sozialleben den Bedingungen des totalen Kriegs anpaßten. Keine Phase des öffentlichen Lebens der Nation wie des privaten der Bürger blieb davon unberührt. Es war jedoch charakteristisch für die auch in der höchsten nationalen Not beobachteten Spielregeln des politischen Prozesses, daß Maßnahmen, welche die institutionellen Grundlagen der nationalen Ordnung berührten, von der Regierung trotz ihrer weiten Vollmachten nicht im Verordnungsweg erlassen werden konnten, sondern der Autorität eines Parlamentsgesetzes bedurften. Dazu gehörten vor allem die Geldbeschaffung für die Kriegszwecke; die Einführung der allgemeinen Wehrpflicht (*conscription*) (*National Service* [*Armed Forces*] *Acts* von 1939 [2 & 3 Geo. 6, c. 81] und von 1941 [4 & 5 Geo. 6, c. 15]); die Umstellung der Justizverwaltung auf die Kriegserfordernisse (*Courts* [*Emergency Powers*] *Act* von 1943 [6 & 7 Geo. 6, c. 19], in Ergänzung des gleichnamigen *Act* von 1939 [2 & 3 Geo. 6, c. 67]). In gleicher Weise erstreckte sich die Kriegsgesetzgebung auf die Organisation und Funktion der politischen Einrichtungen. Da Wahlen aller Art während des Krieges nicht abgehalten werden konnten, wurde die Legislaturperiode des 1935 gewählten Parlaments von Jahr zu Jahr verlängert (*Prolongation of Parliament Act* von 1941 [4 & 5 Geo. 6, c. 48]). Wahlen für die Lokalverwaltungsbehörden waren bereits durch ein früheres Gesetz (*Local Elections and Register of Elections* [*Temporary Provisions*] *Act* von 1939 [2 & 3 Geo. 6, c. 115]) bis nach Kriegsende aufgeschoben worden.

Die Inanspruchnahme mit der Führung des Krieges verhinderte aber keineswegs die Inangriffnahme weitreichender für die Nachkriegszeit bestimmter Reformen auf vielen Gebieten, wie etwa im Erziehungswesen (*Education Act* von 1944 [7 & 8 Geo. 6, c. 31]), in der Neuorganisation des Unterhauses (*House of Commons* [*Redistribution of Seats*] *Act* von 1944 [7 & 8 Geo. 6, c. 41]), in der Einleitung der Stadt- und Siedlungsplanung (*Town and Country Planning Act* von 1944 [ebenda, c. 47]) und auf zahlreichen anderen Gebieten, welche im kommenden Frieden das Staatsschiff auf einen neuen Kurs setzen sollten.

## 4. Der gerichtliche Schutz der Bürgerrechte während des zweiten Weltkrieges

So umfassend die der Regierung im zweiten Weltkrieg erteilten Ermächtigungen auch waren, die traditionellen Bürgerrechte waren besser geschützt als es im ersten der Fall gewesen war, so daß nach Kriegsende auch kein umfassendes Freistellungsgesetz erforderlich war. Den Gerichten war es zwar — und durchaus mit Recht — versagt, eine einzelne Verordnung der Regierung oder der ihr nachgeordneten Behörden daraufhin nachzuprüfen, ob sie zum Zwecke der Nationalverteidigung erforderlich und geeignet war (*R. v. Comptroller-General of Patents ex parte Bayer Products* [1941] [2 K. B. 306]; *Progressive Supply Co. v. Dalton* [1943] [Ch. 54]), aber sie konnten mit Hilfe der *ultra vires*-Regel die Anwendung auf einen speziellen Fall ablehnen (*John Fowler and Co.* [*Leeds*], *Ltd. v. Duncan* [1941] [57 T. L. R. 612]). Wiederum aber war es wie im ersten Weltkrieg die persönliche Freiheit, die im Brennpunkt der Erörterung stand. Das Gesetz von 1939 hatte die Regierung ausdrücklich zum Erlaß von Anordnungen ermächtigt, durch welche Personen interniert und ohne Verhandlung in Haft behalten werden konnten, wenn es die Interessen der öffentlichen Sicherheit oder der Nationalverteidigung verlangten. Im Zug dieser Ermächtigung wurde die nachmals berühmte *Regulation 18B* des *Home Secretary* erlassen, welche die Internierung bestimmter Personen, darunter solcher von feindlicher Abstammung oder mit feindlichen Verbindungen, zuließen. Es waren jedoch gewisse Rechtsbehelfe in das Verfahren eingebaut. Neben einem Beschwerderecht des Inhaftierten an einen dem *Home Secretary* beigeordneten Beratungsausschuß und der Verpflichtung des *Home Secretary*, dem Parlament monatlich über alle Internierungen zu berichten, bestand auch das Recht des Inhaftierten zum Antrag auf *habeas corpus*-Enthaftung. Der Schlüsselfall ist *Liversidge v. Anderson* ([1942] [A. C. 206]), in welchem das *House of Lords* als letzte Instanz sich gegen die beantragte Freilassung entschied[1]. Unter

[1] Juristisch ging es um das Wesen der behördlichen Ermessensfreiheit (*discretionary powers*). Die ermächtigende *Order in Council* ließ die Internierung zu, wenn es dem *Secretary of State* im Interesse der öffentlichen Sicherheit oder der Nationalverteidigung angemessen erschien. Die der Ermächtigung entsprechende Verordnung erlaubte dann dem *Secretary of State* die Internierung, wenn er „vernünftigen Grund zu glauben“ (*reasonable cause to believe*) habe, eine Person dürfe aus bestimmten Gründen nicht in Freiheit belassen werden. Als im Prozeß beantragt worden war, die Internierung für ungesetzlich zu erklären, legte der beklagte *Home Secretary* lediglich die Internierungsorder selbst ohne weitere Begründung vor, was das Gericht als genügenden Rechtsgrund erachtete. In der Revisionsinstanz wurde von einem dissentierenden Richter geltend gemacht, es sei ein Unterschied, ob der *Home Secretary* nur „glaube“, der Mann müsse interniert werden, oder ob er es „denke“. Das behördliche Ermessen sei durch „Denken“, daß eine Person staatsgefährlich sei, besser eingeschränkt als durch das bloße „Glauben“. Die Mehrheit aber nahm an, daß es beim Ermessen keinen objektiven Beweis für den „vernünftigen Grund“ geben könne, daß es also bei der subjektiven Annahme des *Home Secretary* — dessen guter Glauben in der Angelegenheit nicht in Zweifel gezogen wurde — verbleiben müsse. Während sich die Gerichte allgemein dieser Entscheidung anschlossen, fand sie vor der Rechtswissenschaft wenig Gnade, weil sie allzu sehr nach der im 18. Jahrhundert längst endgültig verworfenen Doktrin von der Staatsnotwendigkeit (*Entick v. Carrington* [1765] [10 St. Tr. 1030] [siehe oben S. 272])

diesen Umständen ist es begreiflich, daß die Gerichte dem Antrag auf Erlaß eines *habeas corpus*-Befehls, trotzdem das Verfahren an sich zulässig war, nicht stattzugeben gewillt waren (*R. v. Home Secretary ex parte Lees* [1941] [1 K. B. 72] und *Greene v. Home Secretary* [1942] [A. C. 284])[1]. Es scheint, daß die Entlassung aus der Internierung durch *habeas corpus*-Antrag nur in einem einzigen Fall geglückt ist (*R. v. Home Secretary ex parte Budd* [1942] [2 K. B. 14]), aber hier nur aus einem formellen Grund, so daß er alsbald wieder mit der richtigen Begründung eingekapselt wurde (*Budd v. Anderson* [1943] [K. B. 642]).

## V. Notstandsmaßnahmen in Friedenszeiten

### 1. Die Gesetzgebung der Übergangsjahre nach 1945

Fast die gesamte Notstandsgesetzgebung der Kriegszeit war befristet gewesen und erlosch alsbald nach Einstellung der Feindseligkeiten. Die 1945 ans Ruder gekommene Labour-Regierung fand es im Hinblick auf die nach einem substanzvernichtenden Krieg geschwächte Wirtschaftslage der Nation zweckmäßig und notwendig, diejenigen Teile der Kriegsgesetzgebung beizubehalten, die sich nicht unmittelbar auf die Staatssicherheit und die Verteidigung bezogen, und die Vollmachten auf die wirtschaftlichen Friedenszwecke umzustellen. Dieser Plan leuchtete auch den Konservativen ein. Die Anpassung der außerordentlichen Regierungsvollmachten vollzog sich in einer Reihe von Gesetzen unmittelbar nach dem Kriegsende und in den folgenden Jahren (*Supplies and Services* [*Transitional Powers*] *Act* von 1945 [9 & 10 Geo. 6, c. 10]; *Supplies and Services* [*Extended Purposes*] *Act* on 1947 [10 & 11 Geo. 6, c. 55] und schließlich *Supplies and Services* [*Defence Purposes*] *Act* von 1951 [14 & 15 Geo. 6, c. 25]). Das Gesetz von 1945, gültig auf die Dauer von fünf Jahren und nachher mit parlamentarischer Zustimmung weiterhin auf je ein Jahr erneuerbar, räumte der Regierung die Lenkung und Kontrolle der Versorgung (*supply*) und Dienstleistungen (*services*) im Verordnungsweg ein, wenn die zu ergreifenden Maßnahmen auf die folgenden Zielsetzungen abstellen: Versorgung des Gemeinwesens mit Gütern, ihrer angemessenen Verteilung und zu angemessenem Preis; Erleichterung der

---

schmeckte. Es ist aber in Betracht zu ziehen, daß der *Home Secretary* gehalten war, über solche Fälle dem Parlament zu berichten, also sich der parlamentarischen Verantwortung unterstellte, was angesichts der Kriegslage wohl als ausreichender Schutz angesehen werden konnte. Auch konnte sicherlich in Kriegszeiten den Behörden die Preisgabe ihrer vertraulichen Quellen im Interesse der Staatssicherheit nicht zugemutet werden.

[1] Sowohl Liversidge wie Greene wurden aber alsbald nachher aus der Internierung entlassen.

Demobilisation und der Rückgliederung der Demobilisierten in den Wirtschaftsprozeß; Anpassung von Handel und Industrie an die Friedenswirtschaft und schließlich — ein Zeichen des neuen Geistes internationaler Zusammenarbeit — Hilfsmaßnahmen für notleidende britische Gebiete und für fremde Länder. Das Gesetz von 1947 erstreckte sich im Hinblick auf die sich rapide verschlechternde heimische Wirtschaftslage — das war also vor dem amerikanischen Marshall-Plan für Westeuropa von 1949 — auf die Mobilisierung des gesamten Wirtschaftspotentials in Industrie, Handel und Landwirtschaft und vor allem auf den Ausgleich von Einfuhr und Ausfuhr. Hier wurde gewissermaßen zum ersten Mal das seit einer Generation und mehr immer wiederkehrende und dauernd ungelöste Dilemma eines Landes gesetzgeberisch anerkannt, das, selbst arm an Naturschätzen, für seine wirtschaftliche Existenz allein auf seine verarbeitende Industrie und die Steigerung ihrer Ausfuhr angewiesen ist. Das Gesetz von 1951 schließlich erweiterte die ursprünglichen Programme durch die von der Spannung mit dem Weltkommunismus bedingte erneute Betonung der rationellen Güterverteilung im Interesse der Nationalverteidigung und des Weltfriedens.

Die Annahme, die konstitutionelle Diktatur der Regierung sei damit aus dem Krieg in den Frieden übernommen worden, schießt wohl über das Ziel hinaus; denn die bisherigen Eingriffe in die bürgerliche Freiheitssphäre wären, auch wenn sie von der Verordnungsgewalt autorisiert gewesen wären, von den Gerichten nicht mehr geduldet worden. Aber die weitere Inanspruchnahme der delegierten oder abgeleiteten Gesetzgebung[1] bedeutete nicht mehr und nicht weniger, als daß die Regierung zu einer weit ausgreifenden Regelung des gesamten Wirtschaftslebens ermächtigt worden war, bei dem die parlamentarische Gesetzgebung so gut wie völlig ausgeschaltet war. Die parlamentarische Kontrolle bestand im wesentlichen darin, daß nach Ablauf der ursprünglichen fünfjährigen Frist die weitere einjährige Verlängerung der Vollmachten parlamentarisch gebilligt werden mußte, und schien auch dadurch verstärkt, daß alle unter den *Defence Regulations* erlassenen Verordnungen und Anweisungen der parlamentarischen Aufhebung nach dem *Statutory Instruments Act* unterlagen[2] und somit auch zur Kenntnis des *Select Committee on Statutory Instruments* kamen. Aber diese parlamentarischen Sicherungen waren bestenfalls eine Formsache, da sich das arbeitsmäßig ständig überlastete Unterhaus nur unter ganz außergewöhnlichen Umständen entschließt, eine Verordnung des Ministers zu annullieren. Andererseits hatte diese weitgehende Inanspruchnahme der delegierten Gesetzgebungstechnik den unzweifelhaften Vorteil, daß das Parlament, befreit von technischen Einzelheiten der Wirtschaftsführung und -kontrolle, sich mit seiner gan-

[1] Siehe Bd. 1, S. 354 ff.
[2] Siehe oben S. 361.

zen Kraft dem umfangreichen Sozialprogramm zuwenden konnte, welches die Labour-Regierung vorlegte und durchführte. Im übrigen ist es bemerkenswert, daß die Ermächtigungsgesetzgebung auch und erst recht den Konservativen zu paß kam, nachdem diese Labour abgelöst hatten (1951).

Auf die Dauer aber schien die Beibehaltung eines außerordentlichen, für den Krieg gewährten Vollmachtenregimes in Friedenszeiten nicht mehr gangbar. Auch die Gerichte wären wohl nicht mehr unbedingt mitgegangen[1]. Man schritt also einesteils zur endlichen Aufhebung der früheren Ermächtigungsgesetze durch den *Supplies and Services Acts* (Emergency Laws Repeal) Act von 1959 (7 & 8 Eliz. 2, c. 19) und ließ einstweilen (bis Dezember 1964) nur die Teile in Kraft, die sich auf die Preiskontrolle und die Beschäftigung der Mitglieder der bewaffneten Macht in der Landwirtschaft und bei anderen dringlichen nationalwirtschaftlichen Aufgaben bezogen[2]; teils aber wurden bisherige *Defence Regulations* in dauernde Gesetze umgewandelt (so der *Land Powers* (*Defence*) *Act* von 1958 [6 & 7 Eliz. 2, c. 30]), der zur Enteignung von Grund und Boden für militärische Zwecke ermächtigt. Mit dem Ende des Jahres 1964 war also die aus dem Krieg stammende Technik der Ermächtigungsgesetzgebung bis auf kümmerliche Reste[3] endgültig abgebaut und auch das weite Gebiet der Nationalwirtschaft der vollen parlamentarischen Verfügung wiedergewonnen.

## 2. Das Preis- und Einkommens-Stabilisierungsgesetz von 1966

### a) Die wirtschaftstheoretischen Grundlagen

Kaum waren die letzten Reste der aus der Kriegs- und Nachkriegszeit stammenden Wirtschaftsgesetzgebung endgültig abgebaut, als sich Großbritannien neuerlich zu einem Regime wirtschaftlicher Vollmachten in einem Umfang entschließen mußte, wie es bisher in Friedenszeiten in westlichen Verfassungsstaaten ohne Vorgang war. Der *Prices and In-*

---

[1] In *Willcock v. Muckle* ([1951] [2 K.B. 844]) hatte es sich um einen Bagatellfall gehandelt. Ein Motorfahrer war von der Polizei angehalten worden und man verlangte von ihm den Vorweis seines Personalausweises, der durch den *National Registration Act* von 1939 (2 & 3 Geo. 6, c. 91) eingeführt worden war. Er behauptete, das Gesetz sei abgelaufen und er brauche daher auch keinen Personalausweis zu führen. Der *Divisional Court* entschied zwar, daß jenes Gesetz durch eine spezielle *Order in Council* außer Kraft gesetzt werden müsse, machte aber aus seinem Unwillen über die Polizei kein Hehl.

[2] Die Heranziehung der Mitglieder der bewaffneten Macht zu landwirtschaftlichen und anderen dringenden Arbeiten in Notzeiten wurde im *Emergency Laws (Re-enactments and Repeals) Act* von 1964 (Eliz. 2, c. 60) nunmehr dauernd für zulässig erklärt.

[3] Dazu gehören etwa gewisse Bestimmungen über Kauf auf Raten und Devisenkontrollen, die hier nicht interessieren.

*comes Act* von 1966 (Eliz. 2, c. 33) der Labour-Regierung Wilson darf insofern als eine unmittelbare Staatsschutzmaßnahme und zwar der höchsten Ordnung angesehen werden, als er in erster Linie der Rettung der inflationsbedrohten britischen Währung bestimmt ist, darüber hinaus aber der Gesundung der stagnierenden Nationalwirtschaft dienen soll. Zum Verständnis der Maßnahme und ihrer Tragweite sind hier einige wirtschaftstheoretische Ausführungen unerläßlich.

Inflation ist der Preis, der in der technologischen Gesellschaft für die Vollbeschäftigung zu zahlen ist. Vollbeschäftigung als die Grundlage der Prosperität scheint mit Preisstabilität nicht vereinbar zu sein. Da an der Entlohnung für Arbeit aller Art in der Tat die gesamte arbeitsfähige Bevölkerung teilnimmt, müssen sich mit der Erhöhung des Arbeitsentgelts aller Bevölkerungsschichten auch die Bedürfnisse für die Verbrauchsgüter steigern. Hält das verfügbare Volumen der letzteren nicht mit der größeren Geldflüssigkeit der Verbraucher Schritt, wird jene scheinbar unausweichliche Spirale zwischen Preisen und Löhnen in Gang gesetzt. Bittere Erfahrung erweist, daß die Institutionen der freien Wirtschaft nicht in der Lage sind, dieser verhängnisvollen Quadratur des Zirkels Herr zu werden. Denn das Recht des Erzeugers, seine Ware zum bestmöglichen Preis zu verkaufen, und dasjenige des Lohnempfängers, den höchstmöglichen Lohn für seine Arbeit zu erlangen, gehören zu den unabdingbaren Bestandteilen einer freien Gesellschaft. In allen westlichen Staaten, aber in noch höherem Maß in Großbritannien, sind es die Gewerkschaften, welche durch die Tarifvertragsverhandlungen (*collective bargaining*) ständig auf höhere Entlohnung für ihre Mitglieder drängen und dies mit Recht, um die Steigerung der Lebenshaltungskosten auszugleichen. Diesem Wettlauf zwischen Lohn und Preis kann nur Einhalt geboten werden, wenn der Staat, durch die verfassungsmäßige Regierung handelnd, einstweilen weitere Lohnerhöhungen verbietet, aber nicht nur diese, sondern auch die Steigerung aller Preise, welche den Anlaß zur Lohnsteigerung bilden.

An diesem Punkt setzt das vorerwähnte Gesetz ein. An die Stelle der freien und nur vom Interesse der Sozialpartner getragenen Lohnabmachungen, ob tariflicher oder anderer Art, soll nun nach seiner grundsätzlichen Regelung (Sektion 4(1)) eine technologisch zeitgerechte Wirtschaftstheorie treten. Diese ist in Anhang (*schedule*) 2 niedergelegt und damit in aller Form gesetzeskräftig gemacht, an sich eine gesetzestechnische Neuerung, die radikal von der üblichen normologischen Fassung abweicht. Der in Teil I (Sektionen 1 bis 5) neuerrichtete *National Board of Prices and Incomes* ist verpflichtet, bei seiner Preise und Einkommen, worunter Entgelte aller Art verstanden werden, regelnden amtlichen Tätigkeit den wirtschaftstheoretischen Erwägungen Rechnung zu tragen, welche in einem von der Regierung Wilson dem Parlament unterbreiteten Weißbuch[1] formuliert sind und dem ihrerseits von den maßgebenden Vertretern der Sozialpartner, nämlich dem *Trade Union Congress* und den Arbeitgeberverbänden in einer gemeinsamen Erklärung (*Joint Statement of Intent on Productivity* [*Prices and Incomes*]) zugestimmt hatten.

In dem Weißbuch wurde davon ausgegangen, daß während der Zeitspanne 1964 bis 1970 sich die Nationalwirtschaft gemäß der Wirtschaftsplanung der Regierung um insgesamt 25 Prozent, also jährlich um etwa 4% steigern würde. Wenn dabei unterstellt wird, daß die Arbeitskräfte innerhalb dieser Periode sich um $1^1/_2$% vermehren würden, kommt man auf eine jährliche Wachstumsrate der industriellen Erzeugung von etwa $3^1/_2$% pro Kopf. Zur ultimativen Herstellung der Preisstabilität ist es geboten, daß die Einkommensfaktoren, ob aus Löhnen, Gehältern, Mieten, Landwirtschaft oder irgendwelchen anderen Quellen, sich im Einklang mit der geplanten und erwarteten Wachstumsrate halten (all dies in *schedule* 2, Ziffern 3 bis 5). Demgemäß werden allen Sozialpartnern bestimmte Verpflichtungen zur Preisgestaltung (*criteria of price behaviour*) auferlegt (ebenda, Ziffern 9 bis 17). Die Unternehmer müssen sich der Preiserhöhungen enthalten und solche nur unter genau festgelegten Bedingungen gewähren wie, beispielsweise, wenn ein Arbeitnehmer durch Übernahme von Mehrarbeit zur Erhöhung der Wachstumsrate seines Unternehmens beizutragen in der Lage ist (Ziffer 15). Wenn irgend möglich, müssen die Unternehmer ihre Preise ermäßigen, falls etwa der Ertrag ihres Unternehmens pro Kopf der Belegschaft sich rascher vergrößern würde als die geltende Lohnskala, oder wenn die Produktionskosten fallen. Bei Löhnen und Gehältern soll die Stabilität dadurch erzielt werden, daß, ohne detaillierte Einzelmaßstäbe vorzuschreiben, die jährliche Wachstumsrate nicht überschritten wird (Ziffer 12ff.). Es wirft ein bezeichnendes Licht auf die Situation in Großbritannien, daß, wie Schatzsekretär James Callaghan der Jahreskonferenz der Arbeiterpartei in Brighton darlegte, im Jahre 1965 sich die Löhne und Gehälter um 1,3 Milliarden £, die nationale Produktion aber nur um 600 Millionen £ erhöhten[2].

In gleicher Weise erstreckt sich der Preisstopp auf alle andern Arten von Einkommen, etwa aus der Landwirtschaft, Mieten, den nationalisierten Betrieben und der Lokalverwaltung, von denen die gleiche Zurückhaltung in der Preisgestaltung erwartet wird. Dem Preisstopp unterstellte Einkommensquellen sind ferner die freien Berufe und die den Aktionären als Dividenden zuwachsenden Ausschüttungen von Gesellschaften. In allen diesen Fällen soll der *National Board* die Entscheidung über eine

---

[1] Cmnd. 2577/1966.

[2] Siehe *New York Times* vom 6. Oktober 1966.

Heraufsetzung treffen (Ziffer 16). Kurz, der Grundgedanke der staatlichen Preis- und Lohnaufsicht ist, daß sich alle Entgelte für Güter und Dienste im Rahmen der erwarteten Wachstumsrate halten.

### b) Veranlassung und Durchführung

Wie in allen anderen westlichen Industriegesellschaften hatten die schleichende Inflation oder vielmehr ihre Ursachen und Begleiterscheinungen auch in Großbritannien seit Jahr und Tag im Brennpunkt der wirtschaftlichen Sorgen gestanden. Die Lage war aber dort dadurch verschärft, daß in einem an Naturschätzen armen Land die Einfuhr die Ausfuhr überstieg und daß die nationale Produktivität infolge der vielfach überalterten Industrieausrüstung nicht systematisch gesteigert werden konnte. Sicherlich hat Labour die Imbalance zwischen Wachstumsrate und Arbeitsentgelt von den Konservativen geerbt; aber es hieß deren mehr als ein Jahrzehnt langen Herrschaft Unrecht tun, wollte man ihnen eine Vogel-Strauß-Einstellung gegenüber der heraufziehenden nationalen Katastrophe zuschreiben. Hätten sie den nie abreißenden Lohnforderungen der Gewerkschaften rechtzeitig einen Dämpfer aufgesetzt, so wäre die Mehrheit der öffentlichen Meinung hinter ihnen gestanden. Aber eine Stabilisierungspolitik, wollte sie erfolgreich sein, hätte auch dem Unternehmertum und den Kapitalgesellschaften die gleichen Opfer wie den Gewerkschaften auferlegen müssen, und dazu konnte sich begreiflicherweise keine der konservativen Regierungen entschließen. Es blieb also einer Labour-Regierung vorbehalten, den chirurgischen Eingriff vorzunehmen. Von ihr, die, wie dargestellt[1], finanziell und der Anhängerschaft nach weitgehend auf die Gewerkschaften angewiesen ist, erforderte es einen besonderen und, wie es zunächst schien, geradezu selbstmörderischen Mut, den Stier bei den Hörnern zu packen. Die erste Regierung Wilson hatte angesichts ihrer papierdünnen Mehrheit keinerlei politischen Bewegungsraum. Ihre zögernde Haltung gegenüber den unabweisbar gewordenen Reformen mag die Situation sogar verschlechtert haben. Prime Minister Wilson, selbst ein Wirtschaftsfachmann von Rang, mußte also auf den Wahlsieg vom März 1966 warten, ehe er daran gehen konnte, die kranke Nationalwirtschaft auf den Operationstisch zu legen.

Der Gang der Ereignisse zwang ihm das Messer in die Hand. Seit Monaten hatte das Pfund Sterling sich in einer ständig zunehmenden Krise befunden. Die Spannung zwischen Einfuhr und Ausfuhr ließ sich nicht verkleinern, die Goldreserven schmolzen, die anläßlich der früheren Pfundkrise (1964/65) von den internationalen Bankinstituten erlangten Stützungskredite waren noch nicht zurückgezahlt worden. Die Regierung

---

[1] Siehe Band I, S. 179ff.

stand also vor der Alternative, entweder das Pfund abzuwerten, – was nach allgemeiner Erfahrung nur eine vorübergehende Verbesserung der Absatzmöglichkeiten britischer Erzeugnisse gebracht hätte –, oder um zu verhindern, daß sich Großbritannien durch Preiserhöhungen selbst aus dem Weltmarkt ausschaltete, der Inflation durch einen allgemeinen Preis- und Lohnstopp Einhalt zu gebieten. Dazu kam, daß der sechswöchentliche Seeleutestreik im Frühjahr 1966, den die Regierung zwar aufs stärkste mißbilligte, aber nach der Rechtslage nicht hatte verhindern können, die Ausfuhr lahmlegte und damit das Gespenst des Staatsbankerotts bedrohlich näherbrachte.

Die Vorlage stieß begreiflicherweise auf den erbitterten Widerstand des linken, des Gewerkschaftsflügels der Labour-Partei, der das seit Generationen erkämpfte Privileg der vom Staat unabhängigen Tariffreiheit bedroht sah. Die Konservativen waren hilflos und lehnten wider ihr besseres Interesse die Bill in Bausch und Bogen ab. Die Regierung bestand auf beschleunigter Verabschiedung noch vor den bevorstehenden Parlamentsferien, so daß der Entwurf in stürmischen Sitzungen mit Hilfe der Debattenbeschränkung der Guillotine[1] durch das Unterhaus getrieben werden mußte. Der Gewerkschaftsflügel, verstärkt durch hervorragende Parteiintellektuelle, zeigte sich unversöhnlich bis zum Schluß. Die endgültige Abstimmung am Abend des 10. August 1966 erfolgte mit der von der Parteienstärke stark abweichenden Mehrheit von 272:214, wobei sich nicht weniger als 26 der oppositionellen Labour-Mitglieder der Stimme enthielten. Das Oberhaus nahm die Bill ohne Änderungen am 11. August an. Das Gesetz trat mit der königlichen Sanktion am 12. August schließlich in Kraft.

Prime Minister Wilsons Gambit gewann die Partie. Nachdem der erste Schock überwunden war, gewann er auch die Masse der Parteianhänger. Vor der alljährlichen Versammlung des *Trades Union Congress* anfangs September hatte er noch einen schweren Stand. Ein den Preisstopp billigender Bericht des *Trades Union Council* fand, bei einer Gesamtzahl von 8,8 Millionen Abstimmenden, nur die kärgliche Mehrheit von 344000. Eine nachfolgende Resolution allerdings, welche die Wirtschaftspolitik der Regierung im ganzen guthieß, wurde mit 1122000 Stimmen angenommen[2]. Als sich aber die Regierung der alljährlichen Parteikonferenz von Labour in Brighton stellte, war die Partei bereits von der allgemeinen Notwendigkeit der getroffenen Maßnahmen derart überzeugt, daß, trotzdem dort 85% des Stimmgewichts von den Gewerkschaften kontrolliert sind, in der entscheidenden Abstimmung (5. Oktober 1966) die Wirtschaftspolitik der Regierung mit 3836000:2515000

[1] Siehe Band I, S. 309.

[2] Siehe *New York Times* vom 8. September 1966.

Stimmen gebilligt wurde[1]. Auch die weitere öffentliche Meinung steht hinter der Regierung. Die Engländer, ein vernünftiges Volk, haben die bittere Medizin geschluckt. Nach den Meinungssondierungen hat Labour vor den Konservativen den kaum je dagewesenen Vorsprung von 15%.

### c) Gegenständliche Regelungen

Der Akt, aus 37 Sektionen und drei Anhängen (*schedules*) bestehend und in der amtlichen Ausgabe 44 Seiten umfassend, gehört zu den gesetzestechnisch schwierigsten der neueren Zeit und stellte an die Kunst der ihn abfassenden juristischen und wirtschaftlichen Sachverständigen der Ministerialbürokratie höchste Anforderungen, denen, so will es scheinen, nicht restlos entsprochen werden konnte[2]. Das Gesetz findet, mit gewissen Anpassungen, auf alle Landesteile Anwendung.

#### *aa) Maschinerie und Reichweite der Kontrollen*

Das Gesetz besteht im wesentlichen aus drei Teilen. Teil I (Sektionen 1 bis 5) errichtet die zur Durchführung des Preisstopps bestimmte Maschinerie in Gestalt einer neuen Behörde, des *National Board of Prices and Incomes*. Dieser setzt sich aus neun bis vierzehn Mitgliedern zusammen, die vom *Secretary of State* bestellt werden[3]. Bestimmungen über Geschäftsführung und Verfahren des *Board* sind in *schedule 1* enthalten.

Grundsätzlich unterscheidet der Akt zwischen einerseits der freiwilligen Einhaltung des Preis- und Einkommenstopps durch die Beteiligten (Teil II) und, an ihrer Stelle, andererseits der zwangsweisen Durchführung (Teil IV). Man war also davon ausgegangen, daß der allgemeine Preisstopp nur dann durch staatlichen Zwang auferlegt werden sollte, wenn sich die freiwillige Unterwerfung unter das Stillhalteniveau nicht durchführen ließe, was in der Tat geschehen ist. In beiden Phasen ist der *Board* mit der Durchführung betraut.

Gegenständlich erstreckt sich der Akt auf alle Arten von Gütern (*goods*), für welche eine Vergütung (*price*) gefordert werden kann (Sektion 34). Die Regelung bezieht sich also auf den Entgelt oder Preis für Güter (Sektionen 7 bis 11); auf Ausschüttungen von Gesellschaften für ihre Aktionäre in der Form von Dividenden (Sektion 12) und *last but not least* auch auf Entlohnung für Arbeit aller Arten, worunter auch Tarifabkom-

---

[1] Siehe *New York Times* vom 6. Oktober 1966.

[2] Eine Hauptschwierigkeit lag darin, daß auf zahlreiche, in bestehenden Gesetzen enthaltene Regelungen von Preisen und Dienstleistungen Rücksicht genommen werden mußte; siehe Sektion 31 und *schedule* 3. Teil III paßt das Gesetz an den *Restrictive Trade Practices Act* von 1956 (425 Eliz. 2, c. 68) an.

[3] Dies ist die offizielle Bezeichnung für das jetzt unter neun Ressorts aufgeteilte Staatssekretariat. Zuständig ist in erster Linie der *Secretary of State for Economics*, aber je nach dem Gegenstand kommt auch ein anderer Staatssekretär oder gemeinsam mit diesem auch ein Minister zum Zug.

men (*awards and settlements*) fallen (Sektionen 13 bis 18). Auch diese sind selbstverständlich „Einkommen".

*bb) Freiwillige Unterwerfung unter den Preis- und Einkommensstopp.*

Für die erste Phase war vorgesehen (Teil II), daß, wer beabsichtigt, Preise für Güter, Dienst- und Arbeitsleistungen oder Dividendenausschüttungen über den am Stichtag geltenden Ansatz zu erhöhen, davon den zuständigen Minister schriftlich zu verständigen hatte (*notice of intention*) (Sektion 7). Während einer Frist von dreißig Tagen war dann die beabsichtigte Preiserhöhung unzulässig, außer nach schriftlicher Zustimmung des Ministers. Anderenfalls legte der Minister die beabsichtigte Erhöhung dem *Board* zur Prüfung vor. Dieser war gehalten, sich in seinem gutachtlichen Bericht an den Minister an den oben dargelegten wirtschaftstheoretischen Gesichtspunkten zu orientieren (Sektion 4 (1)) im Zusammenhalt mit *schedule 2*). Alle derart beabsichtigten Preiserhöhungen waren im Amtsblatt (*Gazette*) in London bzw. Edinburgh oder Belfast zu veröffentlichen, wie es auch dem Minister vorgeschrieben ist, die vom *Board* genehmigten Preiserhöhungen in gleicher Weise zu veröffentlichen. Bei der Genehmigung (oder auch Ablehnung) der beabsichtigten Preiserhöhung hat der *Board* die vorher geltenden mit den neuerdings geforderten Preisen zu vergleichen (Sektion 11). Analoge Bestimmungen gelten für die Ausschüttungen durch Kapitalgesellschaften (Sektion 12), ebenso für Erhöhungen von Arbeitsentlohnungen (Sektion 13) und für kollektive Arbeitsabkommen (*awards and settlements*) (Sektionen 14 und 15). Zuwiderhandlungen gegen die Bestimmungen sind mit einer Geldbuße (bis 100 £ im summarischen Verfahren, bis 500 £ nach formeller Anklageerhebung) zu ahnden (Sektion 11 und 22)[1].

*cc) Zwangsweise Auferlegung des Preis- und Lohnstopps.*

Die vorstehend skizzierte Phase des Preis- und Lohnstillstandes beruhte also auf der freiwilligen Zusammenarbeit der Interessenten mit den Behörden, wie es an sich dem Klima einer freien Wirtschaft entsprechen würde. Immerhin unterscheidet sie sich von der in westlichen Staaten üblichen Ermahnungen der Regierung zum „Maßhalten" oder auch von den dabei aufgestellten Richtlinien (*guidelines*) entscheidend dadurch, daß keine Preiserhöhung ohne behördliche Genehmigung statthaft war. Nach kaum zwei Monaten erwies sich aber, daß sich eine auf Freiwilligkeit beruhende Einhaltung des bestehenden Preisniveaus nicht durch-

[1] Die Stellung der Gewerkschaften und Arbeitgebervereinigungen als „nichtinkorporierte" Vereinigungen machte hier besonders komplizierte Verfahrensregelungen erforderlich (Sektion 22 (2)). Ebenso waren komplizierte Spezialregelungen für die Krone als Arbeitgeber erforderlich, die an sich durch das Gesetz nicht gebunden ist.

führen ließ. Zwar hatten Arbeitgeber wie Arbeitnehmer eine bemerkenswerte Disziplin an den Tag gelegt. Anfangs Oktober 1966 aber gab ein Grafschaftsrichter (in Edmonton) der Klage einer kleinen Gewerkschaft auf die mit dem Unternehmer tarifvertraglich vereinbarte Lohnerhöhung statt, was an sich durchaus der Rechtslage entsprach, da die Verweigerung den Unternehmer vertragsbrüchig gemacht hatte. Damit war die erste, auf Freiwilligkeit beruhende Phase des Preis- und Einkommen-Stillstandes aus den Angeln gehoben und die Regierung sah sich *nolens volens* gezwungen, auf die in Reserve gehaltenen Vollmachten des Teils IV (Sektionen 25 bis 33) zur zwangsweisen Durchführung, mit den gleichen Strafandrohungen für Verletzungen (Sektion 29 (5)) zurückzugreifen. Der Übergang vom freiwilligen zum zwangsweisen Preisstopp war durch *Order in Council* zu vollziehen[1], welche innerhalb einer Frist von 28 Tagen von jeder der beiden Parlamentskammern zu bestätigen war[2].

Nach dem Gesetz (Sektion 27) ist der Regierung die Vollmacht eingeräumt, als Stichtag für den Preis- und Einkommenstopp den 20. Juli 1966 festzusetzen. Seither etwa eingetretene Preiserhöhungen sind also auf das zu diesem Zeitpunkt bestehende Niveau zurückzurollen (Sektion 27 (4)). Die Regierung kündigte an, daß sie den allgemeinen Preis- und Lohnstopp im Rahmen des Gesetzes auf die Dauer von sechs Monaten, das ist bis Januar 1967, durchzuführen beabsichtige, daß sie aber für die zweite Hälfte der zwölfmonatlichen Geltungsdauer die Wirtschaftskontrolle von Fall zu Fall nach ihrem Gutdünken zu lockern gedenke.

Sachlich bedeutet der nunmehr in Kraft gesetzte zwangsweise allgemeine Preisstopp, daß für etwa beabsichtigte Erhöhungen der gleiche Mechanismus eingesetzt wird wie für den ursprünglich vorgesehenen freiwilligen Vollzug (Sektion 25 (6) in Verbindung mit Sektionen 21 und

---

[1] Bei dieser Gelegenheit kam es zu einem jener der englischen Verfassungspraxis eigentümlichen „Zöpfe". Wie früher ausgeführt (siehe Bd. I, S. 524ff.) muß die *Order in Council* vom Monarchen persönlich durch Zustimmung vollzogen werden, was dadurch geschieht, daß die Königin sie in Gegenwart der vor ihr erschienenen *Privy Councillors* durch die Worte "*I approve*" billigt. Zum damaligen Zeitpunkt befand sich die Königin auf ihrem Schloß Balmoral in Schottland. Sie zum Vollzug der Zeremonie nach London zu entbieten, wäre durchaus ungehörig gewesen, weshalb vier Mitglieder der Regierung Wilson, die *Privy Councillors* sind, auf Staatskosten zu ihr nach Schottland fliegen mußten. An sich ist das Quorum nur drei, aber für den „Fall des Falles" werden immer vier verwendet. Immerhin konnten sie dem Staat die Auslagen für ein Mittagessen ersparen, da sie von der Königin dazu eingeladen wurden. Der *Manchester Guardian* fragte bissig, ob es nicht genügt hätte, wenn die Königin ihre Zustimmung telefonisch abgegeben hätte, auch wenn sie dabei die Formel in normannischem Französisch von sich gegeben hätte. Selbstverständlich hätte dies aber dem Verfassungsbrauch widersprochen.

[2] Bei der Abstimmung darüber (25. Oktober 1966) enthielten sich wieder dieselben 25 Labour-Mitglieder der Stimme, die ursprünglich gegen das Gesetz gestimmt hatten.

22). Beabsichtigte Erhöhungen sind also von den Interessenten dem Minister bekannt zu geben, und dieser wird je nach der Sachlage einen Bericht des *Board* einfordern. Für volle Publizität aller Transaktionen ist wiederum Vorsorge getragen. Der zuständige Minister ist ermächtigt, Form und Inhalt der erforderlichen Voranmeldung einer Preiserhöhung durch ein *statutory instrument* zu regeln, das von jedem der beiden Parlamentshäuser seinerseits außer Kraft gesetzt werden kann (Sektion 21 in Verbindung mit Sektion 25(6)). In gleicher Weise wie bei der freiwilligen Unterwerfung erstreckt sich der Preisstopp auf a) alle Erhöhungen des Preises von Gütern und der Entlohnung für Dienstleistungen(Sektion 26); b) auf die Entlohnung nach Maßgabe von Tarif- und Arbeitsverträgen innerhalb des Vereinigten Königsreichs oder auf seinen Schiffen und Flugzeugen (Sektion 28). Insbesondere befreit das Gesetz – hier erinnert man sich der vorerwähnten Gerichtsentscheidung – den Arbeitgeber von der Haftung für Vertragsbruch, wenn er einer vor dem Stichtag (20. Juli 1966) vertraglich vereinbarten Lohn- oder Gehaltserhöhung nicht entspricht (Sektion 30(2)). Das Verbot von Lohnerhöhungen gilt entsprechend auch für die vom *Agricultural Wages Board* nach Maßgabe des *Agricultural Wages Act* von 1948 (11 & 12 Geo. 6, c. 47) festzusetzenden Lohnerhöhungen, ferner für Mieten und Pachten und alle anderen Einkommen[1].

### d) Zur staatspolitischen Beurteilung des Gesetzes

Soweit sich im Zeitpunkt der Niederschrift (Oktober 1966) beurteilen läßt, hat sich die den Engländern eigene Selbstdisziplin mit der durch das Gesetz geschaffenen Zwangslage abgefunden, bei der der Staat die Kontrolle über die Preisgestaltung und damit über einen wesentlichen Bestandteil des Produktionsprozesses dem freien Spiel der Sozialkräfte entwunden und in eigene Regie genommen hat. Damit wird ein Urtrieb des Menschen in der Gesellschaft: Das Streben des Herstellers nach dem höchstmöglichen Gewinn für seine Erzeugnisse und des Arbeitnehmers nach höchstmöglicher Entlohnung für seine Arbeit auf Zeit stillgelegt. Am schwersten und unmittelbarsten betroffen sind die Lohnempfänger, deren im Laufe von Generationen mit schwerer Mühe errungenes Grundrecht der freien Tarifvereinbarungen mit dem anderen Sozialpartner zumindest vorläufig außer Kraft gesetzt ist. Dies scheint der Kern der neuen Regelung zu sein, dem gegenüber die aus Gründen der

[1] Die Regierung kündigte auch für die zweite Hälfte der Stillhalteperiode die Fortsetzung der bisherigen strengen Kontrollen an, jedoch mit der Maßgabe, daß tarifvertraglich vereinbarte Lohnerhöhungen, die zum Ausgleich der gestiegenen Lebenshaltungskosten dienen, nunmehr sechs Monate nach Fälligkeit gewährt werden dürfen. Eine Ausnahme vom allgemeinen Lohnstopp wurde auch für die Polizeibeamten gemacht (siehe *New York Times* vom 23. November 1966).

sozialen Gerechtigkeit gleichzeitig den Kapitalgesellschaften auferlegten Beschränkungen an Bedeutung zurücktreten. Denn das Verbot von erhöhten Dividendenausschüttungen mag zwar den Aktionären schmerzlich sein, kommt ihnen aber letzten Endes zugute, da nicht ausgeschüttete Überschüsse innergesellschaftlich genutzt werden können, wogegen der Arbeiter ihm entgangene Lohnerhöhungen voraussichtlich nie mehr einbringen kann. Die Riemen der erstrebten Preisstabilität werden also hauptsächlich aus der Haut der Arbeitnehmer geschnitten. Alle tarifvertraglich oder anderweitig lange vorher vereinbarten Erhöhungen, mögen sie als Prämien für die Steigerung der Lebenshaltungskosten oder anderweitig berechtigt sein, sind ohne Genehmigung des *Board* bzw. des Ministers unwirksam[1]. Dabei wird der Eintritt eines gewissen Maßes von Arbeitslosigkeit von der Regierung in Rechnung gestellt und ist ihr nicht unerwünscht, um die Abwanderung von Arbeitskräften aus den nichtexportfördernden Unternehmen in solche zu begünstigen, bei denen dies der Fall ist.

Ob allerdings diese überaus drastische Deflationsmaßnahme letzten Endes die britische Wirtschaft, deren sichtliche Fehlleistungen strukturell wie personell bedingt sind, wieder weltwettbewerbsfähig machen wird, und ob, im engsten Zusammenhang damit, die Pfundabwertung auf lange Sicht vermieden werden kann, bleibt füglich abzuwarten. Pessimisten halten die Kur für gefährlicher als die Krankheit. Was aber mit einiger Sicherheit vorausgesagt werden kann, ist, daß auch nach Ablauf der zwölfmonatigen Probezeit eine Rückkehr zur restlosen Vertragsfreiheit der Sozialpartner nicht wahrscheinlich ist, wie der Labour-Schatzkanzler James Callaghan bereits angedeutet hat. Auch eine konservative Regierung würde sich diese Waffe zur Wirtschaftslenkung kaum entwinden lassen. Auch in Zukunft wird der Staat ein Mitspracherecht bei der Festsetzung der Lohnbedingungen haben. Möglicherweise treibt also das Gesetz den entscheidenden Keil in die aus dem Zeitalter des Liberalismus überkommene privatkapitalistische Wirtschaftsordnung.

Zum Schluß mag es angezeigt erscheinen, die staatspolitische Bedeutung des *Prices and Incomes Act* von 1966 wenigstens versuchsweise zu umreißen. An sich ist die von dem Akt befolgte Technik eines Rahmengesetzes, auf Grund dessen der Regierung weitgehende Durchführungsvollmachten eingeräumt werden, auch in Großbritannien nichts Neues. Sie hat in Kriegszeiten stattgefunden und liegt der Regierung des zivilen Notstands zugrunde[2], dem sie auch darin gleicht, daß die *Orders in Council* der parlamentarischen Zustimmung unterliegen, was bei der

---

[1] Der erste Test-Fall war die Versagung eines Lebenshaltungs-Bonus von 2 Schillingen wöchentlich für 25000 Arbeitnehmer der Zeitungsherstellungsindustrie; siehe *New York Times* vom 15. Oktober 1966.

[2] Siehe oben S. 381ff.

Kriegsgesetzgebung nicht durchwegs der Fall gewesen war. Auch die üblichen rechtsstaatlichen Kautelen fehlen nicht, wie die volle Publizität der beabsichtigten Preis-, Lohn- und Einkommens-Erhöhungen sowie der vom Minister im Einzelfall zu erlassenden Anweisungen (*instructions*) (Sektion 27 (1) und (2)), so daß dem Betroffenen innerhalb einer Frist von vierzehn Tagen Gelegenheit zu Vorstellungen beim zuständigen Minister geboten wird, was allerdings dem Zwangscharakter der von der Regierung vorgenommenen Maßnahmen keinen Abbruch tun kann.

Das völlig Neuartige aber an dem Gesetz, – das naturgemäß in seiner Fassung nicht zum Ausdruck kommen kann –, ist, daß es der Hebel ist, mit dem bewußt oder unterbewußt ? die Technokraten in den Sattel der Macht gehoben werden. Denn die Mitglieder des *National Board*, und erst recht seine nach der Sachlage zahlreiche Beamtenschaft, sind keine Politiker, können es nicht sein; sie müssen bei der Abwägung der Einzelinteressen an einer Preis- oder Lohnerhöhung objektiv, neutral und durchaus unpolitisch vorgehen. Der Akt ist technisch so kompliziert, daß er eben nur von einer hochwertigen Fach-Bürokratie erfolgreich gehandhabt werden kann, die sowohl in der Theorie wie der Praxis des Wirtschaftslebens bewandert ist. In diesem Sinn wird das technokratische Element, das bereits in der Struktur der nationalisierten Betriebe zum Zug gekommen ist, weiter verstärkt. Darüber hinaus verwirklicht der Akt ein wesentliches Stück des nationalen Planungsmechanismus, der, jenseits von Parteipolitik und Parteizielen, der nationalen Wohlfahrt in einem weit stärkeren Umfang gewidmet ist, als es bisher in westlichen Staaten und selbst in Großbritannien der Fall gewesen war. Ob allerdings das in dem Gesetz verkörperte wirtschaftliche Leitbild das richtige ist, kann erst die Zeit erweisen.

Man wird sich schließlich fragen müssen – und damit soll unsere Darstellung der britischen Staatsordnung abgeschlossen werden –, ob nicht der *Prices and Incomes Act* von 1966 den herkömmlichen privatkapitalistischen Wirtschaftstyp in eine völlig neue Richtung weist. Seine tragenden Pfeiler: das staatsfreie Tarifvertragsrecht der Sozialpartner und das Recht des Unternehmers, sich bei der Preisgestaltung seiner Erzeugnisse allein von seiner Beurteilung der Marktlage leiten zu lassen, sind ins Wanken gekommen. Einstweilen ist das Gesetz nicht viel mehr als ein Sprung ins Dunkle und das Gelingen des Experiments einer staatskontrollierten Deflation bleibt abzuwarten. Sollte es aber gelingen, könnte es wohl sein, daß damit der privatkapitalistischen Wirtschaftsgestaltung eine neue Wendung gegeben ist, die auch den anderen westlichen Staaten zum Vorbild dienen könnte: Wirtschaftslenkung durch die beamteten Technokraten unter voller Aufrechterhaltung der Souveränität des Parlaments. Es wäre nicht das erste Mal, daß der pragmatische Genius der Briten der Welt ein politisches Geschenk gemacht hätte.

# Schrifttum

## Vorbemerkung

Von jeher haben die Engländer auf die Beschreibung ihrer Staatseinrichtungen stolzen Wert gelegt; sie reicht mit Henry de Bracton und John Fortescue bis tief ins Mittelalter zurück und begleitet seither jede Phase der englischen Verfassungsentwicklung. Sie fand auch ihren dauernden Niederschlag in den Beiträgen englischer Denker zur Staatstheorie und Staatsphilosophie, von Edward Coke über Hobbes, Milton und Locke zu Burke, Bentham und Mill bis in die Gegenwart. Auch für das Ausland bot England stets eine schier unerschöpfliche Quelle der Anregung des heimischen Reformwillens; es sei nur an Montesquieu, DeLolme, die französische Revolution und den europäischen Liberalismus erinnert. Auch in Deutschland wurde den englischen Einrichtungen als einem politischen Vorbild zumindest seit einem Jahrhundert große Aufmerksamkeit gewidmet. Seit dem Ende des zweiten Weltkriegs hat sie sich begreiflicherweise außerordentlich verstärkt, nunmehr mit der durchaus konkreten Zielsetzung, aus der britischen Erfahrung den Geist und die Technik der demokratischen Staatsgestaltung zu lernen.

Die Literatur über die englischen Staatseinrichtungen und ihre politische Handhabung ist also im wörtlichsten Sinn unübersehbar. Die folgende Zusammenstellung, angeordnet nach den dem Einteilungsschema des Buches entsprechenden Sachgebieten, kann daher nicht mehr als eine begrenzte Auswahl bieten; sie dürfte aber wohl ausreichend sein, den allgemeinen Leser auf die hauptsächlichsten Informationsquellen zu verweisen und auch dem Interessenten den Zugang zu Spezialstudien zu erleichtern.

Die Mehrzahl der aufgeführten Werke enthält ihrerseits nützliche Bibliographien. Für den Stoff des Buches sei aber insbesondere auf die umfassende Zusammenstellung von John Palmer verwiesen: *Government and Parliament in Britain*, A *Bibliography*, Hansard Society for Parliamentary Government, London 1960, Neuauflage 1965.

Ein ausführliches, sich insbesondere auch auf die verschiedenen Verwaltungszweige und die Wirtschaft erstreckendes Schrifttumsverzeichnis findet sich ferner in *Britain, An Official Handbook*, herausgegeben vom Central Office of Information, H. M. Stationary Office, London, Jahrgang 1964, S. 531–550.

Die Mithilfe von Herrn Diplom-Politologen Peter Hübner, Freie Universität Berlin, an der folgenden Zusammenstellung des Schrifttums sei auch an dieser Stelle bedankt.

## Einschlägige Veröffentlichungen des Verfassers:

Das Problem des Föderalismus in Großbritannien. Annalen des Deutschen Reichs 1921/22, S. 593ff.

Die britischen Parlamentswahlen im November 1922. München 1923.

Zur Soziologie der parlamentarischen Repräsentation in England vor der ersten Reformbill. In: Erinnerungsgabe für Max Weber. München 1923, S. 85ff.

Zur Soziologie der parlamentarischen Repräsentation in England nach der Großen Reform: Das Zeitalter der Parlamentssouveränität 1832—1867. Archiv für Sozialwissenschaft und Sozialpolitik, Bd. 51 (1924), S. 714ff. Neudruck der beiden letzterwähnten Aufsätze in: Karl Loewenstein: Beiträge zur Staatssoziologie. Tübingen 1961, S. 34ff. und S. 65ff.

Minderheitsregierung in Großbritannien. München 1925.

Das heutige Verfassungsrecht des britischen Weltreichs. Jahrbuch des öffentlichen Rechts, Bd. XIII (1925), S. 404ff.

Die Magna Charta des britischen Weltreichs. Archiv des öffentlichen Rechts, N.F., Bd. 12 (1927), S. 255ff.

Verfassungsleben in Großbritannien 1924—1932. Jahrbuch des öffentlichen Rechts, Bd. XX (1932), S. 195ff.

Der britische Parlamentarismus, Entstehung und Gestalt. Rowohlts Deutsche Enzyklopädie, Reinbek bei Hamburg 1964.

Die Investitur des britischen Prime Ministers. In: Die moderne Demokratie und ihr Recht II. Festschrift für G. Leibholz. Tübingen 1966, S. 827 ff.

L'Investiture du Premier Ministre Britannique. Revue de Droit Public et de Science Politique, Paris 1966/67.

# Schrifttum für die im Band I behandelten Materien

## I. Verfassungsgeschichte

### a) englisch

Adams, George B.: Constitutional History of England. London 1935.

Chrimes, S. B.: English Constitutional History. Oxford 1953.

Cobbett, William: Parliamentary History of England from the Norman Conquest in 1066 to the Year 1803. 36 Vols. London 1806—1820.

Costin, W. C., and J. S. Watson: The Law and Working of the Constitution. Documents 1660—1914, 2. Vol., 2nd ed., London 1961—1964.

Foord, Archibald S.: His Majesty's Opposition 1714—1830. Oxford (Clarendon Pr.) 1964.

Gough, J. W.: Fundamental Law in English Constitutional History. London 1958.

Hallam, Henry: Constitutional History of England from the Accession of Henry VII to the Death of George II 2. Vols. London 1827.

Holdsworth, Sir William Searle: A History of English Law. 12 Vols. London 1903—1938.

Holt, J. C.: Magna Carta. New York 1965.

Keir, David Lindsay: The Constitutional History of Modern Britain since 1485. 7th ed. London 1964.

Keith, Berriedale A.: The Constitution of England from Queen Victoria to George VI. 2 Vols. London 1940.

Le May, G. H. L.: British Government 1914—1953. Select Documents. London 1955.

Macdonagh, Michael: The English King — A Study of the Monarchy and the Royal Family, Historical, Constitutional and Social. London 1929.

MAITLAND, F. W.: Constitutional History of England. Cambridge 1961.
MARSHALL, G., and G. MOODIE: Some Problems of the Constitution. 2nd ed. London 1961.
MAY, Sir THOMAS ERSKINE: The Constitutional History of England since the Accession of George III. 3 Vols. London 1912 (s. a. deutsch).
McILWAIN, CHARLES HOWARD: The High Court of Parliament and its Sovereignty. New Haven 1910.
NAMIER, Sir LEWIS: Monarchy and the Party System. Oxford 1952.
NAMIER, Sir LEWIS, and JOHN BROOKE: The House of Commons 1754—1790. 3 Vols. London 1964.
NEALE, JOHN ERNEST: The Elizabethan House of Commons. London 1949.
PIKE, L. O.: A Constitutional History of the House of Lords. London 1894.
PLUCKNETT, THEO F. T.: Taswell-Langmead's English Constitutional History. 11th ed. London 1960.
POLLARD, ALBERT F.: The Evolution of Parliament. 2nd. ed. London 1926.
PORRITT, E.: The Unreformed House of Commons. 2 Vols. Cambridge 1903.
RIESS, CARL: The History of the English Electoral Law in the Middle Ages. Cambridge 1940.
SPEARMAN, DIANA: Democracy in England. London 1957.
STEPHENSON, CARL, and FR. GEORGE MARCHAM: Sources of English Constitutional History. New York and London 1937.
TREVELYAN, G. M.: The Two-Party System in English Political History. Oxford 1926.
WOODWARD, E. L.: The Age of Reform 1815—1870. Oxford 1938, Neudruck 1954.

### b) deutsch

BERNSTEIN, ED.: Sozialismus und Demokratie in der großen englischen Revolution. Stuttgart 1908.
FRIEDE, DIETER: England, Geschichte seiner Demokratie. Berlin 1948.
GNEIST, RUDOLPH: Das englische Parlament in tausendjähriger Wandlung vom 9. bis zum 19. Jahrhundert. Berlin 1886.
GNEIST, RUDOLPH: Englische Verfassungsgeschichte. Berlin 1866.
GUTTMANN, BERNHARD: England im Zeitalter der bürgerlichen Reform. Stuttgart-Leipzig-Berlin 1923.
HATSCHEK, JULIUS: Englische Verfassungsgeschichte bis zum Regierungsantritt der Königin Viktoria. München-Berlin 1913.
May, Sir THOMAS ERSKINE: Die Verfassungsgeschichte Englands seit der Thronbesteigung Georgs III 1760—1860. Leipzig 1862—1864.
REDLICH, JOSEF: Recht und Technik des englischen Parlamentarismus. Die Geschäftsordnung des House of Commons in ihrer geschichtlichen Entwicklung und gegenwärtigen Gestalt. Leipzig 1905.
RITTER, GERHARD A.: Deutscher und britischer Parlamentarismus — Ein verfassungsgeschichtlicher Vergleich. Tübingen 1962.
ROTHSCHILD, WALTHER: Der Gedanke der geschriebenen Verfassung in der englischen Revolution. Tübingen und Leipzig 1903.

## II. Allgemeine Werke

### 1a) Staats- und Verfassungsrecht

DICEY, A. V.: Introduction to the Study of the Law of the Constitution. 10th ed. London 1959.
EDWARDS, J. LL. J.: Law Officers of the Crown. London 1964.

HAMSON, C. J.: Executive Discretion and Judicial Control. London 1954.
JENNINGS, Sir IVOR: The Law and the Constitution. 5th ed. London 1959.
KEIR, D., and F. H. LAWSON: Cases in Constitutional Law. 4th revised ed. Oxford 1954.
LAWSON, F. H., and D. J. BENTLEY: Constitutional and Administrative Law. London 1961.
MITCHELL, C. D. B.: Constitutional Law. Edinburgh 1964.
PHILLIPS, O. HOOD: Constitutional and Administrative Law. 3rd ed. London 1962.
PHILLIPS, O. HOOD: Leading Cases in Constitutional Law. 2nd ed. London 1957.
SCHWARTZ, BERNARD: Law and the Executive in Britain. Cambridge 1949.
WADE, E. C. S., and G. S. PHILLIPS: Constitutional Law. 7th ed. London 1965.
WHEARE, K. C.: Government by Committee — An Essay on the British Constitution. Oxford 1955.
WHEARE, K. C.: Modern Constitutions. Oxford 1960.
WILSON, GEOFFREY: Cases and Materials on Constitutional and Administrative Law. Cambridge 1966.
YARDLEY, D. C. M.: Introduction to British Constitutional Law. 2nd ed. London 1964.

## 1b) Verwaltungsrecht

ALLEN, C. KEMP: Administrative Jurisdiction. London 1956.
DE SMITH, S. A.: Judicial Review of Administrative Action. London 1959.
FOULKES, F.: Introduction to Administrative Law. London 1964.
GARNER, J. F.: Administrative Law. London 1963.
GRIFFITH, J. A. G., and H. STREET: Principles of Administrative Law. 3rd revised ed. London 1963.
ROBSON, W. A.: Justice and Administrative Law. 3rd ed., London 1951.
WADE, H. W. R.: Administrative Law. Oxford 1961.
YARDLEY, D. C. M.: Source Book of English Administrative Law. London 1963.

## 2. Allgemeine Darstellungen des britischen Regierungssystems

### a) englisch

AMERY, L. S.: Thoughts on the Constitution. 2nd ed. Oxford 1953.
ANSON, Sir WILLIAM: The Law and Custom of the Constitution. 2 Vols. Oxford 1922 u. 1935.
BAGEHOT, WALTER: The English Constitution. ed. and intr. by H. S. CROSSMAN, Fontana Library, London 1964.
BAILEY, S. D.: British Parliamentary Democracy. Boston 1958, 2nd. ed. 1962.
BEER, SAMUEL H.: British Politics in the Collectivist Age. New York 1965.
BIRCH, A. H.: Representative and Responsible Government. An essay on the British Constitution. London 1964.
BRYCE, JAMES: Modern Democracies. 2 Vols. London 1921.
BUTLER, D. E., and J. FREEMAN: British Political Facts, 1900—1960. London 1963.
CAMPION, Sir GILBERT: British Government since 1918. London 1950.
CARTER, GWENDOLEN M.: The Government of the United Kingdom. New York 1962.
Central Office of Information: Britain — An Official Handbook. published annually.
CLARKE, JOHN C.: Outline of Central Government Including the Judicial System of England. 13th ed. London 1962.

CHAPMAN, B.: British Government Observed. London 1963.

DERRY, T. K.: The United Kingdom — A Survey of British Institutions Today. London 1962.

EMDEN, C. S.: The People and the Constitution. 2nd ed. Oxford 1956.

EVANS, R. H.: Government. London 1964.

FINER, HERMAN: The Major Governments of Modern Europe. Evanston, Ill. and Elmsford, N. Y. 1960.

GREAVES, H. R. G.: The British Constitution. 3rd ed. London 1955 (s. a. deutsch).

GUTTSMAN, W. L.: The British Political Elite. London 1963.

HARRISON, W.: The Government of Britain. 7th ed. London 1961.

HAVIGHURST, ALFRED F.: Twentieth Century Britain. Evanston, Ill. 1962, 2nd ed. 1966.

JENNINGS, Sir IVOR: The British Constitution. 4th ed. Cambridge 1961 (s. a. deutsch).

JENNINGS, Sir IVOR: The Queen's Government. London 1954.

LASKI, H. J.: Parliamentary Government in England. London 1938.

LASKI, H. J.: Reflections on the Constitution. Manchester 1951.

LOWELL, LAWRENCE A.: The Government of England. 2 Vols. New York 1912 (s. a. deutsch).

MATHIOT, ANDRÉ: The British Political System. London 1958.

MORRISON of LAMBETH, Baron: Government and Parliament — A Survey from the Inside. 2nd ed. Oxford 1960 (s. a. deutsch).

PLASKITT, H., and P. JORDAN: Government of Britain. 8th ed. London 1963.

ROSE, RICHARD: Politics in England. Boston 1964.

ROSE, RICHARD (ed.): Studies in British Politics. A Reader on Political Sociology. London-New York 1966.

SAMPSON, ANTHONY: Anatomy of Britain. London 1962, 2nd ed. 1965 (s. a. deutsch).

STEWART, MICHAEL: The British Approach to Politics. 4th ed. London 1961.

STOUT, H. M.: British Government Oxford 1953.

THOMAS, HUGH (Ed.): The Establishment. London 1959.

WILSON, NORMAN: The British System of Government. London 1963.

## b) deutsch

ABSHAGEN, KARL HEINZ: Europas große Insel — England am Ende der imperialen Epoche. Stuttgart 1960.

BARKER, ERNEST: Das britische Regierungssystem. In: Gußformen der Gesellschaft (hrsg. v. OTTO FRIEDLÄNDER). Hamburg 1949.

BOYD, FRANCIS: Britische Politik seit 1945. Stuttgart u. a. 1965.

BRAMALL, ASHLEY: Das britische parlamentarische System. In: Recht, Staat, Wirtschaft. Band 1. Düsseldorf 1949.

BRYCE, JAMES: Moderne Demokratien (übersetzt von A. MENDELSSOHN-BARTHOLDY und KARL LOEWENSTEIN). 2 Bände. München 1926.

Central Office of Information: Der staatsrechtliche Aufbau Großbritanniens. Hrsg. von der Reference Div. London 1964.

DIBELIUS, WILHELM: England. 2 Bände. Stuttgart-Leipzig-Berlin 1923.

GLUM, FRIEDRICH: Die britische Demokratie. Verfassung und politische Struktur Großbritanniens. Frankfurt 1956.

GOLLAN, JOHN: Das politische System Großbritanniens. Berlin 1956.

GREAVES, H. R. G.: Die britische Verfassung. Frankfurt/M. 1951.

HASBACH, WILHELM: Die parlamentarische Kabinettsregierung. Stuttgart und Berlin 1919.

HATSCHEK, JULIUS: Englisches Staatsrecht. 2 Bände. Tübingen 1906.
HELBECK, PAUL: Wie das englische Volk sich selbst regiert. Die englische Staatsverfassung und Verwaltung, die politischen Parteien und ihre Führer. Berlin 1912.
JENNINGS, Sir IVOR: Die britische Verfassung. Paderborn 1946.
JENNINGS, Sir IVOR u. GERHARD A. RITTER: Das britische Regierungssystem. Quellenbuch und Leitfaden. Köln und Opladen 1958.
LOW, SIDNEY: Die Regierung Englands. Tübingen 1908.
LOWELL, LAWRENCE A.: Die englische Verfassung. 2 Bände. Leipzig 1913.
MORRISON, HERBERT: Regierung und Parlament in England. München 1956.
REDSLOB, ROBERT: Die parlamentarische Regierung in ihrer wahren und ihrer unechten Form. Tübingen 1918.
RITTER, GERHARD A.: Probleme und Tendenzen der englischen Verfassungsentwicklung seit 1914. In: Zur Geschichte und Problematik der Demokratie. Festgabe für Hans Herzfeld. Berlin 1958.
ROBSON, WILLIAM A.: Das britische Regierungssystem. Stuttgart-Berlin 1948.
SAMPSON, ANTHONY: Wer regiert England? Anatomie einer Führungsschicht. München 1963.
SAVELKOULS, H.: Das englische Kabinettssystem. München-Berlin 1934.
STREIFTHAU, KLAUS: Die Souveränität des Parlaments. Stuttgart 1963.
YOUNG, GEORGE KENNEDY: Konzept ohne Konsequenz. Routine statt Demokratie. Wien u. a. 1964.

## III. Das Parlament

### 1. Wahlen

#### a) englisch

ALLEN, A. J.: The English Voter. London 1964.
BLONDEL, JEAN: Voters, Parties, and Leaders. London 1963 (s. a. deutsch).
BUTLER, D. E.: The British General Election of 1951. London 1952.
BUTLER, D. E.: The British General Election of 1955. London 1956.
BUTLER, D. E., and R. ROSE: The British General Election of 1959. London 1960.
BUTLER, D. E.: The Electoral System in Britain 1918—1962. Oxford 1963.
BUTLER, D. E., and ANTHONY KING: The British General Election of 1964. London 1965.
COMFORT, GEORGE O.: Professional Politicians — A Study of British Party Agents. Washington DC. 1958.
COOK, H. K.: The Free and Independent — The Trials, Temptations, and Triumphs of the Parliamentary Elector. London 1949.
GREGO, J.: A History of Parliamentary Elections and Electioneering from the Stuarts to Queen Victoria. London 1892.
GWYN, WILLIAM B.: Democracy and the Costs of Politics in Britain. London 1962.
HOWARD, ANTHONY, and RICHARD WEST: The Road to Number 10. New York 1965.
HUMBERSTONE, T. L.: University Representation. London 1951.
LEWIS, EDWARD G.: By-elections as a Reflection of Public Opinion. Berkeley 1943.
MACKENZIE, W. J. M.: Free Elections — An Elementary Textbook. London 1958.
NICHOLAS, HERBERT GEORGE: The British General Election of 1950. London 1951.
PARKER, F. R.: The Powers, Duties and Liabilities of an Election Agent and of a Returning Officer at a Parliamentary Election in England and Wales. 6th ed. London 1959.
ROSS, J. F. S.: Elections and Electors. London 1955.

Ross, J. F. S.: Parliamentary Representation. 2nd ed. London 1948.
Roth, Andrew: General Election Forecast. London 1964.
Schofield, A. Norman: Parliamentary Elections. 3rd. ed. London 1959.
Lakeman, E., and J. D. Lambert: Voting in Democracies — A Study of Majority and Proportional Electoral Systems. 2nd ed. London 1959.
Leonard, R. L.: Guide to the General Election. London 1964.
The Times, House of Commons (Zusammenstellung der Wahlresultate jeder Generalwahl, zuletzt London 1966.
Vacher's Parliamentary Companion (eine seit 1832 erscheinende periodische Veröffentlichung der Listen der Mitglieder des Ober- und Unterhauses).

### b) deutsch

Blondel, Jean: Demokratie in England — Wähler, Parteien und Zweiparteiensystem. Frankfurt/M. 1964.
Oppermann, Theodor: Britisches Unterhauswahlrecht und Zweiparteiensystem. Karlsruhe 1961.

## 2. Parteien

### A. Allgemein

### a) englisch

Bailey, S. D. (Ed.): The British Party System — A Symposium. 2nd ed. London 1953.
Beloff, Max: The Party System. London 1958.
Buck, Philip W.: Amateurs and Professionals in British Politics. Chicago 1963.
Bulmer-Thomas, I.: The Party System in Great Britain. London 1953.
Jennings, Sir Ivor: Party Politics. 3 Vols. Cambridge 1960—1962.
McKenzie, Robert T.: British Political Parties. 2nd. ed. New York-London 1964 (s. a. deutsch).

### b) deutsch

McKenzie, Robert T.: Politische Parteien in England. Köln-Opladen 1961.
Kluxen, K.: Das Problem der politischen Opposition — Entwicklung und Wesen der englischen Zweiparteienpolitik im 18. Jahrhundert. München 1956.

### B. Konservative Partei

Hailsham, Second Viscount (Quintin Hogg): The Conservative Case. London 1959.
Petrie, Sir Charles: The Carlton Club. London 1955.
Raison, Timothy: Why Conservative? London 1964.
White, R. J. (Ed.): The Conservative Tradition. 2nd ed. London 1964.

### C. Labour Partei

Beer, M.: A History of British Socialism. 2 Vols. London 1940.
Cole, G. D. H.: A History of the Labour Party since 1914. London 1948.
Cole, Margaret: The Story of Fabian Socialism. London 1961.
Harrison, Martin: Trade Unions and the Labour Party since 1945. London 1960.
Jenkins, Roy: The Labour Case. London 1959.
Laski, H. J.: Trade Unions in the New Society. London 1950.

MILIBAND, R.: Parliamentary Socialism — A Study in the Politics of Labour. London 1964.
PELLING, HENRY (Ed.): The Challenge of Socialism. London 1954.
SHINWELL, EMANUEL: The Labour Story. London 1963.
TRACEY, HERBERT (Ed.): The British Labour Party — Its History, Growth, Policy, and Leaders. 3 Vols. London 1948.
WILLIAMSON, RENÉ DE VISME, and S. LEE (Ed.): Five Years of British Labour. The Journal of Politics, Bd. 12 (Mai 1950).

## D. Liberale Partei

COWIE, HARRY: Why Liberal? London 1964.
FULFORD, R.: The Liberal Case. London 1959.
FYFE, HAMILTON: The British Liberal Party — A Historical Sketch. London 1928.
GRIMOND, J.: The Liberal Future. London 1959.

## E. Kommunistische Partei

PELLING, H.: The British Communist Party — A Historical Profile. London 1958.

# 3. Unterhaus

## A. Allgemein

### a) englisch

CAMPION, Sir G. (et al.): Parliament — A Survey. London 1952.
GORDON, STRATHEARN: Our Parliament. 6th ed. London 1964 (s. a. deutsch).
HANSON, A. H., and H. V. WISEMAN: Parliament at Work. London 1962.
HUGHES, C. J.: The British Statute Book. London 1957.
ILBERT, Sir COURTENAY: Parliament — Its History, Constitution, and Practice. 3rd ed. Oxford 1956.
JENNINGS, Sir IVOR: Parliament. 2nd ed. Cambridge 1957.
MACKENZIE, K. R.: The English Parliament. London 1959.
STEWART, JOHN DAVID: English Pressure Groups. Oxford: Clarendon 1958.
WHEARE, K. C.: Legislatures. Oxford 1963.
WILDING, NORMAN, and PHILIP LAUNDY: An Encyclopaedia of Parliament. London 1961.
YOUNG, ROLAND: The British Parliament. London 1962.

### b) deutsch

FELLOWES, Sir EDWARD: Die Kontrolle der Exekutive durch das britische Unterhaus. Köln-Opladen 1963.
GORDON, STRATHEARN: Wesen und Werden des englischen Parlaments. Berlin 1948.
RITTER, GERHARD A.: Die Kontrolle von Regierung und Verwaltung in Großbritannien. Festgabe für ERNST FRAENKEL. Berlin 1963.

## B. Abgeordnete

BROMHEAD, P.: Private Members' Bills in the British Parliament. London 1956.
BUCK, PHILIP W.: Amateurs and Professionals in British Politics. Chicago 1963.
FINER, S. E. (et al.): Backbench Opinion in the House of Commons, 1955—1959. London 1961.
HERBERT, ALAN P.: Independent Member. London 1961.

Richards, Peter: Honourable Members. London 1959.
Roth, Andrew: The Business Background of Members of Parliament. London 1963.

### C. Speaker

Dasent, Arthur Irwin: The Speaker of the House of Commons from the Earliest Times to the Present Day. London 1911.
Laundy, Philip: The Office of Speaker. London 1964.
MacDonagh, Michael: The Speaker of the House. London 1914.

### D. Geschäftsordnung

Campion, Gilbert F. M., 1st Baron: An Introduction to the Procedure of the House of Commons. 3rd ed. London 1958.
Chester, D. N., and N. Bowring: Questions in Parliament. Oxford 1962.
Howard, Patrick: Questions in the House. London 1956.
Lord Kilmuir (David Maxwell-Fyfe): The Law of Parliamentary Privilege. London 1959.
May, Sir Thomas Eskine (Lord Campion, Ed.): Treatise on the Law, Privileges, Proceedings and Usages of Parliament. 17th ed. London 1964.
Taylor, Eric: The House of Commons at Work. 5th ed. London 1963.

### E. Finanzkontrolle

Beer, Samuel H.: Treasury Control. 2nd ed. London 1957.
Brittain, Sir Herbert: The British Budgetary System. London 1959.
Chubb, Basil: The Control of Public Expenditure. Financial Committees of the House fo Commons. Oxford 1952.
Einzig, Paul: Control of the Purse — Progress and Decline of Parliament's Financial Control. London 1959.
Peacock, A. T., and D. J. Robertson: Public Expenditure — Appraisal and Control. London 1963.
Peacock, A. T., and J. Wiseman: The Growth of Public Expenditure in the United Kingdom. Oxford 1961.

### F. Delegierte Gesetzgebung

Allen, Sir Carleton K.: Law and Orders — An Inquiry into the Nature and Scope of Delegated Legislation and Executive Powers in English Law. 3rd. ed. London 1965.
Hewart of Bury (Gordon Hewart), 1rst Viscount: The New Despotism. London 1929.
Keeton, G. W.: The Passing of Parliament. 2nd ed. London 1954.
Kersell, J. E.: Parliamentary Supervision of Delegated Legislation. London 1960.
Sieghart, M. A.: Government by Decree. London 1950.
Report of the Committee on Ministers' Powers, Cmd 4060 (1933).
Report from the Select Committee on Delegated Legislation H. C. no. 310 (1963).
Willis, John: The Parliamentary Powers of English Government Departments. Cambridge, Mass. 1933.

## 4. House of Lords

Bailey, S. D.: The Future of the House of Lords — A Symposium. London 1954.
Bromhead, P. A.: The House of Lords and Comtemporary Politics 1911—1957. London 1958.

Report of Joint Committee on House of Lords Reform. H. M. Stationary Office 1962.

Pike, L. O.: A Constitutional History of the House of Lords. London 1894.

## 5. Parlamentsreform

Crick, Bernard: The Reform of Parliament. London 1964.

Hansard Society: Parliamentary Reform, 1933—1960 — A Survey of Suggested Reforms. London 1961.

Hill, Andrew, and Anthony Whichelow: What's Wrong with Parliament. London 1964.

Jennings, Sir Ivor: Parliamentary Reform. London 1934.

Veitch, George Stead: The Genesis of Parliamentary Reform. London 1964.

The Political Quarterly, Special Number on Parliament, Bd. 36 No. 3 (Juli—September 1965) (mit ausführlicher Bibliographie von Anthony Barker, S. 347ff.).

# IV. Regierung

## 1. Prime Minister und Kabinett

Carter, Byrum E.: The Office of Prime Minister. London 1956.

Daalder, Hans: Cabinet Reform in Britain 1914—1963. Oxford 1964.

Ehrman, John: Cabinet Government and War, 1890—1940. Cambridge 1958.

Jennings, Sir Ivor: Cabinet Government. 3rd ed. Cambridge 1959.

Keith, Arthur Berriedale: The British Cabinet System. 2nd ed. London 1952.

Mackintosh, John P.: The British Cabinet. London 1962.

Dactocoglou, Prodromos: Die königliche Prärogative zur Ernennung des Premierministers nach englischem Verfassungsrecht. Der Staat, Bd. 4 (1965), S. 84ff.

Schneider, Franz: Kabinettsregierung und Machtverteilung in England. Zeitschrift für Politik, Jahrgang 12 (1965), S. 40ff.

## 2. Ministerien

Beer, Samuel: Treasury Control — The Coordination of Financial and Economic Policy in Great Britain. Oxford 1957.

Know Your Ministry — A Description of Government Departments whose Operations affect the Conduct of Business. London 1959.

Mackenzie, W. J. M., and J. W. Grove: Central Administration in Great Britain. London 1957.

The New Whitehall Series —

The Foreign Office, by Lord Strang, 1955.
The Home Office, by Sir Frank Newsam, 1954.
The Colonial Office, by Sir Charles Jeffries, 1956.
The Ministry of Works, by Sir Harold Emmerson, 1956.
The Scottish Office, by Sir David Milne, 1957.
The Ministry of Pensions, by Sir Geoffrey King, 1958.
The Ministry of Transport, by Sir Gilmour Jenkins, 1959.
The Ministry of Labour and National Service, by Sir Godfrey Ince, 1960.
The Ministry of Labour and Natioanl Service, by Sir Godfrey Ince, 1960.
The Ministry of Agriculture, Fisheries and Food, by Sir J. Winnifrith, 1962.
The Department of Scientific and Industrial Research, by Sir Harry Melville, 1962.

Her Majesty's Customs and Excise, by Sir JAMES CROMBIE, 1962.
The Treasury, by Lord BRIDGES, 1964.
Royal Institute of Public Administration (N. D. CHESTER and M. F. G. WILSON): The Organisation of British Central Government, 1914—1956. London 1957.

### 3. Berufsbeamte (Civil Service)

ABRAMOVITZ, M., and V. F. ELIASBERG: The Growth of Public Employment in Great Britain. Oxford 1957.
BRIDGES, EDWARD, 1st Baron: Protrait of a Profession — The Civil Service Tradition. Cambridge 1953.
BROWN, R.: The Battle of Crichel Down. London 1955.
CAMPBELL, G. A.: The Civil Service in Britain. London 1955.
CHAPMAN, BRIAN: The Profession of Government — The Public Service in Europe. London 1959.
CRAIG, Sir JOHN: A History of Red Tape. London 1955.
DALE, H. E.: The Higher Civil Service of Great Britain. Oxford 1941.
DUNNILL, FRANK: The Civil Service — Some Human Aspects. London 1956.
Fabian Society: The Administrators — The Reform of the Civil Service. London 1964.
GLADDEN, E. N.: British Public Service Administration. London 1961.
GLADDEN, E. N.: The Essentials of Public Administration. 2nd ed. London 1958.
GREAVES, H. R. G.: The Civil Service in the Changing State. London 1947.
KELSALL, R. K.: Higher Civil Servants in Britain — From 1870 to the Present Day. London 1955.
KINGSLEY, J. DONALD: Representative Bureaucracy — An Interpretation of the British Civil Service. London 1944.
ROBSON, W. A. (Ed.): The Civil Service in Britain and France. London 1956.
Royal Commission on the Civil Service (Priestley Commission), Report Cmd. 6913.
WALKER, N.: Morale in the Civil Service — A Study of the Desk Worker. Edinburgh 1961.
WEINBERG, LAN: The English Public Schools. New York 1966.

## V. Die Monarchie

### a) englisch

ALTRINCHAM, 2nd Baron: Is the Monarchy Perfect? London 1958.
LORD BEAVERBROOK: The Abdication of King Edward VIII. (A. J. P. Taylor, editor). New York 1965.
CATHCART, HELEN: Her Majesty. London 1962.
CHURCHILL, R.: They Serve the Queen — A New and Authoritative Account of the Royal Household. London 1953.
FUSILIER, R.: Les Monarchies Parlementaires. Paris o. J.
KEITH, ARTHUR BERRIEDALE: The King and the Imperial Crown — The Powers and Duties of His Majesty. London 1936.
LAIRD, DOROTHY: How the Queen Reigns. London 1961.
LONGFORD, ELIZABETH: Queen Victoria, Born to Succeed. New York 1964.
MARTIN, KINGSLEY: Crown and Establishment. London 1962.
MORRAH, DERMOTH: The Work of the Queen. London 1958.
NICOLSON, Sir HAROLD: King George V. London 1952 (s. a. deutsch).
NICOLSON, SIR HAROLD: Monarchy. London 1962.
PETRIE, Sir CHARLES: Monarchy in the Twentieth Century. London 1952.

PETRIE, Sir CHARLES: The Modern British Monarchy. London 1961.
WHEELER-BENNETT, Sir JOHN: King George VI — His Life and Reign. London 1958.

## b) deutsch

LOEWENSTEIN, KARL: Die Monarchie im modernen Staat. Frankfurt/Main 1952.
NICOLSON, Sir HAROLD: Georg V. München 1954.
SCHRAMM, PERCY, ERNST: Geschichte des englischen Königtums im Lichte der Krönung. Weimar 1937.

# VI. The Commonwealth

BAILEY, S. D. (Ed.): Parliamentary Government in the Commonwealth. London 1951.
BRADY, A.: Democracy in the Dominions: A Comparative Study in Institutions. 3rd ed. Oxford 1958.
BROWN, MICHAEL BARRATT: After Imperialism. London 1963.
BURNS, Sir ALAN: In Defence of Colonies: British Colonial Territories in International Affairs. London 1957.
BURNS, Sir AÖAN (ed.): Parliament as an Export. London 1966.
CASEY, RICHARD GARDINER, Baron: The Future of the Commonwealth. London 1963.
DE SMITH, S. A.: The New Commonwealth and its Constitutions. London 1964.
EAYRS, JAMES (Ed.): The Commonwealth and Suez: A Documentary Survey. Oxford 1964.
INGRAM, DEREK: The Commonwealth Challenge. London 1962.
JENNINGS, Sir IVOR: The Approach to Self-Government. Cambridge 1956.
JENNINGS, Sir IVOR: Constitutional Laws of the Commonwealth. 3rd ed. of: Constitutional Laws of the British Empire, Vol. 1, The Monarchies, 1957.
JENNINGS, Sir IVOR: The British Commonwealth of Nations. 4th ed. London 1961.
LIVINGSTON, WILLIAM S. (Ed.): Federalism in the Commonwealth: A Bibliographical Commentary. London 1963.
MANSERGH, NICHOLAS: Survey of British Commonwealth Affairs: Problems of Wartime Co-operation and Postwar Change 1939—1952. Oxford 1958.
MANSERGH, NICHOLAS (Ed.): Documents and Speeches on Commonwealth Affairs 1952—1962. Oxford 1963.
MARSHALL, G.: Parliamentary Sovereignty and the Commonwealth. Oxford 1957.
SOMERVELL, D. C., and H. J. HARVEY: The British Empire and Commonwealth. London 1959.
UNDERHILL, FRANK H.: The British Commonwealth: An Experiment in Cooperation among Nations. Durham 1956.
WALKER, ERICH ANDERSON: The British Empire, its Structure and Spirit, 1497 to 1953. 2nd ed. London 1953.
WALKER, PATRICK GORDON: The Commonwealth. London 1962.
WHEARE, K. C.: The Statute of Westminster and Dominion Status. Oxford 1953.
WHEARE, K. C.: The Constitutional Structure of the Commonwealth. Oxford 1960.

# Schrifttum für die in Band II behandelten Materien

## I. Gerichte und Gerichtsbarkeit

### a) englisch

ARCHER, PETER: The Queen's Courts. London 1956.
ALLEN, Sir CARLETON K.: Administrative Jurisdiction. London 1956.
BARNETT, HOLLANDER: The English Bar — A Priesthood. London 1964.
BIRKS, MICHAEL: Gentlemen of the Law. London 1960.
BOULTON, W. W.: A Guide to Conduct and Etiquette at the Bar of England and Wales. 3rd ed., London 1961.
GROSS, RUPERT: Precedent in English Law. Oxford 1961.
DENNING, Alfred: The Road to Justice. London 1955.
DE SMITH, S. A.: Judicial Review of Administrative Action. London 1959.
DEVLIN, Sir PATRICK: The Criminal Prosecution in England. Oxford 1960.
DONOUGHMORE, Lord: Committee on Ministers' Powers: Report 1932. Cmd. 4060.
EDWARDS, J. LL. J.: Law Officers of the Crown. London 1964.
FRANKS, Sir OLIVER: Committee on Administrative Tribunals and Enquiries: Report 1957. Cmnd 218.
GINSBERG, MORRIS (Ed.): Law and Opinion in England in the 20th Century. London 1959.
HANBURG, H. G.: English Courts of Law. Oxford 1960.
HEWARD, EDMUND: Guide to Chancery Practice. London 1964.
JACKSON, RICHARD M.: The Machinery of Justice in England. 4th ed. Cambridge 1964.
KARLEN, DELMAR: Appellate Courts in the United States and England. New York 1963.
KEETON, GEORGE W.: Trial by Tribunal — A Study of the Development and Functioning of the Tribunal of Inquiry. London 1960.
RADCLIFFE, G. R. Y., and GEOFFRY CROSS: The English Legal System. 4th ed. London 1964.
RUDO, G. R.: The English Legal System. London 1962.
STURGE, LEWIS F.: Basic Rules of the Supreme Court. London 1961.
VANDYK, NEVILLE D.: Tribunals and Inquiries. London 1965.

Für das eigentliche rechtswissenschaftliche Schrifttum mag der jeweils von BLACKWELL, Oxford, herausgegebene Katalog — der letzte dem Verfasser zugängliche war 800 (10), 1965/66 — herangezogen werden.

### b) deutsch

COHN, ERNST J.: Der englische Gerichtsweg. Köln-Opladen 1956.
COHN, EENST, J.: Richter, Staat und Gesellschaft in England. Karlsruhe 1958.
GERLAND, HEINRICH B.: Die englische Gerichtsverfassung — eine systematische Darstellung. Leipzig 1910.
GERLAND, HEINRICH B.: Die Beziehungen zwischen dem Parlament und den Gerichten in England — Eine rechtsvergleichende Studie. Berlin und Leipzig 1928.
MENDELSSOHN-BARTHOLDY, ALBRECHT: Das Imperium des Richters. Straßburg 1908.
RADBRUCH, GUSTAV: Der Geist des englischen Rechts. 3. Aufl., Göttingen 1956.
ROMBERG, HAROLD P.: Die Richter Ihrer Majestät. Stuttgart 1965.

# II. Einzelausschnitte aus der Verwaltung

## 1. Lokale Selbstverwaltung

### a) englisch

CHESTER, D. N.: Central and Local Government. London 1951.
CLARKE, J. J.: Outlines of Local Government of the United Kingdom. 19th ed. London 1960.
DRUMMOND, J. M.: The Finance of Local Government. London 1962.
FINER, HERMAN: English Local Government. 4th ed. London 1950.
HART, WILLIAM O.: Introduction to the Law of Local Government and Administration. 6th ed. London 1957.
JACKSON, R. M.: The Machinery of Local Government. London 1958.
JACKSON, R. M.: The Structure of Local Government in England and Wales. 4th ed. London 1960 (s. a. deutsch).
MARSHALL, A. H.: Financial Administration in: Local Government. London 1960.
MAUD, Sir JOHN, and S. E. FINER: Local Government in England and Wales. 2nd ed. Oxford 1953.
ROBSON, W. A.: The Development of Local Government. 3rd ed. London 1954.
WARREN, J. H.: The English Local Government System. 7th ed. London 1963 (s. a. deutsch).

### b) deutsch

GNEIST, RUDOLF: Die heutige englische Communalverfassung und Communalverwaltung oder das System des Selfgovernment in seiner heutigen Gestalt. Berlin 1860.
JACKSON, R. M.: Die Selbstverwaltung in England und Wales. Bonn 1946.
WARREN, J. H.: Selbstverwaltung in England. Frankfurt 1952.

## 2. Nationalisierte Wirtschaftszweige

### a) englisch

BEADLE, Sir GERALD: Television; a Critical Review. London 1963.
BURN, D. L.: The British Steel Industry 1939—1959. Cambridge 1961.
COUNTS, DAVID: Parliament and the Nationalised Industries. London 1966.
CHESTER, D. N.: The Nationalised Industries. London 1951.
GROVE, J. W.: Government and Industry in Britain. London 1962.
GROSVENOR, J.: The Port of London. London 1957.
HANSON, A. H.: Parliament and Public Ownership. 2nd ed. London 1962.
KELF-COHEN, R.: Nationalisation in Britain — The End of a Dogma. London 1958.
ROBSON, W. A.: Nationalised Industries and Public Ownership. 2nd ed. London 1960.
SARGENT, J. R.: British Transport Policy. Oxford 1958.
SHANKS, M. (Ed.): Lessons of Public Enterprise. London 1963.

### b) deutsch

GOLDSCHMIDT, DIETRICH: Stahl und Staat — Eine wirtschaftssoziologische Untersuchung zum britischen Nationalisierungsexperiment. Stuttgart-Düsseldorf 1956.
STELLING, ILSE: Die Sozialisierung des Kohlebergbaus in Großbritannien. Kieler Studien 4, 1950.

## 3. Sozialdienste

### a) englisch

The Beveridge Report: Social Insurance and Allied Services. London 1944.
Central Office of Information: Health Service in Britain. London 1962 und 1964.
COLE, GEORGE D. H.: The Post-War Condition of Britain. London 1956.
ECKSTEIN, HARRY: The English Health Service. Cambridge, Mass. 1961.
GARDINER, R. K., and HELEN O. JUDD: The Development of Social Administration. Oxford 1959.
HALL, M. PENELOPE: The Social Services of Modern England. 5th ed. London 1962.
LINDSAY, ALMONT: Socialized Medicine in England and Wales. Chapel Hill 1962.
MENDELSOHN, RONALD: Social Security in the British Commonwealth. London 1954.
PEACOCK, ALAN T.: Income Redistribution and Social Policy. London 1958.
RUCK, J. K.: The Greater London Group, London Government and the Welfare Services. London 1963.
SHENFIELD, Barbara: Social Policies for Old Age. A Review of Social Provision for Old Age in Great Britain. London 1957.
Social Case-Work in Great Britain — Ed. by Cherry Morris, London 1950.

### b) deutsch

BREMME, GABRIELE: Freiheit und soziale Sicherheit — Motive und Prinzipien sozialer Sicherung dargestellt an England und Frankreich. Stuttgart 1961.

## 4. Andere Verwaltungsgebiete:

BARON, GEORGE: A Bibliographic Guide to the English Educational System. 2nd ed. London 1960.
BLUNDELL, L. A., and GEORGES DOBRY: Town and Country Planning. London 1963.
KEEBLE, LEWIS: Principles and Practices of Town and Country Planning. London 1964.
PEDLEY, ROBIN: The Comprehensive School. London 1960.

# III. Der Bürger und der Staat

### a) englisch

CITRINE, N. A.: Trade Union Law. London 1960.
EMDEN, CECIL S.: The People and the Constitution, Being a History of the Development of the People's Influence in British Government. Oxford 1956.
HAYNES, C. E.: The Essentials of the British Constitution. Oxford 1965.
MACDERMOTT, Lord: Protection from Power under English Law. Published under the auspices of the Hamlyn Trust, London 1957.
MACDERMOTT, Lord: A Report by Justice. The Citizen and the Administration. The Redress of Grievances. Director of Research — Sir JOHN WYATT, London 1961.
POUND, ROSCOE: The Development of Constitutional Guarantees of Liberty. New Haven 1957.
RIDEOUT, R. W.: Right to Membership of a Trade Union. University of London Legal Series no. 5. London 1963.

SCHWARZENBERGER, GEORGE: The Protection of Human Rights in British State Practice. — In: Current Legal Problems, 1948, Vol. 1, S. 152—169.

STREET, HARRY: Freedom, the Individual and the Law. Penguin Books, 1963.

TAWNEY, RICHARD HENRY: Equality — with a New Introduction by RICHARD M. TITMUSS. London 1964.

WILLIAMS, DAVID: Not in the Public Interest. The Problem of Security in Democracy. London 1965.

WILSON, H. H., and HARVEY GLICKMAN: The Problem of Internal Security in Great Britain 1948—1953. New York 1954.

**b) deutsch**

BOHATEC, JOSEF: England und die Geschichte der Menschen- und Bürgerrechte. Graz-Köln 1956.

HENNE, RUDOLF: Der englische Freiheitsbegriff. Zürcher Beiträge zur Rechtswissenschaft N.F.H. 10, Aaran 1927.

HUBATSCH, WALTER: Die englischen Freiheitsrechte. Hannover 1962.

STEIN, EKKEHART: Der Mensch in der pluralistischen Demokratie. Die Freiheitsrechte in Großbritannien. Frankfurt/M. 1964.

# Namenverzeichnis

# Sachverzeichnis

GPSR Compliance

*The European Union's (EU) General Product Safety Regulation (GPSR) is a set of rules that requires consumer products to be safe and our obligations to ensure this.*

*If you have any concerns about our products, you can contact us on ProductSafety@springernature.com*

In case Publisher is established outside the EU, the EU authorized representative is:

Springer Nature Customer Service Center GmbH
Europaplatz 3
69115 Heidelberg, Germany

**Batch number: 10712228**

Printed by Printforce, the Netherlands